Intermediäre Strukturen
in Ostdeutschland

**Beiträge zu den Berichten der Kommission
für die Erforschung des sozialen und politischen Wandels
in den neuen Bundesländern e.V. (KSPW)**

Herausgegeben vom Vorstand der KSPW:
Hans Bertram, Hildegard Maria Nickel,
Oskar Niedermayer, Gisela Trommsdorff

Beiträge zum Bericht 3
„Politisches System"

Band 3.2

Die Veröffentlichungen der Kommission zur Erforschung des
sozialen und politischen Wandels in den neuen Bundesländern
(KSPW) umfassen folgende drei Reihen:

- Berichte zum sozialen und politischen Wandel
  in Ostdeutschland
- Beiträge zu den Berichten
- Reihe „Transformationsprozesse"

Oskar Niedermayer (Hrsg.)

Intermediäre Strukturen in Ostdeutschland

Leske + Budrich, Opladen 1996

Die Deutsche Bibliothek – CIP-Einheitsaufnahme

Intermediäre Strukturen in Ostdeutschland / Niedermayer, Oskar Hrsg. . – Opladen : Leske und Budrich, 1996
  (Beiträge zu den Berichten zum sozialen und politischen Wandel in Ostdeutschland ; Bd. 3.2)
  ISBN 3-8100-1718-3
NE: Niedermayer, Oskar [Hrsg.]

Das Werk einschließlich aller seiner Teile ist urheberrechtlich geschützt. Jede Verwertung außerhalb der engen Grenzen des Urheberrechtsgesetzes ist ohne Zustimmung des Verlages unzulässig und strafbar. Das gilt insbesondere für Vervielfältigungen, Übersetzungen, Mikroverfilmungen und die Einspeicherung und Verarbeitung in elektronischen Systemen.

Satz: Werkstatt für Typografie, Offenbach
Druck: Druck Partner Rübelmann, Hemsbach
Printed in Germany

Inhaltsverzeichnis

Editorial 7
Vorwort 9

Teil 1:
Parteien und Bürgerbewegungen

Ute Schmidt
Die CDU 13

Gero Neugebauer
Die SPD 41

Hasko Hüning/Gero Neugebauer
Die PDS 67

Thomas Poguntke
Bündnis 90/Die Grünen 87

Hans Vorländer
Die FDP: Entstehung und Entwicklung 113

Theo Schiller/Kerstin Weinbach
Die FDP: Wahlen und Wähler 135

Anne Hampele
Die Organisationen der Bürgerbewegungen 151

Hiltrud Naßmacher
Die Rathausparteien 173

Richard Stöss
Rechtsextremismus 193

Andrea Volkens
Parteiprogramme und Polarisierung 215

Werner J. Patzelt/Karin Algasinger
Das Parteiensystem Sachsens 237

Bernhard Boll
Das Parteiensystem Sachsen-Anhalts 263

Dieter Segert
Parteien in Ostmitteleuropa 289

Teil 2:
Verbände

Michael Fichter/Hugo Reister
Die Gewerkschaften 309

Fred Henneberger
Die Unternehmerverbände 335

Thomas Olk/Stefan Pabst
Die Wohlfahrtsverbände 357

Gotthard Kretzschmar
Die Agrarverbände 379

Hiltrud Naßmacher
Interessenvermittlung in der Wohnungs- und Gesundheitspolitik 401

Josef Schmid/Helmut Voelzkow
Funktionsprobleme des westdeutschen Korporatismus
in Ostdeutschland 421

Teil 3:
Medien und Kirchen

Irene Charlotte Streul
Die Medien 443

Horst Dähn
Die Kirchen 465

Die Autoren des Bandes 485

Editorial

Der vorliegende Band präsentiert Ergebnisse aus der *dritten Forschungs- und Förderphase* (1994-1996) der Kommission für die Erforschung des sozialen und politischen Wandels in den neuen Bundesländern e. V. (KSPW). Die KSPW, Ende 1991 auf Anregung des Wissenschaftsrates gegründet und aus Zuwendungen des Bundesministeriums für Bildung, Wissenschaft, Forschung und Technologie (BMBF) sowie des Bundesministerium für Arbeit und Sozialordnung (BMA) finanziert, hat es sich zur Aufgabe gemacht,

– den sozialen und politischen Wandel in den neuen Bundesländern zu erforschen bzw. seine Erforschung zu fördern,
– damit auch die empirischen und theoretischen Grundlagen für politische Handlungsempfehlungen zu verbessern sowie
– angesichts des Umbruchs der Sozialwissenschaften in den neuen Bundesländern das sozialwissenschaftliche Wissenschaftler/innen-Potential und den Nachwuchs dort zu unterstützen.

In einer *ersten Forschungs- und Förderphase (1992)* wurden 176 sogenannte „Kurzstudien" vergeben (Antrags-Eingänge: rund 1.700), von denen rund 150 Forschungsberichte als Graue Reihe (alte Folge) der KSPW veröffentlicht wurden. Die Kurzstudien sollten sozialwissenschaftliche Analysen anregen, das im Umbruch befindliche sozialwissenschaftliche Potential in Ostdeutschland unterstützen sowie empirische Daten der ostdeutschen Sozialwissenschaft sichern helfen. Ausgewählte Forschungsergebnisse der ersten Phase wurden zudem in den Bänden 9-29 der Reihe „*KSPW: Transformationsprozesse*" im Verlag Leske + Budrich vom Vostand der KSPW herausgegeben.

In der *zweiten Forschungs- und Förderphase* (1993-1994) förderte die KSPW vor allem 60 größere Projekte zum ostdeutschen Transformationprozeß (Antrags-Eingänge: rund 250), wovon ausgewählte in den Bänden 9-29 der Reihe „*KSPW: Transformationsprozesse*" veröffentlicht wurden.

Die *dritte Forschungs- und Förderpase* macht – über die Arbeit von 6 Berichtsgruppen – die sozialwissenschaftliche Berichterstattung über den Transformationsprozeß zur zentralen Aufgabe der Kommissionstätigkeit.

Neben der laufenden Berichterstattung in Publikationen, Konferenzen und Beratungen wurden die Ergebnisse der gesamten Forschungsanstrengungen zu thematischen Berichten zusammengefaßt, deren Konzepte 1993 entwickelt wurde, deren Realisation ab Mitte 1994 begonnen hat und die in 6 „*Berichten zum sozialen und politischen Wandel in Ostdeutschland*" mit dazugehörigen 28 Bänden mit „*Beiträgen zu den Berichten*" Ende 1996 publiziert werden.

Der vorliegende Band mit „*Beiträgen zu den Berichten*" ordnet sich in die eingangs genannten Ziele der Kommission ein: Zum einen finden interessierte Leser aus der Wissenschaft, der politischen Administration sowie aus der sozialen und politischen Praxis Materialien, Analysen und anwendungsbezogene Konzeptionen, die für die tägliche Auseinandersetzung mit dem und im Transformationsprozeß genutzt werden können; zum anderen gibt er Sozialwissenschaftler/innen Gelegenheit, die Ergebnisse ihrer Forschung hier zu präsentieren.

Halle, im Juni 1996

Hans Bertram
Vorsitzender des Vorstandes

Kommission für die Erforschung des sozialen und politischen Wandels in den neuen Bundesländern e. V.

Vorwort

Politische Systeme lassen sich unter funktionaler wie struktureller Perspektive analysieren, d.h. sie haben bestimmte Aufgaben und zur Erfüllung dieser Aufgaben sind strukturelle Arrangements notwendig, die dem System Gestalt verleihen. Die zentrale Funktion politischer Systeme besteht in der Produktion kollektiv bindender Entscheidungen. Grundvoraussetzung für die Erfüllung dieser Aufgabe ist die Rekrutierung politischen Personals. Im Rahmen des politischen Prozesses müssen dann Entscheidungen getroffen, durchgeführt und kontrolliert werden. Die Teilfunktionen der Formulierung, Implementation und Kontrolle politischer Entscheidungen stehen somit im Mittelpunkt der Funktionserfüllung und die Strukturen, die zur Bewältigung dieser Aufgaben dienen, bilden den mit dem Begriff des Regierungssystems bezeichneten Kernbereich politischer Systeme.

Darüber hinaus muß in pluralistisch-demokratischen Systemen jedoch auch gewährleistet sein, daß die Interessen der Bürger in das Regierungssystem vermittelt und politische Entscheidungen an die Bürger rückvermittelt werden, da diese Systeme auf dem Legitimitätseinverständnis ihrer Bürger mit der Herrschaftsordnung gründen. Interessen- und Politikvermittlung sind zentrale Aufgaben des intermediären Systems, also der Mesoebene, in der Vermittlungsleistungen zwischen der Mikroebene (dem sozialen System) und der Makroebene (dem Regierungssystem) erbracht werden. Zur Funktionserfüllung sind auch hier Strukturen notwendig, die - wie auch im Bereich des Regierungssystems - jedoch sehr unterschiedlich ausgestaltet sein können. Welche institutionellen Arrangements als adäquat angesehen werden, hängt wesentlich von normativen Positionen ab, also von Werturteilen darüber, wie ein politisches System aufgebaut sein soll. Die für Demokratien zentrale Norm ist das Postulat der Begrenzung politischer Macht, formal angenähert durch die Aufteilung der Kompetenzen zur Erfüllung der verschiedenen Teilfunktionen des politischen Systems auf unterschiedliche Strukturkomponenten. Eine normadäquate Strukturierung des intermediären Systems ist somit nur beim Bestehen einer Vielfalt vom Regierungssystem möglichst unabhängiger kollektiver Akteure gegeben. Zu diesen Akteuren gehören die Parteien, sozialen Bewegungen, Verbände, Kirchen und Medien, die jeweils Subsysteme des intermediären Systems bilden. Organisationen dieser Art waren auch Teil des politischen Systems der ehemaligen DDR. Allerdings erfüllten sie weder funktional noch strukturell die Erfordernisse einer pluralistischen Demokratie, da von einer Vielfalt autonomer, wettbewerbsorientierter Akteure nicht gesprochen werden konnte. Im Rahmen des Transformationsprozesses nach der Wende vom Herbst 1989 bildete sich jedoch ein pluralistisches intermediäres System heraus, dessen sozialwissenschaftliche Analyse von der Kommission für die Erforschung des sozialen und politischen Wandels in den neuen Bundesländern e.V. (KSPW) durch die Vergabe von Forschungsprojekten und Expertisen gefördert wurde.

In dem vorliegenden Sammelband werden größtenteils Beiträge veröffentlicht, die auf im Auftrag der KSPW erarbeiteten Expertisen basieren. Daneben finden sich aber auch Beiträge von Mitgliedern der politikwissenschaftlichen KSPW-Arbeitsgruppe sowie von Kollegen außerhalb der KSPW. Die einzelnen Kapitel des Bandes folgen einem akteurszentrierten Ansatz, d.h. sie analysieren die Genese und Entwicklung jeweils einzelner kollektiver Akteure des ostdeutschen intermediären Systems. Die Systemebene als Analyseebene wird hier ausgeklammert, da sie Gegenstand der zusammenfassenden Überlegungen im Abschlußbericht der politikwissenschaftlichen KSPW-Arbeitsgruppe ist (vgl. Kaase, M./Eisen, A./Gabriel, O. W./Niedermayer, O./Wollmann, H.: Das politische System. Bericht zum sozialen und politischen Wandel in Ostdeutschland, Band 3. Opladen: Leske + Budrich, 1996).

Berlin, im Mai 1996   Der Herausgeber des Bandes

… Teil 1:

Parteien und Bürgerbewegungen

Die CDU

Ute Schmidt

Als „Partei der Einheit" war die Bundes-CDU im Vereinigungs- und Wahljahr 1990 mit dem Versprechen angetreten, auch die „innere Einheit" der Partei möglichst bald zu verwirklichen. Nachdem die heftigen innerparteilichen Konflikte zwischen Alt- und Neu-CDU, die den Um- und Aufbauprozeß der CDU in den neuen Bundesländern begleitet haben, weitgehend befriedet worden sind, brach fünf Jahre nach der Parteifusion eine Kontroverse auf, in der sich neue Fronten abzeichneten. Ein „Streitpapier" des CDU-Fraktionsvorsitzenden im Landtag von Mecklenburg-Vorpommern, Eckhard Rehberg, löste im Januar 1996 eine wochenlange Ost-West-Debatte in der Gesamtpartei aus.[1] Ihre Brisanz lag darin, daß nun von verschiedenen Gruppierungen in der ostdeutschen CDU, die nicht eindeutig dem Lager der ehemaligen Block-CDU oder den „Erneuerern" zuzurechnen waren, Defizite und Spannungsfelder benannt wurden, die das Zusammenwachsen der Partei erschwerten. Selbst der Anspruch der CDU, Partei der Einheit zu sein, wurde – ausgerechnet in der Hauptstadt Berlin – in Frage gestellt.[2] Wenngleich diese „Rebellion"[3] durch die parteiinternen Reaktionen aus Bonn und aus den östlichen Landesverbänden schon bald kanalisiert werden konnte, so warf sie doch ein Schlaglicht auf zumindest drei – im „Jahr Fünf" nach der Vereinigung aktuelle – Probleme der ostdeutschen CDU:

– Fragen des Organisationsaufbaus und der sozialen Zusammensetzung;
– Orientierungsprobleme der ostdeutschen Bevölkerung – auch der Anhängerschaft der Ost-CDU – in der gesellschaftlichen Umbruchphase;
– das geringe Gewicht ostdeutscher CDU-Politiker in der Gesamtpartei, insbesondere auch bei der Artikulierung und Durchsetzung ostdeutscher Interessen im Deutschen Bundestag.

---

1 CDU-Fraktion Mecklenburg-Vorpommern 1996.
2 So der Berliner CDU-Abgeordnete Andreas Apelt, der 1989 vom „Demokratischen Aufbruch" zur CDU gestoßen war (vgl. Berliner Zeitung, 25.3.1996).
3 Vgl. z.B. Schäuble, W.: Kein Aufstand in Schwerin. In: FAZ, 16.2.1996.

Generell ging es den Kritikern bei ihrem Vorstoß um die Beseitigung von Repräsentations-, Identitäts- und Integrationsdefiziten, die sich in der CDU während und nach dem Vereinigungsprozeß aufgebaut und verfestigt hatten; sie forderten eine Reformulierung der politischen Strategien und Wahlkampfkonzepte für Ostdeutschland unter stärkerer Einbeziehung ostdeutscher Erfahrungsdimensionen und Kompetenz. In der Diskussion war auch die Bildung und Profilierung einer – der bayerischen CSU vergleichbaren – Gruppierung-Ost in der Bundestagsfraktion.

1. Wertediskussion, Wahlarithmetik und das neue Verhältnis zur PDS

Ein erklärtes Anliegen der Schweriner Initiatoren der neuen „Wertediskussion" war es gewesen, zum fünfzigsten Jahrestag der Gründung der CDU aus ostdeutscher Sicht einen Beitrag zur Diskussion über Zukunftsfragen der Gesellschaft und zu einer „umfassenden Wertedebatte" in der Gesamtpartei zu leisten. Diese Intention verknüpften die Verfasser des „Strategiepapier 2000" mit Vorschlägen zu einer Parteireform und der Forderung nach einer „gesamtdeutschen Reformdebatte": Ein „offensiver Ost-West-Dialog" und ein „Austausch der unterschiedlichen Lebenserfahrungen" sollten – so die recht idealistisch klingende Vorstellung – mit dazu beitragen, unterschiedlich geprägte Parteistrukturen und Interessenkonflikte zu überwinden.

Dem Vorstoß aus Mecklenburg-Vorpommern lagen andererseits auch wahlarithmetische und machtstrategische Kalküle zugrunde; ohne diesen Hintergrund hätte er vermutlich nicht eine solche Resonanz gefunden. Sie reflektierten die veränderte parteipolitische Konstellation in der Ex-DDR, in der die PDS mittlerweile zur dritten politischen Kraft avanciert war. Im Wettbewerb der beiden großen Volksparteien hatte die CDU von dieser Konstellation bei den Landtagswahlen 1994 zunächst noch insofern profitiert, als relevante Wählergruppen, die aufgrund ihrer Interessenlage ein Potential für die SPD hätten bilden können, von der PDS-Protestkultur absorbiert wurden. Die aus dieser Blockade resultierende Mehrheit der CDU in Mecklenburg-Vorpommern und in Thüringen wäre allerdings dann in Frage gestellt, wenn SPD, Bündnis 90/Grüne und PDS – analog dem Muster von „Magdeburg"[4] – längerfristig Formen der Kooperation entwickelten und die großen Koalitionen aufgebrochen werden könnten. Nach diesem Szenario mußte die CDU befürchten, auf längere Sicht in eine strukturelle Minder-

---

4   Nach den Landtagswahlen in Sachsen-Anhalt im Juni 1994 bildeten SPD und Bündnis 90/Grüne eine Minderheitsregierung, die von der PDS toleriert wurde.

Die CDU 15

heitsposition zu geraten und – mit Ausnahme von Sachsen, wo sie mit absoluter Mehrheit regierte – in der ostdeutschen Parteienlandschaft in die Opposition verwiesen zu werden.

Um ihre Regierungsfähigkeit zu sichern, sollte die CDU daher – so Rehberg – künftig auf absolute Mehrheiten hinwirken. Landespolitisch hielt Rehberg dieses Ziel bei einer entsprechenden Wählermobilisierung und Belebung der Parteistrukturen nicht für unrealistisch; er sah Spielräume für eine Verbreiterung der Wählerschichten um ca.10 v.H., wenn zielgerichtet Stimmen von bisherigen PDS-Wählern oder aus dem großen Reservoir der Nichtwähler[5] hinzugewonnen würden. Zunehmend verbreitete sich in der ostdeutschen CDU die Einschätzung, hier liege ein Wählerpotential brach, das zwar in der Nachwendezeit noch alten Orientierungsmustern verhaftet, nach Grundeinstellung und Mentalität jedoch dem konservativen Lager zuzurechnen sei, wobei Konservatismus als Präferenz für Ordnungswerte wie „Berechenbarkeit", „Sicherheit", „Stabilität" und „Kontinuität" definiert wurde. Mit dieser „Konservatismus-These" war bereits im Wahlkampf der Berliner CDU im Herbst 1995 in den östlichen Stadtbezirken nicht ohne Erfolg experimentiert worden. Auch in der brandenburgischen CDU gab es Ansätze, durch systematische Wählerwerbung konservative Potentiale aus Kreisen der Nichtwähler und PDS-Sympathisanten herauszufiltern und damit die schmale Wählerbasis zu verbreitern.

Der Kampf um die neuen strategischen Mehrheiten setzte allerdings voraus, daß die CDU Formen und Zielrichtung ihrer Auseinandersetzung mit der PDS überdachte. Die „Politik der verhärteten Fronten" sollte aufgegeben werden, weil sie die Gesellschaft spalte und Solidarisierungseffekte verstärke; sie sollte – ebenso wie „dogmatisches Lager- und Schubladendenken – der Vergangenheit angehören."[6] In dieser Frage, wie die PDS einzuschätzen und zu bekämpfen sei, gingen die Meinungen in weiten Teilen der ostdeutschen CDU und der Bonner Parteispitze auseinander. Dies hatte sich bereits im Bundestagswahlkampf 1994 in der Auseinandersetzung über Zielsetzung und Nutzen der „Rote-Socken-Kampagne" gezeigt, die in den Ost-Landesverbänden fast durchgängig abgelehnt worden war.[7] Nach der parteioffiziellen Lesart war die PDS „eine nahtlos in der politischen Tradition der SED stehende, lediglich umbenannte Nachfolgeorganisation"; sie stelle „auf dem

---

5 Allein in Mecklenburg-Vorpommern ging man von einem Nichtwähleranteil von 30 v.H. aus. (Vgl. CDU-Fraktion Mecklenburg-Vorpommern 1996: 29)
6 Ebd.: 28.
7 Diese Kampagne war stärker auf die Mobilisierung tradierter antikommunistischer Vorbehalte im Westen abgestellt und nahm die Proteste in den östlichen Landesverbänden in Kauf. Für die Ablehnung im Osten gab es unterschiedliche Begründungen: War die Stoßrichtung den „Erneuerern" zu harmlos, so sahen manche ehemaligen Mitglieder der Block-CDU und DBD darin eine Verunglimpfung auch ihrer Vergangenheit.

linken Flügel des Parteiensystems spiegelbildlich das dar (...), was die Republikaner im rechtsradikalen Parteienspektrum sind" (CDU-Bundesgeschäftsstelle 1995b: 5, 3). Während die Strategen im Bonner Adenauer-Haus die PDS letztlich also als verfassungsfeindlich stigmatisieren wollten, gehörten die Postkommunisten für große Teile der ostdeutschen Bevölkerung zum politischen Alltag. Zwischen der PDS-Anhängerschaft und Mitgliedern der ehemaligen Block-CDU gab es nach wie vor viele Berührungspunkte und Gemeinsamkeiten; selbst Kooperationen zwischen CDU und PDS auf kommunaler Ebene waren unterdessen möglich. So zielte die Unterscheidung zwischen Führung und Basis der PDS, wie sie von einigen Politikern der Ost-CDU vorgenommen wurde, im Grunde darauf, Teilen der PDS-Sympathisanten sowie Wählerschichten, die aus Enttäuschung über die Vereinigung die PDS als ostdeutsche Protestpartei gewählt hatten, längerfristig den Weg in die CDU zu bahnen.

Demgegenüber bezogen die 1989/90 aus Kreisen der Bürgerbewegung zur CDU gestoßenen „Erneuerer", insbesondere in Sachsen, eine grundsätzlich kritischere Position gegenüber der PDS. Sie wollten verhindern, daß unter dem Deckmantel des demokratischen Staates Strukturen, Denkweisen und Verhaltensmuster der alten DDR-Gesellschaft perpetuiert würden. Der Aufbau einer demokratischen Gesellschaft in der Ex-DDR konnte nach ihrer Auffassung nicht gelingen, wenn sich – nach vierzig Jahren verordneten Untertanengeistes – erneut die Mentalität der Anpassung und des Opportunismus ausbreitete. Im übrigen sei die ideologisch gebundene Sockelwählerschaft der PDS ohnehin nicht für die CDU zu gewinnen. Im sächsischen „Gesprächskreis 2000" warnte man davor, einen PDS-Mythos aufzubauen. Die PDS sei nicht primär eine Partei der Vereinigungsverlierer; nicht wenige ihrer Mitglieder gehörten inzwischen zu einem Netzwerk von Besserverdienenden und Mittelständlern, die von der Vereinigung profitiert hätten, während Opponenten des DDR-Systems häufig auch noch nach der Wende Nachteile in Kauf nehmen müßten. In der Forderung nach einem konsequenten Umgang mit den Hinterlassenschaften der DDR-Zeit, ihrer Aufarbeitung und Differenzierung, der Auseinandersetzung mit Schuld und Versagen, waren sie sich auch mit anderen ehemaligen Bürgerrechtlern, unabhängig von deren parteipolitischer Orientierung, einig. Einen Schlußstrich unter die Vergangenheit zu ziehen, nütze nur der PDS.

Die informellen Gespräche, die Helmut Kohl im August 1995 mit einer Gruppe von politisch eher heimatlos gewordenen Bürgerrechtlern um Bärbel Bohley, Konrad Weiss, Wolfgang Templin und Günter Nooke in Ost-Berlin geführt hat, sind durchaus als ein Signal dafür zu werten, daß die Bonner Parteiführung auf die Stimme dieser minoritären Gruppierungen Wert legt – und dies nicht nur aus kurzfristig-wahlkampftaktischem oder legitimatorischem Kalkül. Sondierungen wie diese könnten dazu beitragen, daß die

CDU in Ostdeutschland auf längere Sicht Zuflüsse aus einem noch nicht ausgeschöpften Elitenreservoir erhält, die sie angesichts ihres chronischen Elitendefizits in einigen Landesverbänden dringend benötigt. Andererseits könnte dadurch der innerparteiliche Streit über das belastete Erbe der Block-CDU wiederum neu belebt werden.

Die Suche nach einer „Standortbestimmung" bzw. einem „Identitätsgewinn im Aufbau Ost" macht deutlich, daß die Transformation der ostdeutschen CDU zur Volkspartei westdeutschen Zuschnitts noch keineswegs abgeschlossen ist. Hier gibt es offenbar so etwas wie eine Identitätslücke, die nicht durch die einfache Übernahme von Organisationsformen und Werten aus dem Westen geschlossen werden kann. Der Versuch, in Anlehnung an das bayerische Modell eine regionale Identität der CDU auf dem Territorium der ehemaligen DDR zu konstruieren, ist schon deshalb gescheitert, weil er sich bewußt oder unbewußt am Erfolg der PDS orientierte, auch wenn dieses Konzept gerade gegen die PDS ins Feld geführt worden ist. So argumentierten die sächsischen „Erneuerer", in einem Wettlauf mit der PDS um die bessere Vertretung einer „Ost-Identität" könne die CDU als gesamtdeutsche Partei nur verlieren. Wenn auf diese Weise die alte Ost-CDU wiederhergestellt würde, sei dies „der größte Sieg der PDS".[8] Identitäten sollten sich vielmehr in den Ländern entwickeln, in denen sich die CDU als Vertreterin regionalspezifischer Interessen profilieren müsse. Vorschläge zur Bildung einer pressure-group aus der Ex-DDR im Deutschen Bundestag sind von den Spitzen der Ost-Landesverbände bisher stets mit dem Argument abgeblockt worden, eine solche „Separation" wirke im Westen eher kontraproduktiv und spalte die Partei.

So falsch der Vergleich mit der CSU aus vielerlei Gründen auch ist: In dieser Debatte geht nur zu schnell unter, daß es durch den sozialstrukturellen Umbruch nach der Wende in den neuen Ländern durchaus gemeinsame soziale und ökonomische Interessen gibt, die auf Bundesebene von den ostdeutschen CDU-MdBs – schon im Interesse ihrer eigenen Wiederwahl – stärker und geschlossener vertreten werden müßten. Dazu gehören nicht nur Rentenüberleitung und Solidarzuschlag, sondern z.B. auch die über Jahre verschleppte Regelung der kommunalen Altschulden, das brisante Thema der Vermögenspolitik und, last not least, eigene Konzepte zur Neustrukturierung und Modernisierung der zerbrechenden Arbeitsgesellschaft (Schmidt 1996b: 10). Auch gibt es in der Bevölkerung der Ex-DDR Prägungen, die durch eine 40-jährige gemeinsame Geschichte und Erfahrungswelt vermittelt sind, und die sich nicht nur in DDR-Nostalgie und Mitläufertum niedergeschlagen haben. Diese Qualitäten und Energien, die das Überleben in der DDR-Mangelgesellschaft ermöglicht haben, wären anzusprechen und aktiver

---

8 Funk, A.: Wolkiges Gerede voller Larmoyanz. In: FAZ, 24.2.1996.

als bisher in den gesellschaftlichen Modernisierungsprozeß einzubringen. Die Verankerung der CDU in Ostdeutschland wird jedenfalls nicht zuletzt davon abhängen, ob es ihr gelingt, diese Energien für den gesellschaftlichen Aufbau zu erschließen und die Interessen der Bevölkerung selbstbewußt zu vertreten. Zum anderen müßte sie auch zu einer Identität finden, die es ihr ermöglicht, verantwortlich und souverän mit der eigenen Geschichte umzugehen. Wie schwierig dieser Umbau- und Selbstfindungsprozeß der Ost-CDU ist, soll im folgenden Rückblick auf einige Aspekte der Entwicklung der Ost-CDU nach der Wende gezeigt werden.

2. Die Wende in der DDR-CDU 1989/90

Die Block-CDU und ihre Mitglieder hatten nicht zu den treibenden Kräften der Herbstrevolution gehört. Bis zuletzt blieben Führungsspitze und Parteiapparat in die Machtstrukturen des SED-Regimes eingebunden. Der CDU-Vorsitzende Gerald Götting wich auch noch im Herbst 1989 nicht von seinem SED-konformen Kurs ab, mit dem er die Existenz der Block-CDU schon immer zu sichern gesucht hatte. Erst Göttings Sturz am 2. November 1989 machte den Weg frei für die Erneuerung und Transformation der CDU in der DDR. Sein Rücktritt war eine Folge zunehmender Entfremdungsprozesse zwischen CDU-Basis und Parteiführung, wurde aber auch von Teilen des Apparats selbst forciert (Schmidt 1996a: 43ff.).

2.1 Der „Brief aus Weimar"

Der „Brief aus Weimar", den seine Unterzeichner ganz bewußt bei der Eisenacher Synode des Bundes der Evangelischen Kirchen in der DDR vom 15.-19. September 1989 – etwa zeitgleich mit den Aufrufen des „Neuen Forums" und von „Demokratie Jetzt" – plaziert und ihm damit eine optimale Wirkung verschafft hatten, brach dem an der Parteibasis der DDR-CDU angestauten Unmut Bahn. In einer Flut von Briefen an den Parteivorstand wurde die Parteiführung angesichts der sich zuspitzenden gesellschaftlichen Krise von Mitgliedern der Ortsgruppen bedrängt, Stellung zu beziehen und politisch zu reagieren. Die Eigendynamik des Protests nahm in dem Maße zu, in dem sich die Parteiführung unfähig zeigte, auf diese Signale angemessen zu reagieren: Gerade weil die Parteispitze die Publikation des „Weimarer Briefs" in der Parteipresse wochenlang unterdrückte, wurde er zum Schlüsseldokument einer sich nun in der DDR-CDU formierenden innerparteilichen Opposition. Diese quantitative wie qualitative Veränderung des Pro-

Die CDU 19

testpotentials im Unterbau der DDR-CDU darf allerdings nicht nur aus der – idealisierenden – Binnenperspektive der CDU selbst gesehen werden, die sich selbst mit zu den Vorreitern der Wende rechnet, sondern erklärt sich erst vor dem Hintergrund der zunehmenden Unruhe in der DDR-Bevölkerung durch die Ausreise-Bewegung und im Kontext eines sich insgesamt verändernden politischen Umfeldes.

Den Initiatoren des „Weimarer Briefs" ging es vor allem darum, daß die Ost-CDU überhaupt wieder als ein eigenständiger Faktor in die Politik zurückkehrte. Ihnen war klar, daß die CDU, wenn sie angesichts der zunehmenden Destabilisierung der DDR darauf verzichtete, eigene politische Reformvorstellungen zu entwickeln und Spielräume dafür auszuloten, gegenüber anderen Oppositionsgruppierungen ins Hintertreffen geraten und damit letztlich auch ihre Existenz als politische Partei aufs Spiel setzen würde. Diese Funktion, die abgeschottete Blockpartei für den politischen Dialog aufzubrechen, ihre Eigenständigkeit gegenüber der „führenden" SED zu betonen und mehr Rechtsstaatlichkeit und Transparenz im SED-Staat zu verlangen, hat der „Weimarer Brief" denn auch weit über die Erwartungen seiner Verfasser hinaus erfüllt. Die darin enthaltenen politischen Forderungen – sie hatten weder das bestehende System noch die Zweistaatlichkeit Deutschlands in Frage gestellt – wurden freilich schon bald von der Wirklichkeit überholt.

2.2 Ansätze zum Umbau und zur Demokratisierung der Ost-CDU

Wenige Tage nach dem Sturz Göttings wählte der Hauptvorstand der Ost-CDU am 10. November 1989 Lothar de Maizière zum neuen Parteivorsitzenden. Die Präsidiums- und Sekretariatsmitglieder stellten sich einer Vertrauensabstimmung, bei der die alte Führungsriege etwa halbiert wurde.[9] In der Partei, in der inzwischen immer stärker eine Erneuerung von der Basis her gefordert wurde, war damit freilich noch keine klare Situation geschaffen; das Legitimationsdefizit der Parteiführung blieb vorerst bestehen. De Maizière befürchtete nicht zu Unrecht, daß Präsidium und Hauptvorstand mit der Neubesetzung der Parteispitze die Flucht nach vorn angetreten hatten und ihn als bloße Repräsentationsfigur betrachteten. Er drängte daher auf eine innere Neustrukturierung der Partei.

---

9   Zehn Präsidiums- bzw. Sekretariatsmitglieder wurden abgewählt, darunter zwei der drei Stellvertreter des Parteivorsitzenden (Max Sefrin und Dr. Dr. Heinrich Toeplitz). Der Chefredakteur der CDU-Zeitung, Dr. Dieter Eberle trat aus gesundheitlichen Gründen zurück. (Vgl. NZ, 13.11.1989).

Zwei wichtige Stationen auf diesem Weg waren die Klausurtagung des CDU-Hauptvorstandes in der zentralen Schulungsstätte der Partei in Burgscheidungen vom 20.-22. November 1989 und der Sonderparteitag in Berlin am 15./16. Dezember 1989. In dieser Phase der Zuspitzung und der offenen Fragen fanden bei der Beratung und Überarbeitung des „CDU-Positionspapiers", das als Grundlage für ein neues Parteiprogramm dienen sollte, erbitterte Auseinandersetzungen zwischen neuen und alten Kräften über die Zielsetzungen und den politischen Kurs der Ost-CDU statt. Kontrovers waren vor allem der Sozialismus-Begriff und sein Bezug zum Selbstverständnis der Ost-CDU, das Verhältnis zur West-CDU, Rahmen und Zeitperspektive einer Neuvereinigung der beiden deutschen Staaten, aber auch das Profil der CDU als „C"-Partei in einer weitgehend säkularisierten Gesellschaft. Nach längerem Ringen in der Programmkommission wurde das Bekenntnis zum Sozialismus in einer offenen Abstimmung im Hauptvorstand gestrichen; der stalinistischen Deformation wegen erschien der Sozialismus-Begriff vielen nur noch als „leere Hülse". Die Komponente der sozialen Gerechtigkeit wurde allerdings – dies machte die Parteitagsrede de Maizières, der zwischen den Flügeln zu vermitteln suchte, deutlich (CDU-Texte 1990a: 5ff.) – nicht aufgegeben, sondern im Subsidiaritätsprinzip und in der Konzeption der Sozialen Marktwirtschaft verortet. Neu hinzu kam das Ziel, die deutsche Zweistaatlichkeit durch eine konföderative Lösung im europäischen Rahmen längerfristig zu überwinden.

Der Sonderparteitag bestätigte nicht nur die Wahl de Maizières und wählte einen neuen Hauptvorstand, sondern traf auch weiterreichende Strukturentscheidungen. Parteiaufbau und Leitungsstruktur wurden völlig verändert. Die zentralistisch aufgebaute, auf einen Vorsitzenden zugeschnittene und in das Blockgefüge eingepaßte DDR-CDU begann sich nun in eine nach dem Prinzip demokratischer Willensbildung gegliederte Mitgliederpartei zu verwandeln. Gleichwohl blieben zunächst noch Rudimente eines zentralistisch organisierten Verbandes erkennbar.[10] Anstelle der 15 Bezirksverbände sollten sechs neue Landesverbände gebildet werden, was dann auch im ersten Quartal 1990 geschah. Die Gliederung in Orts-, Kreis- und Landesverbände sollte dazu beitragen, das zentralistisch-aufgebaute Parteigefüge aufzubrechen und von der Basis her zu demokratisieren. Damit verband sich auch die Hoffnung, verlorene Identitäten wiederzufinden, um die Partei von innen her zu festigen. Ziel der Neustrukturierung war aber nicht nur der Bruch mit dem Prinzip des „Demokratischen Zentralismus", sondern auch ein personelles Revirement, in dem die Blockparteienfunktionäre abgelöst

---

10 So waren in der neuen Satzung – im Unterschied zur West-CDU – die horizontalen Vereinigungen im Parteiaufbau noch nicht explizit vorgesehen. (Satzung der Christlich-Demokratischen Union Deutschlands, beschlossen am 15./16. Dezember 1989).

Die CDU 21

werden sollten. Tatsächlich fand im Zuge der Reorganisation der Landesverbände ein Personalaustausch statt. Vertrauensfragen und Neuwahlen leiteten einen Umschichtungsprozeß ein, in dem die meisten hauptamtlichen Funktionäre auf Bezirks- und Kreisebene ihre Ämter verloren oder mehr oder weniger freiwillig selbst aufgaben.

Da die DDR-CDU ihre Finanzprobleme bisher auf Kosten der Staatskasse gelöst hatte – ca. drei Viertel der Einnahmen der CDU stammten 1988 und 1989 aus Zuführungen aus dem DDR-Staatshaushalt[11] – war auch eine neue Finanz- und Beitragsordnung erforderlich. Bereits auf der Tagung in Burgscheidungen war ein Untersuchungsausschuß eingesetzt worden, der das Finanzgebaren der alten Führung untersuchte. Aufgrund der Ergebnisse des Zwischenberichts vom 6. Dezember 1989 wurde gegen den ehemaligen Parteivorsitzenden Götting Strafanzeige wegen Parteischädigung, ungerechtfertigter Bereicherung und Amtsanmaßung erstattet.[12] Auch andere Mitglieder der CDU-Führungsgruppe sowie der Volkskammerfraktion hatten Parteigelder für die Finanzierung privater Bedürfnisse verwendet. Satzungsmäßige Regularien und Kontrollmechanismen sollten derartige Machtkonzentrationen und Mißbräuche in Zukunft verhindern.

Die Ost-CDU befand sich in diesen Wochen in einer Zerreißprobe; eine Spaltung fand jedoch nicht statt. Es kam aber zu einer Austrittswelle; nicht nur frustrierte Altkader und überzeugte „christliche Sozialisten" verließen die Partei, sondern auch viele Mitglieder, die die Schutzfunktion einer Blockpartei nun nicht mehr für nötig hielten. Der Mitgliederbestand, der bereits 1989 gegenüber 1988 von ca. 140.000 auf 134.500 geschrumpft war, reduzierte sich allein im Januar 1990 nochmals um über 3.000 Mitglieder.[13] In der neuen Führung zeigten sich zudem im Vorfeld der Volkskammerwahl schon bald gravierende politisch-strategische Differenzen und unproduktive Rivalitäten. Es gab auch tiefgreifende – übrigens auch von CDU-Politikern aus dem Westen geschürte – Meinungsunterschiede wegen des Verbleibs der Ost-CDU in der von Ministerpräsident Hans Modrow geführten „Koalition der Vernunft und der Verantwortung". Eine starke Gruppierung um Generalsekretär Martin Kirchner drängte auf einen scharfen Abgrenzungskurs der Ost-CDU gegenüber den Kräften des alten Systems und deren Abkömmlingen – nicht zuletzt um gegenüber der West-CDU ihre demokratische Läute-

---

11 Vgl. Der Spiegel, Nr. 34/ 1990: 34 sowie ACDP VII-011, 3910.
12 Der Prozeß gegen Gerald Götting wurde im Juni 1991 eröffnet. Im Juli 1991 wurde er wegen fortgesetzter Untreue vom Berliner Landgericht zu 18 Monaten Freiheitsstrafe auf Bewährung verurteilt. Gegen das Urteil legte Götting Revision ein. Bereits im Januar 1991 war im Berliner CDU-Landesverband ein langwieriges Ausschlußverfahren gegen Götting eingeleitet worden.
13 Vgl. Mitgliederstatistik 1/1990 sowie: Zu einigen Ergebnissen des statistischen Jahresberichts 1989, 9.2.1990 (ACDP VII-011).

rung und Lösung aus dem Blockparteienkorsett zu demonstrieren und sich noch vor den ersten freien Wahlen als deren östliches Pendant zu qualifizieren. Demgegenüber hielt es eine andere – von de Maizière repräsentierte – Richtung für unverantwortlich, sich aus der Verantwortung zu stehlen bzw. den niederbrechenden DDR-Staat der SED-Nachfolgerin PDS zu überlassen und ein ökonomisches und politisches Chaos zu riskieren.[14]

3. Die Adoption der Block-CDU – ein Geburtsfehler?

Eine wesentliche politisch-kulturelle Voraussetzung für die Hegemonie der Union im Nachkriegsdeutschland war die deutsche Teilung gewesen, denn dadurch hatte die Sozialdemokratie ihre früheren Hochburgen in Mitteldeutschland verloren. Auch von den gegenwärtigen sozialstrukturellen Voraussetzungen her schien die DDR als kleinbürgerlich geprägte Unterschichtgesellschaft mit ihrer geringen sozialen Differenzierung ein genuines Terrain für eine linke Volkspartei zu sein und der Sieg der SPD bei den ersten freien Wahlen geradezu vorprogrammiert. Für die West-CDU bedeutete daher der Ausgang der für den 6. Mai 1990 geplanten ersten Volkskammerwahl eine Vorentscheidung über die strukturelle Mehrheitsfähigkeit der Union in einem wiedervereinigten Deutschland, die sie weder den alten Kräften noch den neuen Gruppierungen überlassen wollte.

Mit ihrer strategischen Entscheidung zugunsten der Ost-CDU und deren Einbindung in die „Allianz für Deutschland"[15] legte sich die West-CDU auf eine von mehreren Optionen fest, die zu diesem Zeitpunkt ventiliert worden waren. Trotz der Aversionen gegen die Block-CDU[16] und deutlicher Sym-

---

14 Vgl. Schmidt 1996a: 70ff. – Der innerparteiliche Konflikt wurde schließlich dadurch entschärft, daß alle am Runden Tisch vertretenen Gruppierungen und Parteien aufgerufen wurden, sich mit gleichen Rechten und Pflichten an einer „großen Koalition des Übergangs" zu beteiligen, um die Funktionsfähigkeit der Übergangsregierung bis zu den ersten freien Wahlen sicherzustellen.
15 Die West-CDU machte ihre Unterstützung von der Bedingung abhängig, daß sich die frühere Blockpartei in ein politisches Zweckbündnis mit den 1989 neugegründeten Gruppierungen DA („Demokratischer Aufbruch") und DSU („Deutsche Soziale Union") begab. Mehr oder weniger widerstrebend ließen sich DA und DSU auf diese Verbindung ein. Damit waren freilich die wechselseitigen Ressentiments der Bündnispartner noch längst nicht ausgeräumt; sie setzten sich auch im Volkskammerwahlkampf als Kampf um die Verteilung von Macht und Ressourcen fort und brachen auch später in den Auseinandersetzungen zwischen Alt- und Neu-Mitgliedern immer wieder auf.
16 Gegenüber der durch ihre Blockvergangenheit diskreditierten DDR-CDU gab es in der Parteispitze massive Vorbehalte. Parteioffizielle Kontakte zwischen West- und Ost-CDU waren bisher strikt vermieden worden. Unterhalb dieser Ebene gab es in der CDU aller-

pathien für DA und DSU setzte die Parteispitze aus Gründen des Machterhalts nicht allein auf die neuen Gruppierungen, die weder die organisatorischen Kapazitäten besaßen, um einen flächendeckenden Wahlkampf zu führen, noch das Personal, um die bei den Wahlen gewonnenen Ämter und Mandate zu besetzen. Auch eine dritte Variante schied aus; sie hätte darin bestanden, daß Mitglieder der Ost-CDU die Blockpartei aufgelöst und zusammen mit der West-CDU eine neue CDU im Osten aufgebaut hätten. Dieses Konzept wurde von Teilen der CDU-Mitgliederschaft, die sich in der Wendezeit aktiv engagierten, vor allem im Süden der DDR favorisiert. In der Tat hätte die Neuformierung nach einem Organisationsbruch einen demonstrativen Neubeginn der CDU in der DDR möglich gemacht; sie hätte allerdings wegen des knappen Zeitrahmens auch ein erhebliches Risiko bedeutet. Obwohl die Vorbereitungen für dieses Projekt um die Jahreswende 1989/90 schon weit gediehen waren, war es in dem Moment obsolet, in dem sich die CDU-Führung im Westen aus wahltaktischen Gründen zur Kooperation mit der Ost-CDU durchgerungen hatte (Schmidt 1996a: 62ff.). Nach der Volkskammerwahl sollte sich dann zeigen, daß diese Grundentscheidung die weitere Entwicklung der CDU in Ostdeutschland vorstrukturierte: Sie führte zum einen zu einer brisanten Gemengelage heterogener politischer Kräfte, in der die folgenden innerparteilichen Auseinandersetzungen und Machtkämpfe vorprogrammiert waren. Zum anderen war dadurch der Aufbau einer mit der West-CDU kompatiblen Partei nur aufgeschoben und mußte mit zeitlicher Verzögerung nachgeholt werden.

3.1 Von der „Allianz" zur vereinigten CDU

Bei den Wahlen am 18. März 1990 zahlte es sich für die Ost-CDU aus, daß sie auf getrennten Listen der „Allianzparteien" bestanden hatte: Mit 40,8 v.H. der Wählerstimmen wurde sie nun zur stärksten politischen Kraft in der neugewählten Volkskammer. Das Negativ-Image der ehemaligen Blockpartei verblaßte gegenüber ihrer Funktion als „DDR-Statthalterin der West-CDU" (Gibowski/Kaase 1991: 6), die mit dem schnellsten Weg zur nationalen Einheit und den Verheißungen der Sozialen Marktwirtschaft identifiziert wurde. Zum Wahlerfolg der Ost-CDU hatte nicht zuletzt auch ihre flächendeckende Organisation und ihr großes Mitgliederreservoir beigetragen. Als „C"-Partei profitierte sie zudem – unverdient – vom Ansehen der Kirchen. Der „Demokratische Aufbruch" (DA) erlebte hingegen – nach der Entlarvung seines Spitzenkandidaten Wolfgang Schnur als Stasi-Agent – mit

---

dings bereits Ende der 80er Jahre und erst recht in der Wendezeit einen regelrechten „Polittourismus".

0,9 v.H. ein totales Desaster, während die „Deutsche Soziale Union" (DSU) ein passables Ergebnis von 6,3 v.H. der Stimmen erzielte. Damit waren die Proportionen und Perspektiven der drei Gruppierungen abgesteckt. Der DA, der seine Chancen bei den kommenden Wahlen realistisch einschätzte, fusionierte im Spätsommer 1990 trotz massiver Bedenken gegen die „Blockflöten" unter der Ägide der West-CDU mit der Ost-CDU und der Demokratischen Bauernpartei (DBD). Die DSU scherte noch im April 1990 aus dem Bündnis der „Allianz" aus und versuchte, als eigenständige konservative Partei in der Noch-DDR Fuß zu fassen.

Am 1./2. Oktober 1990 – einen Tag vor der deutsch-deutschen Vereinigung und zwei Wochen vor den Landtagswahlen in den neuen Ländern – fand dann der Vereinigungsparteitag der CDU in Hamburg statt; er wurde als demonstrativer Akt der organisatorischen Integration inszeniert.[17] Auch wenn die Parteitagsregie den Eindruck zu vermeiden suchte, hier werde ein bloßer Anschluß vollzogen, so war dies doch in weiten Zügen tatsächlich der Fall. Die Parteifusion vollzog sich nicht – wie von der Parteiführung in Berlin angestrebt – als Vereinigung der beiden Verbände der West- und Ost-CDU, sondern als Beitritt der erst kurz zuvor gegründeten östlichen Landesverbände zur West-CDU; deren Vertretern gelang es dabei auch nicht ansatzweise, ein eigenes politisches Profil deutlich zu machen. Gerade darauf hatten jedoch die Kräfte um de Maizière mit ihrem Versuch, verschüttete Identitätsstränge der Ost-CDU auszugraben und zeitgemäß neu zu interpretieren, hingearbeitet.

4. Das Programm der CDU in der DDR (1990)

Am 26. Juni 1990 – genau fünfundvierzig Jahre nach der Berliner Unionsgründung – wurde die Ost-Berliner CDU-Zentrale auf die Initiative der Berliner CDA hin zum „Jakob-Kaiser-Haus" umbenannt. Mit diesem symbolträchtigen Akt wollte die Ost-CDU ihre Rückwendung zu den historischen Wurzeln der Partei und zu den politischen Zielen des Berliner CDU-Gründerkreises demonstrieren. Mit seinem deutschlandpolitischen „Brückenkonzept" und als Repräsentant eines „Christlichen Sozialismus" hatte Jakob Kaiser, der als letzter legal gewählter Parteivorsitzender in der SBZ amtierte, in den ersten Nachkriegsjahren zu einem der profiliertesten Antipoden Konrad Adenauers in der CDU gehört. Im Rückgriff auf die Kaiser-CDU, die ein gemeinwirtschaftlich geordnetes, national geeintes Deutschland angestrebt

---

17 So trat die gesamte Führungsspitze zurück, um sich von den nunmehr 1000 Delegierten neu wählen zu lassen. De Maizière wurde einziger Stellvertreter Helmut Kohls.

hatte, zeigte sich insofern nicht nur die Suche nach einer historischbegründeten Legitimation im Status quo ante. Die Berliner Führung brachte damit auch zum Ausdruck, daß die erneuerte Ost-CDU mehr sein wollte als ein bloßes Anhängsel der vom rheinischen Katholizismus geprägten Westpartei.[18] Sie hoffte, eine kritische Distanz gegenüber einem im bürgerlichen Pragmatismus erstarrten Denken wahren und der vereinigten Partei selbst neue Impulse geben zu können.

Seit dem Sonderparteitag im Dezember 1989 arbeitete eine Programmkommission an einem Programmentwurf, der – trotz einer ganzen Reihe von Identifikationspunkten – nicht einfach an das Grundsatzprogramm der West-CDU aus dem Jahr 1978 anschließen, sondern etwas für die Identität der Ost-CDU Konstitutives festschreiben wollte. Eine zentrale Frage war, wie die Aussagen des „Konziliaren Prozesses" (Frieden, Gerechtigkeit, Bewahrung der Schöpfung) politikfähig gemacht werden und in programmatische Konzepte umgesetzt werden könnten. Dies war übrigens auch ein Ansatzpunkt der Initiatoren des „Weimarer Briefes" gewesen; sie hofften, daß die Ost-CDU durch das „Metanoeite", d.h., den Aufruf zur Buße und zur „Umkehr in die Zukunft", wieder glaubwürdig werden könnte (Schmidt 1994: 52ff., 1996a: 77ff.). Der für Anfang März 1990 geplante Programm-Parteitag fand allerdings wegen der vorgezogenen Volkskammerwahlen nicht mehr statt. Auch zu der feierlichen Verabschiedung der Programmvorlage, die in einer Parteivorstandssitzung im Juni 1990 erfolgen sollte, kam es nicht mehr. Zwar wurde die Broschüre im Herbst 1990 nochmals nachgedruckt und auf dem Hamburger Vereinigungsparteitag im Oktober 1990 ausgelegt (CDU-Texte 1990b), es gelang aber nicht mehr, das Programm als einen originären Beitrag der Ost-CDU in die fusionierte Partei einzubringen.

Der Abbruch der Programmdiskussion macht deutlich, daß die Kräfte um de Maizière, die seit der Wende in der Berliner CDU-Zentrale auf eine Neuformulierung der programmatischen Grundlagen und Perspektiven der Ost-CDU hingearbeitet und sich davon einen innerparteilichen Selbstverständigungs- und Integrationsprozeß versprochen hatten, von der Dynamik des Einigungsprozesses überrollt wurden. Je näher die Perspektive einer deutsch-deutschen Vereinigung rückte, desto mehr schwand in der Parteibasis das Interesse an der Diskussion über ein programmatisches Profil der Ost-CDU. Nachdem der alte Rahmen nicht nur der Partei, sondern auch der DDR zerbrochen war, setzten in der DDR-CDU Dissoziationsprozesse ein, die solchen Bemühungen zuwiderliefen. Die Verfasser mußten sich damit bescheiden, ihren Programm-Entwurf als eine Art Vermächtnis der Ost-

---

18 Von seinem Diktum, die vereinigte CDU werde nördlicher, protestantischer, sozialer sein, rückte de Maizière auf dem Vereinigungsparteitag ab, um möglichen Ängsten in der West-CDU zu begegnen.

CDU anzusehen, auf das spätere Generationen einmal zurückgreifen könnten.

Tatsächlich ist der Programmentwurf ein interessantes Dokument des Übergangs in der DDR-CDU. Es spiegelt den Versuch der Parteieliten in der CDU-Zentrale wider, sich von dem alten System einer dirigistischen Zentralverwaltungswirtschaft zu verabschieden und ein eigenständiges Konzept für eine offene, vielfältige, demokratische und soziale Gesellschaft zu entwerfen. Allerdings kommen dabei die Probleme der Umstellung und des Übergangs nur ansatzweise in den Blick. Die pazifistischen Traditionsbezüge in der Präambel, die Dimension globaler Gerechtigkeit, die starke Betonung der sozialen Komponente bei der Definition der Grundwerte, die Positionen zur Emanzipation der Frau, zu Wohnungsbau und Mieterfragen, zu einer „der Humanität verpflichteten Sozialpolitik" oder zur multikulturellen Gesellschaft u.a.m. geben dem Programm eine eher „linke" Akzentuierung, die in dieser Form in einem Programm der West-CDU wohl kaum denkbar wäre.

Der Programmentwurf der DDR-CDU spielte in der weiteren Diskussion über das neue Grundsatzprogramm der vereinigten CDU[19] keine Rolle mehr. Selbst de Maizière, der auf dem Vereinigungsparteitag im Oktober 1990 zum stellvertretenden Bundesvorsitzenden der CDU gewählt worden und bis September 1991 auch Vorsitzender der Grundsatzprogrammkommission war, hatte ihn schon seit dem Sommer 1990 nicht mehr offensiv vertreten. Für die „Erneuerer" aus den östlichen CDU-Landesverbänden, die in der Grundsatzprogrammkommission gut repräsentiert waren, stellte der Programmentwurf mit seiner verborgenen Subversität keinen Anknüpfungspunkt dar. Vor allem die sächsischen „Modernisierer" – einer ihrer Protagonisten, Arnold Vaatz, war von September 1991 bis Januar 1993 stellvertretender Vorsitzender der Programmkommission – gingen von einem ganz anderen Denkansatz aus: Ihr Ziel war die wirtschaftliche und gesellschaftliche Modernisierung in einer „ökologischen und sozialen Marktwirtschaft", die sich ohne den Bruch mit westdeutschem „Besitzstandsdenken" und ostdeutscher „Versorgungsmentalität" nicht realisieren lasse. Die Kluft zwischen diesen beiden Positionen in der ostdeutschen CDU besteht bis heute.

---

19 Das neue Grundsatzprogramm der neuvereinigten CDU war als Fortschreibung des Ludwigshafener Programms der CDU aus dem Jahr 1978 gedacht. Damit legte die CDU – übrigens als erste Partei – ein Programm für das vereinigte Deutschland vor. Die Verabschiedung dieses Programms auf dem Hamburger Parteitag im Februar 1994 bildete den Auftakt zu den Wahlkämpfen des Superwahljahres 1994.

5. Organisation

5.1 Umstrukturierung und Modernisierung

Nach der Parteivereinigung wurde der aufgeblähte Apparat der Ost-CDU nach westlichem Muster und Effizienzdenken umstrukturiert. Das engmaschige Gebilde war nicht mehr finanzierbar; außerdem schuf der Schrumpfungsprozeß günstige Voraussetzungen für den Aufbau neuer Parteistrukturen und personeller Konstellationen. Die Ost-Verbände mußten schmerzhafte Einschnitte verkraften, die den Niederbruch der Parteiorganisation noch beförderten. So verringerte sich die Zahl der Kreisgeschäftsstellen, die nun zu Wahlkreisgeschäftsstellen zusammengefaßt bzw. aufgelöst wurden, von 210 auf insgesamt 87 in den fünf neuen Ländern und im Ostteil Berlins. Von den ca. 1700 hauptamtlichen Parteimitarbeitern blieb gerade noch ein Zehntel übrig. Im Zuge der Gebietsreform kam es bei den Kreisverbänden zu weiteren Veränderungen, die Besitzstände gefährdeten und zusätzliche Integrationsprobleme verursachten. Ende März 1991 war die Ost-Berliner Hauptgeschäftsstelle beim Parteivorstand mit ihren damals noch 120 hauptamtlichen Mitarbeitern von der Bonner Parteizentrale aus „abgewickelt" worden. Die neuerdings wieder aufgestellte Forderung, eine „Arbeitskapazität" in Berlin einzurichten, die die ostdeutschen Landesverbände inhaltlich und organisatorisch unterstützen solle, verlangt faktisch eine Revision dieser Entscheidung. Eine solche Kopfstelle wird freilich keineswegs von allen Ost-Landesverbänden gewünscht.

Obwohl man die Notwendigkeit des Personalabbaus durchaus eingesehen hatte, wurde die Umstellung auch als Überstülpen des westlichen Parteimodells empfunden, das den Anforderungen an die Partei in der schwierigen Umbruchphase nicht angemessen sei. Die unpopulären Reorganisationsmaßnahmen mußten zwar von den Landesverbänden durchgeführt werden, doch bestimmte die West-CDU Prioritäten, Stil und Tempo. Der Unmut darüber verstärkte sich im Laufe des Jahres zusehends, weil sich die Ost-Verbände immer wieder von der Zentrale übergangen fühlten und sich allmählich ihrer vollständigen Abhängigkeit von der West-CDU bewußt wurden.

Um den weiteren Abstieg der Ost-Verbände aufzuhalten und die personelle Erneuerung der Block-CDU voranzutreiben, hatte Generalsekretär Rühe 1991 ein „Aufbauprogramm" für die Kreis- und Landesgeschäftsstellen angekündigt. Konkret bedeutete dies weitgehende Eingriffe der Bonner Parteizentrale in die Struktur- und Personalentscheidungen der ostdeutschen Landesverbände, die von deren Repräsentanten aber als Entmündigung verstanden wurden. Im Vorfeld des Dresdener Parteitags kam es zum Eklat, als de Maizière in seiner Funktion als Vorsitzender des – mittlerweile zahlungsunfähigen – brandenburgischen Landesverbandes die Bundes-CDU aufforderte, die Arbeitsfähigkeit der CDU im Osten zu erhalten und die besonderen Organisationsprobleme beim Umbau der Parteistrukturen zu berücksichtigen. Daraus ergab sich ein Streit über die den östlichen Landesverbänden zustehenden Finanzmittel aus der Abwicklungsmasse des CDU-Hauptvorstandes – als stellvertretender Parteivorsitzender hatte de Maizière den Verzicht auf das Blockparteien-Vermögen und seine Folgen für die Parteiorganisation mit zu verantworten – sowie aus der Wahlkampfkostenerstattung für das Jahr 1990. Zermürbt durch die innerparteilichen Auseinandersetzungen, aber auch durch die Vorwürfe, IM der Staatssicherheit gewesen zu sein, erklärte de Maizière daraufhin seinen Rücktritt von allen Parteiämtern (Schmidt 1996a: 156ff.).

Unterdessen hat sich die Parteiorganisation in den ostdeutschen Landesverbänden wieder einigermaßen stabilisiert. Die Ost-Landesverbände sind freilich ohne die Zuschüsse der Bundespartei nicht lebensfähig. Ihre Einnahmen aus Mitgliedsbeiträgen, Sonderabgaben und Spenden sind im Vergleich zu den westlichen Landesverbänden minimal (Schmid 1994: 66ff.) und reichen nicht aus, um die Parteiorganisation zu finanzieren. Das Vermögen der Block-CDU stand (wie das aller Parteien der DDR) seit Juni 1990 zunächst unter treuhänderischer Verwaltung einer vom Ministerpräsidenten der DDR eingesetzten Unabhängigen Kommission zur Prüfung des Parteivermögens und ging am Tag der deutschen Vereinigung in die Verfügungsgewalt der Treuhand über. Da beim Verzicht der Bundes-CDU auf das Vermögen der Blockpartei[20] die Altschuldenfrage nicht geregelt wurde, waren die östlichen Landesverbände z.T. noch mit finanziellen Nachhängen und Abwicklungsproblemen belastet. Aufgrund ihrer Finanznöte erließ ihnen die Bundespartei in den ersten Jahren nach der Wende die Abführung von Beiträgen an die Zentrale. Derzeit gibt es den Vorschlag, aus den ab 1996 fälligen Mittelabführungen einen Projektfonds zu schaffen, aus dem zeitlich begrenzte Vorhaben zur Intensivierung der Arbeit der ostdeutschen Kreisverbände finanziert werden könnten. Die Landesverbände müssen jedoch auch eigene Wege suchen, um aus ihrer Finanz- und Organisationskrise herauszukommen, auch wenn dies angesichts des Mitgliederschwundes und der Schwierigkeiten des Organisationsaufbaus in den Flächenländern oft einer Quadratur des Kreises gleichkommt.

---

20 Am 12. November 1990 faßte der Bundesvorstand der CDU den Beschluß, auf sämtliche Eigentumsrechte an Grundstücken, Gebäuden und an Wirtschaftsbetrieben der ehemaligen CDU (Ost) zu verzichten. Ein Teil der Vermögensmasse der Blockpartei floß über ein „Treuhand-Abwicklungs-Sondervermögen" wieder für personelle Abwicklungsmaßnahmen sowie für die technische Ausstattung der Landes- und Kreisgeschäftsstellen zurück (vgl. Bundestagsdrucksache 12/3950, 4.12.1992: 33ff.).

Im Zuge der Strukturreform erhielten die Ost-Landesverbände von der Bundesgeschäftsstelle eine technisch-apparative Grundausstattung. Auch die Qualifizierung und Schulung der hauptamtlichen MitarbeiterInnen wurde gefördert. Die Bundespartei betonte im übrigen auch die psychologische Wirkung ihrer West-Ost-Solidaritätsaktionen, das gegenseitige Verstehen und den Erfahrungsaustausch für die Herstellung der inneren Einheit. Umso verwunderlicher ist daher, daß – so der Sprecher der ostdeutschen CDU-Abgeordneten – auch sechs Jahre nach der Vereinigung nicht ein einziges Parteimitglied aus Ostdeutschland im Konrad-Adenauer-Haus beschäftigt war.[21] Allerdings ist die minimale Präsenz ostdeutscher Kräfte in den Parteizentralen kein Sonderproblem der CDU.

5.2 Mitgliederentwicklung

Durch den Beitritt der ostdeutschen CDU-Landesverbände sowie Zuflüsse aus dem DA und der Bauernpartei (DBD)[22] erhielt die Bundes-CDU einen stattlichen Zuwachs von zunächst 134.409 Mitgliedern. Nach der 1991 abgeschlossenen Karteibereinigung blieben davon 111.248 neue Mitglieder übrig. Der Anteil der CDU-Mitgliedschaft in den neuen Bundesländern an der Gesamtmitgliederschaft der CDU, der 1990 noch 17 v.H. ausmachte, hat sich durch den rapiden Mitgliederschwund unterdessen auf knapp 12 v.H. vermindert. Daß es damit für die ostdeutschen Verbände nicht leichter wird, ihre Themen und Probleme in die Gesamtpartei einzubringen, liegt auf der Hand.

Die folgende Tabelle zeigt die regionale Mitgliederentwicklung in den neuen Bundesländern. Sie verdeutlicht die unterschiedliche Stärke der Landesverbände, aber auch den kontinuierlichen Rückgang der Mitgliederzahlen – einen in allen neuen Ländern anhaltenden Trend. Von 1990 bis 1995 ist demnach der Mitgliederbestand der CDU in den neuen Ländern von anfangs ca. 130.000 auf ca. 80.000 Mitglieder, d.h. um fast 40 v.H. geschrumpft.

---

21 Vgl. FAZ, 17.2.1996 sowie Der Spiegel, Nr. 8/1996: 32 ff.
22 Genaue Zahlen liegen hierüber bisher nicht vor. Sicher ist aber, daß von den insgesamt 117.000 DBD-Mitgliedern der weitaus größte Teil die Fusion nicht mitvollzog. Die kursierenden Angaben über die Mitglieder des „Demokratischen Aufbruch" (vgl. etwa bei Volkens/Klingemann 1992: 198) sind mit Sicherheit weit überhöht.

Tabelle 1: Regionale Mitgliederentwicklung in den neuen Bundesländern (1990-1995)

LV	31.12.90	31.12.91	31.12.92	31.12.93	31.12.94	31.08.95
Brandenburg	17.068	13.713	11.292	10.528	9.505	8.981
Meckl.-Vorp.	18.321	14.707	12.375	10.636	10.217	9.864
Sachsen	37.231	32.082	28.156	24.517	22.932	21.329
S.-Anhalt	26.120	22.224	18.636	16.595	15.461	14.572
Thüringen	30.816	26.983	23.808	21.518	19.685	18.627

Quelle: Zusammenstellung nach: CDU-Bundesgeschäftsstelle 1992:86; 1994:68; 1995a: 38.

5.3 Struktur der CDU-Mitgliederschaft

Fünf Jahre nach der Parteifusion macht der Corpus der Alt-Mitglieder noch immer gut drei Viertel der CDU-Mitgliederschaft in Ostdeutschland aus. Zwar haben in den Jahren nach der Wende durch die Austritte von Alt-Mitgliedern und Neuzugänge Austauschprozesse in der Mitgliederschaft stattgefunden.[23] Dennoch zehrt die Partei weithin von ihrer alten Substanz und ist dringend darauf angewiesen, neue Mitglieder zu werben und organisatorisch zu binden. Dies ist nicht zuletzt eine Aufgabe der Vereinigungen, die für die CDU wichtige Vermittlungs-, Integrations- und Rekrutierungsfunktionen haben.

5.3.1 Vereinigungen in der CDU

Die Suborganisationen der CDU sind zwar im Osten flächendeckend gegründet worden; mit Ausnahme der Frauen- und der Senioren-Union sind sie jedoch häufig mitgliederschwach oder auch erst im Aufbau begriffen. Der Mittelstandsvereinigung und der Kommunalpolitischen Vereinigung ist es noch am ehesten gelungen, eine Klientel aufzubauen. Besonders schwach ist die Christlich Demokratische Arbeitnehmerschaft (CDA), obwohl Vorformen dieser Organisation in Berlin bereits im Dezember 1989 entstanden waren. Zwar ist der Anteil der Arbeiter unter den CDU-Wählern in Ostdeutschland (insbesondere auch in Sachsen und Thüringen) relativ hoch, weil von dieser Partei am ehesten eine Lösung der ökonomischen Probleme

---

23 So weist F.C. Schlumberger, nach der Wende Generalsekretär der thüringischen CDU, darauf hin, daß im CDU-Landesverband Thüringen zwischen 1990 und 1993 mehr als ein Drittel der Mitgliederschaft ausgetauscht worden sei. 80 v.H. dieser Fluktuation habe im Jahr 1990 stattgefunden. (Vgl. Schlumberger 1994: 26). Nach dem Bericht der CDU-Bundesgeschäftsstelle aus dem Jahr 1992 ist knapp ein Viertel der Mitgliederschaft nach dem 1. Januar 1990 eingetreten (vgl. CDU-Bundesgeschäftsstelle 1992: 19).

Die CDU

erhofft wird;[24] als organisierte soziale Interessengruppe treten die Arbeitnehmer aber in der Ost-CDU kaum in Erscheinung. Schwach ist auch die Attraktivität der Jungen Union, die in den neuen Ländern nur wenige hundert Jugendliche organisiert.

Vorfeldorganisationen bzw. Verbindungen der Ost-CDU in den vorpolitischen Raum hinein bestehen zur Zeit erst ansatzweise. Mit ein Grund dafür ist, daß die Kirchen in der säkularisierten DDR-Gesellschaft ihren volkskirchlichen Charakter teilweise eingebüßt haben; die kirchlich gebundenen Aktivisten der Wendezeit waren ohnehin zumeist in den Reihen der Bürgerbewegung und der SDP zu finden. In der Vereinskultur der Sportvereine, der Kleingärtner, der Mieter- und Arbeitslosenverbände besitzt hingegen die PDS eine fast hegemoniale Stellung.[25] Gute Kooperationsbeziehungen pflegt die Ost- und Mitteldeutsche Vereinigung der CDU mit dem Bund der Vertriebenen (BdV), der wegen der Lastenausgleichsregelung für die Vertriebenen in den neuen Ländern eine wichtige Interessenorganisation darstellt.

5.3.2 Die Parteifusion – ein Modernisierungsprojekt?

Der Zuwachs an Mitgliedern und die Struktur der Mitgliederschaft der Ost-CDU ließen die Parteifusion zunächst als eine Art Modernisierungsprojekt der Gesamt-CDU erscheinen. Allerdings zeichneten sich bereits damals innere Zerklüftungen und sozialstrukturelle Diskrepanzen ab, die – zumindest für eine Übergangszeit – erhebliche Integrationsprobleme aufwarfen und auch den Prozeß des Zusammenwachsens beeinträchtigen.

Vergleicht man die Strukturdaten der DDR-CDU mit denen der West-CDU, so fallen zwei bemerkenswerte Unterschiede sofort ins Auge: der hohe Frauenanteil und die günstigere Altersstruktur:

- der Frauenanteil lag im Osten weit über dem der West-CDU: Er betrug hier 1989 noch 45 Prozent gegenüber 23 Prozent;
- die jüngeren Altersgruppen waren in der Ost-CDU stärker vertreten als in der West-CDU. So waren die Altersgruppen der unter 50-Jährigen im

---

24 Bei der Volkskammerwahl 1990 wählten (gerade in Sachsen und Thüringen) mehr als die Hälfte der Arbeiter die „Allianz" bzw. die CDU – ein Trend der sich allmählich leicht abschwächt. Sollten sich die sozialen Kosten der ökonomischen Umbaukrise noch erhöhen, so ist – neueren Einstellungs-Untersuchungen zufolge – nicht auszuschließen, daß diese Wählerschichten ihre Interessen besser von der SPD (evtl. auch der PDS) vertreten sehen könnten (Wilamowitz-Moellendorf 1995; von Winter 1996).

25 Um mehr Mitglieder zu gewinnen und ihre Position zu sichern, müsse die CDU – so der Ministerpräsident von Mecklenburg-Vorpommern, Seite, – „rein in die Plattenbauten, in die Kleingärten-, Sportvereine und Arbeitslosenverbände." Nur in diesem vorpolitischen Raum könne die CDU der PDS ihr Potential streitig machen (FAZ, 13.2.1996).

Osten mit 59 Prozent weitaus besser repräsentiert als im Westen, wo dieser Anteil bei 45 Prozent lag. In der Ost-CDU machte der Anteil der unter Vierzigjährigen sogar knapp 40 Prozent aus.[26]

Obwohl der Anteil der weiblichen CDU-Mitglieder in Ostdeutschland in den Jahren seit der Parteifusion kontinuierlich abgenommen hat, sind die Frauenanteile an der Mitgliederschaft hier immer noch deutlich größer als in den alten Ländern. Gemessen an diesem relativ hohen Mitgliederanteil sind Frauen jedoch gerade in den neuen Bundesländern auf den höheren politischen Entscheidungsebenen extrem schwach vertreten. Hier ist ein eklatanter Bruch zwischen Mitgliedschaft und Teilhabe an Führungspositionen feststellbar. Von einer mindestens dem weiblichen Mitgliederanteil entsprechenden Repräsentation, wie sie inzwischen auch in den Führungsgremien der CDU angestrebt wird, kann keine Rede sein. Während die Frauen im Osten als Ortsvorsitzende sowie als kommunale Mandatsträgerinnen, auch als Delegierte auf Parteitagen noch vergleichsweise gut repräsentiert sind, zeigt sich bei höheren Parteifunktionen und Vertretungsorganen ein wesentlich schlechteres Bild. In manchen Landesverbänden gibt es sogar gravierende Rückschritte, wie z.B. in Brandenburg und Sachsen, wo der Frauenanteil in den Landesvorständen gegenüber 1991 zeitweise noch weiter zurückgegangen ist. Nur sehr geringe Chancen haben Frauen – übrigens auch in einigen westlichen Bundesländern – bei der Besetzung der Kreisvorstände. Die Gründe dafür sind verschieden: Viele Frauen stellen sich für solche Posten gar nicht erst zur Verfügung; andere werden von Männern abgedrängt. Bei den Landtagswahlen 1994 wurde zwar der Anteil von Frauen in den CDU-Fraktionen der Landtage von Mecklenburg-Vorpommern, Sachsen und Thüringen fast verdoppelt; dennoch bleibt eine krasse Diskrepanz zum Mitgliederanteil bestehen.

Die Diskussion über die Quotenregelung hat die unterschiedlichen Mentalitäten und Erfahrungshintergründe der CDU-Frauen in Ost- und Westdeutschland deutlich gemacht. In dieser Frage erschwerte diese Differenz bisher ein gemeinsames Vorgehen zur Veränderung der innerparteilichen Strukturen. Das Ziel der Frauen-Union, ein Netzwerk aktiver Frauen in den neuen Ländern zu schaffen, ist jedoch ansatzweise erreicht worden.

Der Altersaufbau der CDU-Mitglieder hat sich durch die Fusion nur unwesentlich verändert. So lag das Durchschnittsalter aller Mitglieder der CDU Deutschlands 1992 bei 52,2 Jahren. 1993 und 1994 stieg es weiter an. Frauen sind in der CDU im Schnitt etwas älter als Männer, was auch in der DDR-CDU vor der Wende der Fall war. Nach all dem hat der von der Bun-

---

26 Vgl. Die CDU in der DDR. Eine Bestandsaufnahme (ACDP VII-011, 3900).

des-CDU erhoffte „Modernisierungstrend" nicht die Tendenz, sich zu verstetigen, auch wenn die Neuaufnahmen eine leichte Verjüngung aufweisen.

5.3.3 Probleme der Parteistruktur und Integration

Deutliche Unterschiede zeigen sich bei der Verteilung der Berufsgruppen in der CDU-Mitgliederschaft in Ost und West. So ist der Anteil der Arbeiter, Arbeitslosen und Rentner in den neuen Ländern noch immer jeweils mehr als dreimal so hoch wie in der alten Bundesrepublik und macht annähernd die Hälfte der gesamten Mitgliederschaft der Ost-CDU aus. Hingegen war in den alten Ländern der Anteil der Selbständigen 1992 mehr als dreimal so hoch, der Beamtenanteil sogar sechsmal so hoch wie in den neuen. Zwar haben sich diese sozialstrukturellen Diskrepanzen in den letzten Jahren etwas abgeschliffen, sie bleiben aber immer noch unübersehbar. In dieser unterschiedlichen Strukturierung spiegelt sich sowohl das unterschiedliche sozialstrukturelle Gefüge der beiden deutschen Teilgesellschaften, das sich in vier Jahrzehnten herausgebildet hat, als auch das aktuelle soziale Gefälle zwischen West und Ost wider. Die großen Diskrepanzen in der sozialstrukturellen Zusammensetzung der CDU-Mitgliederschaft und die damit verbundenen sozialen Erfahrungen, Interessenlagen und Mentalitäten stellen für die CDU ein beträchtliches innerparteiliches Spannungspotential dar, dessen Auswirkungen auf das Zusammenwachsen der Partei derzeit nur schwer abzuschätzen sind.

Ein anderes Problem der CDU in Ostdeutschland ist, daß große Teile des genuinen Potentials für eine konservative Partei für sie nicht ansprechbar sind, da frühere SED-Leute nicht in die CDU aufgenommen werden dürfen. Eine versöhnlichere Haltung gegenüber früheren SED-Mitgliedern, die sich in der Vergangenheit nichts zuschulden kommen ließen, ist jedoch nur noch eine Frage der Zeit, zumal ein solches Verfahren auf örtlicher Ebene bereits stillschweigend praktiziert wird.[27] Es liegt eine gewisse Ironie der Geschichte darin, daß nun mit zeitlicher Verzögerung ein Denkansatz aufgegriffen wurde, der schon einige Jahre früher z.B. von Peter-Michael Diestel vertreten worden war: daß nämlich Teile der alten DDR-Eliten und die große Masse der früheren SED-Anhänger mit ihrem persönlichen Umfeld nicht auf Dauer aus dem politischen und gesellschaftlichen Leben im neuvereinigten Deutschland ausgeschlossen werden könnten. Die CDU müsse sich daher um ehemalige Funktionäre, Volkspolizisten und NVA-Leute bemü-

---

27 So legte etwa der CDU-Landesvorstand von Mecklenburg-Vorpommern ein Thesenpapier vor, demzufolge ehemalige SED-Mitglieder künftig nach Überprüfung ihrer Vergangenheit in der CDU eine neue politische Heimat finden können sollten. Auch in der brandenburgischen CDU will man frühere SED-Mitglieder nicht pauschal mit Stasi-Spitzeln oder dogmatischen Kommunisten gleichsetzen.

hen, auch wenn diese sich vor der Wende aufgrund ihrer staatsloyalen Haltung mit der DDR und der SED identifiziert hätten. Allerdings war diese Argumentation zu einer Zeit, in der die CDU wegen der Einverleibung der „Blockflöten" unter Rechtfertigungsdruck stand, gänzlich inopportun; eine solche Praxis hätte die Partei damals zwangsläufig gespalten. So hatte die sächsische CDU auf ihrem Görlitzer Parteitag (1991) unter dem Druck der „Erneuerer" einen Beschluß gefaßt, demzufolge die Aufnahme ehemaliger SED-Mitglieder in die CDU grundsätzlich nicht möglich war.[28] Daß diese Diskussion jetzt wieder aufbricht, verweist übrigens auf ein Integrationsproblem, das die CDU mit der SPD im Osten gemeinsam hat.

6. Elitenkonflikte im Transformationsprozeß der ostdeutschen CDU

Mit der parteiförmigen Verfestigung der heterogenen Gemengelage, in die die Ost-CDU die weitaus größten Mitglieder- und Wähleranteile einbrachte, waren die Konfliktstrukturen angelegt, die die Ost-CDU in den folgenden Jahren durchzogen. Die Stimmengewinne der CDU bei der Volkskammerwahl hatten nicht nur ihr Selbstbewußtsein gestärkt, sondern auch dazu geführt, daß die Personalressourcen der Blockpartei voll ausgeschöpft werden mußten. Die Ablösung der alten Funktionärsschicht bewirkte einen „Fahrstuhleffekt", durch den nun Parteikader aus den mittleren und unteren Rängen der Block-CDU in Führungspositionen gelangten. Auf diese Weise kamen z.B. bisher nur wenig profilierte Blockparteienleute vorübergehend an die Spitze der neugebildeten Landesregierungen in Sachsen-Anhalt, Mecklenburg-Vorpommern und Thüringen. Nach dem Fall von Gerd Gies und Josef Duchac wurden die Landesregierungen in Sachsen-Anhalt und Thüringen ebenfalls durch aus dem Westen importierte Länderchefs (Werner Münch, Bernhard Vogel) und westdeutsches Personal in den Staatskanzleien stabilisiert.

Das Block-Element in der Ost-CDU war 1990 durch jüngere Kader aus der mittleren Führungsschicht der DBD 1990 noch verstärkt worden. DBD-Leute um den stellvertretenden Vorsitzenden Ulrich Junghanns hatten nach der Volkskammerwahl 1990 zielbewußt den Anschluß an die CDU betrieben

---

28 Durch § 5 der Landessatzung war die Entscheidung im Einzelfall aber den Orts-, Kreis- und Stadtverbänden überlassen.

und sich damit auch Positionen im Bund, den Ländern[29], den Kommunen und im Parteiapparat gesichert. Demgegenüber stellten die aus Gruppierungen der Bürgerbewegung (insbesondere dem DA und der „Gruppe der 20") zur CDU gestoßenen Kräfte nur eine winzige Minderheit dar. Allerdings bündelte sich hier ein innovatives Potential, das trotz seiner minoritären Situation die Blockkräfte seit 1990/91 allmählich zurückdrängen konnte. Zeitweise haben die parteiinternen Auseinandersetzungen erhebliche Reibungsverluste, auch Demobilisierung und Stagnation in der Parteiorganisation produziert. Sie waren aber zugleich Teil eines notwendigen Strukturierungsprozesses der Partei und ihrer Führungsgruppen, der bis heute noch nicht abgeschlossen ist.

Inzwischen sind die Konflikte zwischen „Erneuerern" und „Blockis" weitgehend pazifiziert worden. In den Landesverbänden Brandenburg und Mecklenburg-Vorpommern hatten die Erneuerer von Anfang an ohnehin nur einen schwachen Stand. In Thüringen und vor allem in Sachsen, wo der Streit am heftigsten ausgefochten wurde, haben die Landesführungen unter den Ministerpräsidenten Vogel und Biedenkopf ihre Integrationsstrategien durchgesetzt. Auch wenn die Reformer ihre weitergesteckten Ziele nicht erreichen konnten, so fügten sie sich doch der Parteiräson. Immerhin haben sie es geschafft, aus der Position einer winzigen Minderheit heraus zu einer bestimmenden Kraft in den Führungsgruppen der Ost-CDU zu werden, was sich auch in einer überproportionalen Repräsentation in Parlaments- und Regierungsfunktionen niederschlägt. Trotz dieses Erfolges bleibt ihr Verhältnis zur Majorität aus Alt-CDU-Leuten, „strukturellen Opportunisten" und anpassungsbereiten Neuzugängen prekär.

Zur Beschreibung der gegenwärtigen Situation läßt sich im Lager der Erneuerer eine gesellschaftsanalytische Argumentation von einer eher psychologisch-therapeutischen Sichtweise unterscheiden: Während die eine davon ausgeht, daß der Transformationsprozeß in der Herbstrevolution viel zu früh abgebrochen und der Elitenwechsel daher nicht konsequent genug vorangetrieben worden sei, sieht die andere in den innerparteilichen Positionskämpfen einen ganz normalen Gärungsprozeß in einer noch unfertigen Partei. „Neue" und „Alte" müßten sich erst kennenlernen und zusammenfinden. Einig sind sich die radikaleren und die gemäßigten Kräfte darin, daß die CDU-Akteure daran zu messen seien, mit welchem Politikverständnis und mit welchen Denk- und Verhaltensweisen sie in der gegenwärtigen Situation agierten. Das Kriterium Alt/Neu bildete in mehrerlei Hinsicht schon längst kein Unterscheidungsmerkmal mehr, weil die Verhaltens- und Karrieremu-

---

29 In der brandenburgischen CDU-Landtagsfraktion hatten ehemalige DBD-Leute in der ersten Legislaturperiode einen Anteil von ungefähr einem Drittel; er wurde 1994 auf die Hälfte reduziert.

ster sich anglichen und es schon zahlreiche Liaisons zwischen „Alten" und „Neuen" gab.

Die Personen und Führungsgruppen, die in der Wendezeit aus CDU-Ortsgruppen, Arbeits- und Gesprächskreisen und sogar Teilen des Parteiapparats der DDR-CDU heraus zu Initiatoren und Trägern des Reformprozesses der Ost-CDU wurden und darüber hinaus Konzepte für einen gesellschaftlichen Wandel in der Noch-DDR entwickelt haben, werden hier – gemäß einer an anderer Stelle entwickelten Typologie der Eliten und Elitenformationen in der ostdeutschen CDU (Schmidt 1996a: 222ff.) – als „Transformationseliten" bezeichnet. Als prominente Vertreter dieses Typs können z.B. die Verfasser des „Brief aus Weimar" angesehen werden. Protagonist dieses Typs war Lothar de Maizière in seiner Doppelfunktion als CDU-Vorsitzender und stellvertretender Ministerpräsident in der Modrow-Regierung, schließlich als einziger und letzter frei gewählter Ministerpräsident der Ex-DDR. Bereits in der Übergangsphase bis zu den Volkskammerwahlen hatte diese Aufgabenüberlappung zu massiven innerparteilichen Konflikten in der Ost-CDU über das Procedere geführt, die sich bis zur Vereinigung fortsetzen: Konnte den einen der deutsche Einigungsprozeß nicht schnell genug vonstatten gehen, um ihn irreversibel zu machen, so galt de Maizières Hauptsorge der Beherrschbarkeit dieses Vorgangs, seiner Absicherung durch vertragliche Regelungen, der Überbrückung des Machtvakuums sowie der Minimierung sozialer Verwerfungen. Nicht zuletzt ging es ihm – ganz „altmodisch" – darum, daß dieser Übergang „in Würde" geschehen solle (ebd.: 226). Dieses Transformationskonzept ist freilich schon 1990 im harten Alltag des Vereinigungsprozesses gescheitert. De Maizière selbst scheiterte nicht nur an den Stasi-Vorwürfen; ihm wurde von den „Erneuerern" auch vorgeworfen, zu viele Kompromisse mit den alten Kräften gemacht zu haben.

Die seit Anfang 1990 aus Teilen der Bürgerbewegung über das „Neue Forum" oder ähnliche Gruppierungen (DA, „Gruppe der 20" o.ä.) neu zur CDU gestoßenen Kräfte bezeichne ich als „Induktionseliten" (ebd.: 228). Damit wird die von diesen Gruppierungen ausgehende Wirkung angesprochen, die Entwicklungsvorgänge in der Partei und ihrem Umfeld auslöste bzw. erzwang. Ihr Ziel war ebenfalls die möglichst schnelle deutsche Einheit. Anfangs noch nicht parteipolitisch festgelegt, entschieden sie sich 1990 für die CDU, die sie als radikale System-Alternative auffaßten. Die Organisationsformen und Politikinhalte der Bürgerbewegung erschienen ihnen viel zu fluide. Obwohl etwa die Programmatik des DA (Ökologie, Soziale Gerechtigkeit, Basisdemokratie) in die Richtung der politischen Linken wies, sind die DA-Leute in der CDU heute nicht als „links" zu bezeichnen. Die „Induktionseliten" in der CDU entziehen sich solchen tradierten politischen Links-Rechts-Zuordnungen ohnehin; bei ihnen finden sich sowohl Wirtschaftsliberale als auch Anhänger einer befristeten Industriepolitik, Sozial- und Kommunalpolitiker, Pragmatiker wie Moralisten, Bürgerrechtler und Intellektuelle. Die Protagonisten des „Gesprächskreises 2000" – ein „think tank", dem sich mittlerweile ca. 30 bekannte sächsische Politiker aller Parteiebenen und unterschiedlicher politischer Couleur zurechnen, bezeichnen sich selbst als „Modernisierer": Typisch für das innovative Potential in der CDU in Sachsen sei gerade die „Mischung von freiheitlich-liberalen, christlich-wertkonservativen und revolutionär-basisdemokratischen Anschauungen" („Gesprächskreis 2000" 1993: 1). Reformerische, libertäre, radikal-revolutionäre, basisdemokratische und konservative Elemente mischen sich nicht nur in diesem Geprächskreis, in dem politische Fragen ganz unideologisch diskutiert werden, sondern auch in den Positionen ihrer bekanntesten Mitglieder (Arnold Vaatz, Matthias Rößler, Manfred Kolbe u.a.). Gesellschaftstheoretische Fixierungen stehen hier zunächst einmal unter Ideologieverdacht; aus der Mischung erhofft man sich Synergieeffekte.

In jedem Fall stellen die „Induktionseliten" – zumindest in Sachsen und Thüringen – nicht nur mit ihren inhaltlichen Vorstellungen, sondern auch als belebendes Element in der Parteikultur, in der Ost-CDU eine innovative Kraft dar, die längerfristig auch auf die Gesamtpartei eine stimulierende Wirkung haben könnte. Als politische Strömung oder als Flügel nach westlichem Muster, in denen sich bestimmte Interessengruppen oder Parteitraditionen sammeln, sind sie jedoch nicht anzusehen. Sie bestehen eher aus Individualisten, die sich in informellen Kreisen auf lokaler oder regionaler Ebene zusammenfinden; hier ist eine minoritäre, aber eigenständige politische Kultur entstanden, die mit westlichen Zuordnungen kaum greifbar ist (Schmidt 1996a: 240ff.).

7. Resümee

Trotz ihrer großen Wahlerfolge in den Jahren 1990 und 1994 ist es der CDU in Ostdeutschland bisher noch nicht gelungen, sich als „Volkspartei" zu etablieren. Ein Grund dafür ist, daß sie nicht auf gewachsenen Strukturen und Parteibindungen aufbauen kann. Gesellschaftliche Neustrukturierungs- und Schichtbildungsprozesse haben hier erst eingesetzt. Dies hat auch Konsequenzen für die ostdeutsche CDU, deren soziale Zusammensetzung und Wertgefüge sich noch signifikant von der West-CDU unterscheiden. Gegenwärtig zeigt sich gerade, daß es unterhalb des – seit dem Vereinigungsparteitag 1990 vereinheitlichten – organisatorischen Gerüsts unterschiedliche Parteistrukturen und Interessen gibt, die in der schwierigen Phase des sozialstrukturellen und ökonomischen Umbruchs in der Ex-DDR und der

Wachstums- und Beschäftigungskrise nur schwer zusammenzuführen sind. Akzeptanz und Verankerung der CDU in der ostdeutschen Gesellschaft werden aber davon abhängen, ob und wie sie in den einzelnen neuen Ländern, aber auch in der gesamten Ex-DDR, die Interessen der Bevölkerung artikulieren und – auch in Konfliktfällen mit der Westpartei – vertreten kann. Die Magnetwirkung des westdeutschen Wirtschafts- und Sozialsystems und deren Personifikation durch den Bundeskanzler haben der Union zwar bisher zu ihren Wahlerfolgen verholfen. Die Umbruchkrise zwingt die ostdeutsche CDU aber auch dazu, eigene, konkrete politische Vorstellungen zur Neustrukturierung und Modernisierung der Ex-DDR zu entwickeln. Als bloße Filiale der West-CDU mit einer „geliehenen Identität" hätte sie in der politischen Landschaft Ostdeutschlands längerfristig keine Existenzgrundlage.

Durch die Vermeidung eines Organisationsbruchs in der Wendezeit und die Adoption der DDR-CDU durch die West-CDU aus wahlstrategischen Gründen wurde der Aufbau neuer Parteistrukturen und Eliten verzögert. Dabei entstand in der Ost-CDU eine Gemengelage heterogener Führungsgruppen und Machtansprüche, deren Entmischungsprozeß noch im Gang ist, wenngleich die Altkader unterdessen längst abgelöst sind. Die Machtkämpfe zwischen „alten" und „neuen" Führungsgruppen, die den Formierungs- und Strukturierungsprozeß der CDU in Ostdeutschland notwendigerweise begleiteten, haben viel Zeit und Energie beansprucht, sind aber unterdessen weitgehend abgeklungen. In den kommenden Jahren muß sich nun zeigen, ob es in der Ost-CDU Elitenpotentiale gibt, die nicht nur in den ostdeutschen Ländern, sondern auch in einer neuen „Berliner Republik" nach dem Ende der Ära Kohl innovative politische Gestaltungskonzepte einbringen und durchsetzen werden.

Literatur

Archiv für Christlich-Demokratische Politik, Bonn-St. Augustin (AVDP)
CDU Texte: Erneuerung und Zukunft. Positionen vom CDU-Sonderparteitag am 15. und 16. Dezember 1989 in Berlin (unveröff.) 1990a
CDU Texte: Programm der Christlich-Demokratischen Union Deutschlands, Berlin-Ost (unveröff.) 1990b
CDU-Bundesgeschäftsstelle (Hrsg.): Parteitagsberichte (unveröff.) 1989-1995
CDU-Bundesgeschäftsstelle (Hrsg.): Nie wieder Sozialismus? – Die Ziele der SED-Fortsetzungspartei. Eine Handreichung zur inhaltlichen Auseinandersetzung mit der PDS (unveröff.) 1995
„Gesprächskreis 2000": 13 Grundsätze christlich-demokratischer Politik im wiedervereinigten Deutschland (unveröff.) 1993

Gibowski, W. G./Kaase, M.: Auf dem Weg zum politischen Alltag. Eine Analyse der ersten gesamtdeutschen Bundestagswahl vom 2. Dezember 1990. In: Aus Politik und Zeitgeschichte B11-12(1991), S. 3-20

Schlumberger, F. C.: Organisatorische Probleme beim Aufbau der CDU Thüringen. In: Schmid, J./Löbler, F./Tiemann, H. (Hsrg.): Organisationstrukturen und Probleme von Parteien und Verbänden. Berichte aus den neuen Ländern. Marburg: Metropolis, 1994, S. 25-30

Schmid, J.: Parteistrukturen nach der Einheit – am Beispiel des Indikators Parteifinanzen. In: Schmid, J./Löbler, F./Tiemann, H. (Hrsg.): Probleme der Einheit. Organisationsstrukturen und Probleme von Parteien und Verbänden. Berichte aus den neuen Ländern. Marburg: Metropolis, 1994, S. 55-74

Schmidt, U.: Transformation einer Volkspartei – Die CDU im Prozeß der deutschen Vereinigung. In: Niedermayer, O./Stöss, R. (Hrsg.): Parteien und Wähler im Umbruch. Parteiensystem und Wählerverhalten in der ehemaligen DDR und den neuen Bundesländern. Opladen: Westdeutscher Verlag, 1994, S. 37-74

Schmidt, U.: Von der Blockpartei zur Volkspartei. Die Ost-CDU im Umbruch 1989-1994. Opladen: Westdeutscher Verlag, 1996a

Schmidt, U.: Tiefe Risse im Gefüge der vereinigten CDU. In: Frankfurter Rundschau (Dokumentation), 6.3.1996b, S. 10

Schmitt, K.: Die Landtagswahlen 1994 im Osten Deutschlands. Früchte des Förderalismus: Personalisierung und Regionalisierung. In: ZParl H. 2/95, S. 261-295.

Volkens, A./Klingemann, H.-D.: Die Entwicklung der deutschen Parteien im Prozeß der deutschen Vereinigung. In: Jesse, E./Mitter, A. (Hrsg.): Die Gestaltung der deutschen Einheit. Geschichte – Politik – Gesellschaft. Bonn: Bundeszentrale für politische Bildung, 1992, S. 189-214

Wilamowitz-Moellendorf, U. v.: Parteisympathie von CDU und SPD bei ostdeutschen Arbeitern. Arbeitspapier (unveröff.) 1995

Winter, Th. v.: Wählerverhalten in den östlichen Bundesländern: Wahlsoziologische Erklärungsmodelle auf dem Prüfstand. In: ZParl. H. 2/96, S. 298-316.

Die SPD

Gero Neugebauer

1. Aus dem Seminar in das Parteiensystem

Seit 1968, besonders aber nach 1976 (Ausweisung von Wolfgang Biermann), entwickelten mehr und mehr Menschen in der DDR ein Verständnis von Gesellschaft und Politik, das den herrschenden Verhältnissen und der sie stützenden Ideologie des Marxismus-Leninismus widerstrebte; darin liegen die ideologischen Wurzeln der neuen Sozialdemokratie in der DDR. Die organisatorischen Keimzellen sind die in den frühen 80er Jahren von evangelischen Pastoren und Laien organisierten Seminare, Friedens- und Arbeitskreise, innnerhalb derer die Teilnehmer weltanschauliche und politische Fragen diskutierten (von zur Mühlen 1993: 38ff., Meckel 1993: 53ff.). Das personale Element repräsentieren Martin Gutzeit und Markus Meckel, die die der Gründung vorangehenden Diskussionen und Aktivitäten anführten (Neugebauer/Niedbalski 1992: 5f.).

Die Gründungsveranstaltung der Sozialdemokratischen Partei in der DDR (SDP) fand am 7. Oktober 1989 in Schwante (nördlich von Berlin) statt. Der Gründerkreis umfaßte 43 Mitglieder und widersprach durch seine Zusammensetzung dem Anschein von der SDP als einer „Pastorenpartei". Es wurden 15 Vorstandsmitglieder gewählt, ein Antrag auf Aufnahme in die Sozialistische Internationale (SI) gestellt und das Statut diskutiert und verabschiedet (Elmer 1991). Das Ministerium für Staatssicherheit war durch IM präsent (Gutzeit 1993: 41ff.). Ein Programm sollte später diskutiert und beschlossen werden. Nach der Gründung bildeten sich bald Basisgruppen, Kreisverbände und im Januar 1990 ein Landesverband in Thüringen; man hoffte hier auch auf eine Revitalisierung historischer Traditionen (Walter 1993: 11). Dennoch blieb die Partei, gemessen an der Zahl der Unterstützer oder Mitglieder der sonstigen Gruppierungen aus der oppositionellen Bewegung, klein.[1]

Zwischen Oktober 1989 und Januar 1990 war die SDP mehr mit sich selbst als mit Reaktionen auf die rasanten politischen Entwicklungen be-

---

1 Im Dezember 1989 verzeichnete das Neue Forum ca. 200.000 Mitglieder, Demokratie Jetzt hatte Anfang 1990 50.000 und der Demokratische Aufbruch Ende Dezember 1989 ca. 5.000-6.000 Mitglieder; die SDP ca. 12.000 (ohne Bestätigung).

schäftigt. Erschwerend für die Profilbildung wirkte sich aus, daß die SDP nicht genügend Zeit hatte, um politische Strategien zu diskutieren und ein Programm vollständig auszuarbeiten. Zudem unterließ es die SDP, bestärkt durch Erinnerungen an die Praxis der SED der Anleitung von Organisationen, sich ein ihr geneigtes Vorfeld zu organisieren; ob sie es angesichts der Umorientierungen und Neugründungen in diesem Feld sowie mangels eigener Ressourcen überhaupt hätte schaffen können, muß stark bezweifelt werden. Die politische Entwicklung in der DDR zwang die SDP bald, sich nun deutlicher zu profilieren. Dazu diente die erste Delegiertenkonferenz im Januar 1990 in der Ostberliner Kongreßhalle. Die Zusammenkunft von Sozialdemokraten aus der gesamten DDR, die Anwesenheit westlicher SPD-Prominenz, die Diskussionen und der Wechsel der Bezeichnung von SDP in der DDR zu SPD (ohne DDR) demonstrierten den Delegierten und der Öffentlichkeit ein neues Selbstgefühl.

Der für die Wandlung der SDP zur wettbewerbsorientierten politischen Partei entscheidende Auslöser war die Ankündigung der Wahl zur Volkskammer. Die Vorbereitungen darauf bedeuteten die Anpassung der SPD im Osten an die Bedingungen eines Parteienwettbewerbs, dessen Strukturen und Methoden ihr unbekannt waren. Doch bevor noch die SPD das Training zum Wahlkampf richtig begonnen hatte, wurde bereits kolportiert, daß man das Ziel schon erreicht hätte und stärkste Partei werden würde; was mußte man sich dann noch um sich selbst, geschweige denn um die Konkurrenten kümmern.

Das Wahljahr 1990 begann mit Bemühungen der in der Wende geborenen Opposition um ein Wahlbündnis, das unter anderem an der SPD scheiterte, und mit der Entsendung eines SPD-Ministers in das Übergangskabinett des Ministerpräsidenten Modrow (SED/PDS). Die Sozialdemokraten befürchteten, daraus könne der Verdacht einer Koalition zwischen SED/PDS und SPD abgeleitet werden, an der Modrow kein Interesse hatte. Schließlich mußte sie dann im Wahlkampf erleben, daß der Komplizenverdacht, wenn auch mit anderer Begründung, erhoben wurde.

Im Februar 1990 führte die SPD ihren Parteitag in Leipzig durch. Sie wollte die Programmdiskussion abschließen, die neue Führung wählen und die heiße Phase des Wahlkampfs einleiten (Leonhard 1990). Sie proklamierte eine ökologisch orientierte soziale Demokratie, Mitbestimmung in allen öffentlichen Bereichen, die Entwicklung der parlamentarischen Demokratie als Grundlage für Freiheit, Gleichheit und politischen Pluralismus, kommunale Selbstverwaltung und soziale Marktwirtschaft. Das geschah in der Annahme, daß die deutsche Einheit erst 1991 kommen würde. Die Wahlhoffnungen wurden von der Erwartung gespeist, daß die SPD als einzige größere neue Partei aus der DDR einen gewissen Heimvorteil hätte; die West-SPD versprach sich eine Rückgewinnung der früheren sozialdemokra-

Die SPD

tischen Wählerhochburgen in Sachsen und Thüringen (Schmitt 1994). Organisatorisch war die Partei trotz der massiven Hilfe aus Bonn nur bedingt fähig, den Wahlkampf zu leisten. Die Situation der DDR-SPD wurde zusätzlich dadurch erschwert, daß die CDU, aber auch die CSU und die FDP, sich auf das Gebiet der DDR vorwagten und entweder durch die Übernahme der DDR-CDU oder mit Hilfe der Gründung neuer Parteien bestehende Infrastrukturen gesichert oder mit der Bildung neuer begonnen hatten, die als Auffangbecken für Mitglieder und Personal der anderen Parteien, mit Ausnahme der PDS, dienten.

Die Volkskammerwahl brachte für die SPD ein kaum erwartetes Ergebnis: sie erhielt 21,9 Prozent der Stimmen bzw. 88 von 400 Sitzen der Volkskammer. Unter den gegebenen Umständen ein gutes Ergebnis für eine Anfängerin, aber gemessen an den geschürten Hoffnungen ein schlechtes. Die CDU-dominierte Allianz für Deutschland hingegen gewann mehr als 48 Prozent und damit 192 Sitze. Die Analysen des Ergebnisses bzw. des Wählerverhaltens zeigten bald, daß eine entscheidende Ursache für die Schwäche der SPD darin lag, daß sie der Einheitsparole des Bundeskanzlers und der diesem zugesprochenen Kompetenz, die Vereinigung als wirtschaftlichen Aufschwung durchzuführen, nichts entgegensetzen konnte.

Die SPD entschloß sich entgegen ihrer ursprünglichen Absicht doch, der großen Koalition unter Führung der CDU beizutreten. Jede andere Entscheidung wäre ihr als Affront gegen die Vereinigungspolitik ausgelegt worden. Die Bildung einer Volkskammerfraktion und der Eintritt in die Regierung führten zu einer Veränderung der Entscheidungsstrukturen in der SPD-Spitze. Nach dem Rücktritt des als IM des MfS enttarnten Parteivorsitzenden Ibrahim Böhme Ende März 1990 erklärte die neue Fraktionsführung unter Richard Schröder, daß sie nun eine wichtige Rolle in der Entscheidungsfindung spielen wolle, was zu „Kompetenzproblemen" zwischen Fraktion bzw. Fraktionsvorstand und Parteivorstand führte. Markus Meckel, von April bis August 1990 Außenminister, wurde amtierender Parteivorsitzender und blieb es auch bis zum Juni 1990; die SPD wurde zu einer Fraktionspartei. Auch die Partei selbst veränderte sich zunehmend. Schon die Konzentration auf die Wahlkämpfe und erst recht die Dominanz der Parlamentsarbeit nach den Wahlen im März und im Mai 1990 bewirkten, daß viele der ursprünglichen Arbeitsformen in der Partei ausstarben und sich die Verlagerung der politischen Aktionsebenen, vor allem in die Parlamente, bemerkbar machte. Die Arbeit in der Koalition litt darunter, daß die SPD keine ihrer relevanten Forderungen durchsetzen konnte. Die parteintern immer stärker propagierte Auffassung, daß es besser sein würde, die Koalition zu verlassen, fand in der Fraktion erst dann eine Mehrheit, als der CDU-Ministerpräsident sich einiger SPD-Minister unter fadenscheinigen Vorwürfen entledigte.

2. Der Weg in die Parteieinheit

Der Berliner Parteitag der SPD im Dezember 1989, auf dem die SDP der DDR willkommen geheißen wurde, gilt als das Datum, an dem die organisatorische Zusammenarbeit beider sozialdemokratischer Parteien begann. Sie wurde nach der Delegiertenkonferenz im Januar 1990 noch intensiviert. Fast die gesamte westdeutsche Führungsmannschaft war auf dem Leipziger Parteitag Ende Februar 1990 anwesend. Der Parteivorstand in Bonn begann nun auch, sich verstärkt um die Organisation der Strukturen in den DDR-Bezirken zu kümmern. Im Wahlkampf erhielt die SPD massive Unterstützung. Patenschaften zwischen ost- und westdeutschen SPD-Gliederungen wurden begründet. Dann wurden Differenzen zwischen beiden Parteien sichtbar. Als sich im Mai 1990 abzeichnete, daß auch an die Organisation der SPD Westmaßstäbe, das heißt finanzierbare Grundausstattungen, angelegt werden würden, kam es in der Folge zum Rücktritt des Geschäftsführers und zu einem raschen Personalabbau. Der Sonderparteitag in Halle im Juni 1990 konfrontierte die Delegierten mit der Entscheidung, ein Votum für die Vereinigung mit der SPD der Bundesrepublik abgeben zu müssen. Der bis dahin zögernde Vorstand und der neue Vorsitzende Wolfgang Thierse erhielten von der Basis ein Mandat für Vereinigungsverhandlungen.

Durch Parteitagsbeschlüsse der beiden Parteien am 27. und 28. September 1990 (Vereinigungsparteitag) wurde die Integration der (DDR-)SPD in die Gesamtpartei vollzogen. Parteivorstand und -präsidium wurden erweitert und Wolfgang Thierse wurde stellvertretender Parteivorsitzender. Die Ost-SPD büßte dabei ihre basisdemokratische Idee, dokumentiert durch die Rolle des Parteirates in der parteiinternen Willensbildungsstruktur, ein und profitierte durch Formulierungen in den Übergangsvorschriften dadurch, daß sie bis 1995 mehr Delegierte und Vertreter in den Parteigremien haben sollte, als es ihrer zahlenmäßigen Stärke entsprach.

Am Ende des Jahres 1990 stand die SPD in den ostdeutschen Ländern vor folgender Situation: Mit der Teilnahme an den verschiedenen Wahlen 1990 war die Etablierung des gesamtdeutschen Parteiensystems und damit auch der SPD abgeschlossen und diese in den parlamentarischen Gremien auf allen Ebenen präsent, aber nur in einer Landesregierung eines ostdeutschen Landes vertreten. Die Partei hatte sich, gemessen an der Zahl der Mitglieder, auf einem niedrigen Niveau etabliert. Die gesamte Organisationsstruktur mußte nach den Vorgaben des Parteiengesetzes und entsprechend dem gemeinsamen neuen Statut umgebaut werden. Der Zustand der Parteiorganisation war insgesamt so desolat, daß zur Sicherung der personellen Grundausstattung ein Strukturhilfeprogramm beschlossen wurde, das bis 1994 die Funktionsfähigkeit der Parteiorganisation in den östlichen Ländern sichern sollte (Martinsen 1993). Die veränderte Grundlage der Parteienfinanzierung zwang zur Schließung von Geschäftsstellen und zur Reduzierung des hauptamtlichen Personals.[2] Die Organisationsreformen wurden zusätzlich durch territoriale (Gebiets- oder Kreis-)Reformen beeinflußt, die mancherorts erst 1995 (Sachsen) ihren Abschluß fanden.

3. Die SPD-Landesverbände in den Wahlen

Die folgende Tabelle gibt die Ergebnisse der drei Wahlen in der DDR 1990 wieder.

Tabelle 1: Ergebnisse ausgewählter Parteien bei den Landtagswahlen (LT) 1990 im Vergleich zu den Kommunalwahlen (K) und zur Volkskammerwahl (VK) (in Prozent)

	LT	K	VK	Diff. LT/VK*
CDU	43,6	35,9	42,7	+0,9
DSU	2,4	3,6	6,6	-4,2
FDP	7,8	7,7	5,5	+2,3
SPD	25,2	20,2	20,8	+4,4
PDS	11,6	13,3	15,2	-3,6
Grüne, B 90, NF	6,7	6,7	4,5	+2,2
Wahlbeteiligung	69,1	75,3	93,6	-24,5

* Prozentpunkte; ohne Ost-Berlin
Quelle: Feist/Hoffmann 1990: 21.

Bei den Kommunalwahlen im Mai 1990 konnte die SPD ihre Position gegenüber den Volkskammerwahlen vom März nicht verbessern; sie hatte keinen intensiven zentralen Wahlkampf geführt und war zudem in der Fläche schwach. Sie erhielt landesweit (ohne Ost-Berlin) 20,2%, das waren 0,6% weniger als bei der Volkskammerwahl. Elf Tage nach dem Beitritt der de facto noch nicht existierenden DDR-Länder zur Bundesrepublik gem. Art. 23 GG fanden im Oktober die ostdeutschen Landtagswahlen statt. Hier verbesserte die SPD ihre Position. Sie gewann im Land Brandenburg sogar eine Mehrheit und bildete unter ihrer Führung eine Koalition mit der FDP und dem Bündnis 90.

---

2 Bereits im Februar 1990 war durch den SPD-PV Bonn eine „Rentabilitätsprüfung" der DDR-SPD vorgenommen worden, die auf der Annahme beruhte, daß die Partei 15.000 Mitglieder haben würde. Das Ergebnis war die Feststellung, daß die SPD in der DDR eigentlich pleite war.

Bei den ersten gesamtdeutschen Wahlen zum Bundestag konnte die SPD keine zusätzlichen Wähler mobilisieren. Wie zuvor stimmten auch diesmal die Wähler mehrheitlich für CDU und FDP, auch die, die wirtschaftspolitisch nicht unbedingt zu den Anhängern der Marktwirtschaft zählten, aber dem Kanzlerkandidaten der CDU den Vorzug vor dem der SPD gaben (Pappi 1991).

Tabelle 2: Zweitstimmenergebnis ausgewählter Parteien bei der Bundestagswahl am 2.12.1990 in den ostdeutschen Ländern (Prozent)

	CDU/CSU	SPD	FDP	GRÜNE	PDS	B90/G
Berlin	39,4	30,6	9,1	3,9	9,7	3,3
West	47,8	30,2	9,9	5,4	1,3	1,0
Ost	24,3	31,3	7,7	1,4	24,8	7,4
Meckl.-Vorp.	41,2	26,5	9,1	-	14,2	5,9
Brandenbrg.	36,3	32,9	9,7	-	11,0	6,6
S.-Anhalt.	38,6	24,7	19,7	-	9,4	5,3
Thüringen.	45,2	21,9	14,6	-	8,3	6,1
Sachsen.	49,5	18,2	12,4	-	9,0	5,9
BRD gesamt	43,8	33,5	11,0	3,8	2,4	1,2
West	44,3	35,7	10,6	4,8	0,3	0,0
Ost	41,8	24,3	12,9	0,1	11,1	6,2

Quelle: Statistisches Bundesamt; Statistisches Landesamt Berlin.

Die Wahlen des Jahres 1990 führten zur Übernahme der Grundstruktur des westdeutschen Parteiensystems durch die Mehrheit der Wähler im Osten Deutschlands (Niedermayer/Stöss 1994), zumindest was das Wahlverhalten anbetraf, und es wurde deutlich, daß sich weder die frühen Hoffnungen der SPD erfüllt noch – unter wahltaktischen Überlegungen – der Beitritt zur Großen Koalition gelohnt hatten. Jedenfalls hatte die SPD ihre Konstituierung im deutschen Parteiensystem erreicht und die weitere Existenz als ostdeutsche Landesverbände der SPD war durch die Integration in die Gesamtpartei organisatorisch abgesichert worden. Ob ihr damit nicht eine wichtige Voraussetzung für eine erfolgreiche Auseinandersetzung im Wettbewerb mit den anderen ostdeutschen Parteien bzw. Landesverbänden gesamtdeutscher Parteien genommen worden war, kann nicht ausgeschlossen werden.

Die nächste Wahl, der sich ein ostdeutscher Landesverband stellen mußte, war die Kommunalwahl in Brandenburg im Dezember 1993, wo ihr respektabler Erfolg allerdings durch das Medienecho auf das PDS-Resultat etwas in den Hintergrund gerückt wurde. Die Kommunalwahlen im Juni 1994 stärkten die SPD nur dort, wo sie auch sonst schon präsent gewesen war.

Die SPD 47

Tabelle 3: SPD-Ergebnisse in den Kommunalwahlen 1993/94 (Prozent)

Land	SPD	CDU	PDS
Mecklenbg.-Vorpommern	25,6	30,6	24,3
Brandenburg (1993)	34,5	20,6	21,2
Sachsen-Anhalt	29,8	31,2	18,2
Sachsen	17,6	34,8	14,5
Thüringen *	26,1	37,1	15,7

Quelle: amtl. Statistiken, * vorläufiges amtl. Ergebnis

Zwei Wochen danach errang die Sozialdemokratie in Sachsen-Anhalt jenes Ergebnis, das zur Ablösung der dortigen CDU-FDP-Regierung durch eine SPD-Bündnis 90/Die Grünen-Minderheitsregierung unter PDS-Duldung führte. Der PDS-Landesvorsitzende hatte schon im Februar 1994 zugesagt, ein SPD-Kabinett zu tolerieren.

Tabelle 4: Landtagswahlergebnisse in Sachsen Anhalt (Prozent)

Partei	Landtagswahl 1994	Landtagswahl 1990
CDU	34,4	39,0
SPD	34,0	26,0
PDS	19,1	12,0
FDP	3,6	13,5
Bündnis 90/Die Grünen	5,1	5,3*

Quelle: amtliche Statistiken; * Bündnis 90/Neues Forum/Grüne

Danach wurde das Verhältnis zur PDS in der SPD aus bundespolitischen Erwägungen zum Thema. Dabei ließ sich die SPD von der CDU mit deren permanenten Hinweisen auf angebliche Folgen „für die Demokratie" zu innerparteilichen Zwistigkeiten verleiten und in der Öffentlichkeit vorführen.

Die Wahlen im September 1994 in Brandenburg und Sachsen waren stark durch die beiden populären Landesväter, Stolpe und Biedenkopf, geprägt. Stolpe erzielte mit einem Zuwachs von 16 Prozentpunkten gegenüber der Landtagswahl von 1990 einen exorbitanten Wahlsieg; in Sachsen überlebte die SPD knapp. Der Trend zur Stärkung der SPD zeigte sich erst wieder bei den beiden zeitgleich mit der Bundestagswahl angesetzten ostdeutschen Landtagswahlen.

Tabelle 5: Landtagswahlergebnisse in Brandenburg (Prozent)

Partei	Landtagswahl 1994	Landtagswahl 1990
SPD	54,14	38,2
CDU	18,72	29,4
PDS	18,71	13,4$^+$
FDP	2,2	6,6
Bündnis 90/Die Grünen	2,89	9,3*

Quelle: amtl. Statistiken;* 1990: Bündnis 90=NF/DJ,Gr.=Grüne Partei/Graue Panther/UFJ; + = LL/PDS

Tabelle 6: Landtagswahlergebnisse in Sachsen (Prozent)

Partei	Landtagswahl 1994	Landtagswahl 1990
CDU	58,1	54,4
SPD	16,6	19,1
PDS	16,5	10,2$^+$
FDP	1,7	5,3
Bündnis 90/Die Grünen	4,1	5,6*

Quelle: amtliche Statistiken; * Bündnis 90(NF/DJ), + = LL/PDS

Tabelle 7: Landtagswahlergebnisse in Mecklenburg-Vorpommern (Prozent)

Partei	Landtagswahl 1994	Landtagswahl 1990
CDU	37,7%	38,3%
SPD	29,5%	27,0%
PDS	22,7%	15,7%$^+$
FDP	3,8%	5,5%
Bündnis 90/Die Grünen	3,7%	6,4%*

Quelle: amtliche Statistiken; * Bündnis 90/Neues Forum/Grüne, + = LL/PDS

Tabelle 8: Landtagswahlergebnisse in Thüringen (Prozent)

Partei	Landtagswahl 1994	Landtagswahl 1990
CDU	42,6	45,4
SPD	29,6	22,8
PDS	16,6	9,7$^+$
FDP	3,2	9,3
Bündnis 90/Die Grünen	4,5	6,5*

Quelle: amtl. Statistiken; *1990: Demokratie Jetzt/Neues Forum/Grüne, + = LL/PDS

In beiden Länder ging die SPD eine Koalition mit der CDU ein, in Mecklenburg-Vorpommern nach einem kurzen, die Parteiführung in Bonn wie Teile der eigenen Partei, aber auch die CDU aufschreckenden Geplänkel mit der PDS. In Mecklenburg-Vorpommern verlief die große Koalition nicht spannungsfrei, während in Thüringen, folgt man der Berichterstattung in den Medien, die Anwesenheit der SPD in der Koalition mit der CDU bis zum

Die SPD   49

Ausgang der Berliner Wahl im Oktober 1995 nicht zu spüren gewesen sein soll. Außer in Sachsen besteht nach den Landtagswahlen in allen ostdeutschen Ländern, seit Oktober 1995 auch in Berlin[3], eine Mehrheit „links der Mitte", die aus politischen Erwägungen allerdings nicht realisiert werden kann. Davon einmal abgesehen, ist der Osten mittlerweile mehrheitlich „rot", wozu die Zugewinne der PDS noch eher beigetragen haben als die der SPD.

Am Bundestagswahlabend fiel die Bilanz der SPD zwar nicht schlecht aus; ihr Wahlziel, die regierende Koalition in Bonn abzulösen, erreichte sie freilich nicht. Die Partei verbesserte sich im Osten von 24,3 Prozent auf 31,5 Prozent, wies aber im West-Ost-Verhältnis immer noch ein Defizit von 37,5 zu 31,5 aus. Die Akzeptanz der Ost-SPD stieg zwar, das Tempo ihres Aufstiegs wurde aber durch die Rekonvaleszenz der PDS gebremst. Insgesamt verpaßten die ostdeutschen Landesverbände der SPD aber ihr Ziel, mindestens 10 Prozent hinzuzugewinnen.

Tabelle 9: Zweitstimmenergebnis ausgewählter Parteien bei der BTW am 16.10.1994

	CDU	SPD	FDP	B90/G	PDS	REP
Berlin	31,4	34,0	5,2	10,2	14,8	1,9
West	38,7	34,6	7,2	12,3	2,6	2,0
Ost	19,5	33,1	1,9	6,9	34,7	1,7
Meck.-Vp.	38,5	28,8	3,4	3,6	23,6	1,2
Brbrg.	28,1	45,1	2,6	2,9	19,3	1,1
S.-Anhalt	38,8	33,4	4,1	3,6	18,0	1,0
Thüringen	41,0	30,2	4,1	4,9	17,2	1,4
Sachsen	48,0	24,3	3,8	4,8	16,7	1,4
BRD ges.	41,5	36,4	6,9	7,3	4,4	1,9
West	42,1	37,5	7,7	7,9	1,0	2,0
Ost	38,5	31,5	3,5	4,3	19,8	1,3

Quelle: Statistisches Bundesamt; Statistisches Landesamt Berlin.

Ein wesentlicher Grund war die mangelnde Mobilisierung ihrer vermuteten Klientel in den neuen Ländern: Während im Westen 50 Prozent der Arbeiter SPD wählten, taten das im Osten nur 35 Prozent, wohingegen 41 Prozent die CDU präferierten. Nach wie vor ist die CDU die Mehrheitspartei in der Arbeiterschaft, aber ihr Vorsprung gegenüber der SPD hat sich von 25 Prozentpunkten bei der Bundestagswahl 1990 auf knapp 6 Prozentpunkte 1994

---

3   Die CDU erhielt insgesamt 37,4 Prozent der Zweitstimmen, davon 38,7 Prozent im Westen und 23,6 Prozent im Osten, die SPD schaffte 23,6 Prozent (25,5 Prozent im Westen, 20,2 Prozent im Osten), die PDS erzielte 14,6 Prozent (Westen: 2,1 Prozent, Osten: 36,3 Prozent) und Bündnis 90/Grüne landeten bei 13,2 Prozent, davon 15,0 Prozent im Westen und 10,0 Prozent im Osten.

verringert. Im Gewerkschaftsmilieu fand die SPD unterschiedlichen Rückhalt: Im Westen entschieden sich 54 Prozent, im Osten nur 36 Prozent der Gewerkschaftsmitglieder für sie. Rund 30 Prozent der Gewerkschafter votierten dort für die CDU (anteilsmäßig etwa so viele, wie im Westen) und weitere 24 Prozent für die PDS. Die klassische Stammklientel der SPD, die gewerkschaftlich organisierte Arbeiterschaft, stand im Westen zu 60 Prozent, im Osten nur zu 38 Prozent hinter „ihrer" Partei, während die CDU im Osten mehr Arbeiter-Gewerkschafter (36%) erreichte als im Westen (27%). Die PDS war in dieser Gruppe mit 17 Prozent unterdurchschnittlich vertreten. Anders verhielt es sich im gewerkschaftlichen Angestelltenbereich. Hier erreichte die SPD im Westen 52 Prozent, im Osten 34 Prozent. Die Union brachte es jeweils auf etwa 27 Prozent, die PDS im Osten allerdings auf knapp 30 Prozent. Fazit: Die Ost-SPD konkurriert bei den für sie seit jeher bedeutsamen sozialstrukturellen Adressatengruppen, den Arbeitern und den Gewerkschaftern, keineswegs allein mit der PDS, sondern auch und gerade mit der CDU, die bei den (gewerkschaftlich organisierten) Arbeitern besonders stark ist; die PDS ist bei den Arbeitslosen für die SPD eine ernsthaftere Konkurrenz als die CDU.

Insgesamt baute die SPD im Osten bis zur Bundestagswahl 1994 ihre Stellung auf Landesebene teilweise stark aus, während die Unionsparteien unter dem Strich an landespolitischem Gewicht verloren. Sie hat bei den Landtags- und Kommunalwahlen 1993/94 in Ostdeutschland nach den mageren Anfangsresultaten des Jahres 1990, außer in Sachsen, erheblich an Boden gewonnen, wenn sie auch ihr Ziel, stärkste Partei zu werden, weder in Thüringen noch in Mecklenburg-Vorpommern und auch nicht in Sachsen-Anhalt erreichen konnte. Dennoch hat das „Beitrittsgebiet" unter landespolitischen Gesichtspunkten seit 1994 seinen Charakter als Hochburg der Konservativen eingebüßt. Daran hat auch das Berliner Ergebnis der Wahlen im Oktober 1995 nichts geändert.

Die SPD 51

Tabelle 10: Wahlverhalten der Berufsgruppen und Gewerkschaftsmitglieder bei der Bundestagswahl 1994 nach ausgewählten Parteien (Prozent)

	CDU West	CDU Ost	SPD West	SPD Ost	B90/G West	B90/G Ost	PDS West	PDS Ost
Gesamt	42,1	38,5	37,5	31,5	7,9	4,3	0,9	19,8
Berufsgruppen								
Arbeiter	35,0	40,6	49,5	35,1	5,2	3,3	1,1	14,7
Angestellte	39,9	32,0	37,7	30,7	9,6	5,3	1,0	26,3
Beamte	43,8	29,9	33,1	24,4	11,3	5,0	0,7	34,6
Selbständige	53,0	48,3	17,1	19,7	8,4	2,4	1,4	16,9
Landwirte	65,4	59,0	11,9	22,2	3,6	6,5	0,9	9,8
Mitglied einer Gewerkschaft								
Ja	29,5	31,2	53,7	35,5	7,8	4,4	1,1	24,1
Nein	44,7	39,3	33,0	29,8	8,7	4,7	0,9	19,6
Arbeiter + Gewerksch.								
Gew.-Mitglied	27,2	36,2	59,9	38,3	4,6	3,4	1,0	17,3
Kein Mitglied	39,9	42,0	42,5	33,2	5,8	3,7	1,2	14,0
Angest. + Gewerksch.								
Gew.-Mitglied	27,9	27,3	51,5	33,5	10,1	5,5	1,6	29,4
Kein Mitglied	42,1	33,6	34,8	29,1	9,7	5,4	0,9	26,0

Quelle: FGW-Wahltagsbefragung, 25.000 Personen (Auszug, zit. nach: Die Quelle, Dezember 1994, S. 11).

4. Einige Aspekte der Situation der ostdeutschen Landesverbände in der SPD nach 1990

Beim Aufbau ihrer Organisation wurde die SPD mit etlichen Widrigkeiten konfrontiert (Wardin 1994). Die angewendeten Methoden und Erfahrungen stammten aus der Parteiarbeit des Westens und dessen Traditon. Sie wurden nun auf Verhältnisse aufgepfropft, die durch ein Gemenge von alten und neuen sozialen Lagen und Interessen mit teilweise diffusen Strukturen gekennzeichnet waren. Zwar zeigten sich noch in der Folgezeit Elemente der kurzen Tradition der SPD als Bestandteil der politischen Oppositions- und Wendekultur, aber sie blieben wirkungslos. Die SPD war weder in den Gewerkschaften noch in wichtigen sozialen Gruppen verankert und nur wenige ihrer Funktionäre oder Mandatsträger waren in der Gesamtpartei akzeptiert. Die Inkorporation des West-Ost-Gegensatzes in die SPD wirkte sich jedoch zu diesem Zeitpunkt in der Gesamtpartei noch nicht aus. Elemente davon tauchten erst 1994 wieder auf, als nach der Erklärung der PDS, eine Rot-Grüne Minderheitsregierung in Sachsen-Anhalt tolerieren zu wollen, sich zwischen der Bundes-SPD und einigen ostdeutschen Landesverbandsspitzen Differenzen hinsichtlich des Umgangs mit der PDS auf Landesebene, weniger in den Kommunen, zeigten.

Hinzu kamen Probleme der Wahrnehmung der SPD in der ostdeutschen Öffentlichkeit. Auf der einen Seite führten als externer Faktor die Vertretungsdefizite sowie als interner Faktor die Partei(organisations)kultur zu einer Wahrnehmung der ostdeutschen Landesverbände als einer Westpartei. Das konnte regional durch Persönlichkeiten wie Manfred Stolpe oder Regine Hildebrandt aufgefangen, aber länderweit bis 1994 nicht kompensiert werden, zumal die Öffentlichkeit Wolfgang Thierse weithin nicht als jemanden wahrnimmt, der als Repräsentant der Ost-SPD politisches Gewicht in Bonn hätte. Inzwischen sind Reinhard Höppner und Harald Ringstorff, der eine als Ministerpräsident und der andere als Landesvorsitzender, der die Autonomie der Landesverbände gegenüber der Bundespartei in landesspezifischen politischen Lagen einforderte, innerparteilich „gewachsen". Auf der anderen Seite wurde bis 1994 die ostdeutsche SPD in den Ländern über die Fraktionen der Landesparlamente – und nur in Brandenburg über den Ministerpräsidenten – in der Öffentlichkeit wahrgenommen. Aus Gründen der besseren Wirksamkeit hätte es sich angeboten, den Vorsitz von Landesvorstand und Fraktion nur einer Person zu überlassen. Hier trafen die Landesverbände aber unterschiedliche Regelungen.[4] Faktisches Resultat der Regelung war die starke Stellung der Person, die durch die Kombination von Position und Wahrnehmung in der Öffentlichkeit die SPD im Lande repräsentierte; das war aber zeitweilig und mancherorts nicht immer der oder die Vorsitzende des Landesverbandes. Konflikthäufungen und -bereitschaften führten in manchen Fällen zur Entwicklung und Pflege getrennter Kommunikationslinien, die die – oder den – benachteiligten, der sich mehr außerhalb des Landes in Bonn aufhielt oder nicht (mehr) die Gunst des Landesverbandes oder seines Vorstandes genoß.

Die innerparteiliche Entscheidungsstruktur war in der Regel – bis 1994 ist Brandenburg stets die Ausnahme was die Person, nicht aber das Resultat angeht – auf die Fraktionsvorsitzenden und die von ihnen gebildeten infor-

---

4   Entweder übernahm der Landesvorsitzende auch das Amt des Fraktionsführers (Sachsen, Mecklenburg-Vorpommern), oder er/sie wurde stellvertretende Fraktionsvorsitzende (Sachsen-Anhalt, zeitweilig auch in Sachsen und Brandenburg); in diesen Fällen ist der/die Vorsitzende der Fraktion eine/r StellvertreterInnen des/der Landesvorsitzenden; das galt auch in Thüringen, wo aber die Landesvorsitzende faktisch außer Landes war und hier kein Amt hatte. In Brandenburg ist der jetzige Landesvorsitzende Minister und erleidet den Zwiespalt zwischen Parteiräson und Kabinettsdisziplin.

mellen Entscheidungsgremien („Küchenkabinette") konzentriert, die neben den offiziellen – wenn auch bis dahin nicht immer satzungsgemäß abgesicherten – geschäftsführenden Landesvorständen existierten; die letzteren bestehen aus den Vorsitzenden, StellvertreterInnen, Geschäftsführer, Schatzmeister und wenigen anderen Vorstandsmitgliedern. Eine Reaktion auf die Konzentration von Entscheidungskompetenzen und Politikformulierung war die zeitweilige Existenz informeller Kreise, deren Kristallisationskerne persönliche Differenzen, unterschiedliche Bewertungen von Biographien, politischer Positionen und Probleme oder auch „nur" regionale Besonderheiten waren. Diese Tendenzen zur Desintegration nahmen in den Landesverbänden zu, in denen die Führungspersönlichkeiten ihre Fähigkeit zur Integration der Partei nicht entwickeln und die Berücksichtigung verschiedener Positionen nicht leisten konnten. Beispiele dafür wurden vor allem aus den LV Sachsen und Thüringen genannt, aber faktisch leben alle Landesverbände mit ihren internen regionalen und/oder Großstadt/Landesverband-Differenzierungen.

Die interfraktionellen Kommunikationen zwischen Ost und West haben sich inzwischen angeglichen. In der Aufbauphase wurden Kommunikationsbeziehungen zwischen der Bundestagsfraktion der SPD und den ostdeutschen Landtagsfraktionen durch das Fraktionsbüro in Berlin organisiert, das den Kontakt zu und zwischen den Arbeitskreisen der ostdeutschen Landtagsfraktionen herstellte. Die fachpolitischen Sprecher der Arbeitskreise der SDP-Landtagsfraktionen konnten die Landessprecherkonferenz (SpK) nutzen, um die Positionen der ostdeutschen Landesverbände stärker in die intrafraktionellen Entscheidungsprozesse einzubringen; ein manchmal schwieriges, zähes und oft auch vergebliches Unterfangen. Die Aktivitäten des Büros sind inzwischen reduziert worden. Die Konferenzen werden, sofern sie überhaupt fortgeführt werden, von den Sprechern der Arbeitskreise selbst organisiert. Diese Konferenzen bestanden für die Gebiete Wirtschaft/Arbeitsmarkt, Haushalt/Finanzen, Agrarpolitik, Kultur, Gesundheit/Soziales, Umwelt/Energie/Kommunales, Jugend, Frauen, Europa, Fremdenverkehr, Sport, Inneres/Recht, Medien, Wohnen, Verkehr und Bildung; eine Konferenz für Konversionsfragen blieb in Anfängen stecken. In jüngerer Zeit gab es Treffen zu den Themen Haushaltspolitik, Wirtschafts- und Arbeitsmarktpolitik und Bildungspolitik.

4.1 Mitgliederentwicklung

Die SPD versucht seit 1990, auch im Osten ihre politische wie ihre Mitgliederbasis zu verbreitern, bislang mit wenig Erfolg. Sie hat dabei mit etlichen allgemeinen wie spezifischen Schwierigkeiten zu rechnen, die von einer weit verbreiteten allgemeinen Abneigung gegen Parteimitgliedschaften bis hin zum Verhältnis der SPD, insbesondere der Mitglieder in den Ortsvereinen, zu ehemaligen SED-Mitgliedern reichen. Viele von denen, die Ende 1989/Anfang 1990 mit der SPD geliebäugelt hatten, haben ihre – tatsächlichen oder behaupteten – sozialdemokratischen Sympathien inzwischen storniert oder gar abgelegt.

Im November 1989 wurde angegeben, daß der SPD einen Monat nach ihrer Gründung bereits 15.000 Mitglieder angehören würden. Auf der ersten Delegiertenkonferenz im Januar 1990 konnte man Angaben zwischen 25.000 und 32.000 hören. Mindestens 30.000 Mitglieder soll die SPD zum Zeitpunkt des Leipziger Parteitages im Februar 1990 gehabt haben und sogar Zahlen zwischen 50.000 und 100.000 sind zu vernehmen gewesen (Linnemann 1994: 79). Das konnte nur deshalb geschehen, weil es bis in das Frühjahr 1990 keine zentrale Mitgliederstatistik gab und zudem die Erfassungsverfahren in den wenigsten Fällen zuverlässig waren; das Resultat war immer falsch. Nach den bereinigten Zahlen hat sich die Mitgliederzahl in den ostdeutschen Landesverbänden von 1991 bis 1995 wie folgt entwickelt:

Tabelle 11: Mitgliederzahlen der ostdeutschen SPD-LV 1991 – 1995

Jahr	absolut	Diff. zum Vorjahr absolut
1991	27.214	*
1992	25.744	-1470
1993	26.000	256
1994	27.725	1725
1995	27.177	-548

Quelle: Materialien zum Abschlußbericht der AG „Mitgliederentwicklung". Bonn: SPD-PV, 1995: 5. Jeweiliger Stand: 31.12. * keine Angabe, da für 1990 als Bezugsjahr keine verläßlichen Angaben vorliegen. Auch für nachfolgende Jahre wurden oft Zahlen angegeben, die später korrigiert worden sind.

In den einzelnen Landesverbänden entwickelte sich die Mitgliederschaft wie folgt:

Tabelle 12: Mitgliederzahlen in den Landesverbänden 1991-1995

Land	1991	1992	1993	1994	1995	1994/95
Meck.-Vorpomm.	3287	3335	3187	3452	3341	-111
Brandenburg	6858	6815	6684	6750	6746	-4
Sachsen-Anhalt	6897	5255	5510	6207	6143	-64
Thüringen	5549	5589	5592	6012	5769	-243
Sachsen	4713	4750	5027	5304	5178	-126

Quelle: Materialien zum Abschlußbericht der AG „Mitgliederentwicklung". Bonn: SPD-PV, 1995: 5

Die SPD

Im Verhältnis zur Entwicklung der beiden anderen größeren „Ost-Parteien" sah – und sieht – der Mitgliederstand in absoluten Zahlen schlecht aus; das wird allerdings durch die Zugewinne etwas ausgeglichen. Die können weder CDU noch PDS verzeichnen. Beide verloren nämlich seit 1991 konstant Mitglieder: die CDU zwischen 1991 und 1993 rund 22.300, die PDS in diesem Zeitraum sogar rund 40.000. Tabelle 13 verdeutlicht den Mitgliederbestand Ende 1994 in den einzelnen Ländern.

Nun hat zwar 1995 die SPD auch erstmals seit 1990 wieder Mitgliederverluste erlitten, aber allein die Verluste der PDS in Sachsen waren größer als die aller ostdeutscher Landesverbände der SPD, und die CDU ist in Brandenburg unter die Grenze von 9.000 Mitgliedern gerutscht. Die Veränderungen in Berlin haben dazu geführt, daß die SPD wieder vor der PDS stärkste Partei ist.

Tabelle 13: Mitgliederzahlen der ostdeutschen Landesverbände 1994 von Bündnis 90/Grüne, CDU, SPD, PDS und FDP

LV	B90/G*	CDU	SPD	PDS	FDP
Meck.-Vp.	375	10.217	3452	14.154	3.220
Brbg.	492	9.505	6750	18.258	3.848
S.-Anhalt	478	15.461	6207	18.270	5.908
Thüringen	470	19685	6012	16.173	6.138
Sachsen	1.007	22.932	5304	32.853	6.635
Gesamt	2.822	77.800	27.725	99.708	25.749

Quelle: Angaben der Parteien. * Stand: 8.11.1995.

Auffällig in der Mitgliederentwicklung der SPD war, daß von Anfang an der Anteil der Frauen unter den Mitgliedern in den ostdeutschen Landesverbänden – er betrug Ende 1994 rund 24 Prozent – unter dem Durchschnitt der Gesamtpartei (1994: 28 Prozent) lag. Die ostdeutschen Landesverbände der SPD hatten außerdem stets einen größeren Anteil von Mitgliedern unter 35 Jahren, als ihn die Gesamtpartei hatte.

Tabelle 14: Geschlechts- und Alterszusammensetzung der SPD in den östlichen Landesverbänden sowie in der Gesamtpartei 1991 (Prozent)

Landesverband	Frauen	Mtgl. bis 35 J.	Mitgl. ab 61 J.
Brandenburg	21,17	24,26	18,28
Mecklenburg-Vp.	22,12	26,25	22,27
Sachsen	19,80	24,70	20,22
Sachsen-Anhalt	23,23	26,36	25,70
Thüringen	21,52	21,91	38,36*
SPD Gesamt	27,35	17,59	25,18

Stand: 31.12.1991 Quelle: Linnemann 1994, S. 81. * Der Wert ergibt sich nach Meinung des Autors aus einer hohen Zahl fehlender Angaben, die dann mit einem fiktiven Geburtsjahr (etwa:1900) versehen werden.

Die Berechnung des Organisationsgrades, nach dem Verhältnis von SPD-Mitgliedern zu Wahlberechtigten, zeigte 1994 in Sachsen mit 0,15 das schlechteste Resultat (Bundesdurchschnitt 1,41). Bezieht man den Organisationsgrad auf die SPD-Wähler, dann fällt auf, daß Brandenburg mit einem Wert von 1,09 noch hinter Mecklenburg-Vorpommern (1,22) oder Thüringen (1,39) liegt; der Bundesdurchschnitt betrug Ende 1994 4,96.

Tabelle 15: Organisationsgrad und Mitgliederdichte der SPD in Ostdeutschland.

Landesverband	SPD-Wähler BTW 1994	Mitglieder 31.12.1994	in % der Wähler (Organisationsgrad)	Mitgliederdichte (Mitglieder/Wahlberechtigte)
Mecklb.-Vorp.	283.029	3.452	1,22	0,25
Brandenburg	617.362	6.750	1,09	0,35
Sachsen-Anhalt	502.193	6.207	1,24	0,29
Thüringen	431.940	6.012	1,39	0,31
Sachsen	621.620	5.304	0,83	0,15
BRD	17.140.354	849.374	4,96	1,41

Quelle: Materialien zum Abschlußbericht der Arbeitsgruppe „Mitgliederentwicklung". Bonn: SPD-PV, 1995: 11.

4.2. Organisationsressourcen

Im April 1995 gab es folgenden Bestand an Organisationsressourcen der SPD in den einzelnen Bundesländern:

Die SPD 57

Tabelle 16: Strukturdaten der ostdeutschen Landesverbände (1995)

LV	UB/Region-Geschäftst.	Gliederung Kreisebene	Zahl d. Ortsvereine	Mitglieder 31.12.94	Mitglieder/ OV (∅)
M.-Vp.	11	18	178	3.452	19
S.-A.	10	24	324	6.207	19
Bbg.	17	18	336	6.750	20
Th.	10	22	381	6.012	15
Sn	15 (10)*	15	274	5.304	18

Quelle: zusammengestellt nach Angaben aus den LV, eigene Berechnungen. * Seit 1995 auf 10 reduziert.

Beim Personalbestand wurden bis 1992 Personenzahlen, seitdem werden Stellenzahlen bei der Ausstattung der Büros angegeben; die Vergleichbarkeit zu früheren Jahren ist daher nur bedingt gegeben, zumal 1991/92 in den ostdeutschen Landesverbänden keine abgeschlossene Personalentwicklung vorlag.

Tabelle 17: Veränderungen des Personalbestandes in den ostdeutschen Landesverbänden 1991/1994

Land	Landesbüro 1991	Landesbüro 1994/Stellen	UB/Reg. -Büro 1991	UB/Reg.Büro 1994/Stellen
Meck.-Vp.	7	6/6,0	16	15/15,0
Bbg.	8	9/8,5	18	16/16,0
Sachs.-An.	8	7/7,0	19	19/14,5
Thüringen	7	8/6,5	21	21/15,0
Sachsen	5	7/7,0	21	22/27,0
Summe	35	37/35	95	93/87,5

Quelle: Unterlagen der LV.

4.3 Finanzen

Die ostdeutschen Landesverbände der SPD finanzieren sich durch ihren Anteil an den Beitragseinnahmen (sie behalten 65 Prozent, 10 Prozent bleiben den Ortsvereinen, 25 Prozent gehen an die Bundespartei) durch zusätzliche Zuschüsse der Bundespartei (Strukturhilfe), durch eigene Einnahmen, Spenden und durch Wahlkampfkostenerstattungen, d.h. staatliche Zuwendungen im Rahmen der Parteienfinanzierung.. Bei der Beitragskassierung zeichnen sie sich dadurch aus, daß bei den Mitgliedsbeiträgen alle Landesverbände schon seit 1993 über dem Bundes-Beitragsdurchschnitt liegen; 1992 waren es erst drei der fünf.

Tabelle 18: Durchschnittliche Beiträge und Steigerungen

	Beitragsdurchschnitt (DM)			Steigerung 1992/94	
	1992	1993	1994	DM	in %
Meck.-Vp.	12,87	15,92	17,43	+ 4,56	35,4
Bbg.	11,25	15,21	17,04	+ 5,79	51,5
Sachs.-An.	9,85	11,51	12,79	+ 2,94	29,9
Thüringen	10,33	11,15	11,70	+ 1,37	13,3
Sachsen	10,72	12,13	13,48	+ 2,76	25,8

Quelle: Zusammengestellt nach Unterlagen des PV

Im ersten Quartal 1992 nahmen nur zwischen einem knappen Drittel (Mecklenburg-Vorpommern) und rund 40 Prozent der Mitglieder am Beitragseinzugsverfahren (BEZ) teil; im ersten Quartal 1995 waren es in Mecklenburg-Vorpommern 97,9 und in Brandenburg 86,7 Prozent. Die Entwicklung der Finanzen wird nach dem Auslaufen der alten Strukturhilfe skeptisch betrachtet, denn jetzt werden von jedem kassierten Beitrag nur noch 0,50 DM abgeführt.

4.4 Kommunikationsstrukturen

Die meisten Landesverbände informierten ihre Mitglieder durch eine Beilage im Mitgliedermagazin „Vorwärts", bis das zu teuer wurde. Heute sind Informationsbriefe, Mitteilungen an die Vorsitzenden der OV (nach der letzten Investitionsrunde 1994 an alle per Faxgerät), gelegentliche Publikationen und Broschüren der Landesvorstände, der Fraktionen oder der Arbeitsgemeinschaften[5] die Kommunikationsmittel zwischen der Landespartei und ihren Untergliederungen sowie zu den Mitgliedern. Dort, wo gute Kontakte zu den Medien existieren und diese wiederum bereit sind zu informieren, kann auch die veröffentlichte Meinung als Medium genutzt werden; die Erfahrungen sind durchaus unterschiedlich. In jedem Fall nehmen die Mitglieder ihre Partei so wahr, wie sie über die veröffentlichte Meinung dargestellt wird. Deshalb stellen die Medien, zumal wenn sie nur einseitig informieren, keinen Ersatz für eine regelmäßige Information der Mitglieder dar. Eine Mitgliederzeitung leistet sich kein Landesverband, in den Unterbezirken sind öfter eigene Zeitungen zu finden. Die Landtagsfraktionen haben

---

5 Dazu gehören u. a.: Der Sozialdemokrat, Info Zeitung des LV Thüringen mit Landes- und Regionalteilen, spd inform, Zeitung der SPD-Fraktion im Landtag Thüringen, Gegenwind, Zeitschrift der Landtagsfraktion M-Vp., Wir in Brandenburg (jetzt) Fraktion aktuell, Mitteilungen der SPD-Fraktion Brandenburg. Nicht alle UB/KV haben eigene Mitteilungsblätter.

ebenfalls ihre eigenen Publikationen, von denen manche unregelmäßig erscheinen.

Innerhalb der Landesparteiorganisationen verlaufen die Kommunikationen zwischen den UB-Geschäftsstellen und der Landesgeschäftsstelle in einem regelmäßigen Turnus; ebenso gibt es Treffen der Funktionsträger der anderen Bereiche und Ebenen, teilweise geregelt durch die Statute, teilweise durch Geschäftsordnungen. Die Landesgeschäftsführer kommunizieren mit dem Parteivorstand in Bonn (PV) zusätzlich zu ihren individuellen geschäftsmäßigen Kontakten über eine besondere Institution, die nach dem Parteitag 1990 eingerichtet worden war. Die bestehenden Kommunikationsstränge zwischen Bundespartei und Landesverbänden schließen nicht aus, daß die ostdeutschen Landesverbände sich gelegentlich dem Problem ausgesetzt sahen, mit Entscheidungen umgehen zu müssen, deren Zustandekommen ihnen verborgen geblieben war. Sofern der PV in Bonn nicht überraschende Aktionen veranlaßte, wie beispielsweise im Sommer 1993 die Aufforderung, Vorbereitungen zur Gründung der Arbeitsgemeinschaft der Senioren zu treffen – manche betroffene SPD-Mitglieder verstanden das als ihre Ausgrenzung aus der aktiven Parteiarbeit – scheint diese Kommunikationslinie zu funktionieren. Allerdings mußten die ostdeutschen Landesverbände sich erst melden, bevor im Wahlkampf 1994 „ostdeutsche Themen" berücksichtigt wurden. Darüber hinaus gibt es kaum institutionalisierte separate Ostkontakte, weder auf der Ebene der Partei- oder Fraktionsvorsitzenden noch auf der Ebene der Geschäftsführer; gelegentliche Treffen von ostdeutschen Ministerpräsidenten mit Landespartei- und -fraktionsvorsitzenden bilden die Ausnahme. Die Ost-SPD tritt deshalb der Gesamtpartei nur selten geschlossen entgegen. Fachkonferenzen und ähnliche Veranstaltungen dienen als Kommunikationsort für die SPD zu Institutionen und Personen, zu denen auf der Parteiebene im allgemeinen kaum Beziehungen existieren. Direkte Kontakte von dritter Seite mit der SPD erfolgen in den Ländern, in denen die SPD nicht an der Regierung beteiligt ist, in der Regel über die Vorsitzenden der Arbeitskreise der Fraktionen.[6]

---

6 Über diese Schiene laufen im allgemeinen auch die Beziehungen zu Unternehmerverbänden, Industrie- und Handelskammern und sonstigen „nicht befreundeten" Verbänden und Institutionen.

5. Das Vorfeld

Das Vorfeld der ostdeutschen SPD wird seit 1990 von den Arbeitsgemeinschaften abgedeckt.[7] Die Gründung der Arbeitsgemeinschaften erwies sich anfänglich oft als Flop, weil von vornherein sowohl die Annahme unterstellt wurde, es könnte eine Adaption der ostdeutschen Bedingungen an die westdeutsche Struktur erfolgen, als auch die Erwartung bestand, die vermutete – und tatsächlich auch oft vorhandene – politische Euphorie würde dauerhaft in politische Arbeit umgesetzt werden können. Spezifische Fragen, wie die der herkömmlichen Legitimation mancher Arbeitsgemeinschaften (AfA contra Juso), wurden überhaupt nicht thematisiert, wie auch die in der ostdeutschen SDP/SPD gegründeten Arbeitsgemeinschaften, die ihre offene Konstruktion – Mitarbeit ohne Mitgliedschaft in der SPD – der Vereinigung opferten, nicht fortgeführt wurden.

Tabelle 19: Die 1992 in den ostdeutschen Landesverbänden vorhandenen Arbeitsgemeinschaften

Arbeitsgemeinschaft	M.-Vp.	Bbg.	S-An.	Sn	Th.
JuSo	x	x	x	x	x
ASF	x	x	x	x	x
ASJ	x	x	x	–	x
AfA	x	x	x	x	x
AGS	x	x	x	x	–
AfB	x	x	x	–	x
ASG	–	–	x	–	–
Senioren	x	–	–	–	x

Quelle: Linnemann 1994: 234; – = nicht vorhanden

Inzwischen existieren in allen ostdeutschen Landesverbänden diese Arbeitsgemeinschaften meist auf Landesebene und mit unterschiedlicher Mitgliederstärke. Ihre Möglichkeiten zu Aktivitäten entsprechen oft nur bedingt dem, was als wünschenswert gilt. Über den Zustand der Arbeitsgemein-

---

7 Dazu zählen die Sozialdemokratische Gemeinschaft für Kommunalpolitik e.V. (SGK), die Arbeitsgemeinschaft für Arbeitnehmerfragen (AfA), die Arbeitsgemeinschaft Sozialdemokratischer Frauen (ASF), die Arbeitsgemeinschaft der Jungsozialisten (Jusos), die Arbeitsgemeinschaft der sozialdemokratischen Juristinnen und Juristen (ASJ), die Arbeitsgemeinschaft Selbständige in der SPD (AGS), die Arbeitsgemeinschaft der Sozialdemokratinnen und Sozialdemokraten im Gesundheitswesen (ASG), die Arbeitsgemeinschaft für Bildung in der SPD (AfB), die Arbeitsgemeinschaft verfolgter Sozialdemokraten (AVS) und neuerdings die Arbeitsgemeinschaft der Senioren in der SPD. Arbeitskreise wie der „Arbeitskreis Christen in der SPD" spielen als besondere Form keine den AG vergleichbare Rolle.

schaften, deren Vorsitzende in der Regel in die Partei- und Parlamentsarbeit, u. a. durch die Wahrnehmung von Vorstandsfunktionen, eingebunden sind, herrschen unterschiedliche Meinungen vor (Neugebauer 1994: 24). Angesichts der gegenwärtigen Situation könnte überlegt werden, ob die Verbindung zu den Zielgruppen nicht über Projekte, Foren oder Arbeitskreise, die nicht mit der SPD-Organisation identisch sind, hergestellt werden sollte. Das Beispiel der Jusos zeigt die Problematik der Existenz eines Jugendverbandes, wenn die Mutterpartei keine Jugendpolitik, einschließlich Bildungs- und Hochschulpolitik als Schüler- und Studentenpolitik macht und daher auch für Jugendliche nicht besonders interessant ist.

Eine besondere Rolle spielt die Sozialdemokratische Gemeinschaft für Kommunalpolitik in der Bundesrepublik e.V. (SGK), die in allen ostdeutschen Ländern präsent und oft eng mit der Arbeit des Landesverbandes verknüpft ist. Die SGK stellt die sozialdemokratische Vorfeldorganisation dar, die aufgrund ihrer Strukturen einen wesentlichen Beitrag zur Verfestigung sozialdemokratischer Positionen leisten könnte, wenn nicht innerhalb der SPD, wie in anderen Parteien in Ostdeutschland auch, die Landes- und die Bundesebene Priorität genießen würde; das Problem der organisationszentrierten und -definierten SGK-Politik im Verhältnis zur Parteipolitik soll ausgeblendet bleiben.

Noch zu DDR-Zeiten war von der SDP der Bildungsverein „Verein für politische Bildung und soziale Demokratie e. V." gegründet worden, dessen Struktur nach der Vereinigung von der SPD-nahen Friedrich-Ebert-Stiftung übernommen wurde. Die Stiftung verfügt in den ostdeutschen Ländern über Länderbüros (drei in Sachsen) macht aber keine Parteischulung. Das ist Aufgabe des Referats Parteischule beim Parteivorstand der SPD.

6. Die ostdeutsche SPD als intermediärer Akteur

Das Verhältnis zu befreundeten Organisationen wie der Arbeiterwohlfahrt (AWO), dem Mieterbund oder zum DGB bzw. zu Einzelgewerkschaften ist in den einzelnen Landesverbänden durchaus unterschiedlich, wobei die AWO als Mitgliederorganisation nicht die traditionell enge Bindung zur SPD aufweist und zudem in der DDR-tradierten Volkssolidarität eine starke Konkurrentin hat. Ähnlich geht es dem Mieterbund, dessen starke sozialdemokratische Orientierung in den ostdeutschen Ländern zu Aktivitäten der PDS geführt hat, ihr nahestehende Mietervereine in Kampagnen einzusetzen oder diese zu unterstützen.

Im Verhältnis zu den DGB-Gewerkschaften sind die teilweise krassen Vorbehalte von beiden Seiten, mehr aber von Seite der Gewerkschaften, inzwischen abgebaut worden. Im allgemeinen sind – in wenigen Landesverbänden nach einigen Anlaufschwierigkeiten – die Beziehungen zur IG Metall am besten, gelegentlich problematisch die zur GEW und nicht immer problemfrei die zum DGB; gemeinsame Maifeiern gibt es noch nicht lange. Ursachen dafür waren die anfänglich zwiespältige Haltung zu den Gewerkschaften, die die SDP/SPD in Erinnerung an die DDR-Verhältnisse eingenommen hatte, aber auch die Erfahrungen der in den Osten kommenden westdeutschen Gewerkschafter, die diese mit der SPD-geführten Bundesregierung, aber vor allem in der Opposition nach 1982 gemacht hatten. Beiderseitige Vorbehalte führten unter anderem dazu, daß DGB-Landesvorsitzende Schwierigkeiten hatten, auf vordere Listenplätze bei Landtagswahlen gesetzt bzw. von den Delegierten akzeptiert zu werden. Andererseits erhöhte es keineswegs deren Akzeptanz, wenn sie versuchten, sich in die Politik der Landes-SPD einzumischen, so geschehen in Sachsen-Anhalt, wo der als Anhänger einer Koalition zwischen CDU und SPD und Gegner der Tolerierung geltende DGB-Landesvorsitzende versuchte, entsprechend einzuwirken. Insgesamt ist das Verhältnis zwischen den Landesverbänden der SPD und den Gewerkschaften ein Spiegelbild der Beziehungen auf Bundesebene und reflektiert zudem die Probleme der Gewerkschaftspolitik der SPD.

Zu den anderen Parteien auf Landesebene gibt es durchaus verschiedene Verhaltensmaßstäbe. In den Ländern existieren zwischen CDU und SPD auf der offiziellen Ebene die üblichen Beziehungen (Einladungen etc.), im Parlament sind sie durch die Bedingungen – SPD in der Koalition oder in der Opposition – geprägt: im Plenarsaal kooperativ bis konträr und konfrontativ, in den Ausschüssen auch kollegial. Die beiden Ebenen sollten bei der Betrachtung prinzipiell auseinandergehalten werden.

Sowohl die Beziehungen zwischen SPD und PDS (Neugebauer/Stöss 1996) als auch die zwischen der SPD und Bündnis 90/Die Grünen sind durch historische (zentrales Gründungsmotiv der SDP-Ahnen war der Kampf gegen die SED) wie aktuelle Aspekte (Wahlen und Wähler) geprägt. In der Konkurrenz zum Bündnis 90/Die Grünen ging es für die SPD im Osten auch um den Anspruch, den politischen Umbruch 1989 zu repräsentieren, während aktuell eher Probleme der Vertretung bestimmter ökologischer wie auch sozialer Ziele das Verhältnis bestimmen. Heute geht es im Verhältnis zur PDS wie zu den Grünen um die Besetzung von und die Dominanz auf einzelnen politischen Feldern, während die Auseinandersetzung um den Anspruch, gesamtdeutscher Repräsentant der ostdeutschen Bevölkerung zu sein, eher ein Problem der Konkurrenz zwischen der PDS und der SPD ist. Da die PDS gegenüber der SPD eine Strategie verfolgt, in der kooperative neben konfrontativen Elementen zu finden sind, können Irritationen in der Gesamtpartei nicht ausbleiben, wenn sich ostdeutsche Landesver-

Die SPD

bände der SPD einerseits argumentativ-ablehnend gegenüber der PDS verhalten, andererseits aber in konkreten politischen Situationen Kooperationsbereitschaft mit der PDS bzw. deren Mandatsträgern in den kommunalen und Landesparlamenten signalisieren. Das Verhältnis der beiden Parteien unterscheidet sich daher auf den verschiedenen Ebenen deutlich. Während die Bundespartei die PDS ablehnt, ist das Verhältnis auf Landesebene differenzierter und wird auf der kommunalen Ebene noch stärker von pragmatischen als von ideologischen Aspekten bestimmt. Auf der Ebene der Landesverbände gibt es zwar keine offiziellen Beziehungen zwischen den Parteiorganisationen von SPD und PDS, dafür aber im parlamentarischen Raum. Hier sind es etliche informelle und auch formale Kontakte, die von Gesprächen über Besprechungen bis hin zu Absprachen über die Behandlung von Anträgen der beiden Parteien laufen. Auf der kommunalen Ebene ist es bisher nur in Thüringen zu einer kommunalen Koalition sowie zu einer Art Koalitionsvereinbarung gekommen: In Weimar haben die Stadtratsfraktionen von SPD, Bündnis 90/Die Grünen und der PDS, die letztere gegen den Willen ihres Kreisvorstandes, eine derartige Vereinbarung abgeschlossen. Bei der Landratswahl in Meißen Ende 1995 hat die PDS zugunsten des SPD-Kandidaten auf einen eigenen Kandidaten verzichtet; gesiegt hat die unbekannte CDU-Kandidatin. In Berlin hat sich die SPD nach der Wahl 1995 unterschiedlich verhalten: Sie ist sowohl Zählgemeinschaften gegen die PDS eingegangen (Mitte, Prenzlauer Berg) und hat andererseits PDS-Bürgermeisterkandidaten mitgewählt.

Man muß hier zugestehen, daß die Bundessicht auf die Verhältnisse in den ostdeutschen Landesverbänden zwar richtig konstatiert, daß sich SPD und PDS in einer Konkurrenz um bestimmte Wählersegmente befinden und die PDS, weil ihr Reservoir erschöpft ist, sich in die der SPD tendenziell zuneigenden Gruppen hineinbewegen muß, wodurch die Parteienkonkurrenz an Schärfe zunehmen könnte. Andererseits wird übersehen, daß die PDS nicht die Ostpartei ist und daß die SPD von mehr Wählern mit „Ost-Interessen" gewählt wird als jede andere Partei. Zudem kann nicht ausgeschlossen werden, daß die Bewegung der PDS in Richtung Sozialdemokratie sie innerparteilich spalten könnte, so daß im Prinzip Gelassenheit angesagt ist und die Kampagne der CDU gegen die Haltung der SPD bezüglich der PDS als das gesehen werden sollte, was sie in erster Linie darstellt: Wahlhilfe für die CDU und Mobbing der SPD.

7. Fazit

Faktisch ist die Position der ostdeutschen Landesverbände der SPD im dortigen Parteienwettbewerb durch die Konkurrenz sowohl zur CDU als auch zu B90/Grüne und PDS bestimmt. Bei den Wählern konkurriert sie in der Gruppe der Arbeiter und Gewerkschafter mit der CDU wie mit der PDS, bei den Arbeitslosen mit der PDS und in der Konkurrenz zu B90/Grüne geht es um libertär gesinnte Wechsel- und Wiederwähler, auf die auch die PDS aus ist. Die oft von SPD-Seite gehörte Meinung, man wolle sich um die Wähler der PDS kümmern, sprich, sie dort abholen, ignoriert, daß ein wesentlicher Teil der PDS-Stammwähler aus einem deutlich abgegrenzten Milieu stammt, das der SPD keine Sympathie entgegenbringt.

Die wesentlichen Probleme der SPD im Osten liegen nicht an der mangelhaften Wahrnehmung des Ost-West-Gegensatzes in der Partei, denn das ist ein innerparteiliches Problem. Sie liegen einmal in der Bestimmung des politischen Profils der Partei, das noch zuwenig ausgeprägt ist, um die SPD sowohl von der CDU wie von der PDS besonders abzuheben und zum anderen in den Bereichen Organisation und Mitgliederentwicklung. Die Landesverbände werden sowohl ihre politische Arbeit als auch ihre Integrationsaufgabe als Gliederungen einer großen Volkspartei schlecht erfüllen können, wenn es ihnen nicht gelingt, ihre Mitglieder zu behalten und mehr Mitglieder zu werben. Eine der zentralen Voraussetzungen ist eine Veränderung der politischen Kultur durch eine gesellschaftliche Entwicklung, in der die Parteien veranlaßt werden, die Wünsche der Bürger nach Partizipation in politischen Angelegenheiten aufzugreifen und entsprechende Angebote zu unterbreiten. Unabhängig davon könnte überlegt werden, ob nicht in dieser Situation, in der die Diskussion um die Frage Mitglieder- oder Rahmenpartei bereits stattfindet (Reiche 1993: 85ff.), die SPD in den ostdeutschen Ländern von den Erfahrungen der westdeutschen Landesverbände abweichen und neben traditionellen Maßnahmen wie Werbekampagnen die Intensivierung der politischen Bildung für Mitglieder und Interessenten sowie die Ausweitung von selektiven Partizipationsmöglichkeiten versuchen sollte. Ebenso könnten Versuche mit neuen Organisationsformen wie -kulturen unternommen werden, die die SPD in den ostdeutschen Länder in die Lage versetzen könnte zu prüfen, in welcher Form sie als politisches Angebot zukünftig noch angenommen wird. Ob bisherige Organisationüberlegungen zur Öffnung der Partei (Projektgruppe 2000 1993: 16ff.) realisiert werden können, werden die Ergebnisse des Mannheimer Parteitags, vor allem die Einrichtungen von Foren, zeigen.

Ganz offensichtlich fehlt (auch) in der ostdeutschen SPD:

- eine Antwort auf die Frage, wie die zeitaufwendige politische Arbeit in der Fläche noch geleistet werden kann, wenn sich die Mitgliederentwicklung nicht verbessert;
- eine Konzeption dafür, wie das Bild der Partei in der Öffentlichkeit so attraktiv gestaltet werden kann, daß sie ihre Akzeptanz bei Sympathisanten und Wählern erhöht;
- bei vielen Mitgliedern eine rationale und emotionale Bindung an einen sozialdemokratischen Grundwertekatalog oder an ein Programm;
- bei vielen Funktionären die sichere Überzeugung davon, was sozialdemokratische Politik heißt;
- die Fähigkeit, die Distanz zwischen der Partei und der Gesellschaft durch einen Dialog mit der Gesellschaft „vor Ort" zu überwinden;
- die Erkenntnis, daß Reformen nur dann etwas taugen, wenn sie den Mitgliedern Partizipationsmöglichkeiten einräumen, in deren Folge sie ihre Identität mit der Organisation verstärken;
- die Bereitschaft, nicht nur die Vorfeldstrukturen auszuweiten und zu verändern, sondern Politikbereiche und -felder zu aktivieren, die es den Zielgruppen in der Lebensphase, in der sie sich politische Normen und Werte aneignen, leichter machen, sich für die SPD zu entscheiden.

Ob sich die SPD überhaupt neue Mitglieder erschließen kann, solange die Partei keine politischen Angebote unterbreitet, in denen die Betroffenen die Aufnahme ihrer Interessen und die Möglichkeiten zu ihrer Umsetzung erkennen, muß bezweifelt werden. Bezüglich dieser Probleme ist die SPD im Osten, trotz deren unterschiedlicher Quantität und Qualität, doch keine Partei in der Partei, aber hinsichtlich ihrer Wettbewerbssituation in einer anderen Lage als die Gesamtpartei – und das noch für eine unabsehbare Zeit.

Literatur

Elmer, K.: Auf den Anfang kommt es an! In: Neue Gesellschaft/Frankfurter Hefte 38(1991)2, S. 136-140

Feist, U./Hoffmann, J.: Landtagswahlen in der ehemaligen DDR am 14. Oktober 1990: Föderalismus im wiedervereinten Deutschland – Tradition und neue Konturen. In: Zeitschrift für Parlamentsfragen 22(1991)1, S. 5-34

Gutzeit, M.: Die Stasi – Repression oder Geburtshilfe? In: Dowe, D. (Hrsg.): Von der Bürgerbewegung zur Partei. Die Gründung der Sozialdemokratie in der DDR. Reihe Gesprächskreis Geschichte.Heft 3, Bonn: Friedrich-Ebert-Stiftung, 1993, S. 41-52

Leonhard, E.: Eine junge Partei mit alter Tradition. Erster Parteitag der neuen SPD in der DDR. In: Deutschland Archiv 23(1990)4, S. 506-508

Linnemann, R.: Die Parteien in den neuen Bundesländern. Konstituierung, Mitgliederentwicklung und Organisationsstrukturen. Münster/New York: Waxmann, 1994

Martinsen, M. (Redaktion): Bericht über die Hilfe des Parteivorstandes für die ostdeutschen Landesverbände der SPD in Mecklenburg-Vorpommern, Brandenburg, Berlin-Ost, Sachsen-Anhalt, Thüringen und Sachsen. Bonn: Parteivorstand der SPD (unveröff.) 1993

Meckel, M.: Konsequenzen aus der Erfahrung der Oppositionszeit: Partei oder soziale Bewegung? In: Dowe, D. (Hrsg.): Von der Bürgerbewegung zur Partei. Die Gründung der Sozialdemokratie in der DDR. Reihe Gesprächskreis Geschichte, Bonn: Friedrich-Ebert-Stiftung, 1993, S. 53-66

Mühlen, P. von zur: Die Gründungsgeschichte der Sozialdemokratie in der DDR. In: Herzberg, W./Mühlen, P. von zur (Hrsg.): Auf den Anfang kommt es an. Sozialdemokratischer Neubeginn in der DDR 1989. Interviews und Analysen. Bonn: J. W. Dietz Nachf., 1993, S. 38-60

Neugebauer, G./Niedbalski, B.: Die SDP/SPD in der DDR 1989-1990. Aus der Bürgerbewegung in die gesamtdeutsche Sozialdemokratie. Text, Chronik und Dokumentation, Berliner Arbeitshefte und Berichte zur sozialwissenschaftlichen Forschung Nr. 74, 1992

Neugebauer, G.: Die SPD: Im Osten auf neuen Wegen?, Teil I: Zur Organisation der SPD im Osten, Text und Dokumentation, Berliner Arbeitshefte und Berichte zur sozialwissenschaftlichen Forschung, Nr. 86, 1994.

Neugebauer, G./Stöss, R.: Die PDS. Geschichte. Organisation. Wähler. Konkurrenten. Opladen: Leske + Budrich, 1996

Niedermayer, O./Stöss, R. (Hrsg.): Parteien und Wähler im Umbruch. Parteiensystem und Wählerverhalten in der ehemaligen DDR und den neuen Bundesländern. Opladen: Westdeutscher Verlag, 1994

Pappi, F. U.: Wahrgenommenes Parteiensystem und Wahlentscheidung in Ost- und Westdeutschland. Zur Interpretation der ersten gesamtdeutschen Bundestagswahl. In: Aus Politik und Zeitgeschichte B44(1991), S. 15-26

Projektgruppe 2000 des Parteivorstands: Ziele und Wege der Parteireform. In: Blessing, K.-H. (Hrsg.): SPD 2000. Die Modernisierung der SPD. Marburg: Schüren, 1993, S. 16-46.

Reiche, S.: SPD 2000 – Die tapfere Illusion. In: Blessing, K.-H. (Hrsg.): SPD 2000. Die Modernisierung der SPD. Marburg: Schüren, 1993, S. 85-91

Schmitt, K.: Im Osten nichts Neues? Das Kernland der deutschen Arbeiterbewegung und die Zukunft der Linken. In: Bürklin, W./ Roth, D. (Hrsg.): Das Superwahljahr. Köln: Bund Verlag, 1994, S. 185-218

Walter, F.: Sachsen und Thüringen: Von Mutterländern der Arbeiterbewegung zu Sorgenkindern der SPD. Einführung und Überblick. In: Walter, F./Dürr, T./ Schmidtke, K.: Die SPD in Sachsen und Thüringen zwischen Hochburg und Diaspora. Untersuchungen auf lokaler Ebene vom Kaiserreich bis in die Gegenwart. Bonn: J. W. Dietz Nachf., 1993, S. 11-38

Wardin, P.: Politische „Wende" und parteiorganisatorischer Wandel der SPD. In: Schmid, J./Löbler, F./Tiemann, H. (Hrsg.): Organisationsstrukturen und Probleme von Parteien und Verbänden. Berichte aus den neuen Ländern. Marburg: Metropolis, 1994

Die PDS

Hasko Hüning/Gero Neugebauer

1. Zur Gründung und Entwicklungsgeschichte der PDS

Die PDS ist Produkt eines Entwicklungsprozesses der SED, dessen Anfänge in der zweiten Hälfte der 80er Jahre liegen, der im Sommer/Herbst 1989 kumulierte, in den Zusammenbruch des politischen Systems der DDR im Winter 1989/90 mündete und danach unter veränderten Bedingungen zur Etablierung der Partei im gesamtdeutschen Parteiensystems führte. Es gelang ihr, trotz gravierender Mitgliederverluste seit 1989/90 ihre Position als mitgliederstärkste Partei in Ostdeutschland zu halten, sich als Wählerpartei zu etablieren und zur drittstärksten politischen Kraft in den ostdeutschen Parlamenten zu werden.

Die zunächst schleichende und sich dann beschleunigende Erosion in der SED seit dem Frühsommer 1989 führte dort zu Überlegungen über die Zukunft der Partei. Der Zusammenbruch des politischen Systems erzwang jedoch eine andere Lösung: Nicht die Rettung der SED, sondern die Überführung ihrer Reste in eine neue Partei, die SED-PDS, die seit Februar 1990 als PDS firmiert (Bortfeldt 1992: 134ff., Falkner/Huber 1994: 109ff.). Der erste ordentliche Parteitag Ende Februar 1990, wegen der im März anstehenden Volkskammerwahl als „Wahlparteitag" ausgerichtet, diente der PDS als Podium für die Darstellung als die Partei, die DDR-Identitäten verteidigen und DDR-Errungenschaften bewahren wollte. Mit der Verabschiedung eines neuen Statuts und eines neuen Programms erhoffte sich die Führung, die Partei auf die gewandelten Bedingungen einzustellen und den anhaltend vorgetragenen Forderungen nach Auflösung der PDS entgegenzuwirken. Gleichzeitig war die PDS dem bislang ungewohnten Druck der Konkurrenz der anderen – oft aus dem Westen unterstützten – DDR-Parteien ausgesetzt (Niedermayer/Stöss 1994: 11ff.).

Bei der Volkskammerwahl im März 1990 erhielt die PDS 66 von 400 zu vergebenden Mandaten. Im Parteienspektrum war sie weitgehend isoliert. Die Ergebnisse der Kommunalwahlen im Mai 1990 und der Landtagswahlen im Oktober 1990 signalisierten eine abnehmende Tendenz der Zustimmung zu ihren Positionen in der Wählerschaft. Der Veränderungsdruck auf die

PDS war groß: Sie trug Verantwortung für das Scheitern des realen Sozialismus sowie für die Auflösung der DDR als eigenständiger Staat und war nun auf dem Weg in eine fundamental andere politische, ökonomische und soziale Ordnung, in der sie den Nachweis der Berechtigung ihrer politischen Existenz erst noch erbringen mußte.

Im Frühsommer 1990 begann die PDS, Ansprechpartner für eine Kooperation zu suchen. Gespräche mit der DKP scheiterten (Moreau 1992: 220). Sie fand Verbündete bei den westdeutschen Initiatoren eines Aufrufs zu einem Arbeitstreffen „Anschluß der DDR – Anschlußfragen der Linken" Ende Juli in Köln.[1] Diese favorisierten die Gründung einer gemeinsamen Partei, die PDS-Führung zog die Etablierung einer Linken Liste/PDS für das westliche Wahlgebiet vor, mit der sie dann eine Listenverbindung eingehen wollte. Als nach einer Klage der Partei Die Grünen das Bundesverfassungsgericht das Wahlgesetz als verfassungswidrig und Listenverbindungen als unzulässig verwarf, war das gesamtdeutsche linke Wahlprojekt hinfällig. Die PDS kandidierte daher bei der Bundestagswahl in den ostdeutschen Ländern als Linke Liste /PDS oder als PDS/Linke Liste und in Westdeutschland als PDS. Im Westen erreichte sie 0.3 Prozent Zweitstimmenanteil, im Osten 11.1 Prozent und den Einzug in den Bundestag mit 17 Abgeordneten. Das für die Partei unerwartet schwache Resultat war ein Indikator dafür, daß sich die PDS weiterhin in einer Krise befand, deren Ursachen die permanente Destabilisierung[2], die abnehmende Zustimmung zu Positionen der PDS sowie der Abbau ihrer regionalen Hochburgen (Forschungsgruppe Wahlen 1994a: 649) waren. Mit dem Einzug in den Bundestag etablierte sich die PDS trotz ihrer ostdeutschen regionalen Verankerung im gesamtdeutschen Parteiensystem. Die innerparteiliche Konsequenz war die Verlagerung des politischen Zentrums der PDS und damit ihres Transformationsprozesses an die Peripherie, in das Bonner Büro des PDS-Vorsitzenden Gysi, der auch Bundestagsgruppenvorsitzender wurde.

Finanzskandale und Stasi-Affären ramponierten das Erscheinungsbild der PDS erheblich. Mit der Furcht vor Enteignung wurden finanzielle Transaktionen begründet, schon bevor ab Juli 1990 das Parteivermögen treuhänderisch durch die von der Volkskammer eingesetzte „Unabhängige Kommission zur Verwaltung des Vermögens der ehemaligen Parteien und Massenorganisationen der DDR" sowie durch die Treuhandanstalt verwaltet

---

1 Dazu zählten u.a. Mitglieder des Sozialistischen Forums (DKP-Reformer), der „Sozialistischen Studiengruppen" um die Zeitschrift „Sozialismus", Mitglieder des Kommunistischen Bundes (KB), sozialistisch orientierte Grüne, linke Gewerkschafter und linke Sozialdemokraten.
2 Dazu zählt auch der rasante Abbau des Parteiapparats, der nicht zu einer konsequent neuen Organisation der diversen Arbeitsprozesse in der PDS zur Durchsetzung und Weiterführung ihrer Erneuerung auf breiter Grundlage genutzt wurde.

wurde. Die Mittelverschiebungen waren damit jedoch nicht beendet, wie die Affäre um die illegale Überweisung von SED-Geldern auf ein Konto der Moskauer Firma „Putnik" zeigt, die allerdings 1995 mit einem Freispruch der unmittelbaren Akteure endete.[3] Stasi-Folgeaffären um führende PDS-Funktionäre nach Aufdeckung ihrer Verstrickungen demolierten zusätzlich das Image der PDS und illustrierten die Schwierigkeiten der Erneuerung wie das Beharrungsvermögen traditionalistischer Kräfte.

1991 bemühte sich die PDS-Führung, die Partei auf die Marginalisierung ihrer bundesweiten Rolle einzustellen. Sie scheiterte bei dem Versuch, einen Konsens über die gesellschaftlichen Entwicklungstendenzen, über Ziele, Inhalte, Strukturen, Anforderungen und Chancen eines links-sozialistischen Parteiprojektes zu erreichen. Der inhaltliche Kern des bis heute andauernden Streits war – und ist – die Rolle der Erwerbsarbeit als „Schlüsselfrage" einer sozialistischen Orientierung einerseits bzw. die Verteilungs-Option eines „garantierten Mindesteinkommens für alle" andererseits. Es gelang der PDS nicht, das Etikett „demokratischer Sozialismus" im Sinne einer radikalen Reformpolitik mit Inhalt zu füllen. Der – abstrakte – Gestus einer Fundamentalopposition ist teilweise bis heute für die Gesamtpartei habituell geblieben. Ebenso scheiterten die Bemühungen der PDS, sowohl im Westen als auch damit in der gesamtdeutschen Parteienlandschaft Fuß zu fassen und gleichzeitig die Entwicklung zur linken Sammlungspartei voranzutreiben.

Das innerparteiliche Dilemma wirkte sich allerdings nicht hinderlich auf die seit 1992 in Ostdeutschland ansteigende Akzeptanz der PDS aus. Die nachteiligen Folgen des von der Bundesregierung initiierten Transformationsprogramms „Aufschwung Ost" verunsicherten größere Teile der ostdeutschen Bevölkerung und beeinflußten ihre Werthaltungen (Andretta/Baethge 1994); gleichzeitig verblaßten die Erinnerungen an die Realität des real existierenden Sozialismus (Westle 1994). Spezifische materielle Probleme und sozial-psychologische Befindlichkeiten wurden von den westdeutschen Parteien nicht als politikwirksam erkannt und fielen als Potential faktisch der

---

3   Die Parteifinanzen sind in der bisherigen Geschichte der PDS einerseits ein Statuten- und Geschäftsordnungsproblem und andererseits zugleich ein politisches Problem gewesen oder dazu gemacht worden, wie bei dem Hungerstreik im Spätherbst 1994, als es um Steuernachzahlungen auf SED-Vermögen ging. Die Rettung des Vermögens der ehemaligen SED war durch die Betonung der finanziellen Probleme, die für die Partei und ihre Mitarbeiter durch eine Auflösung der SED entstehen würden, 1989/90 zu einem informellen Grundkonsens der PDS-Gründung gemacht worden (Falkner/Huber 1994: 136ff.). Inzwischen hat die PDS nicht nur alle Ansprüche auf die Auslandsguthaben der ehemaligen SED (geschätzt: über 500 Mill. DM, davon 60 Mill. eingezogen und ca. 200 Mill. in Händen der Treuhand) abgetreten, sondern auch einen Vergleichsvorschlag der Kommission akzeptiert, der die PDS gegenüber ihren früheren Ansprüchen von rund 1,8 Mrd. DM fast leer ausgehen ließ; sie erhielt vier Immobilien im Wert von 35 Mill. DM und nichts von den auf Konten gesperrten Barbeständen.

PDS zu, deren Akzeptanz anstieg, während ihre Stigmatisierung als SED-Nachfolgerin an Bedeutung verlor und sich ein Wandel in der Einstellung gegenüber dieser Partei in der ostdeutschen Bevölkerung abzeichnete. Das erlaubte es der PDS, sich als Partei des ostdeutschen politischen, sozialen und kulturellen Protestes darzustellen.

Der erste Erfolg zeigte sich in den Berliner Wahlen im Mai 1992: Die PDS erzielte 11.3 Prozent der Stimmen und wurde in den Ostbezirken Berlins mit 29.7 Prozent hinter der SPD (31.9 Prozent) zweitstärkste Kraft vor der CDU (14.3 Prozent); in Westberlin erhielt sie 0.9 Prozent. Ab 1993 schien die PDS sich auf den Weg weg von der Bewegungs- und hin zur Parlamentspartei zu machen, denn sie stabilisierte sich in diesem Jahr vor allem durch den Wähler. Auf dem 3. Parteitag trat der durch sein verschwiegenes Wissen um die IM-Tätigkeit von André Brie belastete Gysi nicht mehr als Parteivorsitzender an und Bisky wurde gewählt, obgleich er als „Erneuerer mit sozialdemokratischer Praxis" und der von ihm vertretene „Brandenburger Weg" einer pragmatischen „Mischung aus linker Sozialdemokratie und Reformkommunismus" in der Partei nicht unumstritten waren. Die Verankerung der PDS im Westen wurde nur proklamiert, aber nicht erreicht.[4]

Im Vorwahljahr 1993 präsentierte sich die PDS unter dem Stichwort „Kampf für soziale Gerechtigkeit" der Öffentlichkeit in veränderter Form. Die Wahlstrategie gab als unabdingbares Ziel den Einzug in den Bundestag vor. Das Wählerpotential sollte mit einem Politikprofil angesprochen werden, das sich als linke, soziale, ostdeutsche und globale Orientierung auswies. Als Themenschwerpunkte wurden vor dem Hintergrund der gravierenden ostdeutschen Krise Arbeit, Wohnen und Gesundheit sowie Demokratie, Frieden und Umwelt genannt. Die Stabilisierung der PDS wurde 1994 sichtbar, als sie sich in allen Landesparlamenten etablierte, in den Kommunal-

---

4   Daran änderte auch der 1. Parteitag der westlichen Landesverbände der PDS/LL am 22.5. 93 in Bonn nichts. Unter dem Motto „Alle wollen regieren – Opposition tut not" trafen sich Delegierte aus den westlichen LV zur Gründung einer „Arbeitsgemeinschaft West" der PDS/LL. Von seiten der sich in der PDS organisierenden und engagierenden West-Linken war spätestens seit Anfang 1992 die Westausdehnung der Partei als gescheitert betrachtet, der Vorgang aber keiner wirklichen Analyse unterzogen worden. Die PDS war seit geraumer Zeit mit dem Fakt konfrontiert, daß linke Gruppierungen (KBW, BWK, KPD u.a.) durchaus auch mit z.T. freundlichem Blick aus dem Vorstand in die PDS drängten, um überhaupt politisch eine Chance zum Überleben zu haben. Da es die PDS ablehnte, zu den Wahlen Organisationsbündnisse einzugehen, war es für sie nicht unerheblich, welche Personen aus welchen Strömungen die Partei im Wahlkampf repräsentierten. Im Ergebnis des West-Parteitages wurde durch die Bildung eines Arbeitsausschusses unter der Regie von W. Gehrcke, C. Gohde und H. Werner der organisatorische Versuch gestartet, einen integrativen Weg zu gehen. Es unterblieb dann allerdings im weiteren der ernsthafte Versuch, sich um eine inhaltlich-politische Überwindung der organisatorischen Trennlinien zwischen den westdeutschen sozialistisch-kommunistischen Strömungen zu bemühen.

Die PDS 71

wahlen gut abschnitt und ihre Repräsentation im Bundestag verteidigte. Ob das Ergebnis der Bundestagswahl (4 Direktmandate in Berlin, gesamtdeutscher Zweitstimmenanteil von 4,4 Prozent und mit 30 Mandaten im Bundestag) als Signal für das Ende des Integrationsprozesses der ehemaligen DDR in die Bundesrepublik und damit auch als das Ende der PDS als Regionalpartei zu werten ist (Brie 1995: 9), wird sich noch erweisen müssen.

Das Ergebnis des bisherigen Institutionalisierungsprozesses der Partei läßt sich somit in zwei Punkten zusammenfassen: (1) Die PDS ist keine echte Neugründung, sondern eine aus der SED übergeführte Partei, die sich seit 1990 im Parteiensystem etabliert hat. Während frühere SED-Organisationsstrukturen relativ rasch verschwanden, wirkten – und wirken – informelle und kulturelle Prägungen und Strukturen der alten SED durch die Kontinuität der Mitgliederschaft fort. Unter diesem Gesichtspunkt ihrer überkommenen Mitglieder- und Eigentumsstruktur kann die PDS als SED-Nachfolgepartei tituliert werden; (2) Die bisherige Geschichte der PDS ist durch ihre Verwurzelung in der staatssozialistischen Entwicklung, einschließlich der Krise und des Verfalls dieser Gesellschaft, gekennzeichnet; zugleich ist sie ein Produkt der „Wendezeit" und des Übergangs der DDR in die bundesrepublikanische Gesellschaft. Infolge ihrer Öffnung nach Westen wurden Erfahrungen, Traditionen und politisch-theoretische Positionen unterschiedlicher linker Gruppierungen in die PDS hineingetragen. Das ständige Aufbrechen und Ausfechten programmatischer Differenzen, die unter der Formel der „Pluralität" der Partei verdeckt sind, dienten – und dienen bisher – weniger zur Profilierung der Partei nach außen als zur Bestimmung und Verschiebung der innerparteilichen Kräfteverhältnisse und Einflußsphären sowie zur Besetzung von Parteifunktionen.

2. Mitglieder und Organisation

Die Mitgliederentwicklung der PDS seit 1989 weist einen hohen Verlust aus, der seit 1992 geringer geworden ist, aber anhält (vgl. Tabelle 1). Die PDS ist eine Partei mit einem hohen Anteil älterer Mitglieder. 1994 waren 7 Prozent der Mitglieder zwischen 18 und 34 Jahre alt; der Anteil der 35- bis 54jährigen betrug rund 23 Prozent, der Anteil der 55- bis 64jährigen ca. 32 Prozent und 38 Prozent der Mitglieder waren über 65 Jahre alt; die letzten beiden Gruppen repräsentieren die Gründer- und die Aufbaugeneration. Fast zwei Drittel, nämlich 64 Prozent der Mitglieder, waren Rentner (Stöss 1994: 3). Insgesamt unterstreichen die vorliegenden Zahlen, daß die PDS als Mitgliederpartei mehrheitlich eine Partei der nicht mehr Erwerbstätigen und im

Vergleich mit der Altersstruktur der Bevölkerung in den neuen Ländern überaltert ist.

Tabelle 1: Mitgliederentwicklung der SED-PDS und PDS

Jahr	Mitglieder	Jahr	Mitglieder
1989	1.780.000	1992	146.742
1990	283.882	1993	131.406
1991	170.000	1994	123.751

Stand jeweils Jahresende; Quelle: PDS-Angaben

Organisatorisch gliedert sich die PDS in 6 Landesverbände im Osten und 10 im Westen Deutschlands. In den Landesverbänden waren Ende 1994 folgende Mitgliederzahlen registriert:

Tabelle 2: Mitgliederzahlen der PDS-Landesverbände 1994

Landesverband	Mitglieder	Landesverband	Mitglieder
Berlin	22.176	Hessen	276
Brandenburg	18.258	Niedersachsen	225
Meckl.-Vorpommern	14.154	Nordrhein-Westfalen	498
Sachsen-Anhalt	18.270	Rheinland-Pfalz	84
Sachsen	32.853	Saarland	35
Thüringen	16.137	Schleswig-Holstein	66
Baden-Württemberg	188		
Bayern	278	LV Ost	121.880
Bremen	50	LV West	1.871
Hamburg	171	Gesamt	123.751

Berlin einschl. 455 Mitglieder in Westberlin; LV Ost Gesamtzahl einschl. 32 Mitgliedern des Bundesvorstands; Quelle: Pressedienst der PDS 11/1995, S.6.

Die Landes- und Kreis- bzw. Stadtvorstände verfügen über Geschäftsstellen mit haupt- und (bis zu 40) ehrenamtlichen Mitarbeitern. Entsprechend den kommunalen Gebietsreformen einerseits und unter dem Zwang finanzieller Restriktionen andererseits wurden zwischen 1990 und 1994 diverse Organisationsveränderungen und Strukturreformen durchgeführt, die zu einer Reduktion der Mitarbeiter in den Geschäftsstellen und zur Ausweitung ehrenamtlicher Tätigkeiten in regionalen und kommunalen PDS-Geschäftsstellen geführt haben. In den westdeutschen Landesverbänden existierten Ende des Jahres 1994 insgesamt 124 Gliederungen (Kreisverbände, Basisorganisationen oder Gruppen). 1995 wurden in der westdeutschen PDS-Struktur zusätzliche Bundestagswahlkreisbüros eingerichtet. Die im Apparat der ehemaligen SED zuletzt beschäftigten 44.000 Mitarbeiter wurden von der PDS bis Mitte 1990 auf ca. 4.000 reduziert. 1994 waren 156 hauptamtliche Mitarbeiter und Mitarbeiterinnen bei der PDS, darunter 43 im Parteivorstand und

Die PDS

in der Bundesgeschäftsstelle, 22 in Sachsen-Anhalt, 13 in Thüringen, 16 in Mecklenburg-Vorpommern, 14 in Brandenburg, 26 in Berlin, 19 in Sachsen sowie 2 in Hamburg und einer in Hessen angestellt.

1990 wurden im Zuge der Um- und Neustrukturierung von der SED zur PDS in der PDS beim Parteivorstand (inhaltlich arbeitende) Kommissionen gebildet, deren Bezeichnungen oft von denen des alten SED-Apparats deutlich abwichen, aber – zunächst – nur in wenigen Fällen auf neue Politikfelder abgestellt waren. Die meisten Kommissionen wurden 1992 in Arbeitsgruppen beim Parteivorstand umgewandelt und ihre Anzahl reduziert. Diese Organisationsform sollte die inhaltliche Zusammenarbeit mit den Arbeits- und Interessengemeinschaften beim Parteivorstand der PDS verbessern. Seit 1995 hat die Vorstandsebene eine Gliederung, die durch die Zuständigkeit für die Zusammenschlüsse strukturiert ist. Die Geschäftsverteilung des Vorstandes sieht vor, daß jedes Mitglied, es gibt nur ein ehrenamtliches unter den insgesamt 18, für ein oder mehrere AGs/IGs zuständig und damit auch Sprecherin oder Sprecher für das jeweilige Politikfeld ist.

Interessen (IG)- oder Arbeitsgemeinschaften (AG) sowie Plattformen entstehen durch die Absicht von Mitgliedern und/oder Sympathisantinnen und Sympathisanten der PDS, auf einem bestimmten Themen- oder Interessengebiet zusammenzuarbeiten. Ist diese Absicht primär ideologisch begründet, wird in der Regel die Bezeichnung Plattform gewählt (Kommunistische Plattform, Ökologische Plattform, Sozialdemokratische Plattform). Die AGs geben sich einen Namen, den sie auch mal ändern, und fügen den Zusatz „in und bei der PDS" hinzu. Damit ist eine Art Antragsverfahren bei dem entsprechenden PDS-Gremium verbunden, aber davon nicht die Aufnahme oder Durchführung der jeweiligen Tätigkeit abhängig; es besteht also keine Genehmigungspflicht. Manche AGs haben sich nach ihrer Gründung nicht weiter entwickelt, andere existierten nur durch ihre Sprecher oder Sprecherin, und dritte wiederum führten und führen ein von Interessenlagen und Nachfragen abhängiges Dasein. Manchen – wie der Kommunistischen Plattform – wurde dabei mehr medien- als parteiwirksame Aufmerksamkeit zuteil. Andere, wie die Frauen-AG LISA, erweckten zeitweilig den Eindruck von Alibiveranstaltungen und weitere werden als „Selbsthilfegruppen" beschrieben. Insgesamt existierten 1995 nicht weniger als 27 Arbeitsgemeinschaften.

Vermittelt über die IGs/AGs will die PDS mit gesellschaftlichen Gruppen und Bewegungen kommunizieren und ihr zweites Standbein stärken, nämlich Teil der sozialen Bewegung zu sein. Als Partei will sie davon profitieren, daß die Mitglieder der Zusammenschlüsse ihre spezifischen Kenntnisse und Erfahrungen in die Parteipolitik einbringen (Input-Aspekt); das scheint nicht konfliktfrei oder von der Akzeptanz der Parteiführung abhängig zu sein (Themenfeld Wirtschaftspolitik). Nach außen erhofft sich die

PDS dadurch eine Verbesserung der eigenen Aktions- und Wirkungsfähigkeit im außerparlamentarischen Raum. Die Verfechter des Projekts der PDS als einer „offenen Partei" verbinden mit dem durch die Zusammenschlüsse demonstrierten Bewegungsaspekt und der prinzipiellen Offenheit dieser Interessen-, Arbeitsgemeinschaften und Plattformen für Nichtmitglieder der Partei die Hoffnung, die soziale Basis der Partei ausweiten wie zugleich der Abschottung parteiinterner Zirkel entgegenwirken zu können. Dieses Verständnis wird jedoch keineswegs durchgängig in den Parteigremien und -gliederungen akzeptiert.

Die Gremienstruktur entspricht den Formalerfordernissen des Parteiengesetzes. Nach dem Statut entscheidet in allen wichtigen politischen Sach- und Personalfragen der Gesamtpartei der Parteitag. Der Partei- richtig: der Bundesvorstand (BV) gilt als eigentliches Leitungsgremium auf der zentralen Ebene. Es existiert ein internes Führungsgremium, eine Art „Geschäftsführender Vorstand", der die Vorstandssitzungen vorbereitet. Der Parteirat, in dem die Gliederungen und Zusammenschlüsse vertreten sind, soll die Verbindung zwischen Partei und Vorstand sichern und diesen kontrollieren. Das formale Verhältnis zwischen Bundesvorstand und Landesvorständen ist nicht eng. Die Landesvorstände achten auf ihre auch statutengemäß abgesicherte Unabhängigkeit, die damit begründet wird, daß in den Ländern unter unterschiedlichen konkreten parlamentarischen Bedingungen Politik gemacht wird. Ein wichtiges Element in dieser Struktur ist die Bundestagsgruppe der PDS, und innerhalb dieser der Vorstand mit dem Vorsitzenden Gregor Gysi, der allmonatlich an einer Bundesvorstandssitzung teilnimmt. Die Beziehungen zwischen Bundestagsgruppe und Bundesvorstand gelten als schwierig. Diverse Sitzungen von Landes- und Bundesparteitagen der PDS haben gezeigt, daß die Vorstände trotz „Parteitagsregie" nicht immer ihre programmatischen wie personellen Vorstellungen gegen die Delegierten durchsetzen können. Da zudem die Parteivorstände oft Probleme mit den Fraktionsvorständen haben und nicht in die Partei hineinregieren können (und wollen), besteht ein grundsätzliches Problem der Berechenbarkeit der Entscheidungen von PDS-Gremien. Dadurch – wie auch durch innerparteiliche Kreise und Zirkel – wird die Politikfähigkeit der PDS beeinträchtigt.

3. Programme und Positionen

Auf dem Außerordentlichen Parteitag der SED im Dezember 1989 drängten engagierte SED-Reformer weitgehend vergeblich die Delegierten, sich qua programmatischer Aussagen sowohl zur Vergangenheit der SED als auch zur Zukunft der Partei zu äußern. Statt dessen zog es die Parteitagsmehrheit vor, ein vorläufiges Statut mit einer programmatischen Einleitung anzunehmen und die Programmdiskussion zu verschieben.

Die PDS definierte sich als eine sozialistische Partei, die aus „den Strömungen der deutschen und internationalen Arbeiterbewegung, aus den revolutionären und demokratischen Traditionen des deutschen Volkes und aus dem Antifaschismus" schöpfe und in sich „pazifistisch und religiös begründete Standpunkte aufnehmen" (Behrend/Maier 1991: 386) wolle. Die Idee des Sozialismus blieb das identitätsstiftende ideologische Element des Parteiverständnisses der PDS als linker Partei. Kontrovers war – und ist – die Frage, ob es ein „moderner" Sozialismus oder ein traditioneller sein sollte. Als Oppositionspartei wollte sie sich besonders den Themen der sozialen Sicherheit, der grün-ökologischen und globalen Probleme annehmen und den politisch-kulturellen Protest gegen den Kapitalismus organisieren. Faktisch war sie auf der Suche nach ihrem Charakter: Massen-, Integrations-, Volks- oder Regionalpartei – immer in Kombination mit starken Elementen einer sozialen Bewegung – auf der einen Seite oder Systemoppositionspartei bzw. entschiedene Reformpartei auf der anderen Seite. Das Problem tauchte schon damals in der programmatischen Diskussion auf (Hüning 1990: 1670ff.). Insgesamt hatte die PDS erhebliche Schwierigkeiten zu überwinden, wie die Auseinandersetzungen um die Ablösung marxistisch-leninistischer Kerndogmen zugunsten einer modernen Partei- und Gesellschaftstheorie illustrierten (Fraude 1993: 139).

Aus vier Entwürfen, die unterschiedliche Einschätzungen der Ursachen des Untergangs der DDR, der Bedeutung der Demokratie sowie der Strategien zur Überwindung des Kapitalismus enthielten (Gerner 1994: 230ff.), erarbeitete die PDS-Grundsatzkommission zwischen Sommer 1991 und Dezember 1992, begleitet von heftigen Kontroversen, einen Programmentwurf. Dieser wurde auf dem 3. Parteitag im Januar 1993 als Programm beschlossen. Das Programm faßt das an Positionen zusammen, was die PDS 1993 als ihren längerfristigen politischen Willen zu artikulieren in der Lage war – und sie verband damit die Hoffnung auf ein Mindestmaß an verbindlicher Orientierung und Strategie.

Der demokratische Sozialismus wird im Programm definiert als „Gesellschaft, in der die freie Entwicklung der einzelnen zur Bedingung der freien Entwicklung aller geworden ist" und zugleich als Bewegung „gegen die Ausbeutung des Menschen durch den Menschen, gegen patriarchalische Unterdrückung, gegen die Ausplünderung der Natur, für die Bewahrung und Entwicklung menschlicher Kultur, für die Durchsetzung der Menschenrechte, für eine Gesellschaft, in der die Menschen ihre Angelegenheiten demokratisch und auf rationale Weise regeln" (PDS 1993: 1). Die wirtschaftspolitische Alternative der PDS zielt auf ein verändertes System der gesellschaftlichen Arbeit. Durch kurz-, mittel- und langfristige Umgestaltungsschritte soll der Staat, bei Anerkennung des Marktes, als sozial- und wirtschaftspolitischer Regulierer fungieren. Wirtschafts- und Sozialräte und erweiterte Mitbestimmungsregelungen der Beschäftigten, aber auch der Kommunen und „anderer gesellschaftlicher Kräfte", sollen regulierende Eingriffe gegen die Dominanz des Kapitaleigentums ermöglichen. Die innerparteilich ungeklärte Position, inwieweit die gesellschaftlichen Verhältnisse durch den Gegensatz von Kapital und Arbeit bestimmt werden, findet sich im Programm wieder: „Unterschiedliche Auffassungen bestehen hinsichtlich der Frage, ob die reale Vergesellschaftung von Eigentum primär durch die Verfügung über das Eigentum erreichbar ist oder ob der Umwandlung in Gemeineigentum, insbesondere in gesamtgesellschaftliches Eigentum, die bestimmende Rolle zukommen muß" (PDS 1993: 8). Die PDS propagiert kurzfristig alternative Entwicklungswege wie die Demokratisierung der Gesellschaft, das Aufhalten des Rechtsrucks, die Beendigung des Kalten Krieges in Deutschland und die Verwirklichung der kommunalen Selbstverwaltung sowie die Veränderung des Systems der gesellschaftlichen Arbeit, die Erneuerung der Ziele und Inhalte der Sozialpolitik und die soziale und ökologische Umgestaltung der Wirtschaft. Systemkonforme Forderungen stehen neben systemsprengenden, einige sind national begrenzt und manche den Programmen anderer politischer Kräfte entnommen oder deren Zielen nachempfunden.

Das Programm war die bislang letzte „Gemeinschaftsleistung", denn danach wurde die programmatische und strategische Diskussion in der PDS durch einzelne oder Gruppen bestimmt. Den Anfang machte 1994 Gregor Gysi mit dem Ingolstädter Manifest, dessen zentraler Begriff, der Gesellschaftsvertrag, in der PDS große Unruhe erzeugte. In der Perspektive einer globalen, ökologischen und sozialen Revolution ist der neue Gesellschaftsvertrag die Alternative zum „sozialen Krieg" (Gysi 1994: 6)[5] der Herrschenden. „Neue soziale, ökologische und kulturelle" Notwendigkeiten bedürfen zu ihrer Umsetzung „eines neuen Gesellschaftsvertrags". Vorgestellt werden politische Ziele, die auf der linken Seite des westdeutschen politischen Spektrums als konsensfähig betrachtet werden, sowie eine Dritte Kammer mit ostdeutschem Ableger, die das Dilemma der geringen parlamentarischen Repräsentanz der PDS mindern soll. Die Gysischen Vorschläge markieren – im Kontext des Verfassungsentwurfs der PDS-Bundestagsgruppe – eine kritische Position der PDS gegenüber den traditionellen Institutionen des parlamentarisch-demokratischen Systems, die, stärker als es im Programm der

---

5   Ob durch die von Gysi festgelegten politischen Prioritäten genügend Sensibilitäten für Probleme von Gesellschaften an der kapitalistischen Peripherie sowie politische Konfliktpotentiale freigesetzt werden, so daß sich die Existenzberechtigung einer systemoppositionellen Partei bestätigt, muß abgewartet werden.

PDS zutage tritt, durch plebiszitäre Elemente und solche der direkten Demokratie ergänzt werden sollen.

Nach der Bundestagswahl begann eine neue Diskussionskampagne mit den „Zehn Thesen zum weiteren Weg der PDS", die sich mit der Position der PDS zu bestimmten Politikbereichen befassen, das Verhältnis der PDS zu anderen Parteien, insbesondere zur SPD sowie zu Bündnis 90/Die Grünen definieren, kurz- und langfristige Strategien formulieren und programmatische Dimensionen haben. Die These, die den Begriff des Klassenkampfes ebenso wie den der Sozialpartnerschaft als ungeeignet für die Erfassung komplexer politischer und sozialer Situationen bezeichnete (These 4: „vereinfachtes und reduziertes Denken"), löste ebenso Widerspruch aus wie der Schlüsselsatz in der These 8: „In den eigenen Reihen festigt die PDS den Grundkonsens der Wendezeit: Bruch mit der zentralistischen, demokratiefeindlichen Politik der SED, dem Stalinismus" (Parteivorstand der PDS 1994). Der Widerspruch führte zur Vertagung der Diskussion. Um dem 4. Parteitag eine Art programmatische Leitlinie vorzugeben, veröffentlichten Bisky, Gysi und Modrow (1994: 26 ff.) unter der Überschrift „Sozialismus ist Weg, Methode, Wertorientierung und Ziel" ein Papier, das Aussagen zum sozialistischen Charakter der PDS, zum Oppositionscharakter, zum Pluralismus in der PDS, zum Verhältnis der PDS zu ihrer Geschichte und zu der DDR sowie zum Verhältnis der PDS zur SPD und zu Bündnis 90/Die Grünen machte. Zum Oppositionscharakter der PDS formulierten die „Fünf Punkte" ein Bekenntnis zur „prinzipiellen Opposition zu den herrschenden gesellschaftlichen Verhältnissen". Die dort vertretene Auffassung, der Verfassungsentwurf der PDS würdige und bewahre wesentliche Teile des Grundgesetzes, muß bestritten werden.[6]

Zum Pluralismus in der PDS erfolgte die Verständigung erst auf dem 4. Parteitag per Beschluß, in dem festgehalten wurde, daß sie eine pluralistische Gesellschaft anstrebt, sich selbst auch als eine solche Partei organisiert, Pluralismus aber seine Grenzen hat und nicht beliebig sein kann. Was danach an Auseinandersetzungen in der PDS ablief, zeigte, daß die Debatte

---

6 Wenn das so stimmen soll, dann kann die PDS sich aus dem Kreis der Bewerber um eine linkslibertäre Position im deutschen Parteiensystem verabschieden, denn der Entwurf ist „staatslastig" und wenig an individuellen Freiheitsrechten orientiert. Die Grundrechte stehen hinter der Staatskonzeption. Die intendierten institutionellen Veränderungen zielen in zwei Richtungen: Die eine ist der Ausbau der partizipatorischen (direkten) Demokratie, die andere ist die Revision des institutionellen Systemstransfers durch die Einführung der Ostdeutschen Kammer und die Änderung des Einigungsvertrags. Die Stellung der beiden ersten Hauptteile erinnert an die Grundzüge der Systematik der DDR-Verfassung von 1968 bzw. 1974, in der das Kapitel I „Politische Grundlagen" dem Kapitel II „Bürger und Gemeinschaften in der sozialistischen Gesellschaft" vorangestellt war. Die darin offenbare Priorität staatlichen gegenüber individuellen Handelns resultiert aus dem Primat des Staates, d.h. einem etatistisch geprägten Verständnis von Gesellschaftsorganisation.

über „Pluralismus" per Parteitagsbeschluß nicht zu beenden ist. Auslöser einer heftigen ideologischen Kontroverse nach dem Parteitag im Januar 1995 war eine Anzeige „In großer Sorge", unterzeichnet von 38 mehr oder weniger prominenten PDS-Mitgliedern (Neues Deutschland, 15.5.95). Die Unterzeichner reagierten damit auf ein unter der Überschrift „Deutschland braucht eine neosozialistische Alternative" (Bisky/Brie 1995: 3) veröffentlichtes Strategiepapier, das einem offensichtlichen Anliegen nach einer pragmatischen Operationalisierung programmatischer Prinzipien entsprach. Das vorläufige Resultat der Auseinandersetzungen um die politische Strategie der PDS im Sommer und Herbst 1995 war die Vorlage eines Leitantrags „Veränderung von unten. Sozial und solidarisch, demokratisch und antimilitaristisch. Politische Aufgaben der PDS 1996 bis 1998", in dem die PDS Schwerpunkte ihrer politischen Aufgaben bis zur nächsten Bundestagswahl und ihre Absicht formuliert, „die bundesdeutsche Gesellschaft für Ideen des demokratischen Sozialismus zu interessieren" (Pressedienst PDS 48/95: 11). Mit der Zustimmung zu diesem Papier hofft die Führung, die gegenwärtige, ungeklärte Situation in der PDS – eine Art Schwebezustand zwischen den Strömungen und Tendenzen mit Unübersichtlichkeiten für die Basis – zu beenden und die Partei für wichtige Fragen wie die Westausdehnung (Neugebauer 1995: 55f.) entscheidungsfähig zu machen.

4. Die PDS in den Wahlen

Die PDS erwartete im Frühjahr 1990 trotz der für sie neuen Situation in einem kompetitiven Parteiensystem ein gutes Ergebnis für die Volkskammerwahl, das dann so nicht eintraf. Auch bei den Kommunalwahlen im Mai 1990 sowie bei den im Oktober stattfindenden Landtagswahlen sank die Zustimmung zur PDS. Als Glück erwies sich die Entscheidung des Bundesverfassungsgerichts, zwei getrennte Wahlgebiete zuzulassen, da dadurch die PDS durch ihr im Wahlgebiet Ost erzieltes Ergebnis in den 12. Deutschen Bundestag einziehen konnte.

Nur die Wähler in Ostberlin behandelten die PDS bei der Bundestagswahl 1990 besser als in den vorangegangenen Wahlen. Dort erlebte sie auch 1992 ihre erste Erholung als Wählerpartei. Sie erhielt insgesamt 11,3 Prozent, davon 0,9 Prozent im Westen und 29,7 Prozent in der Mittte und im Osten Berlins. Die Erholung des Jahres 1992 hatte sich Ende 1993 in einen beginnenden Aufschwung verwandelt, wie die Kommunalwahlen in Brandenburg zeigten, wo sie mit 21 Prozent ein sehr gutes Ergebnis erzielte. Im Superwahljahr 1994 setzte sich der Aufschwung fort. Bei der Europawahl schnitt die PDS in stark ländlich geprägten Gebieten sowie in urbanen Zen-

Die PDS

tren besonders gut ab. Mit einem Anteil von über 40 Prozent in Ostberlin sah sie den Wiedereinzug in den Bundestag als gesichert an. In den Landtagswahlen konnte die PDS im Juni in Sachsen-Anhalt sowie im September in Brandenburg und in Sachsen ihren Stimmenanteil gegenüber den Landtagswahlen 1990 eindeutig verbessern und reale Stimmenzuwächse erzielen, aber in diesen beiden Ländern nicht zweitstärkste Partei werden. Mit Ausnahme von Sachsen-Anhalt, dort schaffte es Bündnis 90/Die Grünen knapp, ist sie als einzige weitere Partei neben SPD und CDU in allen ostdeutschen Landtagen vertreten. Bei der Bundestagswahl gelang ihr der Einzug in den Bundestag durch in Berlin gewonnene vier Direktmandate.

Tabelle 3: Wahlergebnisse der PDS 1990/1994 (in Prozent)

	VK90	KW90	LT90	BT90	LT94	EW94	BT94
Meckl.-Vorp.	22,8	19,0	15,7	14,2	22,7	27,3	23,6
Brandenburg	18,3	16,6	13,4	11,0	18,7	22,6	19,3
Sachsen-Anhalt	14,0	12,7	12,0	9,4	19,9	18,9	18,0
Thüringen	11,4	10,5	9,7	8,3	16,6	16,9	17,2
Sachsen	13,6	11,7	10,2	9,0	16,5	16,6	16,7
Ost-Berlin	30,2	30,0	23,6	24,8	36,3	40,1	34,7

VK = Volkskammerwahl; KW = Kommunalwahlen; LT = Landtagswahlen; BT = Bundestagswahl; EW = Europawahl
Quelle: Statistisches Bundesamt

Ihre Wähler rekrutiert die Partei seit 1990 aus allen Erwerbsgruppen. Sie fand und findet dabei stets überdurchschnittlichen Zuspruch bei Arbeitslosen und Beamten, durchschnittlichen bei Angestellten und unterdurchschnittlichen bei Arbeitern. Sie hat ihren spezifischen Schwerpunkt, wie ihn auch die anderen Parteien haben, aber dieser ist nicht sozialstrukturell, sondern milieuspezifisch definierbar und weist die PDS als eine im ostdeutschen Milieu verankerte Partei aus (Stöss 1994). Daß die Wahlerfolge der PDS nicht (jedenfalls nicht primär) mit ökonomischen und sozialen Faktoren, sondern mit der skeptischen Distanz von Teilen der ostdeutschen Wählerschaft gegenüber dem westlichen System insgesamt zu erklären sind, machten auch Falter/Klein (1994: 34) bei ihrer Analyse der PDS-Wähler bei der Bundestagswahl 1994 deutlich. Die PDS verdankt ihre Wahlerfolge in erster Linie ihren Daueranhängern und nicht, jedenfalls nicht in nennenswertem Umfang, verdrossenen oder protestierenden Wechselwählern. Das sozialstrukturelle Profil der PDS-Wähler hat sich 1994 gegenüber der vorherigen Bundestagswahl nicht grundsätzlich verändert. Ihren stärksten Rückhalt fand die PDS im Osten mit 35 Prozent bei den Beamten, wo sie sich als Mehrheitspartei erwies (CDU 30 Prozent, SPD 24 Prozent). Überdurchschnittlich wurde sie auch von den Angestellten, insbesondere von den gewerkschaftlich organisierten, gewählt, weiterhin von den Arbeitslosen und den Auszubildenden. Arbeiter tendieren nach wie vor nur zögerlich zur Wahl der PDS (Forschungsgruppe Wahlen 1994b: 70f.). Eine Untersuchung Berliner PDS-Anhänger 1995 ergab: Sie stufen sich betont links ein, sind der Idee des Sozialismus gegenüber besonders aufgeschlossen, sprechen sich vergleichsweise stark für einen Schlußstrich unter die DDR-Vergangenheit aus und betrachten die bundesrepublikanische Demokratie skeptisch. Aber nur ein Viertel sieht sich als Einheitsverlierer oder ist Gegner der Vereinigung (Güllner/Niedermayer/Stöss 1995: 14ff.).

5. Die PDS im politischen System

Ende 1995 hat die PDS ihre Etablierung im gesamtdeutschen Parteiensystem immer noch nicht auf Dauer gesichert. Sie ist sowohl im Bundestag als auch in allen ostdeutschen Landtagen (als Opposition) vertreten und hat nur aufgrund der Mehrheits- und Koalitionsverhältnisse in Sachsen-Anhalt eine (tolerierende) Funktion und ansonsten – von Kommunal- und Kreisparlamenten abgesehen – noch nicht nachweisen müssen, daß es sie wegen ihres Politikangebots oder ihrer Kompetenz im Parteiensystem geben muß. Die Partei hat sich im Parteiensystem bisher primär ihr Profil dadurch verschafft, daß sie erklärt, wie sie sich zu und gegenüber anderen Parteien verhält, anstatt durch eine bestimmte Politik ihr Profil zu bestimmen und die anderen Parteien damit zu zwingen, sich zur PDS-Politik zu verhalten. Dieses eher reagierende statt selbstbewußt agierende Verhalten führt auch dazu, daß die Wahrnehmung der PDS in der Öffentlichkeit im wesentlichen durch innerparteiliche Auseinandersetzungen als durch Politikangebote geprägt ist. Vornehmlich für Wähler in westdeutschen Ländern ist es ausgesprochen schwierig, die PDS anhand eigenständiger Positionen im Parteiensystem überhaupt einzuordnen.

Programmatisch beharrt die PDS darauf, eine sozialistische Partei zu sein, die, wie Parteichef Bisky formuliert, an „systemkritischen Positionen" festhält und „Verbindungen von sozialistischen Vorstellungen mit libertären und demokratischen Zielen" herstellen will. Der PDS-Wahlkampfleiter Brie hielte sie dann für entbehrlich, wenn sich „die SPD an ihr Bekenntnis zum demokratischen Sozialismus im Berliner Programm von 1989 halten würde" (Brie 1994: 3). Ob nun als sozialistische Partei oder als linkssozialistische Alternative zur SPD: Es geht der PDS darum, links neben der SPD im Parteiensystem Platz zu gewinnen. Das soll bei den Wählern „unten" beginnen und im parlamentarischen Raum „oben" (Tolerierungspolitik) mit umgesetzt und vorangetrieben werden. So wird in der PDS versucht, sie – in bestimmten Grenzen – für eine prinzipiell programmatische Beliebigkeit offenzuhalten, denn diese wird als die Voraussetzung für eine strategisch motivierte, auf die parlamentarische Ebene zielende Konzeption einer Bündnisorientierung angesehen. Andererseits wird im Kern darum gestritten, ob und in welchem Maße es für eine politikfähige (d.h. parlaments- bzw. regierungsfähige) Reformalternative notwendig ist, bzw. inwieweit darauf verzichtet werden kann, ihr eine theoretisch konsistente antikapitalistische Begründung zu geben.[7] Dieses Konzept der Bündnisorientierung der PDS steht gegen ein anderes, in dem die PDS als linkssozialistische Reformalternative im linken Spektrum von SPD, Grüne und DKP definiert wird, und zwar mit der Intention einer (langfristigen) Aufhebung der historischen Spaltung von Sozialisten und Kommunisten. Gegenwärtig hat die Partei sich, bedingt durch eine sich anscheinend verändernde Haltung der SPD zur PDS, auf die Position: „Keine Koalition, aber bedingte Kooperation" zurückgezogen.

Die Partei Bündnis 90/Die Grünen ist in den ostdeutschen wie in den westdeutschen Ländern die eigentliche Konkurrentin der PDS, sobald sich diese auf Politikfelder begibt, die, wie die Ökologie, eine antimilitaristische Außenpolitik oder auch die soziale Grundsicherung, von Bündnis 90/Die Grünen initiiert wurden oder besetzt sind. Ob es zu Bündnissen kommen könnte, wird auch seitens der Grünen noch mit der Frage verbunden, in welchem Ausmaß die PDS strukturelle Verknüpfungen mit der ehemaligen SED aufweist. Das allerdings bedeutet keine politische Ausgrenzung. Entscheidend ist bisher die Einschätzung der PDS als Partei ohne festes Profil. Die Bemerkung, daß es der PDS an einer „reformtechnisch faßbaren, hier und heute beginnenden Umsetzungsperspektive" fehle, mit der die radikale Systemkritik verbunden sei, sie also keine Position „eines radikalen oder systemverändernden Reformismus" (Brüggen 1995: 1) einnehme, verweist auf das für Bündnis 90/Die Grünen entscheidende Dilemma der PDS. Erst die Entscheidung für einen radikal reformerischen Kurs würde die PDS in den Augen von Bündnis 90/Die Grünen regierungsfähig machen, d.h. die Möglichkeit einer Koalition eröffnen. Für die PDS bleibt der prinzipielle Maßstab ihres Verhältnisses zur SPD wie zu Bündnis 90/Die Grünen „deren reale Haltung zu den demokratischen, sozialen und zivilgesellschaftlichen Fortschritten in der BRD" (Bisky/Gysi/Modrow 1994: 28).

---

7 Die strategische Option eines Reformbündnisses laufe, so wird PDS-intern kritisiert, im Grunde darauf hinaus, jedes Angebot der Sozialdemokratie anzunehmen, um die PDS stille Teilhaberin an der Macht sein zu lassen. Den Vertretern dieser Option geht es mehrheitlich nicht im unmittelbaren Sinne um Regierungsmacht, sondern darum, dadurch der PDS auf längere Sicht die parlamentarische Verankerung zu sichern.

6. Perspektiven der PDS: Protestpartei, linke ostdeutsche Regionalpartei oder sozialistische Partei in Gesamtdeutschland?

Gegenwärtig können folgende Überlegungen hinsichtlich der Entwicklungsalternativen der PDS als Partei angestellt werden: Als Protestpartei, die von der Unzufriedenheit mit den Begleiterscheinungen und den Folgen des gesellschaftlich-politischen Transformationsprozesses und mit der Entwicklung der inneren Einheit Deutschlands profitieren würde, wäre sie ein Sammelbecken heterogener Wählergruppen und ihre Überlebenschancen gering. Als Interessenpartei, gewissermaßen ein „Ossi-BHE" (Brie 1995: 17), für besondere ostdeutsche ökonomisch-soziale und historisch-kulturelle Belange mit einer ideologischen Komponente (Sozialismus), würde die soziale Basis der PDS ausdünnen, je mehr diese Interessen im Einigungsprozess befriedigt werden. Als eine sozialistische Weltanschauungspartei, die eine gesellschaftsgestaltende Konzeption – nämlich eine Reform der bestehenden ökonomischen, sozial-kulturellen und politischen Verhältnisse – vertritt, würde ihre Resonanz davon abhängen, ob sie einer wichtigen gesellschaftlichen Konfliktlinie im Parteiensystem Ausdruck verleiht.

Als Protestpartei hätte die PDS mittelfristig, als Interessenpartei längerfristig keine Überlebenschance. Einen festen Platz im Parteiensystem könnte sie sich nur als demokratisch-sozialistische Alternative zu den bestehenden Parlamentsparteien, als linke Opposition sichern (Neugebauer/Stöss 1996: 241). Die PDS befindet sich nach wie vor im fluiden „status nascendi" und hat ihre endgültige Gestalt noch nicht gefunden. Die Unsicherheit der Perspektive ist auch ein Resultat des unscharfen politischen Profils der Partei. Zwar will sie 1996 eine neue Strategie versuchen, aber ob sie sich auf den Weg zu einer neuen Partei machen wird, ist fraglich. Die seit 1994 ablaufenden Programm- und politischen Strategiediskussionen zeigen, daß das politische Profil der PDS weiterhin von den ideologischen Gründungsmängeln tangiert wird und von fortschreitenden ideologischen Kontroversen, wie aber auch von der Suche nach ihrem Standort in den gegenwärtigen gesellschaftlichen Konflikten bestimmt ist. Es gelingt ihr kaum, sowohl innerparteilich als auch in der Öffentlichkeit stringente strategische Diskussionen mit dem Ziel zu führen, ihre selbstdefinierte Rolle als einer modernen demokratischen sozialistischen Partei potentiellen Mitgliedern und Wählern als ein ernsthaftes Angebot zu unterbreiten.

Ein Problem dabei sind die politischen Verankerungen der aktiven Mitglieder. Sie stammen aus dem Apparat der alten SED ebenso wie aus deren Reformerflügel, waren frühere Ideologieproduzenten, kommen aus der in der Wende entstandenen Bürgerbewegung oder sind erst später zur PDS gestoßen, manche, nachdem sie die SED-PDS verlassen hatten oder ihr erst gar nicht beigetreten waren. Andere wiederum stammen aus der linken westdeutschen Politikszene, fühlen sich nun im Besitz der Interpretationsmacht der neuen Verhältnisse, tragen mit wechselnden Koalitionen aus dem ostdeutschen Bestand der PDS alte Kontroversen untereinander oder gegen den Rest der PDS aus und bleiben, wie es scheint, letztlich lieber ihrer alten (Partei-) Kultur verhaftet.

Die Etablierung der PDS als gesamtdeutsche Partei setzt auf der Organisationsebene mittelfristig ihre soziale Verankerung (Mitgliederentwicklung) in den alten Bundesländern sowie den dortigen Auf- und Ausbau flächendeckender Parteistrukturen voraus. Während die PDS in den ostdeutschen Bundesländern ihre Position durch die Entwicklung der kommunalpolitischen Arbeit als einem ihrer Schwerpunkte behaupten und stärken will, hat sie auf Bundesebene die ausgeprägte Schwierigkeit, sich in der aktuellen politischen Auseinandersetzung wahrnehmbar zu verorten und eine an den realen ökonomischen, sozialen und kulturellen Problemen orientierte Politik zu entwickeln. Gründe dafür liegen in der Unfähigkeit des drastisch verkleinerten Parteiapparats, eine operative Effizienz zu entfalten, was auch mit inhaltlich nicht klar konturierten politischen Vorgaben des Bundesvorstandes zu tun hat. Die Präsenz der PDS im Bundestag erleichtert die Lösung des Problems, wie sich die PDS in den westdeutschen Bundesländern etablieren kann, ist aber nicht dessen Lösung.

Der Einfluß der PDS als ostdeutsche Regionalpartei ist nicht automatisch gesichert. Sie hatte und hat zunächst die Aufgabe der Interessenvertretung der Ostdeutschen übernommen. Dieses Feld wird ihr noch für geraume Zeit bleiben, da auch bei einem relativ hohen Wirtschaftswachstum in Ostdeutschland die sozialen Probleme nicht von heute auf morgen verschwinden. Würde der Anspruch an den Osten Deutschlands wachsen, daß er seine Probleme selber lösen solle, könnte die PDS weiterhin ihr Profil und ihre Stärke durch die Verteidigung sozialer und kultueller Ostinteressen bestimmen – dies hat sich in ihrer bisherigen Geschichte jedoch partiell als ein Hindernis für einen zügigen Übergang auf eine gesamtdeutsche Position erwiesen. Die alleinige Vertretung von Ostinteressen wird auf Dauer das Überleben nicht sichern: Die Lösung regionaler Kernprobleme wird sie nur im Rahmen einer – oppositionellen? – gesamtdeutschen Reformkonzeption angehen können. Als auf Ostdeutschland reduzierte Interessenpartei ohne überzeugende Politikangebote für den Westen wird sie nicht die Kraft haben und die Kompetenz entwickeln, ein dem eigenen Selbstverständnis nach sozialistisches Korrektiv zur SPD zu sein. Schon jetzt ist ihre Selbstetikettierung als „erste Adresse für Ostprobleme" (Bisky) problematisch. Zwar verfügt die PDS von allen Parteien über den größten Anteil an „Ost-Interessenten"(1/5 ihrer Anhänger), aber dieser Anteil ist keineswegs so bedeutsam, daß er den Charakter der Partei bestimmen könnte.

Die PDS hat ihren früher formulierten Anspruch, eine sozialistische Sammlungspartei werden zu wollen, aufgegeben, nicht aber den, eine Gesellschaftspolitik zur Stärkung des gesamten Reformpotentials der Linken zu entwickeln. Trotz thematischer Breite ist sie bislang inhaltlich unentschlossen und widersprüchlich geblieben. Innerparteilich ist eine antikapitalistische Reformstrategie umstritten und der Konsens in politisch-theoretischen Gemeinsamkeiten ist schmal. Der Streit um Grundsatzfragen verhindert eine Verständigung über realpolitisch handlungsfähige Alternativen, die erforderlich erscheint, um nicht angesichts der inneren Differenzen zerrissen zu werden. Deshalb bleiben vorerst die Zweifel daran, ob es der PDS aus eigener Kraft gelingen wird, sich als moderne linkssozialistische Partei im politischen System der Bundesrepublik zu etablieren und eine dauerhafte Position im Parteiensystem – auch gegen den Widerstand oder mögliche flexible Reaktionen der anderen Parteien – einzunehmen. Auf der einen Seite wird gehofft, daß angesichts der vorhandenen Skepsis in Teilen der Wählerschaft gegenüber der Bereitschaft der SPD zu einer radikaleren Reformpolitik sich eine alternative Formation herausbilden könnte, die sich dem demokratischen Sozialismus verpflichtet fühlt. Ob diese Formation dann noch PDS nicht nur heißen, sondern auch noch mit diesem spezifischen Profil und dieser historischen Spur versehen sein wird, ist nicht ausgemacht, wie es ebenso von anderer Seite nicht ausgeschlossen wird, daß sich ihre Spur in der Zukunft verliert.

Literatur

Andretta, G./Baethge, M.: Der nicht enden wollende Übergang. Über den Vertrauensverlust von Marktwirtschaft und politischem System in den neuen Bundesländern. In: Frankfurter Rundschau, 14.10.1994, S.14

Behrend, M./Maier, H.(Hrsg.): Der schwere Weg der Erneuerung. Von der SED zur PDS. Berlin: Dietz, 1991

Bisky, L./Gysi, G./Modrow, H.: Sozialismus ist Weg, Methode, Wertorientierung und Ziel (als Beschluß des 4. Parteitags der PDS mit einer Ergänzung angenommen). In: DISPUT, H.23/1994, S.26-28

Bisky, L./Brie, A.: Deutschland braucht eine neosozialistische Alternative. In: Neues Deutschland, 21.2.1995, S. 3

Brie, A.: 0,5 Prozent Partei im Osten. In: Neues Deutschland, 27./28.8.1994

Brie, M., Das politische Projekt PDS – eine unmögliche Möglichkeit, in: Brie, M./Herzig, M./Koch, Th. (Hrsg.): Die PDS. Empirische Befunde & kontroverse Analysen. Köln: PapyRossa, 1995, S. 9-38

Die PDS

Bortfeldt, H.: Von der SED zur PDS. Wandlung zur Demokratie? Bonn/Berlin: Bouvier, 1992

Brüggen, W.: Integration oder Systemopposition? Ist die PDS regierungsfähig? In: Freitag, 27.1.1995

Falkner, Th./Huber, D.: Aufschwung PDS. Rote Socken – zurück an die Macht. München: Knaur, 1994

Falter, J. W./ Klein, M.: Die Wähler der PDS bei der Bundestagswahl 1994. Zwischen Ideologie, Nostalgie und Protest. In: Aus Politik und Zeitgeschichte, B 51-52(1994), S. 22-34

Forschungsgruppe Wahlen e.V.: Gesamtdeutsche Bestätigung für die Bonner Regierungskoalition. Eine Analyse der Bundestagswahl 1990. In: Klingemann, H.-D./ Kaase, M. (Hrsg.): Wahlen und Wähler, Analysen aus Anlaß der Bundestagswahl 1990. Opladen: Westdeutscher Verlag, 1994a, S. 615-665

Forschungsgruppe Wahlen e.V.: Bundestagswahl 1994. Eine Analyse der Wahl zum 13. Deutschen Bundestag am 16. Oktober 1994. Berichte der FGW Nr. 76 (unveröff.) 1994b

Fraude, A.: „Reformsozialismus" statt „Realsozialismus"? Von der SED zur PDS. Münster/Hamburg: lit. 1993

Gerner, M.: Partei ohne Zukunft? Von der SED zur PDS. München: Tilsner, 1994

Güllner, M./Niedermayer, O./Stöss, R.: Harold-Hurwitz-Survey 1995. Manuskript (unveröff.) 1995

Gysi,G.: Ingolstädter Manifest. Wir – mitten in Europa. Plädoyer für einen neuen Gesellschaftsvertrag, Berlin: PDS, 1994

Hüning, H.: PDS – Systemopposition oder Reformpolitik? Eine Zwischenbilanz. In: Deutschland Archiv 11/1990, S. 1670-1678

Moreau, P.: PDS. Anatomie einer postkommunistischen Partei. Bonn/Berlin: Bouvier, 1992

Neugebauer, G.: Hat die PDS bundesweit im Parteiensystem eine Chance? In: Brie, M./Herzig, M./Koch, Th.(Hrsg.): Die PDS. Empirische Befunde & kontroverse Analysen. Köln: PapyRossa, 1995, S. 39-57

Neugebauer, G./Stöss, R.: Die PDS. Geschichte. Organisation. Wähler. Konkurrenten. Opladen: Leske + Budrich, 1996

Niedermayer, O./Stöss, R.: DDR-Regimewandel. Bürgerorientierungen und die Entwicklung des gesamtdeutschen Parteiensystems. In: Niedermayer, O./Stöss, R. (Hrsg.): Parteien und Wähler im Umruch. Parteiensystem und Wählerverhalten in der ehemaligen DDR und den neuen Bundesländern. Opladen: Westdeutscher Verlag, 1994, S. 11-36

Parteivorstand der PDS: Zehn Thesen zum weiteren Weg der PDS. In: DISPUT, 23/1994, S. 2-7

PDS (Hrsg.): Programm der Partei des Demokratischen Sozialismus. Statut, Berlin: PDS, 1993

Stöss, R.: Die Mitglieder und Wähler der PDS. Manuskript (unveröff.) 1994

Westle, B.: Demokratie und Sozialismus. Politische Ordnungsvorstellungen im vereinten Deutschland zwischen Ideologie, Protest und Nostalgie. In: Kölner Zeitschrift für Soziologie und Sozialpsychologie 46(1994)4, S. 571-596

Bündnis 90/Die Grünen

Thomas Poguntke

1. Einleitung[1]

Ostdeutsche Ökologie- und Bürgerrechtsbewegung und westdeutsche Grüne einte nicht nur die Fokussierung auf ein ähnliches Spektrum politischer Themen, sondern auch ihr fehlender Enthusiasmus für die deutsche Einigung. Träumten die einen noch an Runden Tischen von einer besseren DDR mit einem reformierten Sozialismus, so waren die anderen in Grabenkämpfen darüber verstrickt, ob es mit der grünen Beschlußlage vereinbar sei, weltpolitische Entwicklungen als unausweichlich anzusehen (Kleinert 1992: 351ff.). Das Resultat war bekanntlich auf beiden Seiten des ehemaligen eisernen Vorhangs enttäuschend. Während die alten Bundestagsparteien ohne allzuviel Rücksichtnahme auf ostdeutsche Befindlichkeiten, Empfindlichkeiten oder gar politische „Erblasten" die Schlachtreihen für die weichenstellende Kraftprobe in der neuen Bundesrepublik ordneten, zögerten die Grünen mit der Fusion bis nach der ersten gesamtdeutschen Wahl und verpaßten deshalb im westdeutschen Wahlgebiet den sonst bei gleichem Ergebnis möglichen Einzug in den Bundestag. Nachdem dieser Schock verdaut war und Erfolge in verschiedenen westdeutschen Ländern die Zuversicht wieder gestärkt hatten, ging man zögerlich daran, den zweiten Schritt des grün-alternativen Vereinigungswerkes in Angriff zu nehmen, nämlich die Fusion mit den schon zur Bundestagswahl im Bündnis 90 kooperierenden Kräften der ehemaligen DDR-Opposition. Die Verhandlungen waren geprägt von dem beiderseitigen Bemühen, einen Zusammenschluß zweier gleichberechtigter Partner zu bewerkstelligen – in bewußtem Kontrast zu den als „Anschluß" apostrophierten schnellen Fusionen der anderen Bundestagsparteien mit den ehemaligen Blockparteien der früheren DDR.

---

[1] Diese Studie wäre nicht möglich gewesen ohne die außergewöhnliche Hilfsbereitschaft seitens der Bundesgeschäftsstelle Bündnis 90/Die Grünen sowie der Landesgeschäftsstellen in Berlin, Potsdam, Schwerin, Dresden, Magdeburg und Erfurt. Besonders zu Dank verpflichtet bin ich auch meinen Gesprächspartnern sowie Katja Ahlstich, Karin Lasthuizen, Rüdiger Schmitt-Beck und Jan van Deth für hilfreiche Kommentare zu diesem Beitrag.

Ob die guten Vorsätze ausgereicht haben, die Vision von einer tatsächlich gesamtdeutschen Partei Wirklichkeit werden zu lassen, ist eine der zentralen Fragestellungen dieser Untersuchung. Dabei soll nicht versucht werden, die historischen Abläufe der Parteigründungen, Fusionsbestrebungen sowie der Einigungsverhandlungen auf Bundes- und Landesebene im Detail zu klären.[2] Vielmehr wird eine ergebnisorientierte Perspektive gewählt, die überprüft, in welchem Maße sich die intendierten Maßnahmen zur Bewahrung bürgerbewegter Identität in der Praxis bewährt haben. Hierbei gerät vor allem die Frage nach organisatorischen und politischen Ressourcen der ostdeutschen Landesverbände in den Blick, denn jenseits aller statuarisch garantierten innerparteilichen Absicherung spezifisch ostdeutscher Interessen wird im Laufe der Zeit zwangsläufig die „Politik der Zahl" eine entscheidende Rolle spielen. Es ist deshalb versucht worden, soweit als möglich gesicherte Daten über die Entwicklung der Mitgliederzahlen, die Zahl der hauptamtlichen Mitarbeiter der Landesgeschäftsstellen sowie der kommunalen Mandate zusammenzustellen. Insofern leistet diese Studie auch einen Beitrag zur „Spurensicherung" der jüngsten Parteiengeschichte, allerdings, wie bereits erwähnt, unter fast vollständiger Auslassung der Darstellung historischer Details sowie ideologischer Auseinandersetzungen. Hierzu wurden umfangreiche Unterlagen und Dokumente ausgewertet, die von den Landesgeschäftsstellen zugänglich gemacht wurden. Zusätzlich wurden im Juni 1995 ausführliche Interviews mit allen Landesgeschäftsführern der ostdeutschen Landesverbände sowie mit der politischen Geschäftsführerin von Bündnis 90/Die Grünen durchgeführt, um die politische Rolle bestimmter Parteigremien oder Satzungsregeln zu analysieren. Sofern nicht anders kenntlich gemacht, basiert der vorliegende Bericht auf diesen Informationsquellen.

2. Fusion statt „Anschluß": Der bündnisgrüne Weg zur gesamtdeutschen Partei

Die auf dem Leipziger Vereinigungsparteitag vom 14.-16. Mai 1993 endgültig aus der Taufe gehobene gesamtdeutsche Partei mit dem komplizierten

---

2 Dies ist einerseits partiell bereits geleistet (Hohlfeld 1993; Wielgohs 1994; Wielgohs et al. 1992; Müller-Enbergs et al. 1991), würde andererseits den Schwerpunkt dieser Studie auf die zeithistorische Analyse verlagern. Aus diesem Grunde wird an dieser Stelle bewußt darauf verzichtet, die bereits vorliegende Literatur zu den genannten Aspekten zusammenzufassen. Statt dessen liegt das Schwergewicht auf der systematischen Präsentation bislang nicht im Zusammenhang dargestellter Daten und Fakten.

Bündnis 90/Die Grünen 89

Namen Bündnis 90/Die Grünen (Kurzform: Grüne)[3] entstand in zwei Etappen. Zuerst traten am 3. Dezember 1990 die Landesverbände der Grünen Partei der DDR in Sachsen-Anhalt, Thüringen, Mecklenburg-Vorpommern und Brandenburg den West-Grünen bei und der Großstadtverband Berlin schloß sich dem Westberliner Landesverband Grüne/AL an. Als einziger ostdeutscher Landesverband verfolgten die sächsischen Grünen einen eigenständigen Kurs und präferierten eine schnelle Einigung mit den sächsischen Bürgerbewegungen, bevor sie schließlich den Bündnisgrünen beitraten. Der Vollzug der Fusion war nicht zuletzt deshalb auf den Tag nach der ersten gesamtdeutschen Bundestagswahl am 2. Dezember 1990 verschoben worden, um im komplexen Geflecht der Empfindlichkeiten und Rivalitäten innerhalb und zwischen den Gruppierungen des Bündnis 90 sowie der Grünen nicht das gemeinsame Wahlbündnis zur Bundestagswahl zu gefährden (Hohlfeld 1993: 404). Bekanntlich führte diese Entscheidung dazu, daß die Grünen, die im Wahlgebiet West knapp an der 5-Prozent-Hürde scheiterten, nicht vom besseren Wahlergebnis der ostdeutschen Grünen „gerettet" werden konnten, die ein Wahlbündnis mit dem ostdeutschen Bündnis 90 eingegangen waren. Somit waren die Grünen im ersten gesamtdeutschen Bundestag nur mit zwei ostdeutschen Abgeordneten innerhalb der achtköpfigen parlamentarischen Gruppe Bündnis 90/Die Grünen vertreten.[4]

Den ostdeutschen Grünen, die mit 1.443 Mitgliedern (einschließlich Ostberlin) 3,6 Prozent des neuen Bundesverbandes stellten, wurden kaum besondere Rechte eingeräumt. Für eine Übergangszeit wurden ihnen zwei Sitze in dem um zwei Sitze erweiterten Bundesvorstand garantiert sowie ein günstigerer Delegiertenschlüssel für die Bundesdelegiertenkonferenzen eingeräumt, der den äußerst geringen Mitgliederzahlen Rechnung trug (§ 19, 6 u. 7, Satzung des Bundesvorstandes, Oktober 1990). Der nächste wichtige Schritt auf dem Weg zur gemeinsamen Partei von Bürgerbewegungen und Grünen war ironischerweise die Gründung einer neuen: Die zur Bundestagswahl als Listenverbindung unter dem Namen Bündnis 90 angetretenen Bürgerbewegungen Initiative Frieden und Menschenrechte (IFM), Demokratie Jetzt (DJ) sowie Teile des Neuen Forums (NF) gründeten am 20./21. September 1991 in Potsdam die Partei Bündnis 90 vorrangig mit dem Ziel, Fusionsverhandlungen mit den Grünen aufzunehmen. Die Teile des Neuen Forums, die den Weg in die Parteipolitik aus prinzipiellen Gründen ablehnten und einer Selbstbegrenzung auf lokales und außerparlamentarisches Engagement das Wort redeten, konnten allerdings aus parteirechtlichen Gründen ebenfalls nicht umhin, sich als Partei zu konstituieren – andernfalls

---

3 Inzwischen hat sich die Bezeichnung Bündnisgrüne durchgesetzt, die auch in diesem Beitrag verwandt wird.
4 Zu den Details der Gründung der Grünen Partei in der DDR siehe Kühnel/Sallmon-Metzner 1991; Hohlfeld 1991: 401ff.

wären sie zukünftig nicht mehr in der Lage gewesen, als Organisation an der Wahlkampfkostenrückerstattung zu partizipieren (Hohlfeld 1993: 840; Poguntke/Schmitt-Beck 1994: 95).

Als dann im Juni 1992 die ersten Verhandlungen aufgenommen wurden, gestalteten sie sich als überaus schwierig.[5] Der Versuch, die beiden Parteien in eine möglichst gleichberechtigte Organisation zu überführen, glich dem Versuch einer Quadratur des Kreises. Schließlich handelte es sich um zwei Organisationen von extrem unterschiedlicher Größe: 36.320 Mitgliedern der Grünen standen rund 2.200 Mitglieder des Bündnis 90 gegenüber.[6] Am 23. November 1992 wurde der Assoziationsvertrag unterzeichnet und am 17. Januar 1993 von gleichzeitig stattfindenden Bundesdelegiertenkonferenzen der Grünen und des Bündnis 90 in Hannover angenommen. Daraufhin mußte die Fusion in separaten Mitgliederabstimmungen ratifiziert werden, ehe die Einigung auf einem Sonderparteitag in Leipzig (14.-16.5.1993) formal vollzogen werden konnte. Der Assoziationsvertrag enthielt eine Reihe von Sonderregelungen für die neuen ostdeutschen Landesverbände, vor allem für das ehemalige Bündnis 90 (siehe Abschnitt 6). Schließlich sollte verhindert werden, daß es, wie bei den anderen Bundestagsparteien, zu dem befürchteten „Anschluß" kam. Die Rücksicht auf bürgerbewegte Empfindlichkeiten kam auch in der Bereitschaft des größeren Partners zum Ausdruck, den Namen des Kleineren dem gemeinsamen Parteinamen voranzustellen.

Sofern man bereit ist, Vereinfachungen in Kauf zu nehmen, lassen sich bei den Fusionsverhandlungen zwischen den ostdeutschen Landesverbänden der Grünen und des Bündnis 90 drei Grundmuster identifizieren.[7] Zum einen gab es Landesverbände, die die Einigung nur widerwillig vollzogen. Ausschlag gab hier vor allem die Notwendigkeit, die bundespolitisch geschaffenen Fakten auf Landesebene nachzuvollziehen, da andernfalls ungeklärt gewesen wäre, welcher der jeweiligen Landesverbände von Bündnis 90 und Grünen Mitglied in der neuen Bundespartei geblieben wäre (Brandenburg, Mecklenburg-Vorpommern). In diesen Landesverbänden sind die politischen Gegensätze aufgrund der unterschiedlichen politischen Traditionen der Partnerorganisationen teils noch deutlich präsent und hemmen die Kon-

---

5 Eine ausführliche Darstellung des Fusionsprozesses zwischen Bündnis 90 und den Grünen mit weiterführenden Literaturangaben findet sich bei Hohlfeld 1993 und Poguntke/Schmitt-Beck 1994.
6 Vgl. die Tabelle im Anhang und Angaben der Bundesgeschäftsstelle Bündnis 90/Die Grünen vom 12.1.1995. Die Mitgliederzahlen der Grünen sind inzwischen nach unten korrigiert worden (vgl. Abschnitt 3). Bei den Fusionsverhandlungen waren die folgenden Zahlen Gesprächsgrundlage: Grüne 37.891, B90 2.709 (Poguntke/Schmitt-Beck 1994: 96).
7 Eine ausführliche Darstellung der Entwicklungen innerhalb der einzelnen Landesverbände findet sich in Poguntke 1995.

solidierung der neuen Landesverbände. Einzelne Kreisverbände sind mitunter so stark von einem der beiden Fusionspartner dominiert, daß sich kaum noch Aktivisten des anderen hier engagieren. Zum anderen gab es Länder, in welchen die Zusammenarbeit zwischen Grünen und den verschiedenen Gruppierungen des Bündnis 90 so gut funktioniert hatte, daß man die Fusion ohne schwerwiegende inhaltliche und organisatorische Konflikte vollziehen konnte (Berlin, Sachsen-Anhalt, Thüringen). Inzwischen haben hier die üblichen strömungspolitischen Orientierungen die ursprünglichen organisationspolitischen Loyalitäten weitgehend in den Hintergrund gedrängt.

Schließlich ist noch die Variante des sächsischen Landesverbandes zu beachten, der zuerst einen gemeinsamen Landesverband mit den Bürgerbewegungen gründete. Als die anderen ostdeutschen Landesverbände der Grünen am Tag nach der Bundestagswahl 1990 den westdeutschen Grünen beitraten, blieb der sächsische Landesverband mit dem Ziel außen vor, zuerst die Einigung mit den Bürgerbewegungen zu realisieren und dann mit dem Gewicht des bereits fusionierten Landesverbandes den Zusammenschluß von Bürgerbewegungen und Grünen zu befördern (Die Grünen in Sachsen, Satzung 1990, §15.2). Aus den gleichen Gründen blieben die sächsischen Gruppierungen von IFM, DJ, NF selbständig, als im September 1991 der Bundesverband von Bündnis 90 gegründet wurde, so daß es zunächst keinen sächsischen Landesverband von Bündnis 90 gab. Kurz nachdem das Bündnis 90 auf Bundesebene als eigenständige Partei gegründet worden war, konstituierte sich also in Sachsen bereits der erste Landesverband mit dem Namen Bündnis 90/Die Grünen, der sich im Juni 1992 dem Bündnis 90 anschloß. Dies geschah nicht zuletzt auch mit der Absicht, ein Gegengewicht zu Kräften im Bündnis 90 zu schaffen, die erwogen, gegen die Grünen anzutreten, wobei verschiedene Modelle diskutiert wurden, unter anderem auch eine mögliche Kooperationen mit der rechts-ökologischen ÖDP. Durch die bereits erfolgte Fusion stellten die Sachsen als mitgliederstärkster Landesverband das größte Kontingent an Delegierten zum Fusionsparteitag von Bündnis 90 am 17. Januar 1993, und diese stimmten dann auch geschlossen für die Assoziation. Allen Varianten ist jedoch gemeinsam, daß sich nur Teile des Neuen Forum am Zusammenschluß mit den Grünen beteiligten, während viele den Weg in die Parteipolitik nicht mitgingen. Eine genaue Übersicht der verschiedenen Konstellationen und Kräfteverhältnisse bei den Wahlen seit 1990 vermittelt Tabelle 1.

Tabelle 1: Wahlergebnisse (Zweitstimmen)[8]

	LTW 90	%	BTW 90	%	LTW 94	%	BTW 94	%
MV	Die Grünen	4,2	B90/Gr.	5,9	B90/Gr.	3,7	B90/Gr.	3,6
	Neues		(NF, DJ,					
	Forum	2,9	IFM, Gr,					
	Bündnis 90	2,2	UFV)					
	(DJ, IFM,							
	UFV, VL)							
SA	Grüne	5,3	B90/Gr.	5,3	B90/Gr.	5,1	B90/Gr.	3,6
	Liste/NF		(s.o.)					
	(NF, Gr.,							
	DJ, IFM,							
	UFV)							
BB	Grüne	2,8	B90/Gr.	6,6	B90/Gr.	2,9	B90/Gr.	2,9
	(UFV, Gr.,		(s.o.)		Bürger-	1,0		
	Graue)	6,4			Bündnis			
	Bündnis 90							
	(NF, DJ)							
Sa	NF/Bündnis/	5,6	B90/Gr.	5,9	B90/Gr.	4,1	B90/Gr.	4,8
	Gr		(s.o.)		NF	0,7		
	(DJ, Gr, NF,				Soziale	0,4		
	UFV)				Politk Sach-			
					sen			
Th	NF/Gr./DJ	6,5	B90/Gr.	6,1	B90/Gr.	4,5	B90/Gr.	4,9
	UFV	0,7	(s.o.)		Neues	1,1		
					Forum			
BE	Gr./AL	5,0	Gr./AL	3,9	B90/Gr.	13,2	B90/Gr.	10,2
	Bündnis 90/	4,4	B90/Gr.	3,3				
	Gr/UFV							
	(NF,IFM,DJ,							
	VL,UFV,Gr.)							
BE West	Gr./AL	6,9	Gr./AL	5,4	B90/Gr.	15,0	-	-
	Bündnis 90/	1,3	B90/Gr.	1,0				
	Gr/UFV							
BE Ost	Gr./AL	1,7	Gr./AL	1,4	B90/Gr.	10,0	-	-
	Bündnis 90/	9,8	B90/Gr.	7,4				
	Gr/UFV							

Abkürzungen: DJ Demokratie Jetzt, IFM Initiative Frieden und Menschenrechte, UFV Unabhängiger Frauenverband, VL Vereinigte Linke, Gr. Grüne, Gr./AL Grüne/Alternative Liste, NF Neues Forum.
Quelle: Müller-Enbergs et al. (1992); Forschungsgruppe Wahlen (1990a,b); Schmitt (1995); Plöhn (1995), Süddeutsche Zeitung vom 24.10.1995.

---

8   Die Ergebnisse der Volkskammerwahlen sind wegen mangelnder Vergleichbarkeit (keine 5 Prozent-Hürde, keine Bundesländer) nicht berücksichtigt.

Bündnis 90/Die Grünen

3. Mitglieder

3.1 Mitgliederentwicklung

Wie bereits erwähnt, enthält der Assoziationsvertrag zwischen Bündnis 90 und den Grünen eine Reihe von Regelungen, die den ostdeutschen Landesverbänden Sonderrechte innerhalb der neuen Partei einräumen (siehe Abschnitt 6). Voraussetzung für die Nutzung der machtpolitischen Chancen, die diese Regeln bieten, sind jedoch hinreichende personelle und infrastrukturelle Ressourcen. Diese sollen in den folgenden Abschnitten im Zeitverlauf analysiert werden, um dann abschließend die Frage zu diskutieren, ob es gelungen ist, das Ziel einer gleichberechtigten Partnerschaft von Bündnis 90 und Grünen zu verwirklichen.

Der Aufbau einer zahlenmäßig starken Mitgliederorganisation ist in diesem Zusammenhang von zentraler Bedeutung. Nach wie vor leiden die Bündnisgrünen in Ostdeutschland allerdings unter einer eklatanten Rekrutierungsschwäche. Bevor die Mitgliederdaten im Zeitverlauf präsentiert werden, sind allerdings einige Bemerkungen zur Datenlage und Datenqualität angebracht. Das Konzept Parteimitgliedschaft ist in der Zeit unmittelbar nach der Wende mit großer Vorsicht zu benutzen. Vor allem die basisorientierten Bürgerbewegungen unterschieden lange nicht zwischen bloßen Unterstützungserklärungen und tatsächlicher Mitgliedschaft. Zudem kannten alle diese Organisationen Formen „freier Mitarbeit" und es ist davon auszugehen, daß in den wenigen Statistiken nicht immer korrekt zwischen den Kategorien der Vollmitgliedschaft und der freien Mitarbeit unterschieden wurde. Zusätzlich kompliziert wird die Datenlage dadurch, daß seitens des Bündnis 90 so gut wie keine verläßlichen Daten vorliegen. Außerdem kann man davon ausgehen, daß beide Verhandlungspartner zu Fusionszeiten Interesse daran hatten, sich als möglichst mitgliederstarker Verhandlungspartner zu präsentieren. Die nachträglich nach unten korrigierte Mitgliederstatistik der Grünen ist ein Indiz hierfür.[9] Wies die Aufstellung der Bundesgeschäftsstelle vom 15. Januar 1993 für Dezember 1992 (also während der Fusionsverhandlungen) noch 1.149 Mitglieder für die vier an der Fusion direkt beteiligten Landesverbände aus[10], so sind in der Aufstellung vom 12. Januar 1995 nur noch 881 Mitglieder verzeichnet, wobei die Mitgliederzahlen aller Landesverbände nach unten korrigiert werden mußten. Da die Grünen keine

---

9   Vgl. Unterlagen der Bundesgeschäftsstelle Bündnis 90/Die Grünen vom 12.1.1995 und vom 15.1.1993.
10 Allerdings sind die Zahlen für Thüringen und Mecklenburg-Vorpommern als Schätzungen ausgewiesen.

zentrale Mitgliederverwaltung kennen, sondern die Bundesgeschäftsstelle auf die Mitteilungen der Landesgeschäftsstellen angewiesen ist, kann davon ausgegangen werden, daß die Landesverbände seinerzeit absichtlich oder unabsichtlich überhöhte Mitgliederzahlen angegeben haben. Aufgrund der vorliegenden Daten muß man auch davon ausgehen, daß das Bündnis 90 zum Zeitpunkt der Fusion nicht, wie häufig genannt, rund 2.700 Mitglieder hatte, sondern nur etwa 2.200.

Die Tabelle im Anhang enthält eine Zusammenstellung aller erhältlichen Mitgliederzahlen, wobei jeweils die zuverlässigste Quelle benutzt wurde. Abweichungen und Widersprüchlichkeiten sind in den Fußnoten ausführlich dokumentiert. Es ist gelungen, für die Grünen in Ostdeutschland seit 1990 eine fast komplette Zeitreihe aufgrund vergleichsweise verläßlicher Unterlagen zu erstellen, während für das Bündnis 90 nur einzelne Angaben vorliegen, die ebenfalls, sofern sie selbst recherchiert werden konnten, in der Tabelle dokumentiert werden. Weitere Angaben zum Bündnis 90, die in der Literatur gemacht werden, finden sich in den Fußnoten.

Die äußerst geringe Mitgliederzahl bedeutet, daß in allen ostdeutschen Landesverbänden kaum genügend aktive Parteimitglieder vorhanden sind, um alle innerparteilichen Funktionen zu besetzen. In vielen Fällen sind die wenigen aktiven Mitglieder durch eine Vielzahl von Ämtern belastet. Kreisverbände sind häufig nahezu identisch mit den wenigen Funktionsträgern, die benötigt werden, um einen ordnungsgemäßen Kreisverband am Leben zu erhalten. Verschiedentlich wurde nur ein Teil der Delegiertenplätze zu den Bundesdelegiertenkonferenzen besetzt. Im insgesamt mitgliederstarken Berliner Landesverband bedeutet die geringe Mitgliederzahl im Ostteil der Stadt, daß die den Ostberlinern zustehenden innerparteilichen Funktionen, beispielsweise im Landesaussschuß, nur teilweise besetzt bzw. sporadisch wahrgenommen werden können. Um die Zahlen in Relation zu setzen, genügt ein Vergleich mit den Mitgliederzahlen der Westberliner Bezirke Kreuzberg und Schöneberg. Diese hatten 1994 jeweils ungefähr die gleiche Mitgliederzahl wie der gesamte Landesverband Mecklenburg-Vorpommern, nämlich 406 und 401. Es bedarf kaum einer weiteren Erläuterung, um beurteilen zu können, was dies für die politische Kampagnenfähigkeit einer Landespartei bedeutet, die zudem nicht im Landtag vertreten ist. Damit fehlt ihr die wichtigste landespolitische Bühne, um die erhebliche Mobilisierungsschwäche des Landesverbandes durch den erleichterten Zugang zu den Medien zumindest teilweise auszugleichen.

Bündnis 90/Die Grünen

3.2 Erklärungsversuche

Natürlich kann an dieser Stelle keine umfassende Erklärung der Mobilisierungsschwäche geliefert werden, die ja bekanntlich in den neuen Bundesländern keineswegs auf die Bündnisgrünen beschränkt ist. Allerdings sollen einige Erklärungen genannt werden, die durchgängig in allen Interviews auftauchten und insofern eine gewisse empirische – wenn auch subjektiv eingefärbte – Aussagekraft besitzen, da sie von zentralen Akteuren der jeweiligen Landesverbände aufgrund genauer Kenntnisse der politischen Verhältnisse in den neuen Ländern vorgebracht wurden.

Die Schwierigkeiten von Bündnis 90/Die Grünen bei der Rekrutierung neuer Mitglieder muß sicherlich auch vor dem Hintergrund enttäuschter Hoffnungen aus der Zeit der Wende interpretiert werden. Diese richteten sich im wesentlichen auf zwei Ziele. Zum einen hofften viele aus der bündnisgrünen Klientel, mittels „Runder Tische" und neuer, konsensorientierter Politikformen eine bessere DDR schaffen und stabilisieren zu können. Als sich dies als unrealisierbar erwies, richteten sich die Erwartungen darauf, in der vereinigten Bundesrepublik spezifisch ostdeutsche Erfahrungen einbringen zu können, um auf diese Weise zumindest Teile der ostdeutschen Identität zu wahren. Der Stellenwert dieses Wunsches erklärt sich nicht zuletzt aus dem damit verbundenen Versuch, sich mit der eigenen (DDR)-Biographie zu versöhnen – nur wer sich mit spezifisch ostdeutschen Erfahrungen und Forderungen in der neuen Bundesrepublik durchsetzen konnte, konnte sich damit selbst vergewissern, daß er nicht „40 Jahre umsonst gelebt" hatte. Es ist jedoch unübersehbar, daß die PDS als ostdeutsche Regionalpartei diese spezifische Klientel ungleich besser zufrieden stellen kann als die westdeutsch dominierten Bündnisgrünen (Falter/Klein 1994: 34; Veen/ Zelle 1994: 32), obwohl diese keine Abgrenzungspolitik gegenüber Neumitgliedern aus SED bzw. PDS betreiben. Nur von bündnisgrünen Parlamentsabgeordneten und Landesvorstandsmitgliedern wurde eine Selbstüberprüfung bei der Gauck-Behörde hinsichtlich einer möglichen Tätigkeit als Informeller Mitarbeiter (IM) des ehemaligen Ministeriums für Staatssicherheit der DDR erwartet. Allerdings ist zu vermuten, daß diese prinzipielle Offenheit zumindest partiell durch die starke Betonung der Aufarbeitung des Stasi-Unrechtes seitens vieler ehemals im Widerstand aktiver Bündnis-Politiker neutralisiert wurde und wird. Auf manche potentiell erreichbare Mitglieder und Wähler dürfte dies eher abschreckend wirken. Da der weit überwiegende Teil der Bevölkerung der ehemaligen DDR sich mit den seinerzeitigen Verhältnissen arrangiert hatte, dürfte der zum Teil anzutreffende moralische Rigorismus in erster Linie als Kritik am eigenen, pragmatisch-angepaßten

Verhalten begriffen werden.[11] Die PDS, die inhaltlich viele Themen der Grünen aufgegriffen hat – wobei die innere Kohärenz ihrer Positionen einmal dahingestellt bleiben mag (Neugebauer/Stöss 1996: 116; Gothe et al. 1996: 80) – bietet hier natürlich emotional die attraktivere Heimstatt. Sie ermöglicht ebenfalls das Engagement für Umwelt, Frieden, Frauen, soziale Gerechtigkeit und Ost-Interessen. Und gleichzeitig bietet diese Partei die „kostenlose" Aneignung der eigenen Biographie durch die einfache Formel: „Es war nicht alles falsch in der DDR (vieles war gar besser), man konnte auch dort anständig leben, und wir alle haben schließlich Fehler gemacht" (vgl. Neugebauer/Stöss 1996: 104).

Eine andere Möglichkeit, die DDR-Identität zu wahren, besteht in der Weiterarbeit in Basisgruppen und Ein-Punkt-Bewegungen, die von vielen als spezifischer Beitrag der Bürgerbewegungen zur politischen Kultur im vereinten Deutschland aufgefaßt werden. Es ist offensichtlich, daß der Widerstand von Teilen des Neuen Forum gegen die Fusion mit den Grünen sowie deren Präferenz für kommunalpolitisch orientierte Basisarbeit partiell mit den gleichen Motiven zu erklären ist. Auch die starke Orientierung bündnisgrüner Parteimitglieder in den neuen Ländern auf kommunalpolitische Aktivitäten und das damit einhergehende verbreitete Desinteresse an landes- und bundespolitischen Aktivitäten läßt sich aus dieser Perspektive verstehen.

Zusätzlich zu diesen politischen und sozialpsychologischen Rekrutierungshürden muß berücksichtigt werden, daß die enormen wirtschaftlichen und sozialen Umwälzungen für einen Großteil der ostdeutschen Bevölkerung persönliche und berufliche Probleme mit sich gebracht haben, die für politisches Engagement kaum noch Energie und Zeit übrig lassen. Obwohl von diesen Umwälzungen Frauen in stärkerem Maße betroffen sind als Männer, spiegelt sich dies nicht in der Mitgliederstruktur der Bündnisgrünen wider. Der Frauenanteil in den ostdeutschen Landesverbänden (ohne Ostberlin) lag im Mai 1995 bei 35,8 Prozent und unterschied sich damit nur geringfügig von dem der Gesamtpartei (37,1 Prozent).[12]

---

11 Zudem gilt ganz allgemein, daß die starke Konzentration auf Themen der Vergangenheitsbewältigung weniger (wahl)politische Attraktivität besitzt als die Diskussion von Strategien, wie die Aufgaben der Gegenwart und Zukunft bewältigt werden können.
12 Zum 31.5.1995 war der Frauenanteil in den einzelnen Landesverbänden folgendermaßen: Mecklenburg-Vorpommern 31,1% Sachsen-Anhalt 34,4%, Brandenburg 37,9%, Sachsen 33,1%, Thüringen 40,0% (Quelle: Aufstellung Bundesgeschäftsstelle Bündnis 90/Die Grünen).

3.3 Mitgliederwerbung

Die Rekrutierung neuer Mitglieder wird allerdings nicht nur durch die bereits genannten Faktoren erschwert. Verschärft wird die Situation vor allem dadurch, daß sich interne, häufig von persönlichen Animositäten überlagerte Konflikte in den zahlenmäßig sehr kleinen Parteigliederungen – dies gilt vor allem für die Kreisverbände – über die Jahre so verhärtet und verselbständigt haben, daß die Diskursfähigkeit zwischen den Gruppierungen stark eingeschränkt ist. Gerade die Personalisierung solcher Konflikte erschwert oder verhindert die Suche nach rationalen Kompromissen. Abhilfe könnte hier nur das „Aufbrechen" der stellenweise schon fast sektenähnlichen Politikformen durch den Zufluß neuer Mitglieder bringen, der allerdings gerade durch die Kleingruppenmentalität behindert werden dürfte.

Seitens des Bundesverbandes werden vor allem zwei Strategien vorgeschlagen, um die Mitgliederzahlen zu erhöhen. Angesichts des fast flächendeckenden landespolitischen Mißerfolges setzt man zum einen auf den Neuaufbau der Partei durch eine Stärkung des kommunalpolitischen Profils mittels der gezielten finanziellen Unterstützung der grün-nahen kommunalpolitischen Vereinigungen in den neuen Ländern, denen vom Bundesvorstand jeweils eine halbe Geschäftsführerstelle finanziert wird. Dies korrespondiert auch mit der bereits erwähnten Präferenz vieler bündnisgrüner Aktivisten für Politik an der Basis. Zum anderen soll versucht werden, an den ostdeutschen Universitäten gezielt für bündnisgrüne Politik zu werben. Allerdings wird seitens der meisten Landesverbände eingewandt, daß für gezielte Aktionen zur Gewinnung neuer Mitglieder und Sympathisanten weder personelle noch organisatorische Ressourcen in ausreichendem Maße vorhanden sind. Angesichts der verschiedenen Rekrutierungsblockaden ist man sich aber vor allem seitens des Bundesvorstandes der Notwendigkeit bewußt, langfristige Strategien beim (Neu)Aufbau der Partei in den neuen Bundesländern zu verfolgen. Naturgemäß kommt dabei der Rekrutierung junger Parteimitglieder eine besondere Bedeutung zu. Allerdings sind auch auf diesem Gebiet bislang keine großen Erfolge zu verzeichnen. Die grün-nahe Jugendorganisation Grün-Alternatives Jugendbündnis (GAJB) ist bislang auf vereinzelte Kristallisationskerne beschränkt. Bis zum Sommer 1995 waren weder in Thüringen noch in Brandenburg nennenswerte Aktivitäten des GAJB zu verzeichnen und in Sachsen-Anhalt existierte ein grün-nahes Jugendbündnis nur in Halle. In Mecklenburg-Vorpommern, Sachsen und Berlin zählten regional sehr begrenzte Gruppen insgesamt jeweils rund 30 aktive Mitglieder.

4. Organisatorische Ressourcen

Die organisatorischen Ressourcen einer Partei sind in der Regel sowohl (Mit)Ursache, als auch direkte Folge ihres wahlpolitischen Erfolges, sofern sie nicht über Finanzquellen verfügt, die sie von staatlichen Transferleistungen weitgehend abkoppeln. Da auch die westdeutschen Grünen strukturell immer eine mitgliederschwache Partei gewesen sind, waren sie in vergleichsweise hohem Maße auf staatliche Gelder aufgrund der Wahlkampfkostenerstattung angewiesen. Nachdem bei der letzten Novellierung des Parteiengesetzes die Höhe staatlicher Zahlungen an die Parteien zusätzlich an deren Fähigkeit zur Einwerbung von Spendengeldern sowie an die Mitgliederbeiträge gekoppelt wurden, hat sich die Situation der Bündnisgrünen weiter verschärft. Da die Partei naturgemäß wenig Spendengelder anzieht und, wie erwähnt, einen niedrigen Organisationsgrad hat, sind durch die neue Regelung die Einnahmen in Ostdeutschland noch stärker gesunken, als es durch die schlechten Wahlergebnisse ohnehin der Fall gewesen wäre.[13] In fast allen Landesverbänden war nach Ablauf des „Superwahljahres" 1994 eine Reduzierung des schon zuvor geringen hauptamtlichen Personals auf das absolute Minimum unumgänglich. Die Ausnahme bildet hier, wie auch in vielen anderen Bereichen, natürlich der Berliner Landesverband.

Da der Partei in den neuen Ländern fast flächendeckend Parlamentsmandate in Landtagen, dem Bundestag und dem Europa-Parlament fehlen, entfällt auch der Zugriff auf die mit diesen Mandaten verbundenen organisatorischen und personellen Ressourcen. Dies bedeutet, daß der Neuaufbau der bündnisgrünen Landesorganisationen mit 2-4 hauptamtlichen Mitarbeitern in den jeweiligen Landesgeschäftsstellen bewältigt werden muß. Hinzu kommen noch die vom Bundesvorstand finanzierten bzw. bezuschußten Geschäftsführer der Landesorganisationen der grün-nahen kommunalpolitischen Vereinigung, die zweifellos wichtige Aufbauarbeit zugunsten von Bündnis 90/Die Grünen leisten können. Die wenigen hauptamtlichen Mitarbeiter von Fraktionen in Kommunalparlamenten hingegen sind in ihrem Wirkungskreis auf das unmittelbare kommunale Umfeld beschränkt und können nicht zur Ressourcenausstattung der Landesverbände hinzugezählt werden.

---

13 Die politische Geschäftsführerin Heide Rühle schätzt die Einnahmeverluste für die Bundespartei auf 15-20 Prozent.

5. Gesellschaftliche Verankerung

5.1. Kommunale Ebene

Kommunalwahlen sind in zweierlei Hinsicht relevant: Zum einen ist die Zahl der lokal erreichten Stimmen ein guter Indikator für die Mobilisierungsfähigkeit und politische Attraktivität einer Partei jenseits bzw. weitgehend unabhängig von ihrer landes- oder bundespolitischen Anziehungskraft. Zum anderen ist die Zahl kommunaler Mandate eine direkte Meßgröße für das Ausmaß organisatorischer und politischer Ressourcen auf der untersten Ebene der Politik. Kommunale Mandate bedeuten neben dem erleichterten Zugang zu den Medien vor allem permanent politisch aktives und sichtbares Personal sowie – wenn auch häufig in bescheidenem Umfang – personelle und organisatorische Ausstattung. Angesichts des fast völligen Fehlens von hauptamtlichen Mitarbeitern auf der Landesebene und der unterentwickelten technischen Ausstattung der Landesverbände sollte jedoch der Zugang zu Schreibkräften, Fax- und Kopiergeräten nicht unterschätzt werden.

Die in Tabelle 2 angegebenen Mandatszahlen sind als Näherungswerte zu betrachten, weil in der Regel nur Listen berücksichtigt wurden, die unter der Bezeichnung Bündnis 90/Die Grünen antraten. Da es in allen Bundesländern Listenverbindungen mit verschiedenen lokalen oder regionalen Gruppen gab (auch mit dem Neuen Forum) und diese dann unter anderen Namen kandidierten, dürfte die Zahl von Mandaten grün-naher Listen etwas höher liegen. Ein beträchtlicher Teil der ausgewiesenen Mandatsträger ist nicht Mitglied von Bündnis 90/Die Grünen. Wie die Ergebnisse in Tabelle 2 zeigen, ist die kommunalpolitische Verankerung der Bündnisgrünen vergleichsweise gut. Auch wenn der Vergleich mit Landtags- oder gar Bundestagswahlergebnissen problematisch ist, so ist es doch bemerkenswert, daß 1994 die Kommunalwahlergebnisse in der Regel besser waren, als die Stimmenanteile, die bei den Landtags- und Bundestagswahlen erreicht wurden. Vor diesem Hintergrund ist die erklärte Absicht erfolgversprechend, den Aufbau der Partei mit der Stärkung der untersten politischen Ebene zu beginnen.

Tabelle 2: Kommunale Mandate 1992-1994

	Kreistage u. kreisfreie Städte[14]		Gemeinderäte	
	Prozent	Sitze[15]	Prozent	Sitze[15]
Mecklenb.-Vorpommern	5,8[16]	34 (9)	k.a.	91
Sachsen-Anhalt	6,3	71(20)[17]	2,2	104
Brandenburg (1993)[18]	6,5	58	k.a.	179
Sachsen	7,7	102 (22)	5,0	163 (31)
Thüringen	6,4	57	3,5	89
Berlin West GR/AL (1992)	13,5	87	-	-
Berlin Ost B90 (1992)	12,6[19]	66 (+3)[20]	-	-
Berlin (Ost u. West) (1992)	13,3	156	-	-

Quellen: Statistisches Landesamt Mecklenburg-Vorpommern 1994 und 1995; Statistisches Landesamt Berlin 1992; Statistisches Landesamt des Freistaates Sachsen 1995; Landesamt für Datenverarbeitung und Statistik Brandenburg 1993 und 1994 (ergänzt durch Angaben der Landesgeschäftsstelle Bündnis 90/Die Grünen); Statistisches Landesamt Sachsen-Anhalt 1995; Thüringer Landesamt für Statistik 1994.

5.2. Soziale Bewegungen und Bürgerbewegungen

Die westdeutschen Grünen profitierten vor allem in den ersten Jahren nach ihrer Gründung von dem enormen Rückenwind verschiedener neuer sozialer Bewegungen und konnten dabei organisatorische Defizite durch Mobilisierungsleistungen dieser „befreundeten" Protestbewegungen ausgleichen. Vergleichbares gilt nicht für die Bündnisgrünen in den fünf neuen Ländern. Obgleich sie teilweise ihre Wurzeln in der Massenprotestbewegung der Wendezeit haben, konnte diese schon bei den kurz nach der Wende stattfindenden Volkskammerwahlen keine nennenswerte Mobilisierungsleistung für die verschiedenen zu den Wahlen angetretenen Gruppierungen der Bürgerbewegungen mehr erbringen. Die großen Ziele des Protestes waren erreicht und nun wurde das Feld weitgehend den etablierten Formen Bonner Partei-

---

14 Berlin: Bezirksverordnetenversammlung.
15 Frauenanteil in Klammern.
16 Wegen der engen Kooperation mit den Bündnisgrünen wurden für die Wahlen zu den Kreistagen und den Vertretungen in den kreisfreien Städten die folgenden Listen bei der Berechnung berücksichtigt: Bündnis 90 Rostock, Grünes Forum, Bad Doberan.
17 Zählung der Landesgeschäftsstelle vom Juli 1995. Die Zahl liegt geringfügig über den 67 Mandaten, die das Statistische Landesamt angibt. 37 der 71 auf bündnisgrünen Listen gewählten sind Parteimitglieder.
18 Die Mandatszahlen beruhen auf Angaben der Landesgeschäftsstelle und beinhalten die folgenden Listen: Grüne/B90, Forum/BüBü, Bündnis, Bü-Barnim, Forum/B90/Gr, BVB '90 (vgl. Landesamt für Datenverarbeitung und Statistik Brandenburg 1993, S. 9).
19 Zu dem Ergebnis des B90 muß müssen noch die 0,6% und 3 Sitze von der Westberliner Grünen/AL hinzugezählt werden, die auch im Ostberliner Bezirk Hellersdorf antraten.
20 Gr./AL in Hellersdorf.

politik überlassen. Gab es während der Fusionsverhandlungen zwischen Grünen und B90 noch vereinzelt Hoffnungen, vom basispolitischen Engagement des Neuen Forum zu profitieren – weshalb verschiedene Landesverbände Doppelmitgliedschaften zuließen – so wurden solche Hoffnungen vor allem dadurch enttäuscht, daß das Neue Forum bis auf kleine Diskussionszirkel von der politischen Bildfläche verschwunden ist. Zwar berichten alle Landesverbände von teilweise guten Kontakten mit lokalen oder regionalen Bürgerinitiativen sowie Umweltverbänden, doch handelt es sich hierbei in der Regel auch um mitglieder- und mobilisierungsschwache Gruppierungen, von denen kaum starker (wahl)politischer Rückenwind zu erwarten ist. Hinzu kommt die Konkurrenz der gut organisierten und mobilisierungsfähigen PDS (Gothe et al. 1996: 95).

Dies bedeutet, daß die Bündnisgrünen darauf angewiesen sind, selbst Mobilisierungsleistungen zu erbringen. Die Parteistruktur sieht hier die Institution von themenspezifisch definierten Landesarbeitsgemeinschaften vor, die interessierten Mitgliedern und Sympathisanten die Möglichkeit eröffnen sollen, direkt an der Formulierung von politischen Zielen oder gar Gesetzentwürfen zu partizipieren. Mit dem Wegfall der Landtagsfraktionen in allen neuen Ländern außer Sachsen-Anhalt hat dieser Partizipationskanal natürlich an Attraktivität verloren, da statt der direkten Mitwirkung am Gesetzgebungsprozeß nur noch die Teilnahme an der Programmformulierung geboten werden kann. Zudem muß die Organisation der Landesarbeitsgemeinschaften jetzt allein von den personell unterbesetzten Landesgeschäftsstellen geleistet werden. Das Aktivitätsniveau der Landesarbeitsgemeinschaften in den fünf neuen Ländern war zur Jahresmitte 1995 überwiegend sehr niedrig und vermochte die fehlende Unterstützung durch soziale Bewegungen nicht einmal ansatzweise auszugleichen.

6. Was bleibt von bürgerbewegter Identität?

Die Frage nach der fortdauernden Wirkung spezifischer Politikformen und Politikinhalte der Bürgerbewegungen muß mit zwei Blickrichtungen untersucht werden. Zum einen ist zu klären, ob das Bündnis 90 bei der Fusion mit den Grünen in den einzelnen Landesverbänden bestimmte Regeln durchgesetzt hat, die eine gewisse Eigenständigkeit der ehemaligen Bürgerbewegungen innerhalb der ostdeutschen Landesverbände ermöglichen. Zum anderen ist zu fragen, ob und in welchem Maße sich solche Interessen in der Gesamtpartei erhalten haben bzw. durchsetzen lassen. Hierbei ist es unvermeidlich, die klare Trennung von Bürgerbewegungen und ostdeutschen

Grünen aufzugeben[21], da die meisten Regeln und Garantien naturgemäß für die ostdeutschen Landesverbände insgesamt und nicht nur für den aus den Bürgerbewegungen kommenden Teil der neuen Partei gelten können. Was die Bewahrung bürgerbewegter Identitäten innerhalb der ostdeutschen Landesverbände anbelangt, so läßt sich aufgrund der Auseinandersetzungen im Vorfeld des Zuammenschlusses vermuten, daß der größte Teil derjenigen, die großen Wert auf die Eigenständigkeit der Bürgerbewegungen legten sowie ein gänzlich anderes Politikprojekt verfolgten (nämlich die Politik der Runden Tische), sich dem bündnisgrünen Projekt von Beginn an verweigerten und sich entweder den Resten des Neuen Forum anschlossen oder sich in Basisinitiativen engagierten. Zudem konnte es während der Fusionsverhandlungen in den einzelnen Landesverbänden nicht das Ziel sein, organisatorische Eigenständigkeiten festzuschreiben. Eine Analyse der Übergangsbestimmungen bei der Fusion der Landesverbände bestätigt diese Vermutungen. Die paritätische Besetzung von Landesvorstandsämtern wurde in der Regel nur für die erste Amtsperiode verbindlich vorgeschrieben; in Sachsen und Mecklenburg-Vorpommern wurde auf solche Garantien ganz verzichtet, was bei dem schwierigen Einigungsprozeß im nördlichsten Bundesland überraschen muß. Die Mehrzahl der Landesverbände erlaubt allerdings ausdrücklich die weitere Mitgliedschaft im Neuen Forum, teils mit der Einschränkung, daß dieses nur möglich ist, sofern das Neue Forum nicht bei Wahlen gegen die Bündnisgrünen antritt.

Ein Blick auf die wesentlich ausführlicheren Übergangsregeln im Berliner Landesverband verdeutlicht die unterschiedliche Vereinigungsproblematik, die bei der Fusion der west- und ostdeutschen Verbände zu bewältigen war. Wie in Berlin, so wurden auch für die Bundespartei eine Reihe von weitergehenden Sonderregeln festgeschrieben, die allerdings teilweise zeitlich begrenzt waren.[22] So wurde Mandatsträgern, die zum Zeitpunkt der Vereinigung Mitglied von Bündnis 90 waren, für die erste Amtsperiode des Bundesvorstandes der neuen Partei die Möglichkeit eingeräumt, auch ein Vorstandsamt zu bekleiden (§14.4, Satzung des Bundesverbandes von Mai 1993). Ähnlich wie in verschiedenen Landesverbänden wurden auch auf Bundesebene Doppelmitgliedschaften zugelassen, sofern sie vor dem 17.1.1993 bereits bestanden und die andere Partei des Doppelmitglieds nicht gegen Bündnis 90/Die Grünen bei Wahlen antritt (§22.1, Satzung des Bundesverbandes von Mai 1993).

Die beiden wichtigsten Regelungen, die die Identität des Bündnis 90 innerhalb der neuen Partei sichern sollten, waren die satzungsrechtliche Ga-

---

21 Diese Trennung ist inhaltlich ohnehin problematisch, da auch die ostdeutschen Grünen Wurzeln in den Bürgerbewegungen haben.
22 Details zu den Regeln des Bundesverbandes siehe Poguntke/Schmitt-Beck 1994.

rantie einer innerparteilichen Vereinigung namens „Forum Bürgerbewegung" und der damit verbundenen finanziellen Absicherung durch den Bundesverband (§9.3, Satzung von Mai 1993; Assoziationsvertrag, Protokollnotiz 3) sowie die Einführung von „Freien Mitarbeitern" (§7, Satzung des Bundesverbandes von Mai 1993). Das Forum Bürgerbewegung, das allen Parteimitgliedern offen steht, hat sich allerdings nicht als Kristallisationspunkt bürgerbewegter Politik innerhalb der Bündnisgrünen erwiesen. Es tritt innerparteilich kaum in Erscheinung und ist über den Status eines innerparteilichen Dikussionszirkels mit vergleichsweise großzügiger finanzieller Ausstattung nicht hinausgekommen. Sein Antragsrecht auf Bundesdelegiertenkonferenzen oder an den Länderrat hat er bislang nicht genutzt. Auf Bundesebene finden zweimal pro Jahr Kongresse mit 100 bis 150 Teilnehmern statt, während sich das Forum Bürgerbewegung in keinem der ostdeutschen Landesverbände (einschließlich Berlin) auf Landesebene konstituiert hat; den Landesgeschäftsstellen sind keine Aktivitäten bekannt. Die einzige Ausnahme war (im Juni 1995) ein Gesprächskreis in Leipzig.

Ähnlich verhält es sich mit der freien Mitarbeit, die auf Betreiben des Bündnis 90 in der neuen Satzung verankert wurde. Die Idee, die Parteiarbeit für Menschen zu öffnen, die den Bündnisgrünen zwar mit Sympathie gegenüberstehen, sich aber nicht fest an eine Partei binden wollen, knüpft an die Tradition der offenen und unverbindlichen Mitarbeit in den Bürgerbewegungen und an den Runden Tischen der Wendezeit an und wurde während der Fusionsverhandlungen seitens des Bündnis 90 als wichtige Forderung thematisiert. Offensichtlich spielte hier auch die durch die Erfahrungen des quasi-Einparteienstaates geprägte Parteienskepsis in den neuen Ländern eine Rolle. Da die westdeutschen Grünen ebenfalls traditionell offen für die Mitarbeit von Nicht-Parteimitgliedern waren und diese auf allen politischen Ebenen auch für Parlamentsmandate nominierten, war die explizite Einführung freier Mitarbeit wenig strittig. Zudem waren ja die Bundes- und Landesarbeitsgemeinschaften traditionell als Partizipationsmöglichkeit für das grün-nahe Umfeld konzipiert gewesen. Eine Bestandsaufnahme in den ostdeutschen Landesverbänden zeigt allerdings, daß es nicht gelungen ist, mittels freier Mitarbeit die aktive Basis der Partei nennenswert zu verbreitern. Eine Umfrage des Bundesvorstandes im Jahr 1995 ergab, daß im Durchschnitt zwischen 10 bis 30 Personen von der Möglichkeit freier Mitarbeit Gebrauch machen. Überwiegend handelt es sich hierbei um Mandatsträger, die auf Listen der Bündnisgrünen in kommunale Parlamente gewählt wurden; die Landesverbände unterscheiden in der Versorgung mit Informationsmaterial allerdings nicht zwischen Sympathisanten, die sich explizit als „freie Mitarbeiter" laut Satzung registrieren ließen und Mandatsträgern, die formlos bei den Bündnisgrünen mitarbeiten. Da das Institut der freien Mitarbeit keine innerparteilichen Stimmrechte einräumt, ist es nach Einschätzung mehrerer Interviewpartner nicht geeignet, in großer Zahl politisch Aktive an die Partei heranzuführen.

Sowohl freie Mitarbeit als auch das Forum Bürgerbewegung sind im Hinblick auf die Sicherung spezifischer Identitäten der aus den Bürgerbewegungen kommenden Parteimitglieder eher von symbolischer Bedeutung und bieten kaum Ansätze zur innerparteilichen Machtbildung. Demgegenüber hätte sich der in der neuen Satzung eingeführte Ost-Länderrat und das suspensive Veto der ostdeutschen Landesverbände im Länderrat durchaus zu einem Fokus innerparteilicher Machtentfaltung entwickeln können.[23] Allerdings sind die politischen Orientierungen und Interessenlagen der einzelnen Landesverbände so heterogen, daß in der Praxis bislang, d.h. bis zum Frühjahr 1996, keine einheitliche Politikformulierung der ostdeutschen Landesverbände zu verzeichnen war. Das Veto wurde bislang ein einziges Mal angedroht, und der Ost-Länderrat tagt, wenn überhaupt, am Vorabend des regulären Länderrates und spielt als innerparteilicher Machtfaktor keine Rolle. Auch die Reservierung von vier Vorstandsposten für Mitglieder aus den östlichen Landesverbänden hat bislang nicht dazu beigetragen, das Profil und das innerparteiliche Gewicht der Landesverbände in den fünf neuen Ländern zu stärken. Nach allgemeiner Einschätzung fehlt es an profilierten ostdeutschen Politikern. Selbst die enorme Überrepräsentation der ostdeutschen Landesverbände auf den Bundesdelegiertenkonferenzen kommt nur unvollständig zur Geltung, da es häufig an aktiven Parteimitgliedern mangelt, die sich als Delegierte in die Pflicht nehmen lassen.

Betrachtet man die innerparteilichen Machtverhältnisse der Bündnisgrünen sowie die Organisationssituation in den ostdeutschen Landesverbänden, so zeigt sich, daß das Projekt einer gleichberechtigten Partnerschaft von Bündnis 90 und Grünen weitgehend gescheitert ist. Die auf beiden Seiten teilweise bestehenden Erwartungen, die Fusion werde den Charakter der Grünen deutlich verändern, sind fast vollständig enttäuscht worden. Trotz des neuen Parteinamens und verschiedener Sonderregelungen für die ostdeutschen Landesverbände unterscheiden sich Bündnis 90/Die Grünen nur unwesentlich von den Grünen im Jahre 1992, also vor der Fusion mit den Bürgerbewegungen. Wie bereits an anderer Stelle gezeigt, hatte sich das politische Profil der westdeutschen Grünen bereits vor der Fusion (allerdings nicht unabhängig von der nationalen Vereinigung) deutlich gewandelt (Poguntke 1993; Poguntke/Schmitt-Beck 1994). Starke Impulse durch die ostdeutschen Bürgerbewegungen sind jedoch ausgeblieben. Dies gilt auch für die von manchen westdeutschen Grünen erhoffte Ergänzung des Personals

---

23 Die Vertreter von vier ostdeutschen Landesverbänden oder die ostdeutschen Mitglieder mit 2/3 Mehrheit haben im Länderrat ein suspensives Veto (§12,6 Satzung des Bundesverbandes von Mai 1993).

an Spitzenpolitikern. Kaum einer der prominenten Politiker der ostdeutschen Grünen und des Bündnis 90 konnte sich bislang auf Dauer innerparteilich hinreichend profilieren.

7. Resümee

Die vorliegende Studie zeigt, daß die ostdeutschen Landesverbände von Bündnis 90/Die Grünen auf dem organisatorischen Existenzminimum stagnieren. Dies gilt sowohl für die Mitgliederzahlen als auch für die organisatorischen Ressourcen. Dies bedeutet, daß keiner der Landesverbände den Organisationsaufbau aus eigener Kraft bewältigen kann, da die wenigen Ressourcen zu wenig mehr als zur Aufrechterhaltung des organisatorischen und politischen Routinebetriebs ausreichen. Für die desolate Situation gibt es eine Reihe von Erklärungen, die an dieser Stelle nochmals kurz zusammengefaßt werden sollen: Selbst vor dem Hintergrund der allgemeinen Mitgliederschwäche politischer Parteien in den neuen Bundesländern ist die Situation bei den Bündnisgrünen in allen Landesverbänden schlecht. Zusätzliche Hemmnisse stehen der organisationspolitischen Konsolidierung besonders in den Landesverbänden im Wege, die nur widerwillig und in erster Linie auf bundespolitischen Druck hin fusionierten. Hier wurden durch die konfliktreichen Fusionsverhandlungen die politischen Energien über beträchtliche Zeiträume hinweg fast vollständig absorbiert. Zudem sind dort die politischen Frontstellungen zwischen Bündnis 90 und Grünen nach wie vor deutlich sichtbar und behindern die Integration und Mobilisierungsfähigkeit dieser Landesverbände auch weiterhin. Vor allem behindert die Mitgliederschwäche die Realisierung der Einflußpotentiale der ostdeutschen Landesverbände innerhalb der Bundespartei. Zwar räumen die Bündnisgrünen als einzige Bundestagspartei ihren ostdeutschen Landesverbänden erhebliche Sonderrechte ein (Poguntke 1994: 209f.), doch sind diese Möglichkeiten in der Praxis wirkungslos geblieben, weil es an aktiven Parteimitgliedern fehlt, um diese Strukturen mit Leben zu erfüllen.

Die Bundespartei verfolgt und unterstützt verschiedene Strategien, um die ostdeutschen Landesverbände beim Organisationsaufbau zu unterstützen. Neben der bereits erwähnten Finanzierung von Stellen für die kommunalpolitischen Vereinigungen soll vor allem versucht werden, an den Universitäten Fuß zu fassen, um zu verhindern, daß diese auf Dauer zur Domäne der PDS werden. Aus der Konzentration auf junge Wählergruppen und die unterste Ebene der Politik spricht allerdings auch die Erwartung, daß kurzfristige Erfolge schwer zu erzielen sein werden. Statt dessen wird auf einen langfristig soliden Neuaufbau gesetzt. Wie stark sich die Bündnisgrünen inzwischen von grünen Glaubenssätzen der achtziger Jahre wegbewegt haben, wird auch daran deutlich, daß man bewußt auf Personalisierung setzen will: Es soll versucht werden, ehemalige Landtags- und Bundestagsabgeordnete aus den neuen Bundesländern über Positionen im Parteiapparat finanziell so abzusichern, daß sie hauptamtlich Politik machen können, um so dem eklatanten Mangel an ostdeutschen Spitzenpolitikern abzuhelfen. Die Anregungen des Bundesvorstandes stoßen allerdings in den ostdeutschen Landesverbänden nicht auf ungeteilte Zustimmung. Anstatt auf Strategien zur Organisationsentwicklung wird häufig auf das spontane Wachsen der Partei „von unten" gesetzt. Hier scheinen sich traditionell grüne „Bewegungsromantik" und die spezifisch ostdeutschen Erfahrungen mit der Massenmobilisierung zur Wendezeit zu verbinden. Aus dieser Sicht ist es wenig überraschend, daß die häufigste Antwort auf die Frage nach Aktionen des jeweiligen Landesverbandes zur Gewinnung neuer Mitglieder der Hinweis war, die beste Mitgliederwerbung sei eine gute Politik, häufig verbunden mit dem Hinweis auf den Neuaufbau der Partei „von der Basis" her.

In keinem der fünf neuen Länder ist es gelungen, das Spektrum der nach den Volkskammerwahlen noch nicht von den alten Bundestagsparteien absorbierten Bürgerbewegungen vollständig in die neue Partei zu überführen. Neben dem Sonderweg von Teilen des Neuen Forum gab es auf individueller Ebene zahlreiche Übertritte von ehemaligen Aktivisten der Bürgerbewegungen in verschiedene politische Lager. Diese individuellen politischen Biographien reflektieren das Problem der Bürgerbewegungen insgesamt: Entstanden aus dem kurzzeitigen Protest gegen das alte Regime einte diese Gruppierungen nur die Negation des Alten, so daß ein Ausdifferenzierungsprozeß unumgänglich war, der dann während des Einigungsprozesses mit den Grünen (und danach) erhebliche Reibungsverluste verursachte.

Die vorliegende Studie kann nur ein unvollständiges Bild der Entwicklungen im grün-alternativen Spektrum Ostdeutschlands seit der Wende zeichnen. Die systematische Bestandsaufnahme der Organisationsentwicklung von Bündnis 90 und Grünen zeigt eines jedoch deutlich: Der reale Einfluß der Bürgerbewegungen auf die politischen Entwicklungen seit der Wende, also seit dem Spätherbst 1989, ist vielfach überschätzt worden – am meisten wohl von vielen Protagonisten der Bürgerbewegungen selber. Alle Wahlergebnisse sowie alle Organisationsdaten zeigen eindeutig, daß es nicht gelungen ist, wenigstens einen Teil der scheinbaren (!) Gefolgschaft aus der Zeit der Montagsdemonstrationen dauerhaft in diesem Bereich des politischen Spektrums einzubinden.[24] Zweifellos zählen die ostdeutschen Lan-

---

24 Neuere Forschungen zur Rolle der Bürgerbewegungen innerhalb der Massenprotestbewegung im Herbst 1989 zeigen, daß diese nicht entscheidend zur Massenmobilisierung beitrugen (zusammenfassend Schmitt-Beck/Weins 1996).

desverbände der Bündnisgrünen aufgrund ihrer organisatorischen und politischen Schwäche eher zur Nachhut politischer Entwicklungen in Ostdeutschland. Ob ihr bürgerbewegter Teil zur Wendezeit 1989 tatsächlich zur Avantgarde zählte, darf aufgrund des völligen Verschwindens der Gefolgschaft schon wenige Wochen später bezweifelt werden.

Literatur

Bündnis 90/Die Grünen: Assoziationsvertrag (unveröff.) 1993
Bündnis 90/Die Grünen: Satzung des Bundesverbandes (unveröff.) 1990
Bündnis 90/Die Grünen: Satzung des Bundesverbandes (unveröff.) 1993
Bündnis 90/Die Grünen: Satzung des Bundesverbandes (unveröff.) 1994
Bündnis 90/Die Grünen Berlin: Satzung (unveröff.) 1994
Bündnis 90/Die Grünen Brandenburg: Satzung des Landesverbandes (beschlossen am 19. Juni 1993 in Cottbus) (unveröff.) 1993
Bündnis 90/Die Grünen Mecklenburg-Vorpommern: Satzung (unveröff.) 1993
Bündnis 90/Die Grünen Sachsen-Anhalt: Satzungsentwurf (unveröff.) 1993
Bündnis 90/Die Grünen Sachsen-Anhalt: Satzung des Landesverbandes (unveröff.) 1993
Bündnis 90/Die Grünen Sachsen: Dokumente der Gründungsversammlung (unveröff.) 1991
Bündnis 90/Die Grünen Thüringen: Assoziationsvertrag zwischen den Thüringer Landesverbänden von Bündnis 90 und Grünen (unveröff.) 1992
Bündnis 90/Die Grünen Thüringen: Satzung (unveröff.) 1995
Die Grünen in Sachsen: Satzung, angenommen auf dem 1. Landeskongreß vom 31.8.-2.9.1990 in Freiberg (unveröff.) 1990
Falter, J. W./Klein, M.: Die Wähler der PDS bei der Bundestagswahl 1994. In: Aus Politik und Zeitgeschichte B51-52(1994), S. 22-34.
Forschungsgruppe Wahlen: Wahl in den neuen Bundesländern. Eine Analyse der Landtagswahlen vom 14. Oktober 1990 (unveröff.) 1990a
Forschungsgruppe Wahlen: Wahl in Berlin. Eine Analyse der Wahl zum Abgeordnetenhaus vom 2. Dezember 1990 (unveröff.) 1990b
Hohlfeld, Ch.: Exkurs I. Die Grünen in Ostdeutschland. In: Raschke, J.: Die Grünen. Wie sie wurden, was sie sind. Köln: Bund-Verlag, 1993, S. 395-416
Gothe, H. et al.: Organisation, Politik und Vernetzung der Parteien auf Kreisebene in den fünf neuen Bundesländern. Endbericht des KSPW-Projektes „Kreisparteien" (unveröff.) 1996
Holtmann, E./Boll, B.: Sachsen-Anhalt. Eine politische Landeskunde. Magdeburg: Landeszentrale für politische Bildung, 1995.
Kleinert, H.: Vom Protest zur Regierungspartei. Die Geschichte der Grünen. Frankfurt/Main: Eichborn, 1992.

Kühnel, W./Sallmon-Metzner, C.: Grüne Partei und Grüne Liga. In: Müller-Enbergs, H./Schulz, M./Wielgohs, J. (Hrsg): Von der Illegalität ins Parlament. Berlin: LinksDruck Verlag, 1991, S. 166-220.

Landesamt für Datenverarbeitung und Statistik Brandenburg: Kommuanlwahlen 1993. Wahlen zu den Kreistagen der Landkreise und Stadtverordnetenversammlungen der kreisfreien Städte am 5. Dezember 1993. Endgültiges Ergebnis. Dezember 1993.

Landesamt für Datenverarbeitung und Statistik Brandenburg: Kommuanlwahlen 1993. Wahlen zu den Gemeindevertretungen und Stadtverordnetenversammlungen der kreisangehörigen Städte am 5. Dezember 1993. Endgültiges Ergebnis nach Gemeinden. März 1994.

Landeszentrale für politische Bildungarbeit Berlin (Hrsg.): Die kleine Berlin-Statistik 1991, Berlin, 1991.

Landeszentrale für politische Bildungarbeit Berlin (Hrsg.): Die kleine Berlin-Statistik 1992, Berlin, 1992.

Landeszentrale für politische Bildungarbeit Berlin (Hrsg.): Die kleine Berlin-Statistik 1993, Berlin, 1993.

Müller-Enbergs, H.: Beobachtungen zum BÜNDNIS 90 in Brandenburg. In: Eichner,V./Kleinfeld, R./Pollack, D./Schmid, J./Schubert, K./Voelzkow, H. (Hrsg.): Organisierte Interessen in Ostdeutschland. Marburg: Metropolis, 1992, S. 463-478.

Müller-Enbergs, H./Schulz, M./Wielgohs/J. (Hrsg): Von der Illegalität ins Parlament. Berlin: LinksDruck Verlag, 1991

Neugebauer, G./Stöss, R.: Die PDS. Opladen: Leske + Budrich, 1996

Plöhn, J.: Die Landtagswahl in Sachen-Anhalt vom 26. Juni 1994: Die Mehrheitsbildung bleibt dem Landtag überlassen. In: Zeitschrift für Parlamentsfragen 26(1995)2, S. 215-231

Poguntke, Th.: Goodbye to Movement Politics? Organisational Adaptation of the German Green Party. In: Environmental Politics 2(1993)3, S. 379-404

Poguntke, Th.: Parties in a Legalistic Culture: the Case of Germany. In: Katz, R. S./Mair P. (Hrsg.): How Parties Organize: Adaptation and Change in Party Organizations in Western Democracies. London: Sage, 1994, S. 185-215

Poguntke, Th.: Bündnis 90/Die Grünen in Ostdeutschland: Von der Avantgarde zur Nachhut. KSPW-Forschungsbericht (unveröff.) 1995

Poguntke, Th./Schmitt-Beck, R.: Still the Same with a New Name? Bündnis 90/Die Grünen after the Fusion. In: German Politics 3(1994)1, S. 91-113

Schmitt, K.: Die Landtagswahlen 1994 im Osten Deutschlands. Früchte des Föderalismus: Personalisierung und Regionalisierung. In: Zeitschrift für Parlamentsfragen, 26(1995)2, S. 261-295

Schmitt-Beck, R./Weins, C.: Gone with the wind (of change). Neue soziale Bewegungen im Osten Deutschlands, In: Gabriel, O. W. (Hrsg.), Politische Einstellungen und politisches Verhalten im Transformationsprozeß, Opladen: Leske + Budrich, 1996 (in Druck)

Statistisches Landesamt Berlin: Wahlen in Berlin am 24.Mai 1992. Endgültige Ergebnisse der Wahlen zu den Bezirksverordnetenversammlungen. Berlin, 1992.

Bündnis 90/Die Grünen

Statistisches Landesamt Mecklenburg-Vorpommern: Wahlen 94: Kommunalwahlen in Mecklenburg-Vorpommern am 12. Juni 1994 – endgültiges amtliches Ergebnis. In: Statistische Sonderhefte 4(1994)14

Statistisches Landesamt Mecklenburg-Vorpommern (1995), Wahlen 94: Kommunalwahlen in Mecklenburg-Vorpommern am 12. Juni 1994. – endgültiges amtliches Ergebnis. In: Statistische Sonderhefte 5(1995)4.

Statistisches Landesamt des Freistaates Sachsen: Kommunalwahlen 1994 im Freistaat Sachsen. Endgültige Ergebnisse, 1995.

Statistisches Landesamt Sachsen-Anhalt: Kommunalwahlen am 12. Juni 1994. Endgültige Ergebnisse der Kreiswahlen in den Landkreisen und Gemeindewahlen in den Kreisfreien Städten, 1995.

Thüringer Landesamt für Statistik: Kommunalwahlen in Thüringen am 12. Juni 1994. Vorläufige Ergebnisse. Teil 1: Kreistags- und Gemeinderatswahlen, 1994.

Veen, H.-J./Zelle, C.: Zusammenwachsen oder auseinanderdriften? Sankt Augustin: Konrad-Adenauer-Stiftung, 2. überarbeitete Auflage 1994.

Wielgohs, J.: Bündnis 90 – zwischen Selbstbehauptung und Anpassung. In: Niedermayer, O./Stöss, R. (Hrsg.): Parteien und Wähler im Umbruch. Opladen: Westdeutscher Verlag, 1994, S. 143-168.

Wielgohs, J./ Schulz, M./Müller-Enbergs, H.: Bündnis 90. Entstehung, Entwicklung, Perspektiven. Berlin: GSFP, 1992.

Anhang: Mitgliederentwicklung Bündnis 90/Die Grünen (zum Jahresende)

	1990 Gr.	1991 Gr.	1992[a] Gr.	Fusion: Gr.[b]	Fusion: B90	Fusion: B90/Gr	1993 B90/Gr	1994 B90/Gr	1995[c] B90/Gr
MV: Gr. B90	254[d]	179[e] 71	144[f] 122	155[g]	123[h]	319[i]	335	399	375
SA[j]	304	300	209	(230)[k]	120[l]	350	330	480	483
BB	292	366	253	237[m]	531[n]	768	685	469	492
Sa[o](1.6.92 - 16.5.93 bei B90)	k.a.	660[p]	(1000)[q]		(ca. 1000)	(ca. 1000)	1000	1050	1007
Th	417	424	275	300[r]	45[s]	345	350	438	470
NBL ohne Ostberlin	1267	1340	881	922	(1 819)	(3020)	2700	2836	2827
NBL mit Ostberlin	1443	1457	ka	1053	2131[t]		3149	3318	3371
Berlin (O+W)[23]	3168	2666	2592	2568	312	2880[u]	2950	3022[v]	3230[w]
Berlin O (Gr)[w]	176[x]	117[y]	k.a.	131		443[cc]	449	482	544
Berlin B90		402[z]	393[aa]		312[bb]				

MV = Mecklenburg-Vorpommern; SA = Sachsen-Anhalt; BB = Brandenburg; Sa = Sachsen; Th = Thüringen; Zahlen in Klammern basieren auf Schätzungen
Quelle: Mitgliederstatistik der Bundesgeschäftsstelle Bündnis 90/Die Grünen[dd] (soweit nicht anders gekennzeichnet).

Anmerkungen

a   Wielgohs et al. (1992), S. 94, geben für 15. August 1992 die folgenden Mitgliederzahlen für B90 an: Mecklenburg-Vorpommern 125, Sachsen-Anhalt 99, Brandenburg 743, Sachsen 1223, Thüringen 38, Berlin 358. Der Rechenschaftsbericht des B90 für 1992 gibt zum 31.12.1992 2.636 Mitglieder an (Bundestagsdrucksache 12/6140).
b   Die einzelnen Landesverbände fusionierten zu den folgenden Daten: Mecklenburg-Vorpommern 20. Juni 1993; Sachsen-Anhalt 27. Juni 1993; Brandenburg 19. Juni 1993; Sachsen 27.-29. Oktober 1991; Thüringen 16. Mai 1993; Berlin 20. Juni 1993.
c   Aufstellung der Bundesgeschäftsstelle Bündnis 90/Die Grünen vom 8.2.1996.

Bündnis 90/Die Grünen 111

d Quelle: Unterlagen Landesgeschäftsstelle Bündnis 90/Die Grünen Mecklenburg-Vorpommern (Zahl deckt sich mit den Angaben der Bundesgeschäftsstelle B90/Gr).
e Quelle: Unterlagen Landesgeschäftsstelle Bündnis 90/Die Grünen Mecklenburg-Vorpommern. Zusammen mit der in den Unterlagen angegebenen Mitgliederzahl von B90 in Höhe von 78 Ende Januar 1992 dürfte die Zahl der Bundesgeschäftsstelle (irrtümlich nur für die Grünen ausgewiesen) in Höhe von 250 für Bündnis 90 und Grüne als gesichert anzusehen sein.
f Stand: 11. März 1993: 145; B90 zum 21.10.1992: 122. Damit dürfte zum Jahresende die Zahl von B90 und Grünen bei ungefähr 266 gelegen haben und die vom Bundesvorstand der Bündnisgrünen mitgeteilte Zahl von 144 sich allein auf die Grünen beziehen. Quelle: Unterlagen Landesgeschäftsstelle Bündnis 90/Die Grünen Mecklenburg-Vorpommern.
g Stand: 31.5.1993. Quelle: Unterlagen Landesgeschäftsstelle Bündnis 90/Die Grünen Mecklenburg-Vorpommern.
h Stand: 11.3.1993. Quelle: Unterlagen Landesgeschäftsstelle Bündnis 90/Die Grünen Mecklenburg-Vorpommern.
i Stand 3.9.1993; Quelle: Unterlagen Landesgeschäftsstelle Bündnis 90/Die Grünen Mecklenburg-Vorpommern.
j Holtmann/Boll (1995: 54) benennen für Sachsen-Anhalt 80 Mitglieder in 1991 und 60 in 1990, wobei bei der letzten Zahl offen bleibt, welche Gruppierungen des seinerzeit noch nicht existenten B90 hinzugezählt wurden.
k Stand 26.6.1993 (d.h. zur Fusion; Schätzung) Quelle: Rechenschaftsbericht des Landesvorstandes Die Grünen in Sachsen-Anhalt für den Zeitraum 21.10.1991 bis 26.6.1993. Da die Zahlen niedriger liegen als Angaben der Bundesgeschäftsstelle vom 15.1.1993 können sie als relativ verläßlich angesehen werden.
l Stand 25.6.1993 (d.h. zur Fusion); die Zahl beinhaltet 10 Mitglieder des im April gegründeten KV Klöthen Bündnis90/Die Grünen. Quelle: Rechenschaftsbericht des Landessprecherrates Bündnis 90 in Sachsen-Anhalt für den Zeitraum 11.4.1992 bis 26.6.1993.
m Zum Zeitpunkt der Fusion; Angaben in: Bündnis 90/Die Grünen Brandenburg, Mitglieder-Rundbrief Nr. 1, Oktober 1993, S. 21. Da die Zahlen niedriger liegen als Angaben der Bundesgeschäftsstelle sowie freie Mitarbeiter separat aufführen, können sie als relativ verläßlich angesehen werden.
n Zum Zeitpunkt der Fusion; Angaben in: Bündnis 90/Die Grünen Brandenburg, Mitglieder-Rundbrief Nr. 1, Oktober 1993, S. 21. Da die Zahlen niedriger liegen als Angaben der Bundesgeschäftsstelle sowie freie Mitarbeiter separat aufführen, können sie als relativ verläßlich angesehen werden.
o Fusion Sept. 1991.
p Zur Fusion im September 1991 hatten die Grünen ca. 450 Mitglieder; im Januar 1992 lag der Mitgliederstand der neuen Partei bei 660. Daraus läßt sich folgern, daß B90 ca. 200 Mitglieder in die neue Partei einbrachte.
q Schätzung, Landesgeschäftsführer Hubertus Grass.
r Mitteilung der Landesgeschäftsstelle (keine Schätzung).
s Mitteilung der Landesgeschäftsstelle (keine Schätzung).
t Diese Zahl liegt um ca. 100 unter der Gesamtmitgliederzahl von Bündnis 90, das wenige westdeutsche Mitglieder hatte. Wielghohs et al. 1992 nennen 123 Mitglieder in Westdeutschland für August 1992.
u Stand 11. August 1993 (unmittelbar nach der Fusion von Grünen/AL und B90); Quelle: Landeszentrale für politische Bildungsarbeit Berlin, 1993.
v Der Computerausdruck des Landesverbandes weist 2.445 Mitglieder West und 482 Ost aus; zusammen: 2.937.

w	Bis zur Fusion Grüne/Alternative Liste, danach Bündnis 90/Die Grünen, Zusatzbezeichnung: AL.
x	Grüne/AL, Stand 5. Februar 1991; Quelle: Landeszentrale für politische Bildungsarbeit Berlin, 1991.
y	Stand 1. März 1992; Quelle: Landeszentrale für politische Bildungsarbeit Berlin, 1992.
z	Auskunft Landesgeschäftsführer B90/Gr. Michael Wartenberg (keine Schätzung).
aa	Auskunft Landesgeschäftsführer B90/Gr. Michael Wartenberg (keine Schätzung).
bb	Auswertung der Mitgliederdatei B90/Gr Berlin.
cc	Stand 11. August 1993 (unmittelbar nach der Fusion von Grünen/AL und B90); Quelle: Landeszentrale für politische Bildungsarbeit Berlin, 1993.
dd	Auskunft Dietmar Strehl, Bundesgeschäftsstelle Bündnis 90/Die Grünen: vor der Fusion beziehen sich die Angaben nur auf die Grünen.

Die FDP: Entstehung und Entwicklung

Hans Vorländer

1. Der gesamtdeutsche Vereinigungsprozeß

Am 11. und 12. August 1990 erfolgte auf einem Sonderparteitag in Hannover die Vereinigung von FDP-West mit den Parteien aus der DDR, mit den alten Blockparteien Liberal-Demokratische Partei Deutschlands (LDP, vormals LDPD) und Nationaldemokratische Partei (NDPD), die sich zuvor schon zum Bund Freier Demokraten (BFD) zusammengeschlossen hatten, sowie den nach der „Wende" in der DDR erfolgten Neugründungen FDP der DDR und Deutsche Forumpartei (DFP). Die FDP konnte sich damit rühmen, als erste den gesamtdeutschen Parteienzusammenschluß geschafft zu haben.[1] Der neue, noch vor der staatlichen Vereinigung geschlossene Parteienverbund war das Ergebnis eines konfliktreichen Vereinigungsprozesses, der vor allem unter dem Druck von Volkskammerwahlen, Kommunalwahlen und der ersten gesamtdeutschen Wahl vorangetrieben wurde und zu einem erfolgreichen Abschluß gebracht werden konnte. Dabei erwies sich das Management der Bundespartei im Prozeß der Koordinierung und Aushandlung der Parteienvereinigung als entscheidend.

Der Prozeß der Parteienvereinigung kann in vier verschiedene Phasen aufgeteilt werden. Die erste Phase zeichnet sich durch den Versuch der Orientierung von alten und neuen politischen Akteuren im liberalen Umfeld und in der unmittelbaren Post-Wende-Zeit aus. Die LDPD suchte sehr früh den Kontakt zur West-FDP. Schon zwei Wochen nach dem Fall der Berliner Mauer, am 26. November 1989, kam es in Ostberlin zu einem Treffen zwi-

---

[1] Zeitgeschichtliche Darstellungen des Vereinigungsprozesses finden sich in Søe 1993, Vorländer 1992a, Vorländer 1992b, Vorländer 1995a. Aufrufe, Programme und Satzungen der DDR-Parteien sind dokumentiert in Friedrich-Naumann-Stiftung 1990. Dieser Dokumentation sind auch, falls nicht anders angegeben, die nachfolgenden Zitate im Text dieses Abschnitts entnommen. Die „Wende"-Phase wird analysiert von Pfau 1994 und Höhne 1994, zusammenfassend Ammer 1992. Wichtige Quellen waren auch zahlreiche Gespräche, die mit Mitarbeitern der Bundesgeschäftsstelle der FDP, Bonn, geführt wurden. Berichte über den Vereinigungsprozeß aus der Sicht der FDP finden sich auch in Neue Bonner Depesche, Hefte 3-4, 5, 7-8/1990. Aufschlußreich sind die Berichte des ehemaligen Bundesgeschäftsführers der FDP, Rolf Berndt (1990; Berndt/Jansen 1992) und des ehemaligen Abteilungsleiters Politik, Jürgen Beerfeltz (Berndt/Beerfeltz 1990).

schen führenden Politikern der FDP und der LDPD, in dem die LDPD eine intensive Zusammenarbeit wünschte. Der Vorsitzende der FDP, Otto Graf Lambsdorff, ließ aber deutliche Reserven hinsichtlich einer schnellen und umfassenden Zusammenarbeit zwischen FDP-West und LDPD erkennen. Die FDP-West beschloß dann im Januar 1990 einen Forderungskatalog, dessen Erfüllung die Voraussetzung für Dialog, Zusammenarbeit und Vereinigung mit der LDPD sein sollte. Damit sollte der innere Erneuerungsprozeß der LDPD gefördert werden, um so die Vereinigung mit der ehemaligen Blockpartei zu ermöglichen, ohne die Einheit der FDP-West zu gefährden. Führende Mitglieder der FDP-West, die noch bis zu Beginn der 50er Jahre der LDPD angehörten, die LDPD und die DDR aber wegen Repressalien und Verfolgung verlassen mußten, hatten deutliche Ressentiments und Vorbehalte gegenüber der ehemaligen Blockpartei geltend gemacht.

Gleichwohl hatte, nicht zuletzt mit Blick auf die anstehenden Wahlen in der DDR und mögliche gesamtdeutsche Wahlen, die Vereinigung Priorität, zumal sich zu Beginn des Jahres 1990 aus der Oppositionsbewegung heraus zwei neue Parteien konstituierten, die sich als Konkurrenz zur Blockpartei LDPD verstanden und als solche auftraten. Die Deutsche Forumpartei (DFP) konstituierte sich bereits im Dezember 1989 aus Mitgliedern der Bürgerrechtsbewegung Neues Forum. Auf dem am 27. Januar 1990 in Karl-Marx-Stadt (Chemnitz) stattfindenden Gründungsparteitag wurde Jürgen Schmieder zum Vorsitzenden gewählt. Als Ziele der neuen Partei wurden eine „soziale, ökologisch orientierte Marktwirtschaft", die „Schaffung eines demokratischen Rechtsstaates" und die „rasche Durchsetzung der deutschen Einheit" angegeben, womit sich die DFP deutlich von den von ihr sogenannten „linksextremen Positionen des Landessprecherrates (des Neuen Forums, H. V.) um Frau Bohley" absetzte und als „Volkspartei der politischen Mitte" zu positionieren gedachte. Parteiintern setzte sich sehr schnell eine Orientierung am liberalen Parteilager durch, nachdem anfänglich auch eine Anlehnung an christlich-konservative Parteien erwogen worden war (Weilemann u.a. 1990: 45f.). Die von der Deutschen Forumpartei angegebene Mitgliederzahl von 50.000 dürfte indes bei weitem zu hoch gegriffen sein, tatsächlich wird es sich um nicht mehr als 1.000 bis 3.000 Mitglieder gehandelt haben.[2]

Gleichzeitig hatte sich eine Freie Demokratische Partei in der DDR gegründet, die am 4. Februar 1990 zu ihrem ersten offiziellen Parteitag in Ost-Berlin zusammentrat. Sie verstand sich als eine explizite Gegengründung zur

---

2   Die auf jeweiligen Einschätzungen von unterschiedlichen Akteuren basierenden Angaben über den tatsächlichen Mitgliederbestand schwanken sehr stark, so daß eine wirklich verläßliche Zahl nicht genannt werden kann. In den Bezirken der später wiederbegründeten Länder Mecklenburg-Vorpommern, Thüringen und Sachsen scheint die Mitgliederzahl der DFP verschwindend gering gewesen zu sein (vgl. hierzu die Forschungsberichte Schiller/Weinbach 1995 und Vorländer 1995a).

LDPD und forderte die schnelle Herstellung der deutschen Einheit, die Durchsetzung liberaler Grundpositionen in Staat und Gesellschaft, die Einführung der sozialen Marktwirtschaft, die Wiederherstellung und Bewahrung einer lebenswerten Umwelt sowie die Gewährleistung sozialer Sicherheit. Die FDP in der DDR, die in der West-FDP ihre „Schwesterpartei" sah, soll im Frühjahr 1990 etwa 1.000 bis 2.000 Mitglieder gehabt haben.[3]

Die LDPD wählte auf ihrem Erneuerungsparteitag in Dresden am 9./10. Februar 1990 mit Rainer Ortleb aus Rostock einen neuen Vorsitzenden, benannte sich wieder in LDP um, brach in ihrem Wahlprogramm mit allen Formen des Sozialismus und definierte sich als eine „Partei für Bürgerinnen und Bürger liberaler Geisteshaltung und Weltsicht". Sie trat für Demokratie und Pluralismus, Selbstverwaltung und Rechtsstaatlichkeit, für die Marktwirtschaft „in sozialer und ökologischer Verantwortung" und die „schnellstmögliche Einheit Deutschlands in einer europäischen Friedensordnung" ein. Die LDP steuerte nun auf eine enge Kooperation mit der westdeutschen FDP zu, was zuvor, auf dem 14. Parteitag der LDPD am 20. Januar 1990 in Ost-Berlin, noch nicht so deutlich geworden war. Der Forderungskatalog der FDP-West und die Anwesenheit prominenter West-Liberaler in Dresden schienen nun die Zeichen der Erneuerung zu befördern, zumal auch alle 950 Parteitagsdelegierten neu bestimmt worden waren.

Auf die anfängliche Orientierungsphase in der Nach-Wende-Zeit folgte eine Phase der Beschleunigung in den Vereinigungsanstrengungen. Die FDP-West hatte, mit Blick auf die anstehenden Wahlen in der DDR, die Devise ausgegeben: „Eine Zersplitterung der liberalen Parteien mußte verhindert und die Vereinigung mit einer erneuerten LDP in die Wege geleitet werden" (Berndt 1990: 3). Deshalb fanden kurz nach dem Parteitag der LDP noch in Dresden Gespräche mit der Deutschen Forumpartei, der LDP und der FDP in der DDR statt. Die Parteien einigten sich darauf, als „Bund Freier Demokraten" in allen 15 Wahlbezirken der DDR mit gemeinsamen Listen zur Volkskammerwahl anzutreten. In der Dresdner Vereinbarung für das Wahlbündnis vom 12. Februar 1990 erklärten die Parteien, „noch in diesem Jahr im Gleichklang mit der Entwicklung der deutschen Einheit in Vorbereitung gesamtdeutscher Wahlen eine Vereinigung der Freien Demokratischen Partei anzustreben". Deshalb wurde bereits am 20. Februar unter dem Vorsitz von Wolfgang Mischnick (FDP-West) ein gemeinsamer zentraler Koordinie-

---

3   Die von Weilemann u. a. (1990: 48) genannte Zahl von 10.000 Mitgliedern dürfte zu hoch angesetzt sein. Wie im Fall der DFP beruhen auch alle Angaben für die FDP-Ost auf Schätzungen. Genaue Zahlen werden sich wegen des transitorischen Charakters der ohnehin nicht festgefügten Parteiorganisationen kaum ermitteln lassen. Die für den Vereinigungsparteitag als Grundlage für die Bestimmung der Delegiertenzahlen festgelegten Mitgliedsbestände für DFP und FDP-Ost sind politische, nicht faktisch-numerische Größen.

rungsausschuß eingesetzt, der vor allem die Organisation des Wahlkampfes zur Volkskammer leitete. Dabei erhielt der Bund Freier Demokraten Unterstützung durch die FDP der Bundesrepublik, insbesondere durch Rednereinsätze von Spitzenpolitikern der FDP, durch Hilfe bei den zentralen Werbemaßnahmen und durch die Einrichtung eines gemeinsamen Einsatzstabes unter der Leitung eines Abteilungsleiters der Bonner Bundesgeschäftsstelle in Berlin. Der Koordinierungsausschuß trat insgesamt fünf Mal zusammen. An ihm nahmen in der Regel jeweils drei Spitzenvertreter der jeweiligen Parteien teil. Schwierigste Aufgabe des Koordinierungsausschusses war die gemeinsame Abstimmung über die Reihenfolge der Listenplätze in den 15 Wahlbezirken. Schließlich konnte erst durch Kampfabstimmungen in der Gesamtvertreterversammlung des Bundes Freier Demokraten am 26. Februar 1990 in Berlin die endgültige Listenvereinbarung und damit die gemeinsame Kandidatur gesichert werden. Eine gemeinsame Abstimmung der drei Ostparteien über Programminhalte und politische Ziele kam indes nicht zustande. Hier waren die Differenzen und Konflikte zwischen den beteiligten Parteien zu groß.

Die dritte Phase ist gekennzeichnet durch Konflikte und Retardierung des Vereinigungsprozesses. Schon in der Dresdner Vereinbarung vom 12. Februar 1990 konnte sich für den Parteienverbund „Bund Freier Demokraten" nicht der von der FDP-West gewünschte Name FDP durchsetzen. Auch konnte keine Einigung zwischen den drei Ostparteien über Programminhalte und politische Ziele erreicht werden. Und eine bereits für den 28. März 1990 geplante Vereinigung der DDR-Parteien unter dem Namen FDP kam, trotz entsprechender Vereinbarungen im Koordinierungsausschuß, nicht zustande. Verantwortlich dafür waren persönliche und politisch-inhaltliche Differenzen zwischen den drei Ostparteien, insbesondere zwischen der LDP auf der einen und den neu gegründeten Parteien auf der anderen Seite. Statt dessen trat am 28. März die Nationaldemokratische Partei Deutschlands (NDPD), ebenfalls eine ehemalige Blockpartei, dem BFD bei. Die NDPD hatte bereits zuvor unter ihrem neuen Vorsitzenden Wolfgang Rauls die Möglichkeiten eines Zusammenschlusses mit der westdeutschen FDP sondiert, war hier aber zunächst auf Ablehnung und auch bei der LDP auf erhebliche Vorbehalte gestoßen. Ausschlaggebend für den Beitritt war dann das miserable Wahlergebnis der NDPD bei der Volkskammerwahl, wo die NDPD mit etwas über 44.000 Stimmen nur 0,38 Prozent erreichen und lediglich zwei Abgeordnete in die neugewählte Volkskammer entsenden konnte. Weil die Zukunft der NDPD als eigenständige Partei ohne Perspektive erschien, beschloß die Führung am 28. März den „kooperativen Beitritt" zum BFD. Damit vergrößerten sich die Konflikte zwischen Alt- und Neuparteien, und die Vereinigung von West- und Ostparteien war nunmehr allein über einen längeren Prozeß des Aushandelns der Bedingungen möglich. Zur Kommu-

Die FDP: Entstehung und Entwicklung

nalwahl am 6. Mai traten aber noch die drei Gruppierungen getrennt an, FDP-Ost, DFP und BFD (LDP und NDPD).

Die Aushandlungsphase dauerte von April bis August 1990 und stellte den Versuch der West-FDP dar, durch gesteuerte und gezielte Koordinierung die organisatorischen, programmatischen und politischen Voraussetzungen für den Parteienzusammenschluß unter dem Namen FDP zu schaffen.

Am 18. April 1990 wurde deshalb der Koordinierungsausschuß in Vereinigungsausschuß umbenannt. Die Vorsitzenden der vier Parteien, Bruno Menzel (FDP-Ost), Rainer Ortleb (Bund Freier Demokraten), Lothar Ramin (Deutsche Forumpartei) und Otto Graf Lambsdorff (FDP-West), bekräftigten ihre Absicht, unmittelbar nach den Kommunalwahlen in der DDR am 6. Mai 1990 die Voraussetzungen für eine einheitliche Freie Demokratische Partei Deutschlands zu schaffen. Der Vereinigungsausschuß setzte drei Arbeitsgruppen mit dem Auftrag ein, eine gemeinsame Satzung, ein gemeinsames Programm und eine gemeinsame Organisationsstruktur zu erarbeiten. Den Arbeitsgruppen gehörten je drei Vertreter aller vier liberaler Parteien an. Die ursprünglich für Ende September vorgesehene Vereinigung der liberalen Parteien wurde, weil auch die Landtagswahlen auf den Oktober vorverlegt wurden, für den Vereinigungsparteitag in Hannover am 11./12. August 1990 vorgesehen. Der Vereinigungsausschuß stellte dann am 25. Juni in Bonn den „Fahrplan" der Vereinigung und der Vereinbarungen der Arbeitsgruppen vor.

Die drei Arbeitsgruppen des Vereinigungsausschusses tagten von Mai bis Mitte Juni 1990. Die Arbeitsgruppe Satzung entwarf eine gemeinsame, von allen Vertretern der liberalen Parteien getragene Satzung, die auf dem Vereinigungsparteitag in Hannover verabschiedet und zur Grundlage der Vereinigung, der Zahl und Zusammensetzung der Delegierten zum Bundesparteitag sowie der Wahl für einen erweiterten Gesamtvorstand wurde.[4] Die Arbeitsgruppe Programm legte ein gemeinsames Programm zur Abstimmung vor, das dann auf dem Vereinigungsparteitag als Grundsatzerklärung „Für ein liberales Deutschland" beschlossen wurde. Die Arbeitsgruppe Organisationsstruktur befaßte sich mit den Problemen von Mitgliedererfassung, Infrastruktur und Finanzen.

---

4 Für die Vereinigung mußten rechtliche Voraussetzungen durch Satzungsänderung geschaffen werden, da eine Verschmelzung der Parteien, wie sie im Parteiengesetz und in der Bundessatzung der Partei enthalten waren, nur für Parteien im Gebiet der Bundesrepublik galten. Da die Vereinigung von bundesrepublikanischer FDP und DDR-Parteien aber vor der staatsrechtlichen Vereinigung vom 3. Oktober vollzogen wurde, konnte die Vereinigung nur über eine Beitrittserklärung der Parteien der DDR analog der grundgesetzlichen Regelungen erfolgen. Dementsprechend wurde die Bundessatzung geändert.

2. Parteienvereinigung in der DDR

Die Vereinigung der 'liberalen' Parteien in der DDR vor Herstellung der staatlichen Einheit vom 3. Oktober 1990 folgte im großen und ganzen dem vom gesamtdeutschen Vereinigungsprozeß vorgegebenen Muster. Dabei sind jedoch Abweichungen zu verzeichnen, die mit den politischen und territorialen Spezifika auf dem Territorium der DDR zu tun haben.[5] Ganz ohne Frage jedoch orientierten sich die Bemühungen, einheitliche Landesverbände aus den früheren Bezirksverbänden von LDPD und NDPD zu bilden, an dem zentral, von der FDP-West maßgeblich geprägten Vereinigungsprozeß. Erst dieser war die Grundlage für die Bildung von FDP-Landesverbänden auf dem Territorium der DDR, wenngleich die Etablierung der FDP-Landesverbände der zentralen Parteienvereinigung vom 11./12. August 1990 zeitlich voranging. Die Zusammenschlüsse der jeweiligen Bezirksverbände von LDP und NDPD einerseits und der neugegründeten Parteien FDP-Ost und DFP vollzogen sich überall im Juli 1990. Die ersten ordentlichen Parteitage der FDP in den neuen Bundesländern, die einen geschäftsführenden Vorstand auf der Grundlage neuer Satzungen etablierten, fanden erst im März (Brandenburg) und April des darauffolgenden Jahres, also erst nach staatlicher Vereinigung und gesamtdeutscher Bundestagswahl, statt. Damit war zwar der Transformationsprozeß formal abgeschlossen, die organisatorischen Friktionen und politischen Konflikte innerhalb der Landesverbände, die mit der Verklammerung der unterschiedlichen Parteien einhergingen, waren aber keineswegs ausgestanden.

In diesem Gründungsprozeß erwies sich die LDP als treibende Kraft. Sie sah sich als die natürliche Schwester der FDP-West und reklamierte deshalb auch das liberale Monopol für sich. Das war in Sachsen nahezu unstreitig, denn dort kam es nur vereinzelt zu bewußten Gegengründungen aus Erneuerer-Kreisen in der FDP-Ost bzw. der DFP. In Sachsen-Anhalt wie in Thüringen stellte die LDP den gleichen Anspruch, doch wurde er ihr vor allem von der FDP-Ost und der – zahlenmäßig sehr viel kleineren und politisch weniger bedeutsamen – DFP streitig gemacht. In Sachsen-Anhalt, in geringerem Maße auch in Thüringen, führte die Gründung der FDP-Ost, vor allem in Dessau, aber auch in Halle, zu Übertritten ehemaliger LDP-Mitglieder zur neugegründeten FDP-Ost. Hier mag Enttäuschung über den Kurs der LDPD aus DDR-Zeiten eine Rolle gespielt haben, aber auch Opportunismus ist nicht auszuschließen. Allein wegen dieser Übertritte wurde dann in der Fol-

---

5   Die Vereinigungs- und Gründungsprozesse werden ausführlich – auf der Grundlage von Interviews und Materialrecherchen – dargestellt in den Forschungsberichten Schiller/Weinbach 1995 (Mecklenburg-Vorpommern, Thüringen) und Vorländer 1995a (Brandenburg, Sachsen, Sachsen-Anhalt).

ge auch von seiten der LDP der Erneuerungsanspruch der in der FDP-Ost zusammengeschlossenen Gegner der LDP heftig bestritten. Darüber hinaus waren auch in Sachsen-Anhalt die Konflikte, zum Teil nur als Ressentiments wahrnehmbar, auch zwischen LDP- und NDPD-Mitgliedern besonders groß. Letzteres traf auch für Brandenburg zu, doch waren hier, wie auch in Mecklenburg-Vorpommern, die Erneuerer-Kreise sehr viel schwächer, und es gelang ihnen nicht, der LDP die Führungsrolle nachhaltig zu bestreiten.

Auch in der DDR verlief der Prozeß der Bildung einheitlicher Landesverbände nach den für den gesamtdeutschen Vereinigungsprozeß kennzeichnenden Phasen. Der Orientierungsphase folgte eine Phase der Beschleunigung, die unter dem Vorzeichen der Volkskammerwahlen stand. Hier schlossen sich in allen Bezirken LDP, FDP-Ost und DFP zum Bund Freier Demokraten zusammen. Doch die Konflikte waren nur auf Eis gelegt und führten in der Folge auch bei den Bemühungen zur Schaffung einheitlicher Landesverbände zu einer gewissen Retardierung. Denn unmittelbar nach der Volkskammerwahl suchten FDP-Ost und DFP wieder ihre Selbständigkeit, hingegen verfolgte die bei der Volkskammerwahl relativ erfolglose NDPD den Beitritt zur LDP (BFD). Bei den Kommunalwahlen im Mai traten die drei Gruppierungen BFD (vorher LDP und NDPD), FDP-Ost und DFP getrennt oder in unterschiedlichen Verbindungen an. Die dann folgende Aushandlungsphase auf zentraler Ebene war in den Bezirken/Ländern dadurch gekennzeichnet, daß hier die organisatorischen Voraussetzungen für Aufbau und Struktur eines einheitlichen Landesverbandes geschaffen werden mußten. Dabei stand der Abbau des hauptamtlichen Apparates, der bereits früher begonnen wurde, die Erfassung der Mitgliederbestände, der Aufbau und die Erhaltung der Kreis- und Ortsverbandsstrukturen auf weitgehend ehrenamtlicher Basis sowie die Vorbereitung des Vereinigungsparteitages, der Bundestags- und Landtagswahlen (Wahl und Bestimmung von Delegierten und Kandidaten) im Vordergrund. Zugleich ist dies die Phase eines ersten enormen Aderlasses bei den Mitgliedern der alten Blockparteien von LDPD und NDPD.

3. Die Organisationsstruktur der neuen Landesverbände

Die Transformation der aus der DDR stammenden Organisationsstruktur von LDPD und NDPD in eine finanzierbare und effiziente Organisationsstruktur der neuen Landesverbände stellte eines der Hauptprobleme dar. Schon im zentralen Vereinigungsausschuß, der von Mai bis Mitte Juni 1990 tagte, war eine gesonderte Arbeitsgruppe eingesetzt worden, die sich mit den Problemen von Mitgliedererfassung, Infrastruktur und Finanzen befaßte. In der Folge konnte die Bundesgeschäftsstelle der FDP, also das Management der Bundespartei, Hilfestellung geben, sowohl bei der Mitgliedererfassung und der Evaluierung vorhandener und im Aufbau neuer Organisationsstrukturen, wie auch bei der Offenlegung der Vermögensfragen der ehemaligen Blockparteien und der Einführung einer neuen Finanzordnung.

Ein besonderes Problem war der Abbau des hauptamtlichen Apparates von LDPD und NDPD. Am 31. Dezember 1989 hatten beide Blockparteien 3.180 hauptamtlich beschäftigte Angestellte, davon bei der LDPD mehr als 1.500 und bei der NDPD mehr als 1.600 Mitarbeiter. Bis Ende des Jahres 1990 wurden in drei Etappen mehr als 3.000 Mitarbeiter, sowohl in der Berliner Zentrale als auch auf Bezirks- und Kreisebene, in andere Beschäftigungsverhältnisse, in den Vorruhestand oder mit Abfindungen entlassen. Zum Zeitpunkt der Fusion im August 1990 besaß der Bund Freier Demokraten noch 338, am 31. Dezember 1990 noch 141 Mitarbeiter. Die Zahl der Mitarbeiter wurde bis Mitte des Jahres 1991 auf 35 auf Landesverbandsebene und 15 in Berlin reduziert.

Mit dem Abbau des hauptamtlichen Apparates einher ging der Aufbau von autonomen Landesverbänden. Entsprechend der föderativen Parteistruktur in der alten Bundesrepublik Deutschland erhielten alle Gliederungsebenen der FDP in den neuen Bundesländern ab 1. Januar 1991 die Finanzautonomie. Der Aufbau der Landes- und Kreisverbände entspricht dem westdeutschen Muster. Kreisverbände und Ortsverbände mußten aber mehrfach aufgrund der in den neuen Ländern einsetzenden Gebietsreform aufgelöst und neu gegründet werden. Diese Tatsache, aber auch die Austrittswellen sind die Ursachen dafür, daß die – von den Landesverbänden gemachten – Angaben über die tatsächlich vorhandenen Ortsverbände immer wieder schwanken. Nach Angaben der Bundesgeschäftsstelle der FDP vom 17.03.1995 sieht die Gliederung der ostdeutschen Landesverbände wie folgt aus[6]:

---

6 Die Kreisverbände scheinen es offenbar zu versäumen, präzise Angaben über die Anzahl der Ortsverbände an den Landesverband weiterzugeben – eines von mehreren Anzeichen (noch) nicht gefestigter Organisations- und Kommunikationsstrukturen.

Die FDP: Entstehung und Entwicklung 121

Tabelle 1: Gliederung der ostdeutschen FDP-Landesverbände

Landesverband	Kreisverbände	Ortsverbände
Brandenburg	18	198
Mecklenburg-Vorpommern	18	151
Sachsen	29	180
Sachsen-Anhalt	24	150
Thüringen	22	300

Quelle: Bundesgeschäftsstelle der FDP

Zur Stabilisierung der Organisationsstrukturen in den neuen Bundesländern hat die Bundespartei im März 1991 eine zunächst auf zwei Jahre, dann aber um weitere zwei Jahre bis Ende April 1995 befristete Projektgruppe „Strukturverbesserung in den neuen Bundesländern" eingesetzt.[7] Mit diesem Projekt wurden 17 sogenannte „Regionalbeauftragte", finanziert von der Bundespartei, zur Unterstützung des Infrastrukturaufbaus in den neuen Bundesländern eingesetzt. Die Projektbedingungen wurden zum Zeitpunkt Februar 1991 wie folgt beschrieben – sie geben zugleich einen Überblick über die Lage auf Orts- und Kreisverbandsebene: Die Mitgliederzahlen sind rückläufig; in einigen Landesverbänden bestehen erhebliche Differenzen zwischen der zentralen Mitgliederdatei und den in den Landesverbänden vorhandenen Datenbeständen. Viele Funktionen in Kreisverbänden sind nicht besetzt. Viele Kreisverbände kennen ihre Mitglieder nicht, andererseits kennen die Mitglieder nicht ihre Kreisverbände, ihre Kreisvorsitzenden, die Kontonummern ihres Kreisverbandes. Das Engagement der Mitglieder ist gering bzw. nicht vorhanden. Die Finanzierung der Partei von unten nach oben ist nicht gewährleistet. Spenden werden kaum eingenommen, Beiträge nicht regelmäßig gezahlt. Die Beitragsabführung in den Kreisen an die Landesverbände erfolgt sporadisch. Der Abbau des hauptamtlichen Apparates hat in den Landesverbänden zu erheblichen Unruhen geführt. Die Mitglieder fühlen sich überwiegend noch an ihre ehemalige Partei gebunden und nicht an die FDP.[8]

Aus dieser Analyse, die Struktur- und Organisationsmängel ebenso benennt wie sie Entfremdungsprozesse und mangelnde Integrationserfolge konstatiert, sind die Projektziele „Stabilisierung der Mitgliederzahlen und Neumitgliederwerbung, Konsolidierung bzw. Aufbau einer stabilen Orts-, Kreis- und Landesverbandsstruktur, Motivation zur innerparteilichen Mitarbeit, Abbau wechselseitiger Vorurteile, Verbesserung der Zusammenarbeit von Mandatsträgern mit den Parteistrukturen auf allen Ebenen und Organi-

---

7 Das zugrundeliegende Papier trägt den Titel „Projekt: Strukturverbesserung in den neuen Bundesländern" und ist datiert vom 27.02.1991.
8 Projektpapier, S. 2.

sationen im Vorfeld, Sicherstellung der Übereinstimmung der parteilichen Abläufe mit neuer Gesetzgebung und Satzung" abgeleitet.[9]

Hauptaufgabe der Regionalbeauftragten war, neben technisch-organisatorischer Hilfestellung, vor allem die Evaluierung der Strukturen in den Orts- und Kreisverbänden. Das Projekt „Strukturverbesserung" lief zum 30.04.1995 aus. Ein Abschlußbericht liegt – noch – nicht vor.[10] Gleichwohl lassen sich aus Einzelberichten gewisse Tendenzen erkennen. Danach scheint die apparative Ausstattung der nachgeordneten Gebietsverbände bedeutend besser geworden zu sein. Problematisch erscheint nach wie vor ein sehr unterschiedliches Partizipationsverhalten der Mitglieder. Mitgliederversammlungen in Ortsverbänden finden nur in wenigen Fällen regelmäßig, meistens aber nur sehr sporadisch statt. Die ehrenamtliche Tätigkeit auf unterster Ebene wird nach wie vor als nicht ausreichend bezeichnet. Zum Teil gibt es keine Kreisgeschäftsstellen, zum Teil sind diese unterbesetzt. Mitgliedermotivierung und Aktivierung einiger Ortsverbände erscheint vordringlich. Probleme gibt es immer noch beim zentralen Einzug der Mitgliedsbeiträge. Der Informationsfluß zwischen den Gebietsverbänden ist gering, die Außenkontakte (Medien, Verbände, Vereine) sind spärlich. Allerdings differieren die in den Berichten gemachten Angaben sehr stark, so daß die hier gemachten Tendenzaussagen nur sehr bedingt einen Überblick über den Stand der Organisationsstruktur im Frühjahr 1995 zu vermitteln in der Lage sind.

4. Die Finanzsituation

Zur Offenlegung der Vermögensfragen der ehemaligen Blockparteien hatten diese, nach den Vorschriften des Einigungsvertrages, zum Zeitpunkt der Vereinigung mit einer Bundespartei eine Schlußbilanz vorzulegen. In der auf den 12. August 1990 datierten Schlußbilanz des Bundes Freier Demokraten (LDP, NDPD) wird ein Anlagevermögen (Haus- und Grundvermögen, Geschäftsstellenausstattung und Finanzanlagen) von ca. 5,5 Mio. DM ausgewiesen. Das Umlaufvermögen wird in der Schlußbilanz mit mehr als 19 Mio. DM angesetzt. Bilanziert wurde dabei der Haus- und Grundbesitz, bei

---

9   Projektpapier, S. 1
10 Die Regionalbeauftragten hatten über die Ergebnisse der Evaluierungen Einzel-, Zwischen- und Schlußberichte an die Bonner Bundesgeschäftsstelle zu erstellen. Die Bundesgeschäftsstelle hat diese Evaluierungen, soweit sie vorlagen, zur Kenntnis genommen, aber keine systematische Auswertung vorgenommen. Dem Entgegenkommen des Bundesgeschäftsführers und seiner Assistentin ist es zu verdanken, daß Einsicht in die Berichte genommen und eine vorläufige – allerdings nicht repräsentative – Auswertung vorgenommen werden konnte. (Vorländer 1995a: 12 ff)

dem der Eigentumsnachweis durch Grundbucheintrag erbracht und darüber hinaus durch Kaufvereinbarung bzw. Gleichgestelltes nachgewiesen werden konnte. Darüber hinaus befanden sich 16 Geschäftsstellen, 6 Ferieneinrichtungen, eine Parteischule sowie zwei projektierte Neubauten in Rechtsträgerschaft, die nicht Teil des Vermögens der Partei waren. Die Betriebe, Verlage, Tageszeitungen und Ferieneinrichtungen von LDP und NDPD wurden in einer GmbH zusammengefaßt, bei der das Haftungskapital in Höhe von 150.000 DM vom Bund Feier Demokraten gehalten wurde. Das Vermögen stand unter treuhänderischer Verwaltung und wurde als abgegrenztes Sondervermögen geführt. Der Bundesschatzmeister der FDP hatte angesichts erhobener Vorwürfe, die FDP wolle sich am Altvermögen der beiden Blockparteien in unberechtigter Weise bereichern, wiederholt erklärt, daß die FDP nur zweifelsfrei rechtmäßig erworbenes Eigentum, insbesondere aus Grundbesitz, behalten werde. Von der Unabhängigen Kommission zur Feststellung und Treuhandverwaltung des Vermögens aller Parteien und Massenorganisationen war die vermögensrechtliche Nachfolge der Ostparteien durch die FDP wiederholt bestritten worden. Erst Ende November 1995 kam es auf dem Vergleichswege, jedoch unter Wahrung der unterschiedlichen Rechtspositionen, zu einer Regelung der offenen Vermögensfragen. Nach dem zwischen der FDP und der Unabhängigen Kommission geschlossenen Vergleich vom 27. November 1995 erhält die FDP aus dem Vermögen der ehemaligen LDPD zwei Grundstücke (in Dresden und in Zinnowitz auf Usedom) sowie Geldmittel in Höhe von 4,8 Millionen Mark. Die zwei Grundstücke gelten als zweifelsfrei nach rechtsstaatlichen Grundsätzen erworben. Die Geldbeträge, die jetzt an die FDP fallen, stammen aus dem sogenannten „Neuvermögen" der LDPD/LDP, also unter anderem aus Wahlkampfkostenerstattungen und Mitgliedsbeiträgen, die nach der Wende in der DDR eingegangen waren. Strittig bleibt nach wie vor, ob die FDP wirksam die Gesamtrechtsnachfolge der LDPD/LDP angetreten hat. So werden die Vermögenswerte nach dem Vergleich zunächst an die LDP, die von einem Liquidator vertreten wird, zurückgegeben, ehe sie von dort an die FDP übergehen. Die FDP ihrerseits verzichtet im Vergleich auf sämtliche weitere Ansprüche auf das Vermögen der früheren Blockparteien.[11]

Seit 1. Januar 1991 besitzen die Landesverbände Finanzautonomie. Die guten Wahlergebnisse des Jahres 1990 brachten für alle ostdeutschen Landesverbände eine weitgehend ausgeglichene Ertragslage (Stand 31.12.1993). Dabei sind für einzelne Landesverbände (Sachsen, Sachsen-Anhalt und Thüringen) sogar Überschüsse zu verzeichnen. Im Zuge der erheblichen Verluste an Wählerstimmen bei den Wahlen des Jahres 1994 ist anzunehmen, daß sich die Finanzlage der ostdeutschen Landesverbände entscheidend ver-

---

11 Frankfurter Allgemeine Zeitung vom 28. November 1995: 5.

schlechtert hat, da erhebliche Ausgaben im Zusammenhang mit den Wahlkämpfen gemacht wurden, die „Wahlkampfkostenerstattung", bzw. ab 1994 die sogenannten „staatlichen Mittel", jedoch bedeutend geringer ausgefallen sind und weit hinter den getätigten Ausgaben zurückbleiben.[12]

5. Mitgliederstruktur in den neuen Landesverbänden

Die Mitgliedererfassung in den neuen Landesverbänden stellte sich bis Dezember 1990 als eines der größten Probleme dar. Die datenmäßige Erfassung erfolgte seit Juli 1990. Doch gab es vor allem bis Ende 1990, aber zum Teil auch erheblich darüber hinaus, erhebliche Differenzen zwischen der zentralen Mitgliederdatei und den in den Landesverbänden vorhandenen Datenbeständen. Dies führte dazu, daß für die Entwicklung im Jahre 1990, zum Teil aber auch darüberhinaus und bis auf den heutigen Tag, sehr unterschiedliche Angaben vorliegen.

Die Bundesgeschäftsstelle der FDP gibt per 31.12.1989 für die LDPD 110.000 und für die NDPD 80.000 Mitglieder an. Wirklich verläßliche Zahlen über die Mitglieder von FDP-Ost und DFP liegen nicht vor. Bei der Festlegung des Delegiertenschlüssels für den Hannoveraner Vereinigungsparteitag wurde dann von einem Gesamtmitgliederstand von 180.000 für die Ost-Parteien ausgegangen und auf dieser Basis die Delegiertenzahl auf 260 festgelegt (Bund Freier Demokraten 160, FDP-Ost 55, DFP 55 Delegierte). Doch waren diese Zahlen eher Ergebnis der Aushandlung im Vereinigungsprozeß, als daß sie die tatsächlichen Mitgliederbestände zuverlässig wiedergaben.

Legt man die Angaben der Bundesgeschäftsstelle der FDP zugrunde, so zeigt sich in den fünf neuen Bundesländern die in Tabelle 2 verdeutlichte Mitgliederentwicklung. Der Aderlaß in den ostdeutschen Landesverbänden ist also erheblich. Bezogen auf den Zeitpunkt Dezember 1990 ist der Mitgliederbestand in allen fünf neuen Bundesländern um fast vier Fünftel geschrumpft. In Sachsen sind noch 24,37% der Mitglieder aus dem Dezember 1990 in der Partei, in Brandenburg 21,93%, in Mecklenburg-Vorpommern 21,99%, in Sachsen-Anhalt 21,54% und in Thüringen 20,48%. Die größte Austrittswelle fand zwischen 1990 und 1991 statt. In Brandenburg, Mecklenburg-Vorpommern, Sachsen und Sachsen-Anhalt verließen zwischen 34% und 44% der Mitglieder aus 1990 die Partei, in Thüringen zeigen die

---

12 Diese Tendenz wird deutlich bestätigt durch den Rechenschaftsbericht des Landesverbandes Brandenburg für das Jahr 1994, der eingesehen werden konnte (Vorländer 1995a: 41 ff.).

Die FDP: Entstehung und Entwicklung

Zahlen eine rapide Abnahme zwischen Dezember 1991 und Dezember 1992. Dies aber könnte auf eine Karteibereinigung zurückzuführen sein und keine politischen Gründe in einem engeren Sinne haben. Als Gründe für den Verlust an Mitgliedern können neben formalen Gesichtspunkten der rechnerischen Erfassung und Überprüfung vorhandener Dateien (die Zusammenführung der Dateien fand erst im Mai 1990 statt) genannt werden: 1. der Verlust der Nischenfunktion der ehemaligen Blockparteien LDPD und NDPD, 2. Vorbehalte gegenüber dem Parteienzusammenschluß von Mitgliedern aller beteiligten Parteien, 3. der Abbau des hauptamtlichen Apparates und schließlich 4. die Einführung einer neuen Beitragssatzung nach dem Vereinigungsparteitag in Hannover.

Es ist gleichwohl möglich, den Verlust an Mitgliedern zu relativieren und als ein Schrumpfen auf Normalgröße zu interpretieren. Dies wird deutlich, wenn die Zahl der FDP-Mitglieder in Relation zur Gesamtbevölkerung der Bundesländer gesetzt wird und diese Relation mit den alten Bundesländern verglichen wird.[13] Bei einem bundesweiten Durchschnitt von 1,1 FDP-Mitgliedern je 1.000 Einwohnern liegen Brandenburg mit den fiktiven Werten von 1,5, Mecklenburg-Vorpommern mit 1,8, Sachsen mit 1,5, Sachsen-Anhalt mit 2,1 und Thüringen mit 2,4 Mitgliedern je 1.000 Einwohnern immer noch, zum Teil sehr erheblich über der durchschnittlichen FDP-Repräsentanz auf Länderebene.

Tabelle 2: Mitgliederentwicklung der FDP-Landesverbände in den fünf neuen Bundesländern Dezember 1990 bis April 1995 – absolute Zahlen und prozentuale Veränderungen

Landesverband	Dez 90	%	Dez 91	%	Dez 92	%	Dez 93	%	Dez 94	%	Apr 95	%
Brandenburg	15.853	100	8.925	56,30	5.177	32,66	4.423	27,90	3.848	24,27	3.476	21,93
Mecklenburg-Vorpommern	13.154	100	7.994	60,77	5.826	44,29	3.755	28,55	3.220	24,48	2.892	21,99
Sachsen	25.363	100	16.758	66,07	9.666	38,11	7.492	29,54	6.635	26,16	6.182	24,37
Sachsen-Anhalt	24.171	100	14.289	59,12	8.394	34,73	7.254	30,01	5.908	24,44	5.207	21,54
Thüringen	28.425	100	20.950	73,70	7.841	27,58	6.830	24,03	6.138	21,59	5.822	20,48
Neue Bundesländer (insgesamt)	106.966	100	68.916	64,43	36.904	34,50	29.754	27,82	25.749	24,07	23.579	22,04

Quelle: Bundesgeschäftsstelle der FDP

---

13 Eine solche Berechnung stellen auch Holtmann/Boll (1995: 54) an.

Tabelle 3: FDP-Mitgliederdichte: FDP-Mitglieder in Relation zur Gesamtbevölkerung der Bundesländer

Bundesland	Bevölkerung*	Mitglieder im FDP-LV**	Einwohner je FDP-Mitglied	Mitgl./1000 Einw.
Baden-Württemberg	10 261 097	6 836	1 501	0,7
Bayern	11 910 383	5 436	2 191	0,5
Berlin	3 476 576	3 392	1 025	1,0
Brandenburg	2 535 773	3 848	659	1,5
Bremen	681 722	600	1 136	0,9
Hamburg	1 705 109	1 602	1 064	0,9
Hessen	5 976 444	6 960	859	1,2
Mecklenburg-Vorpommern	1 833 363	3 220	569	1,8
Niedersachsen	7 697 630	7 439	1 035	1,0
Nordrhein-Westfalen	17 798 733	19 213	926	1,1
Rheinland-Pfalz	3 946 182	5 132	769	1,3
Saarland	1 083 417	2 167	500	2,0
Sachsen	4 590 553	6 635	692	1,5
Sachsen-Anhalt	2 764 023	5 908	468	2,1
Schleswig-Holstein	2 704 844	3 098	873	1,2
Thüringen	2 519 898	6 138	411	2,4
Bundesgebiet	81 485 747	87624	930	1,1

Quelle: * Statistisches Bundesamt (Stichtag: 30.9.1994)
** Bundesgeschäftsstelle der FDP (Stand 31.12.1994)

In Brandenburg kommen 659 Einwohner auf ein FDP-Mitglied, in Mecklenburg-Vorpommern 569 Einwohner, in Sachsen 692, in Sachsen-Anhalt 468 und Thüringen 411 Einwohner auf jedes FDP-Mitglied. Auch hier schneiden die neuen Bundesländer besser ab als beispielsweise die Flächenstaaten Baden-Württemberg, Bayern, Niedersachsen und Nordrhein-Westfalen und ebenfalls besser als die Stadtstaaten Bremen und Hamburg. Der rechnerische Durchschnitt liegt bundesweit bei ca. 930 Einwohnern je FDP-Mitglied.

Über die Herkunft der Mitglieder der neuen Landesverbände aus den Vorgängerparteien liegen keine zuverlässigen Daten vor. Das gleiche gilt für die Relation von Aus- und Neueintritten und für die Sozialstruktur der Mitgliedschaft. Angaben beruhen in der Regel auf Schätzungen bzw. nicht kontinuierlich geführten Mitgliederstatistiken. Nach der Zusammenführung der Parteien wurden alle Hinweise auf die Herkunft sowie die sozialstrukturellen Merkmale aus den Karteien getilgt. Neue Erhebungen sind nicht unternommen worden. Man wird jedoch auf Grund von Einschätzungen aus den Landesverbänden davon ausgehen können, daß sich die Herkunftsmitgliedschaft der heutigen FDP in den neuen Bundesländern in etwa zu zwei Dritteln aus

Die FDP: Entstehung und Entwicklung

ehemaligen LDPD- und zu einem Drittel aus ehemaligen NDPD-Mitgliedern zusammensetzt.[14] Der Anteil ehemaliger FDP/Ost- und DFP-Mitglieder wird allgemein, mit regionalen bzw. lokalen Ausnahmen, als sehr gering eingeschätzt. Soweit Angaben über Neueintritte oder Mitgliedschaftsdauer vorliegen, wie für die Landesverbände Brandenburg (Vorländer 1995a: 44) und Thüringen (Schiller/Weinbach 1995: 37), kann von einem etwa fünfzehnprozentigen Anteil von Mitgliedern, bezogen auf den Stand von Ende 1994, ausgegangen werden, die seit dem Jahr der Wende den Herkunftsparteien bzw. der vereinigten FDP beigetreten sind.[15] Danach hätten etwa mindestens 85 Prozent der jetzigen Mitglieder bereits zu Zeiten der DDR einer der beiden Blockparteien angehört. Über die Sozialstruktur der Mitgliedschaft in den Landesverbänden liegen ebenfalls nur Einschätzungen, aber keine systematisch erhobenen Daten vor. Ob die beispielsweise für Brandenburg, ähnlich auch für Thüringen, angegebenen Verteilungen die tatsächliche Zusammensetzung widerspiegeln oder ob sie Ausdruck einer 'idealen', weitgehend der FDP-West entsprechenden Sozialstruktur sind, kann deshalb nicht entschieden werden. Genannt werden: 40% Mittelstand (Handwerker, Gewerbetreibende, Selbständige), 20% Angehörige sogenannter „technischer Intelligenz" (Fachkräfte, Führungsebene von Betrieben, Gesundheitswesen, Hochschulwesen), 15% Lehrer, 15% Rentner, 10% ohne Nennung.

Die Altersstruktur der FDP-Mitglieder in den neuen Landesverbänden zeigt einen deutlichen Schwerpunkt in den Altersstufen zwischen 31 und 50 Jahren, wobei jedoch auch die hohe Zahl der über 50jährigen Mitglieder auffällt. Hingegen sind die jungen Parteimitglieder deutlich unterrepräsentiert. Der Anteil von Frauen an den Mitgliedern der ostdeutschen Landesverbände lag 1995 bei 25 bis 28 Prozent. 1992 hatte er noch im Durchschnitt um ca. 4 Prozentpunkte höher gelegen.

---

14 Bochmann (1994: 44), Landesgeschäftsführer Sachsen vom Juli 1990 bis November 1993, nennt für Sachsen, bezogen auf das Jahr 1993, folgende Zahlen: 80% der Mitglieder aus der LDPD, 10% aus der NDPD, 10% aus der FDP-Ost bzw. DFP.
15 Allerdings gibt es keine Angaben darüber, ob und wieviele Neumitglieder die FDP seitdem schon wieder verlassen haben. – Die detaillierteste Aufstellung über Neueintritte konnte der Landesverband Brandenburg vorlegen. Danach sind für 1990 187 Neueintritte (davon 49 Frauen), für 1991 63 (16), für 1992 75 (11), für 1993 183 (39), für 1994 67 (16) und bis Ende Januar 1995 9 (3) Neueintritte zu verzeichnen.

6. Repräsentanz der neuen Landesverbände in der Gesamtpartei

Ein Gegenstand des Aushandelns im Prozeß der Parteienvereinigung war auch die Festlegung des Delegiertenschlüssels für den Hannoveraner Vereinigungsparteitag. Dabei war von einem Mitgliederstand von 180.000 für die Ost-Parteien ausgegangen und deren Delegiertenzahl auf 260 festgelegt worden. Davon erhielt der Bund Freier Demokraten 160, die FDP-Ost 55 und die Deutsche Forumpartei 54 Delegierte. Ihnen standen 402 Delegierte der FDP-West gegenüber, womit sich die Zahl der Delegierten im Vergleich zu früheren Parteitagen von 402 auf 662 Delegierte erweiterte. Der Delegiertenschlüssel berechnet sich nach Mitgliederzahl und Bundestagswahlergebnis der jeweiligen Landesverbände, bei der Festsetzung der Zahl der Delegierten aus den Parteien der DDR wurde das Ergebnis der Volkskammerwahl zugrunde gelegt.

Seit dem Vereinigungsparteitag ist die Gesamtzahl der Delegierten auf Bundesparteitagen noch nicht wieder reduziert worden. Ein solches Vorhaben wird zwar beabsichtigt, ließ sich aber bisher nicht umsetzen. Auf der Basis der 662 Delegierten für den gesamten Zeitraum von 1990 bis 1995 läßt sich aber eine abnehmende Repräsentanz der ostdeutschen Landesverbände auf Bundesparteitagen verdeutlichen. Die Zahl der Delegierten der ostdeutschen Landesverbände hat sich nahezu halbiert, Resultat sinkender Mitgliederzahlen und schlechter Wahlergebnisse.

Bei der Wahl des Vorstands auf dem Hannoveraner Vereinigungsparteitag im August 1990 wurden die ehemaligen und letzten Vorsitzenden von LDP, Rainer Ortleb, und FDP-Ost, Bruno Menzel, zu stellvertretenden Vorsitzenden gewählt. Als ein Beisitzer zum Präsidium wurde ein weiteres ehemaliges Mitglied der LDP, zu Beisitzern im Bundesvorstand wurden darüber hinaus insgesamt 15 Mitglieder der Parteien aus der DDR gewählt, unter ihnen ein ehemaliges Mitglied aus der Deutschen Forumpartei, zwei ehemalige Mitglieder aus der ehemaligen NDPD und der überwiegende Teil aus der ehemaligen LDP. Für die Amtsperioden der 1990 bzw. 1993 gewählten Vorstände ergibt sich für die Repräsentanz von Mitgliedern der ostdeutschen Landesverbände im Bundesvorstand der FDP ein Bild, das zunächst auf abnehmenden, dann aber wieder leicht ansteigenden Einfluß schließen läßt. Die Repräsentanz ostdeutscher Präsidiumsmitglieder verringerte sich zuletzt allerdings erheblich.

Drastisch reduziert hat sich die Repräsentanz der Mitglieder ostdeutscher Landesverbände in der Bundestagsfraktion der FDP. Kamen von 1990 bis 1994 noch 15 von insgesamt 79 Bundestagsabgeordneten aus den neuen

Die FDP: Entstehung und Entwicklung

Bundesländern[16], so reduzierte sich die Zahl nach der Bundestagswahl von 1994 auf ein Mitglied pro neuem Bundesland bei insgesamt 47 Bundestagsabgeordneten. Einen festen, institutionalisierten Kreis von Parlamentariern aus den ostdeutschen Ländern hat es innerhalb der FDP-Bundestagsfraktion im 12. Deutschen Bundestag nicht gegeben.

7. Politische Entwicklung und politisches Profil

Die Entwicklung der Landesverbände der FDP nach dem Vereinigungsparteitag vom August 1990 läßt sich in drei Phasen unterteilen. Der Konstituierungsphase im Jahr der Einheit, geprägt durch Parteienvereinigung und Beteiligung an den vier grundlegenden Wahlen (Volkskammerwahl, Kommunalwahlen, Landtagswahlen im Oktober und Bundestagswahl im Dezember 1990) folgte die von 1990 bis 1994 dauernde Zeit parlamentarischer und (bis auf Sachsen) gouvernmentaler Repräsentanz in den Ländern, bevor die zum Teil desaströsen Wahlniederlagen bei Landtags- und Bundestagswahlen 1994 zu einer Reorientierung der Politik und einer Reorganisation der Strukturen innerhalb der Landesverbände Anlaß gaben.[17]

Die Konstituierungsphase des Jahres 1990 stand eindeutig unter dem Vorzeichen der organisations- und personalpolitischen Zusammenführung der vier DDR-Parteien unter der Ägide des Managements der West-FDP. Die Überleitung der Organisations- und Infrastruktur vor allem von LDP und, in geringerem Maße, von NDPD und zugleich die Minimierung der Friktionen zwischen den beiden Blockparteien einerseits und diesen und den neugegründeten Parteien FDP-Ost und DFP andererseits bildeten die Prioritäten in dem sich beschleunigenden Prozeß der Herstellung staatlicher Einheit und waren erklärtermaßen die Erfolgsvoraussetzungen für die Landtags- und Bundestagswahlen. Diesen Imperativen ordneten sich programmatische Anstrengungen unter. Im wesentlichen wurde die Programmlage der westlichen FDP übernommen. Stand bei den Landtagswahlen noch der Weg zur Einheit, die Übernahme des freimarktwirtschaftlichen Systems und der politisch-institutionellen Ordnung im Vordergrund, so lag die politisch-programmatische Emphase im Bundestagswahlkampf auf den wirtschaftlichen

---

16 Mit Wolfgang Mischnick, langjähriger FDP-Fraktionsvorsitzender im Deutschen Bundestag, waren es 16 Bundestagsabgeordnete aus den neuen Bundesländern. Mischnick, der aus Dresden stammt, hatte 1990 bei der ersten gesamtdeutschen Bundestagswahl auf der Landesliste der sächsischen FDP kandidiert.
17 Eine ähnliche Phaseneinteilung nehmen Schiller/Weinbach (1995) in ihrem Forschungsbericht vor. Vgl. zur Situation der FDP in den neuen Bundesländern jetzt auch Vorländer 1995b.

Maßnahmen, die zur schnellen Herstellung gleicher Lebensverhältnisse und zur grundlegenden Modernisierung der ostdeutschen Wirtschaftsstrukturen führen sollten. Dabei unterschied sich die FDP, in West wie in Ost, von den konkurrierenden Parteien vor allem in der Betonung der freimarktwirtschaftlichen Instrumente und dem Versprechen, weder Steuern noch Abgaben zu erhöhen, vielmehr durch die Schaffung eines östlichen „Niedrigsteuergebietes" das notwendige Kapital, auch und insbesondere für mittelständische Existenzgründungen, anzuziehen.

Alle FDP-Landesverbände in den neuen Bundesländern vermochten sowohl bei den Landtagswahlen im Oktober wie auch bei der ersten gesamtdeutschen Bundestagswahl im Dezember 1990 zu reüssieren. Der FDP war auf Anhieb der Einzug in alle Landtage gelungen, vor allem in Sachsen-Anhalt mit 13,5% und in Thüringen mit 9,3% gelangen ihr weit überdurchschnittliche Ergebnisse. Und bei der Bundestagswahl konnte die FDP in den neuen Bundesländern mit 12,9% sogar gegenüber den Landtagswahlen noch 5,6 Prozentpunkte hinzugewinnen. Damit war eine gute Ausgangsvoraussetzung für die Konsolidierung der neuen Landesverbände gegeben. Und dort, wo die FDP die Chance der Regierungsteilhabe sah und sie zur Mehrheitsbildung gebraucht wurde, nahm sie, ganz den westlichen Vorbildern folgend, die Chance wahr. In Mecklenburg-Vorpommern, Thüringen und Sachsen-Anhalt bildete die FDP zusammen mit der CDU die Landesregierung, in Brandenburg kam es zur Bildung einer sogenannten „Ampel-Koalition" aus SPD, Bündnis 90 und FDP. Nur in Sachsen mußte die FDP die Oppositionsbänke im Landtag einnehmen.

Damit wurde die FDP in vier der fünf neuen Bundesländer zur Regierungspartei. Die FDP stellte in allen Landeskabinetten jeweils den Wirtschaftsminister und versuchte auf diese Weise, ihr Image als Partei der freien Marktwirtschaft und der ökonomischen Modernisierung auch personell zu verdeutlichen. Daneben suchte sie dort, wo sie den Wissenschaftsminister stellte (Brandenburg, Thüringen) und dort, wo sie für Umweltbelange verantwortlich zeichnete (Sachsen-Anhalt, Thüringen), auch ihren Gestaltungsanspruch außerhalb ihrer eigentlichen Domäne geltend zu machen. Ungewöhnlich erschien, daß die FDP in Mecklenburg-Vorpommern das Sozialministerium für sich beanspruchte.

Bemühungen, politisch-programmatische Eigenständigkeit über die gouvernementale Beteiligung zu gewinnen, wurden jedoch vielfach konterkariert durch Auseinandersetzungen innerhalb der einzelnen Landesverbände und Spannungen, die zwischen den Landesparteien und den Fraktionen in den jeweiligen Ländern zutage traten. Unruhe gab es in Landesverbänden und Fraktionen, weil sich hohe Funktionsträger dem Verdacht ausgesetzt sahen, entweder Mitarbeiter der DDR-Staatssicherheit gewesen zu sein oder doch zumindest ebensolche Kontakte unterhalten zu haben. So mußte bei-

Die FDP: Entstehung und Entwicklung 131

spielsweise der erste Vorsitzende der vereinigten FDP in Sachsen-Anhalt, Brunner, im Spätsommer 1991 wegen Stasi-Verdächtigungen sowohl als Vorsitzender der Partei wie auch als stellvertretender Ministerpräsident zurücktreten. Entscheidend für das gebrochene Erscheinungsbild der FDP in den Ländern waren vor allem aber die Spannungen, die aus richtungsideologischen und tagespolitischen Differenzen oder aus personellen Konflikten resultierten. Vor allem in Sachsen-Anhalt brachen die Konflikte nach dem Rücktritt des Landeskabinetts unter der Führung von Ministerpräsident Münch (CDU) mit aller Schärfe auf. Der nach dem Rücktritt Brunners gewählte Landesvorsitzende Kuhnert plädierte gegen den Widerstand der Landtagsfraktion für Neuwahlen. Der Streit eskalierte, und auch die Parteibasis verlangte den Rücktritt des Landesvorstandes. Dieser trat zurück, doch auf dem dritten außerordentlichen Parteitag in Halle wurde der bisherige Parteivorsitzende Kuhnert in einer Kampfabstimmung gegen den damals amtierenden Umweltminister Wolfgang Rauls (der aus der ehemaligen NDPD stammte) in seinem Amt bestätigt. Damit aber waren die Konflikte weder im Landesvorstand noch zwischen Fraktion und Parteiführung beigelegt. Der Parteivorsitzende verfolgte die Strategie einer eigenständigen Parteiprofilierung und setzte im Vorstand, allerdings erst eine Woche vor den Wahlen, eine Präferenz der FDP in Sachsen-Anhalt für eine neue Koalitionskonstellation aus SPD, Bündnis 90/Die Grünen und FDP durch.

Das Debakel bei der Landtagswahl am 26. Juni 1994, bei der die FDP nurmehr 3,6% im Vergleich zu 19,9% aus dem Jahre 1990 erhielt und alle Mandate im Landesparlament verlor, führte noch im gleichen Monat zum Rücktritt des Parteivorsitzenden. Der Landesverband wurde dann kommissarisch vom ehemaligen Vorsitzenden der FDP-Ost, Dr. Bruno Menzel aus Dessau, geführt. Auf dem um einen Monat vorgezogenen fünften ordentlichen Parteitag in Friedrichsbrunn am 25./26. März 1995 wurde dann eine neue Vorsitzende, Cornelia Pieper aus Halle, gewählt. Zuvor war das Begehren der Parteibasis, bereits auf dem vierten außerordentlichen Parteitag in Wittenberg eine neue Parteiführung zu wählen, gescheitert. Dieser Parteitag war einberufen worden, um Satzungsänderungen vorzunehmen, die, nach der verheerenden Wahlniederlage bei der Landtagswahl und den großen Verlusten bei der Bundestagswahl, eine Verringerung der Zahl der Delegierten und eine Verschlankung des Vorstandes herbeizuführen suchten. Die Enttäuschung schien bei der Parteibasis so stark zu sein, daß viele Delegierte zu dem Landesparteitag nicht anreisten und eine satzungsändernde Zwei-Drittel-Mehrheit nicht erreicht wurde.

Es können jedoch nicht allein diese Konflikte und vergleichbare Querelen in anderen Landesverbänden als Erklärungsfaktoren für das Scheitern der FDP in allen ostdeutschen Landtagswahlen des Jahres 1994 – und das schlechte Abschneiden bei der Bundestagswahl mit 3,6% in den neuen Bundesländern – herangezogen werden. Darüber hinaus gelang es den ostdeutschen Landesverbänden kaum, ein tragfähiges politisch-programmatisches Eigenprofil zu gewinnen, das ihnen den Rückhalt in der ostdeutschen Wahlbevölkerung hätte sichern können. Zwar schob sich im Laufe des Jahres 1994 neben wirtschafts- und umweltpolitischen Themen und der besonderen Hervorhebung der mittelstandsorientierten Politik vor allem das Thema der inneren Sicherheit, als Reaktion auf Kriminalitätsängste in der Bevölkerung, in den Vordergrund, doch wurde dieses Thema von allen Parteien belegt. Entscheidend war vielmehr das schlechte Erscheinungsbild der Gesamtpartei (Vorländer 1995 b: 258 ff.), das auf die neuen Landesverbände ausstrahlte und ihnen die Chance der Eigenprofilierung verstellte. Die Personalauseinandersetzungen in Bundespartei und Bundestagsfraktion verdichteten sich zu einem „schlechten Bild aus Bonn", und der Ruf von der „Partei der Besserverdienenden war in den neuen Ländern der k.o.-Schlag für eine bereits angeschlagene Partei"[18]. Der Euphorie der Vereinigung sei bei vielen eine Phase tiefer Enttäuschung gefolgt, und die FDP habe „offenbar wie keine andere demokratische Partei die Ostdeutschen enttäuscht". Die FDP-Landesverbände, die sich im Jahre 1995 ohne Repräsentanz in den Landesparlamenten wiederfinden, haben zur Begleitung der landespolitischen Arbeit (außer)parlamentarische Arbeitsgemeinschaften gebildet. Politisch-programmatisch wird nun der Versuch gemacht, in teilweiser Abgrenzung zur westdeutschen FDP, ein eigenes regionales ostdeutsches Profil zu gewinnen, um auf diese Weise von der kommunalen Basis her die Landesverbände, die politisch und personell auf Landesebene kaum noch präsent sind und sich mit ihren fünf Bundestagsabgeordneten auf der Bonner Bühne kaum Gehör verschaffen können, zu reorganisieren. Ob es der FDP in den neuen Bundesländern gelingt, sich am eigenen Schopfe aus dem Jammertal zu ziehen, ist indes eine sehr offene Frage.

Literatur

Ammer, T.: Die Parteien in der DDR und in den neuen Bundesländern. In: Mintzel, A./Oberreuter, H. (Hrsg.): Parteien in der Bundesrepublik Deutschland. Bonn: Bundeszentrale für politische Bildung, 2. akt. u. erw. Aufl. 1992, S. 421-481

Berndt, R.: Wiedervereinigung als Organisationsproblem. Organisationsprobleme und Organisationserfolge aus der Sicht der FDP. Ms. (unveröff.) 1990

---

18 Dieses und das folgende Zitat stammen aus einem Papier der Programmkommission des Vorstandes des Landesverbandes Thüringen für den Landesparteitag Ende April 1995 in Bad Langensalza mit dem Titel „Eine Zukunft mit den Liberalen. Grundpositionen der FDP-Thüringen" (zit.n. Schiller/Weinbach 1995: 51).

Berndt, R./Beerfeltz, H.-J.: Der liberale Wahlkampf in der DDR. Ms. (unveröff.) 1990

Berndt, R./Jansen, S.: Organisationsprobleme und Organisationserfolge aus der Sicht der FDP. In: Löbler, F./Schmid, J./Tiemann, H. (Hrsg.): Wiedervereinigung als Organisationsproblem. Gesamtdeutsche Zusammenschlüsse von Parteien und Verbänden, Bochum: Brockmeyer, 2. Aufl. 1992, S. 66-76

Bochmann, P.-A.: Strukturen in der F.D.P. Sachsen. In: Schmidt, J./Löbler, F./Tiemann, H. (Hrsg.): Organisationsstrukturen und Probleme von Parteien und Verbänden. Berichte aus den neuen Ländern. Marburg: Metropolis, 1994, S. 39-44

Friedrich-Naumann-Stiftung (Hrsg.): Parteien und Wahlbündnisse in der DDR. Programme und Statistiken. Ms. (unveröff.) 1990

Holtmann, E./Boll, B.: Sachsen-Anhalt. Eine politische Landeskunde. Magdeburg: Landeszentrale für Politische Bildung des Landes Sachsen-Anhalt, 1995

Höhne, R.: Von der Wende bis zum Ende: Die NDPD während des Demokratisierungsprozesses. In: Niedermayer, O./Stöss, R. (Hrsg.): Parteien und Wähler im Umbruch. Parteiensystem und Wählerverhalten in der ehemaligen DDR und den neuen Bundesländern. Opladen: Westdeutscher Verlag, 1994, S. 113-142

Pfau, T.: Aspekte der Entwicklung liberaler Kräfte in der DDR vom Herbst 1989 bis zum Herbst 1990. In: Niedermayer, O./Stöss, R. (Hrsg.): Parteien und Wähler im Umbruch. Parteiensystem und Wählerverhalten in der ehemaligen DDR und den neuen Bundesländern. Opladen: Westdeutscher Verlag, 1994, S. 105-112

Schiller, T./Weinbach, K.: Die FDP in den neuen Bundesländern – Entstehung und Entwicklung an den Beispielen Thüringen und Mecklenburg-Vorpommern. KSPW-Forschungsbericht (unveröff.) 1995

Søe, Ch.: Unity and Victory for the German Liberals: Little Party, What Now? In: Dalton, R. (Hrsg.): The New Germany Votes. Unification and the Creation of the New German Party System. Providence/Oxford: Berg, 1993, S. 99-133

Vorländer, H.: Die Freie Demokratische Partei. In: Mintzel, A./Oberreuter, H. (Hrsg.): Parteien in der Bundesrepublik Deutschland. Bonn: Bundeszentrale für politische Bildung, 2. akt. u. erw. Aufl. 1992a, S. 266-318

Vorländer, H. : Die FDP nach der deutschen Vereinigung. In: Aus Politik und Zeitgeschichte B5(1992b), S. 14-20

Vorländer, H.: Die FDP in den neuen Bundesländern. Entstehung und Entwicklung. KSPW-Forschungsbericht (unveröff.) 1995a

Vorländer, H.: Die FDP nach der Bundestagswahl 1994. In: Hirscher, G. (Hrsg.): Parteiendemokratie zwischen Kontinuität und Wandel. Die deutschen Parteien nach den Wahlen 1994. München: Hanns-Seidel-Stiftung, 1995b, S. 243-265

Weilemann, P. R./ Meyer zu Natrup, F. B./Bulla, M./Pfeiler, W./Schüller, U.: Parteien im Aufbruch. Nichtkommunistische Parteien und politische Vereinigungen in der DDR. Melle: Knoth, 1990

Die FDP: Wahlen und Wähler

Theo Schiller/Kerstin Weinbach

Die Wahlentwicklung der FDP in den neuen Bundesländern von 1990 bis 1994 nahm einen extremen Verlauf, denn nach anfänglichen Spitzenergebnissen erfolgte 1994 ein steiler Absturz, der die Vertretung in allen Landtagen kostete. Als Hauptmerkmale dieser Entwicklung sind hervorzuheben:

- Bei den Landtags- und Bundestagswahlen des Einheitsjahres 1990 konnte die FDP in den neuen Ländern sehr hohe Wahlergebnisse erzielen, 1994 fiel sie jedoch aus allen Landtagen und blieb auch bei der Bundestagswahl in allen ostdeutschen Ländern unter 5 Prozent der Zweitstimmen.
- Bei den Wahlen 1990 waren zwischen den einzelnen Ländern starke Unterschiede zu verzeichnen, die durch die Niederlagen 1994 weitgehend nivelliert wurden.
- Bei den Kommunalwahlen fällt auch im Vergleich 1990/1994 gegenüber den Landtags- und Bundestagsergebnissen eine erstaunliche Stabilität auf.
- Innerhalb der einzelnen Bundesländer gab es starke regionale Unterschiede der FDP-Ergebnisse, die z.T. auch noch 1994 sichtbar sind.[1]

1. Landtags- und Bundestagswahlen 1990/1994

Bei den Landtagswahlen im Oktober 1990 war der FDP in allen neuen Bundesländern der Einzug in die Landtage gelungen. In Sachsen-Anhalt, Thüringen und Mecklenburg-Vorpommern konnte sie mit der CDU die Landesregierung bilden, in Brandenburg mit SPD und Bündnis 90. Bei der Bundestagswahl im Dezember 1990 erzielte sie in drei Ländern Spitzenergebnis-

---

1   Grundlage dieses Kapitels sind die Forschungsberichte Schiller/Weinbach 1995 (für Thüringen und Mecklenburg-Vorpommern) und Vorländer 1995a (für Sachsen, Sachsen-Anhalt und Brandenburg).

se zwischen 12 und 20 Prozent, in den beiden anderen ebenfalls knapp 10 Prozent.

Tabelle 1: Wahlergebnisse der FDP 1990 (in Prozent)

Land	VKW 90	KW 90	LTW 90	BTW 90
Sachs.-Anhalt	7,7	10,7	13,5	19,7
Thüringen	5,0	7,7	9,3	14,6
Sachsen	5,7	7,5	5,3	12,4
Brandenburg	4,7	6,0	6,6	9,7
Meckl.-Vorp.	3,6	6,4	5,5	9,2

Bei der VKW 90 kandidierte ein Wahlbündnis aus LDP, DFP und FDP-O, und die NDPD trat alleine an. Bei der KW 90 kandidierten NDPD und LDP als „BFD", DFP sowie FDP-O traten jeweils alleine an.

Bei den Landtagswahlen und der Bundestagswahl 1994 stürzte die FDP jedoch überall in Ostdeutschland unter die Fünf-Prozent-Grenze ab, wobei in den Ländern mit den höchsten Ergebnissen 1990 in etwa auch die höchsten Verluste eintraten. Die Anteile bei der Bundestagswahl 1994 lagen nur noch wenig höher als bei den Landtagswahlen.

Tabelle 2: LTW 90/94 und BTW 90/94 im Vergleich (in Prozent)

Land	LT 90	LT 94	Verluste	BT 90	BT 94	Verluste
Sachs.-Anhalt	13,5	3,6	- 9,9	19,7	4,1	- 15,4
Thüringen	9,3	3,2	- 6,1	14,6	4,1	- 10,4
Sachsen	5,3	1,7	- 3,6	12,4	3,8	- 8,6
Brandenburg	6,6	2,2	- 4,4	9,7	2,6	- 7,1
Meckl.-Vorp.	5,5	3,8	- 1,7	9,2	3,4	- 5,7

Während bei der Bundestagswahl 1990 (Gesamtergebnis: 11 Prozent) die ostdeutschen Resultate mit 12,9 Prozent deutlich über dem Niveau der alten Bundesländer (10,6 Prozent) lagen, blieb Ostdeutschland 1994 mit 3,5 Prozent weit hinter dem Bundesdurchschnitt (6,9 Prozent) zurück (Schultze 1995: 333). Die starken Verluste in den neuen Ländern spiegeln zum einen die bundesweite Abstiegstendenz der FDP seit 1993 wider, die aus den Führungsproblemen nach dem Rückzug Genschers und den Programm- und Funktionsschwächen bei der wirtschaftlichen Bewältigung der deutschen Einheit resultierte (Vorländer 1995b). Zum anderen schlug in den neuen Bundesländern gerade für die FDP als Partei mit besonderem wirtschaftspolitischem Kompetenzanspruch in der Systemumstellung die Enttäuschung der wirtschaftlichen Erwartungen gravierend negativ zu Buche. Die fatale Selbstkennzeichnung als „Partei der Besserverdienenden" wurde offenbar in Ostdeutschland angesichts der strukturellen Einkommensunterschiede zwischen Ost und West exemplarisch als pauschale Diskriminierung und Aus-

Die FDP: Wahlen und Wähler   137

grenzung erlebt. Dieser bundespolitische Gesamttrend wurde von den Wählerinnen und Wählern dann wohl weitgehend auch auf die Beurteilung der Landespolitik der FDP und ihre Mitwirkung in Koalitionsregierungen übertragen.

Die in den alten Bundesländern so bedeutsamen Gesichtspunkte der Regierungsbeteiligung und der Koalitionsfunktion gewannen in Ostdeutschland nicht die im Westen übliche Zugkraft. Bei den Landtagswahlen in den einzelnen Bundesländern mögen dafür spezifische Konstellationen der Regierungsbildung verantwortlich sein, so z.B. der Strategiekonflikt in der FDP Sachsen-Anhalt oder die vorherige (und wieder erfolgreiche) Alleinregierung der CDU in Sachsen. Aber auch die klassische „Bestätigungs"-Konstellation für die CDU/FDP-Regierungskoalitionen in Thüringen und in Mecklenburg-Vorpommern reichte nur für 3,2 bzw. 3,8 Prozent, aber nicht für das Überspringen der Fünf-Prozent-Klausel aus. Das für die FDP typische „Funktionswahl"-Verhalten bei den Wählerinnen und Wählern war offensichtlich in Ostdeutschland nicht nachhaltig verankert. Die „Einheits-Wahl" vom Dezember 1990 trägt daher rückblickend alle Merkmale einer Ausnahmewahl, die nicht in die Normalsituation des schwierigen Einigungsprozesses übertragen werden konnte.

Die Wahlverluste bei der Bundestags- und den Landtagswahlen führten zum Ausscheiden der FDP aus allen ostdeutschen Landtagen (1995 auch in Berlin) und zur Dezimierung der Zahl der Bundestagsabgeordneten. Waren 1990 – 1994 noch 16 (der insgesamt 79) Mitglieder der Bundestagsfraktion aus den neuen Bundesländern, fiel diese Zahl 1994 auf 5 (von 47): aus jedem ostdeutschen Land ein MdB.

2. Unterschiede zwischen den neuen Bundesländern

Die von der FDP in den neuen Bundesländern anfänglich bei den Landtags- und Bundestagswahlen erzielten hohen Wahlergebnisse differierten zwischen den Ländern erheblich. Die höchsten Werte wurden jeweils in Sachsen-Anhalt erreicht (13,5 bzw. 19,7 Prozent), während die niedrigsten Ergebnisse in Mecklenburg-Vorpommern mit 5,5 bzw. 9,2 Prozent weit darunter lagen (vgl. Tab. 1). Im Wahljahr 1994 wurden diese starken Differenzen weitgehend eingeebnet, mußte die FDP doch in allen ostdeutschen Ländern bei den Landtags- und Bundestagswahlen spektakuläre Wahlniederlagen hinnehmen (vgl. Tab. 2).

Für das unterschiedliche Abschneiden der FDP in den verschiedenen östlichen Bundesländern liegen bisher keine überprüften Erklärungen vor. Der auch in den Medien verbreitete Hinweis auf das besondere Engagement

Hans-Dietrich Genschers in Sachsen-Anhalt und besonders Halle ist nur regional einschlägig. Denkbar wäre darüber hinaus eine unterschiedlich starke Wahlunterstützung aus den alten Bundesländern, wobei Thüringen z.B. von Hessen, Bayern und Rheinland-Pfalz profitieren konnte; doch solche Effekte sind nicht mehr überprüfbar.

Interessant ist die Frage, ob parteipolitische Traditionen langfristig auch nach 40 Jahren DDR noch fortwirken; angesichts der Fehleinschätzungen über die Wahlchancen der Sozialdemokraten in Sachsen und Thüringen aufgrund ihrer früheren Stärke in diesen Ländern ist freilich Vorsicht geboten. Immerhin fällt an den eklatanten Niveauunterschieden der FDP-Wahlergebnisse (Landtage und Bundestag) zwischen Mecklenburg-Vorpommern und den Ländern Sachsen-Anhalt, Thüringen und Sachsen auf, daß sie durchaus Ähnlichkeiten mit der regionalen Stärke der LDP zwischen 1945 und 1949 zeigen:

Tabelle 3: Wahlergebnisse und Mitgliederbestände der LDP 1946/47 im Vergleich der SBZ-Länder

	Gemeindewahlen Sept. 1946 (%)	Landtagswahlen Okt. 1946 (%)	Mitglieder (Stand: Dez. 1947)
Sachsen-Anhalt	23,3	29,9	51.615
Thüringen	25,7	28,5	39.705
Sachsen	22,4	24,7	68.568
Brandenburg	17,4	20,6	15.415
Mecklenb.-Vorp.	10,5	12,5	7.293

Quelle: Weber 1982, Tab. 25 (S. 534) und Tab. 39 (S. 553)

Die Wahlergebnisse 1946 in Sachsen-Anhalt und Thüringen waren demnach um ein Mehrfaches höher als in Mecklenburg-Vorpommern, ebenso die Mitgliedszahlen (in Sachsen-Anhalt stellte die LDP seit Herbst 1946 den Ministerpräsidenten). Von einer Traditionswirkung könnte man am ehesten dann ausgehen, wenn in Ländern wie Thüringen und Sachsen-Anhalt die LDPD und die NDPD als DDR-Blockparteien bis 1989 kontinuierlich eine deutlich größere Organisationsstärke repräsentiert hätten. Einzelne örtliche Indizien (z.B. Jena) deuten in diese Richtung.

In Frage kommen ebenfalls wirtschafts- und sozialstrukturelle Überlegungen, die eine Begünstigung der FDP (und vorher der LDPD) durch eine gewerblich-handwerkliche Struktur in den südlichen Landesteilen nahelegen, während traditionell großagrarische Strukturen in Mecklenburg-Vorpommern eher andere Parteien begünstigten. Auch könnte die regionale Häufung bestimmter Berufs- und Ausbildungsstrukturen in der ehemaligen DDR Nachwirkungen haben, z.B. der hohe Akademikeranteil im Zeiss-Kombinat in Jena.

Die FDP: Wahlen und Wähler 139

3. Relative Stabilität bei den Kommunalwahlen

Die massiven Einbrüche bei den überregionalen Wahlen 1994 lassen allerdings leicht übersehen, daß die Partei bei den Kommunalwahlen in Ostdeutschland wesentlich mehr Stabilität aufweist. In allen fünf neuen Bundesländern konnte sie nämlich bei den Kommunalwahlen im Juni 1994 bzw. in Brandenburg bereits im Dezember 1993 im Landesdurchschnitt über 5 Prozent erzielen. Damit zeigt sich in Ostdeutschland eine für die FDP im Vergleich zu den alten Bundesländern atypische Situation: Die kommunale Wählerbasis zeigt ein höheres Niveau und eine größere Stabilität als die Wählerunterstützung bei Bundestags- oder Landtagswahlen. Demgegenüber ist bislang in den westlichen Bundesländern in der Regel eine schwache kommunalpolitische Basis und (insbesondere) bei Bundestagswahlen eine erheblich über diesem Niveau liegende Mobilisierungsfähigkeit festzustellen.

Tabelle 4: Kommunalwahlergebnisse im Vergleich (in Prozent)

Land	KW 90	KW 93/94	Differenz
Sachsen-Anhalt	10,7	7,9	- 2,8
Thüringen	7,7	6,2	- 1,5
Sachsen	7,5	6,3	- 1,2
Brandenburg	6,0	7,1	+ 1,1
Meckl.-Vorp.	6,4	5,4	- 1,0

Gegenüber der Kommunalwahl 1990, die parteiorganisatorisch allerdings noch unter etwas anderen Bedingungen stattfand[2], mußte die FDP zwar ebenfalls Stimmenverluste hinnehmen, jedoch in weit geringerem Maße als im Vergleich der Landtags- oder der Bundestagswahlen zwischen 1990 und 1994: Über 2 Prozent lagen die Verluste bei der Kommunalwahl nur in Sachsen-Anhalt (minus 2,8 Prozent), während in Brandenburg gegenüber 1990 sogar ein Zuwachs von 1,1 Prozent erzielt wurde[3]. Mit Ausnahme von Mecklenburg-Vorpommern, wo sich die Verluste bei den Landtagswahlen (bei niedrigem Ausgangsniveau) mit 1,7 Prozent einigermaßen in Grenzen hielten und damit nur wenig höher ausfielen als die bei den Kommunalwahlen, waren in den neuen Bundesländern die Verluste bei den Landtagswah-

---

2   vgl. die Angaben zu Tabelle 1.
3   Da in Brandenburg die Kommunalwahlen nicht wie in den anderen neuen Bundesländern Mitte 1994, sondern bereits Ende des Jahres 1993 stattfanden, könnte für dieses Ergebnis auch noch eine andere gesamtpolitische „Großwetterlage" zumindest mitverantwortlich sein.

len drei- bis viermal höher als bei den Kommunalwahlen, und bei den Bundestagswahlen lagen sie sogar noch weit darüber.

Zur Erklärung der relativen Stabilität der FDP auf kommunaler Ebene kommen als Spezifika dieser Politikebene im Unterschied zur Landes- und Bundespolitik vor allem zwei mögliche Faktoren in Frage:

- die Rolle von Persönlichkeiten und die Nähe zwischen politischen Repräsentanten und Wählern in der lokalen Politik;
- ideologisch-programmatische Differenzierungen zwischen der kommunalen und der überregionalen Politik der FDP.

Persönlichkeitsfaktoren könnten sich daran zeigen, daß es je nach Auftreten „profilierter" Persönlichkeiten örtlich zu stark unterschiedlichen FDP-Wahlergebnissen kommt, die mit anderen strukturellen Faktoren (z.B. lokalen Traditionen, wirtschaftsstrukturellen Merkmalen oder bestimmten Berufs- oder Sozialstrukturen) nicht erklärt werden können. Die Wirksamkeit solcher Personalisierungsmechanismen in Ostdeutschland wird durch ähnliche Effekte bei den Landtagswahlen 1994 in zwei Ländern nahegelegt (Stolpe und Biedenkopf als Ministerpräsidenten; Schmitt 1995). Auch bei der Bundestagswahl 1990 dürften diese Personalisierungsfaktoren in Ostdeutschland zugunsten von Kohl und Genscher wirksam geworden sein.

Ideologisch-programmatische Differenzen zwischen den Politikebenen im Erscheinungsbild oder in der Wahrnehmung sind im Fall der FDP denkbar, wenn Personen oder Programme in der Kommunalpolitik andere Interessen oder Werte repräsentieren als die Partei auf Landes- oder Bundesebene. Die spezifische Relevanz der kommunalen Politik- und Verwaltungsebene kann verstärkend hinzutreten.

Vertrauen in politische Persönlichkeiten in Verbindung mit starker Relevanz der Kommunalpolitik kann durchaus dazu führen, daß Bürger bzw. Wähler die verschiedenen Politikebenen differenziert wahrnehmen und bewerten. Wenn eine Partei (hier die FDP) in der Anfangsphase eine gewisse Präsenz erreicht hat, besteht insofern eine Chance der Verfestigung, insbesondere mit der Übernahme repräsentativer Ämter (Bürgermeister- oder Landratspositionen), was der FDP in den neuen Bundesländern relativ häufig gelungen ist. Für die neuen Bundesländer ist im übrigen oft auf die in der Wendeperiode stark ausgeprägte Neigung zu sachorientierten Verhandlungen an „runden Tischen" hingewiesen worden, also eine Distanz zu Ideologien aller Art und eine Präferenz für persönliche Glaubwürdigkeit und Überzeugungskraft. Die FDP und ihre Vorläuferparteien haben „liberale" Politik oft betont als un- bzw. antiideologisch präsentiert und damit in dieser Phase auf lokaler Ebene den Nerv der Zeit getroffen.

Für die landes- und bundespolitische Ebene hingegen reduziert sich bei kleineren Parteien die Repräsentationsbeziehung zwischen Bürgern und

Die FDP: Wahlen und Wähler 141

Parteirepräsentanten weitgehend auf die distanzierteren Formen der Massenkommunikation, da gewählte Vertreter nur in wenigen Wahlkreisen persönlich verankert sein können. Unter diesen Umständen gewinnt einerseits die überregionale Personalisierungsfähigkeit einer Partei, andererseits das ideologisch-programmatische „Parteienimage" eine wesentlich größere und auch risikoreichere Bedeutung. Mit dem Ende der Ära Genscher und Lambsdorff war bundespolitisch die Personalisierungsfähigkeit weitgehend erschöpft, auf Landesebene konnten vergleichbare Profile in Ostdeutschland nicht aufgebaut werden. Ideologisch-programmatisch war offenbar dieser Verlust nicht aufzufangen

4. Regionale Unterschiede innerhalb der ostdeutschen Länder

Auch innerhalb der einzelnen Länder in Ostdeutschland findet sich eine relativ starke regionale Differenzierung der FDP-Stimmanteile, die bei den Landtags- und Bundestagswahlen von 1990 mit ihrem hohen Ergebnisniveau freilich deutlicher ausgeprägt war als nach den nivellierenden Niederlagen von 1994. Die für die FDP wesentlich günstigeren Kommunalwahlen von 1993/1994 lassen solche regionalen Unterschiede noch recht gut erkennen. Am bekanntesten als anfängliche Hochburg wurde durch den besonderen Einsatz Genschers die Stadt Halle (Sachsen-Anhalt) mit einem Bundestagsergebnis 1990 von 34,1 Prozent und dem einzigen Direktmandat der FDP bundesweit (Uwe Lühr). Nach dem höchsten Verlust von 27,9 Prozent zum Bundestag 1994 blieb mit 6,2 Prozent immerhin noch eines der „besten" Ergebnisse in Ostdeutschland.

Beispielhaft soll die regionale Differenzierung der FDP-Stimmanteile hier an den Bundesländern Thüringen und Sachsen-Anhalt detaillierter dargestellt werden. Insgesamt zeigt die Wahlentwicklung in Thüringen und Sachsen-Anhalt seit 1990 das auch in den anderen ostdeutschen Bundesländern anzutreffende Bild, daß auf die erstaunlich guten Ergebnisse der überregionalen Wahlen von 1990 Niveaueinbrüche auf ca. ein Drittel der damaligen Werte folgte. Demgegenüber konnte die FDP bei den Kommunalwahlen im Landesdurchschnitt jeweils wesentlich bessere Ergebnisse verbuchen als bei den überregionalen Wahlen.

Tabelle 5: Wahlergebnisse der FDP in Thüringen nach Kreisen (in Prozent)

Kreis	KW 90	KW 94	Diff.	LW 90	LW 94	Diff.	BW 90	BW 94	Diff.	EW 94
Eichsfeld	7,0	4,7	- 2,3	6,2	2,7	- 3,5	10,9	3,5	- 7,4	3,3
Nordhausen	4,9	5,6	+ 0,7	9,3	2,3	- 7,0	14,4	3,3	- 11,1	3,6
Wartbg.-Kr.	4,8	4,1	- 0,7	7,9	3,1	- 4,8	13,6	3,7	- 9,9	3,8
Unstr.-Hain.	8,3	7,2	- 1,1	9,4	3,3	- 6,1	14,0	3,9	- 10,1	4,6
Kyffhäuser	9,2	4,9	- 4,3	9,2	3,0	- 6,2	14,2	3,4	- 10,8	4,7
Schmalk.-M	10,4	5,2	- 5,2	9,3	3,5	- 5,8	14,0	4,3	- 9,7	4,4
Gotha	6,6	5,6	- 1,0	9,9	3,2	- 6,4	15,1	4,0	- 11,1	4,7
Sömmerda	7,1	8,4	+ 1,3	9,3	3,4	- 5,9	14,6	4,3	- 10,3	5,4
Hildburgh.	13,6	13,3	- 0,3	9,8	4,8	- 5,0	14,4	5,3	- 9,1	6,3
Weimar-L.	12,4	9,4	- 3,0	11,8	4,3	- 7,5	17,5	5,1	- 12,4	5,8
Sonneberg	6,3	9,4	+ 3,1	8,2	3,9	- 4,3	15,3	4,6	- 10,7	4,9
Schwarza	8,5	5,9	- 2,6	8,8	3,3	- 5,5	14,2	4,3	- 9,9	4,6
Saale-Holzl.	17,5	10,7	- 6,8	11,1	3,9	- 7,2	16,3	5,5	- 10,8	6,1
Saale-Orla	11,1	7,3	- 3,8	8,8	3,8	- 5,0	14,3	5,1	- 9,2	4,7
Greiz	7,4	4,2	- 3,2	10,0	3,1	- 6,9	15,3	4,4	- 10,9	4,0
Altenbg.-L.	7,6	3,7	- 3,9	8,0	2,7	- 5,3	14,1	3,6	- 10,5	3,2
Ilm	6,4	4,8	- 1,6	8,3	2,6	- 5,7	13,7	3,5	- 10,2	3,8
Erfurt	4,6	3,7	- 0,9	8,7	2,5	- 6,2	14,4	3,4	- 11,0	2,9
Gera	2,8	2,8	+/- 0	9,0	2,6	- 6,4	14,0	3,8	- 10,2	2,9
Jena	7,2	13,7	+ 6,5	12,3	4,0	- 8,3	18,1	6,6	- 11,5	5,4
Suhl	4,5	2,8	- 1,7	10,3	2,3	- 8,0	15,3	3,1	- 12,2	3,1
Weimar	9,5	7,8	- 1,7	12,8	4,3	- 8,5	18,9	4,5	- 14,4	4,2
Thür. insg.	7,7	6,2	- 1,5	9,3	3,2	- 6,1	14,6	4,1	- 10,5	4,3

Kreiseinteilung nach der Gebietsreform von 1994. Bei der KW 90 noch nicht (gesamtdeutsche) FDP, sondern getrennte Kandidaturen von BFD, FDP-O und DFP.

Tabelle 5 zeigt zunächst die Verteilung der FDP-Stimmanteile nach Kreisen in Thüringen. Die regionale Stimmenverteilung bei der Landtagswahl 1994 ergibt, daß die FDP hier in keinem der Kreise mehr als 5 Prozent erreicht hat (höchstes Ergebnis: Hildburghausen mit 4,8 Prozent). Die Ergebnisse in 19 von 22 Kreisen schwanken um nur ein Prozent um den Landesdurchschnitt (von 3,2 Prozent), einschließlich der niedrigsten Werte (je 2,3 Prozent in Suhl und Nordhausen). Auch bei der Bundestagswahl 1994 gab es eine ähnlich homogene regionale Verteilung, mit 19 von 22 Kreisen in der Bandbreite von ein Prozent über oder unter dem Landesdurchschnitt von 4,1 Prozent (3 Kreise höher als 5,1 Prozent; höchster Wert: 6,6 Prozent in Jena). Auf dem sehr viel höheren Niveau von 14,6 Prozent im Landesdurchschnitt hatten auch bei der Bundestagswahl 1990 die Werte der meisten Kreise (16) in dieser Schwankungsbreite von plus-minus ein Prozent gelegen. Nur der jetzige Kreis Eichsfeld lag mit 10,9 Prozent unter diesem Niveau, die Städte Weimar (18,9 Prozent) und Jena (18,1 Prozent) sowie die Kreise Weimar-Land (17,5 Prozent) und Saale-Holzland (16,3 Prozent) ragten als Hochburgen heraus. Eine ähnliche Verteilung läßt sich an der Landtagswahl 1990 um den Landesdurchschnitt von 9,3 Prozent ablesen.

Betrachtet man nun die Kommunalwahlen 1990 und 1994, so fällt eine viel breitere Streuung der FDP-Wahlergebnisse auf. Bei einem Landesdurchschnitt 1994 von 6,2 Prozent wurden in fünf Kreisen Ergebnisse zwischen 9,4 und 13,7 Prozent erreicht (Spitzenreiter: Jena mit 13,7 Prozent und Hildburghausen mit 13,3 Prozent), während andererseits in sechs Kreisen nur zwischen 4,2 und 2,8 Prozent für die FDP votierten (am wenigsten in Gera und Suhl jeweils mit 2,8 Prozent). Diese wesentlich breitere Streuung der Kommunalwahlergebnisse deutet sehr viel klarer auf strukturelle Faktoren der Wählersympathien für die FDP hin, als das bei den geringen Streubreiten in den überregionalen Wahlen erkennbar ist.

Dies wird durch die erstaunliche Kontinuität im Vergleich zur Kommunalwahl 1990 unterstrichen, denn die meisten dieser Hochburgen wiesen schon damals überdurchschnittliche Resultate auf. Nur in Jena, Sömmerda und Sonneberg kam es zu einer Steigerung von einer unterdurchschnittlichen zu einer deutlich überdurchschnittlichen Position. In einigen Kreisen mit hohen Ergebnissen 1990 gab es 1994 einen kräftigen Abstieg, z.B. Schmalkalden-Meiningen (10,4 auf 5,2 Prozent), Kyffhäuser (von 9,2 auf 4,9 Prozent) oder Schwarza (von 8,5 auf 5,9 Prozent). Eine kontinuierlich schwache Position findet sich in den Kreisen Wartburg, Ilm und den drei früheren Bezirksstädten Erfurt, Gera und Suhl, in der Tendenz auch in den Kreisen Eichsfeld, Nordhausen, Gotha, Greiz und Altenburg-Land. Diese strukturellen Stärken und Schwächen werden bestätigt, wenn man (auf deutlich niedrigerem Niveau) die Ergebnisse der Landtags- und der Bundestagswahl 1994 heranzieht. In den kommunalen Hochburgen wurden hier durchgängig leicht überdurchschnittliche Ergebnisse erzielt, während die schwächeren Kreise auch bei den überregionalen Wahlen in der Regel unter dem Landesdurchschnitt lagen.

Für Sachsen-Anhalt zeigt sich ein ähnliches Bild (Vorländer 1995a, Plöhn 1995). Die Verluste bei den Wahlen insgesamt sind zwar durchweg höher als in Thüringen, dabei liegt aber immer ein höheres Ausgangsniveau zugrunde. So hat bei den Wahlen 1994 eine gewisse Angleichung der FDP-Stimmanteile der beiden Länder stattgefunden, eine größere Differenz läßt sich nur noch auf kommunalen Ebene feststellen, auf der Sachsen-Anhalt immerhin noch um 1,7 Prozent vor Thüringen liegt.

Die regionale Stimmenverteilung der FDP in Sachsen-Anhalt bei den überregionalen Wahlen 1994 erweist sich als weniger homogen als in Thüringen. Auch bei der Landtags- und Bundestagswahl zeigt sich hier eine ähnliche Streubreite wie bei den Kommunalwahlen, zwischen 1,8 (Magdeburg) und 7,1 Prozent (Merseburg-Querfurt) bei der Landtagswahl und zwischen 2,6 (Magdeburg) und 7,4 Prozent (Saalkreis) bei der Bundestagswahl.

Betrachtet man die Differenzen der Wahlergebnisse von 1990 und 1994 genauer, ist festzustellen, daß auffallend hohe Verluste vor allem bei den

FDP-„Hochburgen" zu verzeichnen sind, wie etwa in Halle und im Saalkreis bei den überregionalen Wahlen oder in Dessau und Sangershausen bei den Kommunalwahlen. Demgegenüber treten deutlich unterdurchschnittliche Verluste – oder, wie in Schönebeck und Wernigerode bei den Kommunalwahlen, sogar ein kleiner Zugewinn – vor allem in den ohnehin FDP-schwachen Kreisen auf. Die Verteilung der Hoch- und Tiefburgen der FDP in Sachsen-Anhalt hat sich daher in den vier Jahren nicht entscheidend verändert, wohl aber haben sich die Werte insgesamt auf ein niedrigeres Niveau verschoben und einander angenähert.

Tabelle 6: Wahlergebnisse der FDP in Sachsen-Anhalt nach Kreisen (in Prozent)

Kreis	KW 90	KW 94	Diff.	LW 90	LW 94	Diff.	BW 90	BW 94	Diff.	EP 94
Anh.-Zerbst	12,6	9,2	- 3,4	11,5	3,6	- 7,9	19,5	4,6	- 14,9	5,0
Asch.-Staßf.	11,1	10,4	- 0,7	12,3	3,2	- 9,1	16,4	3,5	- 12,9	4,7
Bernburg	11,9	11,3	- 0,6	14,2	3,5	- 10,7	20,9	3,9	- 17,0	5,7
Bitterfeld	9,7	7,7	- 2,0	13,9	3,9	- 10,0	22,5	4,2	- 18,3	5,0
Bördekreis	10,6	8,5	- 2,1	9,8	2,3	- 7,5	13,8	3,1	- 10,7	3,6
Burgenl.kr.	13,6	8,8	- 4,8	16,0	4,1	- 11,9	22,2	4,7	- 17,5	5,6
Halberstadt	6,0	5,8	- 0,2	11,6	4,7	- 6,9	16,4	3,1	- 13,3	3,3
Jerich. Land	7,4	7,3	- 0,1	9,5	2,6	- 6,9	17,0	3,1	- 13,9	3,7
Köthen	9,1	8,4	- 0,7	12,9	2,9	- 10,0	17,9	3,8	- 14,1	4,0
Mansf. Land	9,5	6,8	- 2,7	13,9	3,4	- 10,5	18,5	3,8	- 14,7	3,8
Mers.-Querf.	13,0	10,2	- 2,8	15,9	7,1	- 8,8	22,2	5,4	- 16,8	6,7
Ohrekreis	14,8	6,1	- 8,7	9,2	2,7	- 6,5	13,7	3,0	- 10,7	3,9
Quedlinburg	11,7	11,0	- 0,7	12,2	4,0	- 8,2	19,0	4,1	- 14,9	5,3
Saalkreis	21,2	18,9	- 2,3	20,3	6,3	- 14,0	29,1	7,4	- 21,7	8,3
Sangershsn.	19,1	9,0	- 10,1	14,7	5,5	- 9,2	20,4	4,7	- 15,7	5,8
Schönebeck	7,7	8,7	+ 1,0	9,5	2,4	- 7,1	14,7	3,0	- 11,7	3,5
Stendal	8,0	5,4	- 2,6	11,0	2,4	- 8,6	15,5	2,8	- 12,7	3,7
Weißenfels	7,3	6,2	- 1,1	14,7	3,6	- 11,1	18,5	3,7	- 14,8	4,3
Werniger.	6,0	6,7	+ 0,7	11,0	2,6	- 8,4	17,9	3,3	- 14,6	3,8
Wittenberg	12,2	6,7	- 5,5	12,8	3,7	- 9,1	19,7	4,1	- 15,6	5,0
Salzwedel	9,4	7,5	- 1,9	8,3	2,4	- 5,9	14,4	3,3	- 11,1	4,1
Magdeburg	4,5	3,9	- 0,6	8,0	1,8	- 6,2	12,9	2,6	- 10,3	2,6
Halle	11,3	9,0	- 2,3	23,4	4,6	- 18,8	34,1	6,2	- 27,9	7,1
Dessau	20,8	8,1	- 12,7	16,5	4,3	- 12,2	22,4	5,2	- 17,2	4,8
Sa-A insg.	10,7	7,9	- 2,8	13,5	3,6	- 9,9	19,7	4,1	- 15,6	4,7

Kreiseinteilung nach der Gebietsreform von 1994. Bei der KW 90 noch nicht (gesamtdeutsche) FDP, sondern getrennte Kandidaturen von BFD, FDP-O und DFP.

„Durchgängige" Hochburg der FDP auf allen Wahlebenen ist in Sachsen-Anhalt der Saalkreis. Bei den überregionalen Wahlen nimmt die kreisfreie Stadt Halle 1990 in beiden Fällen die unangefochtene Spitzenposition ein, 1994 erhielt die FDP hier bei den Bundestagswahlen das landesweit zweitbeste Ergebnis, und bei der Landtagswahl rangierte sie immerhin noch im oberen Viertel. Der Hochburg-Charakter Halles, der zumindest hinsichtlich der überregionalen Ebene festgestellt werden kann, ist sicherlich in erster Linie auf die Person Hans-Dietrich Genscher zurückzuführen, der aus dieser Stadt stammt und sich hier auch (seit der „Wende" in der DDR) sehr intensiv eingesetzt hat. Diaspora auf allen Ebenen ist demgegenüber die Stadt Magdeburg. Die dritte kreisfreie Stadt, Dessau, kann ebenfalls noch als eine Hochburg gewertet werden, die FDP hat hier regelmäßig überdurchschnittliche Ergebnisse (mit Ausnahme der Kommunalwahl 1994 rangiert Dessau immer unter den besten fünf) zu verbuchen.

1990 waren sowohl in Thüringen als auch in Sachsen-Anhalt die Stimmanteile der FDP bei der Bundestagswahl gegenüber den anderen Wahlebenen durchgängig am höchsten[4], in den meisten Fällen lag auch das Ergebnis der Landtagswahlen über dem der Kommunalwahlen. 1994 dagegen fielen die Stimmanteile bei den Kommunalwahlen in Sachsen-Anhalt ausnahmslos am höchsten aus, in Thüringen mit drei Ausnahmen (Greiz, Gera und Suhl, in denen weiterhin das Ergebnis der Bundestagswahl höher ist). Die Ergebnisse der Landtagswahlen sind 1994 im Vergleich der verschiedenen Wahlebenen in der Regel am schlechtesten.

Ein bundesweit ungewöhnliches Phänomen und Zeichen der kommunalen Stärke insbesondere des thüringischen Landesverbandes ist die Tatsache, daß die FDP nach den Kommunalwahlen am 12. Juni 1994 in diesem Bundesland 107 Bürgermeister stellen kann, darunter sogar auch – bundesweit einzigartig – einen Oberbürgermeister (in Jena). Nicht alle dieser Bürgermeister sind auch Mitglied in der FDP[5]; nach Aussage des Landesgeschäftsführers der thüringischen FDP seien für Mandate auf der kommunalen Ebene „bewußt" auch Nicht-Mitglieder aufgestellt worden. Auch in anderen neuen Bundesländern kann die FDP im bundesweiten Vergleich verhältnismäßig viele Bürgermeister stellen, in Sachsen-Anhalt zum Beispiel 58 (Stand: 26.06.1994). Selbst in Gebieten mit einem für die Partei verhältnismäßig niedrigen Kommunalwahlergebnis konnten FDP-Kandidaten Bürgermeister werden; so hat die FDP im Wartburg-Kreis, in dem sie landesweit die meisten (zwölf)[6] Bürgermeister stellen kann, mit 4,1 Prozent das fünftschlechteste Kommunalwahlergebnis zu verzeichnen.

Über den Prozeß der Ausbildung kommunaler Hochburgen könnten nur detaillierte Verlaufsstudien über die im Parteienbildungsprozeß 1989 bis

---

4 Eine Ausnahme bildeten dabei lediglich der Saale-Holzlandkreis in Thüringen und der Ohrekreis in Sachsen-Anhalt, in denen bereits zu diesem Zeitpunkt das beste Ergebnis auf der kommunalen Ebene zu verzeichnen ist.
5 Zum Zeitpunkt unserer Erhebung waren von den 107 FDP-Bürgermeistern 89 auch Mitglied der Partei.
6 Gefolgt von den Kreisen Saale-Holzland (mit neun FDP-Bürgermeistern), Sömmerda, Kyffhäuser und Schwarza (je acht FDP-Bürgermeister).

1991 wirksamen personellen und organisatorischen Konstellationen, auch im Verhältnis zwischen den verschiedenen Parteien, Aufschluß erbringen. Hier sind nur wenige exemplarische Beobachtungen möglich. So hat offenbar im thüringischen Sonneberg eine kommunalpolitisch starke Persönlichkeit (Hübner) 1990 zugleich als Bundestagskandidat die FDP profiliert, ausserdem konnte die FDP in dieser Stadt seitdem die Bürgermeisterin stellen. Für Hildburghausen wird ähnliches, v.a. über die Rolle des stellvertretenden Landrats (Kaden), berichtet. Auch in Weimar konnten in der noch offenen, durch Sach- und Konsensorientierung geprägten Konstellation entstehender Parteien einzelne Persönlichkeiten liberale Strukturen aufbauen.

Als Fallbeispiel einer kommunalen Hochburg der FDP kann die Stadt Jena hier etwas breiter ausgeführt werden[7]: Die bis ins 18./19. Jahrhundert, zur Gründung der Ur-Burschenschaften als liberale Strömung, zurückgehende liberale Tradition Jenas hat sich nach Ansicht unserer Gesprächspartner hier halten können – auch über 40 Jahre DDR hinweg.[8] Begründet wird dies zum einen mit dem hohen Anteil an „von Haus aus liberalen" Akademikern und zum anderen mit einem hochqualifizierten Arbeitnehmerpotential, das sich aus Jenas „Sonderrolle" als eine Art „High-Tech-Zentrum" (auch für militärische Belange) in der DDR und innerhalb der RGW-Staaten entwickelt hat. Vor diesem Hintergrund habe Jena sich auch nicht in jedem Fall nach den örtlichen Parteigremien richten müssen, sondern die Entscheidungen seien oft direkt zwischen dem Politbüro und der Zeiss-Kombinatsleitung gefallen. Eine solche „Sonderrolle" ihrer Stadt bringe auch ein besonderes Selbstbewußtsein in der Bürgerschaft mit sich.

Der einmalige Fall, daß in Jena die FDP mit Peter Röhlinger den Oberbürgermeister stellt, hat seine Wurzeln im Vorfeld der Kommunalwahlen 1990[9], als die SPD ihren eigenen Kandidaten für den der FDP zurückgezogen hatte und dieser dann auch noch von Bündnis 90, dem Unabhängigen Frauenverband und dem Neuen Forum (gegen den Kandidaten der CDU) unterstützt wurde. Parteizugehörigkeiten haben zu diesem Zeitpunkt offenbar (noch) nicht so eine große Rolle gespielt, sonst wäre diese für einen vergleichbaren Ort in Westdeutschland wohl kaum denkbare Konstellation sicher nicht zustande gekommen. Bei der nächsten Kommunalwahl 1994, bei der die FDP gegenüber 1990 einen Zugewinn von 6,5 Prozent verzeich-

---

7 In erster Linie gestützt auf die Aussagen zweier Gesprächspartner aus der Jenaer FDP, einer davon der dortige Oberbürgermeister Peter Röhlinger.
8 Schon die erste Stadtregierung Jenas nach dem 2. Weltkrieg wurde von der LDP(D) gestellt, auf Grundlage von 60 Prozent der Wählerstimmen.
9 Noch nach dem Modell der hessischen Magistratsverfassung ohne Bürgermeister-Direktwahl.

Die FDP: Wahlen und Wähler

nen konnte[10], hatten sich die Verhältnisse allerdings bereits „normalisiert": Es gab für das Amt des (nun direkt zu wählenden) Oberbürgermeisters acht Kandidaten von Parteien und Initiativen, und so konnte sich Röhlinger (mit seinem Amtsbonus) erst in einer Stichwahl (gegen den SPD-Kandidaten) durchsetzen.

Insgesamt sind strukturelle Erklärungsfaktoren für die starken und schwachen Regionen nicht leicht zu benennen. Zu den Hochburgen in Thüringen und Sachsen-Anhalt gehören die Städte Jena und Weimar (mit Umland) bzw. Halle und Dessau, während die ehemaligen Bezirksstädte Erfurt, Gera, Suhl und Magdeburg zu den Schwachstellen zählen.[11] Bei den ländlich/mittelständischen Kreisen lassen sich aus wirtschaftsstrukturellen oder sonstigen regional-geographischen Aspekten allein die hohen FDP-Anteile nicht hinreichend ableiten, in Thüringen z.B. für Hildburghausen, Sonneberg und den Saale-Holzland-Kreis oder in Sachsen-Anhalt für den Saalkreis. Hingegen scheint aus politisch-kulturellen Gründen plausibel, daß die FDP im stärker katholisch geprägten Nordwesten Thüringens (Eichsfeld, Nordhausen, Kyffhäuser, z.T. auch Wartburg-Kreis) keine starke Unterstützung erfährt.

Als Korrespondenzfaktoren zu guten Wahlergebnissen könnte auch die Organisationsentwicklung gewisse Anhaltspunkte bieten (anfängliche Mitgliederzahlen, Umfang des Mitgliederverlusts, verbliebene Mitgliedszahlen). Die (für Thüringen genauer untersuchten) Zusammenhänge erweisen sich allerdings als wenig eindeutig: Von den thüringischen Kreisverbänden mit eher geringen Mitgliedsverlusten (von 1992 bis 1993 unter 50 Prozent) und relativ hohen Mitgliedszahlen (1993) gehören Sonneberg und Jena auch zu den Wahlhochburgen, während Weimar und Hildburghausen trotz Mitgliederverlusten von ca. zwei Dritteln gute Wahlergebnisse erreichten. Gotha, Nordhausen oder Saalfeld jedoch kamen trotz geringer Mitgliederverluste und hohem Mitgliederbestand nur zu mittelmäßigen Wahlresultaten. Auf der negativen Seite ist die Situation eindeutiger, denn von den zehn Kreisverbänden mit besonders hohen Mitgliederverlusten (70 bis 90 Prozent) gehören (ab 1993) wiederum sieben zu den mitgliedsschwächsten Kreisverbänden, und fünf Kreise davon zeigen zugleich sehr schwache Wahlergebnisse.

---

10 Sitzverteilung im Jenaer Stadtrat nach der Kommunalwahl 1994: SPD 12 Sitze, CDU 10, PDS 9, FDP 7, BD90/GR 5, BfJ 3
11 In Mecklenburg-Vorpommern erzielte die FDP 1994 in allen kreisfreien Städten nur noch sehr schwache Wahlergebnisse.

5. Schlußbetrachtung

Die FDP konnte ihre anfänglichen Wahlerfolge von 1990 und ihre Beteiligung an vier von fünf Landesregierungen in Ostdeutschland nicht für eine politische Stabilisierung nutzen. Auch die relativ gute Vertretung in Kommunalparlamenten und kommunalen Wahlämtern haben den Niedergang bei Landtags- und Bundestagswahlen nicht aufhalten können. Die Vertretung in den Landtagen ging verloren, die Zahl der Bundestagsabgeordneten fiel von siebzehn auf fünf.

In sozialstruktureller Hinsicht war die FDP zwar 1990 und 1994 bei einzelnen Wählergruppen, besonders den Selbständigen, stärker vertreten, doch gingen in allen sozialen Gruppen Wählerinnen und Wähler in großem Umfang verloren.

Tabelle 7: FDP-Wähleranteile nach Berufsgruppen in Ostdeutschland

	BTW 1990	1994	M-VP	LTW Brbg.	1994 Sa.-A.	Sa.	Thür.
Arbeiter	10,4	3	2	2	3,1	2	2
Angestellte	} 14,2	} 4	4	2	3,0	2	3
Beamte			2	2	5,7	1	9
leit. Angest.	18,4		(-)	(-)	(-)	(-)	(-)
Selbständ.	} 20,4	9	10	8	10,2	2	8
Landwirte		9	6	1	5,4	4	3
in Ausbild.	11,3	(-)	5	3	5,8	2	5
Ges.erg.	12,9	3,5	3,8	2,2	3,6	1,7	3,2

(-) = keine Angaben
Quellen: Forschungsgruppe Wahlen 1994, S. 650 (BTW 1990), Schultze 1995, S. 343 (BTW 1994), Schmitt 1995, S. 286 und Plöhn 1995, S. 225 (LTW 1994), Dalton/Bürklin 1995

Hatte die FDP bei der Gruppe der Selbständigen 1990 in Ostdeutschland noch einen Wähleranteil von ca. 20 Prozent erreicht, fiel dieser Wert 1994 auf 8 – 10 Prozent ab, im Unterschied zu 17 Prozent im Westen.[12] Daß bei den Mittelschichten, den Angestellten und Beamten, die FDP-Neigung von 15 Prozent auf 4 Prozent (bei mehreren Landtagswahlen noch darunter) zurückging, schlug angesichts der Größe dieser Wählergruppe quantitativ

---

12 Hohe Selbständigenanteile finden sich bei den FDP-Mandatsträgern auf kommunaler Ebene. So sind in Mecklenburg-Vorpommern von insgesamt 38 Kreistagsabgeordneten 9 Unternehmer, Gastwirte, Kaufleute oder Handwerksmeister und 4 Ärzte (außerdem 6 Bürgermeister, 6 Techniker und 4 Lehrer), vgl. Statistisches Landesamt Mecklenburg-Vorpommern 1994: Kommunalwahlen in Mecklenburg-Vorpommern am 12. Juni 1994, Kreistage und kreisfreie Städte, S. 243 ff.

Die FDP: Wahlen und Wähler

noch sehr viel stärker negativ zu Buche. Im übrigen zeigen sich zwischen den einzelnen ostdeutschen Ländern gewisse sozialstrukturelle Unterschiede der FDP-Wählerschaft, etwa ein höherer Beamtenanteil in Sachsen-Anhalt und Thüringen, ein niedriger Selbständigenanteil in Sachsen oder die Uneinheitlichkeit bei Landwirten. Auch ein Vergleich mit anderen Parteien illustriert die Situation: Sogar der PDS-Anteil bei den Selbständigen in Ostdeutschland war mit 17 Prozent (Landwirte 18 Prozent) bei der Bundestagswahl 1994 fast doppelt so hoch wie der der FDP (SPD: Selbständige 21 Prozent, Landwirte 20 Prozent; Schultze 1995: 343). Allerdings hätte selbst eine wesentlich höhere Unterstützung der FDP durch die Selbständigen die massiven Verluste in den anderen, wesentlich größeren Wählergruppen nicht ausgleichen können.

Insgesamt darf nicht übersehen werden, daß die bei den Wahlen 1994 verbliebenen FDP-Wähler stark als Koalitionswähler profiliert sind. Bundesweit erhielt die FDP bei der Bundestagswahl 1994 6,9 Prozent der Zweitstimmen, aber nur 3,3 Prozent der Erststimmen; 55 Prozent der FDP-Zweitstimmenwähler gaben ihre Erststimme der CDU/CSU, nur 32 Prozent der FDP (Schultze 1995: 326, Jung/Roth 1994: 12, Vorländer 1995b: 258). In dieselbe Richtung deutet die Konfessionsverteilung: Während in der alten Bundesrepublik traditionell eine ausgeprägte Distanz zwischen der FDP und katholischen Wählerinnen und Wählern bestand, war der FDP-Anteil bei den Katholiken 1994 höher als bei den Protestanten oder den Konfessionslosen.

Tabelle 8: FDP-Anteile nach Konfessionsgruppen (in Prozent)

Wahl	Gebiet	Ergebnis	Katholiken	Protestanten	Konf.lose
BTW	West	10,6	12,0	14,0	
1990	Ost	12,9	10,8	14,6	12,2
BTW	West	6,9	7,8	4,2	5,7
1994	Ost	3,5	4,5	2,5	3,9

Quelle: Forschungsgruppe Wahlen 1994, S. 647 und 653 (für 1990); Dalton/Bürklin 1995, S. 91 (für 1994)

Die FDP hat 1994 den Wiedereinzug in den Bundestag und die weitere Beteiligung an der Bundesregierung trotz ihrer schlechten Wahlergebnisse in Ostdeutschland erreichen können. Jedoch belastet das Debakel in den neuen Ländern die bundesweiten Perspektiven der Partei gravierend. Wie nach weiteren Niederlagen bei Landtagswahlen (Nordrhein-Westfalen und Berlin 1995) vom Westen aus eine Regeneration gelingen soll, steht dahin.

Literatur

Dalton, R. J./Bürklin, W.: The Two German Electorates: The Social Bases of the Vote in 1990 and 1994. In: German Politics and Society 13(1995)1, S. 79-99

Forschungsgruppe Wahlen e.V.: Gesamtdeutsche Bestätigung für die Bonner Regierungskoalition. Eine Analyse der Bundestagswahl 1990. In: Klingemann, H.-D./Kaase, M. (Hrsg.): Wahlen und Wähler. Analysen aus Anlaß der Bundestagswahl 1990. Opladen: Westdeutscher Verlag, 1994, S. 615-665

Holtmann, E./Boll, B.: Sachsen-Anhalt. Eine politische Landeskunde. Magdeburg: Landeszentrale für politische Bildung Sachsen-Anhalt, 1995

Jung, M./Roth, D.: Kohls knappster Sieg. In: Aus Politik und Zeitgeschichte B51-52(1994), S. 3-15

Plöhn, J.: Die Landtagswahl in Sachsen-Anhalt vom 26. Juni 1994: Die Mehrheitsbildung bleibt dem Landtag überlassen. In: Zeitschrift für Parlamentsfragen 26(1995)2, S. 215-231

Schiller, Th./Weinbach, K.: Die FDP in den neuen Bundesländern – Entstehung und Entwicklungen an den Beispielen Thüringen und Mecklenburg-Vorpommern. KSPW-Forschungsbericht (unveröff.) 1995

Schmitt, K.: Die Landtagswahlen 1994 im Osten Deutschlands. Früchte des Föderalismus: Personalisierung und Regionalisierung. In: Zeitschrift für Parlamentsfragen 26(1995)2, S. 261-295

Schultze, R.-O.: Widersprüchliches, Ungleichzeitiges und kein Ende in Sicht: Die Bundestagswahl vom 16. Oktober 1994. In: Zeitschrift für Parlamentsfragen 26(1995)2, S. 325-352

Statistisches Landesamt Mecklenburg-Vorpommern: Statistische Sonderhefte zu den Wahlen 1994, Kommunal- und Landtagswahlen. Schwerin, 1994/1995

Thüringer Landesamt für Statstik: Statistische Berichte zu den Kommunal- und Landtagswahlen 1994. Erfurt 1994

Vorländer, H.: Die FDP in den neuen Bundesländern. Entwicklung und Entstehung. KSPW-Forschungsbericht (unveröff.) 1995a

Vorländer, H.: Die FDP nach der Bundestagswahl 1994. In: Parteiendemokratie zwischen Kontinuität und Wandel. Die deutschen Parteien nach den Wahlen 1994. München: Hanns-Seidel-Stiftung, 1995b, S. 243-265

Weber, H. (Hrsg.): Parteiensystem zwischen Demokratie und Volksdemokratie. Dokumente und Materialien zum Funktionswandel der Parteien und Massenorganisationen in der SBZ/DDR, 1945-1950. Köln: Verlag Wissenschaft und Politik, 1982

Die Organisationen der Bürgerbewegungen

Anne Hampele

Die sozialethischen und alternativ-oppositionellen Milieus, wie sie in den 80er Jahren in der DDR entstanden waren, traten im Zusammenbruch des realsozialistischen Staates organisatorisch differenziert auf die politische Agenda, wofür teils Aktivitäten des Staatssicherheitsdienstes, personengebundene Zufälle, aber auch thematische und strategische Arbeitsteiligkeiten und Ausdifferenzierungen ursächlich waren.[1] In der Phase ihrer größten politisch-öffentlichen Resonanz (am Runden Tisch bis Mitte Dezember 1989), nachdem SED-Regierung und -monopol aufgelöst waren, unterlagen die Gruppierungen der „Konkurrenz um die Gestaltungsmacht für die Zukunftsperspektiven" und die programmatische Profilierung. Unter diesen Zwängen differenzierte sich die Bürgerbewegung „innerhalb weniger Monate (...) zu allen politischen Lagern hin (aus)" (Wielgohs 1993: 427f.). Im selben Zug, in dem die Gruppierungen der Bürgerbewegung ihre Funktion als politische Alternative zum offiziellen System verloren und zu politischen Akteurinnen neben anderen – namentlich den politischen Parteien – wurden, erfolgte ihre politische Marginalisierung.

Diese Entwicklung wird in der Literatur unterschiedlich periodisiert und vor allem hinsichtlich ihres Resultats unterschiedlich bewertet und behandelt. Probst (1993: 128f., 156ff.) spricht bezüglich des Neuen Forum Rostock ab Mai 1990 von einer Phase der „Institutionalisierung", womit er nicht die betreffende Organisation meint, sondern das Aufgehen deren Personals in der kommunalen Institutionenbildung, begleitet vom „Auseinanderfallen" der Organisationsstruktur des NEUEN FORUM. In dieser Perspektive ist – auch weil das NEUE FORUM für „die Bürgerbewegung" synonym gesetzt wird – etwas „zu Ende", was seine Fortsetzung sinnhaft nur in Kooperation mit der Grünen Partei finden konnte. Pollack (1995: 38f.) charakterisiert die Zeit ab März 1990 durch die Stichworte Institutionalisierung, Spezialisierung und Demobilisierung. Damit beschreibt er einen Prozeß der Parlamentarisierung und Ämterübernahme bei Ausdünnung der Basisinitia-

---

1 Für seine Unterstützung bei der vorliegenden Aufsatzfassung der KSPW-Expertise (Hampele 1995) danke ich Helge Albrechtsen.

tiven einerseits, der Professionalisierung unter bundesdeutschem Vereinsrecht bei zahlreichen, auch neu entstehenden Vereinen andererseits. Pollack (1994: 279, 281) sieht am Ende zwei Organisationsformen „einander gegenüberstehen": die bundestagsorientierte Partei Bündnis 90/Die Grünen und die „Vielzahl der lokalen Projektgruppen"; daneben gebe es „Reste", „die politisch den Anschluß verloren haben".

Eine andere Perspektive ergibt sich, wenn eine organisationssoziologische Typisierung auf das ganze Spektrum der ehemaligen Bürgerbewegung angewandt wird. Wielgohs (1993) spricht von der „Auflösung der Bürgerbewegung" ab dem Zeitpunkt, als die Rahmenbedingungen des Kommunikationszusammenhangs, den er als Bürgerbewegung – Singular – definiert hatte, mit dem Ende der DDR-Reformoption und dem Ausstieg von Akteuren zur strukturellen Transformation führten. Diese resultierte dann in vier Organisationstypen: 1. Lokalen single issue-Projekten; 2. einigen überregionalen single issue-networks – namentlich Unabhängigem Frauenverband und Grüner Liga –; 3. dem NEUEN FORUM als Spezialfall sowie 4. den parlamentarisch orientierten Parteien Die Grünen und Bündnis 90 (Hampele/Müller-Enbergs/Schulz/Wielgohs 1992). Diese – in diesem Schritt noch nicht nach politischer „Effizienz" wertende – Kategorisierung bietet an, per Einzelfallstudien Entwicklungen aller genannten Typen nach ihren jeweiligen Transformationsproblemen und -chancen zu untersuchen.

Aber die – für die Entwicklung nach 1990 eher magere – Forschungsliteratur konzentriert sich auf die Parteibildung Bündnis 90/Die Grünen; andere Entwicklungswege werden vernachlässigt. Die Organisationen Unabhängiger Frauenverband und NEUES FORUM wurden noch unter dem Aspekt wahrgenommen, daß sie „erfolglos" am Prozeß der Parlamentarisierung (per Wahlbündnisse oder Beteiligung an der Fusionsdebatte von Bündnis 90/Grüne) beteiligt waren, sie wurden aber kaum mehr eigenständig thematisiert.[2] Über die Grüne Liga liegt gar keine neuere Literatur vor – nachdem doch mehrfach hervorgehoben worden war, daß gerade die DDR-Ökologiebewegung durch die frühe rationale Arbeitsteilung zwischen Partei und Nichtregierungsorganisation einen „geordneten" Aufbruch vorzuweisen hatte (Kühnel/Sallmon-Metzner 1991; Jordan 1993). Bei Pollack (1994: 281) fällt sie gar unter die gescheiterten Initiativen, während sie sich realiter doch als ostdeutscher Umweltverband stabilisieren konnte. Offenbar fallen diese Entwicklungen in der politischen Öffentlichkeit wie in der Forschung durch Wahrnehmungsraster. Es geht nicht darum, das Scheitern von Laufbahnen schönzureden – im Fall des NEUEN FORUM wie auch des Unabhängigen Frauenverbandes ist heute ohne Zweifel von einem geringen politischen Gewicht auszugehen –, sondern es soll auf jene Situationen aufmerk-

---

2   Zum UFV liegt die Dissertation der Verfasserin vor (Hampele 1996).

Die Organisationen der Bürgerbewegung

sam gemacht werden, in denen die Transformationsspezifik ostdeutscher Akteure offenbar deshalb nicht wahrgenommen wird, weil man gewohnt ist, deren Handlungsfeld in spezifischer (westdeutscher) Weise besetzt zu verstehen. Im Fall der Grünen Liga etwa zeigt sich, daß die Arbeit der Organisation in der Presse hinter den „eingeführten" westdeutschen Verbänden, vor allem dem BUND, verschwindet und zwar auch dort, wo sie Haupt- oder Mitträgerin einer Aktion ist. Im Fall des Unabhängigen Frauenverbandes, der zuerst Aufmerksamkeit erregte, gerade weil er keine westdeutsche organisatorische Entsprechung vorgefunden hatte, wurde dessen Marginalisierung schließlich mit Argumenten einer gewissen Zwangsläufigkeit seines Scheiterns begleitet – implizit „legitimiert" durch die Nicht-Existenz einer politischen Organisation innerhalb der Frauenbewegung Westdeutschlands, aber auch ohne einen Blick auf womöglich vergleichbare Organisationen in den USA.

Im folgenden werden die verbliebenen überregionalen Organisationen aus der DDR-Bürgerbewegung des Winters 1989/90, nämlich Grüne Liga e.V., NEUES FORUM und Unabhängiger Frauenverband e.V. (UFV) vorgestellt. Die Berichte basieren auf vorliegender, teils unveröffentlicher Literatur, Auswertung von Akten und Dokumenten sowie Interviews mit AkteurInnen. Die Darstellung der drei Organisationen berücksichtigt jeweils die Aspekte Forschungsstand, Gründungsgeschichte, Organisationsstruktur und -entwicklung, Mitgliedschaft, Finanzen, Programmatik und ggf. Wahlbeteiligungen.

1. GRÜNE LIGA, Netzwerk ökologischer Bewegungen e.V.: „Visionen haben, Netzwerk knüpfen, Handeln anregen"

In den neuen Bundesländern hat sich die in der „Wende" 1989/90 gegründete Grüne Liga e.V. als Umweltverband etabliert und neben dem alt-bundesdeutschen BUND (Bund für Umwelt und Naturschutz) und dem NABU (Naturschutzbund) behauptet. Dabei wird an dieser Organisation sichtbar, in welchem Maß sich ein Fall ostdeutscher Selbstbehauptung – auch wo er erfolgreich verläuft – öffentlicher Nicht-Wahrnehmung ausgesetzt sieht. Dies kommt ebenfalls in dem geringen Umfang wissenschaftlicher Literatur hierüber zum Ausdruck.[3]

---

3 Im „Handwörterbuch Umweltpolitik" wird die Grüne Liga mit einem Satz erwähnt, ebenso in dem umfangreichen Band „Umweltverbände und EG" (Engelhardt 1992: 502;

Die Gründung der Grünen Liga hat den ökologischen Protest in der DDR als Vorgeschichte. Bereits in den 70er Jahren gab es eine – systembedingt stark begrenzte – Protestöffentlichkeit, die sich besonders im Rahmen der evangelischen Kirche unter dem Stichwort „Bewahrung der Schöpfung" entwickelte (Büscher/Wensiersky 1981; Wensierski 1986; Gensichen 1994; Halbrock 1995). In einem Bericht der Staatssicherheit von 1989 wurden schließlich 39 kirchliche Ökologiegruppen gezählt, deren Zahl tatsächlich weit höher gelegen haben dürfte (Mitter/Wolle 1990: 47). Als Reaktion auf das gesellschaftlich-kritische Engagement innerhalb der Kirche und vermutlich unter dem Eindruck der westdeutschen Ökologiebewegung war 1980 staatlicherseits die „Gesellschaft für Natur und Umwelt" (GNU) im Kulturbund der DDR gegründet worden (Wensierski 1985: 151-168). In ihrem Rahmen entstanden die sogenannten „Interessengemeinschaften (IG's) Stadtökologie", die 1987 7.000 Mitglieder in 380 Gruppen aufwiesen (Behrens u.a. 1993: 68).

In den 80er Jahren konnte die kirchliche Umweltbewegung einen Umfang und ein politisches Bewußtsein entfalten, die im Herbst 1986 zur Gründung der ersten „Umweltbibliothek" in Berlin führten (Rüddenklau 1992: 68ff.). Ihr folgten weitere ca.15 in anderen Städten. Der Überfall der Staatssicherheit auf die Umweltbibliothek 1987 (nach Honeckers Bonn-Besuch) wurde dann „der Auslöser für die erste DDR-weite Solidaritätsaktion und die erste schwere Niederlage der Staatssicherheit in ihrer Geschichte" (Rüddenklau 1992: 117); die Formierung und Differenzierung einer politischen Opposition in der DDR wurde beschleunigt. 1988 kam es – vor allem im Zusammenhang der im Kontext der sogenannten Luxemburg-Demonstration erfolgenden Verhaftungen und Ausweisungen – innerhalb der Umweltbibliothek zur Spaltung, deren Motive die Frage nach Organisationspolitik und -form betrafen (Kloth 1995: 158). Dieser Streit, in dem das Netzwerk Arche gegründet wurde,[4] kann als Vorentscheidung für die im Herbst 1989 erfolgende und so rational erscheinende Arbeitsteilung zwischen parlamentarischem und außerparlamentarischem Flügel der ostdeutschen Ökologiebewegung – Grüner Partei und Grüner Liga – betrachtet werden. Im April 1989 fand in Potsdam ein Treffen von IG-Stadtökologie- und anderen GNU-Gruppen statt, „um eine DDR-weite Vernetzung sowie überregionale Projektgruppen zu Umweltthemen zu schaffen" (Kusche 1994: 3; Rüddenklau

---

Hey/Brendle 1994: 158f). Politiksoziologische Forschung liegt kaum vor. Einige Darstellungen beleuchten Vorgeschichte und Gründung (Jordan/Kloth 1993; Jordan 1993; Gensichen 1994; Rüddenklau 1992; Behrens u.a. 1993), eine frühe empirische Studie beschreibt die auf acht Seiten (Kühnel/Sallmon 1990; gekürzt in Kühnel/Sallmon 1991) und Jordan (1993: 240-260) beschreibt kurz den Zeitraum bis etwa 1992.

4 Diese Debatten können hier nicht detailliert gewürdigt werden. Ausführlich bei Rüddenklau (1992: 178ff.) und Jordan/Kloth 1993.

Die Organisationen der Bürgerbewegung

1992: 282f.). Am 7./8. Oktober 1989 (40. Jahrestag der DDR-Gründung) trafen sich in Potsdam Vertreter und Vertreterinnen von 26 Umwelt-IGs des Kulturbundes und verabschiedeten eine „Willenserklärung" (Behrens u.a. 1993: 170), in der demokratische Wahlen gefordert wurden und der Vorwurf des Mißbrauchs als Aushängeschild für die DDR-Regierung geltend gemacht wurde. Am 24. November 1989 formulierten Vertreter der IGs Stadtökologie und kirchlicher Umweltgruppen in Abgrenzung gegen die Partei-Initiative den Gründungsaufruf für eine „Grüne Liga" (Behrens u.a. 1993: 179f.), die als gemeinsames Dach zur Rettung der natürlichen Lebensunterlagen gesehen wurde. Schließlich fand die Gründungsversammlung am 3. Februar 1990 im ökologischen Katastrophengebiet Halle/ Bitterfeld, in Schkopau, statt.

Für die Organisationsstruktur und -entwicklung der Grünen Liga war von Bedeutung, daß sowohl die kirchlichen Umweltgruppen als auch die Gruppen beim Kulturbund fachliches und organisatorisches Wissen einbrachten. Die Arbeitsweise der IGs Stadtökologie in der Gestalt thematischer „Fachgruppen" wurde weitergeführt, kombiniert mit einem aus Hierarchieerfahrungen und deren Kritik gespeisten basisdemokratischen Anspruch der kirchlichen Umweltgruppen. In Abgrenzung gegen die Parteigründung war von Anfang an der Charakter als nicht-hierarchisches Netzwerk ökologischer Gruppen und Initiativen programmatisch. Die Grüne Liga betonte die Eigenständigkeit und die eigene Identität der Gruppen sowie die Prinzipien Dezentralität, Hierarchiefreiheit und Basisdemokratie.[5]

Das formal höchste Gremium des Netzwerks „Grüne Liga e.V." bildet die Bundesdelegiertenversammlung (BDV), aus der der Bundessprecherrat gewählt wird. Aus diesem Arbeitsgremium, das auch den „Rundbrief Grüne Liga" herausgibt, wird der Vorstand gewählt. Die Entwicklung der inneren Struktur war 1990 bis 1994 – unter dem Einfluß wechselnder Rahmenbedingungen hinsichtlich Stellen- und Geldbeschaffungschancen, politischer Zieldebatten und professioneller Organisationsberatung[6] – vor allem durch den Aufbau selbständiger Landesverbände geprägt, was auch dem Sachverhalt Rechnung trug, daß Mittelacquisition zusehends auf Länderebene zu betreiben war. Bereits beim „Strukturtreffen" am 7./8. Oktober 1991 war beschlossen worden, die Bundesgeschäftsstelle auf die Funktion einer „Dienstleistungseinheit der Regionalvereinigungen" (Protokoll BSpR 8/91 und 11/91) festzulegen und schließlich personell drastisch zu reduzieren.

---

5   Vgl. z.B. „Grüne Liga Informationen" Frühjahr 1990 (Vorläufer des Rundbriefes) und „Wie wir arbeiten", in: Grüne Liga: Wer sind wir...Sept. 1992.
6   Organisationspolitische Beratung erfolgte durch Milieukontakt Amsterdam (auf Osteuropa orientierte umweltpolitische Selbsthilfe- und NGO-Beratung) sowie 1991/1992 durch einen via Umweltbundesamt finanzierten Organisations- und Managementberater.

Neben dieser formalen Struktur organisiert sich die Grüne Liga in themenbezogenen Fachgruppen. Diese wurden in Form thematischer Netzwerke mit einer koordinierenden Anlaufadresse konzipiert. Sie unterscheiden sich in ihrer Kapazität und überregionalen Funktion gewissermaßen hierarchisch nach Arbeitsgruppen, Fachgruppen und Bundeskontaktstellen (BKSt). Letztere nehmen auf Basis besserer Kapazitäten, ihrer Legitimierung durch die BDV und ihrer finanziellen Bezuschussung durch den Bundesverband die öffentliche Vertretung dieses Themas im Namen des Gesamtverbandes wahr und sind verantwortlich für die Ausrichtung überregionaler Vernetzungstreffen unter den betreffenden Fach- und Arbeitsgruppen der Grünen Liga (§13 der Satzung von 1994). Im Gegensatz zu zentralistisch geführten Mitgliederverbänden wie dem BUND oder dem NABU stärkt diese Akzentuierung der umweltpolitischen Arbeit auf die landespolitische und regionale Ebene den basisdemokratischen und projektbezogenen Ansatz der Grünen Liga. Diese Entwicklung schließt Probleme ein, z.B. dergestalt, daß die Kooperation zwischen Bundes- und Länderebene von der Beschaffenheit und den Ambitionen der einzelnen Landesverbände abhängt.

Die Mitglieder der Grünen Liga dürften sich 1989/90 ungefähr zu 80 Prozent aus den früheren IG Stadtökologie-Gruppen und zu 20 Prozent aus kirchlichen Umweltgruppen und lokalen Naturschutz-Initiativen zusammengesetzt haben (Behrens u.a. 1993). Die vagen Mitgliederangaben lagen für die ersten Jahre zwischen unter 1.000 (BKR-Protokoll 2/91; BSpR-Protokoll 9/92) und rund 2.000 (Kühnel/Sallmon 1990: 55; Behrens u.a. 1993: 87), neuere Angaben gehen von ca. 2.500 Mitgliedern aus (BDV März 1995). Die Zählweise ist allerdings unterschiedlich; so werden z.B. in Berlin aus politischem Selbstverständnis als Dach eines Netzwerks nicht Individualmitgliedschaften, sondern ca. 50 Mitgliedsgruppen genannt. Obwohl keine Sozialdatenerhebung vorliegt, ist davon auszugehen, daß ein großer Teil der Mitglieder derzeit zwischen 30 und 40 Jahre alt ist und oft eine gute Ausbildung besitzt. Auch ein Blick auf die Motivation der Aktiven erklärt etwas über ihre soziale Heterogenität. Die Grüne Liga ist in einer schlechten Arbeitsmarktsituation als Stellenträgerin attraktiv, für einen Großteil der bei ihr Beschäftigten dürfte jedoch das projektartige Klima des Vereins wichtig sein: Die Organisation begreift sich weniger als eine Vertretung denn als Anleitung von Selbstorganisation vor Ort, auch wo vorrangig fachliche (Lobby-)Arbeit betrieben wird.

Was die finanziellen Ressourcen betrifft, wurde die Grüne Liga (wie alle neuen politischen Gruppierungen) Anfang 1990 mit einer Startfinanzierung durch die DDR-Übergangsregierung Modrow ausgestattet. Danach wurde die frühzeitige Entscheidung für Form und Strategie einer Nichtregierungsorganisation auch für die Finanzpolitik maßgeblich. Einerseits wurde der Status der Gemeinnützigkeit erlangt (BGB, Freistellung von Körperschaftssteuer), andererseits die besondere Förderungswürdigkeit als Träger öffentlicher Belange nach Bundesnaturschutzgesetz §29. Nachdem fast alle Landesverbände diesen Status erreicht hatten, beschloß der Bundessprecherrat für 1995/96 erneut die Anerkennung nach §29 auch für den Bundesverband zu beantragen. Auf dieser Grundlage wurde die Acquisition von projektbezogenen Mitteln aus unterschiedlichen öffentlichen Quellen (institutionelle Fördermitteln über Ministerien, Stiftungen, EU-Fonds, Mischfinanzierungen etc.[7]) sowie Stellenfinanzierungen aus Programmen des zweiten Arbeitsmarktes (ABM, ab 1994 verstärkt nach §249h der AFG-Novelle, sowie Länderprogrammen) professionalisiert. Die Grüne Liga verfügt kaum über Eigenmittel aus Mitgliedsbeiträgen und Spenden, was auch am Haushalt des Bundesverbandes ablesbar ist: 1994 betrug dieser 280.000 DM, wovon 230.000 DM das BMU-finanzierte Projekt „Überregionale Öffentlichkeitsarbeit" ausmachten. Teils wurde die Erwirtschaftung von Eigenmitteln durch Betriebsgründungen erprobt.

Ungehindert dieser starken Außenfinanzierung versteht sich die Grüne Liga programmatisch gesellschaftskritisch und tritt radikal für eine Ökologisierung der Gesellschaft ein – eine Position, die ausdrücklich den eigenen Lebensstil einbezieht. Strategisch verfolgt sie ein Bürgerinitiativen-Konzept im Sinn der Aufforderung zu Selbstorganisation und demokratischer Partizipation sowie der politischen Forderung nach Ausbau der Partizipationschancen, begleitet von Lobbyarbeit. Ihr Programm hat sie auf die Formel gebracht: „Grenzen der Ressourcen akzeptieren, regional und transparent entscheiden, Strukturen von unten entwickeln, die Erde allen geben, Vielfalt bewahren, Werte neu bestimmen, Konflikte ohne Gewalt lösen".[8] In den „Grundsätzen zum Programm" (Rundbrief 15.10.90: 4f) wird die Wachstumsorientierung der Industriegesellschaften auf Kosten der Entwicklungsländer kritisiert und die Tatsache, daß die Gewinnerzielung in privaten Händen liegt, während die entstehenden Umweltschäden sozialisiert werden. Demgegenüber setzt die Grüne Liga auf eine „Nachhaltigkeit im Wirtschaften", die den Gedanken des Verursacherprinzips im Ressourcenverbrauch kombiniert mit den Optionen dezentraler Entscheidungsstrukturen und lokaler (mittelständischer) Wirtschaftsförderung. Dafür seien perspektivisch neue Maßstäbe für die Veräußerbarkeit von Boden, für die Bewertung men-

---

7 Zuerst in Brandenburg (1991: 300.000 DM), aber auch in Sachsen-Anhalt (1992: 37.000 DM) konnte ministerielle („institutionelle") Förderung in wechselndem Umfang erreicht werden. Über das Umweltbundesamt und vor allem mit Hilfe der Deutschen Bundesstiftung Umwelt wurden diverse Großprojekte (Elbe-Büro Dresden, Flächenkäufe zwecks Renaturierung, Lagebuschturm/ Ostseezentrum Rostock, BKSt Internationale Vernetzung/ Projekt „Umweltschutz in Städtepartnerschaften" u.a.) gefördert.
8 Grundsätze-Katalog im Faltblatt Grüne Liga, Netzwerk ökologischer Bewegungen: Das sind wir. (o.D., 1994/95).

schlicher Leistung und generell für die Tauschwertlogik natürlicher Ressourcen zu entwickeln.

Das Profil der Grünen Liga gegenüber den anderen in Ostdeutschland vertretenen Umweltverbänden sehen die AkteurInnen zuallererst (und vor allem gegenüber dem BUND) in ihrer basisdemokratischen, auf Vernetzung gleichberechtigter Initiativen zielenden, hinsichtlich der Willensbildung nichthierarchischen Organisationsstruktur. Vor allem im Unterschied zum NABU versteht sich die Grüne Liga als politisch im obigen Sinn, was sie aber nicht hindert, auch stolz auf die „klassischen" NaturschützerInnen in den eigenen Reihen zu verweisen. Das Verhältnis zur Partei Bündnis 90/Die Grünen ist pragmatisch: Während die Partei aus einsichtigen Motiven auf die Grüne Liga als Teil ihrer Basis Bezug nehmen will, richtet sich die Grüne Liga vor allem auf diese – und andere – Parteien als Mittel politischer Durchsetzungschancen.

Als Fazit kann – entgegen ursprünglichen Spekulationen – die Grüne Liga e.V. in Ostdeutschland als organisatorisch konsolidiert betrachtet werden. Die Landesverbände sind in unterschiedlich gut etabliertem und potentem Zustand. Insgesamt zeige, so die Selbsteinschätzung der Bundesgeschäftsführerin, der Entwicklungsverlauf „keine gerade, schon gleich keine exponentielle Linie, das ist durchaus eine Wellenbewegung, aber mit Trend nach oben" (Christa Tennert, Interview). Die Grüne Liga präsentiert sich nicht nur als dezentral verfaßter Lobbyverband, sondern bildet in ihrer Vielgesichtigkeit ein relevantes Element in der Entfaltung einer ökologisch-alternativen Infrastruktur in Ostdeutschland.

2. NEUES FORUM: „Macht muß kontrolliert werden"

Das NEUE FORUM war 1989-91 die am weitesten verbreitete Gruppierung der ostdeutschen Bürgerbewegung und wird in der Literatur teils in eins gesetzt mit „der Bürgerbewegung", generell (Probst 1993) eine Sprachregelung, die das Selbstverständnis des NEUEN FORUM übernimmt. Für die Zeit nach 1990 liegt kaum Literatur vor. Insbesondere der „Sonderweg" des NEUEN FORUM, nachdem es sich der Parteibildung Bündnis 90 verweigerte und sich separat eine dem Parteiengesetz genügende „Rahmensatzung" gab, wurde nicht mehr zum Thema, sondern fiel der Konzentration der Forschung auf erfolgreiche Parteibildungen zum Opfer (Schulz 1991, NEUES FORUM Leipzig 1989, DGB-Bundesvorstand 1990, Wilkens-Friedrich 1994).

Die Gründungsgeschichte des NEUEN FORUM ist im Kontext der Formierung einer politischen Opposition in der DDR der 80er Jahre (Rüddenklau 1992, Knabe 1990, Schulz/Wielgohs 1994, Franke 1994) sowie der Regierungs- und Staatskrise 1989 zu verstehen. Ein Selbstverständnis und Anspruch, politische Opposition zu sein, hatte sich erst in dem Maß herausgebildet, wie deutlich wurde, daß die 1987 in Aussicht gestellte Liberalisierung für den Bonn-Besuch Honeckers instrumentalisiert worden und keine Reformbereitschaft bei der SED-Führung vorhanden war. Diese Opposition trat dann nur mit Rudimenten eines alternativen Programms an (Schulz/ Wielgohs 1994: 41; Knabe 1990). Die AkteurInnen der Opposition seit Spätsommer 1989 waren in ihren politischen Biographien Kinder dieser Konflikte und Strukturierungen. Die Berliner Malerin Bärbel Bohley, Mitbegründerin des NEUEN FORUM, war im Zusammenhang mit der Liebknecht/Luxemburg-Demonstration im Januar 1988 ein halbes Jahr ausgewiesen worden. Nach ihrer Rückkehr aus dem englischen Exil engagierte sie sich für die Lösung der oppositionellen Gruppierungen von der evangelischen Kirche, da „wir unbedingt aus der Kirche in die Gesellschaft gehen müssen." (Bohley, in: Findeis/Pollack/Schilling 1994: 54f.). Nach Vorstößen für eine politische Formierung schon Anfang 1989 kam es im Kontext der Kontrollaktivitäten über die Kommunalwahl zur Werbung für eine „Grüne Liste" (aus dem Kontext des Grün-ökologischen Netzwerks Arche). Aber es brauchte die Machtdemonstration des Staates einerseits (Rumänien- und China-Proklamation) und den Massenzulauf von ausreisewilligen BürgerInnen zu den Leipziger Friedensgebeten, damit im August „die Opposition an den Start" (taz) trat. Unter mehreren Gründungsinitiativen ging dann die „eigentliche Initialwirkung vom Gründungsaufruf des NEUEN FORUM "Aufbruch '89 – NEUES FORUM„ (am 19.September 1989) aus" (Schulz/ Wielgohs 1994: 48). Dem NEUEN FORUM kam eine besondere Rolle für die „Herausbildung einer revolutionären Situation" zu, weil es mit dem durch diese Gruppierung erhobenen Antrag auf Zulassung unter Berufung auf geschriebenes Recht über das Anbieten von Dialog hinaus offensiv gegen den Staat antrat (Schulz 1991). Der „Aufruf '89" (in: Haufe/Bruckmeier 1993) war von ca. 30 Personen unterschrieben[9]. Sein massenhafter Erfolg (200.000 Anmeldungs-Unterschriften) erklärt sich aus der Kombination von weitestgehender inhaltlicher Offenheit und dem Appell an die Kompetenz aller BürgerInnen in der Debatte über wahrnehmbare und offensichtliche Konfliktfelder. Seine Stärke lag also in der situationsadäquaten Taktik, die Inkompetenz der staatlichen Seite vorzuführen – ein Programm war hierfür nicht erforderlich (Schulz 1991).

Hinsichtlich der Organisationsstruktur und -entwicklung war von Bedeutung, daß das NEUE FORUM im Verhältnis zu den anderen Gruppie-

---

9 Neben Bärbel Bohley und Rolf Henrich u.a. von Katja Havemann, Jens Reich, Martin Böttger, Reinhard Schult und Hans-Jochen Tschiche.

rungen der Bürgerbewegung 1990/91 vergleichsweise flächendeckend präsent war[10] (als größte Gruppierung hatte das NEUE FORUM am zentralen Runden Tisch drei statt wie die anderen Organisationen der Bürgerbewegung zwei Stimmen inne). Zugleich bildete die programmatische Offenheit („den Dialog organisieren") des NEUEN FORUM und die damit einhergehende große weltanschaulich-politische Heterogenität einen ständigen Anlaß für „Zerreißproben" (Schulz 1991: 24ff.) und führte zu Strukturdilemmata. Einerseits wurde in Konfrontation mit der Machtfrage die „Basisdemokratie" dogmatisiert. Andererseits trug die spätere interne programmatische Heterogenität dazu bei, Fragen der demokratischen Struktur und des Selbstverständnisses als Bürgerbewegung zur Debatte zu stellen (Schulz 1991). In der ersten Satzung von 1990 wurde noch vorgesehen, den organisatorischen Aufbau nach regionalen und thematischen Kriterien zu gliedern, was sich jedoch als unrealistisch erwies. Mit der Einführung der neuen Länder 1990 organisierte sich das NEUE FORUM in sechs Landesverbänden mit je drei SprecherInnen. In dem Maß, wie die sog. Länderautonomie (finanziell und programmatisch) verstärkt wurde, politisches Personal abwanderte und die Aufgabenstellung des Bundesgremiums unklar war, verlor das SprecherInnengremium (Bundeskoordinierungsrat, BKR) an funktionalem und politischem Gewicht. Mit der Satzung von 1992 wurde ein „Vertreterrat" aus den Reihen des BKR als Vorstand etabliert.

Die weitere organisationsstrukturelle Entwicklung wurde von der intensiv geführten Debatte um die im September 1991 erfolgende Gründung der Partei „Bündnis 90" geprägt. Die wahlrechtlichen Sonderbedingungen der Bundestagswahl 1990 und der Anpassungszwang an das bundesdeutsche Parteiengesetz aus dem zweiten Staatsvertrag veranlaßten vor allem die kleinen Organisationen „Demokratie Jetzt" und „Initiative Frieden und Menschenrechte" dazu, das NEUE FORUM Anfang 1991 zu Gesprächen zur Fusionsvorbereitung einzuladen, um auf diesem Wege eine realistische Wahlchance für die gesamte Bürgerbewegung zu erhalten. Das NEUE FORUM spaltete sich an dieser Frage. Eine knappe Mehrheit entschied sich im Spätsommer 1991 dafür, eigenständig weiterzubestehen und so die Kontinuität seiner bisherigen Existenz zu manifestieren. Tatsächlich ging dem NEUEN FORUM ein relevanter Teil seiner Mitglieder verloren. Nachdem das gewichtigste Abgrenzungsargument der Vorwurf gewesen war, mit der Bündnis 90-Gründung werde das Bürgerbewegungskonzept verworfen, entschloß sich das verbliebene NEUE FORUM schließlich selber zur Partei-

---

10 Nach den Kommunalwahlergebnissen vom Mai 1990 beurteilt, bildete sie „ein Netz mit vielen kleinen und einigen größeren Löchern" (Wielgohs/Schulz/Müller-Enbergs 1992: 23): am stärksten vertreten in den künftigen Ländern Sachsen und Mecklenburg-Vorpommern (in 10 Prozent der Ortschaften), am schwächsten in Thüringen mit 3 Prozent.

form. Im folgenden blieb die Frage „Wahlbeteiligung" als Frage nach der Spezifik von Strategie und Programmatik einer „Bürgerbewegung" das wiederkehrende Streitthema der Kleinpartei.

Das NEUE FORUM als programmatisch offene und mitgliederstärkste Organisation der Bürgerbewegung war hinsichtlich sozialer Herkunft[11] und politischer Orientierung[12] ihrer Mitgliedschaft stark heterogen. Der Abgang von ca. 1/4 der Mitgliedschaft mit der Entstehung der Forum-Partei im Januar 1990 wird hieran nur wenig geändert haben. Der anfänglich hohe Frauenanteil verschlechterte sich als Folge der aus dem NEUEN FORUM 1989/90 ausgegründeten zahlreichen Fraueninitiativen, aber 1995 wurden immerhin 36 Prozent weibliche Mitglieder gezählt (Baehr 1995). Hinsichtlich der Altersstruktur hat das NEUE FORUM von 1989 (Schulz 1991: 21) bis 1995 (Baehr 1995: XI) einen Anstieg des Altersschwerpunkts zu verzeichnen, vor allem verursacht durch den Wegfall jüngerer Leute. Ferner ist davon auszugehen, daß das NEUE FORUM immer dann Mitglieder verloren hat, wenn konzeptionelle, die Heterogenität des Mitgliederklientels „aktivierende" Entscheidungen getroffen wurden, weshalb die Bundesforen und manche Landesforen als eine „Kette von Spaltungen" bezeichnet worden sind (Strom 1993). Der Mitgliederrückgang von nominell ca. 30.000 im Dezember 1989 auf ca. 1.000 Ende 1994 sowie der Rückgang der Zahl an Regionalverbänden (1990:119; 1993: 54) spiegelt diese Entwicklung (Baehr 1995; „Mitglieder und Regionen"/ Statistik der Bundesgeschäftsstelle) wider.

Anfang 1990 erhielt das NEUE FORUM wie alle Organisationen der Bürgerbewegung eine Anschubfinanzierung der Regierung Modrow. Im folgenden bildeten Wahlantrittsgelder resp. Wahlkampfkostenerstattungen die wichtigste finanzielle Ressource der Organisation. 1990/91 konnte für Stellenplanungen auf ABM zurückgegriffen werden, was mit Eintritt in den Parteistatus nach bundesdeutschem Recht nicht mehr möglich war. 1990 wurden neun von zehn Angestellten entlassen; die regionale Geschäftsführung mußte nun ehrenamtlich geregelt werden. Die finanziellen Ressourcen

---

11 Berlin im Dezember 1989: Hoher Anteil an Mitgliedern mit Hochschul- (50 Prozent) und Fachschulabschluß (21 Prozent), daneben 12 Prozent Arbeiter, 19 Prozent Auszubildende (SchülerInnen, StudentInnen, Lehrlinge) und 10 Prozent andere (Hausfrauen, Handwerker, Freiberufler u.a.) (Schulz 1991: 21) – 1995 (n=212): 52 Prozent mit Abitur, 74 Prozent mit Studium oder aktuell studierend; 71 Prozent Angestellte (Baehr 1995: XII).

12 Gleichwohl sind deutliche Mehrheitstrends in den alternativen und „linken" Bereichen auszumachen: Die Mitgliederbefragung 1995 weist in der Links-Rechts-Verortung per 10er-Skala immerhin 72 Prozent als links/gemäßigt links aus (Pkt.1-4), 25 Prozent liegen bei Pkt.5 und 6 (Mitte), 0 Prozent auf 9 und 10 (rechts). Die Auswertung weist 65 Prozent „Postmaterialisten" und 24 Prozent „postmat/mat.Mischtyp" aus (Baehr 1995: X+IX). In der Bewertung der Parteien – in der sich durch durchgängig niedrige Bewertung eine allgemeine Parteienskepsis zeigt – erreicht Bündnis 90/Grüne die beste Wertung (+1,3), mit Abstand gefolgt von der SPD (-0,1), CDU (-2,0) und PDS (-2.2) – (Baehr 1995: IX).

betrugen 1995 noch ca. 2 Mio DM, von denen ein kleiner Teil als Bundesetat nach verschiedenen Kriterien (z.B. Unterstützung politischer Projekte und Aktionen) eingesetzt wird, der größte Teil liegt in Länderhoheit. Die weitere Acquisition von Wahlkampfgeldern ist in dem Maß begrenzt, wie das NEUE FORUM nicht bzw. nicht chancenreich kandidiert (s.u.). Inwieweit Geldacquisition im Bedarfsfall in der Verantwortung nahestehender Vereine liegen kann, wurde wenig erprobt.

Das NEUE FORUM hat nach dem konstituierenden Programm von Januar 1990 kein neues Programm verabschiedet, sondern stattdessen 1990 im Zuge der Parteiwerdung eine „Erklärung" und 1992 „Grundsätze" beschlossen. Ob das NEUE FORUM ein Programm brauche, war Teil der anhaltenden Strukturierungsdebatte. Einerseits gab es die Auffassung, daß eine Bürgerbewegung kein Grundsatzprogramm benötige (AG Selbstverständnis, in: Protokoll Bernburg I; Mai 1991), andererseits 1995 den Versuch des Thüringer FORUM-Politikers Matthias Büchner, das NEUE FORUM programmatisch als „Bürgerrechtsbewegung" zu profilieren. Den Minimalkonsens formuliert die Parole der Wahlkämpfe 1994: „Macht muß kontrolliert werden", die auf den in der „Wende" konstituierten Anspruch eines Mandatserwerbs ohne Machterwerb im Sinne einer „dritten Kraft" verweist, wodurch Basisdemokratie, Transparenz und eine neue Moral in Politik und Gesellschaft ermöglicht werden sollten. Propagiert wurde die sachorientierte Erörterung auch nicht mehrheitsfähiger Problemlösungsansätze, quer zu Parteilinien und mit der Chance für Minderheiten, Öffentlichkeit zu finden. Das Ziel sollte eine Bürgerbewegung sein, die außerparlamentarisch (im Sinne einer Vernetzung verschiedener Bürgerinitiativen) und parlamentarisch arbeite; dafür sollte „nach außen den Mindestanforderungen des Parteiengesetzes entsprochen" werden, während die „Binnenstruktur (...) nach wie vor eine Plattform für alle (bliebe), die mitarbeiten wollen" (Grundsätze). Damit waren zwei Dilemmata verbunden: Ob die Parteiform in Übereinstimmung mit dem Bürgerbewegungsanspruch gebracht werden könne, und ob das „Plattform"-Konzept der Wendezeit in der Parteiendemokratie möglich sei.

Obwohl das NEUE FORUM einer breiten Themenpalette nachging – z.B. Demokratieforderungen, ostdeutsche Problemlagen, pazifistische und linksalternative Akzente – gelang die programmatische Strukturierung als Organisation aus drei Gründen nicht: 1. Das NEUE FORUM besetzte einen großen Teil der Themen nicht originär, sondern sah sich rasch einem differenzierten Feld politischer und teils professionellerer Akteure gegenüber. 2. Die FORUM-Programmatik – Machtkontrolle, Demokratisierung der Demokratie, Reform des politischen Systems – blieb unter den Bedingungen der liberalen Parteiendemokratie für eine Interessenorganisation zu abstrakt und kaum mobilisierungs- und organisierungsfähig. 3. Das NEUE FORUM als Träger der Vernetzung außerparlamentarischer Initiativen scheiterte em-

Die Organisationen der Bürgerbewegung 163

pirisch, u.a. weil die ostdeutsche Projektelandschaft sich entsprechend der neuen Chancenstruktur professionalisiert und verselbständigt hat.
Die fehlende organisatorische Vereindeutigung des NEUEN FORUM hängt mit starken Beharrungskräften hinsichtlich der tradierten Form und mit einer starken emotionalen Bindung im Sinn eines Heimatgefühls zusammen (65 Prozent der Mitglieder wollten 1995 den Status des NEUEN FORUM nicht ändern; Baehr 1995: X). Hypothesen, warum das NEUE FORUM bis heute überlebt hat, haben sowohl die noch vorhandene kommunalpolitische Präsenz als auch die noch vorhandenen finanziellen Mittel zu berücksichtigen, darüber hinaus aber auch einen oppositionellen Eigensinn, der sich aus DDR-Oppositionserfahrungen vieler Mitglieder speist und auch von jenem Ausharren zehrt, das unter den DDR-Bedingungen als oppositionelles Verhalten und Fähigkeit nötig und zweckmäßig war.
Das NEUE FORUM war an mehreren Wahlen beteiligt. Nachdem es an der Volkskammerwahl 1990 im Wahlbündnis mit „Demokratie Jetzt" und „Initiative Frieden und Menschenrechte" 2,9 Prozent (7 Mandate) errungen hatte, wurde mit 358 Kreistags- und 1.189 der örtlichen Abgeordneten die relativ breite Präsenz des NEUEN FORUM bei den Kommunalwahlen 1990 deutlich (Wielgohs/Schulz/Müller-Enbergs 1992: 19). Zu den Landtagswahlen am 14. Oktober 1990 waren in den neuen Ländern unterschiedliche Bündniskonstellationen zustandegekommen. Die Erfahrungen damit prägten jeweils regional anhaltend die Stimmung gegenüber Bündnis 90 und Bündnis 90/Die Grünen vor allem in bezug auf die Landtagswahlen 1994. Insgesamt hatte das NEUE FORUM in der ersten Legislaturperiode der ostdeutschen Landtage einschließlich Berlin zehn Landtagsmandate in vier Ländern inne. Mit 6,1 Prozent Erst- und Zweitstimmen nahm das NEUE FORUM im Wahlbündnis Die Grünen/ Bündnis 90-BürgerInnenbewegung an der ersten gesamtdeutschen Bundestagswahl 1990 teil und stellte zwei der acht Abgeordneten. 1990 war zwischen Kommunal-, Landtags- und Bundestagswahlen ein Wählerstimmenverlust zu verzeichnen gewesen, ein Trend, der die These stützte, „daß dem Bündnis der Bürgerbewegungen umso höhere Kompetenz zugetraut (wurde), je niedriger die legislative Ebene angesiedelt" war (Wielgohs 1991a: 381). Ferner sprach für diesen Trend, daß bei allen Wahlen eine Differenz zwischen Erst- und Zweitstimmen für die Organisationen der Bürgerbewegungen zu verzeichnen war. An der Europawahl 1994 nahm das NEUE FORUM nach heftigem internem Streit teil und erreichte überraschende 0,3 Prozent (22.566) Zweitstimmen, trat aber nach diesen Wahlkampferfahrungen entgegen ersten Ankündigungen nicht zur Bundestagswahl 1994 an.
In der Bilanz ist der Ansatz, sich als Vernetzer außerparlamentarischer Initiativen anzubieten, weitgehend gescheitert, wenngleich das NEUE FORUM vereinzelt als Veranstalter fungiert. Der mit dem Parteistatus verbun-

dene Anspruch auf parlamentarische Mandate („dritte Kraft") scheiterte vor allem aufgrund der verweigerten realistischen Einschätzung wahlpolitischer Konkurrenzen. Die Parteiform der Gruppierung seit 1991/92 ist m.E. zuallererst zu sehen vor dem Hintergrund der Überforderung: Offensichtlich war die juristische Anforderung zu jenem Zeitpunkt (1991) für die Mitglieder nicht einschätzbar und daher schon gar nicht überschaubar, welche Strukturierungschancen in einem innovativen Sinn sie bieten könnte. Statt eines konstruktiven Umgangs mit der erzwungenen Änderung der juristischen Form hatte für viele Akteure unterschiedlicher Motivation das Gefühl der Statusbedrohung und das Bedürfnis der Bestandssicherung dominiert, was durch die Bürgerbewegungsideologie zu legitimieren versucht worden war. Das NEUE FORUM hatte schließlich u.a. die Funktion von Anlaufstellen für BürgerInnenprobleme, für die sonst keine spezifische Adresse existiert, und war Ansprechpartner für unterschiedliche Anliegen von Protestpolitik. Seine kommunalpolitische Entwicklung müßte gesondert untersucht werden. Insgesamt erodiert die Organisation an der Unklarheit über Handlungsfelder und Interessenfokus.

3. Unabhängiger Frauenverband: „Andere machen Politik für Frauen – bei uns machen Frauen Politik"

Insgesamt sind deutsche Frauenorganisationen kaum zum Gegenstand von Transformationsforschung geworden. Der Unabhängige Frauenverband (UFV) erfreute sich demgegenüber gewisser Aufmerksamkeit vor allem seitens an Frauenbewegung interessierter Forscherinnen, wenn auch deutlich konjunkturell an die Phase seiner öffentlichen Resonanz in der Wende gekoppelt. Nur partiell wurde er im Kontext der Bürgerbewegung allgemein betrachtet (Zimmermann 1992, Hampele 1991, 1995, Hornig/Steiner 1992, Kamenitsa 1993) Die Gründung des UFV hat die Frauengruppen und partielles neues Denken über Frauen in der DDR der 80er Jahre zur Voraussetzung, ohne ihre Fortsetzung zu sein. Die in den 80er Jahren entstandenen Saueninitiativen entwickelten in geraffter Zeit sowohl überregionale Vernetzungen (Frauenkonferenzen und -workshops, Frauentage innerhalb der Kirchentage, überregionale Frauenfeste in Dresden und Jena, Redaktionsgruppen u.a.) als auch interne Differenzierungen (Hampele 1993, Kenawi 1995). Während die Berliner „Frauen für den Frieden", von denen 1983/84 ein starker politischer Impuls zur Selbstorganisation und zum Thema Militarismus und Friedenserziehung ausgegangen war, sich angesichts der sich verschärfenden innenpolitischen Situation bei der Formierung der „allge-

Die Organisationen der Bürgerbewegung

meinpolitischen" Opposition seit Mitte der 80er Jahre in gemischten Gruppen wiederfanden,[13] koordinierten Feministische Theologinnen (überregionaler AK seit 1986) Bewußtseinsbildung und Kirchenkritik unter kirchlichen Mitarbeiterinnen, verselbständigten sich Lesben gegenüber der eben erstarkenden allgemeinen Homosexuellenbewegung (Dauenheimer 1988, Körzendörfer/Schenk 1990); so entstand ein reges Frauengruppen-Leben in Dresden, Berlin und Thüringen. Unter dem Namen „Bürgerinneninitiative Frauen für Veränderung" legte ein Thüringer Kreis von Frauen im September 1989 in einem Offenen Brief an SED-Generalsekretär Honecker ein Reformprogramm unter Bezug auf den konziliaren Prozeß der Kirchen im Hinblick auf Gerechtigkeit, Frieden, Ökologie und Gleichstellung vor. Bei deren Vernetzungstreffen am 2. Dezember 1989 wurden sie durch die Ereignisse in Berlin bereits überholt, insofern hier Frauen aus unterschiedlichen Teilöffentlichkeiten der DDR zusammengetroffen waren und die Gründung einer unabhängigen Frauenorganisation am folgenden Tag – dem 3.12.1989 – vorbereiteten (Veranstaltung der damals neuen Berliner Frauengruppe „lila offensive", 23. November 1989; „Frauen in die Offensive!" 1990). Während einige Frauen die Berliner Initiative engagiert unterstützten, sahen andere einen „Putsch". Erste Differenzen und Differenzierungen waren damit gegeben. Die Gründungsentscheidung nahm bewußt Bezug auf den vier Tage später einberufenen Zentralen Runden Tisch (Merkel 1990: Pkt.8), bei dem die Frauen ein Mandat für die Vertretung ihrer Interessen durchsetzen wollten (und durchsetzten). Der Runde Tisch wurde damit konstitutiv für die Entstehung dieser Organisation. Daneben bestand hinsichtlich der Organisationsstruktur für die Initiatorinnen des UFV von Anfang an „eine große Unsicherheit darüber, wie man sich formieren soll" (Merkel, in taz vom 06.12.89). Prinzipiell existierten konkurrierend die Vorstellungen, einerseits Dachverband – und Quasi-Partei – zu sein, andererseits ein Netzwerk selbsttätiger Gruppen zu etablieren. Der konzeptionelle Widerspruch zwischen beiden wurde nicht gesehen, bildete aber einen internen Verschleißfaktor in der organisationspolitischen Entwicklung.

Die satzungsmäßige Struktur des Gründungsstatuts vom Februar 1990 sah ein rätedemokratisches Modell aus Basisgruppen, Landeskoordinierungsräten und, als höchstem Organ, einem jährlichen Kongreß vor. Ein aus den Regionen gewählter Republik-, später Bundessprecherinnenrat sollte die politische Außenvertretung im Sinne einer Exekutive der Plenardebatten und -beschlüsse leisten. Nach diesem Konzept hat der UFV nicht funktioniert, zumal seine äußeren und inneren Existenzbedingungen sich rapide wandel-

---

13 Z.B. Ulrike Poppe bei der synodalen Initiative „Antrag auf Absage an Praxis und Prinzip der Abgrenzung", die in die Gründung von Demokratie Jetzt mündete, oder Bärbel Bohley bei IFM und später als Gründerin des Neuen Forum.

ten: Mit dem Ende der Rundtischphase reduzierten sich Interventions- und Einflußchancen, die für den jungen UFV konstitutiv gewesen waren, die Frauenvereinigung mußte versuchen, ihre Ziele neu zu definieren. Die Erosionstendenzen der großen Frauenforen 1989/90 und die rasche Entfaltung einer spezifischen, selbständigen Frauenprojekte-Landschaft entzogen zudem dem rätedemokratischen Modell des UFV die Grundlage. Legitimationsprobleme des UFV, Strukturprobleme des Räte-Modells, aber auch eine sich wandelnde feministische Identität der Akteurinnen kamen hinzu. Anstelle des Delegiertenprinzips wurde das Präsenz- bzw. Selbstvertretungsprinzip auch programmatisch vertreten. Dem Bundessprecherinnenrat kamen entgegen allen basisdemokratischen Absichten schon bald die Aufgaben sowohl eines politischen Vorstands als auch der Geschäftsführung zu, was das Gremium überforderte und nach 1992 zu Motivations- und Personalmangel führte. Andererseits dürfte die Tatsache, daß ein Teil der sieben UFV-Kongresse nicht als Quasi-Parteitag, sondern als öffentliche politische Veranstaltung angelegt war, dazu beigetragen haben, daß der UFV durch die Jahre in der Frauenöffentlichkeit auch gesamtdeutsch als frauenpolitischer Akteur wahrnehmbar blieb. Aktuell stellt er einen kleinen ostdeutschen Frauenverein mit einigen dezentralen Verankerungen dar, dessen Binnenstrukturierung und Einbindung ungesichert sind. Er organisierte Debatten und Veranstaltungen und ist Herausgeber der Frauenzeitschrift „weibblick".

Der UFV hat versucht, der Heterogenität interner Interessen und dem Umbruch der Existenzbedingungen und Handlungsfelder durch eine hybride Organisationspraxis zu begegnen, konnte dadurch aber seine Marginalisierung nicht aufhalten. Ein Aufbau als Mitgliederverband hat nicht stattgefunden, zumal die Abwehr gegen Organisierung auch unter ostdeutschen Frauen eher zugenommen hatte. Die Übernahme des Vereinsstatus unter dem Angleichungszwang aus dem Einigungsvertrag (vgl. Protokoll UFV-Kongreß Weimar September 1991) wurde vorrangig als externer Zwang erlebt, demgegenüber die Kontinuität des bisherigen Anspruchs – einschließlich Wahlpolitik – betont wurde. Das Agieren als Quasi-Partei ohne sichernde Bündnispolitik und Strategiedebatte ließ die Mitgliedererosion weitergehen. 1993 unternahm der UFV einen erneuten Versuch, gesamtdeutsch frauenpolitisch in die Offensive zu kommen mittels des Kongresses „Wi(e)der die Vereinzelung". Hier schlug er die Schaffung einer bundesweiten Organisationsform innerhalb der neuen Frauenbewegung vor. Dem folgte die Arbeit an einem politischen Konsenspapier und die Vorbereitung des Internationalen Frauentags 1994 als einem bundesweiten „FrauenStreikTag". Dieser hatte schließlich andere als die antizipierten Wirkungen: Zum einen folgte eine Besinnung auf die Binnenstrukturierung und ein Anlauf zur Reorganisation des Vereins. Zum anderen entstand mit dem Streit um die Organisationsform eine erneute Zersplitterung (neben dem ostdeutschen Verein entstand ein westdeutsches Bündnis, daneben eine neue Frauenpartei).

Es liegen keine „harten" sozialstrukturellen Daten zur UFV-Mitgliedschaft vor. Das Kriterium „Mitgliedschaft" war „bewegungsförmig", da oft Sympathisantinnen statt Beitragszahlungen registriert wurden. Die Vorstellung weitgehender „natürlicher" Interessenhomogenität unter Frauen war spätestens mit der Volkskammerwahl 1990 gescheitert, bei der Frauen kaum anders wählten als Männer. Die „Basis" stellten anfangs Frauen zwischen 25-40 Jahren, die hauptsächlich an einer feministischen Profilierung interessiert waren; der Altersdurchschnitt sank mit den Jahren. Wurde Anfang 1990 von (unrealistischen) ca. 3.000 Mitgliedern ausgegangen, die sich in ca. 20 Gruppen in Berlin und 39 Gruppen über die restlichen Bezirke der DDR verteilten, wurden 1993/94 ca. 700 Verteileradressen angegeben (Recherchen der Verf.); auch diese Zahl lag sicher zu hoch. Um dem relativ hohen Anteil lesbischer Frauen im UFV Rechnung zu tragen, wurde Ende 1992 eine lesbenpolitische Sprecherin gewählt, ohne daß hieraus jedoch explizit lesbenpolitische Initiativen entstanden. Der große Anteil an Wissenschaftlerinnen in der Gründungsphase (in Berlin) ist zurückgegangen, wobei auffällig viele Mitfrauen sich in den vergangenen Jahren per Fachschul- oder Hochschulstudium qualifiziert haben. Seit September 1991 war eine Mitgliedschaft für westdeutsche Frauen möglich, aber das Interesse an der Innovation eines Unabhängigen Frauenverbandes war bereits stark zurückgegangen.

Nach der Anschubfinanzierung für die neuen politischen Vereinigungen durch die Regierung Modrow und der frühen Einsicht, daß Mitgliedsbeiträge nur geringe Summen erbrachten, spielten einerseits Wahlkampfkostenerstattungen, andererseits Stellenfinanzierungen via Zweitem Arbeitsmarkt eine zentrale Rolle für die UFV-Finanzierung. Zuletzt gingen im Herbst 1995 die ausstehenden Wahlkampfkosten aus 1990 in Höhe von 500.000 DM ein. Nachdem der UFV nicht mehr als Partner einer Listenverbindung antreten kann, ist diese Geldquelle künftig für ihn „erschöpft". Abgeordneten-Spenden in insgesamt geringer Höhe gingen auf jeweiliger Landesebene teils zweckgebunden in die Finanzierung konkreter Vorhaben ein. Hinsichtlich des Umgangs mit AFG-Stellen professionalisierten sich die UFV-Akteurinnen ähnlich wie Projekt-Mitarbeiterinnen in Frauenzentren und -häusern. U.a. um weiterhin als Träger entsprechender Stellen fungieren zu können, bemüht sich der Verein aktuell erneut um die Anerkennung der Gemeinnützigkeit. Veranstaltungen finanzierte er häufig in Kooperation mit der Frauen-Anstiftung Hamburg. Ähnlich wie das NEUE FORUM dürfte das Überleben des UFV als Vernetzer und Veranstalter bis dato stark mit der situationsabhängigen Verfügung über finanzielle Ressourcen zusammenhängen.

Der UFV hat nach seinem Gründungsprogramm (Februar 1990) kein Programm mehr verabschiedet, auch nicht im Zusammenhang mit der Programmdebatte beim Satzungskongreß September 1991. Programmatisch stand der UFV für staatsunabhängige – nichtstaatliche – Selbstorganisation, die von einem offenen Politikbegriff ausging: Frauen engagieren sich für ihre Angelegenheiten („Andere machen Politik für Frauen – bei uns machen Frauen Politik"). In das Gründungsprogramm waren heterogene Ansätze eingegangen, vor allem der sozialethische Diskurs mit seiner Orientierung auf Ökologie, Frieden und soziale Gerechtigkeit (Erfurter Bürgerinneninitiative), ein feminismustheoretisch geschulter Zugang zur Frage der Demokratisierung von Gesellschaft (Berliner „lila offensive") und ein reformsozialistischer Ansatz (Merkel 1990).

Der UFV hatte die Funktion übernommen, Themen für einen Prozeß der frauenpolitischen Bewußtseinsbildung in einer sozialen Umwelt zu setzen, in der die Probleme mangelhafter Gleichheit und Demokratie keinesfalls positiv sanktionierter Bestandteil öffentlicher Meinung waren. Sie waren damit auch in Kreisen der Bürgerbewegung teils auf wenig Verständnis gestoßen, u.a. wegen der Präsenz von SED-Frauen sowie des durchaus partiell positiven Bezugs auf gesellschaftliche Regelungen der DDR (Arbeits-, Sozialrecht), die sie als gesellschaftliche Rahmenbedingungen weiblicher Emanzipation in den Blick nahmen. Vor diesem Hintergrund hielten auch UFV-Vertreterinnen die Ablehnung einer staatlichen Vereinigung offensiver aufrecht als andere Organisationen, weil die Frauen dabei „drei Schritte zurück in der Frauenfrage" („Manifest" vom 3.12.1989) hinsichtlich ökonomischer Eigenständigkeit von Frauen, Abtreibungsrecht, Kinderbetreuung etc. antizipierten. Statt dessen wurde eine staatliche Annäherung als wechselseitiger Reformprozeß bevorzugt. Am Abtreibungsthema ist die programmatische Radikalisierung des UFV zu verfolgen: Hatte er im Frühjahr 1990 den Erhalt der DDR-Fristenregelung und ihre Ergänzung durch Beratungsangebote gefordert, übernahm er im Kampf gegen den drohenden §218 die Forderung nach dessen ersatzloser Streichung. Andererseits bilanzierte eine Arbeitsgruppe des UFV, „daß wir uns jetzt – im Unterschied zur Wendezeit – im politischen Tagesgeschäft auf Verhinderungspolitik reduzieren müssen (...), was wir so nie wollten." (AG „Alles Flaute oder was?" 1993). Als Verein erarbeitete sich der UFV kein Programm, sondern einige sich auf Basis des sogenannten schwebenden Konsens (feministisch-politisch, unabhängig/ autonom) auf jeweils temporär zu bearbeitende Themen.

Wahlpolitisch war der UFV 1990 Teil der Wahlbündnisse der Bürgerbewegung auf unterschiedlichen Ebenen (Volkskammerwahl 1990: Listenverbindung mit der Grünen Partei der DDR, 2,0 Prozent, aber keines der acht Mandate infolge Fehlern bei der Listenaufstellung. Kommunalwahlen 1990: ca. 54 Mandate). Zu den Kommunalwahlen 1994 kandidierten neben diversen selbständigen Frauenlisten teils mit UFV-Beteiligung einzelne UFV-Listen (wie in Wittstock), verschiedentlich UFV-Vertreterinnen auf bündnis-grünen Kommunallisten (Rostock, Leipzig, Neubrandenburg); in Weimar traten UFV-Frauen den Bündnis 90/Grünen bei und ließen sich auf diesem Weg wählen. Zu den Landtagswahlen 1990 kandidierte der UFV über unterschiedliche Listenverbindungen in den neuen Bundesländern und Berlin und stellte insgesamt drei Vertreterinnen: Karla Schulze (Sachsen-Anhalt), Cornelia Matzke (Sachsen) und Sibyll Klotz (Westberlin). Für den Bundestag 1990 wurde Christina Schenk über die Listenverbindung Bündnis 90/Grüne gewählt. 1994 zog keine dezidierte UFV-Kandidatin mehr in ein Landes- oder das Bundesparlament ein. Der UFV hat lang am wahlpolitischen Anspruch festgehalten, ohne Entscheidungen zu treffen, mit denen chancenreiche Wahlbeteiligungen denkbar wären. Auch hier kostete die Nichtentscheidung Kraft und Mitglieder.

Der UFV ist, so kann das Fazit lauten, in verschiedener Hinsicht ein Überbleibsel der Chancenstruktur der „Wende" und zehrt von Ressourcen, die im Zuge der Einigungspolitik erreichbar waren. Er bewegt sich zwischen dem Verdikt, „Organisationshülse" zu sein (Bialas/Ettl/Wiesenthal 1992), insofern der ursprüngliche Vernetzungs- und Interessenvertretungsanspruch gescheitert ist, und dem Willen der Akteurinnen, den kleinen überregionalen Verein UFV innerhalb der neuen ostdeutschen Frauenbewegung und innerhalb der erneut organisatorisch fraktionierten gesamtdeutschen Szene als Chance für politische Impulse zu nutzen. Erfolg und Scheitern bleiben abzuwarten.

Literatur

AG „Alles Flaute oder was?": Frauenbewegung Ost Zwischen JetztErstRecht und NieWieder. Referat zum UFV-Kongreß (unveröff.) 1993
Baehr, M..: Mitglieder-Umfrage NEUES FORUM. Manuskript (unveröff.) 1995
Behrens, H./Benkert, U./Hopfmann, J./Maechler, U.: Wurzeln der Umweltbewegung. Die „Gesellschaft für Natur und Umwelt" (GNU) im Kulturbund der DDR. Marburg: BdWi 1993
Bialas, C./Ettl, W./Wiesenthal, H.: Interessenverbände im Transformationsprozeß. Zur Repräsentations- und Steuerungsfähigkeit des Verbändesystems der neuen Bundesländer. AG TRAP Arbeitspapier (unveröff.) 1992
Büscher, W./Wensiersky, P.: Beton ist Beton. Zivilisationskritik aus der DDR. Hattingen: Scandica, 1981
Dauenheimer, K.: Das Schweigen durchbrechen. In: Ev. Akademie Sachsen-Anhalt (Hrsg.): Integration! Aber wie? Homosexuelle 1987 – Fortgesetzte Versuche zur Verständigung. Manuskript (unveröff.) 1988: S.34-46

DGB-Bundesvorstand (Hrsg.): Das NEUE FORUM. Selbstportrait einer Bürgerbewegung. Materialien zur gewerkschaftlichen Bildungsarbeit (unveröff.) 1990

Diehmer, S.: „Die Mauer zwischen uns wird immer größer". In: Meyer, G./Riege, G./Strützel, D. (Hrsg.): Lebensweise und gesellschaftlicher Umbruch in Ostdeutschland. Erlangen/Jena: Palm und Enke/Universitätasverlag, 1992, S. 343-364

Engelhardt, W.: Naturschutz und Umwelt. In: Dreyhaupt, F. J. u.a. (Hrsg.): Umwelthandwörterbuch. Berlin/Bonn/Regensburg: Walhalla-Verlag, 1992, S. 498-502

Findeis, H./Pollack, D./Schilling, M.: Die Entzauberung des Politischen. Was ist aus den politisch alternativen Gruppen geworden? Leipzig: Evang. Verlagsanstalt, 1994

Franke, U.: Geschichte der politisch alternativen Gruppen in der DDR. In: Findeis, H./Pollack, D./Schilling, M.: Die Entzauberung des Politischen. Was ist aus den politisch alternativen Gruppen geworden? Leipzig: Evang. Verlagsanstalt, 1994, S. 14-34

Gensichen, H.-P.: Das Umweltengagement in den evangelischen Kirchen in der DDR. In: Behrens, H./Paucke, H. (Hrsg.): Umweltgeschichte. Wissenschaft und Praxis. Marburg: BdWi, 1994, S. 65-133

Halbrock, C.: Störfaktor Jugend. In: Jordan, C./Kloth, H. M.: Arche Nova. Opposition in der DDR. Das „Grün-ökologische Netzwerk Arche" 1989-1990. Berlin: BasisDruck, 1995, S. 13-32

Hampele, A./Müller-Enbergs, H./Schulz, M./Wielgohs, J.: Zwischen Anspruch, Realpolitik und Verklärung. In: Forschungsjournal Neue soziale Bewegungen 5(1992)1, S. 24-33

Hampele, A.: „Arbeite mit, plane mit, regiere mit" – Zur politischen Partizipation von Frauen in der DDR. In: Helwig, G./Nickel, H. M. (Hrsg.): Frauen in Deutschland 1945-1992. Bonn: Bundeszentrale für politische Bildung, 1993, S. 281-321

Hampele, A.: Der Unabhängige Frauenverband. Neue Frauenbewegung im letzten Jahr der DDR. In: Müller-Enbergs, H./Schulz, M./Wielgohs, J. (Hrsg.): Von der Illegalität ins Parlament. Werdegang und Konzept der neuen Bürgerbewegungen. Berlin: Ch. Links, 1991, S. 221-282

Hampele, A.: Die überregionalen Organisationen, die – außerhalb von Bündnis 90/Die Grünen – aus den Bürgerbewegungen des Herbstes 1989/90 hervorgegangen sind. KSPW-Forschungsbericht (unveröff.) 1995

Hampele, A.: Der Unabhängige Frauenverband. Dissertation (unveröff.) 1996

Haufe, G./Bruckmeier, K. (Hrsg.): Die Bürgerbewegungen in der DDR und in den ostdeutschen Bundesländern. Opladen: Westdeutscher Verlag, 1993

Hey, C./Brendle, U.: Umweltverbände und EG. Opladen: Westdeutscher Verlag, 1994

Hornig, D./Steiner, C.: Auf der Suche nach Bewegung. Zur Frauenbewegung in der DDR vor und nach der Wende (unveröff.) 1992

Jordan, C./Kloth, H. M.: Arche Nova. Opposition in der DDR: Das „Grün-ökologische Netzwerk Arche" 1988-1990. Berlin: BasisDruck, 1993

Jordan, C.: Im Wandel: Ökologiebewegung und Grüne im Osten. In: Haufe, G./Bruckmeier, K. (Hrsg.): Die Bürgerbewegungen in der DDR und in den ostdeutschen Ländern. Opladen: Westdeutscher Verlag, 1993, S. 240-260

Kamenitsa, L.: Social Movement Marginalization in the Democratic Transition: The Case of the East German Women's Movement. Dissertation (unveröff.) 1993

Kenawi, S.: Spurensicherung zur Frauenbewegung der DDR. Projektbericht beim Senat der Stadt Berlin (unveröff.) 1995

Kloth, H.-M.: Grüne Bewegung, Grünes Netzwerk, Grüne Partei: Ein politologischer Versuch. In: Jordan, C./Kloth, H. M.: Arche Nova. Opposition in der DDR: Das „Grün-ökologische Netzwerk Arche". Berlin: BasisDruck, 1993, S. 145-180

Knabe, H.: Politische Opposition in der DDR. In: Aus Politik und Zeitgeschichte B1-2(1990), S. 21-32

Körzendörfer, M./Schenk, C.: Zu einigen Problemen lesbischer Frauen in der DDR. In: Grau, G. (Hrsg.): Lesben und Schwule – was nun? Frühjahr 1989 bis Frühjahr 1990. Berlin: Dietz, 1990, S. 78-84

Kusche, K.: Grüne Liga, Geschichte. In: Grüne Liga e.V. Bundesverband: Grundsätze, Satzung. o.O., 1994, S. 3

Kühnel, W./Sallmon, C. (in Zusammenarbeit mit Gebhardt, T.): Entstehungszusammenhänge und Institutionalisierung der Ökologiebewegung in der DDR. Forschungsbericht der Humboldt Universität Berlin (unveröff.) 1990

Kühnel, W./Sallmon-Metzner, C.: Grüne Partei und Grüne Liga. Der geordnete Aufbruch der ostdeutschen Ökologiebewegung. In: Müller-Enbergs, H./Schulz, M./Wielgohs, J. (Hrsg.): Von der Illegalität ins Parlament. Werdegang und Konzept der neuen Bürgerbewegung. Berlin: Ch. Links Verlag, 1991, S. 166-220

Merkel, I.: Einige Frauen-Fragen an ein alternatives Gesellschaftskonzept oder: Manifest für eine autonome Frauenbewegung. In: Frauen in die Offensive. Berlin: Dietz, 1990, S. 16-30

Mitter, A./Wolle, S. (Hrsg.): Ich liebe euch doch alle! Befehle und Lageberichte des MfS Jan.-Nov.1989. Berlin: BasisDruck, 1990

NEUES FORUM Leipzig: Jetzt oder nie – Demokratie! Leipziger Herbst 1989. Leipzig: Forum-Verlag, 1989

Pollack, D.: Strukturwandlungen der Gruppen, Bürgerinitiativen und Bürgerbewegungen nach der Wende. In: Findeis, H./Pollack, D./Schilling, M. (Hrsg.): Die Entzauberung des Politischen. Was ist aus den politisch alternativen Gruppen geworden? Interviews mit ehemals führenden Vertretern. Leipzig: Evang. Verlagsanstalt, 1994, S. 274-285

Pollack, D.: Was ist aus den Bürgerbewegungen und Oppositionsgruppen der DDR geworden? In: Aus Politik und Zeitgeschichte B40-41(1995), S. 34-45

Probst, L.: Ostdeutsche Bürgerbewegungen und Perspektiven der Demokratie. Köln: Bund Verlag, 1993

Rink, D.: Neue Bewegung im Osten? Zur Entwicklung im ostdeutschen Bewegungssektor nach dem Ende der Bürgerbewegungen. In: Forschungsjournal Neue Soziale Bewegungen 8(1995)4, S. 20-26

Rüddenklau, W.: Eine dezentrale Umweltorganisation? Zur Geschichte und Gegenwart der Grünen Liga. In: telegraph 12(1994), S. 23-29

Rüddenklau, W.: Störenfried. DDR-Opposition 1986-89. Berlin: BasisDruck, 1992

Schulz, M./Wielgohs, J.: Die revolutionäre Krise am Ende der 80er Jahre und die Formierung der Opposition. Expertise für die Enquete-Kommission des Bundestags (unveröff.) 1994

Schulz, M.: NEUES FORUM. Von der illegalen Opposition in die legale Marginalität. In: Müller-Enbergs, H./ Schulz, M./Wielgohs, J. (Hrsg.): Von der Illegalität ins Parlament. Werdegang und Konzept der neuen Bürgerbewegungen. Berlin: Ch. Links Verlag, 1991, S. 11-104

Storm, D.: Das Dilemma.... In: Sonderbulette, 4.11.1993

Weißhuhn, R.: Die Bürgerbewegungen der ehemaligen DDR im Jahr 1991. In: Haufe, G./Bruckmeier, K. (Hrsg.): Die Bürgerbewegungen in der DDR und in den ostdeutschen Bundesländern. Opladen: Westdeutscher Verlag, 1993, S. 159-191

Wensierski, P.: Die Gesellschaft für Natur und Umwelt – Kleine Innovation in der politischen Kultur der DDR. In: Redaktion Deutschland-Archiv (Hrsg.): Umweltprobleme und Umweltbewußtsein in der DDR. Köln: Verlag Wissenschaft und Politik, 1985, S. 151-168

Wensierski, P.: Von oben nach unten wächst gar nichts. Umweltzerstörung und Protest in der DDR. Frankfurt/Main: Fischer, 1986

Wielgohs, J./Schulz, M./Müller-Enbergs, H.: Bündnis 90. Entstehung, Entwicklung, Perspektiven. Ein Beitrag zur Parteienforschung im vereinigten Deutschland. Berlin: Sonderausgabe Initial/Berliner Debatte, 1992

Wielgohs, J.: Auflösung und Transformation der ostdeutschen Bürgerbewegung. In: Deutschland Archiv 26(1993)4, S. 426-434

Wilkens-Friedrich, W.: Die Beziehungen zwischen NEUEM FORUM und Gewerkschaften am Beispiel Berlin – Eine Fallstudie zum Verhältnis von neuen zu alten sozialen Bewegungen. Berliner Arbeitshefte und Berichte zur sozialwissenschaftlichen Forschung 87, 1994

Zimmermann, K.: Neue DDR-Frauenbewegung im Übergang vom administrativen Zentralismus zum bürgerlichen Pluralismus. In: Faber, C./Meyer, T. (Hrsg.): Unterm neuen Kleid der Freiheit das Korsett der Einheit. Auswirkungen der deutschen Vereinigung für Frauen aus Ost und West. Berlin: Edition Sigma, 1992, S. 153-172

Die Rathausparteien

Hiltrud Naßmacher

Zum Zeitpunkt der Wende konnten die verschiedenen Gruppierungen auf der örtlichen Ebene auf unterschiedliche Vorläufer zurückgreifen: die ausdifferenzierten Organisationen der Blockparteien, die sich in einen Selbsttransformationsprozeß begaben, und die oppositionellen Gruppen der ehemaligen DDR, die sich als Bürgerbewegungen und neue Parteien formierten. Diese Phase ist auch durch eine sehr große Ausdifferenzierung der Parteienlandschaft gekennzeichnet (Niedermayer/Stöss 1994: 15ff.). Zwar haben die ersten freien Wahlen des Jahres 1990 schon einen ausgesprochen strukturierenden Einfluß gehabt. Dennoch war das Parteiensystem auf der kommunalen Ebene nach der ersten Kommunalwahl, durchgeführt nach dem Kommunalwahlgesetz der DDR, sehr breit gefächert. In den Räten hatten noch Neues Forum, Bündnis 90, Grüne, Vereinigte Linke, Unabhängiger Frauenverband nebeneinander ihre Sitze. Weiterhin waren noch kleine Bewegungen und Splitterparteien sowie Einzelbewerber eingetreten. Dafür lassen sich drei naheliegende Begründungen finden:

- im Wahlsystem fehlte eine Sperrklausel;
- die bundesweit agierenden Parteien waren erst dabei, eine ortsnahe Organisation aufzubauen oder solche von ehemaligen Blockparteien der DDR zu übernehmen;
- die neuen Parteien befanden sich erst in der Entstehungsphase, und das Parteiensystem hatte sich noch nicht stabilisiert.

Zum Zeitpunkt der Durchführung der zweiten Kommunalwahl hatten Gebietsreformen stattgefunden, die auch die Gemeindezahl reduzierten. Auch die in den einzelnen Bundesländern verabschiedeten neuen Kommunalwahlgesetze brachten wesentliche Veränderungen mit sich. Generell wird von einer Konzentration des Parteiensystems auf der örtlichen Ebene ausgegangen. Wie weit diese im einzelnen vorangeschritten ist, scheint allerdings noch unklar, die Ursachen dafür sind keineswegs erforscht. Jedenfalls kann auch hier die Einführung der 5-Prozent-Klausel in manchen Wahlgesetzen herangezogen werden, so in Mecklenburg-Vorpommern, Sachsen-Anhalt und Thüringen. Sachsen und Brandenburg verzichteten nach wie vor darauf.

Besonders solche Gruppierungen, die nicht an Landes- und Bundesorganisationen angeschlossen waren, schienen gefährdet zu sein. Dazu zählen insbesondere die politischen Gruppierungen, die sich nur in einer Stadt um Mandate bewerben und sich bewußt als örtliche Alternative zu Parteien verstehen. In den alten Bundesländern sind ihre Benennungen unterschiedlich. So treten sie als Wählergemeinschaften, Wählervereinigungen, Wählergruppen, Wahlvereinigungen, Rathaus-, Kommunalparteien oder einfach als Unabhängige auf (Stöss 1983: 2393f.). Während für Hessen Anfang der 60er Jahre lockere Zusammenschlüsse typisch waren (Rüdiger 1966: 157), sind für Süddeutschland Wählergemeinschaften typisch (Stöss 1983: 2403). Eine andere Typologie hebt auf die Entstehungsbedingungen von Wählergemeinschaften ab. So unterscheiden Becker/ Rüther Wählergemeinschaften als vorparteiliche Erscheinungen in Gemeinden, in denen sich Parteien nicht an Wahlen beteiligen, Wählergemeinschaften als Gegenliste zur einzig vertretenen Partei oder zur dominanten Partei und Wählervereinigungen als Listen einzelner örtlicher Bevölkerungskreise, die sich nicht genügend von Parteien und/oder anderen Wählervereinigungen vertreten fühlen (Becker/Rüther 1976: 294f., zu unterschiedlichen Titeln s.a. Kaack 1972: 138). Der Verbreitung von solchen Parteialternativen[1], ihren Zielvorstellungen sowie den Entstehungsbedingungen und Überlebenschancen soll hier im einzelnen nachgegangen werden.

1. Parteien und Kommunalpolitik

Nach der Wende lebte in den neuen Bundesländern, verstärkt durch die Gemeinwohlorientierung des alten Systems, die Ideologie wieder auf, daß es auf der kommunalen Ebene vor allen Dingen um die Bewältigung von drängenden Sachfragen zum Wohle der Bürger gehe. In dieser Vorstellung haben Parteien, die dazu da sind, unterschiedliche Konfliktlinien zu profilieren, keinen Platz. Parteien gelten eher als störend, sie sind diejenigen, die den örtlichen Frieden untergraben.

Ein darin zum Ausdruck kommendes Harmoniebedürfnis wurde für die alten Bundesländer vor allem in kleinen Gemeinden des ländlichen Raumes angenommen. Hier war es durchaus üblich, daß Mitglieder von Gemeinderäten ihre Parteilichkeit verleugneten und sich nur als Personen zur Wahl

---

1   Im folgenden Text werden dafür auch die in den Statistiken zu findenden Begriffe „Wählergemeinschaften und Sonstige" verwendet.

Die Rathausparteien

stellten. In den neuen Bundesländern sind die kleinen Gemeinden und ländliche Räume dominant. Auch nach der kommunalen Verwaltungs- und Gebietsreform überwogen sie bei weitem. Denn in den neuen Ländern wurde überwiegend der Tatsache Rechnung getragen, „daß das Engagement vieler Bürger unmittelbar nach der Wende nicht durch Auflösung der Selbstverwaltungskörperschaften bestraft werden sollte" (Schmidt-Eichstaedt 1993: 8).[2]

Auch die Selbstverwaltungsideologie mit der Betonung der Verwaltung, vor allen Dingen von Verwaltungsmitarbeitern tradiert, die in der Zeit der Wende eindeutig in den Politikprozessen dominierten, verstellt den Parteien als Interessenvermittlungsinstitutionen eher ihr Betätigungsfeld. Weiterhin mag auch die allgemeine Parteienverdrossenheit, die seit der Wende in Gesamtdeutschland zu eskalieren schien, dazu beigetragen haben, daß Parteien generell und dem Parteienangebot mit Etiketten, die auf Bundes- und Landesebene etabliert sind, eher mit Skepsis begegnet wurde. Im Hinblick auf die Bundes- und Landesebene scheint sich dies eher in Wahlenthaltung zu manifestieren. In Städten und Gemeinden kann dies aber auch gute Erfolgsbedingungen für Parteialternativen bieten, wie sie die Rathausparteien darstellen. Die Frage ist nur, ob sich diese gegenüber den organisatorisch verfestigten Parteien behaupten konnten. Vielen Beobachtern und Praktikern der kommunalen Ebene galten sie jedenfalls auch in den alten Bundesländern „als dem Wesen" der örtlichen Verhältnisse „gemäßer" (Lintz 1973: 157f., Purcal 1993: 17) und der Parteieneinfluß als schädlich (Trachternach 1974: 9).

Diese generellen Hypothesen täuschen darüber hinweg, daß auch für die alten Bundesländer bislang kaum empirische Studien über die Funktionsweise der Parteien auf der kommunalen Ebene vorliegen. Bei den wenigen Arbeiten handelt es sich in der Regel um Fallstudien, z.B. zu Köln (Scheuch/Scheuch 1992) oder für ausgewählte Gemeinden Niedersachsens (Naßmacher/Rudzio 1978; Derlien/Queis 1986; Suckow 1989). Wenig Genaues läßt sich auch über die Ausbreitung von Parteien und Wählergemeinschaften sagen. Insgesamt scheint die Vielfalt der Parteien auf der kommunalen Ebene größer zu sein als auf der Landes- und Bundesebene. Mit der kommunalen Verwaltungs- und Gebietsreform war in den alten Bundesländern vielfach ein Konzentrationsprozeß der Parteienlandschaft verbunden und die sonstigen Gruppierungen auf der kommunalen Ebene wurden unbedeutender. Selbst in kleineren Orten faßten die bundesweit agierenden Parteien Fuß (Derlien/Queis 1986). Dagegen waren Ende der 60er/Anfang der 70er Jahre Wählergemeinschaften und -gruppierungen in Gemeinden zwischen 750 und

---

2   Mecklenburg-Vorpommern und Brandenburg schloß kleine Gemeinden zu Ämtern zusammen. Sachsen, Sachsen-Anhalt und Thüringen bildeten Verwaltungsgemeinschaften. Aber auch Zusammenschlüsse von Gemeinden sind im Gange (Bullmann/ Schwanengel 1995: 216ff.)

2.000 Einwohnern vollwertige Konkurrenten der großen Parteien gewesen (Kaack 1972: 141). In Bundesländern mit besonders hoher Zahl von kleinen Gemeinden konnten Wählergemeinschaften die meisten Stimmen auf sich vereinigen. Dies gilt für Baden-Württemberg, Rheinland-Pfalz und Bayern. Mittlere Erfolge ließen sich in den Ländern Hessen und Niedersachsen erzielen. In Nordrhein-Westfalen dominierten dagegen bereits 1969 die Bundesparteien auf der kommunalen Ebene.

Bei der Betrachtung der Mandatsverteilung fallen die Ergebnisse für die Wählergemeinschaften noch positiver auf. Dies ist deshalb der Fall, weil die Zahl der kleinen Gemeinden bis vor der kommunalen Verwaltungs- und Gebietsreform noch deutlicher dominierte und die Zahl der zu vergebenden Sitze in den kleinen Gemeinden verglichen mit der Stimmenzahl erheblich höher ist als in großen Städten (Naßmacher 1995).

Die Aktualisierung der Ergebnisse läßt sich nur mit großem Forschungsaufwand erreichen. Dies ist auch deshalb der Fall, weil die Abgrenzung von Wählergemeinschaften und Parteien in Statistiken zwar eindeutig erscheint. Wehling verweist aber zurecht unter Hinweis auf die Forschungsergebnisse von Köser/Caspers-Merk darauf, daß manche Wählervereinigung eine versteckte Parteiliste ist (Wehling 1991: 152, Köser/Caspers-Merk 1987: 28). Die Statistischen Jahrbücher deutscher Gemeinden erfassen nur 14,6 Prozent der Gemeinden der alten Bundesländer, in denen allerdings ca. 75 Prozent der Bevölkerung wohnt. Für die neuen Bundesländer ist diese Grundlage noch weniger geeignet: Nur 2,8 Prozent der Gemeinden (Stand 1992) sind erfaßt, in denen etwa die Hälfte der Bevölkerung wohnt. Für allgemeine Trendaussagen muß daher zwangsläufig auf die differenzierten Wahlergebnisse der Statistischen Landesämter zurückgegriffen werden, die infolge des Superwahljahres in den neuen Bundesländern für Brandenburg und Sachsen zuerst für die kreisangehörigen Gemeinden vorlagen.

2. Bedeutung von Parteialternativen

Für die quantitative Ausbreitung von Parteialternativen wurden vor dem Hintergrund der Wahlergebnisse aus den alten Bundesländern bisher folgende Hypothesen formuliert:

Die erste bezieht sich auf die Stadtgröße und die Lage der Städte im Raum: Wählergemeinschaften spielen in kreisfreien Städten und in den Ballungsräumen kaum eine Rolle. Diese These läßt sich durch die Analyse der aktuellen Wahlergebnisse aus Nordrhein-Westfalen bestätigen. Obwohl Wählergemeinschaften kandidieren, gelingt es ihnen selten, Mandate zu erlangen. Daß Wählergemeinschaften vor allen Dingen in kleinen Städten und am Ballungsrand, aber vor allem im ländlichen Raum besonders stark sind, läßt sich mit Hilfe des aktuellen Zahlenmaterials vom Saarland und Rheinland-Pfalz bestätigen (Naßmacher 1995).

Die zweite Hypothese bezieht sich auf institutionelle Rahmenbedingungen, vor allem das Wahlsystem/Wahlverfahren: Größere Wahlmöglichkeiten der Wähler bei der Abstimmung scheinen kleine Parteien zu begünstigen. In allen Bundesländern wird nach Verhältniswahl gewählt, wobei in Hessen die reinste Form angewandt wird, in Nordrhein-Westfalen eine Personalisierung (vergleichbar der Bundesebene) erfolgt, und in den meisten Ländern (auch in den neuen) die Möglichkeit zum Kumulieren und Panaschieren eingeräumt wird. Günstig für kleine Parteien sind weitere institutionelle Rahmenbedingungen, so der Verzicht auf eine 5-Prozent-Klausel (in drei der neuen Bundesländer gibt es eine solche, in Brandenburg und Sachsen nicht). Auch die Vergabe der Mandate nach Hare-Niemeyer ist günstig für kleine Gruppierungen. Schließlich wirkt sich auch positiv oder negativ aus, unter welchen Bedingungen Einzelbewerber kandidieren können und ob Listenverbindungen gestattet sind.

Wie die aktuellen Wahlergebnisse aus Rheinland-Pfalz zeigen, scheint die größere Wahlfreiheit der Wähler (seit 1987 so viele Stimmen, wie Mandate zu vergeben sind) die Parteialternativen zu begünstigen. Dies kann aber auch – so die dritte Hypothese – auf die langfristige Abkehr der Wähler von den bisherigen Parteien zurückzuführen sein. Anfang der 80er Jahre hat das den Grünen genützt. Heute könnte sich ein Vertrauensverlust der etablierten Parteien in einer Ausdifferenzierung der Mitte und des rechten Spektrums niederschlagen.

Die vierte Hypothese bezieht sich auf die politische Kultur. Wählergemeinschaften haben aufgrund dieser Hypothese eine besondere Resonanz in Baden-Württemberg. Tatsächlich gibt es zwischen Baden-Württemberg und Nordrhein-Westfalen erhebliche Unterschiede im Hinblick auf die Wählerresonanz von Parteialternativen (Naßmacher 1995).

Die hier vorgestellten Hypothesen sollen nun für die neuen Bundesländer überprüft werden. Dabei mußten die kleinräumigen Analysen auf die Bundesländer beschränkt werden, für die zuerst differenzierte Ergebnisse bis auf die Gemeindeebene vorlagen.

2.1 Brandenburg

In Brandenburg sind in Städten mit über 10.000 Einwohnern in allen Räten 1992 mindestens 5 Gruppierungen vertreten (CDU, SPD, FDP, PDS, Grüne oder Wählergemeinschaft). Dabei bietet die Einwohnerzahl der Städte keine Orientierung für eine stärkere oder schwächere Ausdifferenzierung des Parteiensystems der im Rat vertretenen Gruppierungen. In den Städten mit über 50.000 Einwohnern (das sind 5 mit 19,2 Prozent der Einwohner Brandenburgs, darunter die 4 kreisfreien Städte), sind immer auch sonstige Gruppierungen in den Räten zu finden.

Betrachtet man die Gemeinden mit unter 500 Wahlberechtigten, das sind in Brandenburg mehr als 1.000 Gemeinden mit einem Zehntel der Bevölkerung, so läßt sich sagen, daß dichter besiedelte Gebiete mehr Parteienwettbewerb[3] aufweisen als die dünner besiedelten. Generell bestätigt sich für Brandenburg die Hypothese, daß einzelne bundesweit agierende Parteien in Gemeinden mit unter 500 Wahlberechtigten eher entweder als einzelne Partei am Ort gegen Wählergemeinschaften oder sonstige Gruppierungen (u.a. Einzelbewerber) konkurrieren, sehr schwach vertreten oder gar nicht existent sind, dagegen Wählergemeinschaften und Einzelbewerber viele Sitze haben.

In Städten mit über 10.000 Einwohnern gibt es solche mit starken und schwachen Wählergemeinschaften. In Städten dieser Größe, das sind in Brandenburg insgesamt 47 mit 52,1 Prozent der Einwohner, zeigt sich im Vergleich zu den ersten freien Wahlen bei gleichem Wahlverfahren noch eine stärkere Ausdifferenzierung durch die Kommunalwahl 1993 (Naßmacher 1995). In dieser Wahl hat die FDP regelmäßig Sitze verloren. In 8 Städten ist sie überhaupt nicht mehr im Rat vertreten. Bei den Wählergemeinschaften läßt sich eher eine Zunahme der Mandate erkennen. Generell kann gesagt werden, daß zwischen der Stärke der PDS und den Wählergemeinschaften kein Zusammenhang besteht: Die PDS hat nicht auf Kosten von Wählergemeinschaften Mandate gewonnen. Bei Mandatsgewinnen durch Wählergemeinschaften waren Gruppierungen betroffen, die mit Bundesetikett antraten.

2.2 Sachsen

Die Situation in Sachsen ist dadurch anders, daß hier die Zahl der kleinen Gemeinden viel geringer ist als in Brandenburg. Im Vergleich zu Brandenburg haben 1994 nur ein Fünftel soviele Gemeinden 500 und weniger Wahlberechtigte, 1992 war die Zahl noch ca. doppelt so hoch. In diesen Gemeinden gibt es etwas mehr Parteienwettbewerb als in Brandenburg. 64 Städte in Sachsen zählen mehr als 10.000 Einwohner. In 31 davon sind Mandatsträger von Bündnis 90/Grüne in den Räten vertreten. Wählergruppierungen und Sonstige sind in 6 Städten mit ihrem Mandatsanteil dem der stärksten Partei

---

3 D.h., daß mindestens 2 Gruppierungen mit Bundes- oder Landesetikett gegeneinander antreten.

(CDU) vergleichbar. Weiterhin gibt es Städte mit sehr starken und sehr schwachen Wählergemeinschaften.

Betrachtet man die Lage der Städte mit über 10.000 Einwohnern im Raum, die quantitativ starke bzw. schwache Wählergemeinschaften und sonstige Gruppierungen in den Räten haben, so befinden sich solche mit vielen Wählergemeinschaften und Sonstigen neben anderen mit sehr schwacher Repräsentanz dieser Gruppierungen. Das gleiche gilt auch für Gemeinden mit weniger als 500 Wahlberechtigten. Hier ist der Parteienwettbewerb in unmittelbarer Nachbarschaft von großen Städten nicht stärker ausgeprägt. Dies gilt aber in dichter besiedelten Gebieten, z.B. im Kreis Chemnitzer Land. Die These von der Ausbreitung der überregionalen Parteiensysteme von den Zentren her in den ländlichen Raum läßt sich also für Sachsen nur bedingt bestätigen. Es kommt auch auf die Besiedlungsdichte des Umlandes an.

Damit ist aber auch für Sachsen eine weitere wichtige These, die für die alten Bundesländer empirisch verifiziert werden konnte, zutreffend. Auch hier sind Parteien in kleinen Gemeinden selten vertreten. Bei der Betrachtung der Gemeinden mit unter 500 Wahlberechtigten gibt es nur in 21 Prozent der Gemeinden Parteienwettbewerb. Die anderen Gemeinden haben entweder nur eine dominante Partei, die mit Einzelbewerbern konkurriert, oder überhaupt keinen Wettbewerb. Dagegen liegen die Hochburgen der Wählergemeinschaften in kleinen Gemeinden.

3. Qualitative Analysen

Für die beiden Bundesländer Brandenburg und Sachsen gilt, wie schon erwähnt, daß sie keine 5-Prozent-Klausel haben, also der Parteienwettbewerb von den institutionellen Bedingungen her ähnlich gestaltet ist wie bei der ersten freien Wahl. In Brandenburg werden zudem die kleinen Parteien durch die Verteilung der Mandate nach Hare-Niemeyer begünstigt, während Sachsen das d'Hondsche Verfahren verwendet. In Brandenburg sind zudem Listenverbindungen möglich und Einzelbewerber zugelassen, während es in Sachsen keine Listenverbindungen und keine Einzelbewerber gibt. Die Zahl der Unterschriften für neue Gruppierungen ist niedrig, sie müssen allerdings beim Wahlvorstand erbracht werden.

3.1 Untersuchungsdesign

Die Auswahl der Untersuchungsstädte für die folgende Analyse erfolgte hypothesengeleitet, wobei als Auswahlkriterien die Stadtgröße, die Lage der Stadt im Raum und die Stärke/Schwäche von Parteialternativen eine Rolle spielten. Damit sollten unterschiedliche Wettbewerbsbedingungen abgebildet werden. Neben diesen Auswahlkriterien spielte auch die Kooperationsbereitschaft der Städte eine Rolle. Zur Vorbereitung der Untersuchung wurden geeignete Städte Brandenburgs und Sachsens angeschrieben und sie um Informationen zur Zusammensetzung des Rates gebeten. Von 41 geeigneten und angeschriebenen Städten haben nur 22 Informationen zur Zusammensetzung des Rates geschickt bzw. waren aufgrund telefonischer Rückfrage bereit, entsprechende Informationen zu geben.

In die Untersuchung einbezogen wurden sechs Industriestädte mit eigenem Siedlungsschwerpunkt, davon vier in Brandenburg und zwei in Sachsen, wobei in jeweils einer Stadt der beiden Bundesländer Wählervereinigungen und Sonstige quasi bedeutungslos sind. Als weitere Untersuchungsstädte wurden solche in Ballungsrandlagen gewählt, und zwar jeweils vier in Brandenburg und Sachsen. Jeweils zwei davon hatten keine Parteialternativen im Rat. Die weiteren untersuchten Städte können als Kleinstädte im ländlichen Raum bezeichnet werden. Von den acht untersuchten Städten hatten alle vier aus Sachsen Parteialternativen im Rat. Dagegen gab es in zwei brandenburgischen Untersuchungsstädten keine Parteialternativen im Rat.

Da die Forschungsressourcen minimal waren, mußte sich die Untersuchung zwangsläufig auf Telefoninterviews mit Hilfe eines Leitfadens begnügen. In den ausgewählten Städten wurden mindestens zwei, maximal vier Interviews mit Fraktionsvorsitzenden durchgeführt. Dabei wurden immer Repräsentanten der Parteialternativen/Wählergemeinschaften berücksichtigt. Nur in einer Stadt hatten diese kein Telefon und konnten deshalb nicht erreicht werden. Bei den sonstigen Fraktionsvorsitzenden wurde nach dem Zufallsprinzip verfahren. Bei den Interviews ging es um Selbst- und Fremdeinschätzungen der Gruppierungen. Im einzelnen wurden in den Leitfadeninterviews folgende Fragen angesprochen: die Entstehungsbedingungen der Gruppierungen, die Zusammensetzung der Fraktionen, die personelle Kontinuität in der Ratsarbeit, besondere Probleme der Gruppierungen, der Einfluß auf die Gruppierungen aus den alten Bundesländern, die Einordnung der Gruppierungen im Parteienspektrum, die Zielvorstellungen der Gruppierungen in der Kommunalpolitik, überörtliche Kontakte der Gruppierungen und die Kooperation der Parteien/Gruppierungen im Rat. Insgesamt wurden 57 Interviews durchgeführt.

3.2 Befunde

3.2.1 Allgemeine Charakteristik von Parteialternativen

Gemeinsam ist allen Wählervereinigungen, daß sie nur auf der örtlichen Ebene wirken wollen. Überörtliche Zusammenschlüsse waren z.T. nicht bekannt oder wurden eher in einer möglichen zukünftigen Rolle erwähnt. Nur ein einziges Mal sprach ein Interviewpartner den Zusammenschluß und eine Geschäftsstelle der Freien Wähler in Dresden an. Für Brandenburg wurden landesweite Bemühungen des Bürgerbündnisses unter Federführung des ehemaligen Bündnis 90-Abgeordneten Noocke erwähnt. Diesen Aktivitäten wurde aber keine weitere Bedeutung beigemessen. Werbeversuche durch überörtliche Gruppierungen, z.B. durch die Statt-Partei, haben teilweise stattgefunden, wurden aber von allen Interviewten zurückgewiesen.

Bei der Verortung im Parteienspektrum taten sich die Befragten der Wählervereinigungen, die häufig als Freie Wähler (FWV) firmieren, besonders schwer. In der Regel ist es aber eindeutig, daß die Wählervereinigungen den alten Mittelstand repräsentieren. Von Außenstehenden wurden die Gruppierungen eher als CDU- oder FDP-nah eingestuft. Die Interviewten der Wählervereinigungen wollten eine solche Einordnung für sich nicht vornehmen und verwiesen darauf, daß sie parteiübergreifend agieren. Dabei verstehen sie sich auch als Sammelbecken für Unzufriedene aus verschiedenen Parteien. Die Parteienverdrossenheit kann dabei zwei Ursachen haben. Sie ist einerseits begründet aus dem Frust über die alten Blockparteien, die sich sehr schnell an die neuen Verhältnisse angepaßt haben und dabei zuweilen noch das alte Personal in ihren Reihen dulden. Andererseits ist das Unbehagen aber auch dadurch bedingt, daß sich die Aktivisten Demokratie auf der örtlichen Ebene anders vorgestellt haben, z.B. ohne Fraktionszwang.

Typische Beispiele für obigen Befund bieten die zwei Industriestädte in Sachsen. So repräsentiert in der einen das einzige Ratsmitglied der FWV den bodenständigen Mittelstand. Die Initiative eines DSU-Repräsentanten in der anderen, als Freie Wähler bei den Kommunalwahlen unter Präsentation von Kandidaten des bürgerlichen Lagers anzutreten, scheiterte nur an personellen Querelen. Hinweise darauf, daß eigenständige Gruppierungen von Parteien verhindert wurden, kamen immer von CDU oder FDP-Fraktionsvorsitzenden. Zuweilen versteht sich auch die FDP als eine Gruppierung, die auf der örtlichen Ebene keine Parteipolitik machen will und insofern den Zielvorstellungen der Wählervereinigungen sehr ähnlich ist.

Eine weitere Gemeinsamkeit aller Wählergemeinschaften ist es, daß sie durch Personen und nicht so sehr als Organisationen bekannt sein wollen. Die Kommunalwahlen gelten den Repräsentanten als Persönlichkeitswahlen.

Neben diesen Gemeinsamkeiten gibt es jedoch bei den Rathausparteien eher große Unterschiede. Diese betreffen vor allen Dingen die Entstehungsbedingungen.

3.2.2 Entstehungsbedingungen

Bei der vergleichenden Analyse der Interviewprotokolle kristallisieren sich drei Ursachen für die Entstehung von Parteialternativen heraus. Die Zuordnung der einzelnen Gruppierungen in den einzelnen Städten ist dabei nicht immer eindeutig, obwohl sich in der Regel ein Schwerpunkt abzeichnet. Zuweilen mußte aber auch eine doppelte Zuordnung vorgenommen werden. Als Sonderfall stellt sich die einfache Umbenennung dar (1 Fall). Häufiger sind die Gruppierungen neu mit unterschiedlichen Ausgangsbedingungen (11 Fälle), oder sie haben sich als Abspaltung aus einer etablierten Partei ergeben (6 Fälle). In den Städten, in denen die Wählergruppierungen nicht existent sind oder eine sehr geringe Rolle spielen, ist das in der Regel auf die seit der Wende in den politischen Prozeß eingebundenen Parteien und Gruppierungen zurückzuführen, die das gegebene Potential integrieren konnten.

3.2.2.1 Umbenennung versus Integration

Den Ausnahmefall unter den untersuchten Städten bildet die Umfirmierung der DSU in einer sächsischen Stadt in Ballungsrandlage. Hier hat der amtierende Bürgermeister innerhalb der vorigen Wahlperiode die DSU in FWV umbenannt. Diese Maßnahme richtete sich vor allen Dingen gegen den Fraktionszwang. Die DSU hatte vorher eine Koalitionsabsprache mit der CDU. Der Erfolg der FWV bei der letzten Kommunalwahl ist offenbar nur dem Bürgermeister zu verdanken. Es wurde von sogenannten „Schleppmandaten" gesprochen. Der Bürgermeister war als Arzt für Allgemeinmedizin schon sehr bekannt und konnte seine Popularität durch die Führung des Bürgermeisteramtes noch weiter ausbauen. Den kurzen Ausflug in die Parteipolitik haben ihm die Wähler nicht übel genommen.

Diese Erfolgsstory ist offensichtlich in Sachsen so bekannt, daß verschiedene Interviewpartner die DSU als Ursprung für die Wählervereinigungen oder Freien Wähler in Sachsen ansahen. Dies ist aber keineswegs bei den untersuchten Städten das übliche Muster gewesen. Vielmehr ist die DSU zuweilen untergegangen, in anderen Städten ist der Ortsverband der DSU in der CDU aufgegangen, und an eine Umfirmierung als Freie Wähler wurde bei der DSU nicht gedacht. In einer der Industriestädte Sachsens hat die DSU nach wie vor drei Mandate im Rat. Diese Remanenz wird allerdings heute eher skeptisch beurteilt: Die Aktivisten der DSU hätten wohl den Absprung verpaßt. Möglicherweise hatten aber auch bereits andere Initiatoren

Die Rathausparteien

das Etikett Freie Wähler für sich adaptiert, so daß der Ausweg einer Umfirmierung nicht blieb. Ein Anschluß an die CDU galt u.a. deshalb als problematisch, weil die CDU ihre „Altlasten" noch nicht bewältigt hatte. In der zweiten Industriestadt Sachsens wurde die DSU zunächst in CSU umbenannt (1991). Auch im Kreis gibt es die DSU seit 1991 nicht mehr. Die CSU wurde 1994 aufgelöst, einen Teil der Kandidaten nahm die CDU auf ihre Liste als Parteilose.

Damit ist bereits die Integrationskraft anderer Parteien mit ähnlichen Zielvorstellungen angesprochen. In der Tat scheint es so zu sein, daß vor allen Dingen DSU-Alleingänge durch die CDU verhindert wurden. Dadurch blieb das Potential für die Freien Wähler schwach. Dies ist beispielsweise in der zweiten Industriestadt Sachsens der Fall. Hier haben die Freien Wähler nur ein Mandat. Scheinbar hat auch die Kirche dazu beigetragen, daß Parteialternativen, z.B. eine katholische Arbeiterpartei, nicht zustande kamen. Die Kirchenleitung hatte vor Weimarer Verhältnissen gewarnt.

Auch in einer der Kleinstädte Sachsens in Ballungsrandlage sind die DSU-Aktivisten bei der CDU aufgenommen worden. Die meisten ehemaligen DSU-Fraktionsmitglieder, die bei der zweiten freien Kommunalwahl kandidierten, konnten allerdings unter CDU-Etikett nicht wieder in den Rat einziehen. Ein weiterer DSU-Mann, der inzwischen CDU-Ortsvorsitzender ist, hatte bei seiner Kandidatur bei der letzten Wahl noch keinen Erfolg. Da er allerdings ein Ur-Einwohner ist und „eine gute Politik macht", werden ihm Chancen eingeräumt, bei wachsender Bekanntheit beim nächsten Mal in den Rat gewählt zu werden. Die DSU-Leute bilden in der CDU-Fraktion eine eigene Gruppierung informeller Art, die „sehr anregend" wirkt. Die DSU war in dieser Kleinstadt und deren Umgebung sehr stark. Dies ist auf den Bürgermeister zurückzuführen, der als Einzelperson zunächst für die Resonanz der DSU sorgte. Mit der Umfirmierung der ganzen Fraktion in der Nachbarstadt mitten in der Legislaturperiode (der Bürgermeister hatte Querelen mit der DSU) hat dann auch der Niedergang der DSU begonnen. Dies führte dazu, daß in der nahen Kleinstadt ein Auflösungsbeschluß gefaßt wurde. Die heimatlosen DSU-Ratsmitglieder und Aktivisten konnten leicht für die CDU geworben werden. Schließlich gab es bereits eine gute Zusammenarbeit und eine schon lange währende Annäherung. Für die letzte Kommunalwahl wurde die Wahlplattform gemeinsam erarbeitet. Die DSU hat dann allerdings trotzdem versucht, sich wieder aufzubauen. Sie präsentierte auch einen Bürgermeisterkandidaten, der allerdings nicht der ideale Kandidat war (ein Lehrer im Vorruhestand). Er konnte nur sehr wenige Stimmen erringen, so daß die DSU eigentlich keine Rolle mehr spielt.

Da die Freien Wähler in der Regel den alten Mittelstand repräsentieren, der auch immer ein Potential der FDP ist, kam es auch sehr auf die Aktionen der FDP an. Ihr gelang es in vier der untersuchten Städte, Einzelkandidaturen oder Wählergruppierungen auszuschalten, die eine Konkurrenz darstellen konnten. Das Potential des alten Mittelstandes war sowieso sehr schmal. Es scheint in Sachsen allerdings sehr viel größer gewesen zu sein als in Brandenburg, so daß hier auch die veränderten Bedingungen des Wahlverfahrens (keine Einzelbewerber, keine Listenverbindungen mehr zulässig) die etablierten Parteien in ihren Bemühungen unterstützt haben könnten.

3.2.2.2 Abspaltung

Haben in einigen Städten die etablierten ehemaligen Blockparteien genügend Integrationskraft bewiesen, so ist aus anderen Städten genau das Gegenteil zu berichten. Die Abspaltung aus einer etablierten Ratsfraktion war ein häufig vorfindbares Muster für die Entstehung von Rathausparteien. Dabei überwogen die Fälle, in denen sich die neue Gruppierung nur aus einer Partei speiste. Daß mehrere Parteien Mandatsträger an eine neue Gruppierung abgaben, war eher die Ausnahme.

Den eklatantesten Fall stellt der Austritt der gesamten CDU-Fraktion in einer der Industriestädte Brandenburgs aus der CDU dar. Ursache für den Austritt waren personelle Querelen der Fraktion mit der CDU. Bereits vor den Wahlen 1993 gab es Probleme mit der Zusammenarbeit. Den zukünftigen Ratsmitgliedern paßte die Basisarbeit der CDU nicht. Im März 1994 trat dann zunächst ein Ratsmitglied aus der CDU aus, dann folgten die weiteren fünf. Damit wollten die Ratsmitglieder ein Signal setzen, um die Parteiarbeit zu verändern. Dies scheint allerdings nicht gelungen zu sein. Bemühungen der CDU, „ihre" Ratsmitglieder zurückzuholen, scheiterten, so daß die Bürgerfraktion nun eine eigenständige Politik machen will.

Auch in einer brandenburgischen Kleinstadt in Ballungsrandlage hat es eine Abspaltung von der CDU gegeben. Dabei ist nicht ganz klar geworden, ob der Bürgermeister der Initiator für den Abspaltungsprozeß war. Der wollte jedenfalls unter neuem Markenzeichen wieder ins Amt zurückkehren, was ihm allerdings nicht gelungen ist. Eine Absplitterung aus der CDU ist durch die Gruppierung Bürgerbündnis in einer anderen Kleinstadt im Laufe der ersten Wahlperiode entstanden. Unzufriedene, die sich nicht einpassen wollten, verselbständigten sich und bildeten eine unabhängige Fraktion. Die Konsequenz war, daß sie aus der CDU ausgeschlossen werden mußten. Zur gleichen Zeit wurde das Bürgerbündnis auf Landesebene aus der Taufe gehoben, nämlich 1993. Da haben sich die Vertreter der unabhängigen Fraktion diesen Namen zugelegt, auch, um als anerkannter Namensträger keine Unterschriften sammeln zu müssen.

Während es sich dort bei der Bezeichnung Bürgerbündnis um einen Etikettenschwindel handelte, sind in zwei anderen brandenburgischen Städten damit Abspaltungen benannt, die durch den Zusammenschluß von Bündnis

Die Rathausparteien 185

90/Die Grünen ausgelöst wurden. So stieß in einer kleinen Industriestadt beim Bündnis 90 der Zusammenschluß mit den Grünen auf Ablehnung. Etwa zwei Drittel der Gruppierung sind dabei dem Bürgerbündnis gefolgt. Der Wahlerfolg dieser Abspaltung war nicht groß: Ihr Mandatsanteil ist um die Hälfte zurückgegangen, während sich derjenige der Grünen verdoppelt hat. Das Bürgerbündnis hat sich dann immer weiter zur CDU hin entwickelt. Der Kontakt zu den Grünen/Bündnis 90 war nicht mehr gegeben. In der anderen Stadt führte der Zusammenschluß von Bündnis 90 mit den Grünen nicht zu einer Abspaltung. Vielmehr beschloß die Fraktion, die unter dem Etikett Grüne Liga angetreten war, diesen Namen beizubehalten. Die Ursachen waren eher in der Landespolitik der Grünen zu suchen.

Der seltenere Fall ist eine Abspaltung aus verschiedenen Parteien. Dies wurde aus einer Kleinstadt in Sachsen berichtet. Ausgangspunkt waren Querelen innerhalb der CDU über den Bürgermeisterkandidaten, die zur Spaltung der CDU führten. Aus der SPD sind zu dieser Gruppierung auch Führungskräfte hinzugestoßen. Nur die FDP hat dadurch kaum Abspaltungen erlitten. Die neue Gruppierung nannte sich zunächst Unabhängige Wähler. Beim Gründungsprozeß spielte wahrscheinlich eine Antiparteihaltung die größte Rolle. Verschiedene Personen in den Fraktionen konnten sich nicht mehr mit der Politik der Fraktionen identifizieren, sie störte der Fraktionszwang.

3.2.2.3 Neue Gruppierungen

Zahlenmäßig am häufigsten sind die neuen Gruppierungen, wobei sowohl die Umbruchphase 1989 eine Rolle spielt als auch die Kandidatur für den Bürgermeisterposten, die zur Gründung eines „Unterstützungsvereins" Anlaß gab. Auch die Parteienverdrossenheit konnte bei der Firmierung als Freie Wähler geschickt ausgenutzt werden.

Auf die Wendezeit zurückverfolgen lassen sich die Wählervereinigungen noch in zwei Untersuchungsstädten Brandenburgs und in drei sächsischen Städten. In einer der Industriestädte Brandenburgs fanden sich nach der Wende Aktivisten aus einem historischen Stadtteil zusammen. Ihnen lag daran, die Benachteiligung dieses Stadtteiles nicht weiter zu dulden. Diese reichte zurück ins Jahr 1961, als sich die Retortenstadt mit der historisch gewachsenen Stadt zu einer Mittelstadt zusammenschließen mußte. Die Retortenstadt war seit 1953 entwickelt worden, für die eingemeindete Stadt ergab sich nach dem Zusammenschluß kaum noch eine Perspektive: Außer der Kirche und dem Bahnhof sollte der alte Stadtteil völlig vom Erdboden verschwinden. Diese Zielvorstellung konnte jedoch nicht realisiert werden, weil das DDR-Bauministerium nicht mit den Neubauten nachkam. Investitionen in den alten Stadtteil blieben aber beschränkt, so daß dem Verfall der alten

Bausubstanz in dem o.a. Stadtteil nichts im Wege stand. Die Bürgervereinigung des Stadtteils repräsentiert vor allem den Mittelstand des Stadtteils: 90 Prozent der Mitglieder sind Kaufleute. Hilfreich war ein Zusammenschluß von fünf Bürgervereinen. Diese reichen z.T. noch in die DDR zurück. Trotz dieser Unterstützungen war die Startphase der Bürgervereinigung schwierig: In jedem Wahlkreis mußten 30 Unterschriften beigebracht werden, die Leute mußten zu einer bestimmten Zeit bei der Stadt die Unterschrift leisten. Es war auch schwierig, Kandidaten zu finden.

Der Ursprung der FWV in der zweiten brandenburgischen Stadt geht nur sehr vage auf die frühen 90er Jahre zurück. Im Zuge der Wende hatten sich drei bis vier Leute als Bürgerbewegung bekannt, davon war aber 1993 nur noch einer übrig geblieben. Die jetzige FWV hat sich trotzdem darauf berufen, weil sie dadurch keine Unterschriften nach dem Kommunalwahlgesetz beibringen mußte. Auch hier gab es Anknüpfungspunkte an Vereine, die bereits in der DDR bestanden, z.B. der Händler und der Kleingärtner. Aus deren Spitzen heraus konnten die Führungspersönlichkeiten und Kandidaten rekrutiert werden. Die Zielvorstellungen der FWV haben nicht unmittelbar etwas mit der Wende zu tun. Allenfalls wollte man unabhängig sein von Westimporten in den Parteien. Bei der Bildung dieser Organisation soll auch eine Rolle gespielt haben, daß die politischen Aktivisten es schwer hatten, eine Kandidaturmöglichkeit zu finden. Weder bei der SPD noch bei der CDU hätte man ehemaligen SED-Genossen die Chance gegeben zu kandidieren. Auch wenn die meisten nur aus Opportunismus in der SED waren, so waren sie doch nach der Wende nicht mehr akzeptabel.

Die FWV in einer der beiden sächsischen Industriestädte knüpft an den Heimatgedanken an. Im Zuge der Wende begann auch die Suche nach der Identität, die zu DDR-Zeiten nicht erlaubt war. Die sich bildenden Vereine suchten Kontakte zu den Parteien, fanden ihre Zielvorstellungen aber nur in Wahlkampfzeiten berücksichtigt. Die verschiedenen Gruppierungen, die sich herausbildeten (z.B. verschiedene schlesische Vereine), konnten ihre Vorstellungen nur unzureichend durchsetzen. Auch wenn sich Landtags- und Bundestagsabgeordnete der CDU für die Ziele der Vereine einsetzten, so bedeutete das jedoch nicht, daß dabei auch die kommunale Ebene berücksichtigt worden wäre. Die Aktivisten des Freien Wählerbundes Niederschlesien hatten daher erkannt, daß das „Nur-Verein-sein" nicht ausreiche. Sie beschlossen also, die genannte Gruppierung ins Leben zu rufen, um dadurch auf der kommunalen Ebene den Heimatgedanken voranbringen zu können. Bei der Vorbereitung dieser Gruppierung und der Wahl 1994 haben die Kreisgruppe des Bundes der Vertriebenen, die schlesische Jugend, und eine unabhängige Initiativgruppe Schlesiens mitgeholfen. So konnte im Spätherbst 1990 eine Gruppe von 60 Leuten zusammenkommen und einen Verein gründen.

Auch in einer sächsischen Kleinstadt geht die Bürgerbewegung ... e.V., die bereits seit 1990 vier Sitze im Rat hat, noch auf die Wendezeit zurück. In der Umsturzzeit trafen sich die Aktivisten im Beetsaal der Kirche und haben irgendwann spontan diese Bürgerbewegung gegründet, die sich anfangs Neues Forum nannte. Als dann aber der überregionale Zusammenschluß des Neuen Forum anstand, haben die Aktivisten vor Ort diese Entwicklung nicht mitgemacht und den Namen Neues Forum abgelegt. Die Gruppierung will eine wirkliche Rathauspartei sein, die sich bewußt von den Parteien und der Parteipolitik abgrenzt. Die Bürgerbewegung wird durch sehr bekannte Selbständige repräsentiert. Durch die Bekanntheit dieser Kandidaten war es auch möglich, mit nur wenigen Leuten (etwa 15 Personen) einen Wahlkampf zu machen. Auch langfristig will die Bürgerbewegung selbständig bleiben. Die Distanz zur CDU erklärt sich auch durch die Stasi-Kontakte bestimmter CDU-Aktivisten. Die Abgrenzung zur PDS und SPD ist allerdings stärker.

In einer anderen sächsischen Kleinstadt ist das Überbleibsel aus der Wende nur noch sehr schwach: Ein Vertreter ist noch im Rat vorhanden, der sich aber keiner Fraktion angeschlossen hat. Er ist Repräsentant der Wendebewegung in dieser Stadt, der Bürgerinitiative. Diese Gruppierung rekrutierte sich aus unterschiedlichen Schichten. Sie war anfangs sehr stark und stellte sogar den Bürgermeister. Durch interne Querelen hat sich die Gruppe stark reduziert. Viele sind zur CDU übergewechselt. Inzwischen ist als Konkurrenzgruppe die FWV aufgetreten. Daß beide nicht zusammenfinden, liegt wohl an den Führungspersönlichkeiten beider Gruppierungen. Von anderer Seite wird aber auch betont, daß die Bürgerinitiative doch mehr als parteiübergreifende Plattform fungieren sollte, nicht also als Konkurrenzorganisation zu den Parteien. Diese Unsicherheit hat zu einer gewissen Lähmung geführt und auch dazu, daß sich bereits 1990 viele Aktivisten den Parteien anschlossen.

Parteialternativen haben sich aber auch deshalb herausgebildet, weil Bürgermeisterkandidaten eine Unterstützung brauchten. In einer brandenburgischen Kleinstadt hat sich die Wählervereinigung ca. sechs Wochen vor der Wahl 1993 konstituiert. Ziel war es, den zur SPD gehörenden Bürgermeister für die Wiederwahl zu unterstützen. Der hatte in der SPD keine Mehrheit mehr für eine erneute Kandidatur gefunden, da die Fraktion mit vielen Entscheidungen des Bürgermeisters nicht einverstanden war. Hinzu kamen personelle Querelen. Tatsächlich konnte die Wiederwahl des amtierenden Bürgermeisters erreicht werden. Den Wahlerfolg bei der Kommunalwahl führt der Fraktionsvorsitzende der Wählervereinigung darauf zurück, daß bekannte und honorige Geschäftsleute kandidiert haben. Möglicherweise war für das gute Abschneiden aber nur der amtierende Bürgermeister verantwortlich. Der schloß sich im übrigen nach der Kommunalwahl nicht der Fraktion der Wählervereinigung an, sondern er will weiter unabhängig sein und regiert mit wechselnden Mehrheiten.

In einer kleinen Gemeinde Sachsens hat der ehrenamtliche Bürgermeister über die Gründung einer Wählergemeinschaft versucht, im Amt zu bleiben, da er sich keiner Partei anschließen wollte. Da Einzelkandidaturen in Sachsen nicht mehr zulässig sind, blieb ihm nur der Weg über eine Wählergemeinschaft. In einer der beiden sächsischen Industriestädte hat sich offenbar ein externer Bewerber um das Bürgermeisteramt das Potential für die Freien Wähler zunutze gemacht. Der Gruppierung gehören Händler und Gewerbetreibene an. Der externe Bewerber ist aber bei der Bürgermeisterwahl dann vollkommen untergegangen und die Gruppierung konnte auch nicht von der Bürgermeisterkandidatur profitieren: In den Rat wurde ein heimatverbundener Pensionär gewählt. Dies zeigt, daß ein Externer auch mit Unterstützung von Handel und Gewerbe nicht unbedingt erfolgreich sein muß und auch die Gruppierung, die ihn unterstützt, durch den Trick der Bürgermeisterkandidatur nicht unbedingt Vorteile erzielen kann.

3.2.2.4 Parteiverdrossenheit

Als Argument für die Gründung einer Wählergemeinschaft wurde von sächsischen Interviewpartnern auch mehrfach die Parteienverdrossenheit genannt. So bezeichneten Interviewpartner in einer Kleinstadt die Freie Wählervereinigung als eine Organisation, die in den Zwischenräumen der Parteien existiert. Sie wolle die Leute abschöpfen, die nicht CDU wählen wollen. Hier ist die FWV erst kurz vor der letzten Kommunalwahl gegründet worden. Dahinter stand eine Lobby von Unternehmerkreisen, die allesamt Sympathisanten der CDU sind, jedoch eine Alternative zur Parteipolitik suchten. Die Mandatsträger der Wählervereinigung vertreten im Rat auch immer CDU-Standpunkte. Ihre Kontakte zur Fraktionsspitze der CDU und zum Bürgermeister scheinen sehr eng zu sein. Hier ging es also – nach Aussagen der Interviewpartner – darum, gezielt auf den Frust über die großen Parteien zu reagieren.

Auch die FWV in einer anderen Kleinstadt wurde als Gruppierung gegen die Parteien bezeichnet. Die örtlichen Querelen und der sich herausbildende Filz paßten dem Initiator nicht, der die Gruppierung kurz vor der letzten Kommunalwahl ins Leben rief. Er wollte die Politik auch transparenter machen. Bei den Kandidaten und Aktivisten werden keine Extremisten geduldet; ansonsten sind alle willkommen, die Parteipolitik für nicht adäquat halten. Die Gruppierung vertritt insbesondere den alten und neuen Mittelstand und scheint sehr personenzentriert. Daher ist auch eine Kooperation mit der aus der Wende noch existenten Bürgerinitiative nicht möglich.

Die unterschiedlichen Entstehungsbedingungen und Unterstützungen, die die Wählervereinigungen erfahren, machen die Überlebensbedingungen sehr unterschiedlich. Im folgenden soll daher eine Prognose zur Dauerhaftigkeit der Organisationen versucht werden.

3.2.3 Zukunftsaussichten der Rathausparteien

In vielen Untersuchungsstädten sind die Wählergruppierungen stark personenzentriert. Dies gilt nicht nur dann, wenn die Bürgermeisterkandidatur der eigentliche Anlaß für die Gründung der Organisation war oder der Bürgermeister quasi die entscheidende Leitfigur der Gruppierung darstellt. Hier steht und fällt das Schicksal der Gruppierung mit ihrem dominanten Repräsentanten. Ob sonstige Bürgergruppierungen mit Repräsentanten aus publikumsintensiven Berufen überleben können, scheint ebenso mehr als fraglich. Selbst dort, wo eine ganze Fraktion ausgetreten ist, um sich als neue Wählergruppierung zu präsentieren, scheint langfristig ein Überleben in Frage gestellt. Zwar steht die Politik einer solchen Gruppierung auf einer solideren personellen Basis, die Rathauspartei ist aber sehr stark fraktionszentriert. Die einzelnen Mitglieder der Fraktion müssen all das tun, was ansonsten auch Parteiaktivisten entlastend an Aufgaben wahrnehmen. Dies wird durchaus als ein Handikap betrachtet.

Mehr Zukunftschancen scheinen die vereinszentrierten Organisationen zu haben. Hier ist beispielsweise der Freie Wählerbund Niederschlesien zu nennen. Verschiedene schlesienorientierte Heimat- und Vertriebenenvereine hatten diese Wählergemeinschaft bereits bei den Wahlen unterstützt. Die Frage ist nur, ob die Zielvorstellungen der Repräsentanten im Rat und der nahestehenden Vereine langfristig in Einklang zu bringen sind. Schließlich rufen manche Aktivitäten der Vereine im Länderdreieck Probleme hervor, die durch die Öffentlichkeit sehr stark beachtet werden.

Wählervereinigungen, die sich auf Stadtteilinteressen konzentrieren, scheinen unterschiedliche Zukunftsperspektiven zu haben. Diese sind bei der Bürgervereinigung des Stadtteils der untersuchten brandenburgischen Industriestadt noch relativ günstig. Es handelt sich um langfristig gewachsene Probleme, die nicht in einer Wahlperiode beseitigt werden können. Insofern kann angenommen werden, daß diese Rathauspartei auch in Zukunft ihre Wählerschaft haben wird. Dagegen sind stadtteilorientierte Wählervereinigungen, die sich kurzfristig an einen Stadtteilprotest anhängen, sicherlich sehr viel mehr überlebensgefährdet.

Insgesamt wird den Rathausparteien selbst von den Repräsentanten dieser Gruppierungen keine besonders große Zukunft vorausgesagt. Die Repräsentanten anderer Parteien sehen ihre Situation eher skeptisch. Rathausparteien wollen einerseits nur örtliche Organisationen sein, andererseits sehen sie allerdings, daß die mit Bundes- oder Landesetikett antretenden Gruppierungen doch eine Menge Hilfen im Wahlkampf haben. Nur Repräsentanten in zwei Städten sagten ihrer Organisation große Zukunftschancen voraus. Der eine betonte, daß die Freien Wähler in Sachsen bereits die zweitstärkste Gruppierung überhaupt im Land sind. Dies ist allerdings deshalb wenig zutreffend, weil bei dieser Einschätzung übersehen wird, daß die jeweiligen ortsspezifischen Entstehungen und Unterstützungsstrategien sowie die Einbindung in den politischen Prozeß sehr große Unterschiede aufweisen. Der andere Repräsentant leitete seinen Optimismus vor allem aus den präsentierten Personen ab.

Literatur

Becker, A./Rüther, G.: Kommunale Wählervereinigungen. In: Materialien zur kommunalpolitischen Bildung. Bonn: Bundesdruckerei, 1976

Bullmann, U./Schwanengel, W.: Zur Transformation territorialer Politikstrukturen. Landes- und Kommunalverwaltungen in den neuen Bundesländern. In: Benzler, S. u.a.: Deutschland-Ost vor Ort. Opladen: Leske + Budrich, 1995, S. 193-224

Derlien, H./Queis, D. v.: Kommunalpolitik im geplanten Wandel. Baden-Baden: Nomos, 1986

Kaack, H.: Parteien und Wählergemeinschaften auf kommunaler Ebene. In: Rausch, H./Stammen, T. (Hrsg.): Aspekte und Probleme der Kommunalpolitik. München: Vögel, 1972, S. 135-150

Köser, H./Caspers-Merk, M.: Der Gemeinderat, Freiburg i. Br. Abschlußbericht für die DFG (unveröff.) 1987

Lintz, G.: Die politischen Parteien im Bereich der kommunalen Selbstverwaltung. Baden-Baden: Nomos, 1973

Naßmacher, H.: Parteien in der Kommunalpolitik. Manuskript (unveröff.) 1995

Naßmacher, K.-H./Rudzio, W.: Das lokale Parteiensystem auf dem Lande. In: Wehling, H.-G. (Hrsg.): Dorfpolitik. Opladen: Leske + Budrich, 1978, S. 127-142

Niedermayer, O./Stöss, R.: DDR-Regimewandel, Bürgerorientierungen und die Entwicklung des gesamtdeutschen Parteiensystems. In: Niedermayer, O./Stöss, R. (Hrsg.): Parteien und Wähler im Umbruch. Opladen: Westdeutscher Verlag, 1994, S. 11-33

Purcal, C.: Kommunalparteien. Eine Untersuchung von Struktur und Funktionen politischer Vereinigungen in der kanadischen Stadt Vancouver. Oldenburg: BIS, 1993

Rüdiger, V.: Die kommunalen Wählervereinigungen in Hessen. Meisenheim am Glan: Athenäum, 1966

Scheuch, E.K./Scheuch, U.: Cliquen, Klüngel und Karrieren. Reinbek: Rowohlt, 1992

Schmidt-Eichstaedt, G.: Kommunale Gebietsreform in den neuen Bundesländern. In: Aus Politik und Zeitgeschichte B36(1993), S. 3-17

Stöss, R.: Wählergemeinschaften I. In: Stöss, R. (Hrsg.): Parteien Handbuch, Band 4, NDP bis WAV. Opladen: Westdeutscher Verlag, 1983, S. 2.392-2.428

Suckow, A.: Lokale Parteiorganisationen – angesiedelt zwischen Bundespartei und lokaler Gesellschaft. Oldenburg: BIS, 1989

Trachternach, T.: Parteien in der kommunalen Selbstverwaltung. Würzburg: Schmidt & Meyer, 1974

Wehling, H.-G.: „Parteipolitisierung" von lokaler Politik und Verwaltung? Zur Rolle der Parteien in der Kommunalpolitik. In: Heinelt, H./Wollmann, H. (Hrsg.): Brennpunkt Stadt. Stadtpolitik und lokale Politikforschung in den achtziger und neunziger Jahren. Basel u.a.: Birkhäuser, 1991, S. 149-166

Rechtsextremismus

Richard Stöss

1. Vorbemerkung

Der Begriff Rechtsextremismus ist in den Sozialwissenschaften umstritten und unklar (Stöss 1994a: 24ff.).[1] Allein die amtliche Terminologie der Verfassungsschutzämter kann als einigermaßen konzise bezeichnet werden, eignet sich aber nur bedingt für die Zwecke der Sozialforschung (Stöss 1993b).[2] Orientiert man sich am diesbezüglichen Literaturstand, dann ist Rechtsextremismus ein diffuser Sammelbegriff für verschiedenartige gesellschaftliche Erscheinungsformen, die als rechtsgerichtet, undemokratisch und inhuman gelten. Für die folgenden Ausführungen sind die verschiedenen Dimensionen des Rechtsextremismus von Bedeutung. Dazu hier nur einige wenige Anmerkungen, da ich mich dazu an anderer Stelle ausführlich geäußert habe (Stöss 1994a, 1994b).

Zunächst ist zwischen rechtsextremen Einstellungen und rechtsextremem Verhalten zu unterscheiden. Dies ist notwendig, weil Einstellungen in der Regel dem Verhalten vorgelagert sind. Sie schlagen sich aber nicht zwangsläufig in konkreter Praxis nieder. Das gilt nicht nur für den Rechts-

---

1   Bei diesem Artikel handelt es sich um die gekürzte und unter Berücksichtigung von Ohrowski 1995 akutalisierte Fassung von Stöss 1994c. Die fünf neuen Bundesländer werden hier auch summarisch als Ostdeutschland bezeichnet, Ausnahmen sind besonders markiert. Zum Rechtsextremismus in Berlin vgl. Holthusen/Jänecke 1994.

2   Gleichwohl ist die Extremismusforschung auf die statistischen Erhebungen der Kriminalämter und der Ämter für Verfassungsschutz angewiesen. Deren Erhebungskriterien sind gelegentlich politisch motiviert und ändern sich mithin. Gravierendstes Beispiel: Seit 1994 werden die Mitgliederzahlen der Republikaner einbezogen, und zwar rückwirkend ab 1992, wodurch sich die früher publizierten Daten verändern. Zudem sind 1994 erstmalig Doppelmitgliedschaften der Neonazis berücksichtigt. Dieser im Prinzip richtige Nachweis erschwert freilich Vergleiche mit zurückliegenden Statistiken. Die in diesem Artikel angeführten amtlichen Daten entsprechen dem aktuellsten Stand. Dabei ist allerdings zu beachten, daß die Mitgliederzahlen der Republikaner den parteioffiziellen Angaben, nicht aber der Realität entsprechen. Realistische Schätzungen: 1992 23.000, 1993 17.000, 1994 15.000, 1995 12.000. Noch unsicherer sind die Mitgliederangaben für die DVU, die sich ebenfalls an parteioffiziellen Mitteilungen orientieren. Unklar ist nämlich, ob und inwieweit es sich dabei um tatsächliche Parteimitglieder handelt oder nur um Adressen, die mit Material versorgt und um Spenden gebeten werden.

extremismus sondern generell: Nur ein kleiner Teil der Bevölkerung ist politisch aktiv, und daher ist das rechtsextreme Einstellungspotential wesentlich größer als das Verhaltenspotential. Einstellungen sind also praxisrelevant (wenn auch nur im Sinne von Apathie), aber Verhalten hat auch Auswirkungen auf Einstellungen: So mag ein Jugendlicher erst durch ausländerfeindliche Aktionen in einer Gruppe neonazistische Orientierungen entwikkeln. Nachweisbar ist auch, daß sich mit der Brutalisierung der Praxis Einstellungen radikalisieren können. Jedenfalls ist die Unterscheidung zwischen Einstellungen und Verhalten analytisch notwendig. Sprachlich wird ihr gelegentlich auch durch die Begriffe „latenter" und „manifester" Rechtsextremismus Rechnung getragen (Stöss 1994b).

Bezüglich des Verhaltens ist zwischen politisch zielgerichtetem, einem Programm verpflichtetem Verhalten und zwischen Protestverhalten, das primär der Provokation und/oder dem Ausleben von aggressiven Persönlichkeitsmerkmalen dient, zu unterscheiden (Stöss 1986). Abgesehen einmal vom Wahlverhalten zugunsten rechtsextremer Parteien, das sowohl aus Überzeugung als auch aus Protest erfolgen kann, geht es hier vor allem um den Unterschied zwischen dem organisierten Rechtsextremismus und kleinen rechtsextremen Gruppen bzw. Cliquen, die zumeist spontan und oft gewalttätig handeln, allenfalls schwach institutionalisiert und zumeist kurzlebig sind und jede Form von Verbindlichkeit (überregionale Strukturen, Organisationspflichten, Schulung etc.) ablehnen.[3] Die Grenzen zwischen beiden Verhaltensvarianten sind fließend.

Bezüglich der ideologisch-programmatischen Orientierung rechtsextremer Organisationen unterscheide ich zwei Hauptströmungen: Neonazis einerseits, die am Nationalsozialismus anknüpfen (auch wenn sie nicht immer in allen Punkten mit dessen Politik übereinstimmen), sich „revolutionär" gebärden und zumeist gewaltbereit sind, sowie Deutschnationale andererseits, die am antidemokratischen Konservatismus der Weimarer Republik anknüpfen, eher elitär als revolutionär denken, legalistisch agieren und eine konservativ-nationale Sammlung im Sinne eines breiten bürgerlichen Bündnisses propagieren. Maßgeblichen Anteil an der Organisation des Rechtsextremismus haben traditionell die deutschnational orientierten Wahlparteien. Sie erfaßten 1994 fast 80 Prozent aller Mitgliedschaften. Die Neonazis befinden sich dagegen weithin im Grenzbereich zwischen organisiertem Rechtsextremismus, militantem Rechtsextremismus (der in der amtlichen Statistik gesondert ausgewiesen wird) und gewalttätigem Protestverhalten.

---

3 Die wachsende Bedeutung von rechtsextremem Protestverhalten und Cliquenwesen dient gelegentlich als Begründung dafür, den Rechtsextremismus als soziale Bewegung zu charakterisieren.

Es ergeben sich mithin vier Dimensionen des Rechtsextremismus, die in den folgenden Abschnitten kurz dargestellt werden:
- Rechtsextreme Organisationen (Deutschnationale, Neonazis),
- Wahlverhalten,
- Protestverhalten und Gewalt,
- Rechtsextreme Einstellungen.

Zum besseren Verständnis des Rechtsextremismus in den neuen Bundesländern ist jeweils auch ein Blick auf die entsprechenden Verhältnisse in Westdeutschland notwendig.

Auch wenn rechtsextreme Organisationen und Aktivitäten in beiden Teilen Deutschlands mittlerweile an Bedeutung verloren haben, gilt im Prinzip nach wie vor, daß der Rechtsextremismus im Westen überwiegend durch Organisationen (Parteien, Verbände, Jugendorganisationen) geprägt und auch sonst stark institutionalisiert ist (Presse, Verlage, Kongresse), während im Osten der Organisationsgrad bezüglich vor allem der deutschnationalen Parteien sowie deren Wählerschaft vergleichsweise gering ist. Vorherrschend ist dort der eher spontane, schwach organisierte und ideologisch gering fundierte, dafür aber besonders aggressive Protest, was sich in der Statistik durch überproportionale Anteile an militanten Rechtsextremisten und Gewalttaten bemerkbar macht. Der Rechtsextremismus ist in den neuen Ländern eher subkulturell fundiert und bewegungsorientiert. Die Forschung über die Ursachen für diese West-Ost-Diskrepanz ist freilich noch nicht sehr weit vorangeschritten.

2. Rechtsextreme Organisationen

In Westdeutschland ist der Rechtsextremismus seit jeher stark institutionalisiert. Zwar gab es zwischenzeitlich immer wieder kurze Phasen, in denen Protestverhalten eine große Rolle spielte. Maßgeblich war jedoch ein breit gefächertes Organisationswesen. Dessen Kern bildeten politische Parteien, um die sich – teils mit Bezug auf einzelne Parteien, teils parteiunabhängig oder überparteilich – Jugendorganisationen, Interessenverbände, Hilfs- und Unterstützungsorganisationen, kulturpolitische Vereinigungen, Debattierclubs, Zeitungen, Zeitschriften und Verlage gruppierten.

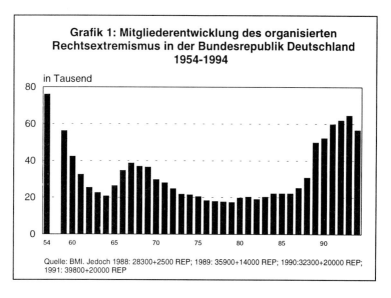

Grafik 1 zeigt, daß es sich beim manifesten Rechtsextremismus um ein konjunkturelles Phänomen handelt, bei dem sich Phasen des Erfolgs und Mißerfolgs abwechseln. Bislang hatten wir es in der Bundesrepublik mit (wenigstens) drei Wellen[4] zu tun (ausführlich Stöss 1989: 96ff.). Die dritte Erfolgswelle setzte Mitte der achtziger Jahre ein und erreichte bereits vor der deutschen Einheit einen vergleichsweise hohen Organisationsgrad, der sich danach noch etwas verstärkte. Anlaß für den neuerlichen Aufschwung war die Unzufriedenheit extrem rechter Kreise mit der Politik der CDU/CSU nach dem Machtwechsel in Bonn (1982). Bemängelt wurde vor allem, daß die in den Oppositionsjahren versprochene „geistig-moralische Wende" hin zu einer konsequent konservativen und nationalistischen Politik ausgeblieben sei. Vergleichsweise beachtliche Wahlergebnisse konnte das Bündnis aus NPD und DVU erzielen, 1987 errang es sogar erstmalig seit 1968 wieder ein parlamentarisches Mandat auf Landesebene (Bremen). Den eigentlichen Durchbruch schafften jedoch nicht alteingesessene rechtsextreme Organisationen, sondern die 1983 (anläßlich eines von F. J. Strauß eingefädelten Milliarden-Kredits für das Honecker-Regime) gegründeten Republikaner. In

---

4 Die erste Welle datiert von 1948 bis 1952 (Nachkriegsrechtsextremismus), die zweite markiert die Erfolgsphase der NPD (1966 bis 1969). Ob die dritte Welle eine bimodale Verteilung aufweist oder ob wir es seit Mitte der achtziger Jahre mit zwei verschiedenen Wellen zu tun haben (eine westdeutsche vor der Einheit und eine gesamtdeutsche nach der Einheit), kann hier nicht diskutiert werden.

einem Klima von Parteiverdrossenheit, Fremdenfeindlichkeit und Europa-Skepsis nahmen sie die Fünf-Prozent-Hürde 1989 gleich zweimal mit Leichtigkeit: In Berlin fielen ihnen elf und bei der Europawahl mit über zweieinhalb Millionen Stimmen sechs Mandate zu. Noch niemals in der Geschichte Westdeutschlands wurde von einer extrem rechten Partei ein derartig hohes Resultat auf Bundesebene erreicht.

Im Vorfeld der deutschen Einheit befand sich der westdeutsche Rechtsextremismus also im Aufwind. Als die „nationale Frage" auf die politische Tagesordnung gelangte, war er folglich guter Hoffnung, seinen Erfolg auf den zweiten deutschen Staat übertragen zu können. Mit dem Fall der Mauer fanden in der DDR vielfältige Bestrebungen zur Gründung von rechtsextremen Organisationen statt. Zum einen bemühten sich die deutschnationalen Parteien aus dem Westen (NPD, DVU, Republikaner) um die Gründung von Filialen in Ostdeutschland. Allerdings – wie sich bald zeigen sollte – mit geringer Resonanz.

Übersicht 1: Ausgewählte rechtsextreme Organisationen, die in den fünf neuen Bundesländern tätig waren bzw. sind

AMV	Aktion Mecklenburg-Vorpommern, *1992, M 20 (nur MV).
DA	Deutsche Alternative, *3.5.1989, Verbot 10.12.1992, M 600 (1992).
DFN	Deutscher Freundeskreis Nordharz, *Sept. 1994, M keine (Dachorganisation).
DLVH	Deutsche Liga für Volk und Heimat, *3.10.1991, M 900.
DN	Deutsche Nationalisten, *21.7.1993, M 100.
DNP	Deutsch Nationale Partei, *19.4.1992, M 100 (1992/93).
DVU	Deutsche Volksunion, *18.1.1971 (Verein)/6.3.1987 (Partei), M 20.000.
FAP	Freiheitliche Deutsche Arbeiterpartei, *15.3.1978, Verbot 24.2.1995, M 430.
HNG	Hilfsorganisation für nationale politische Gefangene und deren Angehörige, *1979, M 340.
IHV	Internationales Hilfskomitee für nationale politische Verfolgte und deren Angehörige, *1987, M 20.
JF	Direkte Aktion/Mitteldeutschland, *1992/Sommer 1993, angebl. Selbstauflösung 20.1.1994.
JN	Junge Nationaldemokraten, Jugendorganisation der NPD, *1969, M 150.
[KG]	Kameradschaftskreis Greifswald, *1992, M 5 (nur MV).
-	Die Nationalen, *3.9.1991/24.5.1992, M 100.
NA	Nationale Alternative, *1.2.1990, M 20 (1991).

NF	Nationalistische Front, *27.11.1985, Verbot 26.11.1992, M 400 (1992, davon 200 in Ostdeutschland).
NJB	Nationaler Jugendblock Zittau, *4.1.1992, M 30 (nur Sachsen).
NL	Nationale Liste, *März 1989, Verbot 24.2.1995, M 30 (1993).
NO	Nationale Offensive, *3.7.1990, Verbot 22.12.1992, M 56 (1992).
NPD	Nationaldemokratische Partei Deutschlands, *28.8.1964, M 4.500.
NSDAP/ AO	Nationalsozialistische Deutsche Arbeiterpartei/Auslands- und Aufbauorganisation, *1972, M mehrere Hundert.
REP	Die Republikaner, *27.11.1983, M 20.000.
WJ	Wiking Jugend, *2.12.1952, Verbot 10.11.1994, M 400.

Quelle: Verfassungsschutzberichte des Bundes und der neuen Länder;
* = gegründet, M = Mitglieder bundesweit (wenn nicht anders angegeben: 1994).

Denn die politischen Ziele, Verkehrsformen und das Auftreten der rechtsextremen „Besserwessis" wirkten im Osten eher anachronistisch, realitätsfern, fremd und aufgesetzt. So stießen die West-Funktionäre in der DDR beispielsweise mit ihrer Forderung nach der Wiederherstellung des „großdeutschen Reichs" auf völliges Unverständnis; nicht nur, weil man dort andere Sorgen hatte, sondern auch, weil die Einverleibung Polens als nachgerade abstruses Ziel bewertet wurde. Zum anderen suchten neonazistische Organisationen, insbesondere der Kreis um Michael Kühnen („Gesinnungsgemeinschaft der Neuen Front"), die Hamburger „Nationale Liste" (NL) um Christian Worch, die von Meinolf Schönborn geführte „Nationalistische Front" (NF) und nicht zuletzt die „Freiheitliche Deutsche Arbeiterpartei" (FAP), Kontakt zu Gleichgesinnten in Ostdeutschland. Anders als die Deutschnationalen waren sie bemüht, an rechtsextremen Subkulturen in der DDR (Skinheads, Faschos, Hooligans) anzuknüpfen und sich möglichst auf deren Mentalität einzulassen. Dabei kam ihnen zugute, daß sie auf entsprechende Erfahrungen bezüglich der Zusammenarbeit mit derartigen Gruppen im Westen zurückgreifen konnten und, anders als die „legalistische" Konkurrenz im rechtsextremen Lager, über reichhaltige praktische Kenntnisse in der Durchführung von „Wehrsport"- und paramilitärischen Übungen sowie im Umgang mit Polizei und Verfassungsschutz verfügten.

Obwohl die neonazistischen Organisationen nach ihrer Mitgliederzahl (nicht aber bezüglich ihrer Gewaltbereitschaft) bedeutungslos waren und bei Wahlen zumeist kaum antraten, verfügten sie doch vorübergehend über eine gewisse Resonanz bei jungen Leuten, insbesondere bei Skinheads. Dies dürfte auch an ihrer spezifischen Programmatik gelegen haben, die sich am linken, „proletarischen" Flügel der NSDAP orientierte, soziale mit rassistischen Forderungen verknüpfte und (anders als DVU, NPD und Republikaner) verbal auf großdeutsche Ziele verzichtete. In einem Flugblatt der DA hieß es beispielsweise (Verfassungsschutzbericht 1992: 98):

„Wehrt Euch! mit uns gegen: zunehmende Überfremdung durch immer mehr Ausländer, ständig steigende Arbeitslosigkeit, Mietpreiswucher und Sozialabbau, Massenverschuldung und Zinsknechtschaft, deutsches Bauernsterben und wirtschaftliche EG-Abhängigkeit, den Verkauf mitteldeutscher Industriebetriebe an ausländisches Großkapital, Staatsverschuldung und immer höhere Steuern, eine multikulturelle Gesellschaft und eine europäische Einheitswährung, militärische Abhängigkeit und Einsatz deutscher Soldaten für fremde Interessen, zunehmende Umweltzerstörung. Wir sind die neue deutsche Kraft! Deutsche Alternative"

Aber so sehr sich der organisierte Rechtsextremismus auch bemühte, an der Unzufriedenheit der Ostdeutschen bezüglich des Zustands der inneren Einheit anzuknüpfen: Seine Resonanz blieb im Beitrittsgebiet alles in allem vergleichsweise gering (Tab. 1). Die Zahl der organisierten Personen erreichte 1992 mit 10.000 ihren Höhepunkt und verminderte sich dann bis Ende 1994 auf 7.300. 1992 lebten rund 16 Prozent aller organisierten Rechtsextremisten in den fünf neuen Bundesländern, wo allerdings knapp 18 Prozent der deutschen Bevölkerung zu Hause sind. Der Osten wies 1992 mithin einen unterdurchschnittlichen Organisationsgrad auf, der bis 1994 auch noch überproportional abnahm. Allein der militante, gewaltbereite und weithin neonazistische Rechtsextremismus ist in den neuen Bundesländern proportional stärker vertreten als in Westdeutschland. Dies verdeutlicht Tabelle 2, wo die Mitgliedschaften jeweils auf 100.000 Einwohner bezogen werden: 1992, auf dem Höhepunkt des organisierten Rechtsextremismus in Ostdeutschland, war der Besatz mit militanten Rechtsextremisten in den neuen Bundesländern viermal so groß wie im Rest der Republik.

Abgesehen davon dominieren auch im Osten die drei deutschnationalen Wahlparteien, die – wenn auch mit unterschiedlichen regionalen Schwerpunkten – durchgängig in allen neuen Ländern wenigstens auf Landesebene organisatorisch präsent sind. Und, ebenso wie im Westen, besteht der Neonazismus aus kleinen Gruppen bzw. „Stammtischen", die oft nur in einem Land, selten in zwei oder drei Ländern und nur in einem Fall in allen fünf Ländern aktiv sind, ohne daß sie auf Landesebene institutionalisiert wären.[5]

---

5   Eine überregionale Institutionalisierung wird oft auch nicht angestrebt, um die Beobachtungs- bzw. Verbotsmaßnahmen zu erschweren.

Tabelle 1: Rechtsextremismus in den neuen Bundesländern im Überblick. 1992 – 1994

Land	Organisierter Rechtsextremismus						Gewalt-
	insges.	REP	NPD	DVU	Sonst.	Milit.	taten
Mecklenb.-Vorp.							
1992	K.A.	350	90	200	K.A.	600	207
1993	1.800	900	100	50	150	600	111
1994	1.260	500	100	50	110	500	78
Brandenburg							
1993	1.300	500	25	50	225	500	225
1994	1.350	600	20	40	190	500	134
Sachsen-Anhalt							
1992	K.A.	K.A.	K.A.	K.A.	K.A.	K.A.	303
1993	1.660	800	140	100	20	600	132
1994	1.290	500	80	50	60	600	108
Sachsen							
1992	K.A.	K.A.	K.A.	K.A.	K.A.	K.A.	210
1993	3.400	700	250	1.500	50	900	85
1994	2.800	650	250	950	200	750	64
Thüringen							
1992	K.A.	450	140	30	K.A.	K.A.	153
1993	1.015	600	60	100	90	165	95
1994	640	350	60	80	25	125	41
NBL insgesamt							
1992	10.000	3.000	700	3.000	500	2.800	865*
1993	9.175	3.500	575	1.800	535	2.765	648
1994	7.315	2.600	510	1.170	560	2.475	425
BRD insgesamt							
1992	61.900	20.000	5.000	26.000	4.500	6.400	2.639
1993	64.500	23.000	5.000	26.000	4.900	5.600	2.232
1994	56.600	20.000	4.500	20.000	6.700	5.400	1.489
Anteil NBL							
an BRD (%)							
1992	16,2	15,0	14,0	11,5	11,1	43,8	32,8
1993	14,2	15,2	11,5	6,9	10,9	49,4	29,0
1994	12,9	13,0	11,3	5,9	8,4	45,8	28,5

Quelle: Angaben des Bundesamts und der Landsämter für Verfassungsschutz. Die Angaben beruhen oft auf (überhöhten) Eigenangaben, sind teilw. mit Einschränkungen (z.B. „ca.", „maximal") versehen und oft unvollständig. Sie wurden gegebenenfalls um eigene bzw. anderweitige amtliche Erkenntnisse ergänzt. In Sachsen wurden die Zahlen für 1993 ein Jahr später als etwas überhöht bezeichnet.
Milit. = Militante Rechtsextremisten, insbes. rechtsextreme Skinheads, teilw. nicht organisiert. * = Aktuellste Angabe, die etwas niedriger liegt, als die von den vier Landesämtern gemeldeten Taten.

Rechtsextremismus

Tabelle 2: Organisierte Rechtsextremisten in der Bundesrepublik 1992: Ost-West-Vergleich (Absolute Zahlen und Anteile pro 100.000 Einwohner)

	BRD insgesamt		FNL		Übrige Länder	
	Absolut	Anteil	Absolut	Anteil	Absolut	Anteil
Insgesamt	61.900	76	10.000	70	51.900	78
REP	20.000	25	3.000	21	17.000	25
DVU	26.000	32	3.000	21	23.000	34
NPD	5.000	6	700	5	4.300	6
Militante*	6.400	8	2.800	20	3.600	5

FNL = Fünf neue Bundesländer. * = Militante Rechtsextremisten, insbes. rechtsextreme Skinheads. Quelle: BMI, Innenministerien der Länder.

Tabelle 3 verdeutlicht auf der Grundlage des Stands von 1994, daß alle Organisationen im Grunde nur über „Streubesitz" verfügen. Typisch für die gegenwärtige Lage im Osten ist freilich, daß fast alle überregional tätigen rechtsextremen Organisationen institutionell und ressourcenmäßig am Tropf ihrer Muttergruppen im Westen hängen.

Tabelle 3: Mitgliederangaben über rechtsextreme Organisationen in den neuen Bundesländern, Stand 1994

Organisation	Meckl.-Vorp.	Brandenburg	Sachsen-Anhalt	Sachsen	Thüringen
DVU	50	40	50	950	80
REP	500	600	500	650	350
NPD	100	20	80	250	60
JN	einzelne	einzelne	-	-	-
DLVH	10	35	70	einzelne	-
FAP	10	einzelne	180	30	einzelne
Die National.	-	40	einzelne	20	-
JF	10	70	-	-	-
WJ	10	-	-	50	22
HNG	5	10	11	10	-
IHV	-	einzelne	-	einzelne	-
KG	5	-	-	-	-
AMV	20	-	-	-	-
DFN	-	-	DO	-	-
JNB	-	-	-	30	-
NSDAP/AO	-	-	-	20	-
DN	-	-	-	-	10

Quelle: Verfassungsschutzberichte des Bundes und der neuen Länder.
DO =-Dachorganisation ohne eigene Mitgliedschaften.

Ohne diese wäre es um das Organisationswesen im Osten noch weitaus schlechter bestellt. Und nach wie vor sind die organisationsunabhängigen publizistischen Einrichtungen (Buch-, Zeitungs-, Schriftenverlage und Vertriebsdienste) fast ausschließlich im Westen beheimatet. Auch die in Potsdam erscheinende „Junge Freiheit" ist hinsichtlich ihrer Autoren, ihrer Diktion und ihrer ideologischen Ausrichtung ein Westprodukt.

Der organisierte Rechtsextremismus stieß also insgesamt bei den neuen Bundesbürgern auf wenig Resonanz. Dafür lassen sich zunächst zwei allgemeine Erklärungen benennen: Zum einen ist im Osten die Bereitschaft, irgendeiner Organisation beizutreten, generell gering ausgeprägt. Zum anderen konvergierten Mentalität und Programmatik der westlichen Parteiführer nur selten mit den Befindlichkeiten und Bedürfnissen der Ostdeutschen. Selbst die Neonazis sind nach Anfangserfolgen mittlerweile trotz ihrer betont sozialen Forderungen und ihrer Hinwendung zu den immerhin weit verbreiteten gewaltbereiten Subkulturen gescheitert. Dies lag zum einen an der Verschlechterung der „opportunity structures": Polizei und Verfassungsschutz entwickelten, wenn auch zögerlich, effiziente Methoden für die Bekämpfung neonazistischer Umtriebe, eine zunehmend konsequente Strafverfolgung dämpfte den militanten Aktionismus, die Vereinsverbote (u.a. DA, FAP, NF, NL, NO, WJ) zwangen die Aktivisten zur Zurückhaltung, und die Medien lernten, ihre politische Verantwortung vor die Sensationsberichterstattung zu stellen. Zum anderen gelang es den Neonazi-Organisationen im Osten nicht (ebenso wenig wie im Westen), dauerhaft nennenswerte Teile des rechtsextremen Protestpotentials an sich zu binden. Und schließlich waren auch die westdeutschen (und österreichischen) Gruppenführer bei ihren Anhängern im Osten nach anfänglicher Bewunderung nicht unumstritten und wurden bald als „Gurus" verspottet.

3. Wahlverhalten

Mit der Europawahl im Juni 1989 hatte die Wählerresonanz des parteiförmig organisierten Rechtsextremismus in Westdeutschland, insbesondere der Republikaner, ihren vorläufigen Höhepunkt erreicht, und es begann ein tiefer Fall, der Anfang 1991 in Umfragen (Stöss 1994c: 126) auf der Null-Linie endete. Erst im Herbst des Jahres ging es aus demoskopischer Perspektive wieder bergauf. Die deutsche Einheit hatte die Serie der Wahlerfolge der Republikaner, wenigstens vorübergehend, gestoppt. Bei der ersten gesamtdeutschen Bundestagswahl erzielten NPD und Republikaner zusammen nur 2,4 Prozent der Zweitstimmen (das bedeutete immerhin noch über eine Million Wähler), aber schon 1991 erreichte die DVU in Bremen 6 und 1992 in Schleswig-Holstein noch einmal 6 Mandate. Ebenfalls 1992 brachten es die Republikaner in Baden-Württemberg sogar auf 15 Landtagssitze (10,9%).

Rechtsextremismus

Die beiden Landtagswahlen des Jahres 1993 zeitigten dann aber keine Mandate mehr: In Hamburg erzielten die Republikaner allerdings 4,8 Prozent und die DVU weitere 2,8 Prozent, in Niedersachsen brachte es die Schönhuber-Partei auf 3,7 Prozent.

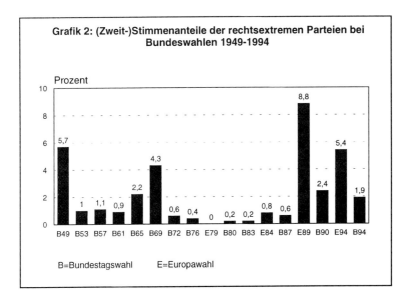

Um die Wahlchancen im „Superwahljahr" 1994 war es erwartungsgemäß nicht gut bestellt. Selbst bei der Europawahl gelang es keiner rechtsextremen Partei, die Fünf-Prozent-Hürde zu nehmen. Bei der Bundestagswahl traten (neben Splittergruppen) nur die Republikaner an, die ganze 1,9 Prozent der Zweitstimmen auf sich vereinigen konnten und damit noch schlechter abschnitten als vier Jahre zuvor. Offenbar bedeuteten die Nebenwahlen in der ersten Legislaturperiode des gesamtdeutschen Bundestags nur ein Zwischenhoch für die Parteien des Rechtsextremismus, der gleichwohl in der dritten Welle der Entwicklung des deutschen Rechtsextremismus ein deutlich höheres Niveau erreichte als in den beiden vorangegangenen Wellen.

Tabelle 4: Wahlergebnisse rechtsextremer Parteien bei den
Bundestagswahlen 1990 und 1994 (Zweitstimmen)

Partei	Wahlgebiet West[a]		Wahlgebiet Ost[b]		BRD insgesamt	
	Stimmen	v.H.	Stimmen	v.H.	Stimmen	v.H.
			1990			
DDD	672	0,0	337	0,0	1.009	0,0
REP	871.773	2,3	115.496	1,3	987.269	2,1
NPD	122.564	0,3	23.212	0,3	145.776	0,3
Insges.	995.009	2,6	139.045	1,6	1134.054	2,4
			1994			
REP	765.906	2,0	109.333	1,3	875.239	1,9

DDD = Bund der Deutschen Demokraten, REP-Abspaltung in Berlin.
a) Einschl. Berlin-West. b) Einschl. Berlin-Ost.

Die Wahlergebnisse in den fünf neuen Bundesländern fielen generell wesentlich schlechter aus als in der übrigen Republik. Bei den beiden Bundestagswahlen 1990 und 1994 war der Osten gleichermaßen nur mit jeweils etwa 12 Prozent am Gesamtergebnis beteiligt (Tab. 4), obwohl er rund 18 Prozent der Bevölkerung der Bundesrepublik stellt. Die Einzelergebnisse in den fünf neuen Ländern (Tab. 5, 6) zeigen, daß bislang nicht einmal die Republikaner – geschweige denn die NPD oder gar die DVU (die gar nicht erst bei einer Wahl antrat) – eine nennenswerte Chance gehabt hätten, die Sperrklausel zu überwinden. Bei Bundestags- und Landtagswahlen stand bei ihren Ergebnissen stets eine 1 vor dem Komma, bei der Europawahl 1994 erreichten sie in Sachsen immerhin 3,5 Prozent. Die übrigen rechtsextremen Parteien hatten klugerweise darauf verzichtet, sich einem Urnengang auf Landes- oder Bundesebene zu stellen.

Bei der Analyse von Erfolg und Mißerfolg rechtsextremer Parteien ist zwischen externen und internen Faktoren, zwischen der Nachfrage- und der Angebotsseite zu unterscheiden. Mit den Einstellungen der Bevölkerung werden wir uns unten im 5. Abschnitt befassen. Hier nur einige Anmerkungen zu den internen (Miß-) Erfolgsbedingungen, die ja im Kern bereits erwähnt worden sind: Das Angebot war im Osten noch weniger attraktiv als im Westen. Es gab in den neuen Bundesländern keinen überregional bekannten Politiker einer rechtsextremen Partei, der nicht aus dem Westen gekommen wäre. Die politisch-programmatischen Aussagen wurden von den westlichen Mutterorganisationen vorgegeben und wiesen kaum Spezifika auf, die die ostdeutsche Bevölkerung ansprachen. Die Parteiorganisationen waren schwach, desolat und extrem westabhängig. Kurzum: Die rechtsextremen Wahlparteien in Ostdeutschland bildeten Westfilialen mit einem Angebot für Westdeutsche. Dieses Angebot stieß schon im Westen auf mäßige Nachfrage. Warum sollten sich die Ostdeutschen dafür begeistern?

Rechtsextremismus

Tabelle 5: (Zweit-)Stimmenergebnisse der Republikaner in den fünf neuen Bundesländern 1990-1994

Wahl	Wahlgebiet	Stimmen	v.H.
LTW 1990	Mecklenburg-Vorpommern	7.584	0,9
	Brandenburg	14.669	1,2
	Sachsen-Anhalt	8.992	0,6
	Thüringen	11.712	0,8
	Sachsen (nicht zugelassen)	-	-
BTW 1990	BRD insges.	987.269	2,1
	Mecklenburg-Vorpommern	14.146	1,4
	Brandenburg	23.504	1,7
	Sachsen-Anhalt	15.197	1,0
	Thüringen	17.969	1,2
	Sachsen	33.605	1,2
LTW 1994	Mecklenburg-Vorpommern	9.974	1,0
	Brandenburg	12.140	1,1
	Sachsen-Anhalt	15.478	1,4
	Thüringen	18.304	1,3
	Sachsen	26.177	1,3
EW 1994	BRD insges.	1.387.070	3,9
	Mecklenburg-Vorpommern	21.596	2,6
	Brandenburg	18.348	2,3
	Sachsen-Anhalt	37.989	2,8
	Thüringen	39.543	2,9
	Sachsen	84.334	3,5
BTW 1994	BRD insges.	875.239	1,9
	Mecklenburg-Vorpommern	11.577	1,2
	Brandenburg	15.220	1,1
	Sachsen-Anhalt	14.641	1,0
	Thüringen	19.753	1,4
	Sachsen	35 483	1,4

BTW = Bundestagswahl; EW = Europawahl, LTW = Landtagswahl

Tabelle 6: (Zweit-)Stimmenergebnisse der NPD in den fünf neuen Bundesländern 1990-1994

Wahl	Wahlgebiet	Stimmen	v.H.
LTW 1990	Mecklenburg-Vorpommern	1.499	0,2
	Brandenburg	1.666	0,1
	Sachsen-Anhalt	1.924	0,1
	Thüringen	3.096	0,2
	Sachsen	17.227	0,7
BTW 1990	BRD insges.	145.776	0,3
	Mecklenburg-Vorpommern	3.164	0,3
	Brandenburg	3.089	0,2
	Sachsen-Anhalt	2.704	0,2
	Thüringen	3.973	0,3
	Sachsen	9.514	0,3
LTW 1994	Mecklenburg-Vorpommern	1.429	0,1
	Brandenburg	-	-
	Sachsen-Anhalt	-	-
	Thüringen	-	-
	Sachsen	-	-
EW 1994	BRD insges.	77.227	0,2
	Mecklenburg-Vorpommern	2.463	0,3
	Brandenburg	2.282	0,3
	Sachsen-Anhalt	3.820	0,3
	Thüringen	3.491	0,3
	Sachsen	5.760	0,2
BTW 1994	BRD insges.	-	-
	Mecklenburg-Vorpommern	-	-
	Brandenburg	-	-
	Sachsen-Anhalt	-	-
	Thüringen	-	-
	Sachsen	-	-

BTW = Bundestagswahl, EW = Europawahl, LTW = Landtagswahl

4. Protestverhalten und Gewalt

Charakteristisch für den Rechtsextremismus in den neuen Ländern ist – wie erwähnt – der eher spontane, schwach organisierte und ideologisch gering fundierte, dafür aber besonders aggressive Protest. Aggressiver Protest und Gewalt[6] stellen kein spezifisch ostdeutsches Phänomen dar und beschäftigen die Rechtsextremismusforschung auch nicht erst seit der deutschen Einheit.

---

6   Protestverhalten und Gewalt sind nicht gleichzusetzen. Zwar äußert sich Protestverhalten in aller Regel aggressiv, aber Gewalt findet auch im Bereich des organisierten, zielgerichteten Rechtsextremismus, insbesondere bei den Neonazis statt, die wiederum in engem Kontakt zur militanten Gewaltszene stehen.

Rechtsextremismus

Konjunkturen rechtsextremer Gewalt kennzeichnen auch den westdeutschen Rechtsextremismus, wobei auffällig ist, daß diese nicht synchron mit dem Auf und Ab von Wählerbewegungen und Organisationsmitgliedschaften verlaufen. Protestverhalten und zielgerichtetes politisches Verhalten haben offenbar unterschiedliche Ursachen und erwachsen aus verschiedenen Krisenphänomenen. Schon deswegen ist die analytische Trennung zwischen beiden notwendig.

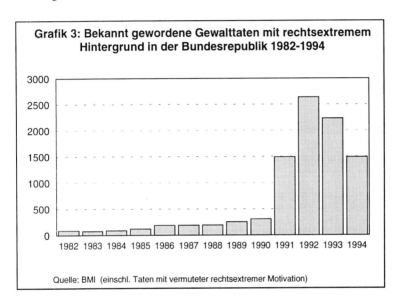

Als Mitte der achtziger Jahre die dritte Welle des organisierten Rechtsextremismus einsetzte, stagnierte die rechtsextrem motivierte Gewalt zunächst (Grafik 3). Erst mit bzw. infolge der deutschen Einigung wuchs das Gewaltpotential an, und zwar dramatisch. Die Gesetzesverletzungen mit erwiesener und vermuteter rechtsextremer Motivation vervierfachten sich von 1.848 (1990) auf 7.684 (1992), und steigerten sich 1993 noch einmal um ein Drittel auf 10.561. Die Gewalttaten darunter verzehnfachten sich sogar zwischen 1990 und 1992 von 270 auf 2.639 (Grafik 4). Dieser explosionsartige Anstieg muß als neue Qualität im Bereich des gewalttätigen Rechtsextremismus angesehen werden. Er war eine Folge der deutschen Einheit.

Aus der amtlichen Statistik (Verfassungsschutzbericht 1992: 70ff.) ist bekannt, daß es sich bei dieser Eskalation der Gewalt vor allem um Angriffe auf Ausländer und Asylbewerber, um rassistische Gewalt also, handelte. Sie wurde zumeist nicht von Organisationen geplant und durchgeführt, sondern von Cliquen und Einzelpersonen, wobei die Täter zu zwei Dritteln unter 21 Jahre alt und zu 95 Prozent männlichen Geschlechts waren. Der überwiegende Anteil von Gesetzesverstößen und Gewalt bestand aus Folgetaten von Initialereignissen (z.B. Hoyerswerda im September 1991 oder Rostock-Lichtenhagen im August 1992).

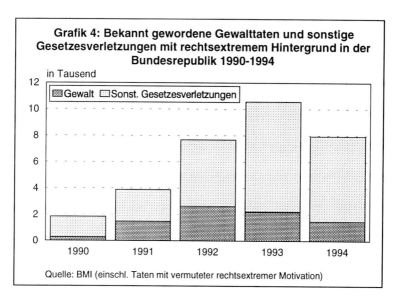

Diese rassistische Gewalt stand durchaus in der Tradition des Ende der siebziger/Anfang der achtziger Jahre in Westdeutschland einsetzenden pronazistischen Protests, der sich zunächst in Schmieraktionen und Provokationen mit NS-Symbolen bemerkbar machte und sich bald unter Fußballfans und in der gerade entstehenden Skinhead-Szene ausbreitete. Diese, aus England kommende, Subkultur fand nicht nur bei westdeutschen Jugendlichen wachsenden Anklang, sondern auch bei der DDR-Jugend. Der Proteststil der „Glatzen" entwickelte sich als Folge des sozialen und des Wertewandels und war durch gesellschaftlich-politische Unzufriedenheit gekennzeichnet. Dabei wurde allerdings keine politische Mitsprache oder Mitarbeit bei der Veränderung der Gesellschaft angestrebt. Skinheads sind (bis auf eine kleine Minderheit) politisch nicht interessiert oder gar engagiert und daher übrigens auch nur bedingt für rechtsextreme Organisationen mobilisierbar. Was sie in erster Linie treibt, sind extremer Individualismus, ein starkes Abgrenzungsbedürfnis gegenüber der bürgerlichen Gesellschaft („Stinos"), oft diffuser Haß und Aggressivität und nicht zuletzt Alkohol (Bier).

Wir wissen heute, daß auch die DDR-Gesellschaft der siebziger und achtziger Jahre durch sozialen Wandel, Wertewandel und Individualisierung – wenn auch nur teilweise (vor allem die Jugend) und auch nur rudimentär – geprägt war. Aber anders als im Westen ließ die technisch-wissenschaftliche Modernisierung und die allgemeine Erweiterung des Bildungsniveaus den politischen Bereich völlig unberührt. Dafür sorgte die bürokratische Einparteienherrschaft, die außerstande war, die Brisanz des sich verschärfenden Widerspruchs zwischen Wandel im wirtschaftlich-sozialen und Stagnation im politischen Bereich zu erkennen. Trotz erkennbarer Veränderungen in Osteuropa gab die DDR-Führung dem Reformdruck nicht nach. Bereits in der zweiten Hälfte der siebziger Jahre hatte in der DDR-Jugend der Loyalitätsverfall gegenüber dem sozialistischen System eingesetzt. Er ermöglichte bald das Überschwappen westlicher Jugendkulturen auf die DDR. Und wiederum anders als im Westen war für die DDR-Jugendlichen der Einstieg in eine der Subkulturen mit enormen Risiken verbunden: Wer sich dazu entschloß, begab sich in den Untergrund. Dies förderte den integrativen Wert der Subkulturen und verlieh ihren Mitgliedern das Gefühl von Mut, Stärke und Kameradschaft. Die rechtsextremen Parolen bedeuteten anfangs weniger eine Identifikation mit dem Nationalsozialismus, sondern vor allem einen gezielten Tabubruch mit der antifaschistischen Staatsdoktrin der DDR, eine Identifikation mit dem Feind des Feindes. Der im Vergleich zum Westen großen Risikobereitschaft entsprach eine enorme Gewaltbereitschaft und Brutalität, um die die Westskins ihre Kollegen im Osten lange bewunderten.

Das rasche Anwachsen von „autonomen" rechtsextremen Cliquen und Szenen seit der Jahreswende 1989/90 war nur in geringem Umfang mit einem Zulauf zu den – weithin mit westlicher Hilfe errichteten – rechtsextremen bzw. neonazistischen Parteien und Organisationen verbunden. Während Parteien und Parteiführer aus dem Westen bei den „Ossis" kaum auf Resonanz stießen, griff die rassistische Gewaltwelle vom Osten schnell auf den Westen über. Zwar wäre es unzutreffend, die zunehmende Gewalt in den alten Ländern ausschließlich als Nachahmungs- oder Adaptionseffekt darzustellen. Allerdings begann die Eskalation der rassistischen Gewalt im Osten, und dort wütete sie auch 1992 doppelt so heftig wie im Westen. Das Verhältnis betrug damals, umgerechnet auf 100.000 Einwohner, 5,5 zu 2,3 Gewalttaten. Insgesamt ein Drittel der Gewalttaten wurde 1992 in den neuen Bundesländern verübt, wo auch fast 45 Prozent der militanten Rechtsextremisten lebten (Tab. 1). Daß Gewaltbereitschaft vom Wählerpotential rechtsextremer Parteien unabhängig ist, belegt Tabelle 7.

Tabelle 7: Bekannt gewordene Gewalttaten mit rechtsextremem Hintergrund in den Bundesländern 1992 (pro 100.000 Einwohner) im Vergleich zu den Zweitstimmenergebnissen von REP und NPD bei der Bundestagswahl 1990

Bundesland	Gewalt	Wahlen
Mecklenburg-Vorpommern	10,2	1,7
Brandenburg	9,6	1,9
Schleswig-Holstein	5,3	1,5
Saarland	4,1	1,2
Sachsen-Anhalt	3,7	1,2
Nordrhein-Westfalen	3,7	1,5
Berlin	3,4	2,6
Sachsen	3,4	1,5
Thüringen	3,1	1,5
Baden-Württemberg	2,9	3,8
Hessen	2,8	2,7
Niedersachsen	2,6	1,3
Hamburg	2,1	2,0
Rheinland-Pfalz	1,6	2,0
Bayern	0,9	5,2
Bremen	0,3	2,5

Quelle: BMI, Statistisches Bundesamt.

Bei der Ursachenanalyse konzentrieren wir uns zunächst auf die externen Faktoren (zu den internen siehe den folgenden Abschnitt). Besonders wichtig erscheint mir die Tatsache, daß die Gelegenheitsstrukturen für rassistische Gewalt nach dem Zusammenbruch des SED-Regimes besonders günstig waren: Den staatlichen Institutionen mangelte es an Autorität und Kompetenz im Umgang mit Gewalt unter demokratischen Bedingungen. Sozialisationsagenturen, wie Familie, Kindergarten, Schule oder peer groups waren durch den abrupten gesellschaftlichen Umbruch funktional geschwächt, wenn nicht sogar vorübergehend außer Gefecht gesetzt, und mußten sich erst durch mühsame Lernprozesse in ihre neue Rolle finden. Verschwunden waren überdies plötzlich auch nahezu alle Einrichtungen im Freizeit-, insbesondere im Sportbereich. Auf die Ichbildung bei Jugendlichen, auf die Entwicklung von Identität und einem gesunden Selbstbewußtsein dürfte sich das Vakuum an verbindlichen Normen, anerkannten Werten und sinnstiftenden Kommunikationsbeziehungen im Nachherbst verheerend ausgewirkt haben, wo es an festen sozialen Beziehungen und Zukunftsperspektiven mangelte. Daß sich unter derartigen Bedingungen der Orientierungs- und Perspektivlosigkeit auch menschenverachtende Gewalt einstellte, kann nicht überraschen.

5. Rechtsextreme Einstellungen

Über die Verbreitung von rechtsextremen Einstellungen in Westdeutschland läßt sich nur spekulieren. Das rechtsextreme Einstellungspotential dürfte sich in den vergangenen knapp fünfzig Jahren im Westen nicht gravierend verändert haben, das Niveau scheint im großen und ganzen gleich geblieben zu sein. Während der manifeste Rechtsextremismus politischen Konjunkturen unterliegt, zeichnet sich der latente durch Konstanz aus. Eine gewisse Disposition für rechtsextreme Verhaltensweisen ist also permanent gegeben.

Veränderungen haben sich offenbar bezüglich der unterschiedlichen Bestandteile des rechtsextremen Einstellungsmusters vollzogen: So dürften sich die Sympathien für den Nationalsozialismus abgeschwächt haben, auch das Antisemitismuspotential hat offenbar, wenn auch wohl moderater, abgenommen. Gewachsen zu sein scheint mir dagegen – wenig überraschend – das Ausmaß an ethnozentristischen Einstellungen. Spekulationen über die Höhe des Niveaus rechtsextremer Einstellungen sind noch gewagter. Ich vermute, daß das rechtsextreme Einstellungspotential in Westdeutschland im Schnitt bei etwa 10 Prozent liegt bzw. lag.

Nun zum West-Ost-Vergleich: Es existieren sehr wenig neuere Daten, die für die bundesdeutsche Bevölkerung insgesamt repräsentativ sind und über die Verteilung von rechtsextremen Einstellungen in beiden Teilen Deutschlands Auskunft geben. Im Frühjahr 1994 (Falter 1994: 136ff.) befürworteten von einer insgesamt 10 Statements umfassenden Rechtsextremismus-Skala mindestens 9 Statements im Westen 5,5 Prozent und im Osten 3,7 Prozent der Befragten. Für mindestens 8 Statements (hier sollte vernünftigerweise der „cutting point" für die Potentialbestimmung gesetzt werden) betrug das West-Ost-Verhältnis 10,5 zu 4,0 Prozent und für mindestens 7 Statements 19,3 zu 9,3 Prozent. 1994 war demnach das rechtsextreme Einstellungspotential im Westen mehr als doppelt so groß wie im Osten. Damit ließe sich der höhere Organisationsgrad und das größere Wählerpotential im Westen erklären. Fraglich bleibt dann immer noch, warum Militanz und Gewalt im Osten häufiger anzutreffen sind als im Westen.

Für einen Einstellungsvergleich zwischen beiden Teilen Deutschlands stehen ansonsten nur Daten zur Verfügung, die sich auf einzelne Dimensionen des Einstellungsmusters Rechtsextremismus (Stöss 1993a: 28ff.) beziehen. Dabei handelt es sich beispielsweise um Studien zur Haltung der Bevölkerung zum Nationalsozialismus, zum Antisemitismus und zum Rassismus. So betrug z. B. 1992 der Anteil der antisemitisch eingestellten Befragten in Deutschland 13 Prozent, im Westen waren es 16 Prozent, im Osten 4

Prozent.[7] Eine andere Untersuchung aus dem Jahr 1994 ergab, daß die Befragten aus den neuen Bundesländern den Nationalsozialismus durchgehend klarer und kundiger ablehnen als die Westdeutschen.[8] Der DDR-Antifaschismus prägt offenbar noch heute die politische Kultur in den neuen Ländern.

Vergleichende Betrachtungen sind insbesondere auf dem Gebiet der Fremdenfeindlichkeit möglich. Ich greife hier aus den kumulierten Politbarometern 1992 der „Forschungsgruppe Wahlen" (Mannheim) die Dezember-Befragung heraus, die mehrere Statements zur Asylproblematik, zur „Überfremdung" und zur Gewalt gegen Ausländer enthält. Daraus geht hervor, daß die Ablehnung von Ausländern und Asylsuchenden Ende 1992 im Osten doppelt so stark ausgeprägt war wie im Westen (34,3% zu 15,3%). Sie wuchs erwartungsgemäß mit abnehmender Bildung und fand sich insbesondere bei Arbeitslosen (vor allem im Westen), Arbeitern und, im Osten, bei Selbständigen. Befragte, die ihre wirtschaftliche Situation als schlecht bezeichneten, erwiesen sich als besonders anfällig, überdurchschnittliche Ablehnung bekundeten auch Personen, die mit der Demokratie unzufrieden waren. Insgesamt scheint die Fremdenfeindlichkeit hauptsächlich sozial motiviert („Wohlstandschauvinismus") und mithin eine Folge der deutschen Einheit gewesen zu sein.[9] Ausländer und Asylsuchende üben dabei die klassische Sündenbockfunktion aus.

So wird dann auch verständlich, warum im Osten Deutschlands NS-kritische und fremdenfeindliche Einstellungen koexistieren können: Erstere stehen für die Distanz zum Nationalsozialismus, letztere sind das Ergebnis der psychischen Verarbeitung des soziopolitischen Bruchs. Es drängt sich die Vermutung auf, daß der eher spontane, schwach organisierte, ideologisch gering fundierte aber besonders aggressive Rechtsextremismus aus dieser ambivalenten Koexistenz erwächst. Parteien, Ideologien und Programme finden möglicherweise wegen der stärker antifaschistischen Grundhaltung im Osten kaum einen Nährboden, der Rechtsextremismus könnte hier in erster Linie eine Protesthaltung signalisieren, die aus der allgemeinen Unzufriedenheit vor allem der „Einigungsverlierer" entspringt (soweit sie nicht immer noch dem Sozialismus anhängen und der PDS zuneigen) und von den Betroffenen subjektiv gar nicht als rassistisch gewertet wird. Weiterhin ließe sich vermuten, daß sich antifaschistische Orientierungen insbesondere bei den älteren Generationen finden, während die jüngeren, die sich nach Untersuchungen des Leipziger Zentralinstituts für Jugendforschung schon in den siebziger und achtziger Jahren dem DDR-System entfremdet hatten (Fried-

---

7 Juden und Deutsche. SPIEGEL-Spezial, Nr. 2/1992, S. 61ff.
8 Die Woche, Nr. 23 v. 1.6.1994, Beilage „EXTRA: Große Umfrage zum Nationalsozialismus" (S. III).
9 Damit soll nicht ausgeschlossen werden, daß in Ostdeutschland auch in gewissem Umfang ein tradierter Ethnozentrismus existiert.

rich 1990), eher fremdenfeindliche Einstellungen aufweisen. Schließlich erwächst aus ihren Reihen auch die ausländerfeindliche Gewalt.

Das Erscheinungsbild des Rechtsextremismus im Osten läßt sich mithin auf die weit verbreitete, offenbar in erster Linie der Transformationssituation geschuldeten, Fremdenfeindlichkeit und auf die vergleichsweise große Toleranz gegenüber fremdenfeindlicher Gewalt unter jungen Leuten zurückführen. Dies könnte mit der unbefriedigenden wirtschaftlichen und sozialen Situation der besonders fremdenfeindlich eingestellten 18-24jährigen zusammenhängen: 47 Prozent von ihnen, also knapp die Hälfte, bewerteten 1994 die eigene wirtschaftliche Lage als schlecht (die stark fremdenfeindlich eingestellte Ost-Bevölkerung insgesamt tat das nur zu 39%). Dagegen litten die jungen Ausländerfeinde im Westen nicht unter materieller Not. Gerade mal 10 Prozent bezeichneten die eigene Wirtschaftslage als schlecht.

Fremdenfeindlichkeit und Gewalt gehen im Osten also von jungen Menschen aus, die sozial besonders depriviert sind. Dies erklärt aber noch nicht hinreichend, warum der Rechtsextremismus im Osten so schwach institutionalisiert ist bzw. warum der institutionalisierte Rechtsextremismus so wenig Resonanz bei der Bevölkerung findet.

Daß der institutionalisierte und politisch zielgerichtete Rechtsextremismus auf dem Gebiet der ehemaligen DDR so schwach entwickelt ist, könnte damit zusammenhängen, daß sich die erhebliche Fremdenfeindlichkeit nicht in dem massenhaften Bedürfnis nach einer, wie auch immer gearteten, politischen „Lösung" des Ausländer- und Asylproblems niederschlägt.[10] Vorrangig sind dort ökonomische und soziale Probleme, für die der Rechtsextremismus in Deutschland traditionell keine Kompetenz hat, sie wird dafür eher den etablierten Parteien zugeschrieben. Eine Rolle mag auch spielen, daß in Ostdeutschland die Distanz zum Nationalsozialismus größer ist als im Westen und daß sich damit auch eine etwas größere Ablehnung des organisierten Rechtsextremismus verbindet. Denn dieser wurde in der DDR-Literatur grundsätzlich in die Kontinuität des Nationalsozialismus gestellt (Winkler 1980).

---

10 Dies traf auf Westdeutschland zu, wo der im Mai 1993 verabschiedete „Asylkompromiß" die Wahlchancen der rechtsextremen Parteien nachhaltig verminderte (Roth/Schäfer 1994).

Literatur

Falter, J. W. in Zusammenarbeit mit Klein, M.: Wer wählt rechts? Die Wähler und Anhänger rechtsextremistischer Parteien im vereinigten Deutschland. München: Beck, 1994

Friedrich, W.: Mentalitätswandlungen der Jugend in der DDR. In: Aus Politik und Zeitgeschichte, B16-17(1990), S. 25-37

Holthusen, B./Jänecke, M.: Rechtsextremismus in Berlin. Aktuelle Erscheinungsformen – Ursachen – Gegenmaßnahmen. Marburg: Schüren, 1994

Ohrowski, K.: Rechtsextreme Parteien in den neuen Bundesländern. KSPW-Expertise (unveröff.) 1995

Roth, D./Schäfer, H.: Der Erfolg der Rechten. Denkzettel für die etablierten Parteien oder braune Wiedergeburt? In: Bürklin, W./Roth, D. (Hrsg.): Das Superwahljahr. Deutschland vor unkalkulierbaren Regierungsmehrheiten? Köln: Bund-Verlag, 1994, S. 111-131

Stöss, R.: Pronazistisches Protestverhalten unter Jugendlichen. In: Silbermann, A./Schoeps, J. H. (Hrsg.): Antisemitismus nach dem Holocaust. Köln: Verlag Wissenschaft und Politik, 1986, S. 163-192

Stöss, R.: Die extreme Rechte in der Bundesrepublik. Opladen: Westdeutscher Verlag, 1989

Stöss, R.: Rechtsextremismus in Berlin 1990. Ms. (unveröff.) 1993a

Stöss, R.: Extremismus von rechts. Einige Anmerkungen aus rechtlicher und politikwissenschaftlicher Perspektive. In: Harnischmacher, R. (Hrsg.): Angriff von rechts. Rechtsextremismus und Neonazismus unter Jugendlichen Ostberlins. Beiträge zur Analyse und Vorschläge zu Gegenmaßnahmen. Rostock/Bornheim-Roisdorf: Hanseatischer Fachverlag für Wirtschaft, 1993b, S. 5-29

Stöss, R.: Forschungs- und Erklärungsansätze – Ein Überblick. In: Kowalsky, W./Schroeder, W. (Hrsg.): Rechtsextremismus – Einführung und Forschungsbilanz. Opladen: Westdeutscher Verlag, 1994a, S. 23-66

Stöss, R.: Latenter und manifester Rechtsextremismus in beiden Teilen Berlins. In: Niedermayer, O./Stöss, R. (Hrsg.): Wähler und Parteien im Umbruch. Wählerverhalten und Parteiensystem in den neuen Bundesländern. Opladen: Westdeutscher Verlag, 1994b, S. 315-348

Stöss, R.: Rechtsextremismus in einer geteilten politischen Kultur. In: Niedermayer, O./Beyme, K. v. (Hrsg.): Politische Kultur in Ost- und Westdeutschland. Berlin: Akademie Verlag, 1994c, S. 105-139

Verfassungsschutzbericht 1992. Hrsg. v. Bundesministerium des Innern. Bonn, 1993

Verfassungsschutzbericht 1993. Hrsg. v. Bundesministerium des Innern. Bonn, 1994

Verfassungsschutzbericht 1994. Hrsg. v. Bundesministerium des Innern. Bonn, 1995

Winkler, A.: Neofaschismus in der BRD. Berlin: Dietz, 1980

Parteiprogramme und Polarisierung

Andrea Volkens

1. Einleitung

Die Folgen der Vereinigung für die deutsche Parteienlandschaft werden höchst unterschiedlich beurteilt. Einerseits bescheinigen viele Politikwissenschaftler auch der vereinigten Republik eine im internationalen Vergleich erstaunliche Stabilität. So sei die Regierungskoalition aus CDU/CSU und FDP zum vierten Mal seit dem Koalitionswechsel der FDP 1982 und zum zweiten Mal seit der Vereinigung von den Wählern im Amt bestätigt worden. Die Übereinstimmung der Parteienlandschaft in Ost und West sei aufgrund des „Transfers des westdeutschen Parteiensystems" (Kaase/Gibowski 1990: 25) bereits mit der Volkskammerwahl der DDR 1990 angelegt gewesen, nachdem sich die Allianz für Deutschland, der Bund Freier Demokraten und die neugegründete SPD dank tatkräftiger Hilfe ihrer westlichen Schwesterparteien an den westdeutschen Parteien ausgerichtet und die Wähler der DDR das bundesrepublikanische Parteienmodell „adoptiert" hätten (Schmidt 1991). Mit den Zusammenschlüssen der DDR-Parteien zur Ost-CDU und Ost-FDP und den Vereinigungen der Ost- und West-Flügel von CDU, FDP und SPD vor – im Fall von Bündnis 90 und Die Grünen nach – der ersten gemeinsamen Bundestagswahl 1990 stellten sich in Ost und West die gleichen Parteien zur Wahl. Zudem seien in der Bundesrepublik nach wie vor die beiden großen Volksparteien CDU/CSU und SPD dominant. Im Kern unterschieden sich die neuen Bundesländer demnach nicht von den alten Ländern (Jesse 1995). Krisensymptome werden daher von vielen Autoren nicht auf vereinigungsbedingte Veränderungen, sondern auf generelle Entwicklungen wie Werte- und Medienwandel (Alemann 1996), Mitglieder-, Stammwähler- und Vertrauensschwund in die Parteien (Wiesendahl 1990, 1992) und allgemeine Parteienverdrossenheit (Stöss 1990) zurückgeführt.

Andererseits sind aber auch Stimmen unüberhörbar, die das Parteiensystem der alten Republik für überlebt erklären (Baring 1995). So sei die parlamentarische Mehrheit der CDU/CSU-FDP Koalition bei der Bundestagswahl 1994 bedenklich geschmolzen (Jung/Roth 1994). Mit der Vereinigung habe sich auch die strukturelle Basis des Parteienwettbewerbs verändert: Das Elektorat der neuen Bundesländer sei weniger religiös gebunden, wohlfahrtsstaatlicher orientiert und materialistischer als das der alten Bundesländer (Dalton/Bürklin 1995, Roller 1996, Fuchs/Rohrschneider 1995, Rohrschneider/Fuchs 1995), und Ost- und Westdeutsche stuften einzelne Probleme als unterschiedlich wichtig ein (Roth 1994). Zudem hätte die Vereinigung zu gesamtdeutschen Parteien innerhalb der etablierten Parteien Veränderungen der Organisationsstruktur hervorgebracht (Niedermayer/Stöss 1994). Gewichtsverlagerungen innerhalb der Parteien ergäben sich insbesondere aufgrund veränderter Mitgliederzahlen. Da die CDU mit den beiden ehemaligen Blockparteien CDU und DBD einen mitgliederstarken Ostflügel hinzugewonnen habe (Perger 1992), werde sie „norddeutscher, protestantischer und sozialer" (Schmidt 1991: 520). Dagegen habe die CSU in der vergrößerten Bundesrepublik an Einfluß verloren (Leersch 1992). In der gesamtdeutschen FDP stellten die Ostdeutschen aufgrund des Zusammenschlusses der ehemaligen Blockparteien NDPD und LDP mit der DFP und der Ost-FDP sogar die Mehrheit der Parteimitglieder (Wittke 1994, Vorländer 1992), wobei die Ost-FDP eine links-liberal orientierte Massenpartei sei (Schmidt 1991). Die neugegründete Ost-SPD leide demgegenüber unter Mitgliederschwäche (Lösche 1996), und es fehle ihr der Rückhalt bei ihrer genuinen Anhängerschaft, den Arbeitern, die in stärkerem Maße als im Westen die CDU wählten. Auch die Vereinigung der Grünen mit dem Bündnis 90 wird als schwieriges Bündnis eingestuft, da die menschenrechtliche Ausrichtung der ehemaligen DDR-Opposition auf fundamentalistische Positionen der Neuen Linken träfe (Jesse 1995).

Über diese vereinigungsbedingten Veränderungen innerhalb der etablierten Parteien hinaus habe sich insbesondere auch das Parteiensystem, das Gefüge der „interaction resulting from interparty competition" (Sartori 1976: 44), gewandelt. So hat nach der Vereinigung die PDS als weitere Partei in Bundes-, Landes- und Kommunalparlamenten Einzug gehalten. Mit dieser post-kommunistischen, links-extremen Partei habe sich die ideologische Spannweite des Parteiensystems vergrößert (Moreau/Lang 1996), so daß zentrifugale Kräfte weiter zugenommen hätten, die bereits 1983 mit der Etablierung der Grünen Auftrieb erhielten (Veen 1995). Daher drohe nun die Gefahr, daß die Bundesrepublik von einem gemäßigten Pluralismus mit vier Parteien zum polarisierten Pluralismus à la Weimar mit zersplittertem Parteiensystem und großen ideologischen Distanzen zwischen den Parteien mutiere (Pappi 1994).

Ob Kontinuität oder Wandel der deutschen Parteienlandschaft: Es stellt sich die Frage, inwieweit Veränderungen der Wettbewerbssituation im Parteiensystem und innerparteiliche Entwicklungen sozio-ökonomische, gesellschaftliche und politische Positionen der etablierten Parteien beeinflußt haben. Im folgenden soll zunächst die Frage beantwortet werden, ob sich die in den Bundestagswahlprogrammen niedergelegten Positionen der etablierten

Parteien seit der Vereinigung verändert haben. Mit Wahlprogrammen werben die Parteien als kollektive Akteure um Stimmen für ihre politischen Zielvorstellungen. Wahlprogramme geben daher Aufschluß über die programmatischen Strategien der Parteien zur Gewinnung von Zielgruppen und über die Konkurrenzsituation zwischen Parteien (Stammen 1975). Wahlprogramme spiegeln aber auch innerparteiliche Kräfteverhältnisse wider, da sie auf Parteitagen von Delegierten aus allen Wahlkreisen oder von den Bundesvorständen verabschiedet werden. Parteiflügel und Gruppierungen müssen sich dabei auf politische Ziele einigen, die in der kommenden Legislaturperiode verfolgt werden sollen. Ein Vergleich der programmatischen Angebote der alten mit denen der vereinigten Parteien kann daher Aufschluß darüber geben, ob und inwiefern die Parteien auf veränderte Wettbewerbsbedingungen reagieren und sich die Parteivereinigungen in veränderten politischen Positionen niederschlagen.

Die Wettbewerbsbedingungen der etablierten Parteien haben sich vor allem mit dem Erstarken der PDS in den neuen Bundesländern verändert. Daher wird die Frage aufgeworfen, ob und inwieweit sich die programmatischen Angebote der PDS von denen der etablierten Parteien unterscheiden. Unterschiede zwischen den programmatischen Positionen der PDS und denen der etablierten Parteien geben dabei Aufschluß über Ausmaß und Richtung der programmatischen Konkurrenz. Darüber hinaus geben programmatische Unterschiede zwischen allen im Bundestag vertretenen Parteien Aufschluß über das Ausmaß von Konsens oder Konflikt im Parteiensystem. Diesem Grad programmatischer Polarisierung gilt eine dritte Fragestellung. Damit soll untersucht werden, ob sich die programmatische Polarisierung des Parteiensystems mit dem Auftreten der PDS und mit Positionsänderungen der etablierten Parteien verstärkt hat. Mit dieser Fragestellung wird auch der programmatische Aspekt der Kooperations- und Koalitionschancen zwischen den im Bundestag vertretenen Parteien ausgelotet.

Als Indikator für die politischen Positionen der Parteien der alten Republik werden die Bundestagswahlprogramme 1987 herangezogen und mit den Programmen der Bundestagswahlen 1990 und 1994 verglichen. Die Positionen der Parteien werden dabei anhand von quantitativen Inhaltsanalysen der Wahlprogramme gemessen. Mit dieser Methode werden programmatische Positionen der im Bundestag vertretenen Parteien in vier Politikfeldern – a) Wirtschafts- und Sozialpolitik, b) Gesellschaftspolitik, c) Umweltpolitik und d) Außen- und Verteidigungspolitik – ermittelt. In allen vier Politikfeldern lassen sich die programmatischen Positionen der Parteien räumlich zwischen linken und rechten Polen abbilden und damit als Dimensionen darstellen. Die sozio-ökonomische und die gesellschaftspolitische Dimension greifen die beiden Hauptspannungslinien der Bundespolitik (Pappi 1973) auf. Neben diesen beiden alten Konfliktlinien (Lipset/Rokkan 1967) werden der umwelt-, außen- und verteidigungspolitische Konsens oder Konflikt zwischen den Parteien betrachtet. Umweltpolitische Konflikte zwischen Parteien entstehen entlang einer neuen Spannungslinie zwischen Materialisten und Postmaterialisten (Inglehart 1977, 1990, Alemann 1992). Zusätzlich zu diesen Spannungslinien wird der außen- und verteidigungspolitische Bereich ausgewählt, weil die Aufrechterhaltung der äußeren Sicherheit als grundlegende Funktion aller politischen Systeme beschrieben werden kann (Almond/Powell 1978). Im folgenden Abschnitt werden das inhaltsanalytische Verfahren zur Messung der Positionen von Parteien und die vier programmatischen Dimensionen und ihre Pole näher dargestellt. Der dritte Abschnitt beschreibt die programmatischen Positionen der Parteien auf den vier Politikdimensionen, der programmatischen Polarisierung des Parteiensystems ist ein vierter Abschnitt gewidmet. Schließlich werden die Ergebnisse der empirischen Analyse unter dem Aspekt von Kontinuität und Wandel der programmatischen Positionen der Parteien und der Polarisierung des deutschen Parteiensystems diskutiert.

2. Messung von programmatischen Positionen auf vier Politikdimensionen

Die hier vorgelegte empirische Untersuchung zur Entwicklung der programmatischen Positionen der Parteien beruht auf der Messung von Parteipositionen mittels quantitativer Inhaltsanalysen der Bundestagswahlprogramme. Im Gegensatz zu Grundsatzprogrammen, die die politischen Leitlinien und dauerhafte ideologische Orientierungen wiedergeben, legen Wahlprogramme zeitlich begrenzte Handlungsperspektiven für die kommende Legislaturperiode fest (Flohr 1968). Anders auch als Aktionsprogramme, die sich mit einem einzigen Thema wie zum Beispiel der Arbeitsmarktpolitik beschäftigen, sprechen Wahlprogramme eine Vielzahl politischer Themen an. Da sie im Gegensatz zu Grundsatz- und Aktionsprogrammen vor jeder Wahl publiziert werden, können Veränderungen von Themen und Positionen identifiziert werden. Die Bedeutung von Wahlprogrammen für die politische Praxis der Parteien wird allerdings oft angezweifelt. Laut dieser Kritik gehen die Parteien mit „shopping lists" nur auf Wählerfang, ohne daß Wahlprogrammaussagen für die Handlungen der Regierungsparteien verbindlich seien. Demgegenüber belegt eine Reihe von Untersuchungen, daß sich Aussagen von Wahlprogrammen in großem Umfang auch in Gesetzen wiederfinden (Ginsberg 1982, Pomper 1968, Rallings 1987) und weitgehend mit entsprechenden Haushaltsausgaben korrespondieren (Klingemann/Hofferbert/

Budge 1994, Hofferbert/Klingemann 1990, Hofferbert/ Klingemann/Volkens 1992). Daher kann man davon ausgehen, daß die hier untersuchten Bundestagswahlprogramme nicht nur Strategien der Wählerwerbung widerspiegeln, sondern trotz Koalitionskompromissen und situativen Anpassungen weitgehend die politische Praxis der Parteien im deutschen Bundestag steuern.

Alle im Bundestag vertretenen Parteien legten 1987, 1990 und 1994 Wahlprogramme vor. In der 12. Legislaturperiode war im Bundestag das in den neuen Bundesländern angetretene Wahlbündnis Bündnis 90/Grüne-BürgerInnenbewegungen vertreten, da die West-Grünen im alten Bundesgebiet knapp an der 5-Prozent-Hürde scheiterten. Für die Bundestagswahl 1990 wird daher das Wahlprogramm dieses Bündnisses untersucht. Die PDS stellte sich 1990 zusammen mit der Linken Liste und dem Programm „Für eine starke Opposition" zur Wahl. CDU und CSU traten seit den 60er Jahren oft mit einem gemeinsamen Bundestagswahlprogramm auf. Stellen sie sich mit getrennten Programmen zur Wahl, so unterschieden sich diese nur in Nuancen. 1987 und 1994 legten CDU und CSU ein gemeinsames Programm vor. Für das Wahljahr 1990 wird hier das Wahlprogramm der CDU zugrunde gelegt.

Diese Programme wurden zunächst darauf untersucht, wie viele Probleme, definiert als Defizite oder Handlungsbedarf (Volkens 1992b), in ihnen thematisiert werden. Die auf diese Probleme bezogenen Textstellen wurden in einem zweiten Schritt anhand eines 56 Kategorien umfassenden Klassifikationsschemas erfaßt, das von der Manifesto Research Group (MRG) des European Consortium for Political Research (ECPR) für einen internationalen Vergleich von Parteistrategien entwickelt wurde (Budge/Robertson/Hearl 1987). Mit diesem Klassifikationsschema werden spezielle Probleme zu Themen, zum Beispiel „allgemeine wirtschaftliche Ziele", oder zu Positionen, zum Beispiel „Ausbau des Wohlfahrtsstaates" und „Abbau des Wohlfahrtsstaates", zusammengefaßt. Wegen der unterschiedlichen Länge der Programme wurde die Anzahl der Probleme, die auf eine Kategorie entfallen, jeweils auf die Gesamtzahl aller in einem Wahlprogramm benannten Probleme standardisiert. Die auf eine Kategorie entfallenden Probleme können dann als Prozentanteil ausgewiesen werden. Für unsere Analysezwecke wurden die 56 MRG-Kategorien zu acht Politikpositionen zusammengefaßt, die die jeweils linken und rechten Positionen in vier für den Parteienwettbewerb in der Bundesrepublik relevanten Politikfeldern kennzeichnen:

a) Wirtschafts- und Sozialpolitik

rechte Position: Freies Unternehmertum, Anreize für unternehmerische Tätigkeit, Protektionismus – negativ, ökonomischer Konservatismus, Arbeitnehmer – negativ, Mittelschicht – positiv, Wohlfahrtsstaat – gegen Expansion, Bildungssystem – gegen Expansion;

linke Position: geregelter Kapitalismus, wirtschaftliche Planung, Korporatismus, Protektionismus, Keynesianische Nachfrageregelungen, Planwirtschaft, Verstaatlichung, Marxistische Positionen, Arbeitnehmer – positiv, soziale Gerechtigkeit, Wohlfahrtstaat – pro Expansion, Bildungssystem – pro Expansion, Kultur;

b) Gesellschaftspolitik

rechte Position: nationale Lebensweise, traditionale Moral, Ruhe und Ordnung, soziale Harmonie, Multikulturalismus – negativ;

linke Position: nationale Lebensweise – negativ, traditionale Moral – negativ, Multikulturalismus;

c) Umweltpolitik

rechte Position: Technologie und Infrastruktur, Wachstum;

linke Position: Umweltschutz, Null-Wachstum;

d) Außen- und Verteidigungspolitik

rechte Position: militärische Stärke, Internationalismus – negativ, EG – negativ, auswärtige Beziehungen – negativ;

linke Position: Frieden und Abrüstung, Anti-Imperialismus, Internationalismus, EG – positiv, auswärtige Beziehungen – positiv (Volkens 1992a).

Fast drei Viertel der in den Wahlprogrammen 1987, 1990 und 1994 benannten Probleme entfallen auf diese acht Positionen. Gemessen am durchschnittlichen Umfang der Wahlprogramme werden linke und rechte sozio-ökonomische Positionen mit 29 Prozent am häufigsten benannt, gefolgt von umweltpolitischen Positionen mit 22 Prozent und außen- und verteidigungspolitischen Positionen mit 14 Prozent. Demgegenüber werden im Durchschnitt nur bei 7 Prozent der Probleme linke oder rechte gesellschaftspolitische Positionen vertreten. Allerdings kann hier ein deutlicher Unterschied zwischen den Parteien festgestellt werden. So bezieht die CDU/CSU in ihren Wahlprogrammen gesellschaftspolitische Positionen erheblich öfter als die anderen Parteien. Unterschiede zwischen Parteien zeigen sich auch in der Häufigkeit, zu der sozio-ökonomische und umweltpolitische Positionen benannt werden. Die Grünen und die CDU/CSU beziehen im Durchschnitt ihrer Wahlprogramme sozio-ökonomische Positionen seltener als die anderen Parteien. Bei der PDS wird Umweltpolitik eher klein geschrieben. In allen genannten Fällen beträgt die Abweichung zwischen den Parteien etwa 10 Prozentpunkte.

Der Umfang der auf die Positionen entfallenden Probleme läßt allerdings noch keine Rückschlüsse auf die Links-Rechts-Werte der Parteien in den vier Politikfeldern zu. Denn die Parteien können in ihren Wahlprogrammen bei einzelnen Issues unterschiedliche Positionen beziehen. So kann eine Partei in ihrem Wahlprogramm beispielsweise sowohl den Ausbau der Bundeswehr, d.h. „militärische Stärke", als auch die Ächtung chemischer Kampfstoffe und damit „Abrüstung" befürworten. Die Links-Rechts-Werte der Parteien werden berechnet, indem die Prozentwerte aller den jeweiligen linken und den jeweiligen rechten Polen zugeordneten Kategorien zunächst addiert und dann die addierten Prozentwerte der linken Positionen von den addierten Prozentwerten der rechten Positionen subtrahiert werden. Ein Vorteil dieser Vorgehensweise ist die einfache Interpretation des daraus resultierenden Links-Rechts-Wertes. Je häufiger eine Partei eine bestimmte Position bezieht, umso zentraler ist diese Position für die Partei (Krakauer 1952/53). Die Links-Rechts-Werte reflektieren also die Bedeutung politischer Positionen für die Parteien. Diese Maßzahl kann Werte zwischen -100 (extrem links) und +100 (extrem rechts) annehmen. Die Verteilungen der Parteien zwischen dem linken und dem rechten Pol eines Politikfeldes können daher räumlich dargestellt und somit als Politikdimension beschrieben werden.

Das Ausmaß der Unterschiede zwischen Parteien auf den vier Politikdimensionen und deren Veränderungen gibt das im vierten Abschnitt dargestellte Polarisierungsmaß wieder. Die programmatische Polarisierung wird dabei für jedes Politikfeld als absolute Abweichung der Links-Rechts-Werte der Parteien vom Mittelwert der Politikdimension berechnet und auf die unterschiedliche Anzahl der Parteien in den Legislaturperioden standardisiert. Je mehr alle Parteien derselben Politikdimension eine hohe Bedeutung zuschreiben und je stärker sie unterschiedliche Positionen beziehen, desto größer ist die jeweilige programmatische Polarisierung, desto geringer ist der programmatische Konsens zwischen den Parteien.

3. Programmatische Positionen der Parteien

Die mit der Vereinigung einhergehenden Veränderungen innerhalb und zwischen den Parteien könnten einen programmatischen Linksschwenk aller etablierten Parteien ausgelöst haben. Je stärker sich die etablierten Parteien der Themen und Probleme der Ostdeutschen annehmen, desto stärker bewegen sie sich auf linke Positionen zu. In den ehemaligen Blockparteien wurden ebenso wie in der Wählerschaft linke Positionen wie Staatsinterventionismus und Ausbau des Sozialstaates in stärkerem Umfang vertreten als in ihren westlichen Schwesterparteien (Volkens/Klingemann 1992). Eine Bewegung der Parteien nach links würde also auch darauf hindeuten, daß sich in CDU und FDP die neuen Mitglieder und Delegierten aus dem Osten programmatisch durchgesetzt haben. Den Möglichkeiten einer Stimmenmaximierung beim Wählerpotential in den neuen Bundesländern sind allerdings Grenzen gesetzt, denn einerseits stellen die Ostdeutschen nur ein Fünftel der Wählerschaft und andererseits müssen die Parteien auch befürchten, mit einer derartigen Positionsveränderung Stammwähler im Westen zu verlieren.

Mit einer „links-populistischen Strategie" (von Beyme 1994: 453) sollte die PDS auf der sozio-ökonomischen Konfliktdimension programmatisch links von der SPD und in der Gesellschaftspolitik links von SPD und FDP angesiedelt sein. Mit links-extremen Positionen in der Umwelt-, Außen- und Verteidigungspolitik würde die PDS in erster Linie den Grünen Konkurrenz machen. Das Ausmaß des programmatischen Linksextremismus der PDS hängt aber nicht nur davon ab, welche Strategie der Wählerwerbung die Partei im Bundesgebiet verfolgte, sondern auch davon, welcher Parteiflügel sich bei der Formulierung der Bundestagswahlprogramme durchgesetzt hat. Denn linksextreme Gruppen in der PDS, die die umfassende Transformation des kapitalistischen Systems anstreben, werfen „reformistischen" Gruppen „Sozialdemokratisierung" und „Anpassung an das System" vor (Moreau/ Lang 1996: 57).

3.1 Wirtschafts- und Sozialpolitik

Die wirtschaftspolitische Konfliktdimension wird von marktwirtschaftlichen Positionen einerseits und staatlichen Eingriffen in das Wirtschaftssystem andererseits bestimmt. Diese ökonomischen Positionen stehen dabei in direktem Zusammenhang mit der Sozialpolitik, da negative Nebenfolgen der Marktwirtschaft durch wohlfahrtsstaatliche Maßnahmen abgefedert werden sollen. Schaubild 1a zeigt die Links-Rechts-Werte der Parteien in den Bundestagswahlprogrammen 1987, 1990 und 1994 auf dieser sozio-ökonomischen Dimension.

Alle im Bundestag vertretenen Parteien beziehen in diesen Wahlprogrammen sozio-ökonomische Positionen links von der Mitte, weil sie sich zum Sozialstaat bekennen. Die Parteien unterscheiden sich aber im Ausmaß, zu dem sie den weiteren Ausbau des Sozialstaates befürworten. Zur Bundestagswahl 1987 entsprachen die programmatischen Positionen der Parteien auf der sozio-ökonomischen Dimension weitgehend den aus anderen

Parteiprogramme und Polarisierung 223

Untersuchungen bekannten Verteilungen der Parteien auf dieser Konfliktdimension (Pappi 1991). Die SPD befürwortete am häufigsten einen weiteren Ausbau des Sozialstaates, gefolgt von den Grünen. CDU/CSU und FDP sprachen sich dagegen in ihren Wahlprogrammen 1987 seltener für einen weiteren Ausbau des Sozialstaates aus. Zu den Bundestagswahlen 1990 und 1994 modifizierten nur die CDU/CSU und die FDP ihre sozio-ökonomischen Positionen. Ein anhaltender Linksrutsch ist jedoch auch bei diesen beiden Parteien nicht zu verzeichnen.

Schaubild 1a: Sozio-ökonomische Links-Rechts-Werte der Parteien

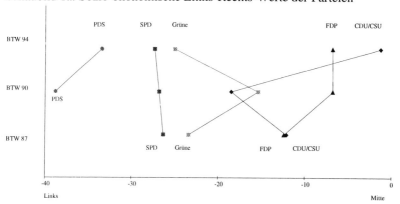

Die CDU/CSU bewegte sich 1990 zwar entsprechend der oben genannten These nach links. Zu diesem Zeitpunkt wollte sie den Problemen in den neuen Bundesländern mit Mitteln des Sozialstaates und Staatsinterventionismus begegnen und kam damit auch den Positionen ihrer Ost-Mitglieder entgegen. 1994 wendete sie sich aber der politischen Mitte in erheblich stärkerem Umfang zu als dies 1987 der Fall war. Am auffälligsten ist daher der unserer These gerade entgegengesetzte starke Rechtsschwenk der CDU zur Bundestagswahl 1994. Zwar versprach die CDU/CSU auch 1994, „dem Aufbau in den neuen Ländern weiterhin Vorrang einzuräumen" (Wahlprogramm 1994: 8), aber die darauf bezogenen Positionen sind deutlich von der Finanzierbarkeit der Maßnahmen geprägt. Die CDU/CSU wollte nun in erster Linie „die eingeschlagene Richtung fortsetzen" und kündigte im sozialpolitischen Bereich nur wenige neue Gesetzesinitiativen an. Zudem setzte die CDU/CSU 1994 auch in der Wirtschaftspolitik andere Akzente. 1994 wies sie zwar auf die Erfolge ihrer Politik der sozialen Marktwirtschaft hin, setzte nun aber mit einer „konsequenten Mittelstandspolitik" (ebd.: 14f.) stärker auf „Privatinitiative, Unternehmergeist und Wettbewerb" (ebd.: 35), als sie dies in ihren Programmen von 1987 oder 1990 tat. Mit diesem Programmschwerpunkt plazierte sich die CDU/CSU 1994 rechts von der FDP.

Derartigen Positionen für „Anreize zur unternehmerischen Tätigkeit" und für „freies Unternehmertum" hatte die FDP bereits 1990 einen großen Teil ihres Programms gewidmet und sich damit im Vergleich zu 1987 weiter nach rechts bewegt. Somit hatte sich die FDP in der Bundestagswahl 1990 im Gegensatz zur CDU/CSU als Partei der freien Marktwirtschaft präsentiert. 1994 verzeichnete die FDP einen ähnlichen Links-Rechts-Wert wie schon 1990. Das Schwergewicht lag nun allerdings bei steuerpolitischen Maßnahmen. Dabei sprach sich die FDP für eine „grundlegende Reform des Steuersystems und steuerfinanzierter Sozialleistungen" aus, das die „Bereitschaft zur Aufnahme einer Erwerbsarbeit" stärken (Wahlprogramm 1994: 76f.) und mit der „unverzichtbare Staatsaufgaben verläßlich finanziert werden" sollten (ebd.: 7), und wollte so eine „Senkung der Staats- und Abgabenquote" (ebd.: 7) erreichen.

SPD und Grüne behielten demgegenüber ihre sozio-ökonomischen Positionen weitgehend bei. Die SPD hatte – unbeeindruckt von der PDS-Konkurrenz – bei allen Bundestagswahlen stabile sozio-ökonomische Links-Rechts-Werte. In allen Wahlprogrammen hob sie die Bedeutung von sozialer Gerechtigkeit und Chancengleichheit hervor und begründete damit eine Vielzahl sozialstaatlicher Maßnahmen.

Auch bei den Grünen standen in diesem Politikfeld soziale Gerechtigkeit und Chancengleichheit auf dem Programm. Das im Osten angetretene Bündnis der Grünen/Bündnis 90 positionierte sich im sozio-ökonomischen Bereich 1990 zwar rechts von der CDU, weil sich das Ostbündnis in seinem Wahlprogramm 1990 zur Marktwirtschaft bekannte und relativ selten den weiteren Ausbau des Sozialstaates forderte, die vereinigten Bündnis 90/Die Grünen wiesen 1994 aber einen Links-Rechts-Wert auf, der mit dem Wert der Grünen von 1987 übereinstimmt.

Wie erwartet bezog die PDS in ihrem Bundestagswahlprogramm von 1990 extrem linke sozio-ökonomische Positionen. Allerdings schwächte sie diese Positionen 1994 etwas ab und wendete sich damit der SPD zu. Diese Wende beruhte jedoch nicht darauf, daß die PDS 1994 ihren umfangreichen Katalog wohlfahrtsstaatlicher Maßnahmen einschränkte. Die Unterschiede in der Positionierung der PDS beruhen demgegenüber auf ihrer veränderten wirtschaftspolitischen Programmatik. 1990 überwog hier die Kritik an der kapitalistischen Produktionsweise. Die PDS stellte dabei die „unsozialen Seiten der sozialen Marktwirtschaft" in den Vordergrund und bezeichnete sich als „antikapitalistische Bewegung mit sozialistischen Zielsetzungen", die eine „Veränderung der Eigentumsstrukturen" wollte (Wahlprogrqamm 1990: 26). Diese linksextremen Positionen tauchten im Wahlprogramm 1994 nicht mehr auf. Damit hatten sich in der Wirtschaftspolitik zur Bundestagswahl 1994 offenbar die eher pragmatisch agierenden Parteiführer durchgesetzt.

Zusammengefaßt betrachtet, haben sich die Koalitions- und Kooperationschancen zwischen den Parteien in wirtschafts- und sozialpolitischen Fragen letztlich nicht gewandelt. Die Positionsveränderungen von CDU/CSU und FDP zur Bundestagswahl 1990 ließen zwar auf Konflikte zwischen den beiden Koalitionspartnern und eine Annäherung der wirtschafts- und sozialpolitischen Standpunkte der CDU/CSU an die der SPD schließen. Trotz koalitionsinterner Debatten stimmten Mitte 1993 die Regierungsparteien und die SPD auch gemeinsam für den „Solidarpakt", mit dem von 1995 an jährlich mehr als 100 Milliarden DM von West nach Ost fließen sollten. Zur Bundestagswahl 1994 entsprach mit einer weiteren Positionsänderung der CDU/CSU jedoch die Verteilung der Parteien auf der sozio-ökonomischen Dimension wieder derjenigen von 1987: Sowohl die Programmatik 1987 als auch die Programmatik 1994 weisen eine bipolare Struktur mit SPD und Grünen im linken und CDU/CSU und FDP im Mitte-Links-Spektrum auf. Die Distanz zwischen SPD und Grünen auf der einen und CDU/CSU und FDP auf der anderen Seite hat sich 1994 sogar deutlich vergrößert. Diese Entwicklung deutet darauf hin, daß das Konfliktpotential zwischen Regierung und Opposition im Politikfeld „Wirtschaft und Soziales" angestiegen ist. So wurde schon Anfang 1994 das Gesetz zur Pflegeversicherung mit den Stimmen von Union, FDP und SPD erst verabschiedet, nachdem der Vermittlungsausschuß des Bundestages einen Kompromißvorschlag erreicht hatte.

3.2 Gesellschaftspolitik

Auch den gesellschaftspolitischen Bereich zeichnet eine bipolare Struktur aus (Schaubild 1b). Hier stehen aber die laizistischen Parteien SPD und FDP der religiös verankerten CDU/CSU gegenüber (Pappi 1991). Im Einklang mit anderen Analysen war die CDU/CSU 1987 in ihrer gesellschaftspolitischen Programmatik rechts von SPD, FDP und Grünen positioniert. Die gesellschaftspolitischen Links-Rechts-Werte dieser drei Parteien weichen kaum voneinander ab und veränderten sich bei den drei Bundestagswahlen auch nur geringfügig. In diesem Politikfeld treten damit anhaltende programmatische Übereinstimmungen bei SPD, FDP und Grünen zu Tage. Daß trotz ähnlicher Links-Rechts-Werte dieser drei Parteien die Kooperationschancen zwischen SPD und FDP größer sind als zwischen SPD und Grünen, deuten die inner- und zwischenparteilichen Konflikte um ein einheitliches Abtreibungsgesetz für ganz Deutschland an. Denn der Bundestag stimmt Mitte 1993 mit 357 gegen 284 Stimmen für einen von SPD und FDP initiierten Gruppenantrag zur Reform des Paragraphen 218. Diese Reform wurde allerdings kurz darauf vom Bundesverfassungsgericht in entscheidenden Punkten für verfassungswidrig erklärt. Nach ihrer Novellierung 1995 sind Abtreibungen nach einer Beratung innerhalb der ersten 12 Wochen zwar weiterhin rechtswidrig, bleiben aber straffrei.

Schaubild 1b: Gesellschaftspolitsche Links-Rechts-Werte der Parteien

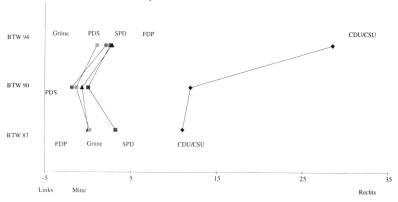

Auch die CDU/CSU hatte zur Bundestagswahl 1990 ihre gesellschaftspolitische Position kaum verändert. Ebenso wie im sozio-ökonomischen Bereich schwenkte die CDU/CSU 1994 jedoch auch gesellschaftspolitisch weiter nach rechts. Diese Positionsänderung beruht darauf, daß die Bekämpfung der Kriminalität einen Schwerpunkt ihres Wahlprogramms von 1994 bildete, während „Ruhe und Ordnung" in den Wahlprogrammen 1987 und 1990 keine große Rolle spielte. Kurz vor der Bundestagswahl 1994 brachte die CDU/CSU aber bereits ein Gesetz zur Verbrechensbekämpfung ein, das sich vor allem gegen die organisierte Kriminalität richtet.

Unterschiede zwischen der gesellschaftspolitischen und der sozio-ökonomischen Dimension ergeben sich auch aufgrund der programmatischen Positionierungen der PDS. In der Gesellschaftspolitik verzeichnet sie nämlich im Gegensatz zur Wirtschafts- und Sozialpolitik keine extrem linken Werte. Sowohl 1990 als auch 1994 gleichen die Links-Rechts-Werte der PDS denen der SPD, FDP und Grünen. Trotzdem zeichneten sich in manchen Formulierungen Differenzen zwischen den gesellschaftspolitischen Positionen der PDS auf der einen und denen der SPD, FDP und Grünen auf der anderen Seite ab. So wollte die PDS 1994 „ein anderes Deutschland, eine demokratische, soziale, zivile, ökologische und antirassistische Erneuerung der BRD" (Wahlprogramm 1994: 44). Derartige Nuancen der Formulierung können bei einer Zusammenfassung zu grundlegenden Positionsissues allerdings nicht zum Tragen kommen.

3.3 Umweltpolitik

In der Umweltpolitik bilden Positionen für den Umweltschutz und Null-Wachstum den linken Pol, Positionen für Wirtschaftswachstum, Infrastrukturausbau und Technikentwicklung den rechten Pol. Schaubild 1c zeigt, daß die Grünen in allen drei Wahlen am stärksten für den Umweltschutz eintraten.

Schaubild 1c: Umweltpolitische Links-Rechts-Werte der Parteien

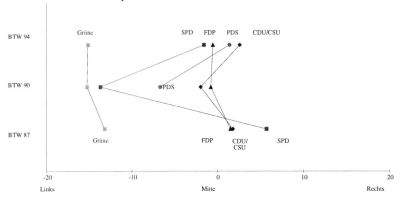

Auch das Ost-Bündnis war 1990 mit einem ebenso starken umweltpolitischen Programm angetreten wie die Grünen 1987 und die vereinigten Bündnis 90/Die Grünen 1994. Andere innerparteiliche Entwicklungen kamen in ihrem umweltpolitischen Programmteil offenbar nicht zum Tragen. Daß mit der Abspaltung des radikal-ökologischen Fügels um Jutta Dittfurth der pragmatisch orientierte Flügel der Grünen Auftrieb erhalten hat (Bruns 1994), ist ihrem Wahlprogramm 1994 jedenfalls nicht zu entnehmen. Die Grünen bewiesen im Gegenteil in ihrer umweltpolitischen Programmatik große Kontinuität.

Den auffälligsten Wandel umweltpolitischer Positionen vollzog die SPD. Während sie bei der Bundestagswahl 1990 noch versuchte, den Grünen in diesem Bereich Konkurrenz zu machen, überließ sie ihnen 1994 das Feld. Die PDS durchlief hier eine ähnliche Entwicklung. Zur Bundestagswahl 1990 betonte die Partei den Umweltschutz stärker als CDU/CSU und FDP; das PDS-Wahlprogramm 1994 hingegen gibt ebenso wie das der SPD dem Umweltschutz seltener Vorrang vor Wachstum, Infrastrukturausbau oder Technikentwicklung.

Im Gegensatz zu 1990 zeigte sich infolge dieser Positionsänderungen auf der umweltpolitischen Dimension ein mit der Programmstruktur von 1987 übereinstimmendes Bild. Ein Cluster aus CDU/CSU, FDP und SPD, das Wirtschaftswachstum, Infrastrukturausbau und Technikentwicklung stärker betonte als den Umweltschutz, stand wieder – nun unter Einschluß der PDS – den „grünen" Positionen von Umweltschutz und Null-Wachstum gegenüber.

3.4 Außen- und Verteidigungspolitik

In der Außen- und Verteidigungspolitik wird internationaler Kooperation und Abrüstung als linker Pol die nationale Souveränität und Aufrechterhaltung der Verteidigungsfähigkeit als rechter Pol gegenübergestellt. Die außen- und verteidigungspolitische Dimension ist, ähnlich wie die sozioökonomische, nach links verschoben. Wie Schaubild 1d verdeutlicht, stimmen die Links-Rechts-Werte der Parteien in der Außen- und Verteidigungspolitik, verglichen mit den großen parteipolitischen Unterschieden in den anderen drei Politikfeldern, weitgehend überein, da bei allen Parteien Frieden, Abrüstung und internationale Zusammenarbeit mehr Zustimmung finden als militärische Stärke und nationale Souveränität.

Die Übereinstimmung zwischen allen Parteien belegt auch ihr Abstimmungsverhalten im Bundestag. So wurden 1990/91 die Verträge mit der UDSSR, Polen, Ungarn und der CSFR über gute Nachbarschaft und freundschaftliche Beziehungen und der im November 1990 von den 22 Staaten der NATO und des Warschauer Paktes in Paris unterzeichnete Vertrag über die Verringerung der konventionellen Streitkräfte in Europa entweder einstimmig oder aber mit großer Mehrheit verabschiedet. Ebenso billigte der Bundestag Ende 1992 das Vertragswerk von Maastricht mit 543 gegen nur 17 Stimmen bei 8 Enthaltungen.

Zudem bewegten sich 1994 alle Parteien noch weiter aufeinander zu. In der Außen- und Verteidigungspolitik findet sich deswegen 1994 im Gegensatz zu den anderen drei Politikfeldern keine bipolare programmatische Struktur. Radikal-pazifistische Positionen der Grünen sind aber 1994 daran ablesbar, daß sie auf der außen- und verteidigungspolitischen Dimension links von den anderen Parteien figuriert. So formulierten sie in ihrem Wahlprogramm 1994 „ein der herrschenden Außenpolitik diametral entgegengesetztes Verständnis von Außenpolitk", das „den Ideen der Gewaltfreiheit, der globalen Solidarität und der Durchsetzung der Menschenrechte" (Wahlprogramm 1994: 3) verpflichtet ist. Dabei traten sie für die Auflösung aller

Armeen und der NATO und ein Verbot von Rüstungsexporten ein und schlugen anstelle der Ausdehnung der NATO nach Osten den Ausbau der KSZE „zum zentralen Forum europäischer Außen- und Sicherheitspolitik" (ebd.: 6) vor.

Schaubild 1d: Außenpolitische Links-Rechts-Werte der Parteien

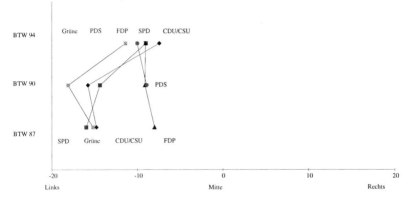

In diesen zentralen Programmpunkten konkurrieren die Grünen mit der PDS. Auch die PDS setzte sich 1994 für die Auflösung der NATO, die Abschaffung der Wehrpflicht und ein Verbot von Rüstungsproduktionen und Waffenexporten ein. Zudem sprach sich die PDS auch gegen einen internationalen Einsatz der Bundeswehr aus. Bündnis 90/Die Grünen traten 1994 zwar für eine Stärkung der UNO ein, lehnten aber die Beteiligung der Bundeswehr an UNO-Blauhelmmissionen weiterhin ab. Diese Position ist innerhalb der Grünen Partei allerdings umstritten. Denn 1995 forderte der Fraktionsvorsitzende Joschka Fischer die Grünen auf, angesichts des Krieges in Bosnien-Herzegowina ihr Prinzip der Gewaltlosigkeit zu überprüfen. Die SPD votierte hingegen schon Ende 1992 auf einem Sonderparteitag für die Teilnahme der Bundeswehr an friedlichen Blauhelmeinsätzen.

4. Programmatische Polarisierung des Parteiensystems

Laut Sartori wird ein starker Polarisierungsgrad eines Parteiensystems von links- und rechtsextremen Parteien hervorgerufen, die nicht mit den demokratischen Spielregeln übereinstimmen und daher auch nicht an Regierungskoalitionen beteiligt werden (Sartori 1976). Nach der Vereinigung ist mit der

PDS eine Partei in das bundesdeutsche Parlament eingezogen, die als nicht „koalitionsfähig" eingestuft wird (von Beyme 1994: 459). Im Gegensatz zur allgemeinen Koalitionsfähigkeit ermitteln Veränderungen im Ausmaß programmatischer Polarisierungen, inwieweit die PDS den Wählern linksextreme politische Offerten macht. Der vorhergehende Abschnitt hatte allerdings bereits gezeigt, daß die PDS den Wählern nur im sozio-ökonomischen Bereich extrem linke programmatische Angebote unterbreitet. Ein auf die programmatischen Positionen der PDS zurückzuführender Anstieg der programmatischen Polarisierung kann also nur für die sozio-ökonomische Dimension erwartet werden. Da programmatische Polarisierungen als Abweichungen der Links-Rechts-Werte der Parteien vom mittleren Wert der Verteilungen gemessen werden, können aber auch Positionsveränderungen der etablierten Parteien den jeweiligen Grad programmatischer Polarisierung beeinflussen.

Schaubild 2: Programmatische Polarisierung in vier Politikfeldern

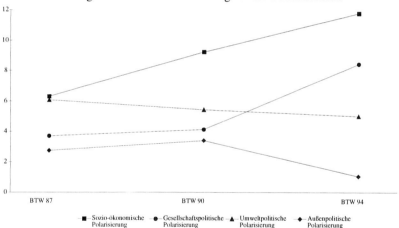

Wie Schaubild 2 zeigt, schwanken die ermittelten Polarisierungswerte zwischen Höchstwerten von über 11 für die sozio-ökonomische Polarisierung 1994 und dem niedrigsten Wert von 1 für die außen- und verteidigungspolitische Polarisierung im gleichen Jahr. Das Polarisierungsmaß kann einen Maximalwert von 100 nur dann annehmen, wenn alle Parteien in ihren Programmen ausschließlich eine Politikdimension thematisieren und dabei jeweils extrem linke oder extrem rechte Positionen beziehen. Da die Parteien in ihren Programmen viele verschiedene Probleme ansprechen, ist der hier

Parteiprogramme und Polarisierung 231

ermittelte Höchstwert durchaus als starkes Ausmaß an Polarisierung einzustufen.

Bei der Bundestagswahl 1987 waren die sozio-ökonomische und die umweltpolitische Polarisierung doppelt so stark ausgeprägt wie die außen- und verteidigungspolitische und die gesellschaftspolitische Polarisierung. Zur Bundestagswahl 1990 stieg die programmatische Polarisierung im sozio-ökonomischen Bereich aufgrund der links-extremen Positionen der PDS erheblich an, während das Ausmaß an umwelt-, gesellschafts- und außen- und verteidigungspolitischen Konflikten zwischen den Parteien weitgehend konstant blieb.

Von diesen drei Politikfeldern verzeichnete aber nur die Umweltpolitik im gesamten Zeitraum ein nahezu gleichbleibend hohes Ausmaß an Konflikten. Die außen- und verteidigungspolitische Polarisierung nahm hingegen 1994 ab. Nicht nur die Grünen, sondern auch CDU/CSU und SPD stellten 1994 Frieden, Abrüstung und internationale Kooperation seltener in den Vordergrund ihrer Kampagne als 1987 und 1990. Die Beobachtung, daß die Polarisierung vor der Bundestagswahl 1994 weiter zugenommen habe (Veen 1995), kann jedoch – gemessen an der Distanz der programmatischen Positionen zwischen den Parteien – sowohl für die Wirtschafts- und Sozialpolitik als auch für die Gesellschaftspolitik bestätigt werden. In beiden Politikfeldern hatte sich die Spannweite zwischen der äußerst rechten und der äußerst linken Partei vergrößert, da die CDU/CSU in ihrem Wahlprogramm 1994 rechte Akzente setzte.

5. Zusammenfassung

Die Frage nach Kontinuität oder Wandel der politischen Positionen der Parteien und der Polarisierung des deutschen Parteiensystems sollte hier anhand von quantitativen Inhaltsanalysen der Bundestagswahlprogramme 1987, 1990 und 1994 beantwortet werden. Die Betrachtung der programmatischen Positionen aller im Bundestag vertretenen Parteien auf der sozio-ökonomischen, gesellschafts-, umwelt-, außen- und verteidigungspolitischen Politikdimension ergibt ein vielschichtiges Bild. Einen Wandel der programmatischen Positionen vollzog unter den etablierten Parteien vor allem die CDU/CSU, da sie bei der Bundestagswahl 1994 sowohl in gesellschaftspolitischen als auch in sozio-ökonomischen Fragen andere Akzente setzte als zuvor. Im gesellschaftspolitischen Bereich stellte die CDU/CSU die Bekämpfung der Kriminalität in den Vordergrund ihrer Kampagne. Mit dieser Position hatte sie in Ost und West verbreitete Ängste thematisiert. Im sozio-ökonomischen Bereich hat die CDU/CSU als Regierungspartei, die nach der

Wahl 1990 der „Steuerlüge" bezichtigt wurde, 1994 offenbar die Finanzierbarkeit sozialstaatlicher Maßnahmen in wirtschaftlich schwierigen Zeiten im Auge gehabt und auf die Ankündigung zusätzlicher Maßnahmen weitgehend verzichtet. Allerdings können auf diesem Hintergrund auch die Anfang 1996 aufflackernden Auseinandersetzungen zwischen dem Ost- und Westflügel der Partei gelesen werden. Denn in den neuen Bundesländern konkurriert die CDU um ein Wählerpotential mit ausgeprägt wohlfahrtsstaatlicher Orientierung (Roller 1996). Zudem muß sie hier gegen eine starke PDS antreten, die im sozio-ökonomischen Bereich extrem linke Positionen vertreten kann, ohne die Finanzierbarkeit ihrer programmatischen Angebote berücksichtigen und einen Ausgleich zwischen Ost und West herstellen zu müssen.

Im Gegensatz zur CDU/CSU verzeichnete der „Tanker" SPD – unbeeindruckt von der PDS – sowohl auf der sozio-ökonomischen als auch auf der gesellschaftspolitischen Dimension seit 1987 stabile Positionen. Während sie im Hinblick auf diese beiden alten Konfliktlinien Kontinuität bewies, vollzog die Bundespartei in der Umweltpolitik einen programmatischen Wandel: Zur Bundestagswahl 1990 stellte sie den Umweltschutz stark in den Vordergrund, gab aber im Wahlprogramm 1994 diese Position weitgehend preis und überließ damit den Grünen dieses Politikfeld. Auch dieser programmatische Wandel kann mit der Wirtschaftsentwicklung in Zusammenhang gebracht werden: In Zeiten hoher Arbeitslosigkeit gewinnt Wirtschafts- und Arbeitsmarktpolitik an Bedeutung.

Die Grünen konnten sich somit 1994 ebenso wie 1987 als „Partei des Umweltschutzes" präsentieren. Auch das in der 12. Legislaturperiode im Bundestag vertretene Ost-Bündnis setzte sich in seinem Wahlprogramm von 1990 stark für den Umweltschutz ein. In außen- und verteidigungspolitischen Fragen sind die Grünen ebensowenig von fundamentalistischen Forderungen abgerückt wie in umweltpolitischen Fragen. Zwar stellten Bündnis 90/Die Grünen 1994 wie auch SPD und CDU/CSU Frieden und Abrüstung seltener in den Vordergrund ihrer Kampagne als zuvor, zentrale Programmpunkte wie die Auflösung der NATO, das Verbot von Rüstungsexporten und UNO-Blauhelmeinsätzen blieben aber bestehen.

Mit dem Verlust ihrer Funktion als „Zünglein an der Waage" müßte vor allem die FDP ihre Positionen neu zu bestimmen suchen (Falter/Winkler 1996). Eine Änderung ihrer programmatischen Positionen nahm die FDP zwischen 1987 und 1994 allerdings nur in der Wirtschafts- und Sozialpolitik vor, während sie ihre gesellschafts-, umwelt- und außen- und verteidigungspolitischen Positionen weitgehend beibehielt. Zur Bundestagswahl 1990 präsentierte sie sich im sozio-ökonomischen Bereich stärker als zuvor als „Partei der freien Marktwirtschaft". Schwerpunkte ihres Wahlprogramms 1994 waren eine grundlegende Reform des Steuersystems und steuerfinanzierter Sozialleistungen. Diese Programmpunkte des wirtschaftsliberalen

Flügels der Partei haben zwischenzeitlich offenbar weiter an Auftrieb gewonnen, denn Anfang 1996 setzte die FDP in der Regierungskoalition eine Absenkung des Solidaritätsbeitrags durch.

Die PDS bezog ausgeprägt links-populistische Positionen nur in ihrer sozio-ökonomischen Programmatik. In den drei anderen hier untersuchten Politikfeldern lassen sich demgegenüber an den Wahlprogrammen seltener unüberbrückbare Gegensätze zwischen den Positionen der PDS und denen der etablierten Parteien ablesen. Auffällig ist jedoch, daß die PDS zur Bundestagswahl 1990 mit einer wirtschaftspolitischen Programmatik antrat, die eine Kritik am kapitalistischen System in den Vordergrund stellte. Diese Programmpunkte tauchten in ihrem Bundestagswahlprogramm 1994 nicht mehr auf. Inwieweit die Partei damit nur „Kreide gefressen" hat und zugunsten einer Umarmungsstrategie gegenüber der SPD lediglich ihre linksextremen Flügel hinter pragmatisch agierenden Parteiführern versteckte (Moreau 1994), bleibt abzuwarten. Auf dem PDS-Bundesparteitag Anfang 1995 jedenfalls wurde die Wortführerin der Kommunistischen Plattform, Sarah Wagenknecht, nicht wieder in den Vorstand gewählt. Gleichzeitig distanzierte sich auch der mit einem Stimmenanteil von 83 Prozent als Parteivorsitzender bestätigte Lothar Bisky von stalinistischen Auffassungen. Demgegenüber bezeichnete allerdings Bundesinnenminister Manfred Kanther (CDU) einige Monate danach bei der Vorlage des Verfassungsschutzberichtes 1994 die PDS als „in Teilgruppen" linksextremistisch und kündigte eine Überwachung dieser Teilgruppen durch das Bundesamt für Verfassungsschutz an.

Zusammengefaßt betrachtet, haben die Positionsveränderungen der Parteien das Ausmaß der programmatischen Polarisierung des Parteiensystems in unterschiedlichen Richtungen beeinflußt. Einen auf linksextreme Positionen der PDS zurückzuführenden Anstieg programmatischer Polarisierung verzeichnete nur der sozio-ökonomische Bereich von 1987 auf 1990. Der weitere Anstieg sozio-ökonomischer Polarisierung von 1990 auf 1994 ist demgegenüber weitgehend auf die Positionsänderung der CDU/CSU zurückzuführen. Das Politikfeld „Wirtschaft und Soziales" verzeichnet damit 1994 das mit Abstand größte Konfliktpotential zwischen den Parteien im Bundestag. Die wirtschafts- und sozialpolitischen Konflikte zwischen den beiden Koalitionspartnern dürften sich dabei jedoch eher vermindert haben, denn die FDP verfolgte in diesem Politikfeld bereits 1990 ähnliche Programmpunkte wie die CDU/CSU 1994. Eine programmatische Basis für „Mehrheiten links der CDU/CSU" weist daher nur die Gesellschaftspolitik auf. Hier sind die Differenzen zwischen der CDU/CSU und den anderen Parteien 1994 stark angewachsen, so daß das gesellschaftspolitische Konfliktpotential nun den zweiten Rang hinter der sozio-ökonomischen Polarisierung belegt. Der Grad umweltpolitischer Polarisierung, 1987 noch gleich stark wie der sozio-ökonomische, hat sich demgegenüber kaum verändert. In der Umweltpolitik traten 1994 aber wieder große programmatische Unterschiede zwischen Bündnisgrünen und SPD zu Tage. Die außen- und verteidigungspolitische Polarisierung hingegen ist, verglichen mit diesen drei Politikfeldern, gering und sank 1994 noch weiter ab, da in ihren Wahlprogrammen alle im Bundestag vertretenen Parteien Frieden, Abrüstung und internationale Zusammenarbeit stärker betonten als militärische Stärke und nationale Souveränität.

Literatur:

Alemann, U. von: Parteien und Gesellschaft in der Bundesrepublik. Rekrutierung, Konkurrenz und Responsivität. In: Mintzel, A./Oberreuter H. (Hrsg.): Parteien in der Bundesrepublik Deutschland. Opladen: Leske und Budrich, 1992, S. 89-130

Alemann, U. von: Die Parteien in den Wechsel-Jahren? Zum Wandel des deutschen Parteiensystems. In: Aus Politik und Zeitgeschichte B6(1996), S. 3-8

Almond, G. A./Powell, G. B.: Comparative Politics. System, process, and policy. Boston/Toronto: Little Brown & Company 1978

Baring, A.: Vor der Linksunion? In: Tagesspiegel vom 02.11.1995, S. 7

Beyme, K. von: A United Germany Preparing for the 1994 Elections. In: Government and Opposition 29(1994)4, S. 445-460

Bruns, T.: Bündnis 90/Die Grünen: Oppositions- oder Regierungspartei? In: Aus Politik und Zeitgeschichte B1(1994), S. 27-31

Budge, I./Robertson, D./Hearl, D. (Hrsg.): Ideology, Strategy and Party Change. Spatial Analysis of Post-War Election Programmes in 19 Democracies. Cambridge: Cambridge University Press, 1987

Dalton, R. J./Bürklin, W.: The Two German Electorates: the Social Bases of the Vote in 1990 and 1994. In: German Politics and Society 13(1995)1, S. 79-96

Falter, J. W./Winkler, J. R.: Die FDP vor dem Aus? In: Aus Politik und Zeitgeschichte B6(1996), S. 45-53

Flohr, H.: Parteiprogramme in der Demokratie. Ein Beitrag zur Theorie der rationalen Politik. Göttingen: Verlag Otto Schwarz, 1968

Fuchs, D./Rohrschneider, R.: The Electoral Process in the Unified Germany, Paper prepared for delivery at the annual meeting of the American Political Science Association (unveröff.) 1995

Ginsberg, B.: The Consequences of Consent, Elections, Citizen Control and Popular Acquienscence. New York: Random House, 1982

Hofferbert, I. R./Klingemann, H.-D./Volkens, A.: Wahlprogramme, Regierungserklärungen und politisches Handeln. Zur Programmatik politischer Parteien. In: Andreß, H.-J./Huinink, J./Meinken, H./Rumianek, D./Sodeur, W./Sturm, G. (Hrsg.): Theorie – Daten – Methoden. Neue Modelle und Verfahrensweisen in den Sozialwissenschaften. München: Oldenbourg, 1992, S. 383-392

Hofferbert, I. R./Klingemann, H.-D.: The Policy Impact of Party Programmes and Government Declarations in the Federal Republic of Germany. In: European Journal of Political Research 18(1990), S. 277-304
Inglehart, R.: The Silent Revolution: Changing Values and Political Styles Among Western Publics. Princeton: Princeton University Press, 1977
Inglehart, R.: Culture Shift in Advanced Industrial Society. Princeton: Princeton University Press, 1990
Jesse, E.: Die Parteien in den neuen Bundesländern. In: Gellner, W./Veen, H.-J. (Hrsg.): Umbruch und Wandel in westeuropäischen Parteiensystemen. Frankfurt/M.: Peter Lang, 1995, S. 223-236
Jung, M./Roth, D.: Kohls knappster Sieg. Eine Analyse der Bundestagswahl 1994. In: Aus Politik und Zeitgeschichte B51-52(1994), S. 3-15
Kaase, M./Gibowski, W. G.: Deutschland im Übergang: Parteien und Wähler vor der Bundestagswahl 1990. In: Aus Politik und Zeitgeschichte B37-38(1990), S. 14-26
Klingemann, H.-D./Hofferbert, R. I./Budge, I.: Parties, Policies, and Democracy. Boulder: Westview, 1994
Krakauer, S.: The Challenge of Quantitative Content Analysis. In: Public Opinion Quarterly 16(1952/53)4, S. 631-642
Leersch, H.-J.: Die CSU: eine neue Form der Bayernpartei? In: Aus Politik und Zeitgeschichte B5(1992), S. 21-28
Lipset, S. M./Rokkan, S.: Cleavage Structures, Party Systems and Voter Alignments: An Introduction. In: Lipset, S. M./Rokkan, S. (eds): Party Systems and Voter Alignments. New York: Free Press, 1967, S. 1-64
Lösche, P.: Die SPD nach Mannheim: Strukturprobleme und aktuelle Entwicklungen. In: Aus Politik und Zeitgeschichte B6(1996), S. 20-28
Moreau, P./Lang, J. P.: Aufbruch zu neuen Ufern? Zustand und Perspektiven der PDS. In: Aus Politik und Zeitgeschichte B6(1996), S. 54-61
Moreau, P.: Das Wahljahr 1994 und die Strategie der PDS. In: Aus Politik und Zeitgeschichte B1(1994), S. 21-26
Niedermayer, O./Stöss, R.: DDR-Regimewandel, Bürgerorientierungen und die Entwicklung des gesamtdeutschen Parteiensystems. In: Niedermayer, O./Stöss, R. (Hrsg.): Parteien und Wähler im Umbruch. Parteiensystem und Wählerverhalten in der ehemaligen DDR und den neuen Bundesländern. Opladen: Westdeutscher Verlag, 1994, S. 11-33
Pappi, F. U.: Parteiensystem und Sozialstruktur in der Bundesrepublik. In: Politische Vierteljahresschrift 14(1973), S. 191-213
Pappi, F. U.: Parteienwettbewerb im vereinten Deutschland. In: Bürklin, W./Roth, D.: Das Superwahljahr: Deutschland vor unkalkulierbaren Regierungsmehrheiten? Köln: Bund-Verlag, 1994, S. 219-248
Pappi, F. U.: Wahrgenommenes Parteiensystem und Wahlentscheidung in Ost- und Westdeutschland. Zur Interpretation der ersten gesamtdeutschen Bundestagswahl. In: Aus Politik und Zeitgeschichte B44(1991), S. 15-26
Perger, W. A.: Die CDU. In: Aus Politik und Zeitgeschichte B5(1992), S. 3-9
Pomper, G. M.: Elections in America. Control and Influences in Democratic Politics. New York: Dodd, Maed, 1968

Rallings, C.: The Influence of Election Programmes. Britain and Canada, 1945-1979. In: Budge, I./Robertson, D./Hearl, D. (Hrsg.): Ideology, Strategy and Party Change. Spatial Analysis of Post-War Election Programmes in 19 Democracies. Cambridge: Cambridge University Press, 1987, S. 1-14

Rohrschneider, R./Fuchs, D.: A New electorate? The Economic Trends and Electoral Choice in the 1994 Federal Election. In: German Politics and Society 13(1995)1, S. 100-122

Roller, E.: Sozialpolitische Orientierungen nach der deutschen Vereinigung. In: Gabriel, O. W. (Hrsg.): Politische Einstellungen und politisches Verhalten im Transformationsprozeß. Opladen: Leske und Budrich, 1996 (in Druck)

Roth, D.: Was bewegt die Wähler?. In: Aus Politik und Zeitgeschichte B11(1994), S. 3-13

Sartori, G.: Parties and Party Systems. A Framework for Analysis. Cambridge: Cambridge University Press, 1976

Schmidt, U.: Die Parteienlandschaft in Deutschland nach der Vereinigung. In: Gegenwartskunde 40(1991)4, S. 515-540

Stammen, Th.: Systematische Einleitung. In: Kunz, R./Maier, H./Stammen, Th.: Programme der politischen Parteien in der Bundesrepublik Deutschland. München: Verlag C. H. Beck, 1975, S. 13-44

Stöss, R.: Parteikritik und Parteiverdrossenheit. In: Aus Politik und Zeitgeschichte B21(1990), S. 15-24

Veen, H.-J.: Zwischen Rekonzentration und neuer Diversifizierung. Tendenzen der Parteienentwicklung fünf Jahre nach der deutschen Einheit. In: Gellner, W./Veen, H.-J. (Hrsg.): Umbruch und Wandel in westeuropäischen Parteiensystemen. Frankfurt/M.: Peter Lang, 1995, S. 117-133

Volkens, A./Klingemann, H.-D.: Die Entwicklung der deutschen Parteien im Prozeß der Vereinigung. Kontinuitäten und Verschiebungen. In: Jesse, E./Mitter, A. (Hrsg.): Die Gestaltung der deutschen Einheit. Geschichte – Politik – Gesellschaft. Bonn: Bundeszentrale für politische Bildung, 1992, S. 189-214

Volkens, A.: Content Analysis of Party Programmes in Comparative Perspective, Handbook and Coding Instructions, Abteilungsinterne Reihe Technische Berichte FS III/2 T 92-1-1. Wissenschaftszentrum Berlin für Sozialforschung (unveröff.) 1992a

Volkens, A.: Handbuch zur Erstellung von standardisierten Textdateien zur computergestützten Inhaltsanalyse, Abteilungsinterne Reihe Technische Berichte FS III/2 T 92-2-1. Wissenschaftszentrum Berlin für Sozialforschung (unveröff) 1992b

Vorländer, H.: Die FDP nach der deutschen Vereinigung. In: Aus Politik und Zeitgeschichte B5(1992), S. 14-20

Wiesendahl, E.: Der Marsch aus den Institutionen. Zur Organisationsschwäche politischer Parteien in den achtziger Jahren. In: Aus Politik und Zeitgeschichte B21(1990), S. 3-14

Wiesendahl, E.: Volksparteien im Abstieg. Nachruf auf eine zwiespältige Erfolgsgeschichte. In: Aus Politik und Zeitgeschichte B34-35(1992), S. 3-14

Wittke, T.: Die F.D.P. am Scheideweg. In: Aus Politik und Zeitgeschichte B1(1994), S. 12-16

Das Parteiensystem Sachsens

Werner J. Patzelt/Karin Algasinger

Zur Demokratiegründung gehört ganz wesentlich der Aufbau eines leistungstüchtigen Parteiensystems. Institutionelle Rahmenbedingungen können diesen Prozeß fördern. Besonders ist hier auf die Einrichtung eines strikt parlamentarischen Regierungssystems zu verweisen, welches für die Erringung und Bewahrung von Regierungsmacht zumindest halbwegs stabile Parteistrukturen fordert. Ferner hängt es stark von politisch-kulturellen Traditionslinien bzw. Traumata sowie von verfestigten gesellschaftlichen Konfliktzonen ab, ob und wie schnell sich bestandskräftige Parteistrukturen entwickeln. Außerdem darf der persönliche Faktor nicht unterschätzt werden, da gerade in Gründungs- und Reorientierungsphasen die Glaubwürdigkeit und Attraktivität einer Partei sehr stark von ihren Führungspersonen abhängt. Im übrigen kann sich bei der Neugründung bzw. Umformung von Parteien die Übernahme andernorts bewährter Organisationsstrukturen und Führungsverfahren als nützlich erweisen. Alle diese Aspekte des Aufbaus eines solchen Parteiensystems, das einer repräsentativen Demokratie angepaßt ist, waren im postsozialistischen Transformationsprozeß der DDR gut zu beobachten.[1] Eine von den Verfassern 1993/94 unternommene Untersu-

---

[1] Zur Transformation des ostdeutschen Parteiensystems und zu seinem derzeitigen Stand gibt es noch kein unter Auswertung aller verfügbaren empirischen Grundlagen gefertigtes Gesamtbild. Vielmehr liegt, als noch nicht zusammengesetztes Puzzle, eine Reihe von Aufsätzen und Einzelstudien zu einzelnen Parteien vor. Auf die folgenden sei verwiesen: Clemens 1993; Tiemann 1993; Löbler/Schmid/Tiemann 1993; Vorländer 1992. Am zahlreichsten sind die Monographien zur PDS bzw. zum Entwicklungsprozeß der SED in der Nachwendezeit; siehe etwa Moreau 1992; Welzel 1992. Speziell mit der Geschichte der SPD in Sachsen und Thüringen und den dortigen sozialdemokratischen Transformationsproblemen nach der Wende befassen sich Walter/Dürr/Schmidtke 1993. Eine Untersuchung des Werdegangs von Bündnis 90 vor seiner Vereinigung mit den Grünen bieten Wielgohs/Schulz/Müller-Engbergs 1992. Als bislang einzige Studie, welche die Organisations- und Mitgliederstrukturen der ostdeutschen Parteien vergleichend untersucht, ist zu nennen Linnemann 1994. Linnemann befragte im Jahr 1992 mit einem Fragebogen zur Organisationsstruktur und zum Organisationsstand alle ostdeutschen Landesverbände von CDU, SPD, FDP, PDS sowie Bündnis 90/Die Grünen; darüber hinaus führte er Leitfadeninterviews mit einer kleinen Auswahl von Parteifunktionären aus Landes- und Bun-

chung der Entwicklung und Funktionsweise des sächsischen Parteiensystems[2] erlaubt dabei besonders tiefe Einblicke in die tatsächlichen Prozesse des Aufbaus politischer Strukturen.[3] Allem Anschein nach wird am untersuchten sächsischen Einzelfall vieles sichtbar, was sich mutatis mutandis für den Umbau des Parteiensystems aller neuen Bundesländer verallgemeinern läßt.

Zentrale Fragestellungen der Sächsischen Parteienstudie waren, wie und wovon geprägt sich in Ostdeutschland Parteien als Strukturen gesellschaftlicher Interessenvermittlung nach der Wende entwickelten, wie in diesen Strukturen Informations- und Willensbildungsprozesse ablaufen, die der politischen Interessenvermittlung dienen, und mit welchen gesellschaftlichen Institutionen und Organisationen jene Strukturen als politische Akteure rückgekoppelt sind. In dieser Betrachtungsweise waren die Parteien nicht so sehr als historische Gebilde mit individueller politischer Programmatik zu untersuchen, sondern vor allem als organisationssoziologisch zu studierende Subsysteme eines größeren Ganzen. Die zur Beantwortung solcher Fragen nötigen Daten wurden auf verschiedenen Wegen erhoben. Erstens wurden im Sommer und Herbst 1993 zahlreiche informelle Gespräche mit Funktionären der sächsischen Parteien geführt sowie alle Kreisverbände der Parteien dreimal angeschrieben, um Informationen über ihre Organisations- und Mitgliederstrukturen sowie über ihre Aktivitäten einzuholen. Zweitens wurden verfügbare Dokumente der Parteien, etwa organisationspolitische Berichte und Satzungen, ausgewertet. Drittens wurden 1993/94 mit 25 Amtsinhabern und Mitarbeitern der sächsischen Parteien anhand eines semistrukturierten Gesprächsleitfadens ein- bis eineinhalbstündige Intensivinterviews geführt.

---

desverbänden zum Transformationsprozeß der Parteien durch. Viel besser als der Umformungsprozeß des ostdeutschen Parteiensystems nach der Wiedervereinigung ist in wissenschaftlichen Aufsätzen die Entwicklung der DDR-Parteien in der kurzen Zeitspanne zwischen der Wende im November 1989 und dem Oktober 1990 dokumentiert; siehe etwa Ammer 1990; Helwig 1990; Schubert 1992; Veen/Bulla/Hoffmann/Lepszy/Zimmer 1990. Eine vergleichende, aber sehr knappe Darstellung bietet auch Lapp 1993. Im übrigen werden die innerdeutschen Parteibeziehungen nach dem Umbruch in der DDR analysiert bei Tessmer 1991; einige Beiträge finden sich auch in Eisenmann/Hirscher 1992 sowie in Niedermayer/Stöss 1994. Ferner sind zwei Sammlungen von Aufsätzen zu erwähnen, in denen in den Vereinigungsprozeß ihrer Parteien involvierte Parteifunktionäre aus der Praxis berichten, nämlich Löbler/Schmid/Tiemann 1992 sowie Schmid/Löbler/Tiemann 1994.

2   Dieses von der KSPW geförderte Projekt stand unter der Leitung von Werner J. Patzelt. Datenerhebung, Datenanalyse und große Teile der Dateninterpretation wurden von Karin Algasinger geleistet. Speziell die statistischen Analysen oblagen Ulrike Dirscherl. Wichtige Aufgaben der Datenaufbereitung führte Brigitte Heller durch.

3   Aus Platzgründen muß im folgenden vielfach auf die Präsentation jener Daten verzichtet werden, welche die vorgetragenen Aussagen und Interpretationen untermauern. Eine vollständige Dokumentation der Ergebnisse findet sich aber in Patzelt/Algasinger 1996.

Viertens wurde im Mai 1994 eine postalische Befragung von 1.471 sächsischen Parteimitgliedern der CDU, der SPD, der FDP, von Bündnis 90/Die Grünen und der PDS durchgeführt. Bei der Auswahl der Adressen handelte es sich um eine disproportional geschichtete Zufallsstichprobe, die – mit Ausnahme der PDS – aus den Mitgliederdateien der sächsischen Parteien gezogen wurde.[4] Nach zwei Erinnerungsschreiben hatten im August 775 Parteimitglieder geantwortet. Nach Ausschluß leerer oder unzureichend ausgefüllter Fragebögen konnten die Angaben von 743 sächsischen Parteimitgliedern ausgewertet werden,[5] so daß die bereinigte Rücklaufquote 50,5 Prozent beträgt. Hinter ihr verbirgt sich eine stark unterdurchschnittliche Beteiligung von Mitgliedern der FDP (38 Prozent), der CDU (45 Prozent) und der PDS (48 Prozent), eine überdurchschnittliche hingegen von Bündnis 90/Die Grünen (60 Prozent) und der SPD (61 Prozent). Insgesamt sind im untersuchten Datensatz die Mitglieder der neuen Parteien übervertreten, insgesamt ferner Rentner und Arbeitslose, welche verständlicherweise für die Bearbeitung des Fragebogens auch mehr Zeit erübrigen konnten.

1. Grundzüge der Parteienentwicklung nach der „Wende"

1.1 Allgemeine Prägefaktoren

Die Entwicklung der sächsischen bzw. ostdeutschen Parteien nach der Wende wurde im wesentlichen von sechs Faktoren geprägt. Erstens wandelte jede schon in der DDR bestehende Partei fundamental ihre politische Funktion, ihren Charakter, ihre Funktionsweise und die Zusammensetzung ihrer Mitgliedschaft. Manche Parteien verschwanden oder fusionierten mit anderen; weitere Parteien entstanden neu, doch nur die wenigsten konnten sich behaupten.

---

4   Da die PDS in Sachsen nicht über eine Mitgliederdatei verfügt, konnte keine Zufallsstichprobe gezogen werden. Statt dessen wurde aus der Grundgesamtheit der 36 Kreisverbände eine repräsentative Klumpenstichprobe von n=12 gezogen. Die entsprechenden Kreisvorsitzenden erhielten je 25 Fragebögen, die sie möglichst nach dem Zufallsprinzip unter ihrer Mitgliedschaft in Umlauf bringen sollten. Faktisch wurden sie aber den bei den jeweils nächsten Veranstaltungen anwesenden Mitgliedern weitergegeben und erreichten so überdurchschnittlich aktive Parteimitglieder, darunter besonders viele Amts- und Mandatsträger. Die Angaben der PDS-Mitglieder können also nur bei korrigierender Interpretation verallgemeinert werden.

5   Darunter entfielen 135 auf die CDU, 182 auf die SPD, 102 auf die FDP, 180 auf Bündnis 90/Die Grünen und 144 auf die PDS.

Zweitens verkürzte sich im Lauf jenes dramatischen Wandels der Zeithorizont planbaren politischen Handelns drastisch. Da sich 1989/90 die Ereignisse überstürzten und erst nach den Bundestagswahlen von 1990 der normale Takt politischen Lebens wieder hergestellt war, mußten viele Entscheidungen ohne ausführliche Erwägungen und ohne gründliche Berechnung auf langfristige Wirkungen getroffen werden. So kam ein Moment des Improvisierten und aufs Geratewohl Vollzogenen in die Entwicklung der ostdeutschen und sächsischen Parteien.

Drittens erlegte die politische Entwicklung des Jahres 1990 den Parteien einen Marathonlauf an freien, hochkompetitiven Wahlen auf. Die Funktionslogik von Wahlkampfvorbereitung und Wahlkampfführung wurde so zum letztlich wichtigsten Prägefaktor des Transformationsprozesses der Parteien. Hier organisatorisch leistungsfähig zu sein und einen Sinn für mehrheitsträchtige Positionen an den Tag zu legen, erwies sich als wirksames Selektionskriterium. Dabei war keine ostdeutsche Partei in der Lage, sich schnell und umfassend den neuen Erfordernissen anzupassen. Bei den neugegründeten Parteien eilte die im Wahlkampf und sodann aufgrund der erhaltenen Mandate zugewiesene politische Rolle dem tatsächlichen Entwicklungsstand der Partei weit voraus; und bei den anderen Parteien mußten notwendige Um- und Aufbauleistungen zugunsten der Wahlkampfführung hintangestellt oder vernachlässigt werden. Typische Folgen waren eine – mitunter vorschnelle – Fixierung auf Spitzenkandidaten und (oft westdeutsche) Leitfiguren sowie eine Parteiprogrammatik, welche die Probleme vor Ort nicht selten zugunsten westdeutscher Modelle vernachlässigte.

Viertens kann die prägende und gestalterische Wirkung der westdeutschen Parteien nicht überschätzt werden. Sie setzte, im Gegensatz zu manchen Vorabsprachen, bereits im Volkskammerwahlkampf vom März 1990 voll ein. Wichtig waren die West-Parteien nicht nur wegen ihrer organisatorischen und materiellen Hilfestellung und wegen des erheblichen West/Ost-Transfers an praktischem Know-how, an Technik, Geld und an Personal. Sondern ohne den politischen Kredit der West-CDU sowie insbesondere des Bundeskanzlers wäre es der Ost-CDU schwergefallen, zu ihrer zunächst in ganz Ostdeutschland unbestrittenen Führungsrolle aufzusteigen, und ohne die Hilfe der West-SPD hätte die neugegründete Ost-SPD kaum zur Erbin einer großen Tradition werden können. Umgekehrt hat nicht nur das unansehnliche Erscheinungsbild der West-FDP im Lauf der ersten gesamtdeutschen Legislaturperiode nach der Wiedervereinigung die Ost-FDP um ihre zunächst durchaus gegebenen Chancen gebracht, sondern ebenso die zur LDPD-Mitgliedschaft und Klientel nicht passende ideologische Ausrichtung der westdeutschen Liberalen. Analoges gilt für die ostdeutschen Bürgerbewegungen, wie die bis heute unübersehbare Diskrepanz zwischen West-Grünen und Ost-Bündnis 90 zeigt. Allein die PDS, zunächst völlig ausgegrenzt, mußte im Transformationsprozeß ihren Weg allein gehen und tat dies mit so beachtlichem Erfolg, daß die Positionierung zu ihr ein Schlüsselfaktor für die weitere Entwicklung des ostdeutschen Parteiensystems geworden ist.

Fünftens ist der Wandlungsprozeß der ostdeutschen Parteien insgesamt gekennzeichnet durch einen drastischen Rückzug der zunächst formal zwangspolitisierten, in der Zeit der Wende dann zu ganz außergewöhnlicher politischer Beteiligung stimulierten DDR-Bevölkerung in ihr privates Umfeld. Zu diesem Rückzug führte sowohl eine Reaktion auf die Entlastung von aufgezwungenen politischen Partizipationsformen als auch die leicht nachvollziehbare Präokkupation mit den wirtschaftlichen und persönlichen Folgeproblemen des ökonomischen Transformationsprozesses. Es kam nachgerade zu einer Flucht aus politischen Organisationen und zu einer, westdeutsches Ausmaß sicher überschreitenden, Aversion gegen politisches und zumal parteipolitisches Engagement. In solchen Rahmenbedingungen tun sich Parteien natürlich schwer, ihre Organisationsstruktur zu konsolidieren und eine stabile und aktive Mitgliedschaft zu gewinnen.

Nicht zuletzt darum waren – sechstens – es vor allem die Mandatsträger auf den verschiedenen Ebenen, welche den „harten Kern" ihrer Parteien bildeten, für politische Impulse, Führung und öffentliche Sichtbarkeit sorgten sowie auch organisatorische Verantwortung übernahmen. Während die aus DDR-Zeiten übernommenen Parteistrukturen an der Basis oft regelrecht wegbrachen und Neuentstehungsprozesse bestenfalls stagnierten, sicherten die durch ihre öffentlichen Ämter gewissermaßen am Weglaufen gehinderten, aber zugleich oft auch von ihrer Begabung her die neue politische Elite darstellenden Mandatsträger ihren Parteien das Rückgrat organisatorischen Zusammenhalts und durchgehaltenen politischen Gestaltungswillens. Zumal die Landtagsfraktionen wurden zum aktiven Zentrum der jeweiligen Partei, das zunächst nur recht lose mit den regionalen und lokalen Parteiorganisationen vernetzt war. Nachdem die Abgeordneten ursprüngliche Vorbehalte gegen eine Verbindung von parlamentarischem Mandat und Parteifunktion weitgehend aufgegeben hatten, wurde diese parteiinterne Vernetzung zwischen „Basis" und „Führung" immer enger. Inzwischen werden auch Ostdeutschlands Parteien ganz wesentlich von ihren Abgeordneten geführt. Nur bei PDS und Bündnis 90/Die Grünen wirken dem noch Vorstellungen von einer angeblich wünschenswerten Funktionstrennung entgegen.

1.2. Verlaufsmuster

Alle ostdeutschen und sächsischen Parteien hatten 1990 die Hoffnung, daß sich ihre Neumitglieder, Interessenten und Veranstaltungsteilnehmer auch langfristig an die Partei binden ließen. Alle machten sich darüber aber Illusionen: die Altparteien ausgehend vom hohen Mitgliederstand der DDR,[6] die Neuparteien aus Überschätzung ihrer kurzfristigen Attraktivität. In Wirklichkeit erlitten die sächsischen Parteien entweder drastische Einbußen ihrer Mitgliedschaft oder stagnierten auf recht niedrigem Niveau.

Den größten Mitgliedereinbruch erlitt in Sachsen die FDP, umfaßte 1995 ihr Mitgliederbestand doch nur noch 15,5 Prozent dessen von 1990 (36.000/5.600). Der „alte", bürgerlich orientierte Mittelstand, der in der LDPD seinen Unterstand fand, erlebte den linksliberal geprägten West-Teil der Partei offenbar nicht im selben Umfang als seine neue politische Heimat, wie dies bei den der CDU zugewachsenen Parteien der Fall war. Die PDS findet sich mittlerweile auf 43 Prozent ihres früheren Bestandes reduziert (72.000/30.991), wobei vor allem solche Mitglieder verblieben, die ihre politische und berufliche Biographie mit dem sozialistischen Experiment der DDR verbunden hatten, sich nun im Rentenalter befinden und keinen Grund sehen, sich von ihren früheren Überzeugungen und deren organisatorischer Bekundung abzuwenden. Schwungmasse der Partei, ist ihr Verhältnis zur kleineren Gruppe der – zumeist jüngeren – Reformer letztlich ungeklärt. Während diese vor allem nach außen in Erscheinung treten, werden ihnen – wie auf dem Landesparteitag der sächsischen PDS im November 1995 – innerparteilich immer wieder Niederlagen bereitet. Die CDU ist von den Altparteien am wenigsten geschrumpft, nämlich auf knapp 57 Prozent ihres früheren Bestandes (37.231/21.123). Freilich ist zu bedenken, daß die CDU zu einem Viertel Neumitglieder gewonnen hat.

Immer noch ist in Sachsen die PDS die mitgliederstärkste Partei, gefolgt von der CDU. Alle anderen sächsischen Parteien haben jeweils weit unter 10.000 Mitglieder. Die FDP hat mit 5.600 Angehörigen zwar immer noch mehr Mitglieder als die SPD mit 5.283 (1990: 5.295), doch noch deutlicher als im Fall der PDS entspricht der Mitgliederstärke durchaus nicht das politische Gewicht. Bündnis 90/Die Grünen bilden mit 1.028 Mitgliedern (1992: 1223) das Schlußlicht. Ganz ohne Zweifel haben – im bevölkerungsreichen Sachsen ebenso wie in den anderen neuen Bundesländern – die Parteien nach Abschluß einer ersten Transformationsphase allesamt eine recht schmale Mitgliederbasis, und insbesondere verfügen sie über zu wenige aktive Mitglieder. Leider ist eine Besserung der Lage aber nicht zu erkennen, hat sich doch bestenfalls der per saldo zu verzeichnende Mitgliederverlust verlangsamt, während die absoluten Mitgliederzuwächse stagnieren. Auch hat nur

---

6   Die DDR-CDU zählte einschließlich DBD und DA Mitte 1990 knapp 200.000 Mitglieder, die FDP – bestehend aus DDR-FDP, Forum-Partei und LDPD – etwa 140.000 Mitglieder. Wie viele Mitglieder die CDU tatsächlich von der DBD übernommen hat, ließ sich nicht feststellen, da jener Prozeß mit einer Vielzahl von Parteiaustritten verbunden war. Dasselbe gilt für den auf die NDPD zurückgehenden Mitgliederzuwachs der FDP.

bei PDS und SPD über die Hälfte der derzeitigen Mitglieder erst selten oder nie an einen Parteiaustritt gedacht (72 Prozent bzw. 54 Prozent), während dies bei der CDU 47 Prozent, bei Bündnis 90/Die Grünen 39 Prozent und bei der FDP sogar nur 25 Prozent waren. Umgekehrt trugen sich bei der FDP 52 Prozent der Mitglieder, bei der CDU 35 Prozent, bei der SPD und Bündnis 90/Die Grünen je 25 Prozent, bei der PDS aber nur 6 Prozent der Mitglieder schon manchmal oder öfter mit dem Gedanken an einen Parteiaustritt. Mit Ausnahme der PDS können also die sächsischen Parteien sich ihrer Mitgliedschaft nicht allzu sicher sein. Ihre gesellschaftlichen Wurzeln sind zweifellos noch dünn und schwach.

Derzeit werden die Mitgliederverluste vor allem durch „natürliche Abgänge" verursacht, da wesentlich mehr der im Durchschnitt recht alten Parteimitglieder sterben, als an neuen, insbesondere jüngeren Mitgliedern hinzuzugewinnen gelingt. Vor allem die PDS ist von diesem Problem betroffen. Immerhin stehen bei den Altparteien den großen Mitgliederverlusten auch nennenswerte Neuzugänge gegenüber. Der sächsischen CDU sind etwa, gemessen an ihrem derzeitigen Mitgliederbestand, gut 26 Prozent ihrer Angehörigen erst 1989 oder später beigetreten, der FDP freilich nur 8 Prozent. Dieser Umbau der Mitgliederstruktur führte, öffentlich wahrgenommen vor allem bei der CDU, zu erheblichen Spannungen zwischen den Altmitgliedern, die man leicht unter den Soupçon „allzu großer Systemnähe" setzen konnte, und den – oft neu beigetretenen – einen Neuanfang verkörpernden „Reformern". Natürlich ließen sich solche Konfliktlinien gut für die übliche Konkurrenz um innerparteiliche Machtpositionen funktionalisieren. Im Prinzip zerklüftet das Gegeneinander von Reformern einerseits, DDR-Traditionalisten und dogmatischen Kommunisten andererseits auch die PDS. Doch da diese in den ersten Jahren nach der Wende als bloßer Überrest aus dem alten System und als machtpolitische quantité négligeable angesehen wurde, zog ihr interner Streit die öffentliche Aufmerksamkeit zunächst nicht im selben Maße auf sich, wie das im Fall der CDU und FDP geschah.

Die während der Wende neu entstandenen Parteien wurden kurz nach ihrer Gründung von zahlreichen Sympathisanten überströmt. Natürlich konnte mit so schnellen Wachstumsprozessen die organisatorische Entwicklung nicht Schritt halten, was die Konsolidierungschancen solcher Mitgliedergewinne beeinträchtigte. Wichtiger war freilich, daß sich nach kurzer Zeit, nämlich nach Einkehr politischer Normalität und nach gewonnener Einsicht in die politische Marginalität vieler Neugründungen, ein beachtlicher Teil der Neumitglieder wieder zurückzog. Selbst bei den noch relativ erfolgreichen Neugründungen SPD und Bündnis 90/Die Grünen brachte dies den Aufbruchselan rasch zum Erliegen. Neue Mitglieder zu gewinnen fällt der SPD nicht zuletzt darum schwer, weil sie diese letztlich im selben Rekrutierungspool suchen muß, für den auch eine sozialistisch erneuerte PDS attraktiv ist. Bündnis 90/Die Grünen leiden bei ihren Rekrutierungsversuchen darunter, daß der dominante linksliberale, zu ökologischem Fundamentalismus neigende und Pragmatisches gerne hintanstellende Habitus des westdeutschen Parteiteils sowohl Grundmuster der ostdeutschen politischen Kultur als auch hiesige Problemlagen verfehlt. Viele den Bürgerbewegungen entstammende Anhänger von Bündnis 90/Die Grünen wollen sich überdies in Parteistrukturen nicht einbinden lassen.[7]

Die Altparteien CDU und FDP hatten bei ihrem Umstrukturierungsprozeß den Vorteil, daß die in sie aufgegangenen DDR-Parteien schon vor der Wende nach dem Territorialprinzip organisiert waren. So mußten sie lediglich die Bezirksverbände auflösen und Landesverbände gründen bzw. organisatorisch funktionsfähig machen, während die untersten Organisationseinheiten in ihrer ursprünglichen Form solange bestehen konnten, wie die Mitgliederbasis nicht wegbrach. Die PDS hingegen, als SED vor der Wende hauptsächlich nach dem Produktionsstättenprinzip in Betrieben und sonstigen Einrichtungen organisiert, mußte diese Parteieinheiten auflösen und sich, orientiert am Territorialprinzip, weitgehend neu organisieren. Die personelle Kontinuität in den Basisgruppen wurde so durchbrochen. Der hohe Identifikationsgrad der verbliebenen Mitglieder mit ihrer Partei erlaubte es freilich, diese Schwierigkeiten bemerkenswert gut zu bewältigen.

Die Entwicklung von PDS, CDU und FDP als Nachfolgeorganisationen der DDR-Blockparteien war ferner ganz wesentlich dadurch gekennzeichnet, daß mit dem Übergang zum bundesdeutschen Parteienfinanzierungsrecht der zuvor staatsfinanzierte und darum umfangreiche Funktionärsapparat dieser Parteien auf ein Minimum reduziert werden mußte. Den Parteigliederungen vor Ort kamen dergestalt ihre hauptamtlichen Ansprechpartner abhanden, an deren Weisungen man sich orientiert und deren Impulse man umgesetzt hatte. Dies stellte Mitglieder und ehrenamtliche Funktionsträger vor ganz ungewohnte Verhaltenserwartungen: nun sollten sie, zumindest auf kommunaler Ebene, selbständig handeln und auf „Orientierungen" höherer Parteiebenen nicht länger warten, sondern selbst auf diese Einfluß nehmen. Hierauf waren viele Parteimitglieder nicht eingestellt, zumal jene nicht, die vor allem ihrer beruflichen Karriere wegen, oder um Werbungsversuchen der SED zu entgehen, Mitglied ihrer Partei geworden waren. Solche Überforderung von auf grundsätzliche Passivität eingestellten Parteimitgliedern begünstigte erst recht den Erosionsprozeß von Grundgliederungen, der zwischen 1990 und 1993 zur Auflösung zahlreicher Ortsverbände führte.

---

7   Für sie gibt es den Status eines „freien Mitarbeiters". Dabei handelt es sich um Personen, die aktiv in der Partei mitarbeiten und für die Partei Aufgaben übernehmen, doch formal gesehen keine Mitglieder sind. Auch diese Eigentümlichkeit muß bei der Interpretation der Mitgliedszahlen beachtet werden.

Das Parteiensystem Sachsens

2. Organisations- und Mitgliederstrukturen der sächsischen Parteien

2.1. Organisationsstrukturen

Nicht nach Wähleranteil und politischem Einfluß, doch sehr wohl an Mitgliederzahl und Organisationsstruktur ist die PDS die stärkste Partei Sachsens. Mit etwa 1.500 Basisgruppen[8] in 31 Kreisverbänden unterhält sie – bei rund 31.000 Mitgliedern – außerdem das dichteste Geflecht an untersten Organisationseinheiten und hat nach wie vor in den Kreisen ein engmaschiges Netz an Geschäftsstellen. Bis auf wenige Ausnahmen müssen diese allerdings ehrenamtlich besetzt werden. Immerhin gab es 1995 noch 21 hauptamtliche Mitarbeiter, also etwa 0,7 auf 1.000 Parteimitglieder.[9] Auch die sächsische CDU, stabile Mehrheitspartei von Anfang an, konnte ein recht dichtes Netz von Ortsvereinen aufrechterhalten und ist in Sachsen im Prinzip flächendeckend präsent. Ende 1995 gliederten sich ihre gut 21.000 Mitglieder in 27 Kreisverbände und in rund 1.000 Ortsverbände.[10] Außerdem beschäftigt die CDU die meisten hauptamtlichen Mitarbeiter, nämlich 41, und somit fast zwei auf 1.000 Mitglieder. Die derzeit 25 hauptamtlich betriebenen Kreisgeschäftsstellen sollen allerdings in Kürze auf 18 reduziert werden.

Die SPD sah 1990 ihre Hoffnungen enttäuscht, an die Traditionen des „roten Königreichs" anzuknüpfen und Sachsen – wie allgemein erwartet – zu einer neuen Hochburg zu machen. 1994 war die sächsische SPD mit ihren gut 5.000 Mitgliedern noch in 15 Unterbezirke und 276 Ortsvereine gegliedert, wobei in den Unterbezirksgeschäftsstellen jeweils ein bis zwei der insgesamt 26 hauptamtlichen Mitarbeiter tätig waren. Nachdem es der Partei nicht glückte, ihre Mitgliederzahl zu steigern, sah sie sich sogar gezwungen, diese ohnehin schon vergleichsweise schwachen Organisationsstrukturen weiter auszulichten: 1995 wurden die 15 Unterbezirke zu zehn größeren Unterbezirken zusammengefaßt. Damit ist die SPD nach wie vor in Sachsen

---

8   Im Unterschied zu einem Ortsverband ist eine Basisgruppe nicht ausschließlich nach dem Wohnortsprinzip organisiert. Basisgruppen können sich vielmehr auch in Betrieben bzw. Einrichtungen oder gemäß bestimmten politischen Themenfeldern organisieren, und mehrere Basisgruppen können sich überdies zu Orts- oder Gemeindeverbänden zusammenschließen. Laut Angabe der PDS-Landesgeschäftsstelle hatte die PDS Ende 1995 1.736 Basisgruppen in Sachsen, also gut 200 mehr als im Vorjahr. Dies scheint allerdings unplausibel, da im gleichen Zeitraum die Mitgliedszahl um fast 2.000 gesunken ist.
9   Die Anzahl der hauptamtlichen Mitarbeiter aller Parteien bezieht sich ausschließlich auf jene Mitarbeiter, die vom Landesverband finanziert werden. Vereinzelt beschäftigen jedoch finanzstarke Kreisverbände selbst Teilzeitkräfte in ihren Kreisgeschäftsstellen.
10 Schätzung der Landesgeschäftsstelle; die exakte Anzahl ist dort nicht bekannt.

nicht flächendeckend organisiert. „Weiße Flecken" gibt es insbesondere in Ostsachsen, vor allem in der Oberlausitz. Hier konzentriert sich ein Großteil der wenigen Mitglieder auf die Städte Görlitz, Zittau, Bautzen, Löbau und Bischofswerda, und im ländlichen Raum hat die SPD dort so gut wie keine Ortsvereine. Zahlreiche Ortsvereine umfassen auch weniger als zehn Mitglieder und sind in ihrer Existenz bedroht. Im übrigen beschäftigt die sächsische SPD derzeit 25 hauptamtliche Mitarbeiter[11], also knapp fünf auf 1.000 Mitglieder.

Die FDP ist mit 5.600 Mitgliedern zwar stärker als die SPD und mit 30 Kreis- und wohl 250 Ortsverbänden[12] auch nicht schwächer organisiert als diese. Im übrigen besitzt sie auf kommunalpolitischer Ebene durchaus noch Rückhalt. Doch die Wahlergebnisse sowie die geringe Zahl von zwei hauptamtlichen Mitarbeitern (knapp 0,4 auf 1.000 Mitglieder) zeigen, daß dieser Organisationsstand nur der Überrest einer ehedem viel stärkeren Partei ist. Bündnis 90/Die Grünen sind in Sachsen zwar mittlerweile in jedem Kreis mit einem ihrer 29 Kreisverbände vertreten. Allerdings sind die Kreisverbände – abgesehen von den drei Stadtverbänden Dresden, Chemnitz, Leipzig – so klein, daß keine Ortsverbände mehr gebildet werden können, der Kreisverband also die unterste lokale Gliederung darstellt. Zudem sind die gut 1.000 Mitglieder der Partei überwiegend in den (großen) Städten zu finden, allein ein Drittel in Leipzig. Die 2,5 hauptamtlichen Mitarbeiter sind alle in der Landesgeschäftsstelle beschäftigt, während die sechs Kreisgeschäftsstellen ehrenamtlich betreut werden.[13]

2.2. Mitgliederstrukturen

Die Prägung der sächsischen Parteien durch ihre weit in die DDR zurückreichende Vorgeschichte erschließt sich ebenfalls beim Blick auf ihre Mitgliederstrukturen. Leider enthalten die Unterlagen der Parteien kaum Angaben

---

11 Die 25 Mitarbeiter verteilen sich auf 23,25 Planstellen.
12 Schätzung der Landesgeschäftsstelle von 1993. Die sächsische FDP kann derzeit keine präzise Angabe zur Anzahl ihrer Ortsverbände machen.
13 Hinsichtlich der für die inhaltliche politische Arbeit einer politischen Partei so wichtigen Arbeitsgemeinschaften und Sonderorganisationen ist zu vermerken, daß sie in Sachsen noch keineswegs flächendeckend etabliert werden konnten. Ursächlich sind sowohl die schmale Mitgliederbasis der Parteien als auch fehlendes Engagement der Mitglieder, denn letztlich alle zur Aktivität bereiten Mitglieder haben bereits Parteiämter oder Mandate in kommunalen oder parlamentarischen Volksvertretungen inne. Folglich ist die Arbeitskapazität des aktiven Mitgliederpotentials so gut wie vollständig ausgelastet. Hinzu kommt, daß die Parteiführungen dem Ausbau der vertikalen Parteigliederungen klare Priorität vor dem Ausbau der horizontalen Arbeitsgemeinschaften und Sonderorganisationen einräumten.

zur strukturellen Zusammensetzung der Mitgliedschaft, weswegen die folgenden Aussagen weitgehend auf der Mitgliederbefragung der Verfasser beruhen.[14]

Ersten Aufschluß bietet ein Vergleich von Durchschnittsmerkmalen der Parteimitglieder mit solchen der Bevölkerung Sachsens. Es zeigt sich, daß vor allem Personen im Erwerbsalter, weniger aber Jugendliche und Rentner Parteimitglieder sind. Letzteres festzuhalten ist um so wichtiger, als die sächsischen Parteien, mit der Ausnahme von Bündnis 90/Die Grünen, im Prinzip stark überaltert sind. Im übrigen stellen Orte mit 2.000 bis unter 100.000 Einwohnern überdurchschnittlich viele Parteimitglieder. Ländliches wie großstädtisches Milieu scheinen parteipolitischer Bindung also eher abträglich zu sein. Ansonsten sind Arbeiter in den sächsischen Parteien wohl unterrepräsentiert, Personen mit Kirchenbindung aber klar überrepräsentiert. Das letztere geht nicht nur auf die CDU zurück (89 Prozent ihrer Mitglieder haben kirchliche Bindungen), sondern auch auf FDP (75 Prozent), Bündnis 90/Die Grünen (53 Prozent) und SPD (41 Prozent). Nur die untersuchten PDS-Mitglieder waren ausnahmslos ohne Kirchenzugehörigkeit.

Ferner sind auch in Sachsens Parteien die Frauen deutlich unterrepräsentiert. In der sächsischen CDU sind 32,3 Prozent (nach Angaben der Landesgeschäftsstelle: 34,3 Prozent) aller Mitglieder Frauen, in der SPD 18,5 Prozent (nach den Unterlagen der Landesgeschäftsstelle: 21,8 Prozent), in der FDP 17,6 Prozent, (Landesgeschäftsstelle: 20 Prozent), in der PDS 28,0 Prozent (Landesgeschäftsstelle: 43,7 Prozent),[15] und bei Bündnis 90/Die Grünen 30,7 Prozent (Landesgeschäftsstelle: 32,0 Prozent). Insbesondere die CDU und die FDP, deren Vorgängerparteien in der DDR einen Frauenanteil von über 40 Prozent hatten, verloren nach der Wende mehr weibliche als männliche Mitglieder. In der PDS und bei Bündnis 90/Die Grünen haben Frauen im übrigen gute Chancen auf Führungspositionen, da dort bei allen innerparteilichen Wahlen und bei der Nominierung von Kandidaten recht konsequent die Geschlechterquotierung durchgesetzt wird. Hingegen findet sich bei der sächsischen CDU ihr vergleichsweise hoher Frauenanteil nicht in den Parteigremien und bei wichtigen Parteiämtern widergespiegelt.

---

14 Sofern statistische Angaben der Parteien verfügbar sind, sind die folgenden Abweichungen zwischen ihnen und den erhobenen Daten in Rechnung zu stellen. Der Arbeiteranteil liegt bei CDU und SPD wohl höher als in der untersuchten Stichprobe; in der PDS gibt es mehr Frauen und viel mehr Rentner als im Datensatz; und bei der CDU sind in der Stichprobe Mitglieder mit Hochschulabschluß überrepräsentiert.

15 Dieser große Unterschied geht auf die Art der Fragebogenverteilung bei der PDS zurück. Er wurde dort von den Kreisvorsitzenden auf Parteiversammlungen ausgegeben, welche von weiblichen Mitgliedern seltener besucht werden als von männlichen. Darum ist diesbezüglich die erhobene Stichprobe verzerrt.

Hinsichtlich ihrer Altersstruktur kennzeichnen sich die sächsischen Parteien dadurch, daß sie – mit Ausnahme von Bündnis 90/Die Grünen – nur einen geringen Anteil an Mitgliedern haben, die 30 Jahre und jünger sind. Unter jungen Leuten ist Bereitschaft für parteipolitisches Engagement offenbar äußerst schwer zu finden. Alle Parteien – vor allem aber die PDS[16] – sind überaltert. Setzt sich in den nächsten Jahren der Trend fort, daß junge Leute nur in geringem Maße den Parteien beitreten, so führt dies zunächst zu einer weiteren Überalterung, sodann aber dazu, daß aufgrund der Alterssterblichkeit die Mitgliederzahlen noch weiter absinken werden. Dies dürfte erhebliche Folgen für ihre gesellschaftliche Verankerung haben. Vor allem die PDS wird ihre bislang feste Milieubindung verlieren. Darum hängt das Schicksal dieser Partei in ganz besonderer Weise davon ab, ob sie zu einer weniger an der DDR als vielmehr an westlichen Sozialismusvorstellungen orientierten Partei wird.

Recht weitreichenden Aufschluß über Milieubindungen und die gesellschaftliche Verankerung der sächsischen Parteien gibt die Analyse des beruflichen Hintergrundes ihrer Mitglieder. Unter ihnen sind mit 21,8 Prozent die Angestellten in Industrie, Handel und Gewerbe die größte Gruppe, gefolgt von den Facharbeitern (16,9 Prozent). Hierin spiegelt sich immer noch die Wirtschaftsstruktur der DDR, in welcher – im Vergleich zum sekundären Sektor – der Dienstleistungssektor stark unterentwickelt war. Die Lehrer folgen als drittstärkste Gruppe mit 14,0 Prozent, was darauf zurückzuführen ist, daß in der DDR für die Ausübung des Lehrerberufs eine Parteizugehörigkeit fast zwingend war. Arbeiter finden sich vorwiegend unter den Mitgliedern von CDU (26,4 Prozent) und SPD (26,9 Prozent). Daß dabei eher die CDU als die SPD eine „Arbeiterpartei" ist, geht aus den erreichten Bildungsabschlüssen der Parteimitglieder hervor: bei der CDU haben 40,5 Prozent als höchsten Bildungsgrad eine abgeschlossene Lehre erreicht, bei der SPD 33,7 Prozent.[17] In der SPD ist ferner mit 28,7 Prozent der Anteil der

---

16 Das besonders hohe Durchschnittsalter der PDS-Mitglieder ist wie folgt zu erklären. Erstens umfaßt die PDS die noch verbliebenen Mitglieder der SED, während es nur in sehr begrenztem Umfang gelang, neue – insbesondere junge Mitglieder – hinzuzugewinnen. Zweitens verließen die PDS vor allem jüngere Mitglieder. Die älteren Mitglieder, welche ihr gesamtes Arbeitsleben in der DDR verbracht hatten und in ihr politisch sozialisiert wurden, fühlen sich nach wie vor ihrer Partei verbunden und sehen viel weniger Anlaß, sich politisch neu zu orientieren. Demgegenüber war es für jüngere Mitglieder, die von der DDR und SED nicht im selben Umfang geprägt waren, viel verlockender, sich politisch neu zu orientieren. Außerdem legten gerade ihnen berufliche Gründe nahe, die PDS zu verlassen, wurden doch in den ersten Jahren nach der Wende PDS-Mitglieder durchaus noch gesellschaftlich ausgegrenzt, was berufliche Nachteile fürchten ließ. Dergestalt war der Austritt aus der Partei aber eher formell, bedeutete also nicht, daß man sich auch innerlich von der PDS distanzierte.

17 Bei Bündnis 90/Die Grünen sind es 23,5 Prozent, bei der PDS 15,7 Prozent und bei der FDP nur 7,9 Prozent.

Industrieangestellten deutlich höher als in den anderen Parteien. Umgekehrt ist der Anteil an Mitgliedern, die in der Verwaltung tätig sind, bei PDS (16,8 Prozent) und Bündnis 90/Die Grünen (18,0 Prozent) am höchsten. Personen, die einen Lehrberuf ausüben oder ausübten, sind vorwiegend in der PDS (26,0 Prozent) und in der FDP (21,0 Prozent) zu finden, doch überdurchschnittlich oft auch bei Bündnis 90/Die Grünen (13,3 Prozent).[18] Demgemäß finden sich bei diesen drei Parteien auch die größten Anteile an Mitgliedern mit Hochschulabschluß: bei der PDS sind es 56,4 Prozent, bei Bündnis 90/Die Grünen 46,4 Prozent und bei der FDP 40,6 Prozent. Unter den Sozialdemokraten haben immerhin noch 35,4 Prozent einen Hochschulabschluß, während bei der CDU deren Anteil bei gerade 19 Prozent liegt. Offenbar wirken Bildungsnachteile bewußt am christlichen Bekenntnis festhaltender Bevölkerungskreise in der Mitgliedschaft der sächsischen Parteien immer noch nach. Im übrigen ist mit 15,7 Prozent der Anteil an im sonstigen öffentlichen Dienst beschäftigten Parteimitgliedern bei Bündnis 90/Die Grünen am höchsten. Linke und alternative Parteien sind also vor allem im öffentlichen Dienst und in Lehrberufen verankert, die „traditionellen" Parteien hingegen im Bereich von Wirtschaft und Arbeit. Während die Arbeiter sich vor allem in den Reihen von SPD und CDU finden, sind zumal in der FDP die Unternehmer (17,0 Prozent) und die selbständigen Handwerker (14,0 Prozent) zu finden. Der hier kenntliche Bereich des „alten Mittelstandes" war in DDR-Zeiten, wie reduziert auch immer, für die LDPD prägend, und in ihm waren (klein-)bürgerliche und national-liberale Wertvorstellungen beheimatet. Zwar orientierte sich die FDP auch nach der Wende konsequent auf den Mittelstand. Doch dieser war strukturell noch schwach und fand im übrigen seine politische Heimat nicht in der sozialliberal geprägten westdeutschen FDP. Darum konnte die FDP von Sachsens wirtschaftlichem Erholungsprozeß nicht profitieren. Landwirte und Genossenschaftsbauern sind fast nur in der CDU vertreten. In der DDR in der DBD organisiert, fanden sie ihren Weg 1990 vor allem zur CDU, als die DBD großenteils in der CDU aufging.

Unbeschadet des tatsächlich erreichten durchschnittlichen Bildungsstandes und des ausgeübten Berufes stufen sich die PDS-Mitglieder auf einer fünfstufigen Schichtungsskala mit einem Mittelwert von 3,8 am tiefsten ein. Inkonsistente Selbstdeutungen von Mitgliedern der vormaligen Führungspartei dürften sich hier mit aktuellen Deprivationsempfindungen verbinden. Plausibler ist, daß sich die – stark von Arbeitern und Personen mit niedrigerem Bildungsabschluß durchsetzten – CDU-Mitglieder mit einem Mittelwert

---

18 Während es sich bei den Lehrern in PDS und FDP eher um früher systemnahe Personen handeln dürfte, werden es bei Bündnis 90/Die Grünen eher Intellektuelle aus dem alternativen Milieu sein, die früher durchaus Kritik am Realsozialismus der DDR übten und nach dem Zusammenbruch der DDR einen „dritten Weg" favorisierten.

von 3,3 am zweitniedrigsten verorten. Den durchschnittlich höchsten Status schreiben sich mit jeweils 3,1 die Mitglieder von FDP und Bündnis 90/Die Grünen zu, gefolgt von den Sozialdemokraten mit 3,2. Den Mittelpunkt der Skala bei der Selbsteinstufung überschritten nur 19,2 Prozent der Mitglieder von Bündnis 90/Die Grünen, 12,8 Prozent der SPD, 11,7 Prozent der CDU, 11,3 Prozent der FDP und 3,6 Prozent der PDS. Das in der DDR internalisierte und im Alltag auch vielfach erlebbare Leitbild sozialer Gleichheit wirkt offenbar nach.

Schüler, Auszubildende und Studenten gibt es fast nur bei den neugegründeten Parteien SPD (4,0 Prozent) und Bündnis 90/Die Grünen (8,6 Prozent), die auch den größten Anteil an jungen Mitgliedern haben. Im übrigen sind die meisten Parteimitglieder berufstätig. Arbeitslose – deren Anteil unter den Antwortenden überdurchschnittlich sein dürfte – finden sich vor allem in der PDS (19,9 Prozent), bei der ohnehin nur ein Viertel der Mitgliedschaft berufstätig ist und sich gut die Hälfte im Ruhestand befindet. Da somit drei Viertel der PDS-Mitglieder außerhalb des Berufslebens stehen, verfügen sie über überdurchschnittlich viel Zeit, die sie für ihre Partei aufwenden können. In den Befunden zum Aktivitätsprofil der Parteien spiegelt sich dies auch wider, und nicht zuletzt dieses Aktivitätspotential dürfte der PDS den berechtigten Ruf großer Bürgernähe und Präsenz vor Ort eingebracht haben. Unter den Mitgliedern der CDU ist ebenfalls ein vergleichsweise geringer Anteil – gut die Hälfte – voll berufstätig, was erneut auf den großen Anteil älterer Mitglieder hinweist. Demgegenüber ist bei Bündnis 90/Die Grünen und bei der SPD der Anteil voll Berufstätiger mit etwa zwei Dritteln ähnlich hoch wie bei der FDP. Dies sind die drei Parteien mit der engsten persönlichen Verankerung ihrer Mitglieder im Arbeitsleben, wobei die FDP im Niedergang begriffen ist, die anderen beiden Parteien aber stagnieren. Noch gelingt es also nicht, die Parteien vor allem im aktiven Teil der Bevölkerung zu verwurzeln. Bei Bündnis 90/Die Grünen gibt es mit 8,5 Prozent einen deutlich überdurchschnittlichen Anteil an teilzeitbeschäftigten Mitgliedern, was auf ein politisch aktives, wohl links-alternatives und postmaterialistisches Milieu hinweist, aus dem ein nicht vernachlässigbarer Teil der Mitgliedschaft von Bündnis 90/Die Grünen stammt.

3. Parteiinterne Informationsströme und Willensbildung

Die demokratietheoretische Populärvorstellung verlangt von Parteien intensive Informationsströme und politische Impulse von unten nach oben. Die empirische Gegenthese wurde von Robert Michels als „ehernes Gesetz der Oligarchie" formuliert. Da die unteren Parteigliederungen, und sicher nicht nur in Sachsen, sich vorwiegend mit kommunalpolitischen Themen befassen, ist hinsichtlich landes- und bundespolitischer Agenden von vornherein keine bemerkenswerte Information „von unten nach oben" zu erwarten. Tatsächlich ergibt sich aus den Angaben von Parteifunktionären und Parteimitgliedern das folgende Bild: Den Informationsfluß von unten nach oben stellen einesteils die Ortsvorstände, Kreis- bzw. Unterbezirksvollversammlungen sowie die von unteren Parteigliederungen in die Kreis- bzw. Unterbezirksvorstände gewählten Mitglieder sicher. Andernteils pflegen kommunale Mandatsträger, Bürgermeister, Landräte und Parlamentarier mehr oder minder enge Kontakte untereinander, wobei zumal Besuche der Landtagsabgeordneten bei den örtlichen Parteigliederungen es erlauben, Ansichten und Stimmungen an der Basis aufzunehmen. Aufgrund der Dominanz des Kommunalpolitischen prägt eben dieses auch den von unten nach oben verlaufenden parteiinternen Informationsfluß, während hinsichtlich allgemeinpolitischer Themen im wesentlichen, wenn auch mit parteispezifischer Akzentuierung, die öffentliche Meinung zum Vorschein kommt. Als „Resonanzboden des innerparteilich Vertretbaren" ist derlei Kontakt für Mandatsträger und Parteiführungen durchaus auch allgemeinpolitisch wichtig. Doch wichtiger für die unmittelbare Arbeit sind die thematisierten kommunalpolitischen Gravamina. Erst ab der Kreis- bzw. Unterbezirksebene erfolgt im innerparteilichen Informationsfluß gewissermaßen ein „Registerwechsel". Ab dort muß zu landes- bzw. bundespolitisch behandelbaren und darum abstrakteren Politikkonzepten verdichtet werden, was unterhalb der Kreisebene noch sehr anschaulich und einzelfallbezogen sein kann. Dabei fließen, aufgrund der Parteienkonkurrenz, die parteispezifischen Orientierungen prägend ein. Dergestalt wird ab der Kreis- und Unterbezirksebene aus „kommunaler Sachpolitik" die „echte Parteipolitik". Rein kommunalpolitisch motivierte Informations- und Kommunikationsströme dünnen ab jener Organisationsebene hingegen innerparteilich aus und nehmen ihren Weg über die mittleren Verwaltungsbehörden und die Landesparlamentarier.

In der Gegenrichtung werden die örtlichen Parteigliederungen einesteils von ihren kommunalen Mandatsträgern, andernteils – über die Parteiführungen – von den Abgeordneten oder vom hauptamtlichen Apparat auf Kreisebene mit Informationen über aktuelle politische Problemlagen oder über anstehende Entscheidungen versorgt. Das erstere geschieht vor allem durch persönliche Kontaktpflege zwischen Mandatsträgern und Parteigliederungen, das letztere durch Informationsmaterialien der Parteien. Je besser eine Partei mit Mandatsträgern ausgestattet ist und je enger diese in die Parteiarbeit einbezogen sind, um so besser ist natürlich dieser Informationszufluß. Den Parteien ohne parlamentarische Vertretung bleibt somit eine äußerst wichtige Informationsquelle verschlossen, was sie im politischen Wettstreit benachteiligt.

Im allgemeinen werden die Kreis- bzw. Unterbezirksverbände von den übergeordneten Parteigliederungen überreich mit Informationen versorgt. Bei deren Weitergabe an die örtliche Ebene reißt der Informationsstrang dann meist ab. Einesteils verfehlt das Informationsmaterial höherer Parteiebenen weitgehend das um Kommunalpolitik zentrierte Interesse der örtlichen Parteigliederungen; andernteils läßt sich die kontinuierliche Informationszustellung mit den verfügbaren Ressourcen schwer gewährleisten. Außerdem bemühen sich die Parteimitglieder selbst kaum um Informationsmaterialien ihrer Partei, zumal ihnen genügend andere politische Informationsquellen zur Verfügung stehen. Ferner spielt die „Parteikultur" eine große Rolle. Denn trotz des vergleichsweise gut ausgestatteten Apparates ist beispielsweise bei der CDU die Informationsleistung von Kreis- und Landesebene für die Parteimitglieder wesentlich geringer, als sie die Mitglieder der anderen Parteien beurteilen, während sie bei der PDS und bei Bündnis 90/Die Grünen am besten bewertet wird. Im übrigen haben die meisten Parteimitglieder auch darum recht wenig Interesse an rein parteispezifischen Informationen, da diese über das für die konkrete Parteiarbeit in erster Linie interessante kommunale Geschehen nichts enthalten können. Alles in allem erweisen sich die Neugründungen SPD und Bündnis 90/Die Grünen – nächst der PDS als Ausnahmepartei – als kommunikativ aktiver und informativ besser integriert denn die CDU.

Zweifellos bemühen sich alle sächsischen Parteien darum, jedem Mitglied auch ohne große persönliche Anstrengungen Einfluß zu ermöglichen. Selbst wo, wie in der CDU, sich Kreisparteitage im Prinzip mit Delegierten der Ortsvereine beschicken ließen, werden statt dessen auf Kreisebene Mitgliedervollversammlungen durchgeführt. Normativ geschieht dies, um die Mitglieder nicht schon auf unterer Ebene zu „mediatisieren" und um einen direkten Informationsfluß zwischen „unten" und der organisatorischen Parteimitte zu gewährleisten. Faktisch bringt es nicht zuletzt die Passivität der meisten Ortsverbände mit sich, daß es für die Kreisgeschäftsstellen leichter ist, Kreisvollversammlungen mit Zugangsrecht für jedes Mitglied zu organisieren, als auf die ordnungsgemäße Bestellung ausreichend vieler Delegierter zu drängen. Allerdings funktionieren solche Kreisvollversammlungen eigentlich bloß darum, weil nur ein sehr geringer Teil der Mitglieder wirklich erscheint. In demokratietheoretischer Perspektive besteht das Problem somit weniger darin, den Mitgliedern Mitwirkungsmöglichkeiten bei der innerparteilichen Willensbildung zu sichern, sondern darin, daß es den wenigsten in irgendeinem praktischen Sinn auf solche Mitwirkung auch ankommt.

Nicht anders verhält es sich bei Versuchen, die Basis in die Diskussion von Positionspapieren einzubeziehen. Diese werden in der Regel bis in alle Ortsvereine verteilt mit der Aufforderung, zu ihnen Stellung zu nehmen und Änderungswünsche einzubringen. Zumal CDU-Funktionäre beklagen hier eine recht geringe Resonanz. Sie erstaunt nicht, zeigte doch die Analyse des Aktivitätsprofils der örtlichen Parteigliederungen, daß die Forderung nach allgemeiner politischer Diskussion sowohl zu den dortigen Partizipationsinteressen querliegt als auch den Informationsstand und die sich selbst zugeschriebene Kompetenz der örtlichen Parteimitglieder überfordert. Letztlich läßt sich formulieren, daß die Parteibasis in allgemeine politische Willensbildungsprozesse deshalb kaum einbezogen wird, weil sie durch konkludentes Handeln zeigt, daß sie in anderer als rein prinzipieller Weise auch gar nicht einbezogen werden will.

Statt dessen sind es die kommunalen Mandatsträger und Abgeordneten, die im innerparteilichen Willensbildungsprozeß eine bedeutende Rolle spielen. Sie sind so gut wie immer der politisch aktivste Teil der Mitgliedschaft und können als Berufspolitiker, die Abgeordnete und hauptamtliche Bürgermeister ja stets sind, auch uneinholbare Informations- und Kompetenzvorsprünge erwerben. Wo Parteien – wie in Sachsen CDU und SPD – Abgeordnetenmandate mit Vorstandsfunktionen auf Kreis- bzw. Unterbezirksebene koppeln, wird eine enge Verschränkung der innerparteilichen Willensbildungsprozesse mit jenen in Landtag und Landespolitik sichergestellt. Hingegen handeln sich Parteien, die – wie die sächsische PDS – dem Topos einer „Trennung von Amt und Mandat" entsprechen wollen, immer wieder aufbrechende Konflikte zwischen der parteiinternen Willensbildung und dem politischen Agieren ihrer parlamentarischen Mandatsträger ein.

Die Parteimitglieder selbst schätzen ihren innerparteilichen Einfluß realistischerweise dort am höchsten ein, wo es um die Erarbeitung kommunalpolitischer Positionen und um die Aufstellung von Kandidaten auf kommunaler Ebene geht.[19] Landes- und bundespolitische Positionen zu erarbeiten, erkennen sie als im wesentlichen außerhalb ihrer Reichweite liegend. Auch bei der Erarbeitung von politischen Grundsatzpositionen der eigenen Partei halten sie ihren Einfluß für gering.[20] Bemerkenswerterweise gibt es bei solchen Aussagen hinsichtlich des Einflusses auf die Landes- und Bundespolitik kaum Unterschiede zwischen „einfachen" Parteimitgliedern und Amtsträgern, sehr wohl aber bezüglich kommunaler Belange. Das „eherne Gesetz der Oligarchie", letztlich nur eine andere Ausdrucksweise für politische

---

19 Auf einer fünfstufigen Beurteilungsskala erhoben, schätzten sie den Einfluß eines einfachen Parteimitgliedes bei der Aufstellung kommunaler Kandidaten mit einem Mittelwert von 1,8 sogar als recht groß ein, desgleichen bei der Erarbeitung von politischen Positionen für die Kommunalwahlen (Mittelwert: 2,1).
20 Der Mittelwert beträgt hier 3,8.

Arbeitsteilung, wirkt also auf jeder Ebene. Kommunalpolitische Amtsträger beeinflussen auf ihrer Ebene mehr als „einfache" Parteimitglieder, während sie den landespolitischen Funktionsträgern auf deren Zuständigkeitsebene natürlich nachstehen. Erst auf sehr hohen innerparteilichen Führungsebenen, wo sachliche Zuständigkeiten von persönlichen Beziehungen überlagert werden, sich also persönliche Loyalitäten „querverrechnen" lassen und die zentrale Führungsoligarchie ihre meist sehr flexiblen Strukturen etabliert, kann auch aus formal nachrangigen Zuständigkeitsebenen heraus ernstzunehmender Einfluß ausgeübt werden.

Alles in allem geht der Eindruck sächsischer Parteimitglieder dahin, zumindest auf örtlicher Ebene könnten sie, strebten sie dies nur an, persönlich Einfluß ausüben. In der Tat sehen die Befragten als für den Gewinn von Einfluß notwendige Eigenschaften eines Parteimitgliedes vor allem solche an, die mit persönlichem Engagement zusammenhängen. Gemessen auf von 1 „sehr wichtig" bis 5 „unwichtig" reichenden Beurteilungsskalen, stand diesbezüglich nämlich an der Spitze die aktive Teilnahme an der Tätigkeit der eigenen Parteigliederung (1,5), die häufige Anwesenheit bei Veranstaltungen der eigenen Partei (1,6) sowie die Verfügbarkeit guter Kontakte im Ort bzw. in der Stadt (1,8). Oft – und auf höheren Ebenen sicher nicht zu Unrecht – als zentral angesehene Merkmale wie „gute Beziehungen zu Funktionsträgern auf höheren Parteiebenen" oder „Wahrung von Parteidisziplin" landeten hingegen auf hinteren Rängen (2,8 bzw. 3,0). Der Weg zu politischem Einfluß „vor Ort" steht den Parteimitgliedern also offen, und sie wissen das auch. In der Tat ist dort Konkurrenzdruck selten, sondern ganz im Gegenteil ist man an der Basis um jedes Mitglied froh, das sich engagiert und Impulse nicht nur einbringt, sondern auch ins Werk setzt. Kampf um innerparteilichen Einfluß entsteht erst dort, wo mehr Mitglieder Führungsansprüche anmelden, als Positionen zu vergeben sind, die solchen Führungsanspruch absichern. Das ist in der Regel aber erst ab der Kreis- bzw. Unterbezirksebene der Fall.[21] Diese stellt darum in jeder Hinsicht eine Wasserscheide innerparteilicher Kommunikation und Willensbildung dar. Der Weg zu professionelle Qualität und hartnäckige Leidenschaft verlangendem politischen Engagement beginnt erst hier, während Politik auf den unteren Parteiebenen und im kommunalen Bereich jedermann zugänglich und, gesunden Menschenverstand vorausgesetzt, auch von jedem zu bewältigen ist.

---

21 Eine Ausnahme bilden natürlich die großen Ortsverbände in den Städten, wo die Zahl der zu besetzenden Mandate oder Ämter meist die der Interessenten unterschreitet. Folglich kommt es im städtischen Bereich öfter auch schon im Bereich der Kommunalpolitik zu innerparteilichen Führungskämpfen als auf dem Land.

4. Die gesellschaftliche Vernetzung der sächsischen Parteien

Parteien haben ganz wesentlich auch eine Bindegliedfunktion zu erfüllen. Fest in der Gesellschaft verankert, müssen sie aus dieser, über das eigene organisatorische Kommunikationsnetzwerk, in verläßlicher Weise politisch wichtige Informationen in die staatlichen Willensbildungs- und Entscheidungsprozesse einbringen. Umgekehrt müssen sie ihre – aus der Regierungs- oder Oppositionsrolle heraus getroffenen – politischen Positionen an die Bevölkerung herantragen und dort um Unterstützung für sie werben. Zur Erfüllung dieser Bindegliedfunktion bedarf es nicht nur stabiler und leistungstüchtiger Parteistrukturen. Vielmehr haben die Parteien auch ihrerseits mit der Gesellschaft und deren Organisationen eng verschränkt zu sein. Einesteils stellen dies Abgeordnete mit ihren üblichen Mehrfachfunktionen als Inhaber von öffentlichen Ämtern, von Parteiführungspositionen und von gesellschaftlichen Funktionen sicher. Anderenteils müssen sich schon auch die unteren Parteigliederungen selbst mit der Gesellschaft vor Ort und ihrem „vorpolitischen Raum" vernetzen, falls sie Wurzeln schlagen wollen.[22]

Das Profil der CDU prägen drei Vernetzungsbereiche. Erstens engagieren sich CDU-Mitglieder relativ stark in der Kirche: immerhin 29,1 Prozent gaben an, in den letzten zwölf Monaten sehr häufig oder eher häufig in Organisationen im kirchlichen Umfeld mitgearbeitet zu haben, und 42,3 Prozent sagten, es bestehe eine halbwegs regelmäßige Zusammenarbeit zwischen ihrem Ortsverband und kirchlichen Gruppen; nur 13,5 Prozent wußten nichts von solchen Kontakten zu berichten. Zweitens ist die CDU mit Unternehmer- und Berufsverbänden gut vernetzt, obwohl diesen nur vergleichsweise wenige CDU-Mitglieder angehören. Hierin kommt zum Vorschein, daß auch in den neuen Bundesländern sich die Parteien vor allem mit den ihnen „traditionell", zumindest hinsichtlich des westdeutschen Parteiteils, zugeneigten Verbänden verflechten, und zwar recht unabhängig davon, ob ihre Mitglieder auch persönlich besonders eng mit diesen vernetzt sind. Systemische Faktoren überlagern hier die personalen, und auch der entsprechend prägende Einfluß westdeutscher Parteifunktionäre dürfte hier zu erkennen sein. So kommt es, daß – neben der FDP – insbesondere die so stark von Arbeitern und weniger gut gebildeten Personen geprägte Sachsenunion sowohl zu Berufsverbänden als auch zu Unternehmensverbänden vielfältige Kontakte hat und mit ihnen eng zusammenarbeitet. Drittens sind die Mit-

---

22 Eine Analyse der Schwierigkeiten, in Ostdeutschland dieses Ziel zu erreichen, bieten Patzelt/Algasinger 1996. Dort finden sich auch detaillierte Zahlen, auf die sich die folgenden summarischen Angaben stützen.

glieder der CDU stark in den Vereinen des vorpolitischen Raums engagiert und mit ihnen recht eng verbunden. Besonders enge Verbindungen bestehen zu den Freiwilligen Feuerwehren als letztlich Kernorganisationen des vorpolitischen Raums zumal im ländlichen Bereich. Die gesellschaftliche Verankerung ist, mit Ausnahme des Bereichs der Bürgerinitiativen, der sächsischen CDU also recht gut gelungen. Die Erklärung dessen dürfte in ihrer relativ großen Mitgliederzahl, in deren relativem gesellschaftlichen Querschnittscharakter und im allgemein CDU-freundlichen politischen Klima liegen, das – in Wahlergebnisse umgesetzt – für die ihrerseits vorteilhafte Regierungsrolle der CDU sorgt. Nicht nur auf Landes-, sondern auch auf kommunaler Ebene stellt die CDU darum einen Machtfaktor dar, der sie zu einem attraktiven Partner für Vereine aller Art macht.

Die FDP pflegt, Traditionen der LDPD in gewandelter Form fortführend, enge Beziehungen zu den Berufs- und Unternehmerverbänden. 24,7 Prozent ihrer Mitglieder sind auch selbst in einem Berufsverband, 6,0 Prozent in einem Unternehmerverband organisiert. Dies ist auf die Berufsstruktur der FDP-Mitgliedschaft zurückzuführen, die relativ viele Unternehmer (17,0 Prozent) oder selbständige Handwerker (14,0 Prozent) umfaßt. Letztere müssen sich meist in Form einer Pflichtmitgliedschaft in den für sie zuständigen Kammern organisieren. Zu einem großen Teil lokale Honoratioren und angesehene Bürger umfassend, ist die sächsische FDP im übrigen immer noch kommunalpolitisch gut verankert. Kommunale Mandatsträger sind aber ihrerseits typischerweise recht eng mit dem vorpolitischen Raum verbunden. Und in der Tat ist Sachsens FDP – bei allerdings nur einem Fünftel der CDU-Mitgliederzahl – auch im vorpolitischen Raum immer noch recht gut vernetzt: ihre Mitglieder gehören überdurchschnittlich oft Musikvereinen, Sportvereinen, Heimatvereinen und auch den freiwilligen Feuerwehren an. Zudem hat die FDP in den genannten Vereinen auch den relativ höchsten Anteil an aktiven Mitgliedern. Hier wirkt ganz ohne Zweifel die enge Verankerung der LDPD in ihrem Zielgruppenkreis nach. Letztlich wurde durch die Wahlergebnisse, ihrerseits geprägt vom Erscheinungsbild der West-FDP sowie von der wahlbestimmenden Übertragung westdeutscher Parteienkonstellationen, die sächsische FDP auf ein viel geringeres Maß an politischer Bedeutung gestaucht, als es ihrer tatsächlichen gesellschaftlichen Verankerung und potentiellen Organisationskraft entspricht.

Die SPD ist traditionell eng mit den Gewerkschaften verflochten. In der sächsischen Sozialdemokratie sind 28,8 Prozent der Mitglieder gewerkschaftlich organisiert. Das ist weit mehr, als die übrigen sächsischen Parteien aufzuweisen haben, stellt sich aber im Vergleich mit westdeutschen Verhältnissen als nicht gerade hoher Anteil heraus. In den Altbundesländern gehörten 1992 nämlich über 40 Prozent der SPD-Mitglieder einer Gewerkschaft an. Dennoch sind die Gewerkschaften für die sächsische SPD der wohl wichtigste gesellschaftliche Verankerungsbereich. Auch die lokalen SPD-Gliederungen sind eng mit den Gewerkschaften verflochten. Dergestalt hat sich in Sachsen die traditionelle Verbindung zwischen Gewerkschaften und der SPD wieder etabliert, obschon die SPD von ihrer Mitgliederstruktur in Ostdeutschland noch weniger eine Arbeitnehmerpartei ist als in den Altbundesländern. Wie im Fall der CDU überlagern hier systemisch-traditionelle Faktoren die personalen. Wiederum gemäß westdeutschen Mustern und den ihnen zugrunde liegenden Normvorstellungen hat sich die sächsische SPD darüber hinaus besonders stark mit den bereits vorhandenen oder neu entstandenen Wohlfahrtsverbänden vernetzt. Hier wird vor Ort sehr eng zusammengearbeitet, und nicht selten hat die SPD in den Kommunen und Kreisen Organisationen wie Mietervereine oder die Arbeiterwohlfahrt selbst mit ins Leben gerufen und finanziell unterstützt. Im vorpolitischen Raum ist die SPD dagegen noch schwach verankert. Spiegelbildlich zur – auch der großen Mitgliederzahl zu verdankenden – engen Vernetzung der CDU im vorpolitischen Raum ist dies nicht zuletzt Folge dessen, daß die SPD viel zu wenige Mitglieder hat, um in Sachsen flächendeckend Fuß fassen zu können. Die aktiven Parteimitglieder haben nämlich meist Parteifunktionen oder kommunale Ämter auszuüben, so daß das CDU-Erfolgsrezept „Verbindung von Aktivität im vorpolitischen Raum mit innerparteilicher Passivität, doch Solidarität" bei der SPD nicht aufgeht. Im übrigen scheint sich auch bei der sächsischen SPD zu bewahrheiten, daß eine sehr stark von Akademikern und öffentlich Bediensteten geprägte Partei sich ohnehin damit schwertut, in den von meist ganz anderen Milieus getragenen vorpolitischen Raum tief einzudringen.

Stärker noch als die SPD wird Bündnis 90/Die Grünen von diesem Problem getroffen, zumal in diesem Fall auch nicht ein traditioneller Schulterschluß mit den Gewerkschaften verläßliche Verankerungsstrukturen stiften kann. Indessen gehen Vernetzungsmängel dieser Partei noch stärker auf den Mitgliedermangel und auf die Art potentieller Netzwerkpartner zurück als auf Aktivitätsmängel der Parteiangehörigen. Die Mitglieder von Bündnis 90/Die Grünen sind nämlich, zusätzlich zu ihren Parteiaktivitäten, auch in zahlreichen anderen gesellschaftlichen und politischen Zusammenhängen integriert und besonders aktiv. Überdurchschnittlich stark sind sie personell und institutionell im Umfeld der Kirchen, mit Bürgerinitiativen und mit Umweltschutzverbänden vernetzt. Ohne zu übertreiben, kann man Bündnis 90/Die Grünen eine „Partei der Bürgerinitiativen" nennen.

Die PDS ist ein Sonderfall. Einesteils ist sie schon aufgrund der Anzahl ihrer Mitglieder sowie des beträchtlichen Wählerechos alles andere als eine gesellschaftlich marginale Gruppierung. Andernteils hatte sie es besonders schwer, in den sich umgestalteten gesellschaftlichen Strukturen neu Fuß zu fassen. Als Nachfolgeorganisation der SED wurde sie nämlich von den anderen Parteien sowie von der Mehrheit der Interessengruppen lange Zeit recht konsequent gemieden, da sich niemand dem Vorwurf aussetzen wollte, mit der ehemaligen Hegemonialpartei zu kooperieren. Die PDS versuchte, diese Ghetto-Situation als derzeit gegeben zu akzeptieren, doch mittelfristig zu ändern. Dem diente vor allem starkes Engagement im Sozialbereich und der Beweis praktizierter Bürgernähe. Ausweis dessen wurden von der PDS getragene Beratungsstellen aller Art ebenso wie umfassende Präsenz der Partei vor Ort. Bald gelang es, tragfähige Kontakte zu zahlreichen Wohlfahrtsverbänden aufzubauen. Freilich war solches Bemühen bei den Vereinen und Verbänden des übrigen vorpolitischen Raumes längst nicht so erfolgreich. Doch immerhin hat sich das zunächst sehr gespannte Verhältnis zwischen der PDS und Verbänden bzw. Vereinen immer mehr entkrampft und wird sich wohl weiter normalisieren. Derzeit sind die sächsischen PDS-Mitglieder recht stark gewerkschaftlich organisiert: 33,8 Prozent sind Gewerkschaftsmitglieder, was ein sehr großer Anteil vor dem Hintergrund ist, daß 75,9 Prozent der PDS-Mitglieder gar nicht berufstätig sind. Im vorpolitischen Raum ist die PDS hingegen schwach vernetzt. Eine markante Ausnahme stellen die (Klein-)Gartenvereine dar. Ihnen gehören 33,6 Prozent der PDS-Mitglieder an; 15,0 Prozent sind dort auch aktiv, und 6,4 Prozent arbeiten sogar im Vorstand oder in einem anderen Leitungsgremium eines solchen Vereins. Kleingartensiedlungen, kennzeichnend für die Freizeitgestaltung in der DDR und Ausweis des für ihre Gesellschaft typischen Wohlstands, sind also eine Domäne der am unmittelbarsten in DDR-Kontinuität stehenden sächsischen Partei. Da solche Siedlungen kommunalpolitisch keine unwichtige Rolle spielen, behält die PDS auch auf dieser Ebene eine wichtige Rolle. Insgesamt dürften ihre gesellschaftlichen Wurzeln freilich in dem Maße austrocknen, wie die überalterte Mitgliedschaft ihr derzeit noch so hohes Aktivitätsniveau reduzieren muß und die PDS zu einer links-alternativen Partei wird, in der sich solche Milieus nicht mehr wiederfinden, in denen ein eher kleinbürgerlicher und faktisch konservativer Habitus vorherrscht.

5. Parteien im Transformationsprozeß: Lehren aus dem Beispiel Sachsens

Die Entstehung des derzeitigen sächsischen Parteiensystems beinhaltete Elemente sowohl des Umbruchs als auch des Aufbaus. Alle Parteien vollzogen unter äußerst schwierigen Umständen den Transformationsprozeß von den verkrusteten politischen Strukturen der DDR über deren Plastizität und zunehmende Unübersichtlichkeit in der Wendezeit bis hin zur inzwischen wieder halbwegs erreichten Festigkeit. Nicht nur wechselte das politische System, sondern auch die gesellschaftlichen Voraussetzungen der Partizipation in politischen Parteien änderten sich völlig. Dabei hatten die Parteien nicht bloß weichenstellende Wahlkämpfe zu bestehen, sondern auch Regierungsverantwortung zu tragen bzw. aus der Oppositionsrolle heraus kreditschaffende politische Positionen zu vertreten. Unübersehbar ist im Fall Sachsens ebenso wie Brandenburgs, welch große Bedeutung populäre politische Führungspersonen für den Transformationsprozeß auch und gerade der Parteien hatten. Denn er vollzog sich auf zwei Ebenen: auf der organisatorischen, deren Bedeutung leicht unterschätzt wird, und auf der elektoralen, auf welcher weichenstellend die Situation zu Gunsten oder Ungunsten der einzelnen Parteien definiert und über die so folgenreiche Zuteilung von Mandaten und Mitteln entschieden wurde. Auf eben dieser elektoralen Ebene wirkte sich der persönliche Faktor herausragender oder eben wenig attraktiver Parteiführer aus und erleichterte bzw. hemmte den organisatorischen Transformationsprozeß.

In ihm gelang es mittlerweile, die „Flucht aus den Parteien" zu beenden. Im Prinzip haben sich die sächsischen Parteien stabilisiert, wenn auch in den Altparteien die natürlichen Abgänge noch nicht von Neueintritten ausgeglichen werden, so daß die Schrumpfungsprozesse anhalten. Umgekehrt sind bei den neuen Parteien keine sonderlichen Zuwächse zu verzeichnen. Alles in allem sind die Mitgliederzahlen der sächsischen Parteien weiterhin beklagenswert gering. Dies hat zur Folge, daß politisch aktive Mitglieder sehr stark mit Mandaten und Pflichten belastet sind, so daß für eine von aktuellem Handlungsbedarf absehende Parteiarbeit kaum Aktivitäts- und Aufmerksamkeitspotential vorhanden ist. Noch gibt es in Sachsens Parteien also nicht genug Leben und politische Potenz.

Hinsichtlich der Mitgliederstruktur zeichnen sich mittlerweile Grundzüge einer Milieubindung ab. Sie unterscheiden sich zwar noch deutlich von westdeutschen Mustern, doch strukturelle Ähnlichkeiten treten mehr und mehr hervor. SPD und Bündnis 90/Die Grünen entwickeln sich in Sachsen zu eher städtisch, in gehobenen Bildungsschichten und im öffentlichen Dienst verankerten Parteien; die FDP behielt bislang ihre Wurzeln im Milieu der Selbständigen bzw. Lehrer; und die CDU umfaßt in besonders großem Umfang „einfache" Bürger. Die PDS ist als Partei depossedierter Eliten, außerdem aufgrund ihrer großen Überalterung, ein Sonderfall. Obwohl – zumal bei der SPD, doch teilweise auch bei der CDU – nicht recht zu den Mitgliederstrukturen passend, haben sich ferner Vernetzungsstrukturen zwischen Parteien und anderen Organisationen herausgebildet, die Ähnlichkeit mit denen der Altbundesländer haben.

Zu den Problemen der sächsischen Parteien gehört meist ein großes Mißverhältnis zwischen faktischer politischer Rolle und sie fundamentierender Mitgliedschaft bzw. Organisationsstruktur. Vor allem bei der SPD ist es so, daß sie politisch gewissermaßen über den Verhältnissen ihrer gesellschaftlichen Basis lebt. Bei der PDS verdecken nur der bisherige elektorale Erfolg in Verbindung mit den in anderen Ländern offenkundigen koalitionsanalogen Einflußchancen, daß ihre organisatorische Basis in den nächsten Jahren von immer größerer Erosion bedroht ist. Allenfalls bei der CDU steht die tatsächliche politische Rolle in einem halbwegs angemessenen Verhältnis zu deren organisatorischem Unterbau. Bei der FDP ist hingegen die Wählerattraktivität und landespolitische Rolle viel kleiner, als die Mitglieder- und Organisationsstruktur es eigentlich vermuten ließe. Bündnis 90/Die Grünen werden Glück brauchen, um sich, nun mehr und mehr im linksliberalen und linksalternativen Spektrum angesiedelt, dort gegen die SPD und eine sich modernisierende PDS zu behaupten.

FDP und CDU haben den Nachteil, daß ihre Mitgliedschaft innerparteilich wenig aktiv ist. Bei der CDU wird dies durch den Besitz der Regierungsmacht substituiert, während bei der FDP die verbliebenen kommunalen Mandatsträger bei weitem nicht den Verlust der Landtagsmandate kompensieren können. SPD und Bündnis 90/Die Grünen profitieren von der viel größeren Aktivität ihrer Mitgliedschaft, auf die sie wohl auch künftig zählen können. Der Aktivitätsvorsprung der PDS hingegen dürfte schrumpfen, da immer mehr ältere Mitglieder auf politische Partizipation verzichten und der Partei die Zerreißprobe zwischen Modernisierern und Traditionalisten noch bevorsteht.

Den Transformationsprozeß der sächsischen Parteien erleichterte im allgemeinen der Beistand und die Prägekraft der westdeutschen Parteiteile sowie ein oft umfangreicher innerparteilicher Transfer von Sach- und Finanzmitteln. Die CDU profitierte vom Kredit der westdeutschen Union, die SPD verdankt ihre Stabilisierung ganz wesentlich dem westdeutschen Parteiteil. Das Bündnis 90 mußte unter dem Einfluß der West-Die Grünen seinen Charakter und seine politische Ausrichtung nur in gewissem Umfang ändern, während den Ost-Liberalen die Verbindung mit der kulturell ganz anders ausgerichteten West-FDP keineswegs bekam. Die FDP bietet dergestalt ein Beispiel der schlechten, die CDU der guten Konsequenzen, den die Ausgestaltung des Transformationsprozesses als eines Assimilationsprozesses an westdeutsche Parteistrukturen haben konnte. Freilich gestaltete nicht nur ein „kolonisatorischer Gestus" der Westparteien die Umformung der ostdeutschen Parteien als Assimilation. Vielmehr zwang schon auch die Funktionslogik des neuen Systems die Parteien der neuen Bundesländer dazu, aus den westdeutschen Parteien bewährte Strukturmuster und Verfahrensweisen zu übernehmen.

Hält man sich die Schwierigkeiten vor Augen, die es im Verlauf des Transformationsprozesses zu meistern galt, so muß es als bemerkenswerte Leistung gelten, daß in Sachsen inzwischen ein Parteiensystem geschaffen wurde, das – wenigstens auf den ersten Blick – ziemlich normal und ordnungsgemäß die ihm zukommenden Funktionen zu erfüllen scheint. Nicht nur haben sich Sachsens Parteien in nunmehr schon recht vielen Wahlkämpfen leistungsfähig erwiesen. Sondern auch den Zugriff auf die politische Macht haben sie nicht gescheut, und tatkräftig haben sie politische Führung ausgeübt. Zweifellos sind sie auch die Kristallisationspunkte der landespolitischen Willensbildung geworden und haben sich dabei hinsichtlich gesellschaftlicher Wünsche und Probleme als ausreichend responsiv erwiesen. Allein ihre gesellschaftliche Vernetzung und ihre Rekrutierungsleistung sind vom Wünschenswerten noch weit entfernt. Dort freilich muß hier die Gesellschaft, müssen die Bürger selbst mitwirken, während man sich hinsichtlich der Erfüllung der anderen Parteifunktionen recht gut auf die Prägekraft des gut konstruierten Systems politischer Institutionen verlassen kann. Weil dieses System in den neuen Bundesländern aber weitgehend im Wege des Institutionenimports verankert wurde, wächst es nun einmal vom Zentrum zur Peripherie und bleibt sein Entwicklungsprozeß dort, wo das politische System – nicht zuletzt über die Parteien – in der Gesellschaft zu verankern ist, verständlicherweise hinter dem gesellschaftliche Wandel zurück. Um so mehr hängt der Fortgang des bislang durchaus erfolgreichen Prozesses der Neubegründung parlamentarischer Demokratie davon ab, daß die vom Systemwechsel erschütterte ostdeutsche Gesellschaft sich weiter stabilisiert und daß nicht immer wieder neu aufbrechende gesellschaftliche Konfliktzonen jene Bindungen zerreißen lassen, die mittlerweile zwischen Parteien und einzelnen Gesellschaftsbereichen gewachsen sind.

Literatur

Ammer, T.: Anfänge eines demokratischen Parteiensystems in der DDR. In: Aussenpolitik 41(1990)4, S. 376-385
Clemens, C.: Disquiet on the Eastern front: the Christian Democratic Union in Germany's new Länder. In: German Politics 2(1993)2, S. 200-223
Eisenmann, P./Hirscher, G. (Hrsg.): Die Entwicklung der Volksparteien im vereinten Deutschland. Landsberg am Lech: Bonn Aktuell, 1992
Helwig, G.: Bund Freier Demokraten. Die Liberalen auf dem mühsamen Weg zur Vereinigung. In: Deutschland-Archiv 23(1990)4, S. 511-514
Lapp, P. J.: Das Zusammenwachsen des Deutschen Parteiengefüges. Bonn: Friedrich-Ebert-Stiftung, 1993
Linnemann, R.: Die Parteien in den neuen Bundesländern. Konstituierung, Mitgliederentwicklung, Organisationsstrukturen. Münster: Waxmann, 1994
Löbler, F./Schmid, J./Tiemann, H.: Gewerkschaften und Sozialdemokratie in den neuen Bundesländern. Bestandsaufnahme und Perspektiven nach zwei Jahren deutscher Einheit. In: Deutschland-Archiv 26(1993)1, S. 40-51

Löbler, F./Schmid, J./Tiemann, H. (Hrsg.): Wiedervereinigung als Organisationsproblem: Gesamtdeutsche Zusammenschlüsse von Parteien und Verbänden. Bochum: Brockmeyer, 2. Auflage 1992

Moreau, P.: PDS. Anatomie einer postkommunistischen Partei. Bonn, Berlin: Bouvier, 1992

Niedermayer, O./Stöss, R. (Hrsg.): Parteien und Wähler im Umbruch. Parteiensystem und Wählerverhalten in der ehemaligen DDR und den neuen Bundesländern. Opladen: Westdeutscher Verlag, 1994

Patzelt, W. J./Algasinger, K.: Ostdeutsche Parteien im Transformationsprozeß. Empirische Studien zur Parteiensoziologie Sachsens (im Erscheinen), 1996

Schmid, J./Löbler, F./Tiemann, H. (Hrsg.): Organisationsstrukturen und Probleme von Parteien und Verbänden. Berichte aus den neuen Ländern. Marburg: Metropolis, 1994

Schubert, M.: Zur Vorgeschichte der neuen deutschen Bundesländer I.. Politische Initiativgruppen und Parteigründungen zur Zeit des Zusammenbruchs der DDR. In: Libertas (1992)1-2, S. 66-94

Tessmer, C.: Innerdeutsche Parteienbeziehungen vor und nach dem Umbruch in der DDR. Erlangen: Deutsche Gesellschaft für zeitgeschichtliche Fragen, 1991

Tiemann, H.: SPD in den neuen Bundesländern – Organisationsaufbau und Mitglieder. Bestandsaufnahme und Perspektiven nach zwei Jahren deutscher Einheit. In: Zeitschrift für Parlamentsfragen 26(1993)3, S. 415-422

Veen, H.-J./Bulla, M./Hoffmann, J./Lepszy, N./Zimmer, M.: DDR-Parteien im Vereinigungsprozeß. Profil und Organisationsstruktur der SPD, der Liberalen, der Die Grünen/Bündnis 90 und der PDS. Sankt Augustin bei Bonn: Forschungsinstitut der Konrad-Adenauer-Stiftung, 1990

Vorländer, H.: Die FDP nach der deutschen Vereinigung. In: Aus Politik und Zeitgeschichte B5(1992), S. 14-20

Walter, F./Dürr, T./Schmidtke, K.: Die SPD in Sachsen und Thüringen zwischen Hochburg und Diaspora. Untersuchungen auf lokaler Ebene vom Kaiserreich zur Gegenwart. Bonn: Dietz, 1993

Welzel, C.: Von der SED zur PDS. Eine doktringebundene Staatspartei auf dem Weg zu einer politischen Partei im Konkurrenzsystem Mai 1989 bis April 1990. Frankfurt a.M.: Lang, 1992

Wielgohs, J./Schulz, M./Müller-Engbergs, H.: Bündnis 90 Entstehung, Entwicklung, Perspektiven. Ein Beitrag zur Parteienforschung im vereinigten Deutschland. Berlin: GSFP,1992.

Das Parteiensystem Sachsen-Anhalts

Bernhard Boll

Für die regionalen Parteienlandschaften in den neuen Bundesländern können drei grundsätzliche Entstehungsmuster identifiziert werden.[1] Das erste, das mit dem Terminus „Gründungsbedingungen" zusammengefaßt werden kann, unterscheidet drei Wege der Parteiengründung: Zum einen ist dies die (Weiter-) Entwicklung von bereits in der DDR vorhandenen Parteien wie im Fall der PDS, der CDU und der FDP. Ein weiterer Parteigründungsmodus ist für Parteien mit entsprechender Nähe zu einer in der Bundesrepublik existierenden Partei zu erkennen; so im Fall der SDP-Ost und der SPD-West, sowie der DSU und der CSU. Überdies können schließlich die genuin ostdeutschen, parteiähnlichen politischen Gründungen, denen die Bürgerbewegungen zuzurechnen sind, einer eigenen Etablierungsvariante zugeordnet werden.

Alle drei Gründungsmodi variieren, zweitens, mit den spezifischen Bezirksstrukturen, die nach der Länderneugründung zunächst noch für die Etablierung der regionalen Parteienlandschaft von Bedeutung waren. Kein neues Bundesland konstituierte sich aus einem einzigen ehemaligen DDR-Bezirk, so daß auch noch für eine gewisse Zeit nach der Länder(neu)gründung die organisatorische Verantwortlichkeit der politischen Arbeit der Parteiaktivisten an den ehemaligen Bezirksgrenzen faktisch endete. Das läßt sich zunächst an der Vielzahl identischer, aber voneinander unabhängig kandidierender Parteiorganisationen und Bürgerbewegungen in den Bezirken erkennen, die nach den ersten Landtagswahlen rasch in der politischen Bedeutungslosigkeit verschwanden oder nur vereinzelt zu einer landesweiten politischen Existenz gelangten. Allen Landesverbänden der Parteien des

---

[1] Dieser Artikel basiert u.a. auf Interviews mit den Landesgeschäftsführern und anderen Repräsentanten der Parteien in Sachsen-Anhalt. Aktualisierende Daten wurden abschließend über die Landes- und Bundesgeschäftsstellen der Parteien erhoben. Allen Beteiligten sei an dieser Stelle für Ihre freundliche Unterstützung gedankt. Die Daten für die regionalen Wahlergebnisse sind, soweit nicht anders vermerkt, den Wahlberichten der Forschungsgruppe Wahlen e.V., Mannheim für die Landtagswahlen 1990 und 1994 (Bericht Nr. 60 und Nr. 72) entnommen.

Bundeslandes Sachsen-Anhalt, das hier exemplarisch dargestellt werden soll, ist so betrachtet als Konstituierungsbedingung gemeinsam, daß die politische Arbeit der Parteien und Bürgerbewegungen in den Bezirken Halle und Magdeburg zunächst organisatorisch unabhängig geleistet wurde. Erst im Verlauf des Jahres 1990 schlossen sich alle Bezirksparteien – mit Ausnahme der Grünen und des Bündnis 90 – zu Landesverbänden zusammen.

Das dritte Entstehungsmuster wird in der raschen Konzentration des Parteiensystems deutlich. Ursprünglich bewarben sich 23 Listen und Parteien in den damaligen Bezirken Halle und Magdeburg zur (Volkskammer-)Wahl, nach den ersten Landtagswahlen waren noch fünf Parteien durch ihre Fraktionen im ersten Magdeburger Landtag vertreten (die späteren Fraktionsaus- und -übertritte nicht mitgerechnet). Diese Konzentration des Parteiensystems hat sich in Sachsen-Anhalt wie auch aus gleichem Grund in allen übrigen neuen Bundesländern mit der zweiten Landtagswahl fortgesetzt. Durch die empfindliche Niederlage der FDP, die in allen neuen Ländern die Fünf-Prozent-Hürde nicht überwinden konnte, reduzierte sich die Zahl der Parteien in den ostdeutschen Parlamenten erneut; so sind im zweiten Landtag von Sachsen-Anhalt nurmehr vier Parteien vertreten.

Anhand von fünf Kriterien soll im folgenden die Entwicklung des regionalen Parteiensystems in den neuen Bundesländern am Beispiel von Sachsen-Anhalt analysiert werden. Zunächst werden für jede der im ersten Landtag vertretenen Parteien die Gründungsphase, sodann die Organisationsstruktur und innerparteiliche Prozesse erläutert. Es folgt eine Profilbeschreibung der jeweiligen Parteimitgliederschaft sowie einige Hinweise zum Abschneiden der Parteien während der ersten und zweiten Landtagswahlen. Resümierend wird abschließend der Versuch unternommen, einen Ausblick auf Stand und Perspektiven des Parteiensystems in Sachsen-Anhalt zu formulieren.

1. CDU

1.1 Partei(neu)gründung

Die sachsen-anhaltinische CDU, die auch nach den zweiten Wahlen zum Landesparlament stärkste Partei blieb, gründete sich im Februar 1990 als erster Landesverband der Christlich Demokratischen Union (CDU) in den neuen Ländern. Der Parteiverband zählte ursprünglich rund 26.000 Mitglieder. Mit der Demokratischen Bauernpartei Deutschlands (DBD) und dem Demokratischen Aufbruch (DA) wurde schon zu diesem frühen Zeitpunkt über eine förmliche Zusammenarbeit in beiden Bezirken verhandelt; auf DDR-Ebene gehörte der DA seit Ende Februar 1990 als kleinster Partner neben CDU und DSU der konservativen „Allianz für Deutschland" an. Bei den Volkskammerwahlen im März 1990 errang dieses Wahlbündnis mit 47,7 Prozent in Sachsen-Anhalt die führende Position. Aus dem konservativen Wahlbündnis ging schließlich der Zusammenschluß zu einer einzigen Partei hervor. Noch vor den ersten Landtagswahlen am 14. Oktober 1990, bei der sie 48 Mandate gewann, fusionierte die CDU Sachsen-Anhalts im August 1990 mit der DBD und dem mitgliederschwachen DA. Vor allem vom Zuwachs der rund 100.000 Mitglieder der Bauernpartei, die individuell ihren Beitritt erklären sollten, und dem vorhandenen Parteiapparat der DBD erhoffte sich die CDU einen personellen wie organisatorischen Zugewinn. Die Hoffnungen eines beträchtlichen Mitgliederzuwachses erfüllten sich jedoch nicht; mit insgesamt weniger als hundert, blieb der Zugewinn weit hinter den Erwartungen zurück. Eher schon konnte die CDU von der Eingliederung des wesentlich größeren und besser ausgestatteten Parteiapparats und des Parteivermögens der DBD profitieren. Vom ohnedies mitgliederschwachen Demokratischen Aufbruch stießen kaum Neumitglieder zur CDU. Daß aus dem DBD Parteiübertritte nur spärlich erfolgten, erklärt sich wohl zum einen mit dem Auswahlverfahren für die Aufnahme ehemaliger DBD-Mitglieder in die CDU: Die Entscheidung über die Aufnahme war den Kreisverbänden überlassen worden. Das Aufnahmeverfahren bestand im wesentlichen aus einer Erklärung über Kontakte mit der Staatssicherheit und dem eigentlichen Aufnahmeantrag. Ein persönliches Gespräch im aufnehmenden Kreis schloß sich an. Daß nur wenige Aufnahmeanträge gestellt wurden, hat neben der Verfahrensbürde mutmaßlich auch ideologische Hintergründe. In der Bauernpartei war das Ausmaß von Linientreue gegenüber der SED vergleichsweise hoch gewesen; die DBD galt zu DDR-Zeiten als besonders gefestigte Blockpartei. Daher hegten die ehemaligen DBD-Mitglieder gegenüber einem CDU-Beitritt nicht geringe Vorbehalte. Überdies scheint die Aussicht, sich einem persönlichen Gespräch im Kreisverband stellen zu sollen, welches den Bewerber mit Fragen von aus dem engeren Lebenskreis bekannten Personen konfrontierte, eine eher abschreckende Wirkung entfaltet zu haben.

Dieser Blockadeeffekt läßt sich über die Parteigrenzen hinweg beobachten. Auch die SPD, die anfänglich eine Übernahme ehemaliger SED-Mitglieder kategorisch ablehnte, ging alsbald zur Einzelfallüberprüfung mittels eines Gesprächs über. Doch die auch hier äußerst geringe Anzahl derer, die sich der Prozedur zu stellen bereit waren, zeigt, daß diese von

Beitrittswilligen mit SED-Vergangenheit wohl als inquisitorischer Akt wahrgenommen worden ist.[2]

1.2 Organisatorische Strukturen und innerparteiliche Prozesse

Die im August 1990 erfolgte Fusion von CDU, DA und DBD führte nicht nur zu Veränderungen in der Organisationsstruktur, sondern löste auch Auseinandersetzungen aus über die beruflichen Perspektiven des bisher bei den Parteien hauptamtlich beschäftigten Personals. Die CDU hatte zum Zeitpunkt der Währungsunion am 1. Juli 1990 noch 178 hauptamtliche Mitarbeiter. Im Oktober 1994 ist diese Zahl auf 26 geschrumpft: 18 Kreisgeschäftsführer sind im Land beschäftigt, weitere acht Personen arbeiten in der Magdeburger Landesgeschäftsstelle der Partei. Der DBD-Personalbestand übertraf den der CDU bei weitem; in den DBD-Kreisverbänden waren jeweils zwei bis drei Vollzeitkräfte beschäftigt, während die CDU in den damaligen Kreisen nicht über eine ähnliche Personaldichte verfügte.[3]

Zur Vorbereitung einer gemeinsamen Struktur der Parteiorganisationen wurde ein insgesamt 20-köpfiges Gremium gebildet, dem jeweils ein Vertreter des DA und der DBD angehörten. In der Folgezeit wurde dieses Gremium, aus dem schließlich der CDU-Landesvorstand hervorgehen sollte, umgebildet. Dabei kam es zu heftigen Auseinandersetzungen zwischen DBD und DA über die Besetzung von Vorstandssitzen aus den Reihen dieser beiden ehemaligen Parteien. Der jeweils auf zwei Jahre gewählte Landesvorstand der CDU besteht seither aus dem Vorsitzenden, drei stellvertretenden Vorsitzenden (einer davon soll stets ein ehemaliges DBD-Mitglied sein), dem Landesschatzmeister und 15 Beisitzern. Ursprünglich untergliederte sich die CDU in 37 Kreisverbände mit 1.004 Ortsverbänden und drei Parteiorganisationen in den kreisfreien Städten. In Einklang mit der im Juli 1994 vollzogenen Kreisgebietsreform wurden diese auf 21 Kreise und drei in den kreisfreien Städten organisierte Gliederungen (wie bei den anderen Parteien auch) mit insgesamt ca. 750 Ortsverbänden reduziert.

---

2   Zu den verschiedenen Modalitäten der Einzelfallüberprüfung durch die Parteien in den neuen Ländern vgl. Linnemann (1994: 158).
3   So die Einschätzung des CDU-Landesgeschäftsführers.

1.3 Mitglieder[4]

Im Jahre 1990 zählte die CDU landesweit noch über 26.000 Mitglieder (vgl. Tabelle 1), Mitte 1995 waren es noch 14.994, davon 38 Prozent weiblichen Geschlechts. Jüngere Mitglieder bis zu 29 Jahren sind in der CDU mit 5 Prozent vertreten. Ein knappes Fünftel der Parteimitglieder gehört der Altersgruppe zwischen 30 und 39 Jahren an. Deutlich stärker, zu je einem Viertel, sind Mitglieder zwischen 40 und unter 50 Jahren und die nachfolgende Altersgruppe zwischen 50 und 59 Jahren vertreten. Erwartungsgemäß sind die Senioren ab 60 Jahren mit etwas mehr als einem Viertel der Gesamtmitgliedschaft die stärkste Gruppe in der CDU. Insgesamt haben Mitglieder, die über 50 Jahre alt sind, einen Anteil von 52 Prozent an der Gesamtmitgliederschaft. Das Durchschnittsalter ist mit 50,4 Jahren deshalb entsprechend hoch.

Tabelle 1: Mitgliedszahlen der Parteien in Sachsen-Anhalt

Jahr	CDU	FDP	SPD	Grüne	B.'90	PDS
1990	26120	23843[1]		300	60	43000
1991	22224	13628[2]	6897[5]		80	35019
1992	18636	8395[3]	5300[4]	ca.250	99[10]	20984
1993	16595[8]	7195[9]	5255[6]	330[7]		20498
1994[11]	15889	6340	6120[12]	471[12]		19211
1995[13]	14894	5146	6165	480		18270

1) Stand: 16.01.1991; 2) Stand: 14.02.1992; 3) Stand: 28.12.1992; 4) Schätzung der Landesgeschäftsstelle; 5) Quelle: Tiemann u.a. (1993: 46); 6) Stand: 31.12.1993; 7) Bundesgeschäftsstelle Bündnis 90/Die Grünen; 8) Stand: 31.12.1993; 9) Stand: 31.01.1994; 10) Quelle: Wielgohs/Schulz/Müller-Enbergs (1992: 94). 11) Angaben der Landes- und Bundesgeschäftsstellen der Parteien, Stand: 31.7.1994. 12) Landesgeschäftsstelle der Parteien, Stand: Oktober 1994.; 13) Stand Juni 1995

Die Selbständigen bilden innerhalb der CDU Sachsen-Anhalts mit nur 9 Prozent eine Minderheit in der Partei. Vom beruflichen Status her gesehen, ist die Union in diesem Land überwiegend eine Angestellten- und Arbeiterpartei (32 Prozent bzw. 28 Prozent). Was die Altersstatistik bereits andeutet, wird bei einem Blick auf die Beschäftigtenstruktur innerhalb der CDU-Mitgliedschaft bestätigt: Mit 17 Prozent sind Rentner und Pensionäre stark vertreten. Beamte (die es im Land bisher kaum gibt), Auszubildende (mit Schülern und Studenten) sowie Arbeitslose stellen in der CDU mit einem Anteil von jeweils rund 2 Prozent minimale Kontingente. Hausfrauen bilden mit 4 Prozent eine etwas größere Gruppe.

---

4 Alle Angaben zur Mitgliederentwicklung beruhen auf der Mitgliederstatistik der Partei mit dem Stand von Juni 1995.

Seit Gründung des Landesverbandes konnte die CDU kaum neue Mitglieder hinzugewinnen. Die Mehrheit der Mitgliederschaft, 56 Prozent, gehört der CDU 10 Jahre und mehr an; auf bis zu 4 Jahren Mitgliedschaft in der Partei können insgesamt nur etwa 10 Prozent zurückblicken. Im Laufe des Jahres 1993 verlor die nach Mitgliedern zweitstärkste Partei des Landes besonders viele ihrer Mitglieder. In diesem Jahr verließen insgesamt 5.300 Personen die CDU.[5] Auch im Laufe des Jahres 1994 war die Mitgliedschaft insgesamt rückläufig. Im ersten Halbjahr 1994 verlor die Union ca. 2.300 Mitglieder; im gleichen Zeitraum konnte sie ca. 310 Neumitglieder gewinnen. Mitglieder, die vor der Wende eintraten, stellen mit über 90 Prozent bei den Austritten im Verlauf des Jahres 1994 die bei weitem größte Gruppe.

Dieser Trend ist auch im ersten Halbjahr 1995 ungebrochen; seit dem Jahreswechsel 1994/95 konnte die Partei bis zur Jahresmitte zwar 100 Mitglieder gewinnen, verlor aber im gleichen Zeitraum ca. 780 Mitglieder. Die CDU genoß bei den Beitretenden erwartungsgemäß eine große Attraktivität in den Alterskohorten ab 40 Jahren. Die Eintritte dieser Altersstufe umfaßten ca. 55 Prozent aller Beitrittserklärungen, während Jüngere bis 29 Jahren daran einen Anteil von knapp einem Fünftel hatten. Bei den Austritten ergibt sich spiegelbildlich ein ähnliches Größenverhältnis. Über 70 Prozent der Austrittswilligen sind über 40 Jahre alt, während die Jüngeren in den ersten zwei Quartalen des Jahres 1995 mit 5 Prozent Fluktuation der Partei vergleichsweise treuer geblieben sind als die Älteren. Ungeachtet dessen gerät die CDU immer mehr in eine prekäre Situation: Die Partei lebte bisher unverkennbar vom Altmitgliederbestand, der, ohne daß in gleichem Maße neue Mitglieder gewonnen werden konnten, in großer Zahl der Partei den Rücken gekehrt hat. Weil aber auch trotz dieses Exodus die generelle Überalterung der CDU unverkennbar ist – ein gutes Drittel der Neumitglieder sind über 50 Jahre alt –, ist eine weiter rückläufige Entwicklung zu erwarten. Die Rekrutierung jüngerer Mitglieder gelang bisher kaum, und es gibt überdies nur wenige Anzeichen dafür, daß die Austritte bei den Älteren abflachen werden: Ein weiterer Schrumpfungsprozeß der CDU Sachsen-Anhalt wird insofern kaum aufzuhalten sein.

1.4 Wahlen

Die CDU konnte bei der ersten Landtagswahl am 14. Oktober 1990 bis auf eines alle Direktmandate gewinnen und behielt ihre Vormachtstellung auch 1994 bei, wo sie die Mehrheit der zu vergebenden Direktmandate gewinnen konnte. Die ausgewogene Stärke der CDU in urbanen wie ländlichen Regio-

---

5   Quelle: Mitgliederstatistik der CDU 10.11.1993, 20.01.1994 und 10.08.1994.

Das Parteiensystem Sachsen-Anhalts 269

nen konnte allerdings 1994 nicht gehalten werden. Außer in einigen Wahlkreisen im Norden fielen nur in den östlichen Wahlkreisen des Landes ihre Verluste verhältnismäßig geringfügig aus; sie verlor dort durchschnittlich in Höhe ihres landesweiten Gesamtergebnisses, also um 4,6 Prozent. Bei den ersten Landtagswahlen profitierte die CDU offenbar noch vor allem von der Konkurrenz zwischen SPD und PDS in den großen Städten, wo sie mit vergleichsweise geringen Wähleranteilen das Direktmandat jeweils für sich entscheiden konnte. Mit Ausnahme des Wahlkreises 13 in Magdeburg, wo Reinhard Höppner 1990 für die SPD das einzige Direktmandat gewann, schnitt die CDU noch 1990 als stärkste Partei ab, wenn auch mit relativ geringen Stimmanteilen.

Mit dem Magdeburger (Minderheits-) Modell, das sich nach den Landtagswahlen 1994 etablierte, fand sich die CDU Sachsen-Anhalts nur schwer ab (Plöhn 1995: 227ff.). Die Rolle der anfänglich im Rahmen der bevorstehenden Bundestagswahl wahltaktisch opportunen Fundamentalopposition legte sie erst zu Beginn des Jahres 1995 ab, als es zwischen Höppner und dem CDU-Fraktionsvorsitzenden, Christoph Bergner, zu einem ersten offiziellen Gespräch in der zweiten Wahlperiode kam. Die dabei zutage getretenen Differenzen setzen sich bisher im parlamentarischen Alltag fort, der mehr durch dezidierte Distanz denn kritische Kooperation zwischen der CDU-Fraktion und der rot-grünen Regierungsminderheit geprägt ist.

2. FDP

2.1 Partei(neu)gründung

Die Entwicklung des Landesverbandes der FDP in Sachsen-Anhalt verlief im wesentlichen in drei Phasen, die sich holzschnittartig als Desintegration, Distanzierung und Integration bezeichnen lassen.

Desintegration: Zwischen den Novemberereignissen 1989 und Februar 1990 verließen viele Mitglieder von LDPD und NDPD ihre bisherige Partei, um sich der neugegründeten FDP zuzuwenden. Ebenfalls im Frühjahr 1990 bildete sich die Deutsche Forumpartei (DFP) als eine Abspaltung der Bürgerbewegung „Neues Forum".

Distanzierung: Im Verlauf der Diskussion um die Zusammenarbeit der westlichen Parteien mit ostdeutschen Blockparteien betonten sowohl DFP als auch FDP (Ost) ihre strikte Selbständigkeit. Beide lehnten ein Zusammengehen mit der inzwischen unter dem Kürzel LDP firmierenden liberalen Blockpartei ab, die ihrerseits Kooperationsmöglichkeiten mit der NDPD sondierte. Diese Distanzierung entsprang nicht allein dem Identitätsbedürfnis der neuen liberalen Parteien, sondern folgte dem zurückhaltenden Kurs der Bonner FDP-Führung, die sich nur unter Vorbehalten und relativ spät zur Partnerschaft mit den beiden alten Blockparteien entscheiden mochte.

Integrierung: Unter dem Druck des vorgezogenen Termins zur Volkskammerwahl schlossen die Parteiverbände der LDP, DFP und FDP in den Bezirken Magdeburg und Halle das Wahlbündnis „Bund Freier Demokraten" (BFD). Zusammen erzielte dieses Wahlbündnis in Sachsen-Anhalt mit 7,7 Prozent das zu diesem Zeitpunkt schwächste landesweite Resultat in den neuen Ländern. Nach den Volkskammerwahlen löste es sich zunächst wieder in eigenständige Parteien auf. Ende März 1990 wurde nach getrennten Parteitagen in Berlin die Fusion von NDPD und LDP unter dem Namen „Bund freier Demokraten" beschlossen. Der Zusammenschluß der in Halle und Magdeburg zunächst noch getrennt agierenden Bezirksverbände des BFD (also der Organisationsapparate von LDP und NDPD) zum Landesverband Sachsen-Anhalt erfolgte im Juli 1990. Der gesamtdeutsche Zusammenschluß zu einer einzigen liberalen Partei fand schließlich doch statt, und zwar noch vor den für den 14. Oktober 1990 anberaumten Landtagswahlen. Auf dem Vereinigungsparteitag der FDP am 11./12. August 1990 in Hannover fusionierten der BFD, die FDP (Ost) und die DFP zusammen mit der westdeutschen FDP zu einer gesamtdeutschen Partei.

2.2 Organisatorische Strukturen und innerparteiliche Prozesse

Die Zahl von ehemals rund 250 Funktionären der LDPD in den Bezirken Halle und Magdeburg mußte auf eine für die Landes-FDP finanzierbare Personalstärke zurückgeführt werden. Zwischenzeitlich wurden von der Bonner Zentrale zusätzlich drei „Regionalberater" für den Aufbau der Parteiorganisation finanziert. Mittlerweile sind landesweit noch drei Personen hauptamtlich bei der FDP tätig. Mit über 200 (vor der Gebietsreform: 400) Ortsvereinen zählt die FDP zu den gebietsorganisatorisch besser verankerten Parteien des Landes. Allerdings muß man hier einschränkend hinzufügen, daß, ähnlich der Situation der CDU, die Vergangenheit als Blockpartei und die anschließende Fusion mit einer weiteren Blockpartei eine gesinnungspolitisch heterogene Zusammensetzung bewirkt hat. Lägen Angaben über Neugründungen auf Ortsebene nach der Wende vor, so würde sich das – im direkten Vergleich mit echten Parteineugründungen – äußere Bild einer durchorganisierten Partei sicherlich korrigieren.

Daß die im Vorfeld der zweiten Landtagswahl innerparteilich anhaltenden Querelen trotz Hans-Dietrich Genschers Vermittlungs- bzw. Schlichtungsvorstößen nicht beendet werden konnten, mag auch ein Grund dafür

Das Parteiensystem Sachsen-Anhalts 271

sein, daß die FDP in Sachsen-Anhalt für die Wähler keine Attraktivität mehr besaß. Der Attraktivitätsverlust kam bei den kurz darauf stattfindenden zweiten Landtagswahlen zum Ausdruck. Die FDP vereinigte bei den Wahlen am 26. Juni 1994 nur ernüchternde 3,6 Prozent der Stimmen auf sich und verlor damit nicht nur 9,9 Prozent im Vergleich zu ihrem letzten Abschneiden bei Landtagswahlen 1990, sondern auch sämtliche liberale Abgeordnete im zweiten Magdeburger Landtag. Nach dem Rücktritt des nicht unumstrittenen Parteivorsitzenden Kunert waren Neuwahlen für den Landesvorstand notwendig geworden. Aus den Wahlen ging auf dem Parteitag am 25.3.1995 mit Cornelia Pieper (Halle) eine Vertreterin des gemäßigten Flügels der ehemaligen Landtagsfraktion als neue Vorsitzende hervor.

2.3 Mitglieder[6]

Die Mitgliederentwicklung der FDP in Sachsen-Anhalt ist durch eine rapide Abnahme gekennzeichnet, die sich nach der Landtagswahl 1994 beschleunigte. Trotz des Rückgangs kann man aber im Vergleich mit der bundesweiten Stärke der Landesverbände von einer Normalisierung der Parteistärke sprechen. Dramatisch erscheint die Abnahme nur dann, wenn man bedenkt, daß von rund 24.000 Mitgliedern im Januar 1991 bis zur Jahresmitte 1995 gerade noch 5.146 übrig geblieben sind, was einem Mitgliederverlust von gut drei Vierteln gleichkommt (vgl. Tabelle 1). Zur Bewertung dieser Zahlen müssen allerdings andere Faktoren mit einbezogen werden. Zum einen gilt es zu beachten, daß der Stand von 1991 immer noch einen großen Anteil an Mitgliedern der LDPD und NDPD enthielt. Der Umfang der aus diesen Blockparteien Ausgetretenen dürfte, offenbar veranlaßt durch das neue politische Profil der Nachfolgepartei FDP, ein Hauptfaktor des Mitgliederschwunds sein. Zum anderen ist Sachsen-Anhalt als eine von Anpassungskrisen betroffene Industrieregion mit einem immer noch schwachen Anteil an Mittelständlern und freien Berufen nicht gerade als ein potentielles Stammland der liberalen Partei einzuordnen.

Überdies muß auch in diesem Zusammenhang auf das widersprüchliche Erscheinungsbild von Landespartei und Landtagsfraktion hingewiesen werden, was nicht, einer entwickelten demokratischen Streitkultur entsprechend, zu kreativen liberalen Politikkonzeptionen führte, sondern beide Seiten paralysierte und deshalb potentiellen Mitgliedern und Sympathisanten der FDP alles andere als überzeugend erscheinen mußte. Schließlich relativiert der Vergleich mit den alten Bundesländern ein wenig die Dramatik der Mitglie-

---

6   Alle Datenangaben zur Mitgliederentwicklung beruhen auf der Bewegungsstatistik der Parteimitglieder, Stand Juli 1994, und früheren Angaben der Landespartei.

derverluste. Hält man sich nämlich vor Augen, daß die FDP bundesweit Ende 1993 insgesamt rund 94.000 Mitglieder hatte, dann ist ein Mitgliederstand von 5.146 Liberalen in Sachsen-Anhalt bezogen auf die Einwohnerzahl des Bundeslandes im Vergleich zu anderen Bundesländern sogar sehr gut.[7]

Ein spezifisches soziales Profil der liberalen Landespartei kann aufgrund der schmalen Datenbasis, die für die FDP vorliegt, kaum gezeichnet werden. Immerhin läßt sich die Altersstruktur zuverlässig beschreiben. So ist die FDP eine überalterte Partei; Anzeichen für eine Verjüngung der Partei über verstärkte Mitgliederneuaufnahmen sind nicht erkennbar. Fast die Hälfte der Mitglieder der FDP ist über 50 Jahre alt, die jüngeren Mitglieder bis 30 Jahre machen nur 4 Prozent aus; insofern ähnelt sie der Altersstruktur der CDU. Ersichtlich rekrutiert sich das Gros der FDP-Mitglieder immer noch aus den Zeiten der Blockpartei, wie auch das Eintrittsdatum der Mitgliedermehrheit zeigt: 15 Prozent sind zwischen 1945 und 1960, rund 78 Prozent sind zwischen 1960 und 1990, und nur 7 Prozent sind zwischen 1991 und 1993 eingetreten. Die Gruppe der 41-50 Jahre alten Mitglieder stellt mit knapp 30 Prozent das zahlenmäßig stärkste Kontingent. Bei den unter 40-jährigen ist die FDP, wie die PDS, mit 22 Prozent aller Mitglieder nur mäßig vertreten. Der Frauenanteil innerhalb der FDP Sachsen-Anhalts liegt bei einem Anteil von ca. 28 Prozent der Gesamtmitgliederschaft.

3. SPD

3.1 Parteigründung

Unter anderen Vorzeichen als bei den bisher dargestellten Parteien standen die Anfänge der SPD. Ursprünglich dachten die in den Bezirken Halle und Magdeburg von kleineren Zirkeln gegründeten „Basisgruppen" weder an die Gründung einer formalen Partei, noch an die mit der Änderung (13.1.1990) des Kürzels SDP de facto vorweggenommene Eingliederung in die westdeutsche SPD. Allenfalls verstand sich die SDP als eine der SPD nahestehende Bürgerbewegung, die zwar Kontakte und die Zusammenarbeit mit der

---

[7] Der Prozentanteil der FDP-Mitglieder an der Gesamtbevölkerung pro Bundesland ist in fast allen neuen Bundesländer besser als in den alten. Ende 1993 weist Thüringen das günstigste Verhältnis auf (0,26 Prozent). Es folgt Sachsen-Anhalt (0,23), das Saarland (0,22), Mecklenburg-Vorpommern (0,19), Brandenburg (0,17) und Sachsen (0,16). Im nachfolgenden Rheinland-Pfalz beträgt diese Qoute nur noch 0,13 Prozent. Der schlechteste Wert wird in Bayern erreicht, wo FDP-Mitglieder nur einen Anteil von etwa 0,05 Prozent haben.

SPD suchte, gleichwohl aber nachdrücklich das Selbstverständnis einer Bürgerbewegung, ähnlich „Demokratie Jetzt", „Neues Forum" und anderen Gruppierungen, betonte.

Organisatorisch suchten die SDP-Aktivisten durch die an vielen Orten eingerichteten „Informationsbüros" sowohl die Mitgliederaufnahme als auch die politische Arbeit voranzutreiben. Frühe Berichte über schlagartig steigende Mitgliedszahlen der SDP während dieser Anfangszeit wurden durch die beginnende systematische Erfassung der Mitgliederbasis, seit etwa Juli 1990, erst allmählich berichtigt (Tiemann/Schmid/Löbler 1993). Der durch die Umbruchphase entfachte Enthusiasmus konnte zwar zahlreiche Anhänger kurzfristig mobilisieren. Der Massenbewegung stand indessen ein relativ begrenzter Kreis an SDP-Aktiven gegenüber, der aufgrund seiner geringen Zahl und fehlender organisatorischer Strukturen kaum in der Lage war, den Bedürfnissen der Aufbruchbewegung und den Notwendigkeiten einer organisierten Parteiarbeit gleichermaßen gerecht zu werden. Die organisatorische Hilfe von westlichen Parteifreunden konzentrierte sich primär auf die Vorbereitung des Wahlkampfes für die Volkskammerwahl am 18. März 1990 (Stimmenanteil: 23,7 Prozent) und die Kommunalwahlen am 6. Mai 1990 (26 Prozent). Aus der ersten Landtagswahl schließlich, zu deren Vorbereitung erstmals ein gemeinsamer Wahlkampfstab landesweit tätig war, ging die SPD mit einem Stimmenanteil von 26 Prozent als zweitstärkste Partei hervor.

3.2 Organisatorische Strukturen und innerparteiliche Prozesse

Die Herstellung der Organisationseinheit der beiden Bezirksverbände Magdeburg und Halle war während des Jahres 1990 nicht vorrangig betrieben worden. Noch bis zum August 1990 existierten zwei selbständige Parteibezirke. Mit der formalen Gründung des Landesverbandes am 25. August 1990 in Quedlinburg wurde ein gemeinsames Organisationsstatut verabschiedet. Die zu SDP-Zeiten in den Bezirken gegründeten Basisgruppen erwiesen sich dabei als mit der neuen Organisationsstruktur nur schwer vereinbar, da sie weder funktional noch qualitativ von den sonst üblichen und deshalb auch in Sachsen-Anhalt eingeführten Ortsvereinen als kleinste organisatorische Einheit zu unterscheiden waren. Bestehende Basisgruppen wurden deshalb in der Folgezeit in Ortsvereine umbenannt. Unterhalb der Landesverbandsebene fehlt bei der SPD Sachsen-Anhalt die in den alten Ländern bestehende Ebene selbständiger Bezirke. Stattdessen beschloß der Landesvorstand im November 1990 zehn Unterbezirke einzurichten, die seit der Kreisgebietsreform 1994 landesweit 21 SPD-Kreisverbände und 3 Stadtverbände umfassen. In den einzelnen Gliederungen der Partei waren Mitte 1994 rund 320

Ortsvereine registriert. Ein Vergleich mit den in den alten Bundesländern bestehenden Parteistrukturen offenbart insgesamt also eine etwas gestraffte Organisationsformation (Linnemann 1994: 83), weil die Gliederung eines Parteibezirks unterhalb der Ebene des Landesverbandes nicht existiert.

Für die Aufstellung von Kandidaten zu Bundes- und Landtagswahlen beschloß der Landesvorstand am 8. November 1993 eine Verfahrensordnung, die, zumindest was die Aufstellung für die Landtagswahl angeht, starke direktdemokratische Züge trägt. Im allgemeinen war es bei allen Landesparteien jedweder Richtung bisher üblich, die Direktkandidaten für den Landtag durch eine Delegiertenkonferenz zu bestätigen. Davon wich die SPD Sachsen-Anhalt mit der im Winter 1993 verabschiedeten Verfahrensordnung ab. In Vollversammlungen, bei denen alle in einem Wahlkreis wohnenden Parteimitglieder stimmberechtigt sind, wurden die Wahlkreisbewerber der SPD in öffentlicher Sitzung gekürt. Das Kandidatenvorschlagsrecht besaßen dabei zunächst die Ortsvereine und die Kreisvorstände des Wahlkreises. Die Vorschläge waren damit allerdings nicht abgeschlossen, weil selbst während der Vollversammlung zusätzliche Kandidaten nominiert werden konnten. In geheimer Wahl bestimmte Kandidaten und Ersatzkandidaten galten zugleich als Vorschläge für die Aufstellung der Landesliste. Eher traditionell ging die SPD hingegen bei der Aufstellung der Kandidaten für die Bundestagswahl vor. Die in einem Bundestagswahlkreis beheimateten Ortsvereine wählten Delegierte, die den Kandidaten und einen Ersatzkandidaten in einer Wahlkreisdelegiertenversammlung bestimmten. Analog dem Aufstellungsmodus für Landtagsbewerber galten auch die so ermittelten Kandidaturen als Vorschläge für die Erstellung der Landesliste. Ein Türchen (das bei allen Parteien üblich und im §21 (4) Parteiengesetz normiert ist) behielt sich der Landesvorstand bei diesem vergleichsweise transparenten und basisdemokratischen Verfahren allerdings offen: In beiden Fällen – ob Bundestags- oder Landtagskandidatenauswahl – kann er binnen 14 Tagen aufgrund von Verfahrensfehlern oder aus anderen wichtigen Gründen Einspruch erheben.

3.3 Mitglieder[8]

Im Spätjahr 1994 hatte die SPD in Sachsen-Anhalt 6.120 Mitglieder. Mit einem nur bescheidenen Zuwachs auf 6.165 Mitglieder knapp ein Jahr nach Übernahme der Regierungsgeschäfte in Magdeburg ist die SPD nun vor der FDP drittstärkste Mitgliederpartei im Lande (vgl. Tabelle 1). Mit dem

---

8   Alle Angaben zur Mitgliederentwicklung beruhen auf Angaben des Landesverbandes, sowie auf Daten aus der Mitgliederstatistik des Bundesparteivorstandes.

Das Parteiensystem Sachsen-Anhalts

größten Frauenanteil aller ostdeutschen Landesverbände kann Sachsen-Anhalts SPD knapp über ein Viertel weiblicher Mitglieder vorweisen; die SPD in Mecklenburg-Vorpommern ist bei den Frauen ähnlich attraktiv, Thüringen, Brandenburg und Sachsen haben leicht geringere Frauenanteile. Insgesamt ist die Zahl der SPD-Mitglieder in Sachsen-Anhalt wie auch in den anderen neuen Bundesländern gering; insbesondere dann, wenn man sich des stürmischen Zulaufs zur SDP erinnert, welcher anfangs nachgerade exponentielle Steigerungsraten der Parteimitgliederschaft verhieß. Wie sich aber bereits in der Umbruchphase zeigte, konnte der enorme Zulauf an Helfern und Sympathisanten nicht in formale Mitgliedschaften der Partei überführt werden. Die anfängliche Euphorie der Wendezeit, die der SDP in Sachsen-Anhalt und allen anderen Regionen der ehemaligen DDR begegnete, wurde allzu schnell als massenhafter Beitrtittswunsch potentieller Mitglieder interpretiert. Wie auch bei Bündnis 90/Die Grünen, war diese Begeisterung aber zunächst nur vom Wunsch getragen, individuellen Anteil am Gelingen der Wendemonate zu haben. Wie sich allerdings zeigte, war die Motivation zur Mitarbeit an der Veränderung des politischen Systems, die der Mehrheit der DDR-Bevölkerung schließlich gemeinsam war, nicht mit dem Willen einer formalen Parteimitgliedschaft gleichzusetzen. Unabhängig davon fehlten im Frühjahr und Sommer 1990 nicht nur die landesweite Präsenz von Geschäftsstellen, sondern auch die materielle und personelle Ausstattung, die einen – überhaupt immer vorausgesetzten – massenhaften Beitrittswunsch hätte bewältigen können.

Hinsichtlich der Mitgliederstruktur unterscheidet sich die SPD in Sachsen-Anhalt wesentlich von der Bundespartei. Bisher ist es der Landes-SPD nicht gelungen, in den Schichten Fuß zu fassen, die zum Traditionsstamm der Sozialdemokraten zählen. Die SPD in Sachsen-Anhalt ist mehrheitlich eine Angestelltenpartei, der Arbeiteranteil erreicht mit 10 Prozent keine nennenswerte Größenordnung. Zudem fehlt die Anbindung an die Gewerkschaften, die kein gleichsam natürliches Mitgliederreservoir für die SPD sind. Hierin liegt einer der Gründe, weshalb die SPD sich in ihrer traditionellen Klientel bisher nicht hat fest verankern können. Die Gewerkschaften haben noch weniger als in Westdeutschland eine eindeutige Parteinähe ausgebildet. Zudem verzeichnen sie einen strukturell begründeten, galoppierenden Mitgliederschwund (Tiemann/Schmid/Löbler 1993; Boll/Holtmann 1994) in allen neuen Bundesländern. Den größten SPD-Mitgliederanteil halten die Angestellten mit 51 Prozent. Als Indiz der anhaltend gespannten Wirtschaftslage kann die zweitstärkste Mitgliedergruppe gelten: 12 Prozent der Mitglieder sind derzeit ohne festes Beschäftigungsverhältnis. Noch vor den Arbeitern und Facharbeitern, folgt mit 11 Prozent als drittstärkste Mitgliedergruppe die der Rentner und Pensionäre. Die Selbständigen sind mit nur 7 Prozent schwach vertreten, was kaum überrascht. Beamte (die allerdings im öffentlichen Dienst des Landes noch eine Seltenheit sind) machen knapp ein Prozent der Mitglieder aus. Geringe Quoten entfallen auf Schüler, Studenten und Auszubildende (je 2 Prozent). Insgesamt ist die SPD in Sachsen-Anhalt gleichwohl eine junge Partei. Fast zwei Drittel der Mitglieder sind jünger als fünfzig Jahre, nur 16 Prozent älter als sechzig Jahre.

3.4 Wahlen

In der Wählergunst zeichnete sich während der ersten Landtagswahl für die SPD ein Nord-Süd-Gefälle ab. Mit Ausnahme des einzigen Direktmandats in Magdeburg (Reinhard Höppner) waren im Oktober 1990 keine ausgeprägten städtischen Hochburgen auszumachen. Ein Blick auf die in den Direktwahlkreisen erzielten Ergebnisse deutete auf die erwähnte Schwerpunktbildung der Wähleranteile hin: Ihre besten Ergebnisse erreichte die SPD in den nördlichen Landesteilen und in ländlichen Gebieten; hier konnte sie des öfteren mehr als 25 oder fast 30 Prozent Wähleranteile an sich binden. Weiter südlich, in den dichter besiedelten Regionen, verschiebt sich der Wähleranteil nach unten. Hier wurden bei der ersten Landtagswahl häufiger Wahlresultate zwischen lediglich 20 und 25 Prozent erzielt. Das regionale Abschneiden der Partei änderte sich mit der Landtagswahl 1994 beträchtlich. Im Landesschnitt legte die SPD 7,8 Prozent zu und verringerte den Abstand zwischen ihr und den bis dahin landesweit dominierenden Christdemokraten deutlich (Schmitt 1995: 283).

Ein wichtiger Grund für das insgesamt noch unfertige Bild der SPD in Sachsen-Anhalt ist, wie auch bei Bündnis 90/Die Grünen, die noch nicht allzu lange zurückliegende Etablierung der Partei. Im Vergleich zu den schon länger bestehenden Parteien konnten sich SPD und Bündnis 90/Die Grünen weder auf einen gewachsenen Mitgliedersockel noch auf eine schon vorhandene Wählerbasis stützen. Vielmehr sind im regionalen Wählerpotential der SPD Sachsen-Anhalt weit weniger als in den alten Bundesländern feste Parteibindungen erkennbar. Gemessen an ihrer Wähler- und Mitgliederstruktur ist die Landes-SPD knapp fünf Jahre nach der Wende weder eine sozialdemokratische Traditionspartei noch eine in allen Bevölkerungsschichten verankerte Volkspartei.

4. Die Grünen, Bündnis 90 und Bündnis 90/Die Grünen

4.1 Parteigründung

In ihrer Organisation eigenständig, wären alle in obiger Überschrift aufgeführten Parteien bzw. Listenverbindungen an sich getrennt zu erörtern. Da es aber schon früh zu inhaltlichen Annäherungen zwischen Bündnis 90 einerseits und den Grünen andererseits kam, werden sie hier in zwei Abschnitten zusammengefaßt dargestellt.

Vornehmlich die in der „Gesellschaft für Natur und Umweltschutz" (GNU) oder im „Kulturbund der DDR" Organisierten gehörten zum Gründungskern der Grünen in Sachsen-Anhalt. Dieser Organisationsübergang ist für sämtliche ehemaligen DDR-Bezirke charakteristisch. Er läßt sich auch in den heute bestehenden Umweltverbänden zurückverfolgen (Boll 1994: 120) und bezeugt dort fast übereinstimmende Gründungsmotive. Die früheren Mitglieder der GNU sowie jene, die sich einer GNU-Mitgliedschaft verschlossen und es vorgezogen hatten, in Gruppen unter kirchlichem Patronat zu arbeiten, waren in der Aufbruchphase des Winters 1989 einander durchaus bekannt. Allerdings war auch das gegenseitig gehegte Mißtrauen kaum zu übersehen. Den GNU-Aktivisten haftete der Ruch einer politisch linientreuen Naturverbundenheit an, der nicht gerade für oppositionelle Aktivitäten in den Reihen der kirchlich Organisierten qualifizierte. Wenn es überhaupt zu Kontakten zwischen den beiden Gruppierungen kam, überwog eine eher argwöhnische Distanz den Willen, eine in sich geschlossene, alternativgrüne politische Bewegung zu bilden.

Auch für die Entwicklung der Umweltschutzbewegung in Sachsen-Anhalt waren diese Vorbedingungen handlungsleitend. In die Gründung der Grünen wurden die im Umfeld der Kirchen organisierten Umweltschützer nicht einbezogen. Zwischen den im DDR-Umweltverband Aktiven und den ökologisch orientierten Kirchengruppen bestanden kaum engere persönliche Kontakte, was nicht zuletzt auf die unterstellte Linientreue der GNU-Mitglieder und der damit verbundenen politischen Grundhaltung zurückzuführen war. Letztere schlossen sich bevorzugt den Bürgerbewegungen „Neues Forum" (NF) und „Demokratie Jetzt" (DJ) an, während die kirchlichen Friedensgruppen entweder eigene Gruppen der „Initiative für Frieden und Menschenrechte" (IFM) gründeten oder in schon existierenden lokalen IFM-Gruppen mitarbeiteten. Die Grünen selbst bestanden vor der Wende als formierte Gruppierung in Sachsen-Anhalt noch nicht. Wie bei allen anderen Landesparteien arbeiteten nach der Organisationsgründung auch bei den

Grünen zunächst zwei Verbände in den Bezirken Halle und Magdeburg selbständig nebeneinander. Erstmals zu den Kommunalwahlen im Mai 1990 wurde auf der Grundlage von Wahlverträgen und gemeinsamen Listen eine Zusammenarbeit zwischen den Grünen und Bündnis 90 vereinbart. Das relativ spät, am 11. April 1991, in Magdeburg formal gegründete Bündnis 90 war bis zu diesem Zeitpunkt als eine Listenverbindung der bezirks- bzw. landesweit tätigen Bürgerbewegungen Initiative Frieden und Menschenrechte, Demokratie Jetzt und Neues Forum aufgetreten (Bruckmeier 1993). Die Gründung eines Landesverbandes wurde ein weiteres halbes Jahr später, am 7. Dezember 1991, vollzogen (Wielgohs/Schulz/Müller-Enbergs 1992: 82). Während in den beiden erstgenannten Bewegungen insbesondere die im kirchlichen Umfeld engagierten Oppositionellen aktiv waren, hatte das Neue Forum eher den Charakter einer oppositionellen Sammlungsbewegung. Das läßt sich sowohl an der heterogenen Herkunft der Mitgliederschaft wie auch an den höheren Mitgliedszahlen des Neuen Forum ablesen (Wielgohs/Schulz 1990). Schließlich vollzogen die 55 sachsen-anhaltinischen Delegierten, nach der bundesweiten Fusion zwischen Bündnis 90 und Grünen am 14.-16. Juni 1993 auf dem Leipziger Bundesparteitag, diesen formalen Schritt im Land zwei Wochen später, am 27./28. Juni 1993 auf der ersten Landesdelegiertenkonferenz in Wernigerode.

Über die Vereinbarung, zur Landtagswahl nur aus Sachsen-Anhalt stammende Kandidaten aufzustellen, kam es zwischen den Grünen und den im Bündnis 90 organisierten Bürgerbewegungen zu Irritationen, weil beide Seiten Bewerber vorschlugen, die dieser Anforderung aus unterschiedlichen Gründen nicht gerecht und vom jeweils anderen Partner folglich abgelehnt wurden.[9] Aus der ersten Landtagswahl ging die Wählerliste Bündnis 90/Die Grünen mit insgesamt fünf Mandaten (5,3 Prozent der abgegebenen Zweitstimmen) hervor.

4.2 Organisatorische Strukturen und innerparteiliche Prozesse

Bündnis 90/Die Grünen sind mit weniger als 500 Mitgliedern die kleinste unter den im Landtag von Sachsen-Anhalt vertretenen Parteien. Vor der Fusion und der Gebietsreform zählten die Grünen landesweit insgesamt 60 Orts- und Kreisverbände, Bündnis 90 kam auf 8 (Wielgohs/Schulz/Müller-Enbergs 1992: 84). Eine den anderen Parteien vergleichbare Struktur, mit ca. 60 Ortsvereinen, 21 Kreisverbänden und 3 Stadtorganisationen in den kreis-

---

9 Zu den dabei abgelehnten Kandidaten zählten auch Petra Kelly und Gerd Bastian. Deren landesfremde Provenienz war trotz ihres auch für die damaligen Entscheidungsträger unübersehbaren politischen Gewichts Grund zur Ablehnung ihrer Kandidaturen.

Das Parteiensystem Sachsen-Anhalts 279

freien Städten, wurde erst im Mai 1994 abgeschlossen. Bis dahin umfaßte die Partei 17 Kreisverbände, in denen 35 Ortsverbände organisiert waren, und drei Stadtverbände. Angesichts der dünnen Mitgliederdecke der Partei stellt sich kaum die Frage nach dem unterschiedlichen innerparteilichen Gewicht einzelner Gliederungen. Im wesentlichen konzentriert sich die aktive Mitgliederschaft auf die Städte Magdeburg, Wernigerode, Dessau und Halle, die auch gleichzeitig die zahlenmäßig größten Anteile an der Mitgliederschaft stellen. Zusätzlich wird die Partei in vielen kommunalen Parlamenten von Personen vertreten, die selbst nicht Mitglied bei Bündnis 90 /Die Grünen sind. Ihre Zahl wird auf 300 bis 350 geschätzt.

4.3 Mitglieder[10]

Die Mitgliederschwäche von Bündnis 90/Die Grünen ist unübersehbar. Nach der späten Fusion der beiden Gruppierungen zählte der Landesverband etwas mehr als 350 Mitglieder. Seit dem Sommer 1993 wuchs die Zahl der Mitglieder relativ zur Parteigröße in beachtlichem Umfang an, und zwar bis Ende Mai 1995 auf 488 (vgl. Tabelle 1). Trotzdem bleibt auch dieser vergrößerte Mitgliederbestand vor dem Hintergrund einer landesweit agierenden (Regierungs-)Partei auf unzureichendem Niveau. Dieser Mitgliedermangel resultiert aus ähnlichen Entwicklungsprozessen wie bei der SPD. Zwar arbeiteten anfangs viele zumeist jugendliche Aktivisten bei Grünen und Bündnis 90 mit, doch ohne eine formale Mitgliedschaft anzustreben, allein durch die Umbruchsituation zu politischer Arbeit motiviert. Nachteilig wirkten sich auch die anfängliche Zersplitterung in mehrere Gruppierungen und die enttäuschenden Wahlergebnisse aus, die zu verstärkter Mitarbeit oder einem förmlichen Beitritt bei Bündnis 90 oder den Grünen nicht eben anregten.

Bei einem Blick auf die Mitgliederstruktur[11] von Bündnis 90/Die Grünen fällt der große Anteil der jüngeren Jahrgänge auf. Mit 26 Prozent sind die unter 30-jährigen stark vertreten. Nimmt man die nächste Altersgruppe der 31-40-jährigen mit hinzu, dann umfaßt diese Altersguppe der bis vierzig Jahre alten Mitglieder schon fast zwei Drittel der Gesamtmitgliedschaft. Dagegen sind nur 7 Prozent älter als 60 Jahre. Der Frauenanteil ist mit 34 Prozent im Vergleich zu den anderen Parteien des Landes nicht überdurchschnittlich. Über die Berufsstruktur erlaubt die derzeit verfügbare Datenlage

---

10 Alle Angaben zur Mitgliederentwicklung beruhen auf einer anonymisierten Mitgliederliste des Bündnis 90/Die Grünen, Stand 1. Februar 1994.
11 Die Analyse der Altersstruktur basiert auf der anonymisierten Mitgliederliste von Bündnis 90/Die Grünen. Der Eintrag der Altersangabe wurde nur von 214 (= 62,4 Prozent) der zum Zeitpunkt der Analyse insgesamt in der Liste aufgeführten 343 Mitglieder genutzt.

keine exakten Aussagen.[12] Ausweislich der vorhandenen (lückenhaften) Angaben gehören dem Landesverband vor allem Akademiker an, die in sozialpflegerischen Berufen tätig bzw. naturwissenschaftlich ausgebildet sind. Angehörige des öffentlichen Dienstes und Angestellte stellen die zweitstärkste Gruppe. Selbständige, Handwerker und Arbeiter sind hingegen nur in geringem Umfang vertreten.

4.4 Wahlen

Aus den zweiten Landtagswahlen 1994 gingen Bündnis 90/Die Grünen leicht geschwächt (-0,2 Prozent) mit einem Ergebnis von 5,1 Prozent der Stimmen hervor. Für die Partei war dies ein enttäuschendes Resultat; sie war insgeheim nach dem schon verbesserten Abschneiden bei den Europa- und Kreistagswahlen von einem Ergebnis zwischen sieben und acht Prozent ausgegangen.

Über Bündnis 90/Die Grünen können schließlich selbst vor dem Hintergrund zweier Landtagswahlen kaum differenziertere Aussagen über sich andeutende Wählerstrukturen oder Wahlpräferenzen gemacht werden. Dagegen sprechen selbst die größten Zugewinne der Partei, die sich über alle Regionen des Landes hinweg nur zwischen 0,5 und 1,5 Prozent bewegen. Wie schon bei der ersten Landtagswahl ist hier als herausragendes Faktum die größte Heterogenität der Wähler von Bündnis 90/Die Grünen im Vergleich zu den anderen Parteien festzuhalten (FGW 1994: 19). Allenfalls ist das schlechtere Abschneiden der Partei geeignet, die Frage nach der längerfristigen Existenzperspektive der Partei im Landtag mit Nachdruck zu stellen. Aus einem leichten Anstieg der Mitgliederzahlen oder der Beteiligung an der Landesregierung als Juniorpartner läßt sich jedenfalls ein sicherer Wiedereinzug bei der nächsten Landtagswahl nicht ableiten.

---

12 Da die Angabe des Berufs – wie auch die des Alters – freigestellt war, machte kaum ein Drittel der Mitglieder Angaben dazu. Deshalb sollte eigentlich auf eine Auswertung verzichtet werden. Es geschieht aber trotzdem aus Gründen der gleichrangigen Behandlung aller Parteien in diesem Kapitel und der größtmöglichen Information über einzelne Parteimerkmale.

5. PDS

5.1 Parteigründung

Die Nachfolgepartei der SED etablierte sich als Landesverband der PDS in Sachsen-Anhalt erst mit ihrem zweiten Parteitag am 5. Oktober 1991 in Eisleben. Diese relativ späte Organisationsbildung hatte zwei Gründe. Zwar beschlossen die Delegierten beider Bezirksparteiorganisationen schon während des ersten gemeinsamen Parteitags am 28. Juli 1990 in Dessau die Gründung einer einheitlichen Landespartei. Die landesweite Neuformierung sollte jedoch nach dem Willen der 299 Delegierten behutsamer als bei den anderen Parteien verwirklicht werden. Die Wahlkämpfe für die Volkskammer und die Kommunalwahlen 1990 wurden deshalb in selbständiger Regie der beiden Bezirke geführt. Erst zu den ersten Landtags- und Bundestagswahlen im gleichen Jahr kam eine landesweite Organisation des Wahlkampfes zustande. Ein zweiter Grund für die späte Fusion zur Landespartei waren die von der Bundespartei für die Zeit vom 19. August 1991 bis 20. September 1991 anberaumten Urabstimmungen über das Bundesstatut der Partei, dessen Annahme durch die Parteimitglieder die Abstimmung über das Statut der Landesverbände zur Voraussetzung hatte.

5.2 Organisatorische Strukturen und innerparteiliche Prozesse

Die PDS Sachsen-Anhalts hat drei Organisationsebenen: Landesverband, Gebietsverbände und Basisorganisationen. Die landesweit fast 1.000 Basisgruppen der Partei haben verschiedene Organisationsgestalt. Einzelne Mitglieder können sich auf Ortsebene einer themenorientierten Interessengruppe anschließen, oder sich, zweitens, in gleichgearteten Projektgruppen organisieren oder, drittens, in einer Wohngebietsgruppe der PDS Mitglied sein. Darüber hinaus räumt die Partei weitgehende Mitwirkungsrechte ein. Sympathisanten können als Delegierte einen Gebietsverband im innerparteilichen Prozeß repräsentieren; bis auf Vorstandswahlen, Satzungs- und Budgetfragen können sie an allen Vorgängen voll berechtigt partizipieren.

Für die Präsenz der Organisation in den beiden Bezirken stand der SED zu DDR-Zeiten ein Heer von rund 6.000 hauptamtlich beschäftigten Parteifunktionären zur Verfügung. Die Nachfolgeparteien SED/PDS und PDS standen somit auch in Sachsen-Anhalt vor der Aufgabe, den riesigen Parteiapparat auf eine finanzierbare Größe zu reduzieren. Heute werden die organisationsbezogenen Aufgaben von 21 Hauptamtlichen wahrgenommen.

Den Landesparteitag handhabt die PDS im Unterschied zu anderen Parteien als ein ständig tagendes Gremium, das durchaus über mehrere Wochen hinweg als tagend verstanden wird, und nicht nur, wie bei anderen Parteien, meist an Wochenenden für wenige Tage zusammentritt. Die in der Regel rund 100 Delegierten des Landesparteitags werden für zwei Jahre gewählt. Für alle Gremien der Partei und alle Wahlämter gilt ein Frauenanteil von 50 Prozent.

5.3 Mitglieder[13]

Die Entwicklung der Mitgliedszahlen der PDS in Sachsen-Anhalt war bis Ende des Jahres 1992 rückläufig und stagnierte dann zunächst seit dem Jahreswechsel 1992/93 bei rund 20.000 Mitgliedern. Vor allem die auf Bundesebene aufgedeckten Finanzaffären lösten 1992 nach den Ereignissen 1989/90 eine erneute Austrittswelle aus. Seitdem ist der Mitgliederstand immer noch rückläufig; allerdings scheint die Dynamik des Massenaustritts aus der Partei seit der letzten Austrittswelle 1992 gebremst (vgl. Tabelle 1).

In stärkerem Maße als CDU und FDP ist die PDS in Sachsen-Anhalt von einem übergroßen Anteil an älteren Mitgliedern in ihrer Mitgliederstruktur geprägt. Die Analyse einer Mitgliederstatistik, die ca. 90 Prozent[14] der Gesamtmitgliedschaft erfaßt, zeigt, daß Mitte 1993 mehr als die Hälfte der PDS-Mitglieder über 60 Jahre alt gewesen ist und die Partei damit im Übermaß überaltert war. Ein Jahr später, im Herbst 1994[15], ist der Anteil der über 60-jährigen auf etwa 42 Prozent zurückgegangen. Im gleichen Zeitraum veränderte sich auch der Anteil der Mitglieder zwischen 31 und 60 Jahren. Mit genau 33 Prozent aller erfaßten Mitglieder bildete diese Altersgruppe 1993 die zweitstärkste Gruppe; 1994 wuchs ihr Anteil auf 43 Prozent an. Keine Veränderung ist dagegen beim Anteil jüngerer Mitglieder zu erkennen. Seit dem Frühjahr 1993 ist der Anteil der Mitglieder unter 30 Jahren mit 4 Prozent zu beziffern. Frauen waren 1993 bei der PDS mit knapp 40 Prozent (8.217 Frauen) und im Oktober 1994 mit inzwischen 45 Prozent zahlreicher als in allen anderen Parteien Sachsen-Anhalts vertreten.

Bei der PDS konzentriert sich sowohl die Mitgliedschaft als auch das Wählerpotential auf die Ballungsräume des Landes, was sich bei beiden Landtagswahlergebnissen abgeschwächt widerspiegelte. Die gestiegenen Wahlanteile der PDS bei der zweiten Landtagswahl konzentrierten sich wie

---

13 Alle Angaben zur Mitgliederentwicklung beruhen auf Angaben des Landesvorstandes der PDS, Stand Juli 1994, und auf Angaben, die dem Finanzbericht der Partei entnommen sind.
14 Dabei handelt es sich um einen Finanzbericht der Landespartei, der einen Erfassungsgrad von 90 Prozent des Kassationsstandes umfaßte.
15 Quelle 1994: Auskunft der Landesgeschäftstelle der PDS Sachsen-Anhalt, Oktober 1994.

schon beim ersten Mal auf die ehemaligen Bezirkshauptstädte Halle und Magdeburg, sowie auf das kreisfreie Dessau oder einzelne Wahlkreise. In Halle und Magdeburg verbesserte sich die PDS nicht nur um zwischen 10 und 12 Prozent, sondern erreichte dort auch ihre höchsten Wahlanteil überhaupt (Halle zwischen 23,2 und 33,0 Prozent, Magdeburg zwischen 24,6 und 29,1 Prozent), wobei vor allem der beachtliche Anteil an jüngeren männlichen Wählern mit hohem Bildungsniveau zu bemerken ist (FGW 1994: 17). In allen übrigen Regionen oder an den Randlagen des Landes konnte die PDS wie auch schon 1990 kaum Erfolge erzielen.

Das Gesamtbild der Partei zeigt somit recht eindeutige Konturen: In den ehemaligen Bezirkshauptstädten, in denen die SED umfangreiche Parteiapparate mit entsprechendem Funktionärsbesatz unterhielt, hat die PDS als mitgliederstärkste Partei des Landes nach wie vor ihre organisatorischen Festpunkte. Je weiter man sich allerdings von den ehemaligen Bezirkshauptstädten und ihren Gürteln entfernt, desto dünner wird die Decke der Parteimitgliederschaft und auch die potentielle Wählerschaft. Ersichtlich wird die PDS vom alten Mitgliederstamm getragen; bis 1992 veränderte sich die Mitgliederbasis jedenfalls nur unwesentlich; nach den zweiten Landtagswahlen hingegen waren allerdings – wiederum vor allem in den Ballungsräumen – zahlreiche Aufnahmeanträge jüngerer Parteianhänger zu verzeichnen.[16]

6. Stand und Perspektiven der Entwicklung des regionalen Parteiensystems Mitte 1995

Versucht man an dieser Stelle eine erste Bilanz, läßt sich zum einen ein durch die Folgen zweier Landtagswahlen geprägter Wandel, andererseits aber auch in der organisationsstrukturellen Verfestigung der Parteien ein erster konsolidierender Endpunkt der Etablierung des Parteiensystems in Sachsen-Anhalt ablesen. Mit der Angleichung an die sich aus der Kreisgebietsreform ergebenden Strukturen war bei allen Parteien das Ende der Phase organisationsstruktureller Neuorientierung erreicht. Alle Parteien sind landesweit und auch auf kommunaler Ebene durchgängig vertreten, was zu Zeiten der ersten Landtagswahl noch keineswegs selbstverständlich war. So gesehen, kann man mit der Neuordnung der Parteigliederungen auf regiona-

---

16 Quelle: Einschätzung des PDS-Landesgeschäftsführers auf der Basis einer vorläufigen Mitgliederstatistik für Oktober 1994, die dem Autor allerdings nicht zur Verfügung gestellt wurde.

ler Ebene von einer organisatorischen Konsolidierung des Parteiensystems (auf jeweils unterschiedlichem Niveau) sprechen.

Hingegen bleibt, auch über Sachsen-Anhalt hinaus, hinsichtlich der Entwicklung der Parteimitgliedschaft die Frage nach der Verfestigung der Parteien innerhalb der Bevölkerung offen. Immer noch, wenn auch mit bescheidenen Zuwächsen, bewegen sich die Mitgliedszahlen in den neuen Bundesländern bei den neu- bzw. wiedergegründeten Parteien wie Bündnis 90/Die Grünen und der SPD auf niedrigem, keineswegs für landesweit agierende Parteien hinreichendem Niveau. Letzteres wird nicht nur für das um Bürgernähe besonders besorgte Bündnis 90/Die Grünen, sondern auch für die SPD zum Problem. Denn über die an Mitglieder gerichtete Basisdemokratie oder Bürgernähe hinaus wird von Parteien erwartet, daß sie in hinreichendem Maße Menschen für sich gewinnen können, um der Personalrekrutierung für die Kandidaturen für Wahlämter und Parteifunktionen gerecht zu werden, ohne die der politische Prozeß nicht denkbar ist. Inwiefern z.B. in Sachsen-Anhalt mit der Repräsentanz von Bündnis 90/Die Grünen in den kommunalen Parlamenten durch ca. 300 Nichtmitglieder, die damit an Zahl mehr als die Hälfte der organisierten Mitglieder ausmachen, längerfristig konsequente und kontinuierliche Politik möglich ist, bleibt dahingestellt. Festzuhalten bleibt jedenfalls, daß es der Partei ohne diese Sympathisanten kaum möglich wäre, landesweit auf kommunaler Politikebene vertreten zu sein. Für die neugegründeten, wenn nicht gar für alle Parteien des Landes ist die Frage der Personalrekrutierung aus den eigenen Reihen nicht unproblematisch. Mit ihrer jetzigen Stärke können die Parteien gar nicht anders, als mit „Multifunktionären" die von ihnen erwarteten Funktionen zu bewältigen. Damit scheinen sie eine Erfahrung mit den Parteien des alten Regimes und der damit verbundenen „Vetternwirtschaft" zwangsläufig und unfreiwillig zu bestätigen. Dadurch geraten die Parteien des Landes in eine Situation, in der der Gegenbeweis qua eigener, individueller Erfahrung schwierig wird; denn weder die Entscheidung, sich einer Partei anzuschließen, noch die Attraktivität einer Parteikandidatur kann durch eine derartige Wahrnehmung motiviert oder gefördert werden.

Auch der meistens vielfach höhere Mitgliederbestand von CDU und PDS in den neuen Ländern darf nicht darüber hinwegtäuschen, daß es sich in beiden Fällen um einen Altbestand handelt, der diesen Parteien monatlich zwar höhere Zuwendungen aus Mitgliedsbeiträgen zu sichern vermag, aber darüber hinaus nicht vergessen machen kann, daß auch ihnen die Rekrutierung neuer Mitglieder fünf Jahre nach der Wende in kaum besserem Maß als SPD und Bündnis 90/Die Grünen gelungen ist.

Welche Resultate sich vor diesem Hintergrund unverfestigter Parteipräferenzen und widersprüchlicher Perzeptionen der Parteien durch die Bevölkerung ergeben können, mußten die Liberalen insbesondere in Sachsen-

Anhalt, aber auch anderswo erfahren. Strategisch motiviertes Lavieren wie in der sachsen-anhaltinischen Landespolitik und anhaltende, grundlegende, innerparteiliche Richtungsauseinandersetzungen zeigten hinsichtlich der Wählergunst und letztlich auch der Mitgliederentwicklung deutliche Auswirkungen für die FDP, deren verfehlter Wiedereinzug in die ostdeutschen Parlamente der zweiten Wahlperiode ein deutliches Beispiel ist. Mit Ausnahme der PDS gilt jedenfalls für alle Parteien des Landes, daß es ihnen bisher noch nicht in entsprechendem Ausmaß gelungen ist, sich verfestigende Parteiloyalitäten in der Wählerstruktur zu erarbeiten. Zudem ist der angedeutete Wandel des Parteiensystems in Sachsen-Anhalt nicht nur in den schweren Verlusten der CDU zu suchen, sondern im landesweiten Vordringen der SPD zu Wählerkreisen, die vorerst der CDU vorenthalten schienen. So mag man (wie dies die Forschungsgruppe Wahlen tut) das erfolgreiche Abschneiden der SPD in ländlichen Gegenden als untypisch erachten. Plausibler wird dieses Phänomen, wenn man es unter der Perspektive einer Normalisierung oder Angleichung des Wähleranteils der SPD adäquat zum landespolitischen Gewicht als größte Oppositionspartei betrachtet: Bis zur Wahl 1994 hatte die SPD landesweit kaum mehr als 25 Prozent Wahlanteil erringen können. 1994 konnte sie fast überall mit nur geringen Abweichungen ihr Ergebnis deutlich verbessern. Der Umstand, daß dies nicht nur in Sachsen-Anhalt, sondern überdies in allen anderen neuen Ländern der Fall gewesen ist (Schmitt 1995: 283), scheint die beschriebene Normalisierungsthese deshalb eher zu stärken. Insofern kann man hinsichtlich des Wähleranteils von einer landesweiten Konsolidierung der SPD ausgehen, genauso aber gleichzeitig auch von einer Stabilisierung der CDU sprechen.

Ob man hingegen von Konsolidierung in Sachsen-Anhalt hinsichtlich einer landesweit erstarkten PDS nach der zweiten Landtagswahl ausgehen kann, muß man nur angesichts eines überraschenden 20-prozentigen Wähleranteils bejahen. Zunächst ließe sich gegen die Konsolidierungsthese das Argument der niedrigeren Wahlbeteiligung bei gleichzeitig höherem Mobilisierungsgrad der PDS-Anhänger anführen. Andere Aspekte, wie z.B. Unzufriedenheit oder Protestwahlverhalten, die der PDS Stimmen brachten, wären dann Fragen, die bei einer solchen Deutung außer acht blieben. Selbst dann ließe sich dieses Argument der höheren Mobilisierungsfähigkeit nicht ohne weiteres durchhalten. Dieses Ergebnis bietet sich zumindest nach einer Betrachtung der Wahlbeteiligung in den einzelnen Wahlkreisen an. Hier kann man erkennen, daß die PDS nicht immer von niedrigeren Wahlbeteiligungen profitierte: In allen 49 Wahlkreisen, in denen sämtlich die Wahlbeteiligung um 10 Prozent zurückging, legte die SPD in immerhin 24 Wahlkreisen stärker zu als die PDS. Und auch in Wahlkreisen, die eine besonders schlechte Wahlbeteiligung hatten, läßt sich das Argument nicht ohne weiteres bestätigen. Dennoch muß hier der enorme PDS-Zugewinn in den Städten genannt werden, der aber, weil er so überdurchschnittlich hoch ausfällt, mit anderen Faktoren, wie die frühere Bezirkshauptstadtfunktion beider Großstädte und die dort nach wie vor starke Repräsentanz zusammenfällt.

Insofern sind bei den Parteien organisationsstrukturelle Verfestigungen, aber noch längst nicht verfestigte Mitglieder- oder gar Wählerstrukturen zu beobachten. Zwar lassen sich hinsichtlich des letztgenannten Aspekts schon Hinweise auf bekannte, sich in Sachsen-Anhalt aber noch entwickelnde sozialstrukturelle Faktoren des Wahlverhaltens identifizieren. Gleichwohl sind die Unterschiede indes alles andere als deutlich, geschweige denn verfestigt. Den Parteien, und vermutlich nicht nur in Sachsen-Anhalt, bleibt insofern die Arbeit an einem stärkeren Profil und ihrer gesellschaftlichen Verankerung in Ostdeutschland für die Zukunft vorbehalten.

Literatur

Boll, B./Holtmann, E.: Sachsen-Anhalt. In: Hartmann, J. (Hrsg.): Handbuch der Deutschen Bundesländer. Bonn: Bundeszentrale für politische Bildung, 1994, S. 528-562

Boll, B.: Interest Organisation and Intermediation in the New Länder. In: German Politics 3(1994)1, S. 114-128

Bruckmeier, K.: Die Bürgerbewegungen der DDR im Herbst 1989. In: Haufe, G./Bruckmeier, K. (Hrsg.): Die Bürgerbewegungen in der Deutschen Demokratischen Republik und in den ostdeutschen Bundesländern. Opladen: Westdeutscher Verlag, 1993, S. 29-77

Forschungsgruppe Wahlen e.V.: Wahl in Sachsen-Anhalt. Eine Analyse der Landtagswahl vom 26. Juni 1994. Bericht Nr. 72 (unveröff.) 1994

Forschungsgruppe Wahlen e.V.: Wahlen in Mecklenburg-Vorpommern, Brandenburg, Sachsen-Anhalt, Thüringen und Sachsen am 14.10.1990. Bericht Nr. 60 (unveröff.) 1990

Holtmann, E./Boll, B.: Sachsen-Anhalt. Eine politische Landeskunde. Opladen: Leske + Budrich, 1995

Linnemann, R.: Die Parteien in den neuen Bundesländern. Konstituierung, Mitgliederentwicklung, Organisationsstrukturen. Münster: Waxmann, 1994

Plöhn, J.: Die Landtagswahl in Sachsen-Anhalt vom 26. Juni 1994: Die Mehrheitsbildung bleibt dem Landtag überlassen. In: Zeitschrift für Parlamentsfragen 26(1995)2, S. 215-231

Tiemann, H./Schmid, J./Löbler, F.: Gewerkschaften und Sozialdemokratie in Ostdeutschland. In: Deutschland Archiv 26(1993)1, S. 40-51

Schmitt, K.: Die Landtagswahlen im Osten Deutschlands. Früchte des Föderalismus: Personalisierung und Regionalisierung. In: Zeitschrift für Parlamentsfragen 26(1995)2, S. 261-294

Wielgohs, J./Schulz, M.: Reformbewegung und Volksbewegung: Politische und soziale Aspekte im Umbruch der DDR-Gesellschaft. In: Aus Politik und Zeitgeschichte B16-17(1990), S. 15-24

Wielgohs, J./Schulz, M./Müller-Enbergs, H.: Bündnis 90. Entstehung, Entwicklung, Perspektiven. Berlin: GSFP, 1992

Parteien in Ostmitteleuropa

Dieter Segert

Über den Zustand des Parteiensystems und der Parteipolitik in Osteuropa nach 1989 werden unter den Sozialwissenschaftlern, die sich mit ihrer Analyse beschäftigen, sehr unterschiedliche Standpunkte vertreten. Vereinfacht gesagt, bewegt sich das Feld der Einschätzungen zwischen den folgenden beiden Extremen: Von den einen wird eingeschätzt, daß es in Osteuropa zu einem Parteiensystem gekommen sei, welches sich im Grad seiner Verwurzelung in sozialen und kulturellen Differenzierungen der Gesellschaft und seinen Funktionen im wesentlichen mit dem in Westeuropa vergleichen läßt (Körösényi 1994; Kitschelt 1992, 1994). Die anderen dagegen können nicht genug Begriffe bilden, die alle eines unterstreichen: die Abweichung des osteuropäischen Parteihandelns von dem in etablierten Demokratien. So spricht z.B. von Beyme (1994: 279) von Proto- bzw. sogar von Pseudoparteien. Evans und Whitefield (1993) liegen eher in der Mitte zwischen den beiden fiktiven Polen, indem sie eine länderbezogene Differenzierung vorschlagen. „Westeuropäische" Verhältnisse seien eher in den wirtschaftlich entwickelten Staaten Osteuropas zu erwarten, woanders ergäben sich charakteristische „Abweichungen".

Im folgenden wird keine direkte Antwort auf diese, vielleicht etwas grobgestrickte Alternative versucht, sondern es sollen an einigen Punkten die Maßstäbe eines solchen Vergleichs selbst diskutiert werden. Zu folgenden Fragen werden Antworten versucht; dabei ist ersichtlich, daß die Fragerichtungen selbst schon bestimmte Antworten einschließen: Welche Bedeutung haben funktionierende Parteien, hat erfolgreiche Parteienpolitik für die Konsolidierung der Demokratie? Wie ist der Zustand der Parteiensysteme in Ostmitteleuropa? Inwieweit lassen sich Parallelen zur Entwicklung in Ostdeutschland feststellen? Gibt es so etwas wie „postkommunistische Besonderheiten" der Parteienentwicklung, die sich selbst unter den erheblich abweichenden institutionellen Rahmenbedingungen der ostdeutschen Entwicklung durchsetzen?

1. Parteien in der Demokratie – einige Thesen

Das Scheitern des Sowjetsozialismus schließt das Scheitern seines offenen Antiparlamentarismus mit ein. Diese theoretisch begründete Antihaltung wurde bekanntlich in der ersten Hälfte des 20. Jahrhunderts auch von bestimmten Vertretern des rechten politischen Spektrums geteilt. Die damalige Kritik behauptete die Verfälschung des Willens der eigentlichen Subjekte der Politik -entweder der Klassen oder aber der Gesellschaft als ganzer – durch partikuläre Willensbildungsprozesse. Mit dieser Ansicht verbunden war die Gewißheit, es gäbe nur eine Wahrheit, nur eine mögliche Grundrichtung menschlicher Entwicklung, die notfalls mit Gewalt gegen andere Wertorientierungen durchgesetzt werden müsse. Parteien sind in gewisser Hinsicht die institutionalisierte Antithese gegen diese aristokratische Wahrheitsauffassung – ihre gleichberechtigte Existenz ist eine Institutionalisierung der Überzeugung, daß es keine gemeinsame Wahrheit für alle geben kann.

Politische Kritik am Handeln von Parteien hat sich natürlich mit dem Scheitern der beiden prinzipiell antiparlamentarischen und parteifeindlichen Ideologien nicht erledigt. Parteiendemokratie ist mit wichtigen Dilemmata behaftet. Nur das Grundprinzip, der institutionalisierte freie politische Wettbewerb als Zugang zur Regierung, zur politischen Macht, scheint dem Autor dieses Beitrags zu den unverzichtbaren Grundlagen einer demokratischen Gesellschaft zu gehören. Parteien erhalten ihre Grundbestimmung aus diesem Wettbewerb, sie sind öffentliche Institutionen zu seiner Organisation. Genauer lassen sich die demokratiefördernden Funktionen von Parteien knapp folgendermaßen charakterisieren:

- Parteien können in freien Wahlen eine große Zahl von Bürgern für die von ihnen wirklich oder zumindest in den Augen ihrer Wähler repräsentierte politische Alternative mobilisieren, insofern tragen sie zur notwendigen Bildung politischer Mehrheiten im Wettbewerb bei.
- Parteien ermöglichen vermittels der inneren Demokratie und Öffentlichkeit eine gewisse gesellschaftliche Kontrolle über die Auswahl der politischen Führer und die Bildung politischer Strategien.
- Parteien sichern insofern die demokratische Kontrolle über die Macht, als sie vermittels ihrer Abhängigkeit vom Wählervotum und vermittels der Lebenswelt ihrer Mitglieder an die Gesellschaft zurückgebunden sind.
- Schließlich üben Parteien in Gestalt von Fraktionen wichtige organisierende Funktionen innerhalb der Parlamente selbst aus.

Besonders in neuen Demokratien gilt: Wenn Parteien diesen demokratiefördernden Funktionen nur schlecht gerecht werden, dann können sich auch die demokratischen Regierungssysteme nicht konsolidieren. Insofern sind Aussagen über den Zustand der Parteien in Osteuropa auch solche über die Perspektiven der Demokratie in diesem Raum. Parteien sind allerdings nicht nur Institutionen der Demokratie, sondern auch solche der persönlichen Macht. Wenn oben von Dilemmata der Parteiendemokratie gesprochen wurde, so sollte darauf verwiesen werden, daß diese gegensätzlichen Seiten der Parteipolitik praktisch kaum voneinander zu trennen sind. Um die demokratiegefährdenden Momente genauer erfassen zu können, sollen sie im folgenden aber analytisch von den demokratiefördernden Funktionen getrennt behandelt werden.

Bereits die erste soziologische Analyse politischer Parteien, die bekannte Arbeit von Michels (1974) zum „Gesetz der Oligarchie", betrachtete diese dunkle Seite der Parteipolitik. Nach ihm existiert das Paradox, daß auch die am meisten demokratische Organisation seiner Zeit, die sozialdemokratische Partei, eine oligarchische, hierarchische Tendenz hervorbringt. Michels sieht in dieser Tendenz zur Oligarchie das Wirken von unbewußten Gesetzen der Psychologie der Organisation am Werke, die qualitative Überlegenheit der (ursprünglich einmal gewählten) Führer über die Masse der Mitglieder, die sowohl aus persönlichen Eigenschaften, d.h. aus persönlichen Bildungs- und Informationsvorsprüngen, als auch aus den Mitteln der Organisation selbst, aus einem exklusiven Zugang zu deren Informationsmöglichkeiten, ihren Organisationsmitteln, der Verfügung über Finanzmittel u.ä. erwachsen. Das primäre Ziel, das zu verwirklichen die Organisation gegründet worden ist, wird kraft des Zwangs der Umstände immer mehr dem sekundären Ziel ihrer Selbsterhaltung untergeordnet. Der Führer hat auch eigene Machtinteressen. Parteien repräsentieren nicht nur die Interessen ihrer Wähler und der Mehrheit ihrer Mitglieder, sondern sie sind auch Maschinen zur Beförderung des sozialen Aufstiegs ihrer Führer. Und das gilt bis heute. Die demokratischen Auseinandersetzungen auf Parteitagen und in den Führungsgremien der Parteien sind in der Substanz häufig verschleierte persönliche Machtkämpfe von Parteiführern. Darüber hinaus führen die spezifischen Interessen ihrer Mitglieder dazu, daß Parteien in sich abgeschlossene Klientelgruppen bilden. Unter diesen Bedingungen ist die demokratische Kontrolle von Macht vermittels des Parteienwettbewerbs nicht etwa ein stets sicheres Resultat, sondern sie existiert nur als eine Tendenz unter anderen.

Auch im heutigen Osteuropa haben sich die oligarchischen Tendenzen der Parteiendemokratie bereits ausgeprägt. Die Orientierung unerfahrener Wähler an charismatischen Persönlichkeiten unterstützt dies noch. Die auf dem Feld der Parteientwicklung vielleicht wichtigste Tendenz ist die der

Herausbildung von neuen Staatsparteien, die die Offenheit des politischen Wettbewerbs wieder reduzieren. Einmal an die Regierung gekommen, trachten sie danach, ihre Opponenten dauerhaft zu schwächen und möglichst zu verhindern, daß sie wieder abgewählt werden. Wenn diese Tendenz in den Ländern Ostmitteleuropas heute auch schwach ist, so prägt sie in einigen Nachfolgestaaten der ehemaligen Sowjetunion und Jugoslawiens doch schon die politische Wirklichkeit. Solche Staatsparteien sind aus der osteuropäischen Geschichte gut bekannte Erscheinungen. Sie existierten nicht nur in der Zeit der staatssozialistischen Diktatur, sondern auch in den autoritären Oberschichtdiktaturen der Zwischenkriegszeit. Wahlen fanden damals zwar regelmäßig statt, aber der Sieg der jeweiligen Regierungspartei war stets gesichert.

2. Parteien in Osteuropa – Bewegung hin zur „Normalität"?

2.1 Alter der Parteien im Vergleich

Sowohl die demokratieadäquaten als auch die demokratiegefährdenden Momente im Funktionieren von Parteien benötigen Zeit zu ihrer Ausbildung. Insofern müssen sich die Parteien in jungen Demokratien in ihrer Funktionsweise von denen in etablierten Demokratien unterscheiden. Bei einer Analyse der Parteien in Osteuropa muß im Blick bleiben, daß sich die Parteien in den westlichen Demokratien in einem sehr langen historischen Prozeß herausgebildet haben, der sich parallel zur Parlamentarisierung und Wahlrechtsausweitung seit dem Beginn des 19. bis zum ersten Drittel des 20. Jahrhunderts vollzogen hat (Stammen 1978). Natürlich gab es auch Brüche in den westlichen Parteiensystemen mit der entsprechenden Neubildung und dem Verschwinden vorheriger Parteien: 1918 und 1945 in Deutschland, 1958 in Frankreich, in den 60er Jahren in Belgien, 1992/3 in Italien, aber die meisten „westlichen" Parteien sind viel älter als ihre östlichen Gegenstücke (Tabelle 1)[1].

---

1 Die Parteien werden in denTabellen und im Text mit den landessprachlichen Abkürzungen bezeichnet. Es handelt sich dabei um die folgenden Parteien:
Belgien(BE): PSC/CVP – Christlich-Soziale Partei/Christliche Volkspartei; BSP/PSB – Belgische Sozialistische Partei; PVV/PRL – Partei der Freiheit und des Fortschritts; VU – Volksunion; FDF – Demokratische Front der wallonischen Einwohner Brüssels; RW – Wallonische Sammlung; AGALEV – (Flämische) Ökologische Partei; ECO – (Wallonische) Ökologische Partei; PCB/KPB – Belgische Kommunistische Partei (wo

Parteien in Ostmitteleuropa

Ein wichtiges Ergebnis dessen ist die Ausbildung von stabilen Parteiidentifikationen bei einem Teil der Bürger, die Verankerung von Parteien in bestimmten sozialen Milieus, so daß es sinnvoll wird, von „Wechselwählern" als dem kleineren Teil der Wählerschaft zu sprechen, die ihre vorherige Parteipräferenz verändert haben. In Osteuropa lassen sich Tendenzen einer stabileren Verankerung von bestimmten Parteien in Teilen der Gesellschaft auch beobachten, aber sie sind schwächer ausgeprägt als in Westeuropa.

2.2 Partizipation vermittels Parteien – Tendenz zur „Normalisierung"?

Trotz der großen Unterschiede in der Lebenszeit der Demokratien in Ost und West hat sich inzwischen in Osteuropa vieles an die Regeln etablierter De-

---

nicht extra ausgewiesen, bedeuten Doppelnamen stets die Existenz je eines flämischen und eines wallonischen Teils der Parteien);
Bundesrepublik Deutschland (DE): CDU/CSU – Christlich Demokratische Union/Christlich Soziale Union; SPD – Sozialdemokratische Partei Deutschlands; FDP – Freie Demokratische Partei; Grüne – Bündnis 90/Die Grünen; PDS – Partei des Demokratischen Sozialismus.
Österreich (ÖS): SPÖ – Österreichische Sozialistische Partei; ÖVP – Ö. Volkspartei; FPÖ – Ö. Freiheitliche Partei; VGÖ – Ö. Vereinigte Grüne; ALÖ – Ö. Alternative Liste.
Polen (PO): SLD: Demokratische Linksallianz (SdRP – Sozialdemokratie der Republik Polen, der stärkste Teilnehmer der SLD); PSL – Polnische Volks-(Bauern-)partei; UD/UW (Union für Demokratie; seit April 1994: Freiheitsunion); UP – Union der Arbeit; KPN – Konföderation für ein unabhängiges Polen; BBWR – Parteiloser Block für Reformen.
Schweden (SC): M – Moderate Einheitspartei; SSAP – Schwedische Sozialdemokratische Arbeiterpartei; CP – Zentrumspartei; FP – Volkspartei (seit 1990: Liberale Volkspartei); VPK – Linkspartei-Kommunisten; MP – Umweltpartei der Grünen; KDS – Christdemokratische Partei.
Slowakische Republik (SR): HZDS – Bewegung für eine demokratische Slowakei; SDL – Partei der demokratischen Linken (1994 als Teil des Wahlbündnisses „Gemeinsame Wahl"); KDH – Christdemokratische Bewegung; SNS – Slowakische Nationalpartei; DUS – Demokratische Union der Slowakei; ZRS – Arbeiterassoziation der Slowakei.
Tschechische Republik (TR): ODS – Demokratische Bürgerpartei; LB – Linker Block (darin KSCM – Kommunistische Partei Böhmens und Mährens als stärkste Kraft); CSSD – Tschechische Sozialdemokratie; LSU – Liberal-Soziale Union; KDU-CSL – Christlich-Demokratische Union/Tschechoslowakische Volkspartei; SRP-RSC – Koalition für die Republik – Republikanische Partei der Tschechoslowakei; ODA – Demokratische Bürgerallianz; HSD-SMS – Bewegung für lokale Selbstverwaltung -Assoziation für Mähren und Schlesien (heute als CMSS – Tschechisch-Mährische Partei der Mitte).
Ungarn (UN): MSZP – Ungarische Sozialistische Partei; SZDSZ – Bund Freier Demokraten; MDF – Ungarisches Demokratisches Forum; FGKP – Unabhängige Kleinlandwirte; KDNP – Christlich-Demokratische Volkspartei; FIDESZ – Bund der Jungen Demokraten.

mokratien angepaßt.[2] Nur in diesem Sinne, der Vorbildwirkung der älteren Institutionensysteme, soll bezogen auf Osteuropa von „Normalisierung" gesprochen werden. Dieser Begriff hat allerdings viele Nachteile. Weder gibt es ein einheitliches Muster der Parteientwicklung in Westeuropa, noch gar eins für die „westlichen Demokratien" insgesamt.

Ungeachtet dieser Bedenken, soll die osteuropäische Entwicklung hier weiter als Annäherung an den westeuropäischen Durchschnitt gemessen werden. Wenn jetzt danach gefragt wird, ob sich Besonderheiten der parteibezogenen politischen Partizipation in Osteuropa feststellen lassen, dann werden auch hier die entsprechenden westeuropäischen Zahlen herangezogen.

Die geringeren Mitgliederzahlen in Osteuropa lassen sich teilweise mit dem Verweis auf die negativen Erfahrungen der Bürger mit den formell hohen Partizipationsanforderungen des vorherigen Systems erklären. Es existiert eine allgemeine Partizipationsmüdigkeit, aus der nur die Nachfolger ehemaliger Staatsparteien in einigen Ländern herausfallen. Deren – relativ zu den anderen Parteien – hohe Mitgliederzahlen sind prägnant, siehe etwa die KSCM (222.000 /1994) und die PDS (130.000/1994). Solche Relationen sind übrigens auch für einige Länder des übrigen Osteuropa, etwa für die KPRF (Rußland: 530.000/1994) und für die BSP (Bulgarien: 380.000/1993) im Verhältnis zu den einigen Zehntausend Mitgliedern der neuen Parteien in diesen Ländern zu beobachten. Diese Besonderheit wäre vielleicht als ein Resultat der größeren Schwierigkeiten von wenig reformbereiten Mitgliedern dieser genannten Parteien zu erklären, sich an die neuen Verhältnisse, die sie nicht wollten, anzupassen (Segert 1995: 469). Die relativ großen Nachfolgeparteien wären unter diesen Bedingungen so etwas wie nach außen abgeschlossene soziale Gruppen von Menschen, die sich abgeschottet haben, weil sie mit den neuen Verhältnissen nicht zurechtkommen. Sie wären dann eher spezifische politisch-soziale Milieus als politische Parteien, oder, wie Michnik formulierte, eine Art „Arche Noah". Von dieser These ausgehend, wäre es möglich, die beobachtbare umgekehrt proportionale Beziehung zwischen der Reformorientiertheit der Staatsparteien vor 1989 und der Größe der Mitgliedschaft ihrer Nachfolger schlüssig zu deuten.

---

2   Diese Einschätzung soll die Situation nach den zweiten freien Mehrparteien-Parlamentswahlen kennzeichnen, die 1992 in der Tschechoslowakei, 1993 in Polen und 1994 in Ungarn stattgefunden haben. Sie unterscheidet sich grundsätzlich von der Situation 1990/91, für die Mangott (1992: 119) zu recht festgestellt hatte: „Der strukturellen und inhaltlichen „Normalität" scheinen die ost-mitteleuropäischen Parteiensysteme zumindest derzeit nicht sehr nahe zu kommen, aber das war – denkt man an die Ausgangslage – auch nicht zu erwarten." Die Betonung der inzwischen weiter „normalisierten", also dem Muster konsolidierter westeuropäischer Demokratien stärker angenäherten Parteiensysteme soll nicht für alle der damals von Mangott festgestellten Symptome der „Abweichung" gelten – dazu weiter unten.

Parteien in Ostmitteleuropa

Tabelle 1: Vergleich des Alters von Parlamentsparteien

Staat (letzte Wahl)	Parteien (letzte Wahl)	Gründungsjahr	Vorläufer	Staat	Parteien (80er)	Gründungsjahr	Vorläufer
PO	SLD (SdRP)	1991	(1918) 1942	BE	PSC/CVP	1945/68	1884
1993	PSL	1989	(1895) 1949		BSP/PSB	1945/78	1889
	UD/UW	1991	1980er, 1989		PVV/PRL	1961/79	1846
	UP	1993	1980er, 1989		VU	1954	1918
	KPN	1979			FDF	1964	
	BBWR	1993			RW	1968	1961
TR	ODS/	1991/	1989		AGALEV	1981	
	KDS	1989					
1992	LB (KSCM)	1991	1921		ECO	1978	
	CSSD	1989	1878		PCB/KPB	1921	
	LSU	1991		DE	CDU/CSU	1945	
	KDU-CSL	1991	(1919) 1948		SPD	1869	1863
	SRP-RSC	1990			FDP	1945	
	ODA	1991	1989		Grüne	1980	
	HSD-SMS (CMSS)	1990 (1994)			PDS	1990	1919
SR	HZDS	1991	1989	ÖS	SPÖ	1945	1889
1992	SDL	1990	1921		ÖVP	1945	
	KDH	1989			FPÖ	1955	1949
	SNS	1990			VGÖ	1982	
	DUS	1994	1989		ALÖ	1982	
	ZRS	1994		SC	M	1968	1902
UN	MSZP	1989	1919		SSAP	1889	
1994	SZDSZ	1988	1970er		CP	1921	1913
	MDF	1987			FP	1934	1900
	FKGP	1989	1930/45-49/56		VPK	1917	
	KDNP	1989	1945-49, 1956		MP	1981	
	FIDESZ	1988	1980er		KDS	1964	

Quellen: Lane/Ersson 1991, Szajkowski 1994, Machos 1995.

Tabelle 2: Mitgliederzahlen ausgewählter europäischer Parlamentsparteien

Staat (Bevölkerung in Mio.)	Partei	Mitglieder Tsd./Jahr	Staat (Bevölkerung in Mio.)	Partei	Mitglieder Tsd./Jahr
PO 38 Mio.	SdRP (SLD)	60/1994	BE 9,8 Mio.	PSC/CVP	171/1989
	PSL	250/1994		BSP/PSB	257/1988
	UD/UW	13-18/1994		PVV/PRL	152/1987
	UP	7-8/1994		VU	43/1989
	KPN	25/1993		AGALEV	2/1989
	BBWR	unbekannt		ECO	1/1989
TR 10,3 Mio.	ODS/KDS	24/1994		KPB/PCB	10/1987
	KSCM (LB)	222/1994	DE 77,6 Mio.	CDU/CSU	849/1989
	CSSD	11-12/1994		SPD	921/1989
	KDU/CSL	80/1994		FDP	65/1989
	LSU	10,5-11/1994		Grüne	38/1989
	SPR-RSC	65/1994		PDS	130/1994
	ODA	2-2,5/1994	ÖS 7,6 Mio.	SPÖ	597/1990
	HDS-SMS	unbekannt		ÖVP	660/1991
SR 5,3 Mio.	HZDS	34/1994		FPÖ	42/1990
	SDL	48/1994		ALÖ	2/1990
	KDH	27/1994		VGÖ	unbekannt
	Hung. Parties	36/1994	SC 8,4 Mio.	SSAP	978/1989
	DUS	2/1994		M	77/1989
	ZRS	20/1994		CP	112/1989
	SNS	7/1993		FP	43/1989
UN 10,3 Mio.	MSZP	40/1993		VPK	13/1989
	SZDSZ	35/1993		MP	6/1989
	MDF	38/1991			
	FGKP	30/1992			
	KDNP	18/1992			
	FIDESZ	14/1993			

Quellen: The European World Year Book 1994, Hatschikjan/Weilemann 1994, Segert/Stöß/Niedermayer 1996, Mair/Katz 1994.

Die niedrigen Mitgliederzahlen der Mehrzahl der Parteien (Tabelle 2) müssen nicht schon dazu führen, daß ihre Fähigkeit, als Institutionen des demokratischen Wettbewerbs wirksam zu werden, negiert wird. Mitglieder sind zunächst wichtig, um genügend Kandidaten für die Besetzung von staatlichen Wahlämtern zu haben, und das ist in der Regel auch in kleinen Parteien gesichert. Allerdings haben die Parteimitglieder auch eine Funktion im Prozeß der Rückbindung staatlicher Politik an die Gesellschaft. Unter den Bedingungen, daß das gesamte intermediäre System (insbesondere die Interessenverbände) in Osteuropa erst schwach entwickelt ist, stellen niedrige Mitgliederzahlen ein weiteres Hindernis für eine effektive Verbindung von Staat und Gesellschaft dar. Dadurch vergrößert sich zusätzlich die Rolle schmaler Parteieliten im Prozeß der Politikformulierung, während die soziale Bindung der Parteien und die politische Partizipation der übrigen Bevölkerung im Durchschnitt sehr schwach ist. Das politische System ist in diesem Sinne durch – wie Agh (1994) es formuliert hat – eine gewisse Parteienlastigkeit („Overparticization") gekennzeichnet.

Partizipationsmüdigkeit läßt sich im übrigen generell auch bei den Wählern einiger der jungen Demokratien Osteuropas feststellen – bekanntlich insbesondere bei den Bürgern Ungarns und Polens, wo die sogenannte „Partei der Nichtwähler" größer ist als jede andere politische Gruppe. Tendenziell läßt sich eine politische Abstinenz in ähnlicher Größenordnung auch in Ostdeutschland bei Wahlen „unterhalb" der Bundestagswahl feststellen. Eine mögliche Erklärung dieser Erscheinung wäre, daß es sich dabei nicht allein um eine Reflexion auf Erfahrungen in der Zeit des Staatssozialismus handelt, sondern auch um politische Frustrationen danach.

In bezug auf solche Frustrationen, d.h. Enttäuschungen gegenüber dem Verlauf und den Resultaten der bisherigen demokratischen Umgestaltung, ist Ungarn ein besonders interessanter Fall. Das Neue Demokratiebarometer II, eine Umfrage aus dem November 1992 (Rose/Haerpfer 1993), hatte eine deutlich negativere Einschätzung des gegenwärtigen politischen Regimes im Vergleich mit dem Regime Ende der 80er Jahre registriert, eine Einstellung der Bevölkerung, die im ostmitteleuropäischen Vergleich ungewöhnlich ist, da in den meisten anderen Ländern das gegenwärtige Regime positiver beurteilt wurde (Tabelle 3).

Tabelle 3: Bewertung der politischen Regime

Staaten	Kommunistisches Regime	Regime in der Gegenwart	Regime in fünf Jahren
Bulgaren	42	55	72
Tschechische R.	29	71	88
Slowakische R.	48	58	80
Ungarn	68	43	72
Polen	42	56	69
Rumänien	35	68	82
Slowenien	46	77	87
Weißrußland	60	35	46
Unkraine	55	25	49
Kroatien	13	42	73

Die Bewertung konnte auf einer Skala von -100 bis +100 abgestuft werden.
Quelle: Rose/Haerpfer 1993: 47, Tabelle 13.

Diese negative Einschätzung des mit dem Systemwechsel etablierten Regimes färbt in diesem Fall sogar noch auf die Zukunft ab. Zwar wird eine bessere Zukunft erwartet, aber diese wird nicht wesentlich positiver gesehen als die kommunistische Vergangenheit. Wenn man diese Ergebnisse im Verein mit denen zu anderen Ländern interpretiert, so bietet sich an, daß die Einschätzung der Gegenwart je positiver wird, je negativer das vergangene Regime erlebt wurde. Damit ließe sich etwa auch der Unterschied in der Wertung beider Zustände in den Augen der slowakischen oder aber der tschechischen Bevölkerung erklären.

In ähnlicher Weise schlagen sich Erfahrungen während des Systemwechselprozesses in der Bereitschaft nieder, die Auflösung des Parlaments und der Parteien zu billigen (Tabelle 4).

Tabelle 4: Bejahung der Suspendierung von Parlament und Parteien

Staaten	NDB-I (Ende 1991)	NDB-II (1992/93)
Bulgaria	21	28
CR	12*	22
SR	15*	19
Hungary	25	25
Poland	33	43
Romania	10	19
Slowenia	16	11

* in diesen Ländern wurde nur die Frage gestellt, ob der Betreffende für eine Auflösung des Parlaments wäre.
Quelle: Rose/Haerpfer 1993: 57

In Polen, wo die einer Auflösung positiv gegenüberstehende Gruppe schon bei der ersten Umfrage des NDB im Herbst 1991 am höchsten in Ostmitteleuropa war, stieg sie bis zum Zeitpunkt der zweiten Umfrage 1992/93 noch einmal an. In Ungarn blieb sie stabil auf einem deutlich niedrigeren Niveau. Vielleicht läßt sich auch die gering ausgeprägte Beziehung zu Parteien in beiden Ländern als Ergebnis einer solchen Erfahrung deuten – allerdings fällt dann auf, daß neben dem niedrigen polnischen Wert erstaunlicherweise auch die Zahl der Ungarn, die sich einer Partei nahefühlen, relativ gering ist (Rose/Haerpfer 1993: Appendix, Tabelle 32).

2.3. Gliederung der Parteiensysteme

Wenn man sich die Zahl der in den verschiedenen Ländern wirksamen Parteien ansieht (Tab. 1 und 2), dann lassen sich – unter der Voraussetzung, daß man zum Vergleich mit Westeuropa keine Mehrheitswahlsysteme heranzieht, weil diese in reiner Form in Osteuropa nicht existieren, keine Besonderheiten Osteuropas feststellen. Die starke Zersplitterung des polnischen Parteiensystems nach 1991 hat faktisch mit der Einführung der Sperrklauseln 1993 ihr Ende gefunden. In den anderen drei Ländern der Region ist die Fragmentierung des Parteiensystems eher moderat. Es existieren zwischen sechs und sieben Parteien – eine Zahl, die für Westeuropa nicht unüblich ist. Allerdings ist die Frage, in welchem Maße überhaupt die Zahl der Parteien im Parlament eine Aussage über den Erfolg der Demokratisierung zuläßt. Der Vergleich etwa mit Albanien (zwei) oder Bulgarien (drei bis vier Parteien) läßt eher den Schluß zu, daß zumindest für Osteuropa die Zahl der im Parlament vertretenen Parteien nicht als Gradmesser für demokratische Stabilität genutzt werden kann.

Wenn man sich dagegen die Zuordnung der Parteien zu programmatischen Parteifamilien ansieht (Klingemann 1994; Katz/Mair 1994), dann ergeben sich mehr „Abweichungen": Erstens lassen sich kaum relevante moderne konservative Parteien ausmachen, eine Ausnahme wäre vielleicht das Tschechische Parteiensystem mit seiner konservativen[3] Regierungspartei ODS. Der ungarische FIDESZ hat ab 1993 – bisher allerdings erfolglos – versucht, diese leere Stelle im politischen Raum Ungarns zu besetzen. Ansonsten sind die osteuropäischen Parteien rechts von der Mitte eher im liberalen Lager (welches auch einen linken Flügel hat, etwa in Gestalt des ungarischen SZDSZ) angesiedelt. Daneben existieren auf dem rechten Flügel des politischen Spektrums in Ungarn, Polen und der Slowakei starke Parteien, deren Politik auf einen traditionalen Autoritarismus und nationale sowie christliche Werte ausgerichtet ist. In Polen ist diese traditionale Rechte allerdings seit 1993 nicht im Parlament vertreten. Zweitens haben sich seit der zweiten freien Mehrparteienwahl starke linke Parteien herausgebildet. Es handelt sich sowohl um modernisierte Nachfolger der früheren kommunistischen Staatsparteien und um neugegründete sozialdemokratische Parteien als auch um „kommunistische Nostalgieparteien". Letztere sind in der Region allerdings kaum parlamentarisch repräsentiert. Der Aufstieg der linken Nachfolgeparteien erfolgte zu einem Zeitpunkt, zu dem in Westeuropa generell ein Absinken des sozialdemokratischen Einflusses festzustellen war. Ob allerdings diese Wende nach links, die sich in Ostmitteleuropa 1992-94 vollzog, von Dauer sein wird, ist bereits bezweifelt worden (Markowski/Toka 1995: 98). Drittens haben sich im Unterschied zu den westeuropäischen Entwicklungen der letzten 15 Jahre in den betrachteten Ländern ökologische Parteien nicht dauerhaft parlamentarisch verankern können. Viertens sind außer in Polen und Ungarn in der betrachteten Region erstaunlicherweise keine Bauernparteien präsent – das fällt allerdings nur dann auf, wenn man weiß, daß nach 1918 starke Bauernparteien[4] existierten.

---

3   Bei Klingemann 1994 im liberalen Lager angesiedelt.
4   Wenn man den Blick über das eigentliche Ostmitteleuropa hinauslenkt, stellt man diese Besonderheit noch deutlicher fest. In Bulgarien und Rumänien, in denen in der Zwischenkriegszeit starke ländliche Parteien existierten, gibt es heute nur noch Überreste dieses besonderen Parteientyps.

Eine systematische und nicht auf den Einzelfall bezogene Erklärung dieser Besonderheiten fällt schwer. Generell stehen sie aber im Zusammenhang damit, daß die Parteiensysteme im heutigen Osteuropa – auch in der betrachteten Region Ostmitteleuropa – sehr stark durch die vorhergehende einseitige Modernisierung in der Zeit des Staatssozialismus beeinflußt worden sind. Dieses letztlich gescheiterte Gesellschaftssystem hat seine Spuren auch den entstehenden demokratischen Regierungssystemen aufgeprägt, und dies nicht nur im Sinne einer Behinderung einer demokratischen Konsolidierung. Nach seinem Ende konnte nicht einfach zu den Ausgangspunkten dieser Gesellschaften vor seinem Beginn zurückgegangen werden, wie es bestimmte Kräfte vor allem in der ersten ungarischen Regierung versucht hatten.

Die vorgenommene Zuordnung der ostmitteleuropäischen Parteien zu bestimmten programmatischen Positionen ist allerdings in einem gewissen Sinne künstlich, denn der Prozeß der politischen Ausdifferenzierung der Parteien ist noch immer nicht abgeschlossen. Anfangs waren die politischen Lager weniger nach bestimmten sachlichen Konfliktlinien und ideologischen Positionen gruppiert; eine größere Rolle spielten biographische Verläufe, persönliche Loyalitäten und gemeinsame politische Feinde aus der Zeit der Krise des Sozialismus. Die Parteien zeichneten sich teilweise durch programmatisch sehr weit auseinanderliegende Flügel aus: In der UD versammelten sich anfangs Vertreter liberaler, konservativer und sozialdemokratischer Positionen, im MDF waren christlich-konservative und rechtsextrem-nationalistische Positionen stark vertreten. Auch innerhalb der slowakischen HZDS versammelten sich Vertreter eines antikommunistischen Traditionalismus und Reformkommunisten. Inzwischen haben Abspaltungen und Zusammenschlüsse eine gewisse Vereinfachung und Konzentration der politischen Positionen gebracht, ohne daß allerdings diese Besonderheit der ersten Phase der Parteientwicklung schon vollständig aufgehoben worden wäre. Von praktischer Bedeutung ist gegenwärtig insbesondere die in den regierenden polnischen und ungarischen Nachfolgeparteien noch nicht vollzogene Trennung zwischen wirtschaftsliberalen und sozialprotektionistischen Positionen.

3. Osteuropa und Ostdeutschland – wieweit wirkt die gemeinsame Vergangenheit nach?

Einige der hier genannten Merkmale sind nur für die Parteiensysteme und Parteien in Ostmitteleuropa – worunter meist Polen, Tschechien, die Slowakei und Ungarn verstanden wird – charakteristisch, andere gelten für das gesamte Osteuropa. Generell läßt sich für alle Staaten Osteuropas feststellen, daß die nach 1989 entstandenen Parteiensysteme den Zugang zur Macht auf der Grundlage eines freien Wettbewerbs um Wählerstimmen ermöglicht haben. Sowohl die Ablösung der „kommunistischen" Einparteienherrschaft als auch die Wechsel zwischen politischen Lagern erfolgten auf der Grundlage des Parteienwettbewerbs.[5] Auch in bezug auf die niedrigen Mitgliederzahlen der Parteien, ihre geringe interne Kohärenz und die Stärkung der kommunistischen Nachfolgeparteien lassen sich zwischen den Ländern Osteuropas keine signifikanten Unterschiede feststellen. Eine hohe Instabilität in der Regierungsbildung und vorgezogene Wahlen gab es sowohl in Ländern Ostmitteleuropas (Polen, Slowakei) als auch in denen des übrigen Osteuropas (Bulgarien).

Allerdings werden gewisse Unterschiede der beiden Regionen deutlicher, wenn man zwei einzelne Probleme der politischen Entwicklung nach 1989 herausgreift: Erstens die Unabgeschlossenheit der Nationenbildung und die daraus erwachsende Brisanz der ethnischen Konflikte innerhalb der sich demokratisierenden Staaten, zweitens die damit verbundene Instabilität des Staates als Machtmaschine selbst, seine unentwickelte Fähigkeit, das staatliche Gewaltmonopol zu verteidigen bzw. parallele Gewaltstrukturen in der bürgerlichen Gesellschaft zu minimieren.

Auf dem ersten Gebiet ist die Bilanz deutlich: Der Systemwechsel in der Sowjetunion und Jugoslawien und der ihn begleitende Legitimitätsverfall der alten staatlichen Strukturen war von einem Zerfall des bisherigen nationalstaatlichen Rahmens begleitet. Dadurch kam es zu einer Welle nationalistischer Gefühle, die von verschiedenen politischen Kräften zur Vergrößerung oder Sicherung ihres Einflusses instrumentalisiert worden sind. Auf dieser Grundlage konnte sich in Serbien, in Aserbaidshan und in einigen früheren mittelasiatischen Republiken die alte politische Klasse des Staatssozialismus teilweise an der Macht halten, allerdings bei Wechsel des ideologischen Vorzeichens. Konflikte werden in jenen Systemen häufig mit Waffengewalt ausgetragen. Die Ethnisierung der Konflikte erlaubt keine friedliche, keine demokratische Regelung. Auch in Bulgarien und Rumänien wurden nationalistische Argumente wiederholt in die politische Auseinandersetzung eingebracht. Soweit das eigentliche Osteuropa, anders jedoch in Ostmitteleuropa. Das einzige Land dieser Subregion, in dem es zu einer ausgeprägten ethnischen Konfliktlinie gekommen war – die Tschechoslowa-

---

5   Letzteres ist besonders schwierig und wichtig für die Konsolidierung einer demokratischen Ordnung. Der unterlegene, bisherige Inhaber der Regierungsmacht muß seine Macht an den Wahlsieger abgeben – ein solcher Wechsel der Regierungsmacht an das jeweils andere politische Lager erfolgte 1992 in Litauen, 1993 in Polen, 1994 in Ungarn und Bulgarien.

kei 1991/92 – fand einen anderen Ausweg aus der Situation: Die Eliten beider Teilrepubliken einigten sich auf eine friedliche Trennung des Landes und auf die Suche nach einer neuen Form des Zusammenlebens. Bewaffnete Auseinandersetzungen gab es zu zu keinem Zeitpunkt des Konflikts. Während in den Ländern des übrigen Osteuropa Teile der Bevölkerung für eine solche Ethnisierung der Interessenkonflikte mobilisiert werden konnten, war das in Ostmitteleuropa kaum möglich. Eher trat das Gegenteil ein: In Ungarn war die Ablehnung des traditionalistischen Nationalismus der größten vormaligen Regierungspartei (MDF) einer der Gründe für deren sinkenden Einfluß unter der Bevölkerung, der sich in ihrer Wahlniederlage 1994 niederschlug (Markowski/Toka 1995: 88).[6]

Nun zur zweiten Tendenz. Die anhaltende Schwäche des Staates selbst hat ebenfalls tiefgreifende Auswirkungen auf die Möglichkeit der Etablierung eines dauerhaften Parteienwettbewerbs. Wenn es kein deutliches Zentrum der politischen Macht in Gestalt der staatlichen Institutionen gibt, dann ist es auch weniger wahrscheinlich, daß der Zugang zur staatlichen Macht demokratisch geregelt werden kann. Der Kampf der verschiedenen Einflußgruppen um die politische Macht läuft dann auf verschiedenen Ebenen gleichzeitig ab. Wahlen erfüllen eher die Funktion einer nachträglichen Absicherung eines vorher an anderen Stellen erreichten Sieges einer bestimmten Gruppierung über ihre Widersacher. In solchen Situationen ist dann auch die Entstehung von Präsidentenparteien, als einer Keimform zukünftiger Staatsparteien möglich. In Rußland wurden bereits zwei Versuche zur Neukonstituierung solcher Parteien unternommen. Der erste erfolgte im Herbst 1993, nachdem der Präsident gerade seine Widersacher im Volksdeputiertenkongreß mittels bewaffneter Gewalt niedergeworfen hatte, in Gestalt von „Rußlands Wahl". Der zweite Versuch in Gestalt der von Tschernomyrdin gegründeten Partei „Unser Haus Rußland" war ebensowenig erfolgreich, wenn man die jüngsten Wahlergebnisse betrachtet. In Rumänien gab es seitens der siegreichen Fraktion der alten Elite um Ion Illiescu bereits mehrfach Versuche, eine solche, den Staat beherrschende Präsidentenpartei zusam-

---

6   Allerdings ist die Belebung von ethnischen Konflikten auch in konsolidierten Demokratien nicht ausgeschlossen, wie die Spaltung des belgischen Parteiensystems entlang ethnischer Cleavages ab den sechziger Jahren gezeigt hat. In Großbritannien und Frankreich haben sich in den letzten Jahrzehnten ebenfalls ethnische Minderheiten deutlicher zu Wort gemeldet. Insofern ergeben sich aus diesem Merkmal allein keine deutlichen Unterschiede zwischen den Chancen einer Annäherung von Ostmittel- oder dem eigentlichen Osteuropa an die durchschnittlichen europäischen Normen der politischen Tätigkeit. Nur das Ausmaß der ethnisch begründeten Gewalt, das in Jugoslawien oder in den bewaffneten Kämpfen an den Rändern der ehemaligen Sowjetunion eingesetzt werden, findet keine Parallele im heutigen Westeuropa. Außerdem fordern die ethnischen Minderheiten dort eher Autonomie, als – wie in Osteuropa – eine politische Sezession und eine eigene Staatlichkeit.

Parteien in Ostmitteleuropa 303

menzubringen. Sie waren allerdings bisher nur deshalb von Erfolg gekrönt, weil die Opposition politisch noch schwächer als das Präsidentenlager agierte. In Ostmitteleuropa dagegen sind die politischen Strukturen sehr viel stabiler und die politischen Kräfteverhältnisse ausgeglichener als im sonstigen Osteuropa. Es lassen sich nur Ansätze zur Einschränkung des politischen Wettbewerbs feststellen, schwache Tendenzen zur Ausbildung von neuen Staatsparteien. Dazu zählt der mißglückte Versuch der Bildung einer mächtigen Präsidentenpartei in Polen vor den letzten Wahlen (BBWR) oder der Versuch des Ungarischen Demokratischen Forums, während seiner Regierungszeit sowohl über eine Aufnahme loyaler Beamter in die Partei als auch über eine direkte Einflußnahme auf die Massenmedien den eigenen Einfluß über die auf Grundlage der Wahlen errungene politische Mehrheit auszubauen. Eine gewisse Gefährdung des politischen Wettbewerbs könnte mit der Zeit auch aus den mächtigen Klientelnetzen der Nachfolgeparteien erwachsen, nachdem jene in den letzten Wahlen in einigen osteuropäischen Staaten wieder an die Regierung gelangt sind.

Soweit der Vergleich der Subregionen Osteuropas, Ostmitteleuropas und des „übrigen" Osteuropa sowie Rußlands. Kann man die in Ostdeutschland sichtbar werdenden Tendenzen der Parteienentwicklung mit den hier zutage getretenen gemeinsamen Merkmalen vergleichen, oder ist Ostdeutschland eher – seit der Vereinigung mit der Bundesrepublik – zum Bereich der westeuropäischen Entwicklung zu rechnen (der in unserem Beitrag mehrfach als Maßstab einer „normalen" Entwicklung des Parteihandelns und der Parteiensysteme herangezogen wurde)?

Zu Beginn soll ganz kurz auf die vom Autor präferierte Deutung der Besonderheiten oder auch „Abweichungen" der aktuellen osteuropäischen Entwicklung verwiesen werden. Jene werden als Ergebnisse der jüngeren, staatssozialistischen Entwicklung begriffen. Ungeachtet dessen, daß einige wichtige politische Konfliktlinien wie die ethnischen bereits vor 1918 oder zumindest in der Zwischenkriegszeit entstanden, sind die meisten wichtigen Differenzierungen jüngeren Datums. Wie im Konflikt um die bulgarischen Türken haben auch in anderen Ländern die letzten Jahrzehnte des Staatssozialismus erheblichen Einfluß auf die „postkommunistischen" Konflikte. Zu solchen – in der spätsozialistischen Geschichte wurzelnden – aktuellen Problemen gehört vor allem die anhaltende Schwäche des Staates selbst, die Legitimationskrise seiner Institutionen. Faktoren, die die unterschiedlichen Chancen einer Konsolidierung der Demokratie in den verschiedenen Ländern beeinflussen, sind die Erfolge oder Defizite der staatssozialistischen Modernisierung, der frühe Beginn oder das gänzliche Ausbleiben einer Differenzierung in der damals herrschenden Elite sowie der Zeitpunkt der Entstehung oder die dauerhafte Unterdrückung einer Gegenelite. Das Zusammenfallen ungünstiger wirtschaftlicher Ausgangspositionen mit einer kaum existenten Oppositionsentwicklung vor dem Ausbruch der offenen Regimekrise des Staatssozialismus im „übrigen" Osteuropa könnte die durchschnittlich größeren Schwierigkeiten einer Konsolidierung der demokratischen Institutionen in dieser Subregion gegenüber den Ländern Ostmitteleuropas gut erklären. Andererseits wäre die Existenz besserer wirtschaftlicher Ausgangsbedingungen dann eine Grundlage für die Chance der tschechischen und slowakischen Demokratien auf eine ähnlich gute postsowjetische politische Entwicklung wie die der Reformländer Polen und Ungarn. Die unterschiedlich entwickelten Voraussetzungen einer stabilen demokratischen Entwicklung in verschiedenen Bereichen der jeweiligen Gesellschaft können sich entweder gegenseitig verstärken oder kompensieren.

Die Nachwirkungen der sozialistischen Entwicklung lassen sich selbst im Falle Ostdeutschlands bis heute nicht übersehen. Ostdeutschland ist in seiner Entwicklung trotz des überwältigenden Einflusses der bundesdeutschen Gesellschaft und ihrer Ressourcen ebenfalls durch eine „postkommunistische Problemlage" geprägt. Auf dem Gebiet der Parteienentwicklung zeigt sich das in drei Erscheinungen: (1) in der Partizipationszurückhaltung der Ostdeutschen (sinkende und insgesamt geringe Mitgliederzahlen der Parteien, teilweise niedrige Wahlbeteiligung), (2) in der Existenz einer starken Nachfolgepartei, deren Wirkung nur im Unterschied zu den anderen Staaten Osteuropas durch die Einbindung in das gesamtstaatliche Kräfteverhältnis reduziert wird, und (3) in der Tatsache, daß – ebenso wie in Polen und auch in Tschechien – die erfolgreichen „historischen Parteien" eine sozialistische Vergangenheit als „Blockparteien" aufweisen.[7] Allerdings können in Ostdeutschland die Nachwirkungen des Staatssozialismus wegen der Integration in die gesamtdeutsche Gesellschaft und die bundesdeutsche Institutionenordnung nur in sehr abgeschwächter Weise politisch wirksam werden. Eine Machtbeteiligung auf zentraler Ebene oder gar Machtübernahme durch die PDS ist anders als in den Staaten Osteuropas wenig wahrscheinlich. Auch die aus den sozialen Belastungen des wirtschaftlichen Systemwechsels entstehenden politischen Spannungen sind in Ostdeutschland auf Grundlage der Finanzkraft und Unterstützungsbereitschaft seitens der Mehrheit der Deutschen weniger brisant.

Auf der anderen Seite wirken in den neuen Bundesländern deutliche kulturelle Spannungen, die aus der westdeutschen Dominanz im Transformationsprozeß erwachsen. Die Intelligenz der DDR ist – anders als die in Osteuropa – nach 1989 nicht zur „Klassenmacht"[8] gelangt. Ihr Einfluß auf Staat und Gesellschaft ist insgesamt durch die Integration in das größere

---

7 Zum Standpunkt des Autors in dieser Frage siehe umfangreicher: Segert/Machos 1995: 52ff.; 203ff.
8 Zum Begriff siehe Konrád/Szelényi 1987.

Gemeinwesen und den Elitenwechsel zurückgegangen. Im politischen Bereich dominieren die westdeutschen Eliten, im wirtschaftlichen Bereich ist ihre Dominanz noch deutlicher ausgeprägt. Auf dem Hintergrund dieser „Vertretungslücke" konnte die PDS als einzige, von westdeutschen Zentralen unabhängige Partei ab 1992/93 zu neuem Einfluß aufsteigen, obwohl sie sich angesichts der Verantwortung ihres Vorgängers, der SED, für die erheblichen wirtschaftlichen Probleme und die autoritären Strukturen der DDR einer deutlichen Kritik in der Öffentlichkeit ausgesetzt sah und nach wie vor die politische Meinung scharf differenziert.

Wenn sich die aktuellen Bedingungen in Osteuropa und Ostdeutschland auch deutlich unterscheiden, so lassen sich doch einige ähnliche Phänomene der Parteienentwicklung ausmachen, die sowohl in der gemeinsamen Geschichte zwischen 1945 und 1989 als auch in den – sehr verschiedenartigen, aber in ihrer Auswirkung auf den Alltag der Bürger ähnlich brisanten – Problemen des Systemwechsels wurzeln.

Literatur:

Agh, A: The Revival of Mixed Traditions: Democracy and Authoritarian Reneval in East Central Europe. Ms. (unveröff.) 1994
Beyme, K. von: Systemwechsel in Osteuropa. Frankfurt a. M.: Suhrkamp, 1994
Evans, G./Whitefield, S.: Identifying the Basis of Party Competition in Eastern Europe. In: British Journal of Political Science 23(1993)4, S. 521-548
Hatschikjan, M./Weilemann, P. (Hrsg.), Parteienlandschaften in Osteuropa: Politik, Parteien und Transformation in Ungarn, Polen, der Tschecho-Slowakei und Bulgariens. Paderborn usw.: Schöningh, 1994
Katz, R. S./Mair, P.: Party Organizations. A Data Handbook. London: Sage, 1992
Kitschelt, H.: The Formation of Party Systems in East Central Europe. In: Politics & Society 20(1992)1, S. 1-51
Kitschelt, H.: Party Systems in East Central Europe – Consolidation or Fluidity? Ms. (unveröff.) 1994
Klingemann, H.-D.: Die Entstehung wettbewerbsorientierter Parteiensysteme in Osteuropa. In: Zapf, W./Dierkes, M. (Hrsg.): WZB-Jahrbuch 1994. Berlin: Edition Sigma, 1994, S. 13-38
Körösényi, A.: Relative Stabilität, strukturelle Dilemmata. Parteien, Eliten, Gesellschaft und Politik in Ungarn 1989-1992. In: Hatschikjan, M./Weilemann, P. (Hrsg.), Parteienlandschaften in Osteuropa: Politik, Parteien und Transformation in Ungarn, Polen, der Tschecho-Slowakei und Bulgariens. Paderborn: Schöningh, 1994, S. 11-39
Konrád, G./Szelényi, I.: Die Intelligenz auf dem Weg zur Klassenmacht. Frankfurt a. M.: Suhrkamp, 1987

Lane, J.-E./Ersson, S. O.: Politics and Society in Western Europe, London: Sage, 2. Aufl. 1991
Machos, C.: Ungarn – stabile Mehrheiten und untergründiger Wandel. In: Segert, D./Machos, C. (Hrsg.): Parteien in Osteuropa – Kontexte und Akteure. Opladen: Westdeutscher Verlag, 1995, S. 63-101
Mangott, G.: Parteienbildung und Parteiensysteme in Ost-Mitteleuropa im Vergleich. In: Gerlich, P./Plasser, F./Ulram, Ph.: Regimewechsel, Demokratisierung und politische Kultur in Ost-Mitteleuropa. Wien: Böhlau, 1992, S. 99-119
Markowski, R./Toka, G.: Left-Turn in Poland and Hungary Five Years After the Collapse of Communism. In: Sysiphus 9(1995)1, S.75-99
Michels, R.: Formale Demokratie und oligarchische Wirklichkeit. In Lenk, K./Neumann, F. (Hrsg.): Theorie und Ideologie der politischen Parteien. Darmstadt/Neuwied: Luchterhand, 1974, S. 3-26
Nohlen, D.: Wahlrecht und Parteiensystem. Opladen: Leske + Budrich, 1989
Rose, R./Haerpfer, C.: Adapting to Transformation in Eastern Europe: New Democracies Barometer-II. Studies in Public Policy No. 212. Glasgow, 1993
Segert, D.: Aufstieg der (kommunistischen) Nachfolgeparteien? In: Wollmann, H./Wiesenthal, H./Bönker, F.: Transformation sozialistischer Gesellschaften: Am Ende des Anfangs. Leviathan-Sonderband. Opladen: Westdeutscher Verlag, 1995, S. 459-474.
Segert, D./Machos, C.: Parteien in Osteuropa – Kontext und Akteure. Opladen: Westdeutscher Verlag, 1995.
Segert, D./Stöß, R./Niedermayer, O. (Hrsg.), Parteiensysteme in den postkommunistischen Staaten Osteuropas. Opladen: Westdeutscher Verlag, 1996 (in Druck).
Stammen, T.: Parteien in Europa: nationale Parteiensysteme, transnationale Parteibeziehungen, Konturen eines europäischen Parteiensystems. München: Beck, 2. Aufl. 1978.
Szajkowski, B.: Political Parties of Eastern Europe, Russia and the Successor States. Harlow: Longman, 1994.

Teil 2:

Verbände

Die Gewerkschaften

Michael Fichter/Hugo Reister

1. Einleitung

Der Zustand der Gewerkschaften in den neuen Bundesländern ist noch heute, sechs Jahre nach der Vollendung der staatlichen Einheit Deutschlands, instabil und bietet keine sehr erfolgsversprechende Grundlage für eine gesicherte Zukunftsperspektive. Nach fünf Jahren eines extrem belastenden Transformationsprozesses sehen sich die Gewerkschaften mit strukturellen Problemen konfrontiert, die ihre Funktionsfähigkeit und ihr Rollenverständnis herausfordern. Hierzu gehören insbesondere folgende Entwicklungen:

- Zwischen dem ersten Halbjahr 1989 und dem Jahresende 1994 ist die Gesamtzahl der Erwerbstätigen in Ostdeutschland um 35 Prozent gesunken. Bezogen auf alle potentiellen Erwerbspersonen in den neuen Bundesländern besteht heute ein Defizit an regulärer Beschäftigung (Arbeitslose plus Beteiligte an arbeitsmarktpolitischen Maßnahmen) von nunmehr 25 Prozent. Das ist immerhin eine Größenordnung von über 2 Mio. Menschen.[1]
- Der wirtschaftliche Umbau in den neuen Bundesländern wird von einer Ausweitung der Dienstleistungsbereiche gekennzeichnet und außerdem der jetzt schon hohe Anteil an unsicheren Arbeitsverhältnissen beibehalten. Unabhängig vom politisch und konjunkturell bedingten Tempo dieser Veränderungen werden sie eine ganz andere Beschäftigungsstruktur bedingen, als dort vorher war oder in den alten Bundesländern noch vorhanden ist.
- Die Privatisierungspolitik der Treuhand forcierte die Zerschlagung der DDR-Kombinate und -Großbetriebe, zum Kauf wurden vorwiegend einzelne Teilbereiche angeboten, die in bestehende westdeutsche Firmenstrukturen ein- bzw. angegliedert werden konnten. Eine umfangreiche Dezentralisierung und Entflechtung der Branchenstrukturen ist die Folge, so daß heute Mittel- und Kleinbetriebe dominieren und Betriebe mit mehr als 1.000 Beschäftigten Ausnahmen darstellen.

---

1 Vgl. Wirtschafts- und Arbeitsmarktstatistik. In: Beschäftigungsobservatorium Ostdeutschland. Nr. 15, Juni 1995, S. 2.

– Dem umfassenden Zusammenbruch der ostdeutschen Wirtschaft sind bislang nur unzureichende investive Aufbaumaßnahmen gefolgt.

Im folgenden soll ein Überblick über die Entwicklung der DGB-Gewerkschaften in den neuen Bundesländern vermittelt werden.[2] Weitere Gewerkschaften und Arbeitnehmerorganisationen wurden berücksichtigt, sofern Material zur Verfügung stand. Schwerpunkte der Darstellung sind die Organisationsentwicklung, die Lage der Arbeitnehmervertretungen in den Betrieben sowie die Tarif-, Industrie- und Strukturpolitik und die gewerkschaftlichen Beziehungen zu politischen Parteien. Dabei werden nicht nur die Problemlagen deutlich, sondern zugleich auch, daß deren Überwindung für die gesamtdeutsche Zukunft der Gewerkschaften und des deutschen Modells der industriellen Beziehungen essentiell ist.

2. Organisationszustand der Gewerkschaften

2.1 Organisationsstrukturen

Im Zuge der rapiden Übertragung der politischen, rechtlichen und sozioökonomischen Strukturen der Bundesrepublik auf die DDR nach den Volkskammerwahlen im März 1990 begannen auch die organisatorischen Bemühungen der DGB-Gewerkschaften, ihre Präsenz in den neuen Bundesländern durch ein Netz von Kreis-, Bezirks- und Landesbezirksstellen zu sichern.[3] Dabei gab es zwar keine einheitlich vereinbarte Vorgehensweise, wohl aber eine Orientierung an einem allgemeinen Übernahmemodell „Auflösung der DDR-Gewerkschaften und Übertritt der Mitglieder". Konsens herrschte auch darüber, daß der DGB seine Kreis- und Landesbezirksbüros erst dann einrichten durfte, wenn die Einzelgewerkschaften ihren Organisationsaufbau abgeschlossen hatten (Kurbjuhn/Fichter, 1993). Mit Ausnahme der IG Chemie hatten alle DGB-Gewerkschaften die formale Organisationsausdehnung bis Ende 1990 abgeschlossen.

Einige Gewerkschaften (z.B. die Gewerkschaft HBV) hatten im Hinblick auf den anfänglichen starken Mitgliederzuwachs erhebliche Mittel investiert, um ihre Präsenz in den neuen Bundesländern entsprechend zu sichern. Der massive Beschäftigungseinbruch hat vor allem bei diesen Gewerkschaften existentielle Organisationsprobleme verursacht, aber auch die

---

2 Vgl. hierzu ausführlicher Fichter/Reister 1995 und Fichter/Kurbjuhn 1993.
3 Eine graphische Darstellung der DGB-Organisationsstrukturen in den neuen Bundesländern ist in dem DGB-Geschäftsbericht 1990-1993 auf S. 338 zu finden. Bei Schmitz/Tiemann/Löhrlein (1991: 75f.) ist der Organisationsaufbau tabellarisch dargestellt.

Die Gewerkschaften

anderen DGB-Gewerkschaften haben Abstriche an ihren Vertretungsstrukturen vor Ort vorgenommen. Orts- und Bezirksbüros wurden zusammengelegt oder geschlossen, mit der Folge, daß die gewerkschaftlichen Organisationssekretäre immer größere Gebiete und eine größere Anzahl von Betrieben zu betreuen haben. Zudem sind fehlende bzw. arbeitsunfähige Gremien insbesondere im ehrenamtlichen Bereich keine Seltenheit. Dies kommt auch in den alten Bundesländern vor, es ist jedoch nicht in dem Maße verbreitet, wie in Ostdeutschland.

Vor dem Hintergrund solcher organisationspolitischer Probleme ist den DGB-Gewerkschaften die Dringlichkeit einer strukturellen Erneuerung deutlich geworden, inzwischen kann man sie allerdings nicht allein mit den gegenwärtigen Schwierigkeiten in Ostdeutschland bzw. mit Ost-West-Integrationsdefiziten begründen. Nur: Bislang hat sich vor allem die Reformdebatte auf DGB-Ebene so gut wie gar nicht mit den besonderen Verhältnissen in den neuen Bundesländern befaßt.

Im Gegensatz zu den DGB-Gewerkschaften konnte die Deutsche Angestellten-Gewerkschaft (DAG) ihre ersten Aktivitäten nicht auf bestehenden Kontakten zu den Fachabteilungen (Branchenorganisationen) des Freien Deutschen Gewerkschaftsbundes (FDGB) – der früheren DDR-Massenorganisation – aufbauen. Zwar hatte sie auch Delegationsprogramme im Rahmen der Ostpolitik mit der FDGB-Führung absolviert, aber keine darüber hinausgehenden Verbindungen entwickelt. Nach der Gründung der neuen FDGB-„Gewerkschaft Gesundheits- und Sozialwesen" (GSW) im Frühjahr 1990 nahm die DAG Kontakte zu ihr auf und machte sich für die Einrichtung von Betriebsräten in der DDR stark. Im Mai 1990 wurden die ersten Schwestergewerkschaften der DAG in der DDR – die „DAG-Wohnungswirtschaft in Berlin-Köpenik" und die „DAG-Berufsgruppe Gesundheitsdienst Berlin und Brandenburg" in Berlin-Buch – gegründet. Die DAG rechnete sich gute Entwicklungschancen in Ostdeutschland sowie eine Verbesserung ihrer Position gegenüber ihren DGB-Konkurrenten ÖTV und HBV aus, weil sie exklusiv die Angestellten vertritt und diese Gruppe gegenüber den Arbeitern in der DDR benachteiligt wurde. Am 29. September 1990 fand der gesamtdeutsche Vereinigungskongreß der DAG statt, der die Voraussetzung für die Bildung neuer Landesverbände war. In Sachsen, Sachsen-Anhalt und Thüringen wurden eigenständige Landesverbände aufgebaut, wobei die beiden zuletzt genannten Gliederungen zum Ende des Jahres 1992 zusammengelegt wurden. Mecklenburg-Vorpommern wurde von vornherein Teil des Landesverbandes Schleswig-Holstein, während der Landesverband Berlin (West) auf den Ostteil der Stadt sowie auf das Land Brandenburg ausgedehnt wurde.

Bereits im Januar 1990 setzte der Deutsche Beamtenbund (DBB) eine Projektgruppe unter der Leitung des Berliner DBB-Landesvorsitzenden ein, um sein Vorgehen in der DDR zu steuern. In erster Linie ging es dem DBB um die Sicherung des „Gewerkschaftspluralismus" sowie die Einführung des Berufsbeamtentums. Kaum sechs Wochen später, am 24. Februar, wurde im Beisein von führenden Vertretern des DBB der „Interessenverband Beamtenbund der DDR" (IBB) gegründet. Im Juni wurde dann die Neukonstituierung des IBB als „Gewerkschaftsverband Beamtenbund" (GBB) beschlossen, um z.b. als tariffähig nach den Vorschriften des DDR-Gewerkschaftsgesetzes zu gelten. Dieser Weg wurde auch deshalb eingeschlagen, weil für die DDR die Einführung des Berufsbeamtentums nach den Volkskammerwahlen vom März 1990 kein realistisches Ziel mehr war. Zugleich stellte der GBB einen Aufnahmeantrag an den DBB. Diesem wurde dann am 24. September in einer Sondersitzung des Bundeshauptvorstandes des DBB zugestimmt, der GBB wurde als neuer Landesverband, zuständig für alle neuen Bundesländer, aufgenommen.

Im Herbst 1990 erfolgte auch die Eingliederung der neugebildeten KOMBA-Gewerkschaften, zuständig innerhalb des DBB für die Interessenvertretung von Arbeitern und Angestellten im Kommunal- und Landesdienst. Mit der Gründung von Landesbünden des DBB in Mecklenburg-Vorpommern (16. März 1991), Sachsen (6. April), Thüringen (13. April), Brandenburg (20. April) und Sachsen-Anhalt (27. April) löste sich der GBB auf, die fünf neuen Landesbünde wurden am 3. Mai 1991 in den DBB offiziell aufgenommen. Der damit erreichte Organisationsstand wurde im Frühjahr 1995 auf sämtlichen Landesvertretertagen in den neuen Bundesländern bestätigt. Auch geht aus den dafür angefertigten Geschäftsberichten hervor, daß die Zahl der Mitgliedsverbände (Fach- und Regionalvertretungen) in den einzelnen DBB-Landesverbänden stabil geblieben ist.

Über den Organisationsaufbau des Christlichen Gewerkschaftsbundes (CGB) in den neuen Bundesländern ist nur wenig gesicherte Information öffentlich verfügbar. Der CGB hat lediglich bekanntgegeben, daß er eine DDR-Vertretung am 9. Februar 1990 in Gera gegründet hat. Auf der 11. ordentlichen Generalversammlung des Gesamtverbandes der Christlichen Gewerkschaften Deutschlands ein Jahr später wurde der Zusammenschluß des CGB im alten Bundesgebiet mit den CGB-Landesverbänden in den neuen Bundesländern vollzogen.

2.2 Mitgliederbewegung

Seit dem extremen Mitgliederzuwachs in den Jahren 1990/91 mußte der DGB Jahr für Jahr empfindliche Mitgliederverluste melden. Obwohl der Rückgang in den alten Bundesländern im gleichen Zeitraum nicht unerheblich war,[4] sind die ostdeutschen Verluste – mit einem Mitgliederrückgang zwischen 1991 und 1994 von fast zwei Fünfteln – viel gravierender (Tabelle 1).

Tabelle 1: Gewerkschaftsmitglieder in Deutschland, 1988 – 1994

	1988	1989	1990	1991	1992	1993	1994
Abhängige zivile Erwerbspersonen*	25.765.011	25.794.696	35.365.001	35.677.822	35.225.104	34.982.874	34.907.258
DGB							
Gesamt	7.797.077	7.861.120	11.564.923	11.800.413	11.015.612	10.290.152	9.768.373
West	7.797.077	7.861.120	7.937.923	7.642.587	7.623.865	7.383.500	7.179.123
Ost**			3.627.000	4.157.826	3.391.747	2.906.652	2.589.250
DAG							
Gesamt	497.000	503.528	573.398	584.775	578.352	527.888	520.709
West	497.000	503.528	509.000	473.584	471.384	441.097	434.344
Ost			64.398	111.191	106.968	86.791	85.365
DBB							
Gesamt	786.948	793.607	997.702	1.053.001	1.095.399	1.078.794	1.089.213
West	786.948	793.607	799.003	k.A.	k.A.	k.A.	k.A.
Ost			198.699	k.A.	k.A.	k.A.	k.A.
CGB							
Gesamt	307.000	305.000	309.364	310.831	315.550	310.677	306.841
West	307.000	305.000	304.741	302.490	306.437	302.804	297.525
Ost			4.623	8.341	9.113	7.873	8.956
Organisationsgrad							
Insgesamt	36,4%	36,7%	38,0%	38,5%	36,9%	34,9%	33,5%
DGB Gesamt	30,3%	30,5%	32,7%	33,1%	31,3%	29,4%	28,0%
DGB West	30,3%	30,5%	30,4%	29,6%	28,9%	27,6%	26,8%
DGB Ost**			39,4%	42,2%	38,2%	35,2%	32,0%

* Sozialversicherungspflichtig und geringfügig Beschäftigte, Beamte, Arbeitslose.
** DGB Ost: Ab 1991 einschließlich Berlin-West
Quelle: DGB, DAG, DBB, CGB, Statistische Jahrbücher, eigene Berechnungen.

Grundlage dieser negativen Entwicklung ist die massive Vernichtung von Arbeitsplätzen bei der De-Industrialisierung Ostdeutschlands. Auffallend dabei ist, daß die einzigen Gewerkschaften, die unterdurchschnittliche Mitgliederverluste zu verzeichnen haben, ihr Organisationsgebiet ganz oder überwiegend im öffentlichen Dienst haben. Dagegen sind es die Industriegewerkschaften (IG Metall, Gewerkschaft Textil-Bekleidung, Gewerkschaft Leder) sowie die Dienstleistungsgewerkschaft HBV, die überdurchschnittli-

---

4 Mit einer Gesamtzahl von ca. 7,4 Mill. (einschließlich West-Berlin) zum Jahresende 1994 hat der Mitgliederstand in den alten Bundesländern den niedrigsten Wert seit 1975 erreicht.

che Mitgliederverluste gemeldet haben. Austritte werden nicht nur bei den Arbeitslosen, sondern auch unter den Beschäftigten verzeichnet, so daß auch der Organisationsgrad in den Betrieben rückläufig ist. Heute ist der ostdeutsche Mitgliederanteil im DGB (26 Prozent) identisch mit dem ostdeutschen Anteil an Erwerbspersonen.

Immer noch sehr unterschiedlich zwischen Ost und West ist dagegen die Zusammensetzung der Mitgliedschaft nach Arbeitern, Angestellten und Beamten. In den alten Bundesländern entspricht sie der Beschäftigtenstruktur der späten 50er Jahre, in den neuen Bundesländern mit ihrem beträchtlich höheren Angestelltenanteil spiegelt sie eher die tatsächliche Aufteilung wider.

Wie aus Tabelle 2 ersichtlich wird, ist der Mitgliederrückgang bei den Frauen und den Jugendlichen (bis 25 Jahre) überdurchschnittlich. Im Vergleich zu den hohen Verlusten an weiblichen Mitgliedern in den neuen Bundesländern ist ein Rückgang von weniger als 3 Prozent im gleichen Zeitraum in den alten Bundesländern zu verzeichnen. Es muß allerdings berücksichtigt werden, daß der Frauenanteil an Mitgliedern im Osten 1991 fast doppelt so hoch wie der im Westen war (48,6 Prozent zu 24,5 Prozent) und Ende 1994 immer noch im Verhältnis 46,4 zu 25,3 stand. Bei den Jugendlichen in den neuen Bundesländern waren 1994 fast 55 Prozent weniger Mitglieder registriert als 1991. Sicherlich ist die Abwanderung von jugendlichen Arbeitskräften nach Westdeutschland eine der wesentlichen Ursachen für das Ausmaß der Verluste. Dennoch kann dies nicht der alleinige Grund sein, denn ein starker Rückgang (34 Prozent) ist auch in den alten Bundesländern zu verzeichnen.

Obwohl die Vernichtung von Arbeitsplätzen insgesamt wesentlich zu den hohen Mitgliederverlusten beigetragen hat, ist oftmals eine hohe Anzahl von Arbeitslosen bzw. Vorruheständlern (ab 55 Jahren) in der Mitgliederstatistik ausgewiesen. Bei der IG Metall im Bezirk Sachsen zum Jahresende 1994 waren von den 200.000 Mitgliedern fast 55.000 arbeitslos. Weitere 40.000 waren entweder Rentner oder im Vorruhestand (IG Metall, Bezirk Brandenburg-Sachsen 1995). Für die IG Chemie im Bezirk Brandenburg-Sachsen ist die Lage ähnlich: Zwar hatte sie Ende 1994 bezogen auf die Mitglieder in den Betrieben einen Organisationsgrad von fast 42 Prozent, diese Gruppe ist allerdings nur eine Minderheit (48,6 Prozent) aller Mitglieder im Bezirk (IG Chemie-Papier-Keramik, Bezirk Brandenburg-Sachsen 1995). Im Bezirk Sachsen-West hatte die IG Bergbau und Energie 1990 84 Prozent aller Beschäftigten organisiert, der Rentneranteil an der Gesamtmitgliedschaft lag bei 7,5 Prozent. Ende 1993 war der Organisationsgrad bei 48,5 Prozent angekommen, und die Rentner machten knapp 20 Prozent der Mitglieder aus. Solche Verhältnisse sind durchaus auf die anderen DGB-Gewerkschaften in der Privatwirtschaft übertragbar.

Die Gewerkschaften

Tabelle 2: DGB Mitgliederentwicklung 1991 – 1994

Mitglieder-gruppe	West 1991	1994	Veränd. in Prozent 1991/1994	Ost 1991	1994	Veränd. in Prozent 1991/1994
Männer	5.773.749	5.361.506	-7,14	2.136.513	1.387.819	-35,04
Frauen	1.868.838	1.817.617	-2,74	2.021.313	1.201.431	-40,56
Jugendl.	937.178	604.581	-35,49	413.412	187.016	-54,76
Gesamt	7.642.587	7.179.123	-6,06	4.157.826	2.589.250	-37,73

* Die Summe der Kategorien „Männer", „Frauen" und „Jugendliche" ist größer als die Gesamtzahl der Mitglieder, da Jugendliche in den Gruppen „Männer" und „Frauen" enthalten sind.
Quelle: Deutscher Gewerkschaftsbund

Die Betreuung von Mitgliedern, die kein reguläres Arbeitsverhältnis haben, ist zu einem zentralen Problem der Gewerkschaftsarbeit geworden. Die Bemühungen in einigen Gewerkschaften um die Integration der Arbeitslosen in die Gewerkschaftsarbeit sind weitgehend erfolglos geblieben. Dazu kommt noch das finanzielle Problem, daß die Anzahl von Vollbeitragszahlern in den neuen Bundesländern viel niedriger liegt als in den alten Bundesländern. Das ist „ein Indiz dafür, daß Arbeitslose und Rentner ihrer Organisation nicht einfach den Rücken kehren" (Scherer 1995: 24), aber die Schwächung der Finanzkraft der Gewerkschaften ist beträchtlich. Im neuen Bezirk Brandenburg-Sachsen der IG Metall erreicht die durchschnittliche Beitragshöhe aller Mitglieder lediglich 60 Prozent des Durchschnittsbeitrages der Vollbeitragszahler. Bei der IG Chemie in Brandenburg-Sachsen sind nur 56 Prozent der Mitglieder Vollbeitragszahler.

In den Jahren 1990 und 1991 konnte die DAG einen kräftigen Mitgliederzuwachs in den neuen Bundesländern verzeichnen. Seitdem ist auch ihr Mitgliederstand rückläufig. Ende 1994 zählte die DAG 85.000 Mitglieder, das ist gegenüber 1991 (111.000) ein Verlust von etwas mehr als 23 Prozent (Tabelle 1). Auffallend an der Zusammensetzung der DAG-Mitgliedschaft in den neuen Bundesländern ist der vergleichsweise hohe Anteil von Frauen. In den alten Bundesländern sind die männlichen Mitglieder in der Mehrheit; dagegen liegt der Frauenanteil in Ostdeutschland insgesamt bei ca. 70 Prozent. In den Landesverbänden, die ihr Organisationsgebiet ausschließlich im Osten haben, ist dieser Anteil noch höher: im Landesverband Sachsen ist er 76 Prozent und im Landesverband Sachsen-Anhalt/Thüringen erreicht er sogar 83 Prozent. Über die Mitgliedschaft von Arbeitslosen geben die DAG-Geschäftsberichte keine Auskunft.

Der DBB vertritt hauptsächlich Beamte, er organisiert fast genau so viele Beschäftigte in dieser Gruppe wie die DGB-Gewerkschaften. Darüber hinaus zählt er ca. 300.000 Angestellte und eine kleine Anzahl von Arbeitern (ca. 20.000). Im Geschlechterverhältnis dominieren die Männer – ähnlich wie in den DGB-Gewerkschaften – mit 70 zu 30 eindeutig. Zur Mitgliederentwicklung in den neuen Bundesländern verweist der DBB darauf, daß er keine zuverlässigen Angaben hierzu machen könne. Offensichtlich ist der Mitgliederstand vor allem in den kleinen Verbänden sehr instabil.

Nach den offiziellen Angaben des CGB vertritt er knapp 9.000 Arbeitnehmer in den neuen Bundesländern. Das sind ca. 3 Prozent aller seiner Mitglieder. Zur Zusammensetzung der Mitgliedschaft und seiner branchenmäßigen Verteilung sind keine statistischen Unterlagen erhältlich.

3. Arbeitnehmervertretungen in den Betrieben

Noch bevor das westdeutsche Betriebsverfassungsgesetz mit der Wirtschafts- und Währungsunion am 2. Juli 1990 in Kraft trat,[5] wurden Betriebsräte in vielen Betrieben gebildet, um die Kontrolle durch den FDGB und die SED zu eliminieren und eine echte demokratische Interessenvertretung einzurichten. Während sich die IG Metall der Einrichtung von Betriebsräten zu diesem Zeitpunkt mit dem Argument widersetzte, es gäbe noch keine gesetzliche Grundlage hierfür, unterstützten andere Gewerkschaften (wie z.B. die IG Chemie) solche Bestrebungen, in dem sie Musterentwürfe für entsprechende Betriebsvereinbarungen zur Verfügung stellten.

3.1 Wahlen von Arbeitnehmervertretungen

In den neuen Bundesländern wurden die ersten Betriebsratswahlen nach dem Betriebsverfassungsgesetz im Herbst 1990 und in der ersten Jahreshälfte 1991 durchgeführt. Im Jahre 1994 folgten dann die ersten gesamtdeutschen Betriebsratswahlen. Im Öffentlichen Dienst finden 1996 Personalratswahlen statt, die letzten davor waren zumeist im Jahre 1992. Der DGB hat die 1994er Wahlergebnisse in über 40.000 Betrieben ausgewertet und festgestellt, daß seine Mitglieder 77,3 Prozent aller Mandate erhalten haben. Die restlichen Betriebsratssitze gingen überwiegend an unorganisierte Kandidaten (21 Prozent), während die DAG (1,8 Prozent) und andere Arbeitnehmerorganisationen (1,2 Prozent) bei dem Gesamtergebnis kaum ins Gewicht fielen (Hüsson 1995: 19).

Für die neuen Bundesländer liegen statistische Auswertungen nur für einzelne Branchen vor. Von daher können die folgenden Ausführungen

---

5   Analog wurde auch das Personalvertretungsgesetz für den öffentlichen Dienst angewandt.

nicht verallgemeinert, sondern nur als Beispiele für die gewerkschaftliche Verankerung in den Betriebsräten genommen werden. Zunächst fällt auf, daß bei den berichtenden Gewerkschaften die Mandatsanteile deutlich über dem gesamtdeutschen DGB-Durchschnitt liegen. In den neuen Bundesländern erzielte die IG BE 89 Prozent, die IG CPK 81 Prozent, die GL 82 Prozent und die IGM 85 Prozent der Betriebsratsmandate. Obwohl die HBV mit ihrem gesamtdeutschen Ergebnis von 54 Prozent deutlich unter dem DGB-Durchschnitt liegt, ist der Wahlausgang für sie in den neuen Bundesländern positiv zu bewerten. Dort erhielt sie zwischen 55 Prozent (Ost-Berlin) und 72 Prozent (Sachsen-Anhalt) der Mandate. Bei der Post konnte die DPG 95 Prozent aller Sitze in den letzten Personalratswahlen von 1992 gewinnen. Im Organisationsbereich der ÖTV, der GEW und der GdP sind die Ergebnisse leider nicht überall verfügbar.[6] Im einzelnen betrachtet, fällt der Ost-West-Vergleich unterschiedlich aus. Die IG BE, die IG CPK und die GTB schnitten schlechter im Osten als im Westen ab. Dagegen verbesserten die IG Metall und die GL in den neuen Bundesländern ihren gesamtdeutschen Mandatsanteil. Bei der IG Metall ist dies eindeutig auf das positive Ergebnis unter den Angestellten zurückzuführen. Während sie in dieser Gruppe insgesamt lediglich 68,7 Prozent der Mandate erhielt, lag ihr Anteil in den neuen Bundesländern bei fast 82 Prozent.

Gegenüber ihrem westdeutschen Ergebnis von 45 Prozent konnte die HBV in den neuen Bundesländern zwischen 55 und 61 Prozent der an Frauen gegangenen Mandate erzielen. Auch bei der IG BE lag der Frauenanteil in Ostdeutschland mit 14 bis 24 Prozent (je nach Bezirk) über dem gesamtdeutschen Ergebnis von 14 Prozent. Dagegen konnte die IG Metall ihr gesamtdeutsches Ergebnis nicht verbessern. Zwar errangen ihre Kandidatinnen 82 Prozent aller Betriebsratsmandate, die an weibliche Kandidaten gingen (gesamt: 77 Prozent); aber unter Berücksichtigung der Geschlechterverteilung erhielten die Frauen der IG Metall nur 15,6 Prozent aller Betriebsratssitze (gesamt: 21 Prozent), obwohl der Frauenanteil an Erwerbstätigen dort insgesamt bei 44 Prozent liegt.

Für die DAG mußten statistische Berichte der DGB-Gewerkschaften ausgewertet werden, da die DAG keine eigene auswertbare Statistik veröffentlicht. Im Organisationsbereich der Gewerkschaft HBV gingen insgesamt 7,4 Prozent aller Betriebsratssitze an die Kandidaten der DAG. Dagegen soll die DAG in den neuen Bundesländern nur rund 2 Prozent aller Betriebsratsmandate erhalten haben. In Ost-Berlin schnitt sie mit 9 Prozent erheblich besser ab. In den Organisationsbereichen der anderen berichtenden DGB-Gewerkschaften blieb der DAG-Anteil in Ostdeutschland um 1 Prozent oder

---

6   1992 hat die GEW in Brandenburg 55,8% aller Angestelltensitze erhalten. In diesem Land erzielte die GdP ein Gesamtergebnis von 81,96%.

weniger. Statistisch gesehen handelt es sich hierbei um eine zu vernachlässigende Größe. Aber auch wenn die DAG nicht flächenmäßig stark vertreten ist, hat sie „Hochburgen" in wichtigen Betrieben, Handelsfirmen und Verwaltungen, die ihr Einfluß weit über ihre statistische Randexistenz hinaus sichern.

Eine große Minderheit unter den gewählten Betriebsräten ist nicht gewerkschaftlich organisiert. Der Anteil dieser Personen in den jeweiligen ostdeutschen Organisationsbereichen der DGB-Gewerkschaften variiert stark. Im Bezirk Lausitz der IG Bergbau und Energie gewannen sie nur 4 Prozent der Sitze, im Bezirk Mecklenburg-Vorpommern dagegen kamen sie auf 18 Prozent. Den doppelten Anteil (36 Prozent) erreichten die Nicht-Organisierten im Berliner Organisationsgebiet der IG Chemie. Auch die Gewerkschaft HBV meldet ähnlich hohe Ergebnisse von Unorganisierten in den neuen Bundesländern (35 Prozent). Im Bereich der IG Metall lag das Ergebnis bei 15 Prozent.

3.2 Entwicklungslinien der Arbeitnehmervertretungen

Für die neu gebildeten Betriebsräte war die richtige Bilanz zwischen einer verfahrenskorrekten Gesetzesanwendung und einem taktisch-strategischen Vorgehen als Interessenvertretung der Belegschaft nicht einfach gegeben, sie mußte mühsam und oft konfliktreich erarbeitet werden. Die Entwicklung eines eigenen Rollenverständnisses wurde insbesondere in den Auseinandersetzungen bzw. in der Zusammenarbeit mit Betriebsleitung und Gewerkschaft geprägt.

Unter den Krisenbedingungen des wirtschaftlichen Transformationsprozesses bestätigte sich das zur DDR-Zeit enge Verhältnis zum Betrieb. Nicht wenige Betriebsräte haben in der Umstrukturierungsphase eine Leitungsrolle angenommen oder sehr eng (vertrauensvoll) mit der Betriebsleitung in einer Art Partnerschaft zur Existenzsicherung zusammengearbeitet. Nach neueren Berichten scheint die Bereitschaft der Geschäftsleitungen in den nunmehr privatisierten bzw. neu gegründeten Firmen gering zu sein, die Betriebsräte (und auch die Gewerkschaften) in Entscheidungsprozesse miteinzubeziehen. Die Betriebsräte stehen somit vor einer Schwächung ihrer Verhandlungsposition, sofern sie ihre Anerkennung als Partner durch eine gewerkschaftsunabhängige, betriebsbezogene Anpassungshaltung erreicht haben. Statt wie zu Treuhand-Zeiten an gemeinsamen Aktionen mit der Betriebsleitung gegen die äußeren Widersacher beteiligt zu sein, befinden sich Betriebsräte heute häufig unter dem Druck des Managements und der Belegschaft, tarifliche Regelungen zu unterlaufen, in der Hoffnung, damit Arbeitsplätze zu retten. In solchen Fällen wird die Existenzsicherungspartnerschaft durch eine neue

Rollenverteilung abgelöst, die wiederum neue Auseinandersetzungen und Interessenlagen erzeugt, die es zu verarbeiten gilt (Kempe 1995: 44ff.).

Sowohl die besonders enge Zusammenarbeit von Betriebsräten mit den Betriebsleitungen als auch eine Politik der Anpassung und Unterordnung stellt eine Belastung des Verhältnisses zwischen Betriebsrat und Gewerkschaft dar. Konflikte zwischen Gewerkschaften einerseits und Betriebs- und Personalräten andererseits sind nicht nur Ausdruck von Interessengegensätzen, sie weisen auch auf mangelnde Integrationsleistungen seitens der Gewerkschaften hin. Gewiß findet man auch in den alten Bundesländern Beispiele für Differenzen zwischen Gewerkschaft und Betriebsräten in einzelnen Firmen. In den neuen Bundesländern dagegen ist die starke Einbindung der Betriebsräte in die gewerkschaftlichen Entscheidungsstrukturen, die kennzeichnend für die Stabilität und Leistungsfähigkeit des dualen Vertretungssystems von Gewerkschaft und Betriebsrat in Westdeutschland ist, nur bruchstückhaft existent, und es ist fraglich, ob sie unter den dort herrschenden wirtschaftlichen und soziopsychologischen Bedingungen hergestellt werden kann (Mickler u.a. 1994: 277ff.). Der Aufbau gewerkschaftlicher Organisationsstrukturen in Ostdeutschland konzentrierte sich auf die Einrichtung von Leitungsgremien und Verwaltungsbüros im Sinne des westdeutschen Apparats. Auf Betriebsebene leisteten die westdeutschen Gewerkschafter Hilfe bei der Bildung von Betriebsräten, sie unternahmen jedoch nur begrenzt den Versuch, dieses Gesetzesorgan zugleich durch den Aufbau von Betriebsgruppen und ehrenamtlichen Vertretungsstrukturen (Vertrauenskörper) gewerkschaftlich zu stärken und zu verankern.

Gewiß sahen sich die Gewerkschaften mit einer Reihe von Erschwernissen konfrontiert, die negativ auf die Etablierung von gewerkschaftlichen Vertretungsstrukturen auf betrieblicher Ebene gewirkt haben. Der massive Arbeitsplatzabbau und die umfassende betriebliche Umstrukturierung hat zu einer großen Instabilität der Belegschaften geführt. Erste Erfolge bei der Benennung oder Wahl von gewerkschaftlichen Vertrauenspersonen sind durch die Entlassungs- und Umsetzungswellen ebenso wie durch Betriebsschließungen zunichte gemacht worden. Wiederholt weisen Gewerkschafter und Betriebsräte darauf hin, daß auch die Kollegen und Kolleginnen, die im Prinzip zur Übernahme einer gewerkschaftlichen Vertrauensposition im Betrieb bereit seien, davon Abstand nehmen würden, weil sie Angst um ihren Arbeitsplatz hätten. Sozio-kulturelle Lebenserfahrungen haben auch eine Rolle gespielt. Die hauptamtlichen GewerkschafterInnen in den neuen Bundesländern bescheinigen den ostdeutschen Mitgliedern ein instrumentelles Verhalten gegenüber ihrer Gewerkschaft. Dieses schlägt sich dann sowohl in der Kritik an „die Gewerkschaft" nieder, sie täte zuwenig gegen die Vernichtung von Arbeitsplätzen oder für die volle Angleichung der Ostlöhne an die im Westen, als auch in der mangelnden Bereitschaft, ehrenamtliche Gewerkschaftsarbeit zu leisten. Bei den noch beschäftigten Mitgliedern und darunter insbesondere denen, deren Weiterbeschäftigung unsicher ist, geht die Betrachtung der Gewerkschaft als Dienstleistungsapparat einher mit einer oft gesteigerten Identifikation mit dem „eigenen" Betrieb bzw. Arbeitsplatz (Schmid 1994: 60). Hier schließt sich dann auch der Kreis zu den oben genannten Ablehnungsgründen.

Die Entwicklung und Verankerung einer gewerkschaftlichen Organisationskultur im Betrieb, wozu Vertretungsstrukturen, Kampagnen und Arbeitskämpfe, aber auch die Auseinandersetzung zwischen unterschiedlichen west- und ostdeutschen Ansichten gehören, ist bislang nur in einzelnen Bereichen (z.B. im Metallerstreik 1993 oder im HBV-Einzelhandelstreik 1995) erfolgt. Welche Perspektive die Gewerkschaften haben, um ihre Verankerung an der Basis in Zukunft zu gewährleisten, lassen z.B. Alt u.a. (1994: 228ff.) in ihrer Studie offen. Interessant erscheinen auch deshalb vorläufige Ergebnisse laufender Forschungsarbeiten im Bereich der Textilindustrie mit ihrem hohen Frauenanteil, daß die Bereitschaft zur gewerkschaftlichen Beteiligung nicht in signifikanter Weise von der in Westdeutschland abweicht (Frege 1995).

4. Gewerkschaftliche Tarifpolitik

4.1 Zur Politik einer schnellen Lohnangleichung

Die ersten Tarifverhandlungen in Ostdeutschland im Frühjahr 1990 wurden unter maßgeblicher Beteiligung der westdeutschen Gewerkschaften und Arbeitgeberverbände mit ostdeutschen Ministern und Kombinatsleitungen geführt. Dadurch wollten sie den Nachweis einer funktionsfähigen Tarifautonomie erbringen, um eine Vorgabe der Politik – das tarifpolitische Ziel der schnellen Angleichung der Lebensverhältnisse – zu erfüllen. Die sozioökonomische Transformation Ostdeutschlands wurde als gemeinsames „Projekt" verstanden, dafür war es erforderlich, ohne Machtverschiebungen handlungsfähige Tarifparteien nach westdeutschem Muster zu etablieren und darin die politischen Vorgaben umzusetzen.

Nicht nur die Politik, sondern auch die Tarifparteien gingen davon aus, daß das in einem Zeitraum von ca. drei Jahren zu realisieren sei. Wichtiges Beispiel dieser Perspektive ist der im Frühjahr 1991 abgeschlossene sog. Stufentarifvertrag für die Metallindustrie in den neuen Bundesländern, der als Leitlinie auch für andere Branchen diente. Das Konzept der Stufenanpassung in diesen Schritten wurde nicht etwa von den Gewerkschaften, sondern von „Spitzenfunktionären von Gesamtmetall" in „ständigen Konsultationen mit Bonn" entwickelt, wie ein befragter Funktionär betont (Ettl 1995: 64). Die erzielte Vereinbarung war bestimmt vom „politischen Auftrag" und dem kongruenten Interesse der Verhinderung einer Billiglohnkonkurrenz und der Abwanderung qualifizierter Arbeitskräfte. Das Interesse privater ostdeutscher Unternehmer an produktivitätsorientierten Lohnkosten wurde dabei nicht berücksichtigt, und als der erwartete wirtschaftliche Aufschwung ausblieb, gerieten die hohen Lohnstückkosten zunehmend ins Blickfeld der Kritik. Die Bundesregierung änderte Mitte 1992 ihre Zielperspektive, drängte auf zeitliche Streckung und drohte gar mit Eingriffen in die Tarifautonomie. Gesamtmetall, die von 1992 bis 1993 in Ostdeutschland 14 Prozent ihrer Mitgliedsfirmen verlor[7], trat die Flucht nach vorne an und kündigte den vereinbarten Stufentarifvertrag. Nur durch einen zweiwöchigen Streik konnte die IG Metall erreichen, daß der Vertrag in veränderter Form erhalten blieb.

Der neue Tarifvertrag vom Mai 1993 sieht nunmehr die Angleichung der Tariflöhne bis 1996 vor und enthält eine Härtefallklausel. Danach ist es existenzbedrohten Unternehmen unter der Voraussetzung der Zustimmung beider Tarifparteien möglich, zeitweise untertarifliche Löhne und Gehälter zu bezahlen. In anderen Tarifbereichen wurden die Stufenabkommen auch revidiert (z.B. Feinkeramik-, Kautschuk-, Glas-, holzverarbeitende Industrie). Häufig wurde statt eines konkreten Stufenplans lediglich vereinbart, das Ziel einer Angleichung im Jahre 1996 „anzustreben". Insgesamt gab es 1993 rund 50 Tarifbereiche, in denen die Anhebung der Grundvergütungen auf 100 Prozent des Westniveaus für den Zeitraum bis 1996 fest vereinbart (Bispinck/WSI-Tarifarchiv 1994: 160), anschließend jedoch vielfach wieder zeitlich gestreckt wurde.

Der erste größere Streik in Ostdeutschland und die Revision des Stufentarifvertrages in der Metallindustrie sowie die zahlreichen Warnstreiks in diversen Tarifauseinandersetzungen verdeutlichen – auch für die Gewerkschaften häufig überraschend – die hohe Mobilisierungsfähigkeit der Mitglieder. Für die Konsolidierung der Gewerkschaften sind diese Auseinandersetzungen, bei denen die Mitglieder erstmals die Bedeutung der Gewerkschaften als Kampforganisation für eigene materielle Interessen erfahren, von immenser Wichtigkeit und tragen zweifellos zu einer höheren Identifikation bei.

---

7   Eigene Berechnung nach den bei Ettl (1995: 71) abgedruckten Angaben von Gesamtmetall. Durch die Firmenaustritte ging die Zahl der Beschäftigten in von Gesamtmetall vertretenen Firmen um ca. 25 % zurück.

4.2 Besonderheiten der Tarifpolitik in den neuen Bundesländern

Die tarifpolitische Entwicklung in den neuen Bundesländern ist wesentlich ausdifferenzierter als im Westen. Die Streuungen zwischen städtischen Zentren und ländlichen Gebieten (etwa in der Metallbranche in Berlin-Brandenburg und Sachsen) sowie zwischen höchsten und niedrigsten Lohn- und Gehaltsgruppen (Offermann 1994: 956) sind erheblich. Unter Branchenaspekten läßt sich erstens eine „Tendenz zur 'kummulativen Ungleichheit' beobachten" (Bispinck/WSI-Tarifarchiv 1995: 166). Das heißt, Wirtschaftszweige mit niedrigem Tarifniveau im Westen fallen im Osten noch deutlicher ab, wie Textil-, Bekleidung, Schuh- und Süßwarenindustrie. Zugleich ist zweitens bemerkenswert, daß die Monatseinkommen im Verarbeitenden Gewerbe, die im Westen in der Tarifhierarchie weit oben liegen, im Osten den relativ größten Rückstand aufweisen und lediglich 2/3 der Westeinkommen umfassen.

Darüber hinaus ist auf folgende Besonderheiten hinzuweisen:

— Lohnöffnungsvereinbarungen: Neben der Härtefallregelung in der Metallindustrie gibt es weitere Branchenvereinbarungen, die eine untertarifliche Bezahlung zulassen. Seit 1992 existiert im Einzelhandel eine sog. tarifliche „Mittelstandsklausel", wonach Betriebe mit bis zu 15 Beschäftigten bei wirtschaftlichen Krisensituationen Einkommensabschläge von 6-8 Prozent (in Sachsen bis 10 Prozent) vom Tariflohn vornehmen können. Ähnliche Ausnahmeregelungen gibt es auch in der Textilindustrie – dort können bei drohenden Entlassungen Einkommenserhöhungen verschoben werden – und in der Druckindustrie.
— Arbeitszeitverkürzungen: Tarifliche Regelungen für Arbeitszeitverkürzungen bei wirtschaftlichen Schwierigkeiten des Unternehmens sind häufiger anzutreffen. Im öffentlichen Dienst, wo es 1994 erstmals gemeinsame Tarifverhandlungen für West- und Ostdeutschland gab, kann durch Vereinbarungen zwischen den örtlichen oder regionalen Tarifvertragsparteien die wöchentliche Arbeitszeit bis auf 32 Stunden pro Woche reduziert werden, befristet auf längstens drei Jahre. Es gibt hierfür einen gestaffelten Teillohnausgleich; der umfaßt – so beim Bezirkstarifvertrag für die sächsischen Gemeinden – bei einer Stunde Arbeitszeitverkürzung 2 Prozent und bei 8 Stunden 38 Prozent des Einkommensverlustes. Als Gegenleistung haben die betroffenen Beschäftigten einen Schutz vor betriebsbedingten Kündigungen von maximal drei Jahren. Die IG Chemie hat eine Regelung für Auszubildende getroffen, nach der bei unbefristeter Übernahme die Möglichkeit der 32-Stunden-Woche ohne Lohnausgleich besteht. Daneben existieren auch Modelle flexiblerer Arbeitszeiten entsprechend den betrieblichen Anforderungen, die je-

doch innerhalb eines Zeitraumes (bei der Textilbranche z.B. innerhalb 26 Wochen) auszugleichen sind.
- Niedrigere Einstiegslöhne: Seit Anfang 1993 sind im Arbeitsförderungsgesetz nach der Bestimmung von § 249h die pauschalierten Lohnkostenzuschüsse für Arbeitsbeschaffungsmaßnahmen (ABM) vorgesehen, jedoch an eine Bestimmungslinie gekoppelt, die einer staatlichen Lohnleitlinie für den zweiten Arbeitsmarkt gleichkommt. Es werden danach nur noch 90 Prozent der vergleichbaren Entgelte bei Vollzeit oder nur 80 Prozent der tariflich üblichen Arbeitszeit gefördert. Einige Gewerkschaften wie die IG Bergbau und Energie, IG Chemie und IG Metall haben solche Vergütungstarifverträge abgeschlossen. Zugleich hat die IG Metall aber auch Verfassungsbeschwerde angekündigt. Die IG Chemie traf eine Vereinbarung, die auch für Westdeutschland gilt, nach der die Auszubildenden bei unbefristeter Übernahme lediglich 95 Prozent der jeweiligen Entgeltgruppe für die Laufzeit des Tarifvertrages erhalten.

Kennzeichen all dieser tarifpolitischen Maßnahmen ist eine partielle Öffnung der bisherigen Korridore, wobei teilweise die Tarifparteien selbst – und nicht etwa – die Betriebsparteien – die Zustimmungspflicht behalten. Es ist der Versuch, Tarifabweichungen unter Kontrolle zu halten. Auch die hohen Anforderungen an die Bewilligung beschränkt die Inanspruchnahme solcher Öffnungsklauseln. In der ostdeutschen Textilindustrie wurden bis Anfang 1993 für rund 10 Prozent der Beschäftigten Anträge zur Nutzung der Öffnungsklauseln im Flächentarifvertrag gestellt, in der Druckindustrie nur für 1 Prozent der Beschäftigten (Bispinck/WSI-Tarifarchiv 1993). In der Metallindustrie stellten von den rund 800 vertragsgebundenen ostdeutschen Metall-Unternehmen 75 im Jahre 1993 und 34 ein Jahr später einen Härtefall-Antrag, von diesen 109 Anträgen waren bis Ende 1994 38 bewilligt (IGM-direkt 10/95: 4).

5. Industrie- und regionale Strukturpolitik

Industrie- und Strukturpolitik, worunter auch Regionalpolitik gefaßt wird, ist für die gewerkschaftliche Politik ein relativ neues Handlungsfeld, das durch die Entwicklung in den neuen Bundesländern einen enormen Anstoß erhalten hat. Wesentliche Innovationen gewerkschaftlicher Politik in Ostdeutschland sind vor allem auf diesem Themengebiet zu verzeichnen. Die Entwicklungs- und Veränderungsprozesse lassen sich vor allem an den folgenden strukturpolitischen Ansätzen der Gewerkschaften nachzeichnen, die zugleich in chronologischer Abfolge die konzeptionellen Erweiterungen markieren.

5.1 Gesellschaften zur Arbeitsförderung, Beschäftigung und Strukturentwicklung (ABS)

In Ostdeutschland zeigte sich sehr schnell, daß mit dem Niedergang ganzer Industriezweige die bisherigen betrieblichen, tariflichen und arbeitsmarktpolitischen Instrumente einer „sozialen Abfederung" (Sozialplan, Abfindungen, Kurzarbeitergeldaufstockung, Vorruhestand, individuelle ABM-Vermittlung etc.) bei weitem nicht ausreichten. Die seit Herbst 1990 von den Gewerkschaften geforderte und vorangetriebene Gründung von Gesellschaften zur Arbeitsförderung, Beschäftigung und Strukturentwicklung (ABS) stellte daher einen neuen Versuch dar, „mit Hilfe arbeitsmarktpolitischer Instrumente (Arbeitsbeschaffungsmaßnahmen und Qualifizierung) die klassische Trennung von Arbeitsmarktpolitik, Sozialpolitik und Wirtschaftspolitik zu überwinden" (HBS 1992: 24). Allerdings dominieren Arbeitsbeschaffungsmaßnahmen bei den ABS-Gesellschaften, wobei ein beträchtlicher Teil der Teilnehmer auch berufsfremde, niedrigqualifizierte Arbeiten verrichtet. Qualifizierungsmaßnahmen haben eine geringere Bedeutung und werden für ABS häufig von externen, spezialisierten Trägern durchgeführt. Ob „in den ABS-Gesellschaften" eine „neue Generation von Fach- und Führungskräften" heranwächst (Knuth/Pekruhl 1993: 103), wäre zu untersuchen.

Die Schaffung von ABS-Gesellschaften hat für die Gewerkschaften und vor allem für die betrieblichen Interessenvertretungen der Arbeitnehmer, die ihre Zustimmung zum Beschäftigungsabbau geben mußten, eine gewisse Entlastungsfunktion gehabt. Zugleich kann man im Rahmen der ABS-Politik feststellen, daß es – im Gegensatz zum allgemeinen Trend – zu einer Intensivierung der Zusammenarbeit zwischen Betriebsräten und Gewerkschaften gekommen ist. Durch den Zusammenbruch der betrieblichen Beschäftigung und die Gründung der ABS wurde der „zweite Arbeitsmarkt" und in der Folgezeit die Regional- und Strukturpolitik zu zentralen Handlungsfeldern gewerkschaftlicher Politik in den neuen Bundesländern. Da betriebliche und regionale Auffanggesellschaften nur „zeitlich befristete Notlösungen" darstellen, konzentrierte sich das Interesse der Gewerkschaften immer stärker auf die Frage, wie „industrielle Kerne" erhalten und neue Arbeitsplätze geschaffen werden können.

5.2 Zum Erhalt „industrieller Kerne" und „industrieller Standorte"

Die diesbezüglichen Ansätze der Gewerkschaften setzen im Vergleich zur ABS-Politik einen Schritt früher an, indem sie versuchen, nicht mehr nur die überzähligen Arbeitskräfte „aufzufangen", sondern noch bestehende Arbeitsplätze und Betriebe zu „retten". Das Ziel war die Erhaltung nicht oder nur schwer verkäuflicher THA-Industrieunternehmen mit regional- und strukturpolitischer Bedeutung, um den industriellen Kahlschlag zu beenden. Über den Erhalt und die Modernisierung solcher „industrieller Kerne" sollte durch die Nutzung vorhandener Potentiale wie Infrastruktur, Zulieferbetriebe, Qualifikationsförderung etc. die Ansiedlung weiterer Industrie- und Dienstleistungsbetriebe gefördert werden. Es handelt sich also bei diesem Ansatz im Übergang von der Struktur- zur Industriepolitik um staatlich gestützte Erhaltungs- und Sanierungssubventionen vor allem für altindustrielle Kombinatsreste. Der massive Problemdruck vor Ort veranlaßte alle ostdeutschen Landesregierungen, ihre regionalpolitischen Förderinstrumente (Mittel der Gemeinschaftsaufgabe „Verbesserung der regionalen Wirtschaftsstruktur", Bürgschaften etc.) für die betroffenen THA-Unternehmen zu öffnen.[8] Zwar waren von den ehemals rund 13.000 THA-Unternehmen (1990) mit rund 4 Mio. Beschäftigten Ende 1992 nur noch rund 2.800 Unternehmen mit 500.000 Arbeitnehmern – das entsprach etwa 7 Prozent aller Erwerbstätigen in den neuen Bundesländern – im Treuhandbesitz. Bezogen auf die Industriebetriebe waren das aber über die Hälfte der noch verbliebenen industriellen Arbeitsplätze (Nolte/Wagner 1993: 23).

Alle Erhaltungsinitiativen umfassen Elemente korporatistischer Strukturen, d.h. ihre Funktionalität schließt eine gewerkschaftliche Rolle mit ein. Am deutlichsten institutionell normiert ist das Verfahren der gewerkschaftlichen Beteiligung und Einflußnahme bei dem ATLAS-Modell in Sachsen, während es sich bei den anderen Ländern eher um eine Partizipation im Rahmen mehr oder weniger verbindlicher Beratungsgremien handelt. In der Regel konzentrierten sich die Auseinandersetzungen um das Ziel, der Treuhandanstalt den Erhalt und die Sanierung wirtschafts- und arbeitsmarktpolitisch relevanter Betriebe abzuringen, wofür als Gegenleistung landespolitische Fördermittel zur Verfügung gestellt werden sollten. Dort wo diese Gegenleistung nur in Einzelfällen zur Verfügung stand – wie in Brandenburg – war auch nach gewerkschaftlicher Einschätzung der Einfluß des korporatistisch besetzten „Industriepolitischen Gesprächskreises" auf die THA-Ent-

---

8 Zuvor hatten THA-Unternehmen als Bundeseigentum keine landesspezifischen Fördermittel erhalten und die THA machte ihre Zusage für dieses Konzept eben von der Einbringung dieser Mittel abhängig.

scheidung eher gering. Auch quantitativ unterschieden sich die Bemühungen um den Erhalt von THA-Unternehmen erheblich. Während in Sachsen rund 30 Prozent der noch verbliebenen THA-Unternehmen als sanierungsfähig angemeldet wurden, lag der Anteil bei allen anderen ostdeutschen Ländern unter 10 Prozent. In Ost-Berlin, „mit rd. 200.000 Industriebeschäftigten vor Leipzig und Dresden der größte Industriestandort in der damaligen DDR" (Nerlich 1993: 124), wurden lediglich 9 von 199 noch verbliebenen THA-Unternehmen Ende 1992 für ein Sanierungsverfahren angemeldet (Nolte/ Wagner 1993: 7).

Regionale Unterschiede bedeuten aber auch für die Gewerkschaften, daß sie umso mehr gefordert sind, auf die jeweiligen Bedingungen vor Ort bezogene Ansätze zu entwickeln. Dafür müssen sie aber auch ihre zentralisierten Politikstrukturen dezentralisieren, was sowohl in Sachsen wie in Berlin-Brandenburg eine grundlegende Schwierigkeit zu sein scheint. Ebenso sind die eingeübten Funktionszuständigkeiten zwischen Einzelgewerkschaften und DGB tangiert. Angesichts des Personalabbaus in den Gewerkschaften und der abnehmenden Präsenz in der Fläche scheint ein dezentralisiertes Vorgehen nur möglich und erfolgversprechend zu sein, wenn Aufgaben und Zuständigkeiten unter Einbeziehung betrieblicher oder ehrenamtlicher Akteure und der Nutzung von externem Sachverstand neu verteilt werden. Bis dahin müssen sich die Gewerkschaften mit bescheideneren Zielen zufrieden geben. Mit ihrer Beteiligung an regionalen Strukturentscheidungen zur Erhaltung industrieller Standorte verknüpfen die Gewerkschaften im wesentlichen die Vorstellung, sie könnten Zugang zu ihnen sonst weitgehend verschlossenen Entscheidungsbereichen auf staatlicher Ebene erhalten. Gewerkschaftliche Teilnehmer an den korporatistischen regionalpolitischen Arbeitskreisen „vor Ort" sehen heute, vor dem Hintergrund sowohl ihrer eigenen Konzeptionsdefizite als auch der unzureichenden personellen und organisatorischen Voraussetzungen, die zentrale Funktion ihrer Teilnahme nicht in der Interessendurchsetzung, sondern betonen vielmehr die Bedeutung solcher Gremien für die Etablierung regionaler Politiknetzwerke. Kompetenz, Ansehen der Gewerkschaften und Zugang zu Kommunen und Institutionen würden hierdurch positiv beeinflußt.

In der Tat scheinen Gewerkschaftsfunktionäre, so Untersuchungsergebnisse von KSPW-Forschungen, Akzeptanzprobleme bei den Kommunalverwaltungen zu haben (Naßmacher/Niedermayer/Wollmann 1994). Angesichts der anhaltenden Schwäche des Parteiensystems auf dieser Ebene in Ostdeutschland kommt nicht-parteiinitiierten Politiknetzwerken eine wichtige Bedeutung zu. Ob es sich hierbei, im Vergleich zu den im Westen etablierten Vermittlungsstrukturen, um eine „nachholende" Entwicklung handelt oder ganz andere Strukturmerkmale von Bedeutung werden, ist eine offene Frage.

6. Gewerkschaften und politische Parteien

In den neuen Bundesländern sind aus verschiedenen Gründen enge Verbindungen der Gewerkschaften zu den einzelnen politischen Parteien noch nicht oder kaum realisiert worden. Zum einen haben Erfahrungen aus der DDR-Zeit einen wichtigen Stellenwert gehabt: In den letzten Jahren, aber vor allem in der ersten Zeit nach der Wende wurden parteipolitische Verbindungen von ostdeutschen Gewerkschaftern in nicht wenigen Fällen prinzipiell abgelehnt, weil sie darin die Gefahr einer einseitigen Einbindung nicht unähnlich der gesehen haben, die zwischen dem FDGB und der SED existierte. Ein weiterer Grund liegt darin, daß die organisatorischen Infrastrukturen der politischen Parteien in den neuen Bundesländern heute noch schwach sind. Die SPD hat z.B. nur ca. 28.000 Mitglieder (1995) in den neuen Bundesländern, und die Sozialstruktur ihrer Mitgliedschaft entspricht nur bedingt der der Gewerkschaften. Mit so wenig Mitgliedern hat die SPD auch kein entwickeltes Organisationsleben, die Kontakte zwischen ihr und den Gewerkschaften beschränken sich weitgehend auf Gesprächsrunden der Landtagsfraktionen oder der Landesvorstände. Nur in wenigen Fällen haben sich führende Gewerkschafter in Ostdeutschland als SPD-Kandidaten für den Landtag, das Kreis- oder Stadtparlament aufstellen lassen, und in der Regel sind solche Personen Westdeutsche.

Von weitaus größerer Bedeutung als die organisationspolitischen Kontakte zu Parteigremien sind die politischen Verbindungen auf Regierungsebene. Für die Industrie- und regionale Strukturpolitik der Gewerkschaften ist die Anerkennung und die Zusammenarbeit in diesem Kontext unentbehrlich. Zuweilen ist sie aber auch Ersatz für die mangelnden Basiskontakte und -strukturen.

Das vielerorts in Westdeutschland noch bestehende enge Verhältnis zwischen Gewerkschaften und SPD hat sich in Ostdeutschland bisher kaum entwickelt. Dies liegt nicht nur an der geringen Mitgliederstärke der SPD, sondern auch an der fehlenden Gewerkschaftsorientierung der Funktionsträger sowie an der ausgeprägten Skepsis der Gewerkschaftsmitglieder gegenüber einer parteipolitischen Vereinnahmung. Die mangelhafte Einbeziehung gewerkschaftlicher Interessen in die sozialdemokratische Politikformulierung eröffnet der PDS als größten Mitgliederpartei in den neuen Bundesländern Handlungsspielräume zur Vertretung von Arbeitnehmer- und Gewerkschaftsinteressen, die sie zunehmend auf kommunaler und landespolitischer Ebene wahrnimmt. Seit den Landtagswahlen 1994 hat sich ihre Bedeutung für die Gewerkschaften als politischer Faktor gefestigt und in den Beziehungen wird zunehmend „ein Widerspruch erkennbar zwischen dem sehr viel pragmatischeren Umgang der Gewerkschaften mit der PDS in den neuen

Bundesländern und den Haltungen vieler Gewerkschaftsführungen" (Neugebauer/Reister 1996: 75) in den westdeutschen Organisationszentralen. Das Thema wird auch nicht breiter diskutiert, weil eine polarisierende Wirkung in Ostdeutschland sowohl zwischen Mitgliedern als auch Gewerkschaftsfunktionären eine wahrscheinliche Folge wäre.

Wie auch in den alten Bundesländern, zeigte sich bei den letzten Landtagswahlen (1994) in den neuen Bundesländern, daß „die Affinität der Arbeiterschaft zur SPD durch eine Gewerkschaftsmitgliedschaft noch verstärkt wird" (Forschungsgruppe Wahlen 1994: 15). Am deutlichsten ist dies in allen Wahlen an den überdurchschnittlichen Ergebnissen der SPD bei den gewerkschaftlich organisierten Arbeitern zu sehen. Bei den gewerkschaftlich organisierten Angestellten war der Stimmenanteil der SPD in allen Ländern (mit Ausnahme von Brandenburg) auch deutlich besser als insgesamt. Dagegen schnitt die SPD in der Regel deutlich schlechter bei den Auszubildenden und z.T. auch bei den Arbeitslosen ab.[9] Als starker Konkurrent der SPD unter Gewerkschaftsmitgliedern ist die PDS aus diesen Wahlen hervorgegangen. In jeder der Landtagswahlen erzielte sie überdurchschnittliche Ergebnisse bei den gewerkschaftlich organisierten Angestellten, nicht aber bei den Arbeitern. Auffallend ist auch der hohe Stimmenanteil der PDS bei den Auszubildenden und den Arbeitslosen. Bei diesen Gruppen war ihr Ergebnis in jeder Landtagswahl überdurchschnittlich, in manchen Fällen auch eindeutig besser als das Ergebnis der SPD.

7. Fazit

Die Herausforderungen des Transformationsprozesses in den neuen Bundesländern haben nicht nur Defizite der gewerkschaftlichen Organisation und Politik offenbart, sie haben auch Handlungsräume für die Gewerkschaften eröffnet. Der Institutionentransfer hat formal das funktionstüchtige westdeutsche System zur Regulierung der Arbeit in den neuen Bundesländern errichtet. Wie diese komplexe Infrastruktur politisch und gesellschaftlich angenommen wird und wie die Akteure (Ost- und Westdeutsche) in den neuen Bundesländern die Funktionalität der einzelnen Institutionen bestimmen, ist noch nicht abschließend beantwortet. Aber allein schon der völlig andere ostdeutsche Erfahrungshintergrund zusammen mit dem enormen Handlungsbedarf erhöht die Wahrscheinlichkeit, daß sich neue Normen im System der industriellen Beziehungen entwickeln könnten und daß nicht ausschließlich auf tradierte westdeutsche Handlungsmuster zurückgegriffen

---

9   Bei diesen beiden Gruppen gibt es keine Unterteilung nach Gewerkschaftsmitgliedschaft.

wird. Für das gewerkschaftliche Handeln muß damit gerechnet werden, daß es zu Abweichungen vom Referenzmodell Westdeutschland kommen wird. Die ursprünglich von allen Seiten erwartete Angleichung der ostdeutschen Verhältnisse an die westdeutschen ist nicht zu erwarten. Statt dessen sind Tendenzen erkennbar, Ostdeutschland mit seinen vorhandenen Instabilitäten und ungefestigten Machtstrukturen gewissermaßen als Experimentierfeld für eine Neubestimmung der politischen und sozio-ökonomischen Beziehungen sowie der institutionellen Rahmenbedingungen auch in Westdeutschland zu benutzen.[10] Hier müßten neue Forschungsansätze versuchen, die Entwicklungspotentiale dieser Situation auszuloten und perspektivisch zu umrahmen.

Die formal-strukturelle Übertragung des gewerkschaftlichen Organisationsgeflechts ist gelungen, jedoch nicht allumfassend. Regionale und lokale Abweichungen lassen sich bei der stärkeren Einbeziehung von arbeitslosen Mitgliedern sowie anhand von ehrenamtlichen Gremien feststellen. Die Akzeptanz der neuen Strukturen ist noch nicht gesichert und die Verbindung mit der ostdeutschen Erfahrungsgrundlage noch nicht erreicht. Es fehlt in weiten Bereichen eine durch die Mitglieder geprägte „lebendige Organisationskultur", ein breit verankertes innerorganisatorisches Beziehungsnetz als Voraussetzung demokratischer Willensbildung und Interessenvertretung. Gerade diese Aspekte wie auch die Frage, wie denn die Entwicklungen in Ostdeutschland auf die gewerkschaftliche Organisation und Politik insgesamt zurückwirken, werden bisher in der politikwissenschaftlichen Forschung kaum konkreter untersucht. Und es stehen noch keine stichhaltigen Vergleichsergebnisse zwischen gewerkschaftlichen Organisationskulturen in Ost und West zur Verfügung.

Die gravierenden Mitgliederverluste werden vor allem von westdeutschen Gewerkschaftern in der Weise relativiert, daß sie sie mit dem westdeutschen Organisationsgrad vergleichen und deshalb als eine Art „Rückkehr zur Normalität" bezeichnen. In der Tat hat das Aufnahmeverfahren, das oftmals nichts anderes als eine en bloc Übernahme von FDGB-Mitgliedern war, kaum zu einer Identifikation mit der neuen Gewerkschaft geführt. Eine defensiv-passive Einstellung der Gewerkschaften zu den Austritten und das Fehlen einer offensiven Strategie zur Gewinnung neuer Mitglieder werden empfindliche Nachteile mit sich bringen, denn die Mitgliederverluste beruhen nicht allein auf konjunkturellen Schwierigkeiten. Der wirtschaftliche Umbau in den neuen Bundesländern schafft eine ganz andere Beschäftigungsstruktur als dort vorher war oder in den alten Bundesländern noch

---

10 Vgl. die Ergebnisse der Tagung „Transformationsprozesse in den neuen Bundesländern: Bremsklötze der Gewerkschaftsentwicklung in Deutschland?", die demnächst veröffentlicht werden.

vorhanden ist (Scherer 1995: 24). Darüber hinaus bedeutet die entflochtene Struktur der meisten Wirtschaftssektoren in den neuen Bundesländern, daß es kaum Großbetriebe als potentielle Mitgliederreservoirs gibt. Für die Gewerkschaften erschwert diese Entwicklung ihre Chancen, den jetzigen Mitgliederstand zu halten oder gar zu verbessern.

Erhebliche Defizite der Repräsentation ostdeutscher Interessen sind in den Führungskernen der Gewerkschaften zu verzeichnen, wobei detailliertere Analysen noch ausstehen. Weniger die quantitative als die qualitative Integration der Ostdeutschen in den hauptamtlichen Apparat der Gewerkschaften bleibt ein schwerwiegendes Problem. Eine ebenso negative Auswirkung haben westliche Seilschaften, die ostdeutsche Bewerber in ihren Kandidaturen um Vorstandsposten ausgrenzen. Auch auf der besonders empfindlichen Ebene der Beziehungen zwischen den lokalen Gewerkschaftsvertretern (West) und den Betriebsräten (Ost) herrschen dysfunktionale Spannungen vor, die verdeutlichen, daß in Konflikt- und Konkurrenzsituationen die sonst nicht ausgetragene Dynamik der Ost-West-Konflikte entscheidend wird, alle anderen Kriterien sind dann von zweitrangiger Bedeutung.

Auch ist bislang dieses für die effektive Vertretung der Arbeitnehmer und Gewerkschaftsmitglieder existentielle Verhältnis Betriebsrat-Gewerkschaft kaum erforscht worden, über konkrete Konflikte und Fälle der Zusammenarbeit wissen wir noch wenig. Ein ähnliches Forschungsdefizit ist auch im Zusammenhang mit der Einrichtung von gewerkschaftlichen Vertrauenskörpern vorhanden. Die Besonderheiten des ostdeutschen Umbruchs haben das Augenmerk auf diese Problematik gerichtet, doch bleibt der Bezugsfaktor Westdeutschland unterbelichtet. Es fehlen nicht nur relevante empirische Studien zur Entwicklung der gewerkschaftlichen Präsenz in den ostdeutschen Betrieben, sondern auch Vergleichsansätze mit bestehenden Strukturen oder gemachten Erfahrungen in den alten Bundesländern.

Orientierungen und Verhandlungen der Tarifparteien waren in hohem Maße durch die Vorgaben der Politik bestimmt, wobei im Ergebnis eine erstaunliche Flexibilität und Anpassung der Tarifparteien an die 1992 veränderte politische Zielorientierung zu verzeichnen ist. Dennoch haben die tarifpolitischen Neuentwicklungen (Lohnöffnungsklauseln, Arbeitszeitverkürzung ohne Lohnausgleich, Einstiegslöhne) in der Praxis noch keine große Relevanz und unterliegen überwiegend noch der Kontrolle bzw. Zustimmungspflicht der Tarifparteien. Gravierender sind die Entwicklungen der Verbandsmitgliedschaft sowie der untertariflichen Bezahlung, die den Flächentarifvertrag zunehmend aushöhlen und auch die Tarifautonomie gefährden. Auch hier ist die empirische Basis unzureichend. Die Indikatoren deuten darauf hin, daß vor allem westdeutsche und ausländische Unternehmen an Stelle der Treuhand nunmehr den Flächentarifvertrag stützen. Dagegen

Die Gewerkschaften

werden nach 1990 gegründete Unternehmen ostdeutscher Eigentümer überwiegend nicht Mitglied in Tarifverbänden und zwischen einem Drittel und der Hälfte aller Beschäftigten im verarbeitenden Gewerbe, so unsere Annahme, werden untertariflich bezahlt. Ostdeutschland stellt in tarifpolitischer Hinsicht, mit regionalen Unterschieden, ein „Einfallstor" zur Aufweichung der Tarifautonomie dar.

Bedingt durch die spezifischen Problemstellungen in Ostdeutschland, sind auf dem neuen Handlungsfeld Industrie- und Strukturpolitik die größten gewerkschaftlichen Innovationen und „Anpassungen" an veränderte Umweltbedingungen in den neuen Bundesländern zu konstatieren. Dabei wird sukzessive über die Beschäftigungsgesellschaften, den Erhalt von THA-Betrieben und die Ausdehnung auf landesspezifische Strukturentwicklungen der konzeptionelle Ansatz und die gewerkschaftliche Beteiligung erweitert. Die EU-Strukturförderprogramme stellen den Rahmen für die weitere Partizipation kollektiver Akteure dar. Dieser „situative Korporatismus" (Krumbein 1992) ist auf der Ebene der Länder unterschiedlich ausgeprägt, wobei Sachsen – und hier insbesondere der IG Metall als Initiator – eine Vorreiterrolle zukommt. Die gewerkschaftlichen Innovationen in der Industrie- und Strukturpolitik sollten aber auch nicht überschätzt werden. Von den 15 Einzelgewerkschaften hat bisher vor allem die IG Metall in Sachsen – bedingt auch in Brandenburg – eigene Initiativen entwickelt und auch organisationspolitisches Neuland in der Erwerbslosenarbeit und in der Kommunalpolitik betreten. Mit Abstrichen kann man ein strukturpolitisches Engagement beim DGB, rudimentär noch bei der ÖTV und IG Chemie feststellen. In diesen Organisationen scheint man auch am ehesten bereit, diese Ostentwicklungen als gesamtgewerkschaftliche Ansätze aufzunehmen, zumindest zu diskutieren. Ansonsten gilt: Die Reform- und Modernisierungsdebatte der Gewerkschaften läuft im Westen so, als ob die Mauer noch stehen würde.

Die von einigen erhoffte Verankerung des tradierten Beziehungsgeflechts zwischen Sozialdemokratie und Gewerkschaft in den neuen Bundesländern muß fehlschlagen, wenn sie auf einem Institutionentransfer anstatt einer autochtonen und sozial verwurzelten Initiative basiert. Darüber hinaus läßt sich das alte, von der vierzigjährigen Herrschaft der SED verkümmerte sozialdemokratische Milieu nicht auf diese Weise wiederbeleben. Es zeichnet sich ab, daß nicht nur das Verhältnis zwischen SPD und Gewerkschaften, sondern auch die Stellung der Gewerkschaften in den ostdeutschen Politiknetzwerken insgesamt anders als im Westen ausgeprägt ist, und zwar nicht nur für eine kurzfristige Übergangsphase einer „nachholenden Entwicklung".

Literatur

Alt, R./Althans, H.-J./Schmidt, W./Deutschmann, C./Warneken, B. J.: Vom Werktätigen zum Arbeitnehmer. Der Umbruch von Arbeitsbeziehungen und Sozialpolitik in ostdeutschen Betrieben, HBS-Manuskripte Nr. 142, 1994.

Bispinck, R./WSI-Tarifarchiv: Sind die Löhne schuld? Die Tarifpolitik in den neuen Ländern im Jahr 1992. In: WSI-Mitteilungen 3(1993), S. 141-153.

Bispinck, R./WSI-Tarifarchiv: Tarifpolitik in der Rezession: Realeinkommen unter Druck. Eine Bilanz der Tarifpolitik in Westdeutschland im Jahre 1993. In: WSI-Mitteilungen 3(1994), S. 141-154.

Bispinck, R./WSI-Tarifarchiv: Tarifangleichung in kleinen Schritten. Eine Bilanz der Tarifrunde Ost 1994. In: WSI-Mitteilungen 3(1995), S. 164-174.

Ettl, W.: Arbeitgeberverbände als Transformationsakteure: Organisationsentwicklung und Tarifpolitik im Dilemma von Funktionalität und Repräsentativität, in: Wiesenthal, H. (Hrsg.), Einheit als Interessenpolitik. Studien zur sektoralen Transformation Ostdeutschlands. Frankfurt a.M.: Campus, 1995, S. 34-93

Fichter, M./Kurbjuhn, M.: Spurensicherung. Der DGB und seine Gewerkschaften in den neuen Bundesländern, 1989-1991. Ergebnisse eines Dokumentationsprojekts. HBS-Manuskripte, Nr. 120, 1993

Fichter, M./Reister, H.: Zum Stand der Gewerkschaftsentwicklung in den neuen Bundesländern: Aufbau – Struktur – Politik. KSPW-Forschungsbericht (unveröff.) 1995

Forschungsgruppe Wahlen e.V.: Wahl in Sachsen. Eine Analyse der Landtagswahl vom 11. September 1994, Berichte der Forschungsgruppe Wahlen, Nr. 73, 1994

Frege, C. M.: Gewerkschaftsmitglieder in Ostdeutschland. Eine Studie zur Individualisierungsthese. In: BISS public 17(1995), S. 75-82.

HBS (Hrsg.): Arbeitsmarkt- und Qualifizierungspolitik. Erfahrungen aus der Transformation in Ostdeutschland, 1992

Hüsson, N.: Beachtliche Leistung. In: Die Quelle 12(1995), S. 19.

Institut für Arbeitsmarkt- und Berufsforschung (Hrsg.): ABS-Gesellschaften in den neuen Bundesländern (unveröff.) 1995

IG Chemie-Papier-Keramik, Bezirk Brandenburg-Sachsen: Geschäftsbericht 1992-1994, 1995.

IG Metall, Bezirk Brandenburg-Sachsen: Für Arbeit, Einkommen und soziale Gerechtigkeit – eine starke IG Metall. 1. Ordentliche Bezirkskonferenz IG Metall Bezirk Brandenburg-Sachsen am 4. Mai 1995 in Berlin, 1995.

IG Metall (Hrsg.): direkt, Der Info-Dienst der IG Metall, Nr. 10, 1995

Kempe, M.: Notgemeinschaft. In: Die Mitbestimmung 7(1995), S. 44-47.

Knuth, M./Pekruhl, U.: Der Beitrag von ABS-Gesellschaften zur Bewältigung des Transformationsprozesses. In: Pfeiffer, W. (Hrsg.): Regionen unter Anpassungsdruck. Marburg: Metropolis, 1993, S. 95-126.

Krumbein, W.: Situativer Korporatismus, In: Eichener, U. u.a. (Hrsg.): Organisierte Interessen in Ostdeutschland. 12.1, Marburg: Metropolis 1992, S. 211-224.

Kurbjuhn, M./Fichter, M.: Auch im Osten brauchen die Gewerkschaften Gestaltungskompetenz. In: Gewerkschaftliche Monatshefte 44(1993)1, S. 35-45.

Die Gewerkschaften

Mickler, O./Engelhardt, N./Lungwitz, R./Walker, B.: Ein Aufstieg wie Phönix aus der Asche? Der Wiederaufbau der ostdeutschen Automobilindustrie und die Konflikte der Betriebsräte. In: Hoffmann, R./Kluge, N./Linne, G./Mezger, E. (Hrsg.): Problemstart: Politischer und sozialer Wandel in den neuen Bundesländern, HBS-Forschung, Bd. 15. Köln: Bund Verlag, 1994, S. 263-280.

Naßmacher, H./Niedermayer, O./Wolmann, H. (Hrsg.): Politische Strukturen im Umbruch. Berlin: Akademie Verlag, 1994

Nerlich, H.: Industriell geprägte Arbeitsstättengebiete in Ostberlin, ihre Entwicklung, Struktur und gegenwärtige Veränderung. In: Eckart, K./Marcinek, J./ Viehrig H. (Hrsg.): Räumliche Bedingungen und Wirkungen des sozial-ökonomischen Umbruchs in Berlin-Brandenburg. Berlin: Duncker & Humblot, 1993, S. 123-143.

Neugebauer, G./Reister, H.: PDS und Gewerkschaften. Bonn: Friedrich Ebert Stiftung, 1996

Nolte, D./Wagner A.: Die struktur- und beschäftigungspolitische Bedeutung der Treuhandanstalt zu Beginn des Jahres 1993. In: „Kahlschlag verhindern – Industrielle Kerne erhalten", WSI-Materialien Nr. 36 (unveröff.) 1993

Offermann, V.: Dilemmata der Tarifpolitik in Deutschland. In: Deutschland Archiv 27(1994)9, S. 954-962

Scherer, P.: Aus Verlusten lernen? In: Sozialismus 1(1995), S. 22-24.

Schmid, J.: Sozio-ökonomische Disparitäten als Organisationsproblem der Gewerkschaften. Zur Dialektik von Einheit und Vielfalt. In: Deutschland Archiv 27(1994)1, S. 58-63

Schmitz, K. T./Tiemann, H./Löhrlein, K.: Mitgliederentwicklung: Gewerkschaftseinheit und Gewerkschaftsaufbau in Deutschland. In: Kittner, M. (Hrsg.): Gewerkschaftsjahrbuch 1991. Köln: Bund-Verlag, 1991, S. 70-89.

Die Unternehmerverbände

Fred Henneberger

1. Das System der unternehmerischen Interessenvertretung

Der Oberbegriff Unternehmerverbände (genauer: Unternehmensverbände, da in der Regel nicht einzelne Personen, sondern Unternehmen Mitglied sind) bezeichnet Verbände, die als intermediäre Organisationen die wirtschafts-, sozial- und regionalpolitischen Belange der gewerblichen Wirtschaft gegenüber dem politischen System und den Repräsentanten antagonistischer Interessen vertreten (Müller 1986: 529). Es lassen sich drei charakteristische Säulen unternehmerischer Interessenorganisation unterscheiden:

- die Wirtschaftsverbände, die die wirtschaftspolitischen Belange der Unternehmen eines Wirtschaftszweiges durch gezielte Einflußnahme auf Regierung, Ministerialbürokratie, Parlament, Parteien und Öffentlichkeit verfolgen (wirtschaftspolitische Säule);
- die Arbeitgeberverbände, die für die Sozial-, Bildungs- und Gesellschaftspolitik aller Arbeitgeber[1] sowie die tarifpolitische Interessenvertretung gegenüber den Gewerkschaften zuständig sind (sozial- bzw. tarifpolitische Säule);
- die Wirtschaftskammern (Industrie- und Handelskammern – IHKn – sowie Handwerkskammern), die als Körperschaften des öffentlichen Rechts mit gesetzlicher Pflichtmitgliedschaft für alle zur Gewerbesteuer veranlagten Betriebe[2] staatliche und halbstaatliche Aufgaben wahrnehmen und die lokalen bzw. regionalen Interessen der gewerblichen Wirt-

---

1 So ist ihnen per Gesetz auch die Mitwirkung an der Arbeits- und Sozialgerichtsbarkeit und an den Selbstverwaltungsorganen der Sozialversicherungen zugesichert.
2 Der freiwilligen Verbandsbildung und -mitgliedschaft der Unternehmer in Arbeitgeber- und Wirtschaftsverbänden steht also die Zwangsmitgliedschaft aller Kaufleute und Handwerker in den Wirtschaftskammern gegenüber. Allerdings basieren die Handwerksinnungen, obwohl sie Körperschaften des öffentlichen Rechts sind, wiederum auf freiwilliger Mitgliedschaft.

schaft branchenübergreifend vertreten[3] (Weber 1991: 644, Keller 1993: 10ff.) (regionalpolitische Kammersäule).

Diese drei neben-, aber nicht unabhängig voneinander existierenden Verbandsschienen sind auf Bundesebene zusammengefaßt in den Dach- bzw. Spitzenorganisationen: dem „Bundesverband der Deutschen Industrie" (BDI) als größtem wirtschaftspolitischen Dachverband,[4] der „Bundesvereinigung der Deutschen Arbeitgeberverbände" (BDA) als alleinigem sozialpolitischen Dachverband[5] und dem „Deutschen Industrie- und Handelstag" (DIHT) sowie dem „Zentralverband des Deutschen Handwerks" (ZDH). Die verschiedenen Dachverbände auf Bundesebene (16 einschließlich des „Deutschen Bauernverbandes" als Gastmitglied) bilden zusammen den „Gemeinschaftsausschuß der Deutschen Gewerblichen Wirtschaft", das höchste Informations- und Koordinationsgremium der Unternehmerverbände, das die Interessen der Mitgliedsorganisationen einheitlich nach außen vertreten soll (Müller 1986: 529, 532).

Die unternehmerische Interessenvertretung ist grundsätzlich arbeitsteilig organisiert, hochgradig differenziert und dennoch oder gerade deswegen sehr stark miteinander vernetzt. Die Organisation der unternehmerischen Interessen erfolgt zum einen nach dem Fachprinzip, d.h. nach Branchen, und zum anderen nach dem Regional- bzw. Territorialprinzip, d.h. nach Gebieten. Hieraus resultiert die typische Doppelorganisation in fachliche und regionale, überfachliche Unternehmerverbände. Da die (Sonder-)Interessen der Einzelmitglieder durch verschiedene (hoch-)spezialisierte Verbände vertreten werden, bestehen in der Regel Doppel- und Mehrfachmitgliedschaften in verschiedenen Verbänden. Während bei der BDA und ihren Untergliederungen das doppelte Organisationsprinzip von Fachverband und regionalem, überfachlichem Verband bis zur Spitze hin relativ strikt durchgehalten wird, bildet der BDI stärker die Spitze einer organisatorischen Hierarchie vom Fachverband über den Verband des Industriezweiges zum Fachspitzenverband auf Bundesebene (Ohneis 1990: 11). In der Struktur des BDI und sei-

---

3 Zu den vielfältigen Aufgaben der Kammern zählen u.a. die Beratung und Betreuung der Mitglieder, gutachterliche Stellungnahmen und Initiativen gegenüber staatlichen Stellen, die Ordnung und Überwachung der beruflichen Bildung und Ausbildung im kaufmännischen und gewerblichen Bereich, die Leitung von Einigungsstellen für Wettbewerbsstreitigkeiten sowie die Unterhaltung und Unterstützung von Einrichtungen und Anlagen zur Förderung der gewerblichen Wirtschaft.

4 Da im Bereich der Verbände mit wirtschaftspolitischen Funktionen jeder Wirtschaftszweig seinen eigenen Spitzenverband auf Bundesebene aufweist, existieren neben dem BDI beispielsweise noch Dachverbände der Banken, der Versicherungen und der Handelsunternehmen..

5 Nicht Mitglieder der BDA sind der (montanmitbestimmte) „Arbeitgeberverband Eisen- und Stahlindustrie" sowie die Arbeitgeberverbände des öffentlichen Dienstes (Keller 1993: 15).

ner Mitgliedsverbände tritt also die territoriale, überfachliche Komponente stärker hinter die branchenspezifischen Repräsentationsmechanismen zurück, als das bei der BDA und ihren Mitgliedsverbänden der Fall ist. Bei den regionalpolitischen Verbänden unter dem Dach des DIHT dominiert hingegen eindeutig das Territorialprinzip, während auch beim ZDH das doppelte Organisationsprinzip von fachlichen und überfachlichen Verbänden klassisch ausgeprägt ist. Bei allen Dachverbänden handelt es sich um Verbände von Verbänden, d.h. um „Verbände dritten Grades". Einzelne Unternehmen können im Regelfall nicht Mitglied sein.

1.1 Wirtschaftspolitische Verbände

Der BDI ist in erster Linie nach Branchen gegliedert (Ullmann 1988: 241f.). Im BDI sind auf Bundesebene 35 Fachspitzenverbände – ausschließlich der Industrie – zusammengefaßt. Die Fachspitzenverbände ihrerseits untergliedern sich wiederum einerseits in eine Vielzahl von Fachverbänden auf Bundesebene, die bestimmte Produkt- bzw. Fachgruppen der jeweiligen Branche repräsentieren, und andererseits in eine Reihe von Landesfachverbänden.[6] Neben der primär branchenspezifischen Gliederung existieren auf der – im Vergleich zu den sozialpolitischen Verbänden unter dem Dach der BDA weniger wichtigen – regionalen, überfachlichen Verbandsschiene nach Gründung des „Landesverbandes der Sächsischen Industrie" (LSI) und nach Anerkennung der „Landesvereinigung der Arbeitgeber- und Wirtschaftsverbände Sachsen-Anhalt" (LVSA), des „Verbandes der Wirtschaft Thüringens" (VWT), der „Vereinigung der Unternehmensverbände für Mecklenburg-Vorpommern" und der „Vereinigung der Unternehmensverbände in Berlin und Brandenburg" (UVM) als BDI-Landesvertretung 15 überfachliche Landesvertretungen. Diese nehmen insbesondere Einfluß auf die jeweilige Landespolitik, da sie neben den IHKn in der Regel den ersten Ansprechpartner der Landesregierungen in allen industrie- und wirtschaftspolitischen Fragestellungen darstellen und für die politischen Außenbeziehungen auf Landesebene zuständig sind. Eine Reihe weiterer regionaler, fachlicher wie überfachlicher Wirtschaftsverbände vervollständigen die industrielle Vertretungsstruktur (BDI 1996, 1993a: 52). Der BDI vertritt in den alten Bundesländern nach eigenen Angaben etwa 95 Prozent aller industriellen Unternehmen (von Alemann 1989: 76), bezogen auf die Gesamtzahl der von die-

---

6 Es gibt allerdings eine Reihe von Branchen (8), die nur eine geringe Anzahl von Unternehmen in ihrem Organisationsbereich aufweisen. In diesen Fällen existieren keine weiteren regionalen oder fachlichen Untergliederungen des entsprechenden Fachspitzenverbandes, so daß sie direkt Mitglied desselben sind.

sen Unternehmen im Organisationsbereich des BDI Beschäftigten, liegt der Organisationsgrad sogar noch höher.[7]

1.2 Sozialpolitische Verbände

Auch die BDA ist vorrangig branchenspezifisch in 46 Fachspitzenverbände gegliedert. Der industrielle Sektor (einschließlich Bergbau) stellt mit seinen 27 Fachspitzenverbänden auch hier das Hauptkontingent vor dem Dienstleistungsbereich. Die Fachspitzenverbände umfassen ihrerseits fast 500 regionale Fachverbände oder Mitgliedsunternehmen.[8] Daneben bestehen nach Bildung der „Vereinigung der Unternehmensverbände in Berlin und Brandenburg", der Gründung der „Vereinigung der Unternehmensverbände für Mecklenburg-Vorpommern", der „Vereinigung der Arbeitgeberverbände in Sachsen" (VAS), der LVSA und des VWT 15 überfachliche Landesverbände als unmittelbare Mitgliedsverbände der BDA. Sie organisieren annähernd 600 Mitgliedsverbände bzw. Mitgliedsunternehmen (BDA 1992: 9f.).[9] Auch die Regionalverbände sehen sich im wesentlichen als Vertreter der Industrie.

Die Fachspitzenverbände und überfachlichen Landesverbände befinden sich in direkter, die in ihnen insgesamt organisierten 1.068 Verbände in mittelbarer Mitgliedschaft zur BDA. Daneben existiert als direktes Gastmitglied der BDA die „Vereinigung der Arbeitgeberverbände energie- und versorgungswirtschaftlicher Unternehmungen", die ihrerseits sieben Mitgliedsverbände aufweist (BDA 1992). Der „Gesamtverband der metallindustriellen Arbeitgeberverbände" (Gesamtmetall) ist in der BDA der mit Abstand bedeutendste Fachspitzenverband. Nach der Fusion der Metall-Arbeitgeberverbände von Südwürttemberg-Hohenzollern und Baden zum Verband „Südwestmetall", die Mitte 1992 erfolgte, stellen heute 15 Arbeitgeberverbände der Metall- und Elektroindustrie den Mitgliederkreis von Gesamtmetall dar (Arbeitgeberverband Gesamtmetall 1993: 247). Zu den wichtigsten in ihm organisierten Branchen gehören der Maschinenbau, die elektrotechnische Industrie und der Straßenfahrzeugbau. Diese stellten in den alten Bundes-

---

[7] Die Tatsache, daß der Organisationsgrad bezogen auf die Beschäftigten in aller Regel höher ist als derjenige bezogen auf die Mitgliedsfirmen ist damit zu begründen, daß große Unternehmen häufiger Mitglied im Unternehmensverband sind als kleinere Unternehmen, die ihrerseits absolut gesehen weniger Personen beschäftigen als größere Unternehmen.

[8] Die Branchen, die nur über wenige organisationsfähige Unternehmen in ihrer Organisationsdomäne verfügen und sich somit nicht in einem eigenen Landesfachverband organisieren können, schließen sich direkt zu Fachspitzenverbänden bzw. zu Bundesfachverbänden zusammen.

[9] Einzelne Unternehmen können (in Ausnahmefällen) dann direkt Mitglied im überfachlichen Landesverband werden, wenn kein örtlicher überfachlicher Verband, der Mitglied desselben ist, existiert.

ländern beispielsweise 1994 knapp 60 Prozent der Betriebe und sogar über 70 Prozent der Beschäftigten der gesamten Metall- und Elektroindustrie (Arbeitgeberverband Gesamtmetall 1995: Tab.3).

Da die Tarifauseinandersetzungen mit den Gewerkschaften nicht nur im Bereich der Metall- und Elektroindustrie in der Regel auf der Ebene der Landesfachverbände als regionale Branchenverhandlungen geführt werden, tragen diese eine besonders hohe Verantwortung. Im Gegensatz zur tieferen fachlichen (Fein-)Gliederung der wirtschaftspolitischen Verbände findet unter dem Dach der sozialpolitischen Spitzenverbände eine Konzentration von Wirtschaftszweigen statt, die sich auch in den regionalen Untergliederungen fortsetzt.[10] Die Folge dieser Konzentration ist, „daß assoziatives Handeln auf der Basis einer äußerst heterogenen Mitgliederstruktur zu organisieren ist, die aus der Zusammenfassung unterschiedlicher Industriezweige, zwischen denen z.T. konfliktträchtige Hersteller-Abnehmer-Verhältnisse existieren ... und den Unterschieden in der ökonomischen Situation einzelner Branchen und Unternehmen resultiert" (Weber 1987: 98). Dies zeigt sich besonders bei Tarifverhandlungen in bezug auf den Konzessionsspielraum und die Bereitschaft, Arbeitskämpfe zu führen. Deshalb besteht eine der wesentlichen Aufgaben der Fachspitzenverbände darin, Intragruppenkonflikte zu beseitigen, heterogene Präferenzen und Interessen zu koordinieren und zu einem Gesamtinteresse zu verdichten. Hierzu ist u.a. eine branchenübergreifende Koordination auf regionaler Ebene sowie ein abgestuftes System der Repräsentation regionaler Interessen in verschiedenen Ausschüssen, Arbeitskreisen und Gremien erforderlich (ebd.: 98f.). Eine zentrale Rolle spielen die lohn- und tarifpolitischen Ausschüsse. In ihnen sitzen Unternehmervertreter, Verbandsangestellte und Hauptgeschäftsführer. Diese beraten nicht nur über Strategie und Taktik der Tarifverhandlungen, sondern bestimmen auch faktisch die wichtigste Arbeitgeberverbandsfunktion (Hartmann 1985: 103f., von Alemann 1989: 80). Diese Demokratisierung der

---

10 Während die Organisationsmacht im Interessenvertretungsbereich der Metall- und Elektroindustrie auf Arbeitgeberverbandsseite auf einen stark zentralistisch aufgebauten Verband mit einer die Verbandspolitik insbesondere in den Tarifgremien stark beeinflussenden Stellung der großen Konzerne (vor allem der Automobilindustrie) mit ihren „Think tanks", informellen Einflußnahmen und dem ehrenamtlich an den Verband abgestellten Personal konzentriert ist, nämlich Gesamtmetall, (analoges gilt für die Industriegewerkschaft (IG) Metall), existieren auf der Seite der Wirtschaftsverbände innerhalb desselben Organisationsbereichs mehrere (größere) Verbände. Durch diese höhere Interessendifferenzierung und -homogenisierung auf der Wirtschaftsverbandsseite steigt die innerorganisatorische Integrations- und Bindewirkung bzw. Verbandsloyalität in der Tendenz an. Insbesondere der Branchengegensatz zwischen dem Maschinen- und Anlagenbau einerseits und der Automobilindustrie andererseits, der sich in der unterschiedlich starken Besetzung der verschiedenen Größenklassen der Unternehmen niederschlägt, wird somit auch organisatorisch separiert.

Verbandsstrukturen führt zu aufwendigen Abstimmungsprozessen und trägt die Gefahr einer Schwächung der Verbandsführung in sich (Dilemma von Legitimität und Effektivität insbesonder bei kurzfristigem Reaktionsbedarf).

Der Organisationsgrad der BDA ist ebenfalls außerordentlich hoch. Er beträgt in den alten Bundesländern rund 70-80 Prozent der Unternehmen, die etwa 80-90 Prozent der Arbeitnehmer beschäftigen. Er ist damit rund doppelt so hoch wie der der Gewerkschaften (Schnabel 1995: 54).

1.3 Die Wirtschaftskammern

Der DIHT vereinigt heute 83 regionale IHKn, die in 17 Kammergemeinschaften auf Länderebene entsprechend den Ländergrenzen zusammengefaßt sind. Lediglich für Bremen und Bremerhaven existieren getrennte Arbeitsgemeinschaften. Dem DIHT obliegt auch die Betreuung der gerade in neuerer Zeit ständig steigenden Anzahl der Auslandshandelskammern (AHKn). Deren Zahl hat sich in den letzten Jahren aufgrund der Gründung von AHKn und Repräsentanzen bzw. Delegiertenbüros der Deutschen Wirtschaft in Osteuropa und Asien stark erhöht. Gegenwärtig bestehen 86 dieser Auslandsdependenzen (DIHT 1994: 31ff.; 1995: 59ff.).

In ähnlicher Weise sind die knapp 800.000 Handwerksbetriebe mit ihren fast 5,4 Mill. Beschäftigten auf Bezirksebene Pflichtmitglieder in 55 Handwerkskammern und daneben häufig auf Kreisebene freiwillige Mitglieder in 7.400 Handwerksinnungen. Die Handwerksinnungen sind wiederum Pflichtmitglieder in 381 Kreishandwerkerschaften. Die Handwerkskammern ihrerseits organisieren sich in 15 regionale Handwerkskammertage bzw. Arbeitsgemeinschaften der Handwerkskammern, i.d.R. auf Landesebene, und sind außerdem, wie die regionalen Handwerkskammertage, in 14 Landeshandwerksvertretungen[11] und auf Bundesebene im „Deutschen Handwerkskammertag" (DHKT) zusammengeschlossen (regionale, überfachliche Organisationsschiene).[12] Die Handwerkskammern sind gleichzeitig direktes Mitglied im ZDH. Die Handwerksinnungen andererseits organisieren sich auf Lan-

---

11 Die überfachlichen Landeshandwerksvertretungen versuchen einerseits divergierende Interessen innerhalb des Organisationsgefüges auszugleichen und zu mediatisieren (Wirkung nach innen) und andererseits die Interessen des Handwerks gegenüber den Akteuren auf Landesebene (Landesregierungen, Landesparlamenten, Parteien, anderen Interessenorganisationen und Körperschaften, der Öffentlichkeit etc.) zu artikulieren und durchzusetzen (Wirkung nach außen). Zusätzlich fungieren sie als Ansprechpartner des ZDH in landespolitischen Belangen, die auch von bundespolitischer Bedeutung sein können.

12 Darüber hinaus können auch dem Handwerk nahestehende, wirtschaftliche oder sonstige Einrichtungen (die sog. dritte Gruppe) Aufnahme im ZDH finden. Als Beispiel seien an dieser Stelle die berufsständischen Versicherungen genannt (ZDH 1996: 48ff.).

desebene in 455 Landesfach- bzw. Landesinnungsverbänden,[13] die wiederum einem der 14 regionalen Vereinigungen der Landesfach- bzw. Landesinnungsverbände bzw. Arbeitsgemeinschaften der Landesfach- bzw. Landesinnungsverbände des Handwerks angehören und darüber hinaus wie diese Mitglied in einer der 14 Landeshandwerksvertretungen sind. Außerdem organisieren sich die Landesfach- bzw. Landesinnungsverbände auf Bundesebene in 53 Zentralfach- bzw. Bundesfach- oder Bundesinnungsverbänden, die in der „Bundesvereinigung der Fachverbände" zusammengeschlossen sind (fachliche Organisationsschiene). Die Zentralfachverbände sind gleichzeitig direktes Mitglied im ZDH. Der ZDH seinerseits stellt das Dach des DHKT und der Bundesvereinigung der Fachverbände dar (Vajna 1993: 33ff.; ZDH 1996). In der früheren Bundesrepublik waren Mitte 1995 etwa 71 Prozent aller Handwerksbetriebe in den Innungen freiwillig organisiert (ZDH 1995: 2). Die komplexe, historisch gewachsene arbeitsteilige Organisationsstruktur des deutschen Handwerks impliziert auf der anderen Seite einen hohen Grad an personellen und institutionellen Verflechtungen in Form von Personalunionen, gemeinsamen Geschäftsstellen und Bürogemeinschaften und damit nicht zuletzt Tendenzen der Fusion von Verbänden auf praktisch allen organisatorischen Ebenen.

1.4 Die Unterscheidung in wirtschafts- und sozialpolitische Verbände: ein überholtes Rudiment aus der Vergangenheit?

Als strukturprägendes Prinzip der unternehmerischen Verbändelandschaft gilt in der Bundesrepublik u.a. die Trennung zwischen Wirtschafts- und Arbeitgeberverbänden. Die verschiedenen Unternehmerverbände sind aber aufgrund der Aufgabeninterdependenz und der Notwendigkeit eines gemeinsamen Vorgehens gegenüber Dritten sowohl personell als auch institutionell vielfältig miteinander verflochten (Simon 1976: 40f., Weber 1977: 104; Ohneis 1990: 144f.). So bestehen in der Regel Büro- bzw. Geschäftsstellengemeinschaften zwischen dem jeweils stärksten Landesfachverband und dem überfachlichen Landesverband (BDA 1991: 7). Beide Verbände befinden sich häufig in Personalunion sowohl beim ehrenamtlichen Personal (Präsidentschaft) als auch beim hauptamtlichen Personal (Geschäftsführung). Der Fachverband führt und steuert dabei die Arbeit des Landesverbandes und übernimmt damit die (industrielle) Führerschaft der Region bzw. des Landes. In der Regel trägt der Fachverband den Landesverband finan-

---

13 Eine wichtige Aufgabe der Landesinnungsverbände besteht im Abschluß von Tarifverträgen.

ziell zu einem hohen Prozentsatz und übernimmt die Bereitstellung der Serviceleistungen an die Mitglieder. Die vielfältigen Verflechtungen begünstigen auf Dauer Fusionstendenzen zwischen organisatorischen Einheiten innerhalb, aber auch zwischen den beiden Verbandssäulen.

Traditionellerweise sind eine Reihe von Fachspitzenverbänden sowohl im BDI als auch in der BDA Mitglied (BDI 1996, BDA 1992). Außerdem sind sozialpolitische Verbände auf der Ebene der Landesfachverbände häufig auch wirtschaftspolitisch tätig. Auf der lokalen Ebene gibt es sogar eine größere Anzahl von gemeinschaftlichen Fachverbänden zwischen Industrie und Arbeitgebern, die wirtschafts- und sozialpolitische Belange gleichermaßen wahrnehmen. Sehr häufig anzutreffen ist eine zumindest personelle Identität der Geschäftsstellen von örtlichen Wirtschafts- und Arbeitgeberverbänden, die nicht selten in einer Personalverflechtung mit den IHKn kulminiert. Und selbst auf Bundesebene wurde die Integration der wirtschafts- und sozialpolitischen Verbandsfunktionen im Ansatz unter Hanns Martin Schleyer im Jahre 1977 zum erstenmal vollzogen, als er als amtierender BDA-Präsident zusätzlich die Präsidentschaft des BDI in Personalunion übertragen bekam. Gleichzeitig übernahm er auch den Vorsitz im BDI/ BDA-Kontaktausschuß, in dem die beiden Dachverbände ihre Aktivitäten zu allen wirtschafts- und sozialpolitischen Fragen aufeinander abstimmen, um so ein einheitliches Vorgehen zu realisieren. Auf der Ebene der überfachlichen Landesverbände ging die Integration der verschiedenen Funktionen indessen weiter: Seit Anfang der 70er Jahre haben sich in mehreren Bundesländern (Niedersachsen 1972, Hessen 1976, Saarland 1990; Henneberger 1993: 650) Wirtschafts- und Arbeitgeberverbände zu (gemeinsamen) Unternehmerverbänden zusammengeschlossen. Die Trennung der sozial- und wirtschaftspolitischen Interessenvertretungen auf der überfachlichen Landesverbandsebene wird somit im Westen Deutschlands noch in Baden-Württemberg, Bayern, Bremen, Hamburg und Nordrhein-Westfalen praktiziert, wobei auch in diesen Ländern die Arbeitgeberverbandsseite die Zusammenlegung beider Funktionsbereiche nicht blockieren würde. Die strikte Trennung wird vor allem von den bayerischen und baden-württembergischen Wirtschaftsverbänden weiterhin eindeutig favorisiert. Die institutionelle Separierung verhindert jedoch nicht die Kooperation der beiden Verbändeschienen, sondern macht Absprachen zur Durchführung einer gemeinsamen Politik geradezu notwendig.

Dieser Trend zur Zusammenlegung beider Verbandsfunktionen in den alten Bundesländern setzte sich in den neuen Bundesländern (NBL) beschleunigt fort: Während die BDA-Mitgliedsverbände LVSA und VWT als Gemeinschaftsverbände bereits 1991 als BDI-Landesvertretung fungierten (BDI 1992: 39f.; 360ff.), fand die Anerkennung der Vereinigung der Unternehmensverbände für Mecklenburg-Vorpommern und der UVM als Landes-

Die Unternehmerverbände

vertretungen des BDI erst im Jahre 1993 statt (BDI 1993a: 52).[14] Lediglich in Sachsen wurde im Zuge der bayerischen Aufbauhilfe das Trennmodell fest institutionalisiert, so daß der LSI als BDI-Landesvertretung neben der VAS als überfachlicher Landesverband innerhalb der BDA koexistiert. Allerdings wurde der LSI vom BDI bereits im November 1990 als Landesvertretung für Sachsen anerkannt, was darauf hindeutet, daß auch der BDI weit weniger als die BDA zur Beseitigung des Modells getrennter Regionalorganisationen bereit ist.

2. Unternehmensverbände im Transformationsprozeß: Verbandsauf- und Verbandsumbau im Kontext des Institutionentransfers

2.1 Aktivitäten der wirtschaftspolitischen Verbände

Der BDI intendierte von Anfang an, in den NBL eine Verbandslandschaft zu errichten, die mit derjenigen in der alten Bundesrepublik kompatibel ist. Er hat deshalb bereits sehr frühzeitig auf den gesellschaftlichen Umbruch in der ehemaligen DDR reagiert (Bauer 1991: 12) und begleitete intensiv die Vorarbeiten zum Staatsvertrag. Um die umfangreichen gesetzgeberischen Aktivitäten der DDR-Volkskammer vor Ort beobachten zu können, schuf der BDI schon im Februar 1990 gemeinsam mit dem DIHT, der BDA und der „Zentralvereinigung der Berliner Arbeitgeberverbände" eine „Verbindungsstelle DDR" als Kontakt- und Informationsstelle in Westberlin (Kleinhenz 1992: 19). Die Tätigkeit des Außenbüros in Westberlin und der Anfang 1990 gegründeten BDI-Abteilung „Deutsch-deutsche Wirtschaftspolitik"[15] wurde begleitet durch einen „Arbeitskreis DDR". Noch 1990 wurde das Provisorium der „Verbindungsstelle DDR" aufgelöst und das „BDI-Büro Berlin" fest eingerichtet, das bis Mitte 1991 gemeinsam mit der BDA betrieben wurde. Seitdem unterhalten beide Dachorganisationen getrennte Büros, befinden sich aber noch in Bürogemeinschaft miteinander. Das Berliner BDI-

---

14   In beiden Fällen waren zuerst noch Satzungsänderungen notwendig. Dadurch, daß die Wahrnehmung der BDI-Landesvertretung in Berlin durch die „Industrie- und Handelskammer zu Berlin" bis Ende 1993 vertraglich festgelegt wurde, ergaben sich bezüglich der Übertragung der BDI-Landesvertretung auf die UVM zusätzliche Probleme. Die UVM ist aus der „Zentralvereinigung der Berliner Arbeitgeberverbände" hervorgegangen und umfaßt heute etwa 70 Verbände (Kleiner 1994: 811).
15   Diese Abteilung wurde schon 1992 wieder aufgelöst und in die Abteilung „Allgemeine Wirtschaftspolitik" integriert.

Büro ist allerdings inzwischen durch eine Verbindungsstelle ersetzt worden (BDI 1995: 65). Der „Arbeitskreis DDR" wurde in einen BDI-Industriekreis „Neue Bundesländer" umgewandelt. Er wirkte anfangs als Art Relaisstation zwischen Ost und West (Bauer 1991: 13) und unterstützte dann vor allem die Bemühungen der Treuhandanstalt zur Privatisierung des ehemals volkseigenen Vermögens nach der Maxime „rasche Privatisierung vor Sanierung" (BDI 1992: 87ff.). Inzwischen versteht er sich „als Forum zur Diskussion insbesondere industrierelevanter und länderübergreifender Themen zum wirtschaftlichen Umstrukturierungsprozeß in Ostdeutschland" (BDI 1995: 16).

Mit Hilfe des BDI-Büros in Berlin konnte die Gründungswelle von Wirtschaftsverbänden informationell, personell und materiell unterstützt und insbesondere der Aufbau von Wirtschaftsverbänden auf Landesebene beratend begleitet werden (BDI 1992: 90). Gleichzeitig wurden zunächst gemeinsam u.a. mit der BDA und dem DIHT ein Fach- und Führungskräftetransfer in ostdeutsche Unternehmen organisiert, Expertenwissen bereitgestellt und vermittelt sowie Qualifizierungs- und Weiterbildungsaktivitäten durchgeführt (BDA 1990: XIII, Neifer-Dichmann 1992a: 129). In der Folgezeit ging die „Feuerwehrfunktion" des Büros nach und nach über in die übliche Verbandsarbeit. Der Aufbau von unternehmerischen Interessenvertretungen der Industrie wurde nicht nur bereits im Jahre 1990, also noch vor dem Ende der staatsrechtlichen Existenz der DDR, begonnen, sondern konnte auch am Ende des Jahres als weitgehend abgeschlossen bezeichnet werden. Damit reagierten die verantwortlichen Interessenvertreter auf den enormen Zeitdruck, der durch die politische Entscheidung der raschen Wiedervereinigung der beiden deutschen Staaten entstanden ist, durch ein ebenso zügiges flächendeckendes Etablierungprogramm von Wirtschaftsverbänden westdeutscher Prägung. Dieses zeugte nicht nur von der Organisationsfähigkeit, sondern auch von der horizontalen und vertikalen Koordinationskompetenz der Verbände-Verbandszentrale und ihrer fachlichen Spitzenverbände insbesondere auf Bundes- und Landesebene. Lediglich im Bereich der überfachlichen Landesverbände kam es zu sichtbaren Verzögerungen bei der Anerkennung der BDA-Mitgliedsverbände als Landesvertretungen des BDI.

2.2 Aktivitäten der sozialpolitischen Verbände

Auch die BDA ließ keinerlei Zweifel an ihrer Absicht aufkommen, das westdeutsche System der Arbeitsbeziehungen mit sektoralen Akteuren und überbetrieblichen Rahmen- und Lohntarifverträgen auf das Beitrittsgebiet zu übertragen.¹⁶ Schon bald begannen die westdeutschen Arbeitgeberverbände deshalb mit dem Aufbau einer eigenen Verbandsstruktur auf dem Gebiet der ehemaligen DDR. Der Aufbau wurde in der Startphase begleitet durch die Kooperation mit den Wirtschaftsverbänden (Kleinhenz 1992: 19).

Bereits im März 1990 bekannten sich schließlich die Repräsentanten des „Deutschen Gewerkschaftsbundes" (DGB) und der BDA öffentlich zu einer einheitlichen Wirtschafts- und Sozialordnung in beiden deutschen Staaten (BDA 1990: 9-10). Gemeinsames Ziel war die Verhinderung des Entstehens von eigenständischen Dach- und Spitzenorganisationen in der DDR und der Beitritt der ostdeutschen Akteure zu den westdeutschen Dach- und Spitzenverbänden. Der Staatsvertrag führte dann zum 1. Juli 1990 die Koalitionsfreiheit und Tarifautonomie in der DDR formell ein.¹⁷ Diese Vorgabe mußte in relativ kurzer Zeit durch Schaffung von funktionstüchtigen Verbandsstrukturen umgesetzt werden. Einige der ersten Flächentarifverträge zur (linearen) Übertragung der Grundstrukturen des westdeutschen Tarifsystems auf das Beitrittsgebiet wurden zwar von Repräsentanten der westdeutschen Gewerkschaften mit den bisherigen Betriebsleitern bzw. Kombinatsdirektoren der ostdeutschen Betriebe unterzeichnet, da sich die Arbeitgeberverbände häufig noch in der Gründungsphase befanden, während die Gewerkschaftsseite schon vor der Wiedervereinigung gut organisiert war (Sinn/Sinn 1993: 212). Dennoch konnten bereits Mitte 1990 die Mindestvoraussetzungen für die tarifpolitische Handlungsfähigkeit im wesentlichen als erfüllt gelten (Kleinhenz 1992: 19, Bauer 1991: 13, Franz 1992: 264). Damit fand die vor allem ordnungspolitisch motivierte Übertragung der einschlägigen Regelwerke der industriellen Beziehungen aus dem Westen weitgehend noch vor dem Vollzug der staatlichen Einheit statt. Bis Ende 1990 waren schließlich in allen Branchen die Verhandlungen betreffend die vollständige Übernahme der westdeutschen Manteltarifverträge sowie der Lohn- und Gehaltsrahmenregelungen aus dem jeweiligen Partnertarifgebiet (regionale west-ostdeutsche Kooperationsachsen auf Länderebene) im wesentlichen abge-

---

16 In der ehemaligen DDR regelten sog. Rahmenkollektivverträge zwischen dem für die jeweilige Branche zuständigen (Industrie-)Ministerium (im Bereich der Metall- und Elektroindustrie beispielsweise war das Ministerium für Maschinenbau der DDR zuständig) und dem Zentralvorstand der entsprechenden Gewerkschaft die Entgelte und übrigen Arbeitsbedingungen der Werktätigen. Die Umsetzung und Konkretisierung der Rahmenkollektivverträge erfolgte daraufhin auf dezentraler Ebene durch sog. Betriebskollektivverträge zwischen der Betriebsleitung und der „verordneten" Betriebsgewerkschaftsleitung. Arbeitgeberverbände und sektorale Gewerkschaftsorganisationen waren diesem System genau so fremd wie etablite Muster des Interessenausgleichs und der Konfliktaustragung.

17 Damit galten ab diesem Zeitpunkt Koalitionsfreiheit, Arbeitskampfrecht, Betriebsverfassung, Unternehmensmitbestimmung und Kündigungsschutz entsprechend dem Recht der Bundesrepublik.

schlossen, so daß bereits 1991 sämtliche in der DDR geltenden Tarifverträge praktisch beseitigt waren. „Alles in allem konnte .. innerhalb eines Jahres eine soweit funktionsfähige Arbeitgeberverbandsstruktur aufgebaut werden, daß die wichtigsten Aufgaben – Tarifverhandlungen, Aufbau der Selbstverwaltungsorgane (der Sozialversicherungen; F.H.) sowie Erstberatung der Unternehmen in allen personalpolitischen Angelegenheiten – wahrgenommen werden konnten" (Neifer-Dichmann 1992b: 113).

Der Aufbau der Arbeitgeberverbände wurde durch westdeutsche Landesfachverbände materiell und personell vorangetrieben. Im Bereich der Metall- und Elektroindustrie entstanden auf der Ebene der Landesfachverbände Partnerschaftsbeziehungen zwischen den Verbänden in Thüringen und Hessen, Sachsen-Anhalt und Niedersachsen, Sachsen und Bayern, Mecklenburg-Vorpommern und Schleswig-Holstein, Ost-Berlin und Brandenburg und West-Berlin (Arbeitgeberverband Gesamtmetall 1991: 118). Im Laufe des Jahres 1990 wurden so flächendeckend (ohne Innungen gerechnet) mehr als 100 fachlich-regionale Arbeitgeberverbände gebildet (Neifer-Dichmann 1992b). Diese fusionierten zum Teil mit westdeutschen Verbänden und wurden zügig als Mitglieder in die bestehenden westdeutschen Fachspitzenverbände aufgenommen. Zum Jahresende war dieser Gründungsprozeß im wesentlichen abgeschlossen. Mitte 1990 begann ebenso der Aufbau der überfachlichen Landesverbände. Während die Arbeitgeberverbände in Berlin und im Land Brandenburg fusionierten, wurden mit Unterstützung westdeutscher Partnerverbände in den übrigen vier Bundesländern neue Landesverbände errichtet. Bereits Ende 1990 wurden die fünf Landesvereinigungen als ordentliche Mitglieder in die BDA aufgenommen (vgl. BDA 1990: XIII, Neifer-Dichmann 1992a: 127, Kleinhenz 1992: 19). Bei der Gestaltung der tarifpolitischen Verbändelandschaft gelang es, eine Organisationsgliederung entsprechend den Ländergrenzen zu installieren, während in einigen der alten Bundesländer Tarifbezirke nicht mit den Landesgrenzen kompatibel sind. Mit dieser rationalisierten Domänenteilung und Zusammenlegung von Landesfachverbänden[18] entschied man sich gleichzeitig für eine starke Stellung der Verbandszentralen in der Tarifpolitik (Wiesenthal/Ettl/Bialas 1992: 23).

---

18 So vereinigte sich z.B. der „Verband der Metall- und Elektro-Industrie Mecklenburg-Vorpommern" mit dem „Arbeitgeberverband der Metallindustrie Hamburg – Schleswig-Holstein" zu einem einheitlichen Landesfachverband „Nordmetall" (Arbeitgeberverband Gesamtmetall 1991: 248f.).

2.3 Aktivitäten der regionalpolitischen Verbände des Kammersystems

2.3.1 Aufbau der Industrie- und Handelskammern

Anders als auf Wirtschafts- und Arbeitgeberverbandsseite traf der DIHT in seinem Organisationsbereich noch auf Vorläuferorganisationen (DIHT 1990: 15ff.). Die IHKn hatten in der ehemaligen DDR nie wirklich aufgehört zu existieren, sondern wurden 1983 nach der letzten Enteignungs- und Verstaatlichungswelle umbenannt in Handels- und Gewerbekammern (Ortmeyer 1992: 130). Sie vereinigten die auch nach dieser Entprivatisierung noch übrig gebliebenen und geduldeten Klein- und Mittelbetriebe, die allerdings maximal zehn Beschäftigte aufweisen durften. Ihre Mitglieder waren selbständige Gewerbetreibende, insbesondere aus dem Einzel- und Großhandel, dem Verkehrsgewerbe und dem Gartenbau. Die räumliche Zuständigkeit der 15 Kammern deckte sich mit den 14 Bezirken der DDR und mit Ost-Berlin. Sie waren Organe der Zentralverwaltungswirtschaft und als solche den Räten der Bezirke unterstellt. Insofern war klar, daß sie ihre Mitglieder ideologisch anzuleiten, zur Planerfüllung anzuhalten und in das System der Planwirtschaft einzuordnen hatten. Mit den IHKn im Westen bestanden somit nur ansatzweise Gemeinsamkeiten (Schmidt-Trenz 1992: 158f.).

Bereits im Dezember 1989 nahmen die wenigen selbständig gebliebenen Gewerbetreibenden erste Kontakte zu den westdeutschen IHKn auf. Anfang 1990 wurde dann mit der Unterstützung und Beratung durch westdeutsche IHKn mit der Reform der Handels- und Gewerbekammern durch Reorganisation ihrer Vertretungen bzw. deren Neugründung begonnen. Diese Aktivitäten, für die zunächst noch keine Rechtsgrundlage bestand, fanden schon damals zumindest teilweise in Abstimmung und Koordination mit dem DIHT statt. Nachdem die Modrow-Regierung die „Verordnung über die Industrie- und Handelskammern in der DDR" vom März 1990 erlassen hatte, übernahm der DIHT endgültig die nicht nur technische Betreuung der nach westdeutschem Muster neu zu bildenden bzw. bereits neu gebildeten IHKn, die an die Stelle der alten DDR-Kammern traten. Neben der Vorschrift zur Bildung von Selbstverwaltungsorganisationen mit Pflichtmitgliedschaft sah die Verordnung die Gründung einer Dachorganisation vor. Der DIHT initiierte deshalb die „Vereinigung der Industrie- und Handelskammern in der DDR". Diese wurde durch das vom DIHT Mitte 1990 in Ost-Berlin eingerichtete Büro betreut und existierte nur bis zum Zeitpunkt der deutschen Wiedervereinigung. Das DIHT-Büro in Ost-Berlin arbeitete als Verbindungsstelle zwischen dem DIHT und den neuen IHKn in der ehemaligen DDR. Im Verlaufe des Jahres 1990 konnte der organisatorische Aufbau, der von westdeutschen Partnerschaftskammern sachlich, personell und materiell unterstützt wurde, weitgehend abgeschlossen werden, so daß die auf DDR-Gebiet neu gebildeten 14 IHKn bereits im Juni 1990 als Mitglieder in den DIHT aufgenommen wurden (Ortmeyer 1992: 130ff.).[19] Es ist anzumerken, daß die ehemals nur für West-Berlin zuständige Industrie- und Handelskammer zu Berlin, nach Auflösung der für Ost-Berlin zuständigen „Industrie- und Handelskammer von Berlin" zum Ende des Jahres 1990, die Betreuung aller Kammerzugehörigen des neuen Landes Berlin übernahm. Damit ist das auf dem Boden der ehemaligen DDR innerhalb kurzer Zeit neu entstandene Kammersystem ebenfalls als Teil des umfassenden Institutionentransfers im unternehmerischen Verbändewesen anzusehen.

2.3.2 Aufbau der Handwerksorganisationen

Ähnlich wie beim DIHT existierten auch im Organisationsbereich des ZDH 15 staatlich kontrollierte Handwerkskammern in den Bezirken der DDR (ZDH 1990: 221ff.). Daneben war das Handwerk in Berufsgruppen organisiert. Der ZDH stand wie alle anderen Dachorganisationen auch bereits Ende 1989 in Kontakt mit den Handwerkskammern der DDR. Nach dem Erlaß der „Verordnung über die Organisation des Handwerks der DDR" durch die Regierung Modrow im Februar 1990 erfolgte eine zügige Umstrukturierung dieser Kammern zu Selbstverwaltungseinrichtungen des Handwerks und der Berufsgruppen zu Innungen, die mit maßgeblicher Hilfestellung des ZDH, der westdeutschen Zentralfachverbände und der Partnerschaftskammern im Verlaufe des Jahres 1990 weitgehend abgeschlossen wurde. Der vom ZDH gegründete gemeinsame deutsch-deutsche Arbeitskreis „Organisation und Recht", in dem alle Handwerkskammern und einige Fachverbände der DDR sowie Handwerkskammern und Fachverbände aus der Bundesrepublik vertreten waren, begleitete diesen Prozeß. Schon Ende Mai konnten die neu gebildeten Handwerkskammern dem DHKT und dem ZDH zunächst als Gastmitglieder, im November 1990 schließlich als ordentliche Mitglieder beitreten. Die im Laufe des Jahres 1990 ebenfalls gegründeten Landesfachverbände gliederten sich unmittelbar im Anschluß an den Beitritt der DDR zur Bundesrepublik in die bestehenden westdeutschen Zentralfachverbände ein. Die 15 auf dem Gebiet der ehemaligen DDR noch entstandenen Zentralfachverbände schlossen sich allesamt mit den bundesdeutschen Zentralfachverbänden zusammen, so daß auch hier eine Doppelvertretung vermieden

---

19 Entsprechend einer Vorgabe durch die Verordnung über die Industrie- und Handelskammern in der DDR wurden die Mitarbeiter der Bezirksstellen der Kammer für Außenhandel in den neu gegründeten IHKn weiter beschäftigt. Die Kammer für Außenhandel hat im August 1990 ihre Selbstauflösung zum Ende August 1991 beschlossen.

Die Unternehmerverbände   349

werden konnte.[20] Die westdeutschen Zentralfachverbände haben sich außerdem intensiv um die Gründung und den Aufbau von Landesinnungen und Landesinnungsverbänden gekümmert. Während die Organisationsbildung im Bereich der Landesfachverbände wie auch die Auflösung bzw. Umbildung der früheren Kreisgeschäftsstellen der Kammern zu Kreishandwerkerschaften im Jahre 1991 weitgehend abgeschlossen werden konnten, fand die Gründung der Landesvereinigungen der Fachverbände hauptsächlich erst im Jahre 1992 statt (ZDH 1991: 256f.). Durch den mit bundesdeutscher Unterstützung geleiteten und gesteuerten Aufbau wurde auch im Bereich der Handwerksorganisationen sichergestellt, daß sich das westdeutsche Kammerwesen im Beitrittsgebiet ohne Abstriche durchsetzen konnte.

2.4 Originär ostdeutsche Organisationsgründungen in der Wendezeit

Bereits im Herbst 1989 und verstärkt unmittelbar nach der politischen Wende suchten die sehr unterschiedlich strukturierten (Industrie-)Unternehmen der ehemaligen DDR sowie die wachsende Zahl der Selbständigen nach einer unternehmerischen Interessenvertretung (Bauer 1991: 14). So formierten sich erste Verbandsinitiativen, deren vorrangiges Ziel die Realisierung der Gewerbe- und Niederlassungsfreiheit und die Beseitigung der prohibitiv hohen Steuersätze auf den Ertrag als Voraussetzung für unternehmerische Betätigung war. An den sogenannten „Runden Tischen" auf Stadt-, Bezirks- und Staatsebene erzielten sie erste Erfolge, so daß Reprivatisierungen – zunächst der 1972 enteigneten (mittelständischen) Betriebe – seit März 1990 eingeleitet wurden (Neifer-Dichmann 1992a: 126). Die Reprivatisierer waren unter der sehr heterogenen neuen Unternehmerschaft die bedeutendste Gruppe.[21] Hauptträger dieser Entwicklungen waren der im Januar 1990 gegründete „Unternehmerverband der DDR" (UV der DDR) sowie der „Bund der Selbständigen der DDR". Obwohl noch keine Bundesländer existierten, wurden bereits Unterverbände des UV der DDR z.B. für die Region Sachsen in Leipzig, Dresden und Chemnitz und für Thüringen in Erfurt gegründet. Bei beiden Verbandsgruppierungen handelte es sich um branchenübergreifende Zusammenschlüsse vor allem von privaten Handwerkern, Händlern und Kleinstproduzenten, denen sich die ehemals enteigneten Un-

---

20 Die im Zuge des deutschen Vereinigungsprozesses neu errichteten Innungen sind über Landesinnungsverbände den bereits bestehenden Zentralfachverbänden beigetreten, so daß sich deren Zahl nicht erhöht hat (Müller 1993: 723).
21 Hinzu kamen Unternehmen, die aus der Zerschlagung der Kombinate entstanden sind sowie bundesdeutsche Unternehmer, die versuchten, ihre früher enteigneten Unternehmen zurückzubekommen.

ternehmer teilweise angeschlossen hatten. Sie waren primär wirtschaftspolitisch orientiert und entsprachen in etwa den Gewerbeverbänden in den alten Bundesländern. Nach Auflösung des UV der DDR wurden in der zweiten Jahreshälfte 1990 auch dessen regionale Untergliederungen neu gegründet. So entstand beispielsweise Ende Oktober 1990 der Unternehmerverband Sachsen (UV Sachsen) als eigenständiger Landesverband mit Sitz in Dresden. Er unterhält heute drei Geschäftsstellen in Dresden, Leipzig und Chemnitz, die die jeweiligen Regierungsbezirke betreuen.[22] Die ehemals von den acht Unternehmerverbänden Ostdeutschlands bis Ende 1993/Anfang 1994 intendierte Gründung eines neuen gemeinsamen Dachverbandes „Bund der ostdeutschen Unternehmerverbände" mit Sitz in Berlin wurde jedoch wegen finanzieller Restriktionen, personeller Streitigkeiten und konzeptioneller Meinungsverschiedenheiten nie realisiert.

Das „Unternehmensforum der DDR" – ein Zusammenschluß vor allem größerer Industriebetriebe aus dem Bereich der zentral- und bezirksgeleiteten Kombinate – konstituierte sich hingegen vornehmlich als Arbeitgeberverband (Neifer-Dichmann 1992a: 127). Es handelte sich bei diesem Verband überwiegend um eine Verbandsinitiative SED-naher Kombinatsdirektoren. Im Zuge der Übernahme dieser Betriebe durch die Treuhandanstalt und der Umstrukturierung der Kombinate in Kapitalgesellschaften verlor er seine Geschäftsgrundlage und löste sich einschließlich seiner regionalen Untergliederungen schon im Sommer 1990 wieder auf (Bauer 1991: 14).

2.5 Bildung von regionalen west-ostdeutschen Kooperationsachsen und Durchsetzung des westdeutschen Verbändetypus

Schon zum Ende des Jahres 1989 entstanden, wie bereits mehrfach erwähnt, erste regionale Kooperationsbeziehungen zwischen ostdeutschen Interessenten mit den entprechenden westdeutschen Verbandsvertretern. Aus diesen anfangs noch losen Kontakten wurden, vorangetrieben durch die sich überschlagenden politischen Ereignisse, meist innerhalb weniger Wochen feste regionale Kooperationsachsen, die sich auf den verschiedenen Unternehmerverbände-Schienen parallel bildeten. Die flächendeckende regionale Aufteilung unter den westdeutschen Landesverbänden und die Zuweisung

---

22 Neben dem UV Sachsen entstanden noch der „Unternehmerverband Berlin", der „Unternehmerverband des Landes Brandenburg", der „Allgemeine Unternehmerverband Neubrandenburg", der „Unternehmerverband Norddeutschland Mecklenburg-Schwerin", der „Unternehmerverband Rostock und Umgebung", der „Unternehmerverband Thüringen" und der „Allgemeine Unternehmerverband Vorpommern", die aber faktisch überhaupt keine Rolle mehr in der Verbändelandschaft spielen.

Die Unternehmerverbände

fester Kooperationspartner und -länder in Ostdeutschland, obgleich zu diesem Zeitpunkt im staatsrechtlichen Sinne noch keine Länder existierten, übernahmen die Dachverbände BDI, BDA, DIHT und ZDH. Diese Zuordnung verlief jedoch nicht vollkommen reibungslos. So weigerten sich beispielsweise die bayerischen Arbeitgeber- und Wirtschaftsverbände erfolgreich, Thüringen als Partner- bzw. Patenschaftsland[23] zu übernehmen, da sie verhindern wollten, daß die Baden-Württemberger ihre (hohen) Tarifnormen im Industrieland Sachsen, in dem sich rund ein Drittel der Industrieproduktion der ehemaligen DDR konzentrierte, implantieren. Oder es wurden im Bereich des Kammerwesens im selben Regierungsbezirk – entgegen den gesetzlichen Vorschriften – mehrere Kammern gleichzeitig gebildet (Manegold 1994: 109), so daß es vereinzelt zu unzulässigen räumlichen Überschneidungen z.B. von Innungen kam (ZDH 1991: 257). Von den Fachspitzenverbänden auf Bundesebene wurden die Kooperationsbeziehungen zudem mitorganisiert und weithin koordiniert, vor allem aber personell, finanziell, materiell und informationell massiv unterstützt. Denn unter allen westdeutschen Dach- und Fachspitzenverbänden bestand Konsens, daß es in einem geeinten Deutschland keine parallel existierenden Verbandsorganisationen für West- und Ostdeutschland geben sollte.

Der Aufbauprozeß des Systems der unternehmerischen Interessenvertretung, der im wesentlichen von westdeutschen Fachverbänden vorangetrieben wurde, war gekennzeichnet vom Wettlauf der insbesondere auf regionaler Ebene unterschiedlichen Verbändemodelle bei der Transplantation von West- nach Ostdeutschland. So setzte sich mit Hilfe bayerischer Wirtschaftsverbände in Sachsen das Trennmodell und beispielsweise in Thüringen mit hessischer Unterstützung das Gemeinschaftsmodell auf der überfachlichen Landesverbandsebene (wie auch auf der örtlichen überfachlichen Verbandsebene) durch. Hierbei hatten die Hauptgeschäftsführer der westdeutschen Landesverbände einen dominierenden Einfluß auf die Entwicklung der Verbändestruktur in den NBL.

Generalisierend lassen sich zwei Grundmuster der Genese von Interessenvertretungen der Unternehmer in den NBL feststellen:

– Da in der Wendezeit im Bereich der Unternehmerverbände DDR-Altorganisationen nicht bzw. nur in Form der Kammern vorlagen, wurden sehr schnell Unternehmerverbände häufig mit, aber auch ohne westdeutsche Auf- bzw. Umbauhilfe neu gegründet (Gründungsphase). Die zunächst durchaus entstehenden originären ostdeutschen Verbände existierten jedoch meist nur temporär, da westdeutsche Paten- und Partner-

---

23 Die Wirtschaftsverbände haben sich für den Terminus der Patenverbände entschieden, die Arbeitgeberverbände und Wirtschaftskammern hingegen bezeichneten ihre Korrespondenzorganisationen in den NBL als Partnerverbände.

verbände aufgrund ihres „Know-how" und ihrer Ressourcenausstattung die Gestaltung der gesamten Verbändelandschaft zunehmend mehr übernahmen. Sie unterstützten ihre ostdeutschen Pendants in der Aufbauphase massiv finanziell und personell. So wurden meist auch die Geschäftsführungen von den westdeutschen Verbänden gestellt. Diese Aufbauhilfe war von beiden Seiten durchaus gewollt (Eichener u.a. 1992a: 42). Der Großteil der DDR-eigenen Verbändeinitiativen löste sich in dieser Phase sukzessive wieder auf und trat den Ablegern westdeutscher Verbände bei bzw. fusionierte mit diesen.

– Eine ganze Reihe von westdeutschen Verbänden hat jedoch lediglich ihre regionale Zuständigkeit auf die NBL ausgedehnt und dort neue Mitglieder rekrutiert. So hat beispielsweise knapp die Hälfte (16) der insgesamt 35 Fachspitzenverbände des BDI nur das Einzugsgebiet ihrer Fachverbände erweitert und nimmt die Betreuung ostdeutscher Unternehmen vom Stammsitz in Westdeutschland aus wahr (BDI 1993b). Hierbei handelt es sich allerdings um weniger wichtige bzw. kleinere Branchen wie z.B. den „Verband der Cigarettenindustrie", den „Verband der deutschen Kautschukindustrie", den „Mineralölwirtschaftsverband" oder den „Verein der Zuckerindustrie".

Festzuhalten bleibt, daß sich die Ableger bzw. Pendants westdeutscher Verbände durchgesetzt haben (Eichener u.a. 1992b: 550ff., Wiesenthal/Ettl/ Bialas 1992: 28f.). Die in der unmittelbaren Wendezeit durchaus vorhandenen DDR-eigenen Verbändeinitiativen fielen einerseits dem sich ausdehnenden westdeutschen Verbändesystem zum Opfer, das über eine höhere fachliche Spezialisierung und (fach-)verbandliche Ausdifferenzierung sowie einen höheren Grad an Professionalisierung und Finanzkraft verfügte. Das rasante Tempo des Einigungsprozesses unterstützte diese Entwicklung zusätzlich. Andererseits gab es auch Gründe politischer Opportunität für die Auflösung der originären ostdeutschen Verbände. Ein Beleg für den Transplantationscharakter bei der Übertragung des unternehmerischen Verbändesystems in die NBL ist die fast wortgleiche Übernahme der Satzungen, der Organisations- und Tarifstrukturen und eines Teils des Personals. Einzig und allein die Ableger des UV der DDR in den einzelnen NBL haben die Wendezeit überlebt, wobei aber nur der UV Sachsen noch eine regional begrenzte Bedeutung aufweist. Insgesamt gesehen gestaltete sich der Verbandsaufbau auf Unternehmerseite schwieriger als auf seiten der Gewerkschaften, da zum einen ein Mitgliederpotential erst entstehen und rekrutiert werden mußte und zum anderen Informationsdefizite bezüglich der Funktionen von Interessenorganisationen der Wirtschaft, vor allem von Arbeitgeberverbänden, bestanden (Kleinhenz 1992: 20, Ettl/Wiesenthal 1994: 430). Insofern stellt die zügige Errichtung eines funktionierenden unternehmerischen Verbändesystems eine durchaus beachtliche Leistung dar.

Literatur

Alemann, U. von: Organisierte Interessen in der Bundesrepublik Deutschland. Opladen: Leske + Budrich, 2. durchges. Aufl. 1989

Arbeitgeberverband Gesamtmetall (Hrsg.): Geschäftsbericht 1989-1991 (unveröff.) 1991

Arbeitgeberverband Gesamtmetall (Hrsg.): Geschäftsbericht 1991-1993 (unveröff.) 1993

Arbeitgeberverband Gesamtmetall (Hrsg.): Die Metall- und Elektro-Industrie der Bundesrepublik Deutschland in Zahlen. Ausgabe 1995 (unveröff.) 1995

Bauer, J.: Aktivitäten des BDI in den neuen Bundesländern. In: Aus Politik und Zeitgeschichte B13/91(1991), S. 12-19

Bundesverband der Deutschen Industrie (BDI) (Hrsg.): Bericht 1990-92 (unveröff.) 1992

Bundesverband der Deutschen Industrie (BDI) (Hrsg.): BDI-Bericht 1993 (unveröff.) 1993a

Bundesverband der Deutschen Industrie (BDI): BDI-Landesvertretungen und Vertretungen von BDI-Mitgliedsverbänden in den neuen Bundesländern. BDI-Info vom 25.01.1993 (unveröff.) 1993b

Bundesverband der Deutschen Industrie (BDI) (Hrsg.): BDI-Bericht 1994 (unveröff.) 1995

Bundesverband der Deutschen Industrie (BDI) (Hrsg.): Organisationsplan. Ausgabe 1996 (unveröff.) 1996

Bundesvereinigung der Deutschen Arbeitgeberverbände (BDA): Jahresbericht 1990 (unveröff.) 1990

Bundesvereinigung der Deutschen Arbeitgeberverbände (BDA): Jahresbericht 1991 (unveröff.) 1991

Bundesvereinigung der Deutschen Arbeitgeberverbände (BDA): Organisationsplan (unveröff.) 1992

Deutscher Industrie- und Handelstag (DIHT): Bericht 1990 (unveröff.) 1990

Deutscher Industrie- und Handelstag (DIHT): Bericht 1994 (unveröff.) 1994

Deutscher Industrie- und Handelstag (DIHT) (Hrsg.): DIHT-Meinung 1995 (unveröff.) 1995

Eichener, V./Kleinfeld, R./Pollack, D./Schmid, J./Schubert, K./Voelzkow, H.: Organisierte Interessen in Ostdeutschland: Dimensionen und Forschungsfragen. In: Eichener, V./Kleinfeld, R./Pollack, D./Schmid, J./Schubert, K./Voelzkow, H. (Hrsg.): Organisierte Interessen in Ostdeutschland. Marburg: Metropolis, 1992a, S. 15-51

Eichener, V./Kleinfeld, R./Pollack, D./Schmid, J./Schubert, K./Voelzkow, H.: Determinanten der Formierung organisierter Interessen in den neuen Bundesländern. In: Eichener, V./Kleinfeld, R./Pollack, D./Schmid, J./Schubert, K./Voelzkow, H. (Hrsg.): Organisierte Interessen in Ostdeutschland. Marburg: Metropolis, 1992b, S. 545-582

Ettl, W./Wiesenthal, H.: Tarifautonomie in de-industrialisiertem Gelände. Analyse eines Institutionentransfers im Prozeß der deutschen Einheit. In: Kölner Zeitschrift für Soziologie und Sozialpsychologie 46(1994)3, S. 425-452

Franz, W.: Im Jahr danach – Bestandsaufnahme und Analyse der Arbeitsmarktentwicklung in Ostdeutschland. In: Gahlen, B./Hesse, H./Ramser, H. J. (Hrsg.): Von der Plan- zur Marktwirtschaft: eine Zwischenbilanz. Tübingen: Mohr, 1992, S. 245-274

Hartmann, J.: Verbände in der westlichen Industriegesellschaft: ein international vergleichendes Handbuch. Frankfurt a.M.: Campus, 1985

Henneberger, F.: Transferstart: Organisationsdynamik und Strukturkonservatismus westdeutscher Unternehmerverbände – Aktuelle Entwicklungen unter besonderer Berücksichtigung des Aufbauprozesses in Sachsen und Thüringen. In: Politische Vierteljahresschrift 40(1993)4, S. 640-673

Keller, B.: Einführung in die Arbeitspolitik: Arbeitsbeziehungen und Arbeitsmarkt in sozialwissenschaftlicher Perspektive. München-Wien: Oldenbourg, 3., völlig überarb. und stark erw. Aufl. 1993

Kleiner, H.: Verbände vor völlig neuen Herausforderungen. In: Der Arbeitgeber 46(1994)22, S. 810-815

Kleinhenz, G.: Tarifpartnerschaft im vereinten Deutschland. Die Bedeutung der Arbeitsmarktorganisationen für die Einheit der Arbeits- und Lebensverhältnisse. In: Aus Politik und Zeitgeschichte B12/92(1992), S. 14-24

Manegold, H.-D.: Industrie- und Handelskammern: Eine Institution mit langer Tradition im Prozeß der Wiedervereinigung. In: Schmid, J./Löbler, F./Tiemann, H. (Hrsg.): Organisationsstrukturen und Probleme von Parteien und Verbänden. Berichte aus den neuen Ländern. Marburg: Metropolis, 1994, S. 101-110

Müller, E.-P.: Unternehmerverbände. In: Mickel, W. (Hrsg.): Handlexikon zur Politikwissenschaft. Bonn: Bundeszentrale für politische Bildung, 1986, S. 529-532

Müller, E.-P.: Wirtschaftsverbände. In: Weidenfeld, W./Korte, K. R. (Hrsg.): Handbuch der deutschen Einheit. Bonn: Bundeszentrale für politische Bildung, 1993, S. 720-725

Neifer-Dichmann, E.: Unternehmerverbände im Prozeß der deutsch-deutschen Vereinigung. In: Löbler, F./Schmid, J./Tiemann, H. (Hrsg.): Wiedervereinigung als Organisationsproblem: Gesamtdeutsche Zusammenschlüsse von Parteien und Verbänden. Bochum: Brockmeyer, 2. überarb. Aufl. 1992a, S. 125-129

Neifer-Dichmann, E.: Aufbau der Arbeitgeberverbände. In: Personal 44(1992b)3, S. 112-113

Ohneis, G.: Wandel in den Zielsetzungen der Deutschen Unternehmerverbände – Eine systemtheoretische Analyse am Beispiel von BDI und BDA. Diss. (unveröff.) 1990

Ortmeyer, A.: Industrie- und Handelskammern in den neuen Bundesländern. In: Löbler, F./Schmid, J./Tiemann, H. (Hrsg.): Wiedervereinigung als Organisationsproblem: Gesamtdeutsche Zusammenschlüsse von Parteien und Verbänden. Bochum: Brockmeyer, 2. überarb. Aufl. 1992, S. 130-134

Schmidt-Trenz, H.-J.: Systemwandel und vertrauensbildende Maßnahmen. Der Transformationsprozeß der „DDR"-Wirtschaft im Lichte der Neuen Institutionenökonomik von Kammern und Verbänden. In: Jahrbuch für Neue Politische Ökonomie 11(1992), S. 145-163
Schnabel, C.: Entwicklungstendenzen der Arbeitsbeziehungen in der Bundesrepublik Deutschland seit Beginn der achtziger Jahre. Eine Analyse unter besonderer Berücksichtigung der Arbeitgeberseite. In: Mesch, M. (Hrsg.): Sozialpartnerschaft und Arbeitsbeziehungen in Europa. Wien: Manz, 1995, S. 53-74
Simon, W.: Gesellschaftliche Machtverteilung am Beispiel der Unternehmerverbände. In: WSI-Mitteilungen. Sonderheft „Gewerkschaftsstaat oder Unternehmerstaat" 38(1976), S. 38-47
Sinn, G./Sinn, H.-W.: Kaltstart. Volkswirtschaftliche Aspekte der deutschen Vereinigung. München: Beck, 3., überarb. Aufl. 1993
Ullmann, H.-P.: Interessenverbände in Deutschland. Frankfurt/M.: Suhrkamp, 1988
Vajna, T.: Verbandsfibel: Kammern und Verbände der deutschen Wirtschaft. Köln: Deutscher Instituts-Verlag, 1993
Weber, H.: Unternehmerverbände zwischen Markt, Staat und Gewerkschaften: zur intermediären Organisation von Wirtschaftsinteressen. Frankfurt a.M.: Campus, 1987
Weber, H.: Unternehmerverbände. In: Holtmann, E. (Hrsg.): Politik-Lexikon. München-Wien: Oldenbourg, 1991, S. 643-647
Weber, J.: Die Interessengruppen im politischen System der Bundesrepublik Deutschland. Stuttgart: Kohlhammer, 1977
Wiesenthal, H./Ettl, W./Bialas, C.: Interessenverbände im Transformationsprozeß. Zur Repräsentations- und Steuerungsfähigkeit des Verbändesystems der neuen Bundesländer. Arbeitspapiere AG TRAP 92/3 (unveröff.) 1992
Zentralverband des Deutschen Handwerks (ZDH) (Hrsg.): Handwerk 1990 (unveröff.) 1990
Zentralverband des Deutschen Handwerks (ZDH) (Hrsg.): Handwerk 1991 (unveröff.) 1991
Zentralverband des Deutschen Handwerks/Abteilung Recht (ZDH): Organisationsreform im Handwerk – Empfehlungen der Arbeitsgruppen (unveröff.). 1995
Zentralverband des Deutschen Handwerks (ZDH): Organisationsplan (unveröff.) 1996.

Die Wohlfahrtsverbände

Thomas Olk/Stefan Pabst

1. Funktionen und Merkmale der Wohlfahrtsverbände

Unter dem Begriff „Wohlfahrtsverbände" werden die sechs „Spitzenverbände der Freien Wohlfahrtspflege" – in alphabetischer Reihenfolge handelt es sich um die Arbeiterwohlfahrt (AWO), den Deutschen Caritasverband (Caritas), das Deutsche Rote Kreuz (DRK), das Diakonische Werk der Evangelischen Kirche in Deutschland (Diakonie), den Paritätischen Wohlfahrtsverband (Der Paritätische) und schließlich die Zentralwohlfahrtsstelle der Juden in Deutschland (ZWST) – zusammengefaßt.[1] Diese haben sich in ihrer mittlerweile ca. hundertjährigen Geschichte zu einer tragenden Säule des deutschen Sozialstaates entwickelt. Spätestens seit Mitte der zwanziger Jahre dieses Jahrhunderts sind die Spitzenverbände der Freien Wohlfahrtspflege in die Formulierung und Umsetzung staatlicher Maßnahmen und Programme formell eingebunden, so daß auf diese Weise eine „duale Struktur" (Sachße/Tennstedt 1988: 152) des deutschen Sozialstaates konstituiert worden ist. Gemäß dem Subsidiaritätsprinzip, wie es in den einschlägigen Sozialgesetzen – insbesondere dem Bundessozialhilfegesetz (BSHG) und dem Kinder- und Jugendhilfegesetz (KJHG) – geregelt worden ist, genießen die Träger der Freien Wohlfahrtspflege gegenüber öffentlichen Trägern als Träger sozialer Dienste und Einrichtungen einen „bedingten Vorrang".

Wohlfahrtsverbände sind dadurch gekennzeichnet, daß sie neben der Funktion politischer Interessenvermittlung insbesondere eine Dienstleistungsfunktion erfüllen; sie sind in diesem Sinne „Sozialleistungsvereinigungen",

---

1   Der Beitrag basiert auf Ergebnissen aus dem laufenden Forschungsprojekt „Transformation intermediärer Organisationen im deutschen Einigungsprozeß", in dem die Konstitutionsprozesse, Leistungsbeiträge und Funktionsweisen intermediärer Organisationen im Sozialbereich der neuen Bundesländer untersucht werden. Die empirische Grundlage bilden Expertengespräche, die mit Verbandsvertretern sowohl auf lokaler als auch auf Landesebene in den Bundesländern Sachsen und Sachsen-Anhalt geführt wurden. Das Forschungsprojekt wird von der Deutschen Forschungsgemeinschaft im Schwerpunktprogramm „Sozialer und politischer Wandel im Zuge der Integration der DDR-Gesellschaft" von 1992 bis 1997 gefördert; die Projektleitung liegt bei Prof. Dr. Claus Offe (Humboldt-Universität zu Berlin) und Prof. Dr. Thomas Olk (Martin-Luther-Universität Halle-Wittenberg).

die eine Vielfalt von Leistungen für Dritte in ihren Diensten und Einrichtungen erbringen. Darüber hinaus verstehen sich Wohlfahrtsverbände auch als „Mitgliedervereine", in denen auf der Basis einer freiwilligen Mitgliedschaft wertgebundene Formen der Hilfe auf der Grundlage einer weltanschaulichen Motivation und eingebunden in ein sozialmoralisches Milieu erbracht werden.[2] Diese Multifunktionalität beeinflußt maßgeblich die Bedingungen und Restriktionen des Verbandsaufbaus in den neuen Bundesländern. Für ihr angemessenes Funktionieren sind die Wohlfahrtsverbände nämlich darauf angewiesen, sich gemäß den Imperativen der drei genannten Funktionen nun auch in Ostdeutschland in drei Umwelten zugleich erfolgreich zu behaupten: dem Umweltausschnitt der Mitgliedschaftsbasis (Mitgliederverein), dem Umweltausschnitt des ostdeutschen Dienstleistungsmarktes (Sozialleistungsvereinigung) sowie dem Umweltausschnitt des politisch-administrativen Systems insbesondere auf der Ebene der neuen Länder (politische Interessenvertretungsfunktion). Die innerverbandliche Integration dieser Funktionsbereiche bzw. Organisation-Umwelt-Bezüge gelingt im Normalfall keineswegs problemlos; vielmehr werfen die Logik des assoziativen Vereinsaufbaus, die Logik betriebswirtschaftlicher Effizienz sowie die Logik politischer Effektivität je spezifische Anforderungen an verbandspolitisches Handeln auf, die im Normalfall nicht miteinander harmonieren, sondern vielmehr notorisch in Widerspruch zueinander geraten. In den folgenden Ausführungen stellt sich daher die Frage, wie die Wohlfahrtsverbände mit diesem organisationsstrategischen Integrationsproblem – zumindest bislang – umgegangen sind. Ist es ihnen gelungen, die Anforderungen der sozialen Basis, des Dienstleistungsmarktes und der politischen Einflußsphäre miteinander zu vereinbaren und auf diese Weise ihre Multifunktionalität auch in Ostdeutschland zu entfalten oder haben sich eventuell einseitige Schwerpunktsetzungen herausgebildet, die zur Vernachlässigung der jeweils anderen Funktionsbereiche bzw. Umweltbezüge geführt haben?

Im folgenden soll daher den Konstitutions- und Konsolidierungsstrategien und -prozessen der Verbände der Freien Wohlfahrtspflege in Interaktion mit den genannten drei Umweltausschnitten nachgegangen werden. Zu diesem Zweck wenden wir uns zunächst dem Aufbau assoziativer Strukturen bzw. eines Vereinslebens (vgl. Abschnitt 2.1), sodann dem Aufbau des Dienstleistungsmarktes (vgl. Abschnitt 2.2) sowie schließlich dem Aufbau der politischen Interessenvertretungsfunktion der Wohlfahrtsverbände zu (vgl. Abschnitt 2.3). Da in bisherigen Arbeiten überwiegend die Dienstleistungsfunktion (Angerhausen u.a. 1995, Backhaus-Maul/Olk 1995, Olk 1996) sowie die assoziative Funktion (Angerhausen u.a. 1994, Olk 1996) im

---

2 Zur Erläuterung dieser drei Funktionen vgl. ausführlicher Olk 1995, 1996 sowie Backhaus-Maul/Olk 1996.

Die Wohlfahrtsverbände 359

Mittelpunkt gestanden haben, wird in den folgenden Ausführungen ein besonderes Augenmerk auf die politische Interessenvertretungsfunktion der Wohlfahrtsverbände gelegt (Windhoff-Héritier 1989; von Winter 1990, 1992).

2. Der Aufbau von Wohlfahrtsverbänden in Ostdeutschland

2.1 Wohlfahrtsverbände als Mitgliedervereine

Hinter der Einheitlichkeit der Sammelbezeichnung „Spitzenverbände der Freien Wohlfahrtspflege" verbergen sich im Hinblick auf programmatisches Selbstverständnis, organisatorische Binnenstrukturen und Größenordnungen (gemessen an der Zahl der Einrichtungen und Dienste und des hauptamtlichen Personals) höchst unterschiedliche Sozialverbände. Ergeben sich hieraus bereits unterschiedliche Bedingungen für den Um- bzw. Neuaufbau verbandlicher Strukturen in Ostdeutschland, so ist ebenfalls von zentraler Bedeutung, ob die einzelnen Verbände auf organisatorische Vorläufer aus der Zeit der DDR zurückgreifen können oder nicht. In dieser verbandsstrategisch zentralen Hinsicht lassen sich die Wohlfahrtsverbände heuristisch in die folgenden drei Typen differenzieren:

a) Verbände, die bereits zu DDR-Zeiten als Wohlfahrtsorganisationen mit ähnlicher Aufgabenstellung und Struktur bestanden hatten (hierunter fallen die beiden konfessionellen Verbände Caritas und Diakonie);
b) Wohlfahrtsverbände, die sich aus ehemaligen Massenorganisationen gebildet haben (Deutsches Rotes Kreuz und Volkssolidarität[3]), sowie
c) Wohlfahrtsverbände ohne Vorläuferorganisationen in der DDR (wie die Arbeiterwohlfahrt und der Paritätische Wohlfahrtsverband).

---

3 Obwohl die Volkssolidarität nach der Wende durchaus entsprechende Ambitionen entwickelt hatte, stellt sie – nicht zuletzt aufgrund ihrer Beschränkung auf den Arbeitsbereich Altenhilfe – keinen Spitzenverband der Freien Wohlfahrtspflege dar. In dieser heuristischen Typologie und in der folgenden Argumentation wird sie dennoch neben den eigentlichen Spitzenverbänden mitberücksichtigt, da es sich (1) bei der Volkssolidarität um einen Verband handelt, an dem sich die Transformationsbedingungen und -probleme von Wohlfahrtsverbänden im Zuge der deutschen Einigung in charakteristischer Weise untersuchen lassen, und weil sie (2) unter dem Dach des Paritätischen Wohlfahrtsverbandes die mit deutlichem Abstand größte Mitgliedsorganisation darstellt, die das Gesamtbild dieses Spitzenverbandes in Ostdeutschland wesentlich prägt.

Im Hinblick auf die Entfaltung ihrer Dienstleistungsfunktion, ihrer politischen Interessenvermittlungsfunktion sowie ihrer Funktion als Mitgliedervereine unterscheiden sich die verbandspolitischen Ausgangsbedingungen für diese drei Typen von Wohlfahrtsverbänden in Ostdeutschland erheblich. Dies soll im folgenden zunächst für die assoziative Funktion der Wohlfahrtsverbände als Mitgliedervereine erläutert werden.

Die Verankerung in einer sozialen Basis bzw. die Gewinnung freiwilliger Mitglieder und ehrenamtlicher Helferinnen und Helfer ist eine zentrale Vorbedingung für die Verwirklichung des programmatischen Selbstverständnisses der freigemeinnützigen Verbändewohlfahrt. Denn die Spitzenverbände der Freien Wohlfahrtspflege beanspruchen qua Satzung, nicht lediglich öffentliche Aufgaben im Auftrag des Staates durchzuführen, sondern auf freiwilliger Basis gemäß selbstgesetzter Aufgabenschwerpunkte zur Milderung sozialer Notlagen und zur Anhebung des Gemeinwohls beizutragen. Die Bedingungen für die Gewinnung freiwilliger Ressourcen stellen sich allerdings für die einzelnen Wohlfahrtsverbände in Ostdeutschland höchst unterschiedlich dar (Angerhausen u.a. 1994). So können sich etwa die beiden konfessionellen Wohlfahrtsverbände Caritas und Diakonie durchaus noch auf eine stabile soziale Basis stützen. Sowohl die Caritas als auch die Diakonie verfügen über eine vergleichsweise stabile Verankerung in einem katholischen bzw. evangelischen Sozialmilieu. Diese soziale Basis ist allerdings nach 40 Jahren Realsozialismus in der ehemaligen DDR quantitativ schmal geworden. Während der Anteil der Mitglieder der evangelischen Kirche in dem ehemals protestantischen Kernland immerhin noch über ein Drittel der Bevölkerung ausmacht, ist dieser Wert für die Mitglieder der katholischen Kirche mittlerweile bis auf unter 6 Prozent der Bevölkerung abgesunken.

Die beiden ehemaligen Massenorganisationen Deutsches Rotes Kreuz und Volkssolidarität konnten als ostdeutsche Altorganisationen von Beginn an über eingespielte Kooperationsbeziehungen mit lokalpolitischen Akteuren aus der „alten Elite", fachlich geschultes Personal, eine organisatorische Infrastruktur und Logistik sowie über eine Vielzahl freiwilliger Helfer verfügen. Ferner genießen beide Organisationen den Vorteil, als fortbestehende Verbände in der ostdeutschen Bevölkerung gut bekannt und weithin akzeptiert zu sein. Während das Deutsche Rote Kreuz – schon wegen seiner Doppelfunktion als Nationale Hilfsgesellschaft – und seit 1990 auch in Ostdeutschland als Spitzenverband der Freien Wohlfahrtspflege – das alte Image einer DDR-Massenorganisation rasch abstreifen konnte und vor allem in den Aufgabenbereichen Katastrophenschutz und Rettungswesen für potentielle ehrenamtliche Helfer attraktiv ist, wurde die Volkssolidarität insbesondere unmittelbar nach der Wende sowohl von Teilen der politischen und administrativen Elite als auch von Teilen der ostdeutschen Bevölkerung wegen der früheren Verflechtung mit dem SED-Staat kritisch betrachtet. Dennoch ist es der Volkssolidarität als einem Verband, der direkt an soziokulturelle Traditionen der DDR-Gesellschaft anschließt, gelungen, eine große Anzahl bereits vor der Wende aktiv gewesener ehrenamtlicher Helferinnen und Helfer weiterhin an sich zu binden und im angestammten Aufgabenbereich der Altenpflege eine gewichtige Rolle zu spielen.

Im Gegensatz zu den bisher thematisierten Wohlfahrtsverbänden konnten weder die Arbeiterwohlfahrt noch der Paritätische Wohlfahrtsverband in den neuen Bundesländern an bestehende Organisationsstrukturen und kulturelle Verankerungen anknüpfen; sie wurden 1990 nach fast sechzig Jahren Unterbrechung neu gegründet. Beide Verbände waren daher sowohl in der ostdeutschen Bevölkerung als auch bei den Entscheidungsträgern in den Sozialverwaltungen zu Beginn des Transformationsprozesses weitgehend unbekannt. Vorteilhaft wirkte sich allerdings aus, daß sie als Neugründungen politisch unbelastet waren und dementsprechend mit Akzeptanz bei den „neuen Eliten" rechnen konnten. Insbesondere der Aufbau einer freiwilligen Unterstützungsbasis gestaltete sich allerdings aus diesen Gründen für beide Verbände als schwierig und langwierig. Der Paritätische Wohlfahrtsverband versteht sich z.B. programmatisch als Dachverband für selbständige Mitgliedsorganisationen. Seine freiwillige Mitgliedschaft rekrutiert sich daher – sieht man einmal von der Volkssolidarität als Mitgliedsorganisation ab – aus den örtlichen und regionalen „Aktivisten" autonomer Vereine und Initiativen. Da sich eine solche Szene aktiven Bürgerengagements und alternativer Projekte allenfalls langsam – und bislang vor allem konzentriert auf einige Großstädte – entfaltet, kann der Paritätische Wohlfahrtsverband nur in begrenztem Maße auf ein Potential freiwilliger Mitglieder und ehrenamtlicher Kräfte aufbauen. Auch die Arbeiterwohlfahrt konnte sich nicht mehr auf ihre ursprüngliche soziale Basis – das Arbeitermilieu – verlassen. Obwohl der reale Sozialismus im Hinblick auf die Milieustrukturen der ostdeutschen Gesellschaft strukturkonservierend gewirkt und auf diese Weise für starke Restbestände eines traditionellen Arbeitermilieus gesorgt hat (Vester 1995), sind insbesondere die sozialdemokratischen Hochburgen – etwa in Sachsen – inzwischen durch vierzig Jahre Realsozialismus derart verändert worden, daß die Arbeiterwohlfahrt kaum mehr bruchlos an diese Traditionen anknüpfen kann. Es kann daher kaum überraschen, daß die Arbeiterwohlfahrt auch gegenwärtig noch über vergleichsweise wenige Mitglieder, Spendenzahler und Ehrenamtliche verfügt.

Hinsichtlich des Aufbaus von Mitgliederstrukturen und der Entfaltung eines Vereinslebens kann daher folgendes resümiert werden: Sämtliche Wohlfahrtsverbände müssen in Ostdeutschland mit einer im Vergleich zu westdeutschen Gegebenheiten relativ schmalen Basis freiwilliger Mitglieder und ehrenamtlicher Kräfte – bzw. Verankerung in entsprechenden konfessionellen Gemeindestrukturen – auskommen. Dies bedeutet zunächst, daß die Wohlfahrtsverbände erhebliche Probleme dabei haben, ihre ehrenamtlichen Vorstände – insbesondere auf örtlicher und regionaler Ebene – zu besetzen. Sie sind daher zur Erbringung ihrer Leistungen überwiegend auf hauptamtlich beschäftigtes Personal verwiesen, das deshalb in den ostdeutschen Wohlfahrtsverbänden auch innerverbandlich eine gewichtige Stellung innehat (Angerhausen u.a. 1995). Während in Westdeutschland zentrale verbandspolitische Weichenstellungen in der Regel von ehrenamtlichen Vorstandsmitgliedern gefällt werden, nehmen die Geschäftsführerinnen und Geschäftsführer in den ostdeutschen Verbänden eine vergleichsweise starke innerverbandliche Machtposition ein. Als „verbandspolitische Unternehmer" prägen sie mit ihren Deutungen, Interpretationen und Handlungsorientierungen das Verbandsprofil sowie die gewählten Aufgabenschwerpunkte, fachlichen Standards und die Verbandspolitik. Diese spezifische innerverbandliche Akteurskonstellation in den neuen Bundesländern beeinflußt aber das wohlfahrtsverbandliche Aufgabenselbstverständnis: Die starke Stellung der Geschäftsführungsebene begünstigt ein wohlfahrtsverbandliches Leistungsverständnis, das diese als öffentlich zu fördernde Organisationen kennzeichnet, die gesetzliche Pflichtaufgaben im Auftrag des Staates erfüllen. Das historisch überkommene programmatische Selbstverständnis der Freien Wohlfahrtspflege, neben der Übernahme öffentlicher Aufgaben vor allem wertgebundene Hilfen in selbstgesetzen Aufgabenschwerpunkten zu leisten, tritt demgegenüber eher in den Hintergrund.

2.2 Wohlfahrtsverbände als Dienstleistungsproduzenten

Der Sachverhalt, daß es sich bei den Wohlfahrtsverbänden nicht lediglich um klassische sozioökonomische Interessenverbände, sondern vielmehr primär um „Sozialleistungsvereinigungen" handelt, begünstigte deren institutionellen Aufbau in Ostdeutschland beträchtlich. Die Wohlfahrtsverbände vermitteln nicht lediglich die Interessen bestimmter Bevölkerungsgruppen in das politisch-administrative System hinein, sondern sie erbringen (Dienst-)Leistungen, die die öffentlichen Träger (Staat, Länder und Gemeinden) entlasten (können). Sowohl die Bundesregierung und die einschlägigen Bundesministerien als auch die neu entstandenen Landesregierungen in Ostdeutschland erkannten recht früh, daß sie die Umgestaltung des Systems der sozialen Dienste und Einrichtungen in Ostdeutschland nur unter Mitwirkung der in dieser Hinsicht erfahrenen und ressourcenstarken Wohlfahrtsverbände würden bewerkstelligen können (Backhaus-Maul/Olk 1995). Die Bundesregierung und die einschlägigen Fachministerien förderten daher von Beginn an den Aufbau sowohl institutioneller Strukturen als auch der Einrichtungen

Die Wohlfahrtsverbände 363

und Dienste der Freien Wohlfahrtspflege. Dies kommt sowohl in der ausdrücklichen Anerkennung der Förderungswürdigkeit der Freien Wohlfahrtspflege in Artikel 32 des Einigungsvertrages als auch in der konkreten Gestaltung einer Vielzahl von Sonderprogrammen und Finanzierungsfonds zum Aufbau der Freien Wohlfahrtspflege und ihrer sozialen Dienste und Einrichtungen in Ostdeutschland ab 1990 zum Ausdruck. Die Bundesregierung beziffert diese Unterstützungsleistungen folgendermaßen: Mit 47 Mio. DM ist in den Anfangsjahren der Aufbau wohlfahrtsverbandlicher Strukturen unterstützt worden; der Ausbau sozialer Einrichtungen und Dienste wurde über die Aufstockung des Revolvingfonds in Höhe von 100 Mio. DM unterstützt, der Aufbau eines flächendeckenden Netzes von Sozialstationen in wohlfahrtsverbandlicher Trägerschaft wurde im Rahmen des Soforthilfeprogrammes von 1990 mit 32 Mio. DM gefördert; Versorgungs- und Ausstattungsmängel von stationären Einrichtungen (Alten- und Behindertenheime etc.) wurden mit einem Soforthilfeprogramm in Höhe von 152 Mio. DM kompensiert und weitere 250 Mio. DM wurden im Rahmen des kommunalen Investitionsprogramms im Jahre 1991 für rund 1.400 Einrichtungen der Altenhilfe eingesetzt (Sozialpolitische Umschau 385/1995).

Im Zuge dieser politischen Aktivitäten und insbesondere der seit 1990 betriebenen Übertragung kommunaler Einrichtungen und Dienste (wie Altenheime, Behindertenheime, Kindertagesstätten etc.) auf private Träger stieg die Anzahl von Einrichtungen und Diensten in wohlfahrtsverbandlicher Trägerschaft allmählich an. Die inzwischen erreichten Größenordnungen lassen sich aus der Tabelle 1 ablesen, die den letzten Stand der offiziellen Statistik der Bundesarbeitsgemeinschaft der Freien Wohlfahrtspflege (Stichtag 1. 1. 1993) wiedergibt.

Nach diesen Angaben ist die Gesamtzahl der Einrichtungen in wohlfahrtsverbandlicher Trägerschaft in Ostdeutschland immerhin bis zur Jahreswende 1992/93 auf 9.516 angestiegen (im Vergleich zu 71.446 in Westdeutschland). Die Anzahl der hauptamtlich Beschäftigten beträgt danach in Ostdeutschland 78.944 Personen, während es in Westdeutschland 858.461 Personen sind.

Tabelle 1: Charakteristika der Freien Wohlfahrtspflege (Stand: 1.1. 1993)

Gesamtdeutschland

	Einrichtungen	Betten/ Plätze	Vollzeit-beschäft.	Teilzeit-beschäft.
Krankenhäuser	1.159	226.414	211.922	88.472
Jugendhilfe	27.415	1482.881	127.789	55.612
Familienhilfe	10.629	71.211	37.068	31.994
Altenhilfe	13.231	534.369	118.723	66.669
Behindertenhilfe	10.803	294.880	86.045	34.575
Einrichtungen und Dienste für Personen in besonderen sozialen Situationen sowie sonstige Einrichtungen und Dienste	16.263	226.980	53.797	13.573
Aus-, Fort- und Weiterbildungsstätten f. soz./pflegerische Berufe	1.462	92.386	6.495	4.671
Gesamt	80.962	2929.121	641.839	295.566

Westdeutschland

	Einrichtungen	Betten/ Plätze	Vollzeit-beschäft.	Teilzeit-beschäft.
Krankenhäuser	1.087	215.972	201.960	86.065
Jugendhilfe	23.764	1.409.981	116.327	52.790
Familienhilfe	9.345	68.739	30.722	29.026
Altenhilfe	10.618	475.139	102.933	63.074
Behindertenhilfe	9.302	267.628	77.216	32.980
Einrichtungen und Dienste für Personen in besonderen sozialen Situationen sowie sonstige Einrichtungen und Dienste	13.938	189.974	42.574	12.472
Aus-, Fort- und Weiterbildungsstätten f. soz./pflegerische Berufe	1.392	89.226	5.968	4.354
Gesamt	71.446	2.716.659	577.700	280.761

Ostdeutschland

	Einrichtungen	Betten/ Plätze	Vollzeit-beschäft.	Teilzeit-beschäft.
Krankenhäuser	72	10.442	9.962	2.407
Jugendhilfe	1.651	72.900	11.462	2.822
Familienhilfe	1.284	2.472	6.346	2.968
Altenhilfe	2.613	59.230	15.790	3.595
Behindertenhilfe	1.501	27.252	8.829	1.595
Einrichtungen und Dienste für Personen in besonderen sozialen Situationen sowie sonstige Einrichtungen und Dienste	2.325	37.006	11.223	1.101
Aus-, Fort- und Weiterbildungsstätten f. soz./pflegerische Berufe	70	3.160	527	317
Gesamt	9.516	212.462	64.139	14.805

Quelle: Bundesarbeitsgemeinschaft der Freien Wohlfahrtspflege e.V.: Gesamtstatistik der Einrichtungen der Freien Wohlfahrtspflege, Bonn, 1994.

Diese globalen Zahlen sagen allerdings nur dann etwas über den relativen Versorgungsgrad mit wohlfahrtsverbandlichen Leistungen im jeweiligen Einzugsgebiet aus, wenn man sie zur jeweiligen Gesamtzahl der Bevölkerung in Beziehung setzt (Galuske/Rauschenbach 1994: 145). Geht man davon aus, daß in den neuen Bundesländern rund ein Viertel der Einwohner der Altbundesländer lebt (im Jahre 1990 waren es 16 Millionen im Osten und 64 Millionen im Westen), dann müßte die Anzahl der hauptamtlich Beschäftigen und die Anzahl der Einrichtungen und Dienste bei den ostdeutschen Wohlfahrtsverbänden etwa die Größenordnung von 25 Prozent der entsprechenden Werte in Westdeutschland erreichen. Um also ein mit Westdeutschland vergleichbares Entwicklungsniveau zu erreichen, müßte die Gesamtzahl der hauptamtlich Beschäftigten nicht 78.944 sondern 214.615 Personen und bei den Einrichtungen und Diensten nicht 9.516 sondern 17.862 Einrichtungen betragen. Diese groben Vergleichszahlen dürfen nicht überbewertet werden; sie zeigen aber immerhin, daß die ostdeutschen Wohlfahrtsverbände im Hinblick auf ihre Einrichtungen und Dienste bereits 50 Prozent des westdeutschen Niveaus erreicht haben, während dieser Wert bei den hauptamtlich Beschäftigten deutlich niedriger ausfällt. Insgesamt belegen diese Zahlen, daß einerseits in nur 24 Monaten ein erheblicher Aufbauprozeß stattgefunden hat, der allerdings insgesamt noch auf erheblichen Nachholbedarf im Bereich des Aufbaus wohlfahrtsverbandlicher Strukturen auf dem Gebiet der ehemaligen DDR verweist.

Dennoch kann festgestellt werden, daß die fünf großen Spitzenverbände der Freien Wohlfahrtspflege mit ihren spezifischen verbandlichen Untergliederungen, Einrichtungen und Diensten inzwischen in den neuen Bundesländern flächendeckend präsent sind. Wie Tabelle 2 zeigt, haben sich dabei allerdings die quantitativen Größenordnungen zwischen den einzelnen Verbänden im Vergleich zu Westdeutschland durchaus verschoben. Während zum Beispiel der Caritasverband in den alten Bundesländern gemessen an der Anzahl der hauptamtlich Beschäftigen – dicht gefolgt von der Diakonie – der größte Verband ist, so fallen seine Leistungskapazitäten in den neuen Bundesländern aus naheliegenden Gründen vor allem im Vergleich zur ostdeutschen Diakonie deutlich geringer aus. Umgekehrt zählt – zumindest in Sachsen-Anhalt – der Paritätische Wohlfahrtsverband nach dem Diakonischen Werk und deutlich vor der Caritas zu den größten Verbänden, während er in den alten Bundesländern – hier wieder verglichen mit beiden konfessionellen Verbänden – deutlich weniger quantitatives Gewicht aufweist.

Tabelle 2: Einrichtungen/Dienste und hauptamtliches Personal ausgewählter Spitzenverbände der Freien Wohlfahrtspflege

	Awo	Caritas	DRK	Diakonie	Parität.
Gesamt					
Hauptamtliches Personal	80.000 (1/95)	431.356 (1/94)	26.000 (12/94)	369.460 (1/94)	200.000** (12/94)
Einrichtungen und Dienste	8.852 (1/95)	24.144 (1/94)	10.292 (12/94)	30.695 (1/94)	k.A.
Ostdeutschland					
Hauptamtliches Personal	k.A.	13.877 (1/94)	9.121 (12/94)	55.211 (1/94)	62.228 (12/94)
Einrichtungen und Dienste	k.A.	789 (1/94)	2.224 (12/94)	3.425 (1/94)	k.A.
Sachsen-Anhalt					
Hauptamtliches Personal	2.887 (08/95)	3.012 (12/94)	3.800*** (12/95)	9.635 (12/94)	8.198 (12/94)
Einrichtungen und Dienste	203 (12/95)	160 (12/94)	k. A.	435 (12/94)	1.123 (12/94)

* Sämtliche Angaben entstammen internen Statistiken der aufgeführten Spitzenverbände der Freien Wohlfahrtspflege. Wir möchten uns an dieser Stelle bei den Wohlfahrtsverbänden für die freundliche Überlassung der Daten bedanken.
**diese Zahl beruht in Ermangelung neuerer Daten auf einer Schätzung auf der Basis der Personalstatistik von 1992
*** diese Zahlenangabe betrifft sowohl den Aufgabenbereich des DRK als Nationale Hilfsorganisation als auch als Wohlfahrtsverband; nach Angaben des Landesverbandes des DRK umfaßt der wohlfahrtsverbandliche Bereich mittlerweile ungefähr einen Anteil von 65-70 % der Gesamtaufgaben.

2.3 Wohlfahrtsverbände als Interessenverbände

2.3.1 Interne Koordination

In der Konstitutionsphase[4] lief die Gründung bzw. Neustrukturierung der Landesverbände nicht ohne Schwierigkeiten ab. Dies gilt etwa für die schon zu DDR-Zeiten bestehenden Organisationen wie das DRK, das seine Organisationsstrukturen im Prozeß der Transformation dezentralisieren mußte. Die Verbindung der einzelnen Ebenen war in beiden Untersuchungsregionen, so die Geschäftsführer, wegen des nachwirkenden Zentralismus relativ schwierig. So herrschte Unverständnis darüber, daß Kreisverbände den Lan-

---

[4] Im Verlaufe unserer empirischen Analysen hat sich gezeigt, daß es sinnvoll ist, die ersten fünf Jahre nach der deutschen Einigung in zwei hinsichtlich der Rahmenbedingungen und verbandspolitischen Handlungsanforderungen unterscheidbare Teilphasen zu untergliedern. Im folgenden ist mit der Konstitutionsphase die Zeitspanne von 1990 bis Ende 1992, mit der Konsolidierungsphase die Spanne von 1993 bis Ende 1995 gemeint.

Die Wohlfahrtsverbände

desverband zu finanzieren haben, und nicht mehr – wie in der DDR – umgekehrt. Auch die zu DDR-Zeiten bestehenden konfessionellen Verbände mußten sich im Zuge der Transformation umorganisieren: Insbesondere die Diakonie, die zu DDR-Zeiten keinen „allzu schlechten Draht zum Staat" (Verbandsvertreter) hatte und sich dementsprechend an dem zentralistischen Aufbau der DDR orientierte, stand vor der Aufgabe, die Dezentralisierung entsprechend den Notwendigkeiten des neuen föderalen Systems vorzunehmen.

Der Aufbauprozeß der Landesverbände der neugegründeten Verbände war durch besondere Probleme geprägt. Das Problem eines Landesverbandes der AWO lag in den von uns untersuchten Regionen etwa darin, daß die Kreisverbände nicht die Zusammenarbeit mit dem Landesverband suchten, sondern aufgrund eines „falschen Organisationsbildes" (Verbandsvertreter) direkt mit dem Bundesverband kommunizierten. Der Landesverband wurde von Seiten der Kreisverbände lediglich als „Kontrollinstrument" empfunden. Die Landesverbände mußten demzufolge verstärkt Anstrengungen unternehmen, ihre Position gegenüber den Kreisverbänden zu legitimieren. Dies taten sie, indem sie vielfältige Dienstleistungen für die Mitgliedsverbände anboten. So wurden Bundesfördermittel zum Aufbau der Landesstrukturen zu einem Großteil in die Kreise weitergereicht, z.B. für die Kreise PKWs gekauft und Mittel für den Aufbau von Kommunikationsinfrastruktur bereitgestellt. Eine weitere wichtige Aufgabe, die von der Landesebene in der Konstitutionsphase wahrgenommen wurde, war die Vermittlung von „Primärinformationen" über die neuen gesetzlichen Grundlagen und Managementmethoden, Materialien für die Verbandsarbeit für die leitenden Mitarbeiter vor Ort, Hilfen bei der Umstrukturierung zum e.V., die Bereitstellung von Mustersatzungen, die fachliche und wirtschaftliche Abprüfung sowie Weiterbildungs- und Qualifizierungsmaßnahmen für Mitarbeiter in den Kreisverbänden. Auch die Beratung von Mitgliedsorganisationen – die betriebswirtschaftliche und juristische Sekundanz, Fach- und Finanzberatung, Beratung in Fragen der Öffentlichkeitsarbeit und die Organisation von regionaler Zusammenarbeit – stand in der Konstitutionsphase im Mittelpunkt der Verbandsarbeit der Landesverbände.

Die fortbestehenden Verbände haben inzwischen die Phase der Dezentralisierung abgeschlossen, die einzelnen Verbandsgliederungen sind weitgehend selbständig und eigenverantwortlich tätig. Durch die Erbringung von Dienstleistungen für die Kreisverbände konnte die Akzeptanz der Landesverbände weitgehend hergestellt werden.

Auch der Paritätische, der nach seinem traditionellen Verständnis als Dachverband für eigenständige Mitgliedsorganisationen fungiert, nahm für diese in der Konstitutionsphase vielfältige Dienstleistungen wahr, so die Personal- und Finanzverwaltung sowie die Fördermittelbeschaffung. Für den

Paritätischen Wohlfahrtsverband besteht jedoch noch immer das Problem, bei den Mitgliedsorganisationen eine Verbandsidentität herzustellen. Im Verlaufe der Konsolidierung des Verbandes wurde zudem die Mitgliedschaft stärker und selbstbewußter und versucht nunmehr, in vielen Bereichen eigene Interessen selbständig zu formulieren. Gleichzeitig sind die finanziellen Belastungen für den Landesverband durch stagnierende Einnahmen bei steigenden Personalkosten stärker geworden, so daß Dienstleistungen auf Landesverbandsebene abgebaut werden müßten. Doch tut sich der Landesverband aus organisatorischem Eigeninteresse heraus schwer, Positionen und Dienstleistungen aufzugeben, die der Verband in der Konstitutionsphase wahrgenommen hat, da dies mit einem Einflußverlust verbunden wäre. Die Profilentwicklung der einzelnen Mitgliedsorganisationen und die mangelnde Verbandsidentität gehen daher zu Lasten des Landesverbandes.

Die Gründung ostdeutscher Landesverbände fand in enger Kooperation mit den Partnerlandesverbänden der alten Bundesländer und den Bundesverbänden statt. Die Landesverbände nehmen im Transformationsprozeß dabei eine wichtige Entlastungsfunktion für die mit den Bedingungen auf Landes- und lokaler Ebene unvertrauten Bundesverbände wahr. Die Bundesverbände bildeten eine geeignete Informationsstruktur und unterstützten die Gründung der Landesverbände insbesondere fachlich, indem Weiterbildungs- und Beratungsangebote organisiert wurden. Die Kommunikation mit den Bundesverbänden wird in diesem Zusammenhang jedoch von den Verbandsgeschäftsführern in dem Sinne häufig als defizitär bewertet, daß die Bundesverbände sich offensichtlich zu wenig in die Probleme der Verbände in den neuen Ländern hineindenken konnten.

Gleichzeitig sind viele Landesverbände auch Träger von Einrichtungen und Diensten. Dies ist insofern erstaunlich, als die Trägerschaft von Einrichtungen auf Landesebene in den alten Bundesländern eher ungewöhnlich ist. Begründet wird sie mit Erfahrungen, die mit der eigenen Trägerschaft gesammelt werden können, so daß die Beratung der Kreisverbände aufgrund der Kenntnisse über Binnenstrukturen gewährleistet ist, mit Profilierungsgewinnen gegenüber Kreisverbänden und insbesondere mit der Möglichkeit, über ein eigenständiges „finanzielles Standbein" den Landesverband finanzieren zu können. Die Trägerschaft eigener Einrichtungen wird jedoch als ein Problem gesehen, da dies die personellen Ressourcen in den Landesverbänden weitgehend bindet und wenig Ressourcen für andere Aufgaben zur Verfügung stehen. Insbesondere beim Paritätischen Wohlfahrtsverband stieß die Übernahme von Einrichtungen durch den Landesverband zudem teilweise auf Widerstände der Mitgliedsorganisationen, da dies dem Selbstverständnis als reiner Dachverband widerspricht.

Zusammenfassend kann festgestellt werden, daß in der Konstitutionsphase verbandsintern vornehmlich die Interessen von Mitgliedsverbänden und -organisationen sowie die organisatorischen Eigeninteressen der Landesverbände am Bestandserhalt verbandspolitisch wirksam wurden. Interessen von Einzelmitgliedern – etwa an einer Wahrnehmung der Sozialanwaltsfunktion – waren nur von geringer Bedeutung, da die Verbände der Rekrutierung von Mitgliedern nur eine geringe Bedeutung zumaßen und die Entscheidungsgewalt in der Regel in den Händen der hauptamtlichen Geschäftsführer lag. Die Hauptaufgabe der Landesverbände lag demzufolge in der Konstitutionsphase darin, sich gegenüber den Kreisverbänden als kompetente Partner zu legitimieren, da die Existenz von Landesverbänden nicht als Selbstverständlichkeit wahrgenommen wurde. Eine weitere Hauptaufgabe bestand aber auch darin, sich über eigene Einrichtungen ein eigenständiges finanzielles Standbein aufzubauen. Auf diese Weise wurden die organisatorischen Ressourcen weitgehend gebunden. Da die Notwendigkeit der Beratung und Information der Kreisverbände in der Konsolidierungsphase, also der zweiten Phase des ostdeutschen Verbandsaufbaus, die etwa ab 1993 beginnt, allmählich abnimmt, stehen die Landesverbände nunmehr vor der Anforderung, diese Aufgaben geordnet abzubauen, ohne daß die Akzeptanz durch die Kreisverbände darunter leidet.

2. 3. 2 Horizontale Vernetzung

Abgesehen von dem Problem der vertikalen Aufteilung und Koordination innerverbandlicher Aufgaben stellt sich die Frage, inwiefern es den Wohlfahrtsverbänden gelingt, die Aufgaben der horizontalen Vernetzung, also die Kooperation zwischen den Wohlfahrtsverbänden auf Landesebene zu bewältigen.
  Um Einfluß auf die Sozialpolitik auf Landesebene nehmen zu können, wurden in den Untersuchungsregionen frühzeitig Ligen der Freien Wohlfahrtspflege gegründet. Wie wenig selbstverständlich dies jedoch in den neuen Bundesländern war, beschrieb ein Geschäftsführer eines schon zu DDR-Zeiten bestehenden Verbandes: „Das war einfach rübergebracht von den alten Bundesländern, wir hatten davon keine Ahnung".
  Die Zusammenarbeit zwischen den einzelnen Verbänden war in der Konstitutionsphase unterschiedlich stark ausgeprägt. Die Kooperation zwischen den konfessionellen Verbänden Caritas und Diakonie wurde von Beginn an als relativ gut bezeichnet, da diese schon zu DDR-Zeiten eng zusammenarbeiteten; ein Diakonievertreter betonte die „geschwisterliche Nähe" zur Caritas. Das Verhältnis zu der ehemaligen Massenorganisation DRK dagegen gestaltete sich in der Konstitutionsphase problematischer. Wie ein Geschäftsführer sich ausdrückte, lag dies insbesondere daran, daß die „alten Leute von früher" im DRK weiterarbeiteten und das Führungspersonal z.T. nicht ausgetauscht wurde. Auch die Zusammenarbeit der schon zu DDR-

Zeiten bestehenden Verbände und der Neugründungen AWO und Paritätischem war anfänglich schwierig, da letztere unbekannt waren und zunächst ein „Beschnüffeln" (Verbandsvertreter) notwendig war. Da die Liga in der Aufbauzeit noch wenig arbeitsfähig war, wurden Stellungnahmen nicht über Ausschüsse erarbeitet, sondern individuelle Ressourcen innerhalb einzelner Verbände genutzt. Im Aufbauprozeß der Ligen wurde dann eine Vielzahl von Fachausschüssen gegründet. Durch die Arbeit der Fachausschüsse wird versucht, sich als fachlich kompetenter Partner der Legislative und Exekutive zu profilieren. Problematisch ist jedoch, daß durch den hohen Regelungsbedarf in der Konstitutionsphase zu viele Fachausschüsse gegründet wurden, und daß dies zu einem strukturellen Problem (Häufigkeit von Sitzungen und so unnötige Bindung der Kräfte) führte. Die daraus resultierende Überforderung läßt jedoch tendenziell nach, da im Laufe der institutionellen Konsolidierung der Problemdruck allmählich abnimmt.

Die Kooperation zwischen den Wohlfahrtsverbänden auf Landesebene wurde nach anfänglichen Problemen in der Konstitutionsphase in der Regel als gut bezeichnet. Auf dieser Ebene herrsche – so die Aussagen der überwiegenden Mehrzahl der Verbandsgeschäftsführer – ein sehr kollegiales Verhältnis und eine grundsätzlich positive Atmosphäre. Eine Ursache ist darin zu sehen, daß auf Landesebene ein gemeinsames Interesse aller Wohlfahrtsverbände daran besteht, die Stellung der Freien Wohlfahrtspflege im Land zu verbessern und möglichst viele Fördermittel zu erhalten. Die Liga wird diesbezüglich als „existentielle Veranstaltung" (Verbandsvertreter) bezeichnet, durch die Ressourcen gebündelt und die einzelnen Verbände nicht gegeneinander ausgespielt werden können sowie eine gemeinsame Politik gegenüber der Landesregierung und dem Parlament formuliert werden kann. Es ist das gemeinsame Ziel, der Landesregierung möglichst geschlossen gegenüberzutreten und die Ressourcen intern aufzuteilen. Dagegen wird anwaltschaftliches Engagement, z.B. für bestimmte Problemgruppen, auf der Ligaebene in der Untersuchungsphase nicht thematisiert.

Ein Grundproblem der Liga liegt darin, daß dieses Gremium auf Freiwilligkeit beruht, und nur einstimmige Beschlüsse, d.h. konsensuelle Entscheidungen zuläßt. Während die fachpolitische Einigung nach Auskunft der Verbandsgeschäftsführer am ehesten möglich ist, ist dies bei sozialpolitischen Themen selten der Fall. Obwohl sich einzelne Verbände in diesem Gremium durchaus als sozialpolitische Verbände mit eigenen Vorstellungen zu bestimmten Gesetzesvorhaben begreifen, müssen demzufolge einzelverbandliche Positionen zurückgestellt werden, um zu konsensuellen Entscheidungen zu kommen. Die Ligapositionen weisen demnach zumeist nur den kleinsten gemeinsamen Nenner auf.

Die Zusammenarbeit mit den anderen Wohlfahrtsverbänden wird jedoch auch auf Landesebene als zunehmend schwieriger beschrieben. In der Konstitutionsphase herrschten „Solidarität und Aufbruchdenken" (Verbandsvertreter), die Liga nutzte der Identitätsfindung der Freien Wohlfahrtspflege im Land und es blieb Raum für gemeinsame Positionen. In der Konsolidierungsphase hat die Konkurrenz jedoch stark zugenommen: „Seit 1993 geht jeder konsequent seinen eigenen Weg, die Gemeinsamkeit ist weg" (Verbandsvertreter). Auf Ligaebene werden Entscheidungen vermehrt blockiert, wenn sie den Einzelverbandsinteressen entgegenlaufen. Dennoch hat die zunehmende Konkurrenz bislang nicht dazu geführt, daß sich ein Verband aus der Mitarbeit in der Liga zurückzog, vielmehr konnte angesichts gegenseitiger Abhängigkeit bislang in vielen Bereichen ein Konsens gefunden werden.

Da die Erbringung von Leistungen und die Organisation von Diensten und Einrichtungen auf der Landesebene nur eine geringe quantitative Bedeutung aufweisen, ist die interverbandliche Konkurrenz gegenüber den untergeordneten Verbandsgliederungen relativ gering ausgeprägt, im Gegensatz dazu geht es auf Kreis- und Regionalebene bei der Übertragung von Einrichtungen direkt um Marktanteile. Die Verteilungskämpfe in der Region, die deutlich werden lassen, daß es den Verbänden hier primär um die Verbesserung der eigenen Position geht, können jedoch Rückwirkungen auf die Stellung der Landesverbände haben, da sich die Förderpolitik des Landes daraufhin ändern könnte. Deshalb wird von den Landesligen in regelmäßigen Zusammenkünften mit den Kreisarbeitsgemeinschaften der Versuch unternommen, Einfluß auf die Kreisverbände zu nehmen, um die Konflikte zumindest in geregelten Bahnen zu halten.

2.3.3 Interessenvertretung gegenüber dem politisch-administrativen System

Bezüglich der Kooperation zwischen den Wohlfahrtsverbänden und dem politisch-administrativen System in den neuen Bundesländern waren in der Konstitutionsphase die Landesministerien vornehmlich damit beschäftigt, ihre eigenen Organisationsstrukturen zu schaffen. Aufgrund des Zeitdrucks blieb für Aushandlungsprozesse mit Interessenverbänden vielfach kein Platz. Die rechtlichen Grundlagen, die auf Länderebene geschaffen wurden, orientieren sich oft an Regelungen aus den Partnerländern der alten Bundesländer; so sind z.B. die Förderrichtlinien für die Freie Wohlfahrtspflege – in der Regel ohne Beteiligung der Verbände – übernommen worden.

Zu Beginn mußte jedoch auch von verbandlicher Seite das „Gehen gelernt" (Verbandsvertreter) werden. Die notwendigen Politiknetzwerke mußten erst geschaffen, Kontakte mit den verschiedenen Ebenen in den Ministerien, dem Ministerpräsidenten und den Fraktionen in den Landtagen geknüpft werden. Dazu waren die Verbandsgeschäftsführer jedoch aufgrund des Sachverhaltes, daß die knappen Ressourcen in erster Linie dafür genutzt wurden, den eigenen Verband aufzubauen, häufig nicht in der Lage. Gleichzeitig fehlten in der Regel auch die nötigen fachlichen Konzepte, so daß in der Konstitutionsphase die Ligen mit den vom politisch-administrativen System an sie herangetragenen Anforderungen oft überfordert waren. Die Zusammenarbeit mit der Landesregierung bzw. einzelnen Ministerien und dem Parlament bzw. einzelnen Fraktionen war daher nach Aussage der Verbandsgeschäftsführer in der Konstitutionsphase schwierig. Grundsätzlich bestand das Problem, den politisch-administrativen Akteuren die Bedeutung und den Stellenwert der Arbeit der Freien Wohlfahrtspflege deutlich zu machen.

Nach der anfänglichen Distanz der politisch-administrativen Akteure, die auch auf die geringe Handlungskompetenz der Wohlfahrtsverbände zurückzuführen war, gestaltete sich die Zusammenarbeit zwischen den Verbänden und dem politisch-administrativen System intensiver. Sowohl bei den Ministerien als auch bei Parlamentariern ist eine größere Akzeptanz der Freien Wohlfahrtspflege festzustellen. Wichtige Ansprechpartner der Verbände auf Landesebene sind die Staatssekretärsebene und die Arbeitsebene in den Sozialministerien, wo die Verbände eine gute Lobby haben. In einer der Untersuchungsregionen findet regelmäßig ein Spitzengespräch mit dem Sozialminister statt. Dazu kommen regelmäßige Gespräche zwischen der Liga, kommunalen Spitzenverbänden und dem Sozialministerium. Dagegen bestehen zu den Fraktionen in den Landtagen weniger gute Kontakte, und auch die Beziehungen zu Kultus- und Wissenschaftsministerien sind schwächer ausgeprägt. Allerdings kommt den Verbänden zugute, daß in ihren Vorständen häufig Landtagsabgeordnete sitzen, und es durch diese personelle Verflechtung zu einem beidseitigen Informationsaustausch kommt.

Inhaltlich steht sowohl in der Konstitutions- als auch der Konsolidierungsphase ab 1993 die finanzielle Förderung der Freien Wohlfahrtspflege im Mittelpunkt der Verhandlungen mit dem Land. Dabei sind zwei Schwerpunkte auszumachen: Sowohl die institutionelle Landesförderung der Freien Wohlfahrtspflege über Globaldotationen als auch die Schaffung von Landesfachplanungen im Sozialbereich sollen die finanzielle Basis für die Verbände und ihre Einrichtunge sicherstellen. Im Unterschied zu den Altbundesländern, in denen die Verbände seit vielen Jahren auf diesen institutionellen Strukturen aufbauen können, mußten diese Regelungen in den neuen Bundesländern erst etabliert werden.

Weiterhin mangelt es der Freien Wohlfahrtspflege wegen fehlender oder nicht umgesetzter Landesplanungen im Bereich der Beratungsstellen, der Werkstätten für Behinderte, der Novelle des Kindertagesstättengesetzes (Sachsen-Anhalt) und der Geriatrieplanung an einer finanziellen Sicherheit. Bei der Erarbeitung und Umsetzung der Landesplanung versuchen die Verbände daher insbesondere darauf hinzuwirken, daß über die finanzielle Förderung von Personalstellen sowie durch ausreichend hohe Personalschlüssel und Pflegesätze die finanzielle Stabilität der Einrichtungen der Freien Wohlfahrtspflege gewährleistet ist. Argumentiert wird über die allgemeine Förderverpflichtung, wie sie in Art. 32 des Einigungsvertrages dargelegt wurde. Im Ergebnis erhalten die Verbände eine „ordentliche Landesförderung". Die Schlüsselzuweisungen wurden immer einvernehmlich zwischen Ministerium und Liga gelöst und die Wohlfahrtspflege ist nach Auskunft von Verbandsvertretern „sehr gut in das Bewußtsein der öffentlichen Hand hineingekommen". Die politisch-administrativen Akteure bedienen sich insbesondere der Fachkundigkeit der Wohlfahrtsverbände. Richtlinien werden in Zusammenarbeit mit den Spitzenverbänden erstellt, es gibt häufige Anfragen der Regierung zu den fachlichen Vorstellungen über Verordnungen, bei denen von den Verbänden der „Sachverstand gefordert" wird.

Das größte Problem aus Sicht der Verbände besteht darin, daß die Sozialministerien selbst nicht sehr durchsetzungsfähig sind. Durch die prekäre Lage der Länderfinanzen sind finanzpolitische Erwägungen prioritär und die finanziellen Spielräume für fachliche Konzepte gering. Allerdings werden auch weiterhin viele Vorhaben an den Wohlfahrtsverbänden vorbei ohne vorherige Gespräche verabschiedet, und in einigen Bereichen wird eine „zähe Kommunikation" mit dem Land konstatiert. Von den Verbänden wird insbesondere die fehlende Landesplanung und unzureichende Beteiligung in den Bereichen der Beratungsstellen, der Werkstätten für Behinderte, der Alten- und Jugendhilfeplanung sowie der neuen Regelungen, die sich durch das Pflegeversicherungsgesetz ergeben, kritisiert.

In den Versuchen, Einfluß auf die Landespolitik zu nehmen, sind jedoch erhebliche Unterschiede zwischen den einzelnen Verbänden festzustellen. So sucht die Caritas von sich aus am wenigsten den offensiven Kontakt mit dem politisch-administrativen System. Einer der untersuchten Landesverbände der Caritas sieht zwar die Notwendigkeit des sozialanwaltschaftlichen Engagements der Wohlfahrtsverbände, ordnet aber die Verantwortlichkeit dafür der Bundesebene zu: Dies seien nicht Landesaufgaben, sondern gesamtgesellschaftliche Aufgaben der Bundesebene. Ein Landesverband des Paritätischen stellte im Wahljahr 1994 sozialpolitische Forderungen an die Kandidaten des Landtages und des Bundestages („Wahlprüfsteine"), die auch den Mitgliedern des Verbandes bekannt gemacht wurden. Die Funktion als Sozialanwalt wird nach Auskunft des Verbandsgeschäftsführers insbesondere vom Vorstand, aber auch von „unbequemen Mitarbeitern" eingefordert, denen es nicht nur darum geht, Interessen der Organisation, sondern auch von benachteiligten Gruppen zu vertreten. Der Verbandsgeschäftsführer weist aber auch darauf hin, daß die Wahrnehmung dieser Funktion in der Zeit knapper werdender Mittel immer schwieriger wird. Die Verflechtungen zwischen Diakonie und Politik sind besonders stark ausgeprägt. Der Diakonie kam von Beginn an zugute, daß sie schon zu DDR-Zeiten den Kontakt mit den staatlichen Stellen wahrnahm und zur Wendezeit einen Vertrauensvorschuß durch Kontakte mit westdeutschen Akteuren vor der Wende hatte. Sowohl die Länderregierungen als auch der Bund wandten sich in der Konstitutionsphase ab 1990 oft an die Diakonie, die auch in gemeinsame Regierungskommissionen einbezogen wurde. Ein Verbandsgeschäftsführer betont die „guten Beziehungen zu Landtag und Regierung, denn im Zuge der Wende sind ja viele evangelische und katholische Christen in leitende Ämter sowohl in die Legislative als auch in die Exekutive gekommen, und aufgrund der guten persönlichen Beziehungen von vor der Wende haben wir natürlich die Arbeit im Bereich der Wohlfahrtsverbände dann verhältnismäßig gut vorantreiben können."

3. Fazit

Die Spitzenverbände der Freien Wohlfahrtspflege standen im Transformationsprozeß Ostdeutschlands vor der verbandspolitischen Anforderung, aufgrund der sie kennzeichnenden Multifunktionalität im Umweltausschnitt einer (potentiellen) Mitgliedschaftsbasis Fuß zu fassen, sich auf dem ostdeutschen Dienstleistungsmarkt durch die Übernahme von Einrichtungen und Diensten durchzusetzen sowie schließlich stabile Austauschbeziehungen zum politisch-administrativen System aufzubauen. Betrachtet man den Verlauf und die Ergebnisse verbandlicher Konstitutions- und Konsolidierungsprozesse in diesen drei Funktions- und Handlungsbereichen in vergleichender Perspektive, so läßt sich folgendes Resümee ziehen: In der ersten Phase des Transformationsprozesses haben alle fünf großen Spitzenverbände der Freien Wohlfahrtspflege – also AWO, Caritas, DRK, Diakonie sowie Paritätischer Wohlfahrtsverband – ihre verbandspolitischen Prioritäten im Bereich des Aufbaus verbandlicher Einrichtungen und Dienste und somit in der Entfaltung der sozialen Dienstleistungsfunktion gesehen. Die genannten fünf großen Wohlfahrtsverbände haben – wie in Abschnitt 2.2 ausgeführt – inzwischen eine erhebliche Anzahl von sozialen Einrichtungen und Diensten übernommen bzw. organisatorisch gesichert und haben sich damit zugleich einen respektablen Anteil am ostdeutschen sozialen Dienstleistungsmarkt erkämpft. Diese Konzentration auf ihre Dienstleistungsfunktion hat verbandspolitische Gründe. Denn mit dem Aufbau und der Organisation von Einrichtungen und Diensten konnte die Freie Wohlfahrtspflege „zwei Fliegen mit einer Klappe schlagen": Sie konnte auf diese Weise (1.) das politische Austauschverhältnis mit Bundesregierung, Bundesministerien und Landesministerien der neuen Länder durch eine aktive Beteiligung an der schwierigen Aufgabe des Um- und Neuaufbaus einer sozialen Infrastruktur in Ostdeutschland positiv gestalten und damit die rechtlichen Rahmenbedingungen und Zugänge zu öffentlichen Finanzmitteln in ihrem Sinne beeinflussen und zudem (2) über die öffentliche Finanzierung sozialer Einrichtungen und Dienste zugleich die übrigen wohlfahrtsverbandlichen Aufgabenbereiche und organisatorischen Binnenstrukturen – gewissermaßen im „Huckepackverfahren" – mitfinanzieren.

Dennoch hat diese – verbandspolitisch gewiß notwendige – Prioritätensetzung auch zu Funktionsschwächungen in anderen Bereichen verbandlicher Wohlfahrtspflege beigetragen. So ist es den Wohlfahrtsverbänden – zumindest bislang – in Ostdeutschland nicht gelungen, eine vergleichbare soziale Basis wie in Westdeutschland zu entwickeln. In einer Gesellschaft, in der nach vierzig Jahren Realsozialismus sowohl die beiden konfessionellen als auch das sozialdemokratische Milieu weitgehend erodiert sind, fällt es den Wohlfahrtsverbänden vergleichsweise schwer, freiwillige Ressourcen wie persönliche Mitglieder, ehrenamtliche Kräfte und ehrenamtliche Vorstandsmitglieder sowie eine breite Unterstützungsbasis in der gesamten ostdeutschen Bevölkerung zu gewinnen bzw. wesentlich zu verbreitern.

Diese „Schlagseite" im Aufbau ostdeutscher Wohlfahrtsverbände hat Konsequenzen für die Verwirklichung der politischen Interessenvermittlungsfunktion. Denn insoweit Wohlfahrtsverbände als politische Akteure in Ostdeutschland wirksam wurden, standen eindeutig die erwerbspolitischen und – mit deutlichem Abstand auch die professionspolitischen – Interessen bzw. die Interessen an der Erhaltung und der Ausweitung verbandlicher Einrichtungen im Mittelpunkt der Aktivitäten. Die Prozesse des Aufbaus organisatorischer Binnenstrukturen, die horizontale Zusammenarbeit zwischen den ostdeutschen Spitzenverbänden und die (gemeinsame) Interessenvertretung gegenüber dem politisch-administrativen System wurden durch Themen wie die Beeinflussung landespolitischer Planungsvorhaben und Förderrichtlinien, die Sicherung von Globaldotationen, Leistungsentgelten und Zuschüssen sowie die Öffnung politischer Einflußkanäle auf Landesebene dominiert. Auffällig ist ferner, daß bei dem Aufbau von sozialen Einrichtungen und Diensten eindeutig die „Hardware" der institutionellen und einrichtungsbezogenen Strukturen und weniger die „Software" von Qualitätsstandards und Prozessen professioneller Dienstleistungserbringung thematisiert wurden. Während die Lösung von Problemen der Bestandserhaltung und -sicherung neugegründeter bzw. fortbestehender Altenheime, Beratungsstellen und Krankenhäuser schwerpunktmäßig bearbeitet wurde, standen Fragen der „Qualitätssicherung" sozialer Dienste und Hilfeleistungen eindeutig im Hintergrund.

Dies gilt erst recht für die Umsetzung der Aufgabe „sozialanwaltschaftlicher Interessenvertretung" für bestimmte Klientelgruppen. Professionspolitische Interessen an einer Verbesserung der Qualität verbandlicher Dienstleistungen und Klienteninteressen (wie etwa die Interessen von Sozialhilfeempfängern, Obdachlosen, Behinderten, arbeitslosen Jugendlichen etc.) wurden bislang nur dann vermittelt, wenn damit zugleich organisationspolitische Rahmenbedingungen verbessert werden konnten. Insofern ist die These wohl berechtigt, wonach sich die Wohlfahrtsverbände in Ostdeutschland – mehr noch als in Westdeutschland – im Transformationsprozeß seit 1990 von „Wertgemeinschaften" zu „Dienstleistungsunternehmen" (Backhaus-Maul/Olk 1996; Olk 1995, 1996) fortentwickelt haben. Ob eine solche verbandspolitische Schwerpunktsetzung auch für die „nächste Runde" des Transformationsprozesses tragfähig sein wird, bleibt abzuwarten. Es spricht einiges dafür, daß sowohl die ostdeutsche Bevölkerung als auch die freiwilligen Mitglieder, ehrenamtlichen Helfer und hauptamtlichen Fachkräfte von den Wohlfahrtsverbänden künftig verstärkt die Realisierung ihrer assoziativen sowie ihrer sozialanwaltschaftlichen Interessenvertretungsfunktion erwarten werden. Die Aktivierung und Stabilisierung bürgerschaftlichen Sozialengagements wird insbesondere als ein Mittel zur (Wieder-)Belebung zivilgesellschaftlicher Sozialformen in Ostdeutschland eingeklagt. Die gegenwärtig heftig entbrannte Debatte um den Wirtschaftsstandort Bundesrepublik, den hiermit politisch als notwendig erachteten „Umbau" des Sozialstaates sowie die spürbaren Grenzen einer fortgesetzten finanziellen Unterstützung des Transformationsprozesses in Ostdeutschland zwingt nach den großen Kirchen nicht zuletzt auch die Wohlfahrtsverbände dazu, die Interessen von Leistungsempfängern sowie generell ihre ordnungs- und sozialpolitischen Konzepte und Positionen in die öffentliche Debatte einzubringen und öffentlich zu vertreten (Backhaus-Maul/Olk 1996, Olk 1995).

Literatur

Angerhausen, S./Backhaus-Maul, H./Schiebel, M.: In „guter Gesellschaft"? Die sozial-kulturelle Verankerung von intermediären Organisationen im Sozialbereich der neuen Bundesländer. In: Sachße, C. (Hrsg.): Wohlfahrtsverbände im Wohlfahrtsstaat. Kassel: Gesamthochschulbibliothek, 1994, S. 115-154

Angerhausen, S./Backhaus-Maul, H./Schiebel, M.: Nachwirkende Traditionen und besondere Herausforderungen: Strukturentwicklung und Leistungsverständnis von Wohlfahrtsverbänden in den neuen Bundesländern. In: Rauschenbach, Th./Sachße, C./Olk, T. (Hrsg.): Von der Wertgemeinschaft zum Dienstleistungsunternehmen. Wohlfahrts- und Jugendverbände im Umbruch. Frankfurt: Suhrkamp, 1995, S. 377-403

Backhaus-Maul, H./Olk, T.: Institutionentransfer im föderalen Bundesstaat. Kooperation zwischen öffentlicher und freier Wohlfahrtspflege in den neuen Bundesländern. In: Staatswissenschaften und Staatspraxis 6(1995)2, S. 261-289

Backhaus-Maul, H./Olk, T.: Vom Korporatismus zum Pluralismus? – Aktuelle Tendenzen in den Staat-Verbände-Beziehungen am Beispiel des Sozialsektors. In: Clausen, L. (Hrsg): Gesellschaften im Umbruch. Verhandlungen des 27. Kongresses der Deutschen Gesellschaft für Soziologie. Frankfurt/ New York: Campus, 1996, S. 578-592

Galuske, M./Rauschenbach, T.: Jugendhilfe Ost. München: Juventa, 1994

Olk, T.: Zwischen Korporatismus und Pluralismus. Zur Zukunft der freien Wohlfahrtspflege im bundesdeutschen Sozialstaat. In: Rauschenbach, T./Sachße, C./ Olk, T. (Hrsg.): Von der Wertegemeinschaft zum Dienstleistungsunternehmen. Wohlfahrts- und Jugendverbände im Umbruch. Frankfurt: Suhrkamp, 1995, S. 98-122

Olk, T.: Wohlfahrtsverbände im Transformationsprozeß Ostdeutschlands. In: Kollmorgen, R./Reißig, R./Weiß, J. (Hrsg.): Sozialer Wandel und Akteure in Ostdeutschland. Opladen: Leske + Budrich, 1996, S. 179-216

Sachße, C./Tennstedt, F.: Geschichte der Armenfürsorge in Deutschland. Band 2. Fürsorge und Wohlfahrtspflege 1871-1929. Stuttgart: Kohlhammer, 1988

Vester, M.: Milieuwandel und regionaler Strukturwandel in Ostdeutschland. In: Vester, M./Hoffmann, M./Zierke, I. (Hrsg.): Soziale Milieus in Ostdeutschland. Gesellschaftliche Strukturen zwischen Zerfall und Neubildung. Köln: Bund Verlag, 1995, S. 7-50

Windhoff-Héritier, A.: Institutionelle Interessenvermittlung im Sozialsektor. Strukturmuster verbandlicher Beteiligung und deren Folgen. In: Leviathan 17(1989)1, S. 108-126

Winter, T. von: Interessenlagen und Interessenvermittlung in der Sozialpolitik. In: Soziale Welt 41(1990)3, S. 322-345

Winter, T. von: Die Sozialpolitik als Interessensphäre. In: Politische Vierteljahresschrift 33(1992)3, S. 399-426.

Die Agrarverbände

Gotthard Kretzschmar

Im Ergebnis der friedlichen Revolution vom Herbst 1989 und der Wiedervereinigung Deutschlands am 03.10.1990 hat sich in den neuen Bundesländern das politische System der Bundesrepublik etabliert. Im Gegensatz zu den anderen Transformationsgesellschaften in Mittel- und Osteuropa wurde in den neuen Bundesländern in relativ kurzer Zeit ein ähnlicher Differenzierungsgrad des Verbändesystems wie in der bisherigen Bundesrepublik erreicht. In den neuen Bundesländern finden sich, nach etwa fünfjähriger Entwicklung, die in der Bundesrepublik entstandenen Formen der Interaktion von Staat und organisierten Interessen teils in unveränderter, teils in modifizierter Gestalt (Wielgohs/Wiesenthal 1994), für den Agrarsektor eher in modifizierter Form wieder.

Wesentliche Bestandteile des Transformationsprozesses im Agrarsektor sind die Wiederherstellung privater Eigentums- und Verfügungsrechte am Boden, an Immobilien, Ressourcen, Produkten und Dienstleistungen sowie die freie Entscheidung aller Bauern, ob und in welcher Weise sie ihr Eigentum bewirtschaften wollen. Eng damit verbunden ist die vermögensrechtliche Auseinandersetzung zwischen früheren Landwirtschaftlichen Produktionsgenossenschaften (LPG) und deren Mitgliedern bezüglich der nach der Zwangskollektivierung der Landwirtschaft geschaffenen Tatbestände sowie die Überführung der LPG in privatwirtschaftliche Rechtsformen. Interessenorganisationen (in diesem Fall die Agrarverbände) spielten und spielen in diesem Prozeß eine maßgebliche Rolle. Sie dienen der Konsensfindung zwischen bäuerlichem Berufsstand und Politik auf den Ebenen des Bundes, des Landes und der Kommunen, aber auch innerhalb der Bauernschaft (z.B. zwischen LPG-Nachfolgeunternehmen und Wiedereinrichtern).

Im Verlaufe des Transformationsprozesses sind in den ländlichen Regionen neue Interessenorganisationen entstanden, wofür drei Wege in Frage kamen und auch gegangen wurden:

– die Umwandlung und Demokratisierung von parteipolitisch ausgerichteten Massenorganisationen der ehemaligen DDR: Auf diese Weise entwickelten sich, beginnend mit dem Suhler Bauerntag im März 1990,

aus der früheren Vereinigung der gegenseitigen Bauernhilfe (VdgB) über mehrere Schritte die Landesbauernverbände (LBV), welche alle zugleich Mitglieder des Deutschen Bauernverbandes (DBV) als Dachorganisation sind;
- die Neugründung und der Neuaufbau von Interessenorganisationen, wofür als wichtigster Verband der VDL (Verband der privaten Landwirte und Grundeigentümer – ursprünglich Verband Deutscher Landwirte) als Beispiel genannt werden soll;
- der Institutionentransfer von West nach Ost, wofür im Agrarbereich insbesondere der Landfrauen- und der Landjugendverband stehen.

Die Entwicklung des Transformationsprozesses seit der Wende im Herbst 1989 in ländlichen Räumen der neuen Bundesländer verdeutlicht,

- daß ökonomische, politische und soziale Entwicklungen mit der Struktur und Zielstellung organisierter Interessen im Zusammenhang stehen, sie können damit weitgehend übereinstimmen aber auch diametral entgegengesetzt sein,
- daß der ökonomische, politische und soziale Wandel nicht allein durch Staat und Markt zu steuern ist, sondern daß es dazu demokratisch organisierter Kräfte (Verbände u.a.) bedarf,
- daß organisierte Interessen sowohl problemlösend als auch problemerzeugend wirken können.

Während man allgemein von einer Ausdehnung der im alten Bundesgebiet etablierten Interessenverbände auf die neuen Bundesländer (West-Ost-Institutionentransfer) bis etwa Ende 1990 sprechen kann und muß (z.B. Gewerkschaften, Arbeitgeberverbände, Ärzteverbände), ergeben sich im Agrarsektor teilweise andere Lösungsansätze und Strategien, welche den besonderen agrarstrukturellen und agrarpolitischen Bedingungen der neuen Bundesländer entsprechen. Letztere finden 1990 ihren Ausdruck vor allem in einer bis 1989 vollständig zwangskollektivierten Landwirtschaft, der (Re)privatisierung der Agrarproduktion, gekoppelt mit einem umfänglichen und kurzfristigen Agrarstrukturwandel, der Überführung der ehemaligen LPG in privatwirtschaftliche Rechtsformen, dem Zusammenbruch der Agrarmärkte, dem radikalen Arbeitsplatzabbau im Agrarsektor, welcher zur Massenarbeitslosigkeit in den ländlichen Räumen führt und der rückläufigen Entwicklung des Anteils der Agrarproduktion an der Bruttowertschöpfung der Volkswirtschaft auf etwa 2 Prozent. Ein Beispiel für diese Entwicklung ist, daß 1989 in der ehemaligen DDR 10,8 Prozent aller Erwerbstätigen in der Land- und Forstwirtschaft tätig waren, 1994 in den neuen Bundesländern nur noch 3,4 Prozent.

Die Agrarverbände 381

Aufgrund dieser Entwicklung ergab sich, von Beginn des Transformationsprozesses an, ein breiteres Spektrum von Interessen in der Bauernschaft der neuen Bundesländer im Vergleich zum bisherigen Bundesgebiet , welches beim Aufbau bzw. der Ausdehnung des Wirkungsbereiches von Agrarverbänden auf die neuen Bundesländer zu berücksichtigen war, wollte man Akzeptanz und Vertrauen in der Bauernschaft erreichen.

1. Interessenlage im Agrarsektor der neuen Bundesländer

Auf der Grundlage von Leitfadeninterviews mit Experten im Agrarsektor und im ländlichen Raum (Amtsleiter staatlicher Landwirtschaftsämter, Geschäftsführer landwirtschaftlicher Unternehmen in Form juristischer Personen, Haupterwerbslandwirte, Mitglieder von GbR, Bürgermeister im ländlichen Raum) wurde 1991 und 1994 versucht, die Interessenlage im Agrarsektor der neuen Bundesländer zu fixieren und zugleich die Veränderungen von 1991 bis 1994 zu erfassen (Kretzschmar 1994: 87-92). Für 1994 ergibt sich die nachfolgende Auflistung wichtiger Interessen des bäuerlichen Berufsstandes, welche zwar allgemeine existentielle Interessen verdeutlicht, zugleich aber in gewisser Parallelität zu den die Agrarstruktur bestimmenden Unternehmensgruppen eine größere Heterogenität und teilweise Gegensätzlichkeit der Interessenlage ausdrückt, welche in dieser Weise im alten Bundesgebiet nicht bestehen:

a) gemeinsame existentielle Interessen aller Unternehmen und Erwerbstätigen:
  – Einkommenssicherung und Teilnahme an der allgemeinen Wohlstandsentwicklung;
  – langfristige Sicherung der Förderprogramme für die Landwirtschaft;
  – Stopp des Preisverfalls für Agrarprodukte und langfristig gesicherte Ausgleichszahlungen für Landwirte bei fortgesetztem Sinken der Agrarpreise;
  – Fortgang des Strukturwandels mit dem Ziel, international wettbewerbsfähige Unternehmen zu schaffen, in der Hauptsache über die Verbesserung der Flächenausstattung;
  – Überwindung der Absatzkrise für Agrarprodukte, Förderung von Erzeugerzusammenschlüssen;
  – Koppelung von Maßnahmen zur Sicherung der Agrarproduktion und Erhalt des ländlichen Raumes;

- bessere Bewertung und Vergütung der Leistungen der Bauern in der Landschaftspflege und der Bereitstellung von Umweltgütern;
- Sicherung eines qualifizierten Berufsnachwuchses;
- Zusammenführung von Gebäude- und Bodeneigentum;

b) zusätzliche spezifische Interessen wieder- und neueingerichteter privater landwirtschaftlicher Unternehmen:
- Verbesserung der Flächenausstattung durch Zupacht und Kauf, insbesondere im Zusammenhang mit der Verwertung der Treuhandflächen;
- Abschluß noch offener Vermögensauseinandersetzungen mit LPG-Nachfolgeunternehmen;

c) zusätzliche spezifische Interessen von Unternehmen in Form juristischer Personen:
- Sicherung der Chancengleichheit durch die Agrarpolitik;
- Sicherung des Bestandes an Flächen, möglichst Verbesserung der Flächenausstattung;
- Verminderung des Arbeitskräftebestandes, Senkung der Lohnnebenkosten;
- vollständige Lösung des Altschuldenproblems.

Die Veränderungen der Interessenlage seit 1991 werden am Beispiel wichtiger Problemfelder dargestellt.

Problemfeld Vermögensauseinandersetzungen mit den ehemaligen LPG: Während 1991 die Vermögensauseinandersetzungen nach dem Landwirtschaftsanpassungsgesetz als zentrales Thema und wesentliches Entwicklungshemmnis thematisiert werden, sind 1994 von den dreizehn Interviewpartnern zehn der Auffassung, daß diese im wesentlichen abgeschlossen sind und damit kein zentrales Problem mehr darstellen. Drei Interviewpartner meinen, daß diese Auseinandersetzungen noch nicht abgeschlossen seien, weil gerichtliche Entscheidungen dazu Zeit benötigten und auf sich warten ließen, die Entschädigung der ehemaligen Kreispachtbetriebe noch offen sei und eine Auseinandersetzung bei Investitionen einer LPG in einer anderen ehemaligen LPG nicht bzw. nicht exakt erfolgt seien.

Problemfeld Zusammenführung von Boden- und Gebäudeeigentum: Dieses Problemfeld ist im Vergleich zu 1991 wesentlich stärker in den Mittelpunkt gerückt. Fünf Interviewpartner sehen es als Haupthemmnis für die weitere Entwicklung der Landwirtschaft, da Investitionen auf den betroffenen Grundstücken praktisch nicht möglich sind und diese als Banksicherheiten ebenfalls nicht in Frage kommen. Für betroffene Gebäude und Flächen fehlen die Verkaufsfähigkeit und die Beleihbarkeit des Eigentums. Die Dimension des Problems wird deutlich an der Zahl der zu klärenden Fälle. In der DDR wurden etwa 200.000 Eigenheime und 70.000 bauliche Anlagen

Die Agrarverbände 383

der ehemaligen LPG auf Flächen errichtet, welche anderen Eigentümern gehörten.

Problemfeld Fördermittel und Subventionen: Die Landwirte der neuen Bundesländer haben in den ersten Jahren der Marktwirtschaft massiv die Erfahrung gemacht, daß ihre Unternehmen ohne Fördermittel und staatliche Subventionen nicht lebensfähig sind. Mit Ausnahme der Forderungen nach günstigen Anschubfinanzierungen für wieder- und neueingerichtete Betriebe wurde in der Befragung 1991 praktisch das Thema Fördermittel und Subventionen nicht berührt. 1994 wird der Problemkreis bei der Beantwortung mehrerer Fragen wiederholt genannt. So antworteten z.B. auf die Frage nach den Bedingungen für die Realisierung der Entwicklungschancen der ostdeutschen Landwirtschaft acht Interviewpartner (62 Prozent) mit dem Hinweis auf Fördermittel infolge ungenügender Möglichkeiten zur Eigenkapitalbildung.

Problemfeld Berufsnachwuchs: Als völlig neues Thema taucht im Ergebnis der Interviews 1994 die Sorge um den beruflichen Nachwuchs auf. Durch den radikalen Arbeitskräfteabbau im Agrarsektor und dessen gesunkenes Ansehen in der Öffentlichkeit, entschließen sich nur noch wenig junge Menschen, einen landwirtschaftlichen Beruf zu erlernen. So wird bei insgesamt fünf Interviewpartnern (38 Prozent) die Sorge um den Berufsnachwuchs, insbesondere für Führungskräfte und Hofnachfolger, ausgesprochen.

Problemfeld Flächenausstattung der Betriebe: Speziell Wiedereinrichter im Haupterwerb benannten die Verbesserung der Ausstattung mit Boden 1991 als eine ihrer hauptsächlichen Interessen. Zwischenzeitlich ist allgemein klar geworden, daß nur Betriebe mit umfangreicher Flächenausstattung und entsprechend rationeller Produktion Chancen im sich verschärfenden internationalen Wettbewerb besitzen. Der Kampf um Ackerfläche (Kauf, langfristige Pachtung) hat von Jahr zu Jahr zugenommen und in zunehmenden Umfang greifen Landwirte und andere Unternehmer aus dem alten Bundesgebiet in diesen Kampf ein. Bei der Beantwortung der Frage nach den Voraussetzungen/Bedingungen dafür, daß die ostdeutsche Landwirtschaft ihre Chancen wahrnehmen kann, weisen sieben Interviewpartner (54 Prozent) auf die Verbesserung der Flächenausstattung hin. Aus dem Antwortenspektrum zur Flächenausstattung muß zugleich abgeleitet werden, daß der Strukturwandel in der ostdeutschen Landwirtschaft noch nicht abgeschlossen ist.

Problemfeld soziale Sicherung: Im Ergebnis der Befragung 1991 wurden mehrfach Fragen der sozialen Sicherung der Bauern genannt, insbesondere die Gleichstellung von Einzelunternehmen in den alten und neuen Bundesländern sowie die Verbesserung der sozialen Sicherung der Bäuerinnen. 1994 wird dieses Problemfeld nicht mehr erwähnt. Offensichtlich sind mit der Verabschiedung des Gesetzes über die Agrarsozialreform, welche zum 1. Januar 1995 in Kraft getreten ist, die Probleme zunächst gelöst.

2. Die Strategie des Deutschen Bauernverbandes

Im alten Bundesgebiet gehören die Landwirte mit einem Organisationsgrad im DBV von 95 Prozent zu den Erwerbsgruppen mit dem allerhöchsten Organisationsgrad.[1] Dennoch ist der DBV aufgrund des Strukturwandels und des damit verbundenen volkswirtschaftlichen Bedeutungsverlustes der Landwirtschaft ein Verband mit sich vermindernder Mitgliedschaft und Einflußnahme.

Für den DBV ergaben sich daraus zwei für die Strategie der Ausdehnung des Wirkungsfeldes des Verbandes auf das Gebiet der neuen Bundesländer bedeutungsvolle Probleme: die latent gefährdete politische Einflußposition und die zunehmende soziale Differenzierung in der Mitgliedschaft mit damit verbundener wachsender Interessenheterogenisierung. Die Strategie des DBV und anderer Agrarverbände[2] war deshalb viel stärker auf Kooperation und Anpassung an die Spezifik der potentiellen Klientel in den neuen Bundesländern ausgerichtet als bei anderen Verbänden. Diese Strategie wurde bereits auf dem von der „sozialistischen Massenorganisation" VdgB einberufenen Bauerntag am 08. und 09.03.1990 in Suhl deutlich, welcher zur Umwandlung der VdgB in den Bauernverband der DDR e.V. führte. Der als Gast am Suhler Bauerntag teilnehmende Präsident des DBV, Freiherr Heereman, unterbreitete in einem Diskussionsbeitrag das Angebot, angesichts der sich abzeichnenden Wiedervereinigung Deutschlands fünf neu zu gründende Landesbauernverbände in den DBV aufzunehmen. Mit diesem Angebot wurde eine Strategie der Anpassung an die agrarpolitischen Bedingungen und Strukturen der noch existierenden DDR beschritten, und es zeichnete sich der Weg der Kooperation auch mit Interessenvertretern landwirtschaftlicher Unternehmensformen ab, welche im alten Bundesgebiet keine Rolle spielen. Bedingung für diesen Weg war der Aufbau einer neuen Organisationsstruktur von unten nach oben, beginnend auf der Ebene der Landkreise, auf der Grundlage des Föderalismus (eigene Satzungen) und eine demokratische Wahl der Führungsgremien. Forderungen nach bestimmten ideologischen und agrarstrukturellen Leitbildern, Elitenwechsel usw. bestanden nicht, verbandspolitische Zielorientierungen ergaben sich aus der aktuellen Umbruchsituation in der ostdeutschen Landwirtschaft,

---

1 Mitteilung des Bundesministeriums für Ernährung, Lanwirtschaft und Forsten 1994.
2 Hier ist vor allem weiterhin der Deutsche Raiffeisenverband e.V. zu nennen.

Die Agrarverbände 385

spezifische Bedingungen und Interessenlagen wurden größtenteils akzeptiert und aufgenommen.

In der Summe kann man von einer weitgehend konstruktiven Anpassungsstrategie des Dachverbandes DBV an strukturelle, biographisch-kulturelle und andere Spezifika einer ostdeutschen Mitgliederklientel sprechen, mit dem Ziel, auf der Basis eines ähnlich hohen Organisationsgrades wie im bisherigen Bundesgebiet, ein Repräsentations- und Vertretungsmonopol zu erreichen (Wielgohs/Wiesenthal 1994: 16-17).

3. Neugründungen von Interessenorganisationen im Transformationsprozeß

Die Ausrichtung auf eine Strategie der Anpassung und Kooperation zu Beginn des Jahres 1990 war aktuell und notwendig, weil sich bereits im November 1989 zunehmend Gründungsinitiativen bildeten, um Interessenorganisationen von Landwirten als Alternative zur Agrarpolitik der DDR und der unter der ideologischen Führung der SED stehenden VdgB zu gründen. Vermögenskonflikte zwischen den LPG, deren Mitgliedern und an der Wiedereinrichtung privater Landwirtschaftsbetriebe interessierter Landwirte (Existenzgründer) beförderten die Entstehung neuer, teilweise konkurrierender Agrarverbände. Die wichtigsten Ziele der neugegründeten Verbände waren die Rückforderung des in der vierzigjährigen DDR-Geschichte verlorengegangenen Vermögens und die Durchsetzung einer durchgängig privatisierten Landwirtschaft in Form bäuerlicher Familienbetriebe. Vor allem im ersten Halbjahr 1990 bildeten sich in den verschiedenen Regionen der DDR Interessenverbände mit dieser oder ähnlichen Zielorientierungen. Beispiele dafür sind: der Verband der privaten Landwirte und Grundeigentümer Sachsens, der Verband Deutscher Landwirte Prignitz-Brandenburg, der Mecklenburgische Bauernverband, der Landvolkverband Sachsen-Anhalt und der Verband der privaten Landwirte und Grundeigentümer Thüringens.

Zeitgleich mit der Gründung von Interessenorganisationen der privaten Landwirte setzte auch eine Gründungswelle von Verbänden staatlicher und genossenschaftlicher Unternehmen der DDR ein, welche befürchteten, bei der Transformation in marktwirtschaftliche Strukturen ihre Existenz, ihre Rechtsgrundlage und ihren Besitz zu verlieren und von der Politik nicht mehr gewollt oder zumindest nicht mehr gefördert zu werden. Existenzangst und der Versuch, durch Bündelung der Kräfte wieder Einfluß auf politische Entscheidungen zu erreichen (z.B. auf die Gestaltung des Landwirtschaftsanpassungsgesetzes), führten zur Gründung spezifischer Verbände. Die bedeutsamsten waren der Genossenschaftsverband der LPG und GPG, der Verband der Staatsgüter und der Raiffeisenverband der DDR.

Innerhalb der insgesamt großen Anzahl miteinander konkurrierender Verbände hatte der Bauernverband der DDR e.V. als Rechtsnachfolger der VdgB die günstigsten Startbedingungen. Er erwies sich schließlich auch am erfolgreichsten aufgrund der Übernahme durchgängig ausgebauter Organisationsstrukturen, erfahrener Verbandsfunktionäre (zumindest zeitweilig), einer umfangreichen Mitgliederbasis (die VdgB hatte 1987 650.000 Mitglieder) und einer gewissen Akzeptanz im ländlichen Raum, was z.B. die Kommunalwahlen am 06.05.1990 in der DDR zeigten (Kretzschmar 1994: 71-72). Dem Bauernverband der DDR e.V. ist der Versuch gelungen, sich über die Wende- und Umbruchzeit hinaus als kollektiver Akteur zu erhalten, indem neue Themen besetzt, die Führungseliten allmählich ausgetauscht sowie die bisherigen Binnenstrukturen reorganisiert wurden. Damit konnte er seinen Platz in der neuen Landschaft der organisierten Interessen finden.

In dieser Situation ist es aus pragmatischen und taktischen Gesichtspunkten erklärlich, daß der DBV zuerst und mit einer gewissen Bevorzugung seinen Ansprechpartner im Bauernverband der DDR sah, um im Osten Deutschlands ebenfalls ein Repräsentationsmonopol aufzubauen. Andererseits suchten auch die neuen Führungskräfte des Bauernverbandes der DDR Kontakt, Erfahrungen und Unterstützung zur Durchsetzung ihrer Forderungen beim DBV, der diesen im wesentlichen als Verband akzeptierte, was wiederum das Image des Bauernverbandes der DDR beförderte.

Auf diese Weise war im Frühsommer 1990 eine Situation entstanden, welche sich wie folgt charakterisieren läßt: Die Transformation der ehemals sozialistischen Massenorganisation VdgB in demokratische, parteiunabhängige, föderalistisch strukturierte Landesbauernverbände war in Gang gekommen, verbunden mit einem allmählichen Elitenaustausch. Der DBV beschränkte seine Unterstützung im wesentlichen auf Beratung. Finanz- und Elitentransfer erfolgten nicht.[3] Der Bauernverband der DDR und die neuen Landesbauernverbände sahen sich zugleich als Vertreter und Anwälte der Interessen der Landfrauen, nennenswerte Initiativen zur Gründung eigener Interessenverbände für diese Klientel erfolgten deshalb in den neuen Bundesländern nicht. Aus dieser Situation ergaben sich günstige Bedingungen für eine spätere Ausdehnung des Geschäftsfeldes des Deutschen Landfrauenverbandes (DLV) auf die neuen Bundesländer. Es erfolgten jedoch Neugründungen einer größeren Anzahl von regionalen Interessenverbänden pri-

---

3   Erst 1992 richtete der DBV bei den Landesbauernverbänden Betreuungsstellen für Land- und Forstwirte sowie Grundeigentümer ein, welche zeitweilig von Experten aus dem alten Bundesgebiet besetzt wurden. Diese Betreuungsstellen waren als Anlaufpunkte bei Schwierigkeiten mit der Wiedereinrichtung eines landwirtschaftlichen Unternehmens und bei der Vermögensauseinandersetzung gedacht.

Die Agrarverbände 387

vater Landwirte und Grundeigentümer, welche in der Regel eine Zusammenarbeit mit den Landesbauernverbänden aus Gründen der Zielorientierung sowie personenbezogenen Gründen ablehnten. Partikularinteressen privater Eigentümer landwirtschaftlicher Grundstücke standen im Mittelpunkt der Tätigkeit dieser Verbände, welche sich im Juni 1990 mit dem Verband Deutscher Landwirte (VDL) einen eigenen Dachverband schufen. Die neugegründeten Interessenorganisationen kollektiver Landwirtschaftsunternehmen (LPG-Nachfolgebetriebe und Staatsgüter), welche sich besonders für die Partikularinteressen dieser Unternehmen einsetzten und den überwiegenden Teil der ostdeutschen Landwirtschaft (1990 etwa 85 Prozent der Fläche) repräsentierten, waren zunehmend bereit, mit den Landesbauernverbänden zusammenzuarbeiten. Diese wiederum waren in ihrer Zielorientierung (bezüglich agrarpolitischer Entscheidungen), Finanzierung und im Konkurrenzkampf um die Repräsentanz weitgehend auf die kollektiven Unternehmen angewiesen. Die Mitgliederwerbung der Landesbauernverbände um „Wiedereinrichter" und „Neueinrichter" (Landwirte im Haupterwerb) setzte erst allmählich ein.

4. Der Versuch der Schaffung einer einheitlichen Interessenvertretung

Um das Repräsentationsmonopol im Osten Deutschlands nicht zu verlieren und die Mitgliederintegration im bisherigen Bundesgebiet unter dem Leitbild des bäuerlichen Familienbetriebes nicht zu gefährden, war es für den DBV unabdingbar, neben den Landesbauernverbänden Kontakte und Beratungstätigkeit zu den Verbänden der privaten Landwirte und Grundeigentümer aufzunehmen. Es kam zu einer gewissen Kooperation mit diesen Verbänden, welche dadurch in den neuen Bundesländern eine Aufwertung erfuhren. Hauptziel des DBV war und blieb eine einheitliche berufsständische Interessenvertretung. Diesem Ziel diente das vom DBV organisierte Treffen am 14. und 15.07.1990 auf Burg Warberg, an welchem die sechs bedeutendsten Interessenverbände im ostdeutschen Agrarsektor teilnahmen (Bauernverband der DDR, Genossenschaftsverband der LPG und GPG, Verband Deutscher Landwirte, Landvolkverband Sachsen-Anhalt, Mecklenburger Bauernverband und Raiffeisenverband der DDR). Die Teilnehmer erklärten nach teilweise kontroverser Diskussion in einem offiziellen Papier (Warberger Erklärung), daß in einem vereinigten Deutschland eine einheitliche Interessenvertretung für alle Menschen, die in der Landwirtschaft tätig sind, unabdingbar sei. Es wurde vereinbart, über Arbeitsgemeinschaften zwischen den Verbänden zu einer einheitlichen Organisation zu kommen. Mit der Warberger Erklärung, die außerdem agrarpolitische Aussagen enthält, war der kleinste gemeinsame Nenner der verschiedenen konkurrierenden Verbände gefunden und fixiert worden, auf dessen Grundlage der DBV die Realisierung des Zieles, einheitliche ostdeutsche Landesverbände als Bedingung für deren Aufnahme in den DBV zu schaffen, forcieren konnte. Da mit der bevorstehenden Wiedervereinigung Deutschlands wichtige agrarpolitische Entscheidungen und Weichenstellungen bevorstanden, ist das Drängen des DBV auf Sicherung des Repräsentationsmonopols verständlich. Es folgte eine Zeit organisationspolitischen Drucks und intensiver Beratungstätigkeit, um über den Zwischenschritt Arbeitsgemeinschaften einheitliche Landesbauernverbände zu schaffen.

Die Problemgruppe waren dabei nicht die Interessenorganisationen der kollektiven Landwirtschaftsunternehmen. Diese versprachen sich vielmehr über den DBV eine verstärkte Einflußnahme zur Wahrung ihrer Interessen und eine breitere Öffentlichkeit einschließlich eines Abrückens des DBV von der Ausschließlichkeit des agrarpolitischen Leitbildes bäuerlicher Familienbetrieb. Letzteres war zwar infolge des Mitgliederungleichgewichtes in Gesamtdeutschland zwischen Einzellandwirten und juristischen Personen nicht ohne weiteres zu erwarten, es zeigte sich aber in der Folgezeit, daß der DBV nicht umhin kam, auch die Interessen der kollektiven Unternehmen der neuen Bundesländer mit zu vertreten.[4]

Die eigentliche Problemgruppe waren die Interessenorganisationen der privaten Landwirte und Grundeigentümer, in welchen jene Gruppen immer stärker an Einfluß gewannen, die die gesamte Entwicklung in der vierzigjährigen DDR-Geschichte zurückdrehen wollten und eine Privatisierung der Landwirtschaft ausschließlich auf der Basis bäuerlicher Familienbetriebe forderten. Zum Schwerpunkt wurde die uneingeschränkte Rückforderung allen verlorengegangenen bäuerlichen Vermögens einschließlich nichtgezahlter Nutzungsentgelte (z.B. Boden- und Gebäudepachten von den LPG). Da der Prozeß der Erneuerung der VdgB als Bauernverband verschiedentlich nur zögerlich voranschritt, nur allmählich mit personellem Wechsel verbunden war und darüber hinaus in einigen Fällen auch ehemalige Leitungskader von LPG aus den Entwicklungsprozessen Vorteile zuungunsten von Grundeigentümern und Wiedereinrichtern zu erheischen versuchten, setzten sich bei den privaten Landwirten und Grundeigentümern stärker jene

---

4   So konnte beispielsweise im Rahmen der Verhandlungen zur Agrarreform der EG (Brüssel 1991/92) erreicht werden, daß die eingeführten regionalen Höchstgrenzen für männliche Rinder und die einzelbetrieblichen Höchstgrenzen für Mutterkühe (jeweils Bestandsobergrenzen) für die neuen Bundesländer nicht gelten, ebenso die Maximalzahl von 90 prämienberechtigten männlichen Rindern pro Betrieb. Bundesministerium für Ernährung, Landwirtschaft und Forsten: Die europäische Agrarreform. Bonn, 1994.

Die Agrarverbände 389

Kräfte durch, die die radikale Zerschlagung der bestehenden Strukturen, sowohl der Landwirtschaftsunternehmen als auch der vorhandenen Interessenvertretung, wollten. Die Unterstützung des DBV beim Aufbau einer neuen berufsständischen Interessenvertretung in Form der Landesbauernverbände in den neuen Bundesländern wurde von diesen Verbänden einseitig kommerziell und machtsüchtig bewertet. Um ihren Interessen größeres Gewicht zu verleihen, hatten sie zunächst Interessenvertretungen auf Länder- und regionaler Ebene gegründet, die sich am 16. Juni 1990 in Berlin zum zentralen VDL zusammengeschlossen hatten. Er verstand sich als einzige ländliche Oppositions- und unabhängige Bewegung für Landwirte, insbesondere Wiedereinrichter, Heimatvertriebene, Inventareinbringer sowie Boden- und Grundeigentümer der ehemaligen DDR. Sein Ziel war es, die friedliche Revolution in der Landwirtschaft durch endgültige Zerschlagung der sozialistischen Verhältnisse und durchgehende Privatisierung zu bäuerlichen Familienbetrieben zu vollenden. Er bekannte, nichts Gemeinsames mit Nachfolgeorganisationen der SED-Agrarnomenklatura und Bauernverbänden zu haben.[5] Es muß auch darauf hingewiesen werden, daß es innerhalb und zwischen den einzelnen Verbänden der privaten Landwirte und Grundeigentümer große Interessenunterschiede und Rivalitäten um Führungspositionen gab.

Demzufolge war die Reaktion der verschiedenen Interessenorganisationen auf die Warberger Erklärung mit der Aussage, Arbeitsgemeinschaften in Vorbereitung der Gründung einheitlicher Landesbauernverbände zu bilden, gespalten. Die Genossenschaftsverbände arbeiteten im gesamten Gebiet der ehemaligen DDR eng mit dem Bauernverband zusammen, um eine Fusion vorzubereiten. Bei den Verbänden der privaten Landwirte und Grundeigentümer geschah das nur in Mecklenburg-Vorpommern und Thüringen, wo es jeweils relativ schnell zur Neugründung einheitlicher berufsständischer Interessenvertretungen kam. Mit intensiver Beratung und organisatorischer Unterstützung des DBV gründete sich im März 1991 der Bauernverband Mecklenburg-Vorpommern e.V. und im April 1991 der Thüringer Bauernverband e.V., beide wurden am 30.04.1991 in den Dachverband DBV aufgenommen. In Brandenburg wurde der vorgezeichnete Weg der Bildung einer Arbeitsgemeinschaft vom VDL Prignitz-Brandenburg mitgegangen und auch gemeinsame Vorstandssitzungen von Landesbauernverband und VDL durchgeführt. Diese Bemühungen waren dennoch nicht von Erfolg gekrönt, weil Partikularinteressen einzelner Führungspersonen und Gruppen in den Verbänden höher gewertet und gestellt wurden als die Interessen des Berufsstandes. Noch schwieriger gestaltete sich die Entwicklung in Sachsen und Sachsen-Anhalt, wo es außer einigen Absichtserklärungen und wider-

---

5 Der Deutsche Landwirt. Monatszeitschrift des VDL 3(1992)5/6, S. 13.

sprüchlichen Aussagen von Führungskräften zu keiner echten Zusammenarbeit gekommen ist, wenn man von der gemeinsamen Besetzung von Schlichtungskommissionen zur außergerichtlichen Klärung von Vermögensauseinandersetzungen und der Tätigkeit im Gutachterausschuß zur Überprüfung der Vermögensauseinandersetzung im Freistaat Sachsen absieht.

Als Gegenreaktion auf die Entwicklung in Mecklenburg-Vorpommern und Thüringen gründeten die verbliebenen Verbände der privaten Landwirte und Grundeigentümer überstürzt und ohne Basislegitimation am 15.10.1991 in Leipzig den Deutschen Landbund e.V.. Er hatte die Aufgabe, die Kräfte zu bündeln und ausschließlich auf die Partikularinteressen von Wiedereinrichtern und Landbesitzern (welche dieses in der Regel nicht selbst bewirtschaften) festzulegen, ohne dabei die grundlegenden existentiellen Probleme der ostdeutschen Landwirtschaft zu berücksichtigen. Damit war das Konzept der Warberger Erklärung in drei der neuen Bundesländer gescheitert, auch wenn es später noch einzelne Initiativen zu einer Neubelebung gab, wofür aber keine realen Chancen mehr bestanden. Unter Beachtung der Entwicklung bis 1995 ist schließlich festzustellen, daß dieses Konzept generell gescheitert ist, da die Kräfte, welche in Thüringen und Mecklenburg-Vorpommern nicht mit der Integration der Verbände der privaten Landwirte und Grundeigentümer in die Landesbauernverbände einverstanden waren, neue konkurrierende Verbände gegründet haben.[6] Diese besitzen zwar eine relativ geringe Mitgliederbasis, durch die fortwährende Thematisierung einer unvollständigen Vermögensauseinandersetzung und Entschädigung aber einen größeren Kreis von Sympathisanten.

Damit ist in allen fünf neuen Bundesländern von einer Konkurrenzsituation der politischen Interessenvertretung des bäuerlichen Berufsstandes auszugehen, wenn auch die Konkurrenten in Mecklenburg-Vorpommern, Thüringen und Brandenburg ein ziemlich ungleiches Kräfte- und Ressourcenpotential besitzen. Konkurrenzsituationen hindern in der Regel an schlagkräftigen Interessenvertretungen, weil immer ein Teil der Aktivitäten nötig ist, um den Konkurrenten möglichst zuvor zu kommen. Einflußadressaten im politischen Entscheidungsprozeß können die Konkurrenzsituation ausnutzen und jeweils mit dem ihnen in der aktuellen Problemlösung angenehmeren Verband zusammenarbeiten. Vielfältige Kräfte bindet der ständige Kampf um potentielle Mitglieder.

Dem DBV war das entstandene Dilemma durchaus bewußt, so daß er versuchte, über ein taktisches Wechselspiel von abwartender Zurückhaltung und organisationspolitischem Druck einschließlich Terminstellungen das Ziel des Repräsentationsmonopols doch noch zu erreichen. Auf einer Sit-

---

6 Juni 1992: Gründung des Verbandes unabhängiger Bauern und Landeigentümer Thüringens e.V.; Juni 1994: Gründung des Landbundes Mecklenburg-Vorpommern e.V.

zung des DBV-Präsidiums am 16.12.1991 wurden die inzwischen aus dem Zusammenschluß von Bauernverband und Genossenschaftsverband gebildeten Landesbauernverbände von Brandenburg, Sachsen und Sachsen-Anhalt sowie die Verbände der privaten Landwirte und Grundeigentümer in diesen Bundesländern vorläufig (mit Beobachterstatus) in den DBV aufgenommen, mit der Maßgabe, bis spätestens 30.06.1992 eine einheitliche Interessenvertretung sicherzustellen. Dem folgte eine Periode intensiver Arbeit mit den Landesbauernverbänden und den anderen Verbänden sowie die Gründung eines DBV-Ausschusses Deutsche Einheit, welcher sich neben aktuellen agrarpolitischen Problembereichen der Bildung einheitlicher Interessenvertretungen widmete. Die Interessengegensätze und agrarpolitischen Zielvorstellungen der konkurrierenden Verbände in den genannten Bundesländern sowie personalpolitische Vorstellungen erwiesen sich jedoch als unüberwindlich. Daraufhin wurde die Möglichkeit eingeräumt, jeweils getrennte Aufnahmeanträge in den DBV zu stellen, von der alle Verbände Gebrauch machten. Damit ging der DBV an die äußerste Grenze eines möglichen Zugeständnisses, um zumindest als Dachverband des Repräsentationsmonopol im Osten Deutschlands zu sichern.

Auf der anderen Seite herrschte bei den drei Verbänden der privaten Landwirte und Grundeigentümer die Illusion, sich unter Ausschluß der LPG-Nachfolgeunternehmen (juristische Personen) zum alleinigen Interessenvertreter der Bauern zu profilieren. Logische Konsequenz dieser Haltung und Selbstüberschätzung war, daß die Verbände der privaten Landwirte und Grundeigentümer am 12.06.1992 ihre Aufnahmeanträge in den DBV zurückzogen, letztlich, um damit zugleich die Aufnahme der Landesbauernverbände zu verhindern. Der DBV ließ sich von diesem Manöver nicht beirren und beschloß am 23.06.1992 die Aufnahme der Landesbauernverbände Brandenburgs, Sachsens und Sachsen-Anhalts als ordentliche Mitglieder in den DBV. Damit war das Konzept der Warberger Erklärung endgültig gescheitert, der DBV wandte sich nunmehr ausschließlich den Landesbauernverbänden zu und sah in ihnen den alleinigen berufsständischen Interessenvertreter. Ausdruck dafür war, daß bereits im Juli 1992 auf Beschluß des DBV bei den Landesbauernverbänden Betreuungsstellen für Wiedereinrichter geschaffen wurden.

Mit der Aufnahme aller Landesbauernverbände hat sich der DBV die Mitgliedschaft des größeren Teils der Landwirtschaft der neuen Bundesländer gesichert. Es wird zunächst in Kauf genommen, daß sich ein bedeutsamer Teil der von natürlichen Personen betriebenen privaten Landwirtschaftsunternehmen in konkurrierenden Verbänden bzw. überhaupt nicht organisiert. Die heterogene Zusammensetzung der Mitgliedschaft der ostdeutschen Landesbauernverbände läßt die Mitgliederintegration unter dem Dach gemeinsamer übergreifender Interessen, Positionen und Forderungen zu einem der Hauptprobleme werden, welches der DBV jedoch seinen neuen Landesverbänden überläßt. Lehmbruch (1994: 9) bezeichnet diese Strategie als „Abkopplung der Einflußlogik von der Mitgliedschaftslogik" durch Regionalisierung. Neben der Mitgliederintegration wird die verstärkte Mitgliedergewinnung unter den Haupt- und Nebenerwerbslandwirten mit dem Ziel des Zurückdrängens der konkurrierenden Verbände in den politischen Einfluß- und Entscheidungsbereichen zur zukunftssichernden Aufgabe.

Um beide Aufgaben in möglichst kurzer Zeit zu realisieren, wenden die ostdeutschen Landesbauernverbände, mit regionalen Nuancierungen, folgende Strategie an: Es werden die Interessen in den Vordergrund gestellt, welche die Existenzsicherung der ostdeutschen Landwirtschaft betreffen und von allen Unternehmensformen geteilt werden. Zudem wird versucht, durch ein gemeinsames agrarpolitisches Leitbild die Integration zu fördern, gruppenspezifische Interessen in die zweite Reihe zu drängen und Interessendifferenzierungen abzubauen. Unter dem gemeinsamen Schirm eines Leitbildes, welches außerdem an das Selbstbewußtsein appelliert und regionale Besonderheiten aufnimmt, treten Partialinteressen tatsächlich etwas in den Hintergrund. Dem Landesbauernverband in Brandenburg ist es in gemeinsamer Aktivität mit der Landesregierung durch Propagierung des „Brandenburger Weges der Landwirtschaft" am besten gelungen, ein solches verbandsideologisches Leitbild aufzubauen und in den Dienst des verbandlichen Integrationsprozesses zu stellen. Brandenburger Weg ist die bäuerlich betriebene Landwirtschaft in wettbewerbsfähigen Betrieben verschiedener Rechtsform. Die Mitglieder des Verbandes sind überzeugt, daß die landwirtschaftlichen Strukturen, die sich in jüngster Zeit in Brandenburg entwickelten, Zukunft haben. Der Verband setzt sich sowohl dafür ein, daß die gegenwärtigen Gemeinschaftsbetriebe keine Durchgangsformen für verschiedene andere Betriebsformen sind, als auch für die Stabilität der Familienbetriebe, wie sie in Brandenburg entstanden sind.[7] Die Landesbauernverbände öffnen sich zudem verstärkt den Problemen, Forderungen und Befindlichkeiten der einzelbetrieblichen Unternehmen. Es wird versucht, transformations- und vereinigungsbedingte Vermögenskonflikte, die auch zwischen verschiedenen Mitgliedergruppen bestehen, durch Rechtsberatung, Vermittlung und Ausgleich zu lösen. Interessenvermittlungsaktivitäten zu Landesregierungen und Landesparlamenten integrieren alle Mitgliedergruppen, rivalisierende Interessen werden verbandsintern auszugleichen versucht. Gleichzeitig verstärken die Landesbauernverbände ihre Aktivitäten für Einzelunternehmen durch umfangreiche Dienstleistungsangebote, unabhängig von der Mitgliedschaft im Verband.

---

7 Grundsätze des Landesbauernverbandes Brandenburg, beschlossen auf dem Landesbauerntag am 24.02.1994 in Pessin.

Mit dieser Strategie werden allmählich Erfolge erzielt, die breite Heterogenität in der Mitgliedschaft, die teilweise rivalisierenden Interessen und der sich noch vollziehende Strukturwandel im Agrarsektor verhindern jedoch eine schnelle Entwicklung. Zunächst bleibt das Handikap der politischen Interessenvermittlung der Bauernverbände in den neuen Bundesländern. Es besteht darin, daß Einflußadressaten für den politischen Entscheidungsprozeß von miteinander in der Mehrzahl aller agrarpolitischen Fragen konkurrierenden Verbänden in Anspruch genommen werden, was den Einfluß des Berufsstandes in seiner Gesamtheit schwächt und ihm schadet. Der mögliche politische Spielraum hinsichtlich der Einflußnahme auf politische und wirtschaftliche Entscheidungen kann nicht voll ausgeschöpft werden. Die Inkorporierung der organisierten Interessen des landwirtschaftlichen Berufsstandes in die Politik erfolgt letztendlich durch die vorhandene Konkurrenzsituation nur partiell (Holtmann 1994: 394). Die Auswirkungen sind weiterhin darin zu sehen, daß in einem Teil des Berufsstandes nach dem Sinn und Zweck der Mitgliedschaft in einem dieser Verbände gefragt wird. Dadurch ist es u.a. zu erklären, daß, wie eine Studie des Bundesministeriums für Landwirtschaft, Ernährung und Forsten aussagt, in den neuen Bundesländern nur 56 Prozent der Landwirte einem der nebeneinander existierenden Verbände beigetreten sind.[8]

Die sich in den Jahren 1993/94 vollziehende allmähliche Stärkung der Landesbauernverbände hinsichtlich ihres öffentlichen Ansehens, der Akzeptanz in Politik und Gesellschaft, der Einflußnahme auf agrarpolitische Entscheidungen und eines gewissen Mitgliederwachstums im Bereich der Haupterwerbslandwirte, hat seine Ursachen im Durchhalten der verbandsstrategischen Konzeption, in den für Ostdeutschland wohlklingenden Positionen des DBV hinsichtlich der Stärkung der großen und wachstumsorientierten Betriebe als strategische agrarpolitische Orientierung sowie in der fast ausschließlich an Vermögensfragen orientierten Politik der Verbände der privaten Landwirte und Grundeigentümer.

Die VDL-Verbände verschließen sich vorhandenen ökonomischen Zwängen zum wettbewerbsfähigen landwirtschaftlichen Unternehmen, welches auch in der Rechtsform juristischer Personen geführt werden kann. Der in Realisierung des Landwirtschaftsanpassungsgesetzes vollzogene Wandel der früheren LPG zu privatisierten marktwirtschaftlichen Unternehmen einer Gruppe von Landwirten und Bodeneigentümern wird durch ständig neue Versuche zur Überprüfung der Vermögensauseinandersetzung und der DM-Eröffnungsbilanzen angezweifelt und für in vielen Fällen nicht korrekt erfolgt erklärt. Obwohl in jedem Bundesland Unkorrektheiten vorgekommen sind, haben eingesetzte Gutachterausschüsse in der übergroßen Mehrzahl der

---

8 Mitteilung in der Bauernzeitung, Regionalausgabe Sachsen Nr. 15/1994

Fälle jedoch keine Gesetzesverletzungen festgestellt. Die fast ausschließliche Orientierung der VDL-Verbände auf inzwischen in der Regel gelöste Fragen der Vergangenheit und Vergangenheitsbewältigung hat in diesen Verbänden zu einen zunehmenden Sympathisanten- und Mitgliederschwund geführt und die Positionen der Landesbauernverbände gestärkt. Letztere haben sich bei der Integration früherer VDL- Mitglieder im allgemeinen als sehr flexibel erwiesen. Neben der Vergangenheitsorientierung haben Rivalitäten und Profilierungsversuche innerhalb der Führungskräfte der VDL-Verbände in Sachsen, Sachsen-Anhalt und dem Deutschen Landbund Ansehen, Einflußmöglichkeiten und Glaubwürdigkeit geschwächt.

Weitere Schritte der ostdeutschen Landesbauernverbände des DBV zur Erhöhung der Wirksamkeit der Interessenvermittlung, Stärkung des Repräsentationsmonopols und Erweiterung der Mitgliederbasis und damit auch der wirtschaftlichen Stärkung der Verbände sind die Öffnung für den gesamten ländlichen Raum[9], die Stärkung der Verbandsbasis durch die Aufnahme vieler berufsständischer Fachverbände und anderer im ländlichen Raum tätigen Interessenorganisationen als assoziierte Mitglieder, die Gründung von Bildungsvereinen mit umfangreichen Bildungsangeboten für Landwirte und den ländlichen Raum und die Installation einer großen Anzahl von Fachkommissionen zu aktuellen agrarpolitischen Themen sowie Spezialgebieten und Produktionszweigen in der Landwirtschaft. Die Einbeziehung breiter Kreise der Mitgliederbasis in die verbandsinternen Willensbildungsprozesse wird auf diese Weise gefördert.

Im Ergebnis der bislang überschaubaren Zeit der Transformation bäuerlicher berufsständischer Interessenorganisationen ist festzustellen, daß es dem DBV im wesentlichen gelungen ist, seinen Anspruch auf Interessenvertretung einschließlich Repräsentationsmonopol über eine zunächst zurückhaltende, später intensivere Unterstützung der Transformation einer DDR-Massenorganisation zu einer modernen, demokratischen Interessenorganisation zu sichern. Dabei erfolgten keine nennenswerten Personen- und Finanztransfers, die Transformation vollzog sich im wesentlichen über die Mobilisierung endogener Kräfte. Die Kürze der seit 1990 für die Transformation zur Verfügung stehenden Zeit und der zeitweilig kräfteraubende Konkurrenzkampf mit neugegründeten Verbänden der privaten Landwirte und Grundbesitzer gestatteten es bisher allerdings trotz der Anstrengungen vieler Verbandsgremien und Mitglieder nicht, die internen Einflußfaktoren so auf- und auszubauen, daß gewichtige Einflüsse auf agrarpolitische Ent-

---

9 Der LBV Brandenburg beschloß z.B. am 21.06.1993 ein Positionspapier mit der Aufgabe, sich jedem zu öffnen, der sich ihm verbunden fühlt. Der Verband will sich schrittweise von einem Verband landwirtschaftlicher Unternehmen zu einem Personenverband entwickeln, der die Interessen aller aktiven Landwirte in Gemeinschafts- und Einzelunternehmen, der Landbesitzer und Landnutzer sowie der gesamten Dorfbevölkerung vertritt.

Die Agrarverbände 395

scheidungen im Sinne der Mitgliedschaft des Verbandes erreicht werden konnten. Der Aufbau und die Schaffung effektiver Organisationsstrukturen konnte bisher noch nicht abgeschlossen werden. Ein demokratischer Willensbildungsprozeß ist in den Landesbauernverbänden noch nicht voll entwickelt und nicht immer ist es möglich, einen Konsens über das breite Spektrum der Interessenlagen hinweg zu erreichen.

Aufgrund der Transformation einer ehemaligen DDR-Massenorganisation ist ein Verband entstanden, in welchem die Spezifik der ostdeutschen Landwirtschaft artikuliert wird, entsprechende Forderungen gestellt und auf allen Ebenen (einschließlich der Europäischen Union) vertreten werden. Die fünf Landesbauernverbände in den neuen Bundesländern arbeiten in jeder Beziehung eigenständig, sie sind keineswegs „Zweigniederlassungen" oder „Tochterorganisationen" von westdeutschen Verbänden, wie z.B. die Landfrauen-, Landjugend- und Raiffeisenverbände.

Der Preis, welchen der DBV für die Sicherung des Repräsentationsmonopols zahlen mußte, ist nicht ganz gering. Er verzichtete auf die Ausschließlichkeit des bisher in der Bundesrepublik präferierten Leitbildes des bäuerlichen Familienbetriebes und läßt als Alternative, gestützt auf die Entwicklung in den neuen Bundesländern, genossenschaftliche Unternehmen und Kapitalgesellschaften in der landwirtschaftlichen Primärproduktion zu. Das hat nicht geringe Konsequenzen für die Agrarstruktur- und die Förderpolitik. Nach anfänglicher Ablehnung und Verwirrung unter der Mitgliedschaft im alten Bundesgebiet beginnt sich allmählich ein Nachdenken und Überlegen zu Vor- und Nachteilen der Agrarstruktur in den neuen Bundesländern durchzusetzen. Mit der Aufnahme der Interessen der ostdeutschen Mitgliedschaft in den traditionellen Forderungskatalog des DBV (vor allem gegenüber der EU) werden die kollektiven Unternehmensformen anerkannt, quasi aus der Verbannung hervorgeholt und legitimiert, was sicherlich zur Beschleunigung des Strukturwandels in den alten Bundesländern beiträgt. Bestimmte Rückwirkungen der Agrarstruktur in den neuen Bundesländern und ihrer Berücksichtigung in den Forderungen des DBV sowie des zunehmenden Interesses der Bauern des bisherigen Bundesgebietes sind inzwischen in offiziellen Dokumenten des Bundesministeriums für Ernährung, Landwirtschaft und Forsten nachzuweisen. Im 1995 neu aufgelegten Agrarinvestitionsförderprogramm (AFP) werden in den alten Bundesländern landwirtschaftliche Unternehmen im Haupt- und Nebenerwerb, unabhängig von der gewählten Rechtsform, gefördert, wenn sie die Merkmale eines landwirtschaftlichen Betriebes im Sinne des Einkommensteuerrechts erfüllen.

5. Die Ostausdehnung des Deutschen Landfrauenverbands

Wie bereits angedeutet, hatte der Bauernverband der DDR e.V. die Absicht, die Interessen der Bäuerinnen und Landfrauen mit aufzunehmen und zu vertreten. Dies ist in erster Linie aus der DDR-Geschichte zu erklären. Wie in anderen Bereichen gab es auch für die Frauen nur eine sozialistische Massenorganisation unter der Führung und ideologischen Leitung der SED: den Demokratischen Frauenbund Deutschlands. Diese Organisation konnte im ländlichen Raum, insbesondere bei den Bäuerinnen in den LPG, wenig Mitglieder gewinnen. Die in der Landwirtschaft tätigen Frauen sahen unter den Bedingungen des Realsozialismus in der VdgB ihren Interessenvertreter, zumal diese Organisation immer wieder versuchte, Einfluß auf eine Verbesserung der Lebensbedingungen in den Dörfern auszuüben, bestimmte Dienstleistungen (z.B. Ferienplätze) anbot und sich auch für die Pflege kultureller Traditionen in den Dörfern einsetzte. 1988 waren von 645.788 Mitgliedern der VdgB 225.654 Frauen (34,9 Prozent).[10] Auf diese Weise ist es verständlich, daß der Bauernverband der DDR versuchte, die Bäuerinnen als Klientel zu erhalten und ihre Interessen zu vertreten.

Obwohl es einige Ansätze im Jahr 1990 in dieser Richtung gab, ist dieses Vorhaben aus politischen und wirtschaftlichen Gründen nicht gelungen. Die Transformation der DDR-Landwirtschaft in marktwirtschaftliche Strukturen führte zum Verlust des überwiegenden Teils der Arbeitsplätze in der Landwirtschaft. Darunter war ein besonders hoher Anteil Frauen. Diese arbeitslos gewordenen Frauen sind nicht mehr im Blickfeld der Bauernverbände, machen aber einen erheblichen Teil der Einwohnerschaft ländlicher Räume aus. Die in den alten Bundesländern tätigen Landfrauenvereine jedoch verstehen sich als Interessenvertreter aller Frauen im ländlichen Raum. Sie bieten sich u.a. als Interessenvertretung für die Frauen an, welche in der Landwirtschaft keine Arbeit mehr finden. Die Vielzahl der wirtschaftlichen und gesellschaftlichen Probleme bei der Transformation der DDR-Landwirtschaft lassen zudem bei den Bauernverbänden die speziellen Interessen der Frauen in den Hintergrund treten, so daß ein sehr großer Teil der Frauen, welcher noch in der Landwirtschaft erwerbstätig ist, die frühere VdgB-Mitgliedschaft nicht wieder aktiviert und demzufolge nicht Mitglied der Landesbauernverbände wird. Schließlich führen die Umbruchsituation, welche die Frauen in den ländlichen Räumen besonders trifft, die wirtschaftlichen Probleme, in welche viele Familien geraten, der damit verbundene Kontakt- und Kommunikationsverlust und das in der Folge sinkende Selbst-

---

10 Statistisches Jahrbuch der DDR 1989, S. 414.

vertrauen und Selbstwertgefühl bei sehr vielen Frauen dazu, daß spontane eigenständige Neugründungen spezieller Interessenorganisationen von Bäuerinnen bzw. Landfrauen in den neuen Bundesländern ausbleiben. Es ergibt sich ein Vakuum, ein unbestelltes Feld, welches der westdeutsche Deutsche Landfrauenverband (DLV) nutzen kann.

Vom DLV wurde diese Chance gesehen, es wurden schon ab Herbst 1990 Initiativen zur Ausdehnung der Verbandsarbeit auf die neuen Bundesländer ergriffen. Die Präsidentin des DLV, Frau Keppelhoff-Wiechert, bot im November 1990 Partnerschaften zur Gründung von Kreislandfrauenvereinen in den neuen Bundesländern an, es wurden vielfältige West-Ost-Kontakte geknüpft und auch finanzielle Unterstützungen geleistet. Hinsichtlich seines Tätigkeitsfeldes nahm sich der DLV sofort der speziellen Interessenlage der Frauen in den ländlichen Räumen an, indem alternative Arbeitsplätze gefordert und Bildungsarbeit angeboten wurde. Außerdem setzte sich der Verband für den Erhalt der Kinderbetreuungseinrichtungen, der dörflichen Infrastruktur und für mehr Unterstützung der Bäuerinnen in Familienbetrieben ein. Alle Bemühungen führten zunächst nur zu einem spärlichen Erfolg. Der Schock über den Verlust des Arbeitsplatzes und die Folgen der Transformation sitzen häufig so tief, daß sich viele Frauen ausschließlich in ihr Privat- und Familienleben zurückziehen, in eine Art Lethargie verfallen. Es bedarf vieler Mühe und Anstöße, das Selbstvertrauen zu stärken und zu neuem Handeln zu ermuntern. So ist erklärlich, daß erst im Verlaufe des Jahres 1992 Landfrauenverbände auf der Ebene der neuen Bundesländer gebildet wurden und der Mitgliederbestand der fünf Verbände am 23.10.1992 insgesamt nur 1.899 Landfrauen betrug.

In der nachfolgenden Zeit versuchte der DLV, möglichst eine flächendeckende Präsenz zu erreichen und durch assoziierte Mitgliedschaft seiner Landesverbände in den Landesbauernverbänden ein stärkeres politisches Gewicht zu erlangen. Örtlich finden in neuerer Zeit vom Landfrauenverband getragene Projekte zur zeitweiligen Beschäftigung arbeitsloser Landfrauen mit dem Ziel, für einen Teil der Teilnehmerinnen Dauerarbeitsplätze zu schaffen, Resonanz. Solche Projekte erweisen sich im allgemeinen als Keimzellen für eine kontinuierliche Arbeit. Im April 1995 bestehen in den neuen Bundesländern insgesamt 56 Kreisvereine sowie 276 Ortsvereine mit über 5.500 Mitgliedern. Eine flächendeckende Organisationsstruktur und Arbeit ist damit allerdings noch nicht erreicht.

6. Zusammenfassung

Die mit dem Transformationsprozeß im Agrarsektor entstandene Situation sowie die Interessenlagen der die Agrarstruktur bestimmenden Unternehmensformen machen deutlich, daß die Steuerbarkeit des gesellschaftlichen und politischen Wandels durch Markt und Staat allein unzureichend ist. Eine größere Breite organisierter Interessen ist mitentscheidend für die Funktionsweise demokratischer Gesellschaften, sie bilden eine „intermediäre Ebene" zwischen Bürger und Staat. Das gilt auch für die Tätigkeit von Agrarverbänden. Spezifische Interessenlagen im Agrarsektor der neuen Bundesländer und sich schnell vollziehende Wandlungsprozesse haben zu einer spezifischen Struktur der organisierten Interessen geführt, einschließlich einer Reihe von Organisationsgründungen während und nach der politischen Wende 1989/90, für welche es keine unmittelbaren westdeutschen Vorbilder gibt (z.B. Genossenschaftsverband der LPG und GPG e.V., Verband der Staatsgüter e.V., Verbände privater Landwirte und Grundeigentümer).

Der VdgB ist es als „Altorganisation der DDR" durch schrittweise Demokratisierung, zunehmenden Elitenaustausch, Vertretung der Interessen von kollektiven und Einzelunternehmen in der Landwirtschaft und Artikulierung der speziellen ostdeutschen Probleme auf der Ebene des Bundes und der Europäischen Union gelungen, sich als mitgliederstärkste und einflußreichste Interessenvertretung in Form der fünf Landesbauernverbände unter dem Dach des DBV zu etablieren und die Politik des DBV mitzubestimmen. Das führt auch zu einem breiteren vom DBV vertretenen Interessenspektrum und zu Auswirkungen auf die bundesdeutsche Agrarpolitik. Die als konkurrierende Verbände angetretenen Neugründungen von Organisationen der privaten Landwirte und Grundeigentümer wurden ab Mitte 1992 zunehmend in ein Nischendasein gedrängt und verloren an Einfluß. Wichtige Ursachen dafür sind die ausschließliche Orientierung an Vermögensfragen, fehlende Führungseigenschaften der Eliten, Überforderung mit dem Aufbau einer eigenen Organisationsstruktur und der bewußte Ausschluß des größeren Teiles der ostdeutschen Landwirte (Unternehmen in Form „juristischer Personen") aus ihrem Interessenspektrum und den Verbänden. Verbände, welche in Form des Organisationstransfers von West nach Ost Tochterorganisationen in den neuen Bundesländern aufgebaut haben, konnten sich bisher nicht flächendeckend etablieren. Ihre Akzeptanz wird in dem Maße wachsen, wie es ihnen gelingt, auch die spezifischen Interessen ihrer ostdeutschen Klientel bundesweit einzubringen und politikwirksam zu machen.

Literatur

Holtmann, E.: Politik-Lexikon. München/Wien: Oldenbourg, 2. Auflage 1994

Kretzschmar, G.: Ausdifferenzierung und politisches Wirken von verbandlichen Interessenorganisationen im ländlichen Raum, dargestellt am Beispiel von Landgemeinden im Raum Dresden und Zwickau, KSPW-Forschungsbericht (unveröff.) 1994

Lehmbruch, G.: Aufstieg und Krise der korporatistischen Einflußlogik im ostdeutschen Transformationsprozeß. Manuskript (unveröff.) 1994

Wielgohs, J./Wiesenthal, H.: Konkurrenz – Ignoranz – Kooperation: Interaktionsmuster west- und ostdeutscher Akteure beim Aufbau von Interessenverbänden. Berlin: Max-Planck-Gesellschaft, Arbeitsgruppe Transformationsprozesse (unveröff.) 1994.

Interessenvermittlung in der Wohnungs- und Gesundheitspolitik

Hiltrud Naßmacher

Im Mittelpunkt der folgenden Überlegungen soll die Frage stehen, welche Rolle die Interessenvermittlungsinstitutionen in den Politikprozessen der beiden Politikfelder seit der Wende gespielt haben. In den Politikstudien, die sich mit der alten Bundesrepublik befassen, wurde immer wieder die dominante Rolle der Verwaltung herausgearbeitet. Da sich im Transformationsprozeß sowohl die Verwaltung als auch die Interessenvermittlungsinstitutionen in einer Umorientierung bzw. einer Neukonstituierung befanden, könnten sich die Gewichte zwischen Verwaltung und Interessenvermittlungsinstitutionen verändert haben. Beide agierten zudem unter Streß, weil neue Aufgaben mit neuem Personal zu bewältigen sind. Sowohl die Verwaltung aller Ebenen als auch Parteien und Verbände waren mehr oder weniger von Einflüssen der alten Bundesrepublik bestimmt. Im Zeitablauf wirkten spezifische Handlungsrestriktionen, aber auch -möglichkeiten.

1. Entwicklung der Fragestellungen

Bei den einzelnen Forschern hat sich relativ früh der Eindruck verdichtet, daß die Herausbildung von Strukturen und Prozessen sich in verschiedenen, mehr oder weniger gut voneinander abgrenzbaren Phasen vollzogen hat. Dabei werden die Schwerpunkte zwangsläufig unterschiedlich gesetzt. Dies liegt vor allen Dingen daran, daß die einzelnen Forscher sich dem Forschungsobjekt aus unterschiedlicher Perspektive nähern. In einer top down-Betrachtung, die bei den ersten Analysen eindeutig dominierte, wurde relativ früh die absolute Dominanz westdeutscher kollektiver Akteure festgestellt. Es überwog zudem die West-Ost Perspektive. Parallel dazu muß für die neuen Bundesländer eine Phase der Suche nach adäquaten Vermittlungsformen konstatiert werden. Typischer Ausdruck dieser Frühphase waren die

Runden Tische auf allen Ebenen des politischen Systems mit der Beteiligung aller politisch interessierten Kräfte. Weiterhin gab es in der ersten Phase eine außergewöhnliche Vielfalt von Interessenvermittlungsinstitutionen, insbesondere auf der kommunalen Ebene, die aber nur zum Teil langfristig überlebten (Naßmacher 1994: 7).

Die zweite Phase wird markiert durch den Abschluß der Implementation des bundesdeutschen Institutionensystems und die Formierung und Konzentration von eigenständigen kollektiven Akteuren in der ehemaligen DDR. Die Phase war auch dadurch gekennzeichnet, daß die weitgehende Unkenntnis oder Unsicherheit über die tatsächlich bedeutsamen formellen und informellen Muster der Interessenvermittlung allmählich wich und sich Routinen eher verfestigten. Dies hing auch damit zusammen, daß der Personalwechsel in den Verwaltungen und Interessenvermittlungsinstitutionen zu einem gewissen Abschluß gekommen war. Möglicherweise ergibt sich dadurch in der dritten Phase eine Chance für eigenständige Strategien.

Zudem haben auch in den einzelnen Politikbereichen unterschiedliche Entwicklungen stattgefunden. Dies ist einmal dadurch bedingt, daß sich bereits in der alten Bundesrepublik in vielen Politikfeldern spezifische Strukturen und Interessenvermittlungsprozesse herausgebildet hatten und zum anderen natürlich in der ehemaligen DDR in den verschiedenen Politikfeldern Strukturen vorhanden waren, die erst allmählich verändert werden konnten. Zudem ist der Problemdruck in den einzelnen Politikfeldern unterschiedlich gewesen. Die Auflösung der Zentralverwaltungswirtschaft und ihre Ablösung durch die Marktwirtschaft war von Anfang an ein Essential beim Übergang zu demokratischen Strukturen. Dagegen schienen im Sozial- und Gesundheitssektor verschiedene Einrichtungen als durchaus vorbildlich bzw. überlebensfähig, so daß hier vom Selbstverständnis der Akteure in den herkömmlichen Beziehungsgeflechten ein geringerer Problemdruck in Richtung Veränderung/Anpassung an die Gegebenheiten der alten Bundesländer empfunden werden mußte. In der Wohnungspolitik mischten sich soziale und städtebauliche Fragen. Die Ausgangsbedingungen sind in den verschiedenen Phasen modifiziert worden, so daß die aktuelle Problemsicht und auch Lernprozesse unter den Akteuren zu anderen Problemlösungen im Zeitablauf geführt haben. Dadurch haben sich auch die Beziehungsgeflechte und Politikarenen verändert. Hier muß auch der externe Einfluß aus den alten Bundesländern entsprechend gewichtet werden.

Vor dem Hintergrund dieser vorliegenden Hypothesen und Befunde können die Untersuchungsziele konkretisiert werden.

Soll die Funktionswahrnehmung von Interessenvermittlungsinstitutionen im Vereinigungsprozeß näher beleuchtet werden, so ist zunächst zu bedenken, daß sich im Zuge der Transformation eine Fülle von Vermittlungsinstitutionen herausgebildet hat, die mit dem gleichen Etikett wie westdeutsche auftreten. Ob sich tatsächlich dahinter vergleichbare Institutionen verbergen wie in der alten Bundesrepublik und ob sie die Aufgaben entsprechend wahrnehmen, wird Gegenstand der folgenden Abschnitte sein. Unterschiede können sich ergeben im Hinblick auf die politischen Zielvorstellungen und Strukturen der Organisationen. Zwischen den Institutionen der Interessenvermittlung kommt es in den einzelnen Politikfeldern zu spezifischen Netzwerken. Die Handlungsoptionen bedingen unterschiedliche Arenen. Die Frage ist, ob sich die Handlungsmuster mehr oder weniger durch westdeutsche Vorbilder herausgebildet haben und wie stark Überbleibsel des DDR-Staates vorfindbar sind. Sie werden in den verschiedenen Phasen des Transformationsprozesses unterschiedlich relevant sein.

Im Gegensatz zu normalen historischen Situationen in der Politik haben wir es beim Vereinigungsprozeß mit klar definierten Zielvorstellungen zu tun. Diese globalen Vorgaben, formuliert von einzelnen Spitzenpolitikern der alten Bundesrepublik, lassen aber doch für die Ausgestaltung auf den untergeordneten Ebenen erheblichen Raum. Auch kann damit gerechnet werden, daß sich die Ziele im Zuge der Bearbeitung verändern.

Der zusammenfassende Vergleich von Ergebnissen der Policyforschung muß berücksichtigen, daß diese bei der Analyse von Fallstudien erzielt wurden. Solche Fallstudien sind nach unterschiedlichen Gesichtspunkten ausgewählt und angelegt worden. Maßgebend war dabei z.B. die Ortsnähe des Forschers oder die Fortführung und Vertiefung von bereits in anderen Projekten bearbeiteten Fragestellungen. Auch ist für die Zusammenfassung problematisch, daß viele Fallstudien bewußt die Vermittlungsinstitutionen aus der Verbändeperspektive bearbeiten, wobei die anderen Vermittlungsinstitutionen, insbesondere die Parteien, dann eher aus dem Blick geraten (z.B. die Studien in Wiesenthal 1995). Eine flächendeckende Befragung von Parteirepräsentanten der Kreisebene zu Aktivitäten der Parteien in einzelnen Politikfeldern bringt hier nur eine partielle Korrektur, da hier die prozeßorientierte Dimension fehlt (Gothe u.a. 1996). Nur einzelne Arbeiten für den kommunalen Bereich sind hier hilfreich. Sie betrachten auch das Wirken von Parteien und Verbänden gleichrangig (Möller/Reißig 1995, McGovern 1995, Wollmann/Berg 1994, Berg/Nagelschmidt 1995). Das Resümee aus den zugrundeliegenden Arbeiten kann daher erheblich verzerrt sein. Es handelt sich also um vorläufige Hypothesen für ausgewählte Politikfelder und ein vorläufiges Resümee.

2. Ausgangssituation in den beiden Politikfeldern

Bei der Analyse der Ausgangssituation sind die Ziele und Handlungspotentiale der Akteure in beiden Teilen Deutschlands zu betrachten. Sie sind bestimmt durch die Einbindung der Akteure in institutionelle Netzwerke formeller und informeller Art, die das Zusammenwirken der unterschiedlichen Akteure in den einzelnen Politikfeldern strukturieren. Zielvorstellungen kollektiver Akteure und subjektive Orientierungen der Eliten geben eine besondere Prägung der Handlungsoptionen. Da es in den neuen Bundesländern nirgendwo einen totalen Wechsel der Eliten gab (Berg/Nagelschmidt 1995: 36), war eine Übernahme westdeutscher Handlungsmuster eher unwahrscheinlich. Mehr Neupersonal als in der Verwaltung gab es in den gewählten Gremien (ebd.: 136). Das Neupersonal zeigte eine hohe Orientierung an westdeutschen Vorbildern (ebd.: 150).

Traditionell ist das Gesundheitswesen in den alten Bundesländern charakterisiert durch Politikdelegationen an das Verbändewesen und unterschied sich dadurch vom staatlich finanzierten und gelenkten System der DDR. Die Steuerung erfolgt in der alten Bundesrepublik kollektivvertraglich zwischen den Spitzenverbänden der Ärzte und Krankenkassen bei staatlichen „Steuerungskonjunkturen" (Manow 1995: 22). Die zentralen Konflikte sind die zwischen Ärzten und Krankenkassen und die zwischen den Krankenkassen selbst (Orts-, Betriebs-, Innungs- und Ersatzkassen). Bei der Vereinigung kamen die unterschiedlichen Westinteressen zum Ausdruck (ebd.: 46ff., 138ff.). Vor allen Dingen die Kassenärztliche Vereinigung setzte sich für die Übertragung des Westmodells ein. Die Ärzteschaft wollte die freiberuflich tätigen Ärzte als Hauptträger der ambulanten Versorgung sehen. Durch die Ambulatorien befürchteten die Ärzte ein Wiederaufleben des Kassen-Ärzte-Konflikts aus der Weimarer Zeit, in dem nämlich die Kasseneinrichtungen als wichtige Quelle der Gegenmacht gegenüber der organisierten Ärzteschaft gesehen wurde. Auch die Krankenkassen – mit gewissen Ausnahmen bei Orts- und Betriebskrankenkassen – sowie die CDU und die FDP waren dieser Meinung. Dagegen sah die Koalitionsvereinbarung von Allianz, SPD und Liberalen vom 12. 4. 1990 u.a. vor, daß die Polikliniken „wesentliche Stütze im Gesundheitssystem" bleiben sollten. Die Koalition wurde bei ihrer Meinung von den Ortskrankenkassen, der SPD und dem Bundesministerium für Arbeit unterstützt. Jedoch auch die Kassen waren weit davon entfernt, sich in den Ambulatorien zu engagieren, vielmehr betrachteten sie diese als systemfremd. Nur der Bundesverband der Betriebskrankenkassen erwog kurzfristig die Übernahme solcher Einrichtungen. Dies war zugleich auch die Möglichkeit, sich in den Betrieben bekanntzumachen. Aber obwohl die Modelle speziell auf die Interessen der in den Ambulatori-

Interessenvermittlung in der Wohnungs- und Gesundheitspolitik

en und Polykliniken beschäftigten Ärzte und Ärztinnen zugeschnitten waren, blieb auch eine nennenswerte Unterstützung von ihrer Seite aus. Die örtlichen Parteigliederungen scheinen der Gesundheitspolitik eher ein durchschnittliches Interesse entgegengebracht zu haben (Gothe u.a. 1996: 72). Dies stellte sich in der Wohnungspolitik anders dar.

In der Wohnungspolitik sind der Bund, die Landesregierungen und Parlamentsfraktionen sowie überregionale Verbände, z.B. der Verband der Wohnungswirtschaft, der Genossenschaftsverband und der Mieterbund zu erwähnen. Auf der kommunalen Ebene müssen die Stadtverwaltungen und Stadtratsfraktionen, aber auch Eigentümer, Mieter, einzelne Wohnungsunternehmen und Genossenschaften als wichtige Akteure berücksichtigt werden. In Thüringen befanden sich 1990 32,4 Prozent der Wohnungen in kommunalem Eigentum, 15,3 Prozent waren genossenschaftlich sowie 52,3 Prozent in privatem oder sonstigem Eigentum (Bardelmann/Steinert 1995: 144). In den Städten war der Anteil der im Eigentum oder der Verwaltung der Kommunen stehenden Wohnungen noch größer.

Der Einigungsvertrag enthielt das Gebot, schrittweise eine „Marktwirtschaftliche Wohnungswirtschaft" einzuführen (Art. 22, Abs. 4 Einigungsvertrag). Diese war in den alten Bundesländern dominant, wenngleich sozialpolitische Korrektive vor allem durch die SPD, Mieterorganisationen und Genossenschaften zum Teil mit Erfolg eingefordert wurden. Durch den Einigungsvertrag wurde die Bundesregierung ermächtigt, die Bestandsmieten per Verordnung schrittweise zu erhöhen. Dies etablierte die Bundesregierung, hier den Bauminister, als wichtigen Akteur in der Wohnungspolitik. Im Hinblick auf den genossenschaftlichen Wohnungsbestand gab es unterschiedliche Zielvorstellungen. Das Bauministerium der DDR strebte für die volkseigenen Mietwohnungen den Status der Sozialwohnungen an, während das westdeutsche Bundesbauministerium (FDP) vor allen Dingen die Vorstellung hatte, diese Wohnungen möglichst vollständig an die Mieter oder an private Vermieter zu veräußern. Bei den Parteien wurde die Eigentums- (CDU/FDP) bzw. Mieterorientierung deutlich. Sie gaben auf Kreisebene in der Bau- und Wohnungspolitik ein hohes Engagement vor, das in Städten höher liegt als im ländlichen Raum (Gothe u.a. 1996: 64).

Die städtischen Akteure wollten vor allem ihren Wohnungsbestand verbessern. Denn in der Wohnungspolitik wurden signifikante Rückstände gegenüber den alten Bundesländern wahrgenommen. Diese betrafen nicht die Zahl der Wohnungen pro Einwohner[1], sondern vor allen Dingen die Wohnungsgröße (Größe der Wohneinheiten, Wohnfläche pro Einwohner) und

---
1 1990 standen pro 1.000 Einwohner in den fünf neuen Bundesländern 438 Wohnungen im Gegensatz zu 421 Wohnungen in Westdeutschland zur Verfügung (Bardelmann/Steinert 1995: 142).

den Ausstattungsgrad der Wohnungen (Wielgohs 1995: 209f.). Dabei differieren die Gesichtspunkte deutlich je nach Region (zu Dresden und Halle siehe Holtmann/Meisel 1995: 9).

Auch ist der ostdeutsche Wohnungsbestand im Durchschnitt erheblich älter als der westdeutsche (Holtmann/Meisel 1995: 22). Vor allem die 40 Prozent der bis 1945 errichteten Mehrfamilienhäuser sind die Problemgruppe der neuen Bundesländer. Als zweite Problemgruppe müssen die Anfang der sechziger Jahre in industrieller Block-, Streifen- oder Blockbauweise errichteten Einheiten (Plattenbauten) gesehen werden.

Die enge Verknüpfung von zentral geleiteter Wirtschaft und deren Aufgabenwahrnehmung im kommunalen Sozial- und Gesundheitsbereich einerseits und den Kommunen andererseits veränderte sich nach der Wende grundlegend. Die Betriebe verloren viele Aufgaben im sozialpolitischen Bereich und damit auch ihre kommunale Ausrichtung. Schon bald wurde allgemein erkannt, daß ein rascher Integrationsprozeß beider Teile Deutschlands die Gefahr einer weitreichenden Deindustrialisierung in der ehemaligen DDR, verbunden mit dem Problem der Arbeitslosigkeit, auslösen würde. So wurde zunächst die Effektivierung und Modernisierung der Produktionsstrukturen begrüßt. Nach den Enttäuschungen einer zweiten und dritten Welle des Personalabbaus war hinsichtlich der Rationalität kapitalistischen Wirtschaftens eine deutliche Ernüchterung auszumachen.

3. Handlungsrepertoire der Akteure in den Politikfeldern

In jedem Politikfeld sind Akteure unterschiedlicher Ebenen mehr oder weniger intensiv eingebunden. Da die neugewählten Abgeordneten auf Landes- und Kommunalebene keine Erfahrung mitbrachten und bei personeller Kontinuität der Blockparteien der Erfahrungsschatz des Personals für die neuen Aufgaben nicht ausreichte, dominierte auf allen Ebenen zunächst die Verwaltung sehr stark (Holtmann/Meisel 1995: 13ff.). Hier waren zunächst die „Westimporte" maßgebend. Dies gilt auch für die kommunale Ebene (Berg/Nagelschmidt 1995: 78). Meist ist die kommunale Ebene die zentrale Implementationsinstanz, die die globalen Vorgaben von Bundes- und Landesebene profilieren kann. Hier sind sowohl die Kommunalverwaltung als auch Parteien, Verbände, und sonstige Institutionen in den Entscheidungsprozessen beteiligt.

In den Kommunen bildeten sich nach den Kommunalwahlen im Mai 1990 häufig politische Mehrheiten durch ein Zusammengehen der wählerstärksten Parteien unter Ausschluß der PDS. CDU und SPD standen zu Beginn nicht in Opposition zueinander. Darin kam der Neuanfang gegenüber dem alten Herrschaftssystem zum Ausdruck. Große Koalitionen waren also nicht vor allen Dingen deshalb zustande gekommen, weil andere durch die Mehrheitsverhältnisse nicht möglich waren, sondern „ein 'Zwischenergebnis' der soziopolitischen Transformation auf lokaler und regionaler Ebene". Konsensuale Entscheidungen waren typisch, das Politikverständnis der „Runden Tische" wurde weiterverfolgt (ebd.: 43, 46). Für die zweite Wahlperiode werden sowohl „wechselnde Mehrheiten" festgestellt (ebd.: 24) als auch dauerhafte Kooperationen zwischen CDU und FDP einerseits und SPD und Grünen andererseits. Die SPD ist aber nach wie vor zur Zusammenarbeit mit der CDU bereit. Sie verhindert also eine Lagerbildung. Von einer generellen Ausgrenzung der PDS kann nicht mehr die Rede sein (Gothe u.a. 1996: 107). Dies kann bedeuten, daß sich die Zielvorstellungen der Parteien in den einzelnen Politikbereichen stärker profilieren und im Rat und in den Fachausschüssen zur Wirkung gebracht werden (Berg/Nagelschmidt 1995: 50).

In der Verwaltung gab es zunächst eine starke Aufblähung, weil verschiedene Aufgaben aus Betrieben in die Verwaltung integriert wurden. Dies war verbunden mit der Übernahme von Personal. Die Abgänge fanden dann ab 1993 statt (ebd.: 36f.). Für die strukturellen Veränderungen (Reduzierungen) waren personal- und parteipolitische Unstimmigkeiten zwischen politischer Verwaltungsführung der Mehrheitspartei mit einzelnen Dezernenten über ihre Leitungskompetenz von Bedeutung. Politische Profilierungen – auch von der Verwaltungsseite – und die Bemühungen um eine stringentere Verwaltungsführung spielten eine Rolle.

Die Verbändestruktur zeigte sich in der ersten Phase des Transformationsprozesses noch sehr labil. Dies betraf vor allen Dingen die Verbände auf der kommunalen Ebene. Generell stellen Patzelt/Algasinger (1995: 24) für Sachsen fest, daß sich die Verbände aus dem Interessenbereich Wirtschaft und Arbeit in den neuen Bundesländern am schnellsten etabliert haben, die Mieter konnten erst später verbandsmäßig organisiert werden.

3.1 Politikfeld Wohnen

Nach dem Vereinigungsprozeß ging es insbesondere um Renovierung, wobei die Eigentümer als Investoren und die Mieter als Käufer oder als diejenigen eine Rolle spielten, die erhöhte Mieten anstelle einer Abwanderung zu akzeptieren hatten. Der Bund und die neuen Länder waren bei der Kreierung neuer Finanzhilfeprogramme gefordert.

Bei den Programmen der Länder waren die Einflüsse der westlich dominierten Verwaltungen erkennbar (Holtmann/Meisel 1995: 12ff.). Die Förderprogramme bildeten nicht den Schwerpunkt der Arbeit der Landtagsfraktionen. Die CDU-FDP Landesregierung in Sachsen-Anhalt, unterstützt von den Landtagsfraktionen der Parteien, wollten die förderpolitischen Schwerpunkte auf die Bereiche Modernisierung des Bestandes und vor allem auch die Förderung des Eigentums legen. Bei der FDP stand dabei die Förderung des Eigentums durch Privatisierung im Vordergrund, während die CDU eher auf Eigentumsbildung durch Eigenheimbau setzte. Der SPD ging es vor allen Dingen um die Modernisierung und die Wohnumfeldverbesserung. Bündnis 90/Die Grünen konzentrierten sich auf die Altschulden und die förderpolitische Unterstützung bei der Gründung von Mietergenossenschaften. Die Oppositionsparteien, einschließlich der PDS, kritisierten vor allem den Mittelabfluß. Der Einfluß der Fraktionen auf die tatsächliche Ausgestaltung der Programme wird als gering eingeschätzt. In der zweiten Legislaturperiode war die Dominanz der Exekutive in Sachsen-Anhalt über die Fraktionen noch größer, bedingt durch den zuständigen Minister, der mehrjährige Verwaltungserfahrungen auf dem Gebiet der Wohnungsbauförderung in einem anderen Bundesland hatte.

Auch in Sachsen trugen die Regierungsfraktionen die Förderpolitik der Landesregierung in der ersten Periode weitestgehend mit. Allerdings konnte sich die FDP mit ihrer Privatisierungsförderung mehr durchsetzen als in Sachsen-Anhalt. Dies führte zur Kritik der SPD. Sie wollte die Mietermodernisierung stärker forcieren. Auch der Wohnungsbau im ersten Förderweg, vor allen Dingen von den Grünen favorisiert, wurde nicht beachtet. In der zweiten Wahlperiode konnte sich die CDU-Fraktion mehr in die Profilierung der Förderpolitik einschalten. Ihr gelang es, ein Programm zur Wohnumfeldverbesserung für den Plattenbau durchzusetzen und familienpolitische Aspekte stärker zu berücksichtigen.

Die wichtigsten Verbände, der Verband der Wohnungswirtschaft und der Genossenschaftsverband, die beide in Sachsen-Anhalt etwa die Hälfte des Wohnungsbestandes vertreten, hatten in der ersten Phase aufgrund der Probleme mit dem Organisationsaufbau kaum Kapazitäten frei, um auf die Programme einzuwirken. In Sachsen-Anhalt setzte sich der Genossenschaftsverband z.B. für alten- und behindertengerechtes Wohnen ein, der Verband der Wohnungswirtschaft konnte über seinen Verbandsdirektor Einfluß nehmen und tendierte vor allem erfolgreich in Richtung auf sozialverträgliches Wohnen im Plattenbau. Im Hinblick auf die Mieten plädierten die Verbände, ähnlich wie die (vorwiegend westdeutschen) Deregulierungsbefürworter aus Politik und Wirtschaft, für die Aufnahme von Regelungen für eine schrittweise Freigabe der Bestandsmiete (Wielgohs 1995: 219).

Der Einigungsvertrag hat zunächst einmal die volkseigenen Wohnungsbestände und die dazugehörigen Grundstücke an die Kommunen gegeben. Deren Strategien wurden im Einigungsvertrag nicht vollkommen festgelegt: Vielmehr heißt es im Einigungsvertrag, daß die Kommunen den Wohnungsbestand in eine marktwirtschaftliche Wohnungswirtschaft überführen und dabei auch individuelles Wohneigentum fördern sollen. Damit hatten die Kommunen einen relativ großen Handlungsspielraum.

Die Ziele der Städte (Stadtverwaltung und politische Gremien) waren eher auf Wirtschaftsförderung ausgerichtet. Zwar rangierte das Ziel Bau- und Wohnungspolitik in der Prioritätensetzung der Parteien hochrangig, aber die Wohnungsversorgung sollte doch eher dem Spiel der freien Kräfte überlassen bleiben. Vor dem Erfahrungshintergrund planwirtschaftlicher Trabantensiedlungen herrschten starke Vorbehalte gegen jeglichen staatlich subventionierten Wohnungsbau (Holtmann/Meisel 1995: 177, 182). Dadurch waren die Akteure – entsprechend ihrer Prioritäten – nicht zu einer strategieorientierten Zusammenarbeit in der kommunalen Wohnungspolitik bereit. Statt dessen dominierten die Eigeninteressen der Ressorts. In Berlin vergrößerte die Ausdifferenzierung in Bezirke die Komplexität (Gissendanner 1994: 11).

Bei den kommunalen Wohnungsunternehmen und den Genossenschaften wären flexible und schnelle Reaktionen wesentlich gewesen. Ein verkrusteter Verwaltungsapparat, gepaart mit Unsicherheiten über den eigenen Bestand und dessen Zustand, sorgte allerdings dafür, daß diese Akteure keine aktive Rolle spielen konnten, z.B. in Sachsen-Anhalt. Es gab auch keine Personalkapazitäten für die Akquisition von staatlichen Fördermitteln (Holtmann/Meisel 1995: 169).

Generell ist die Betroffenheit der Bevölkerung im Politikfeld Wohnen hoch und die Erwartungshaltung entsprechend (ebd.: 11). Die Interessen der Mieter sind aber sehr heterogen. Allenfalls kann angenommen werden, daß unter den Ausnahmebedingungen nach der Wende die ostdeutschen Mieterinteressen vergleichsweise geringe Heterogenität aufwiesen. Dadurch lassen sich auch gewisse Mobilisierungserfolge von Mieterorganisationen verzeichnen (Wielgohs 1995: 223). SPD und PDS suchten Kontakte zu den Mietervereinen (Gothe u.a. 1996: 91ff.), sahen also Wohnungspolitik eher in einer Eingrenzung sozialer Härten.

3.2 Politikfeld Gesundheit

In der Ausgangsphase des Transformationsprozesses waren die zu organisierenden Ärzte in zwei völlig unterschiedliche Versorgungssysteme eingebunden. In der Phase des Umbruchs kann von einer Selbstorganisation der Ärzteschaft in Ostdeutschland ausgegangen werden, die forciert wurde durch das Infragestellen des Versorgungssystems. Dieser Prozeß wurde zunehmend durch externe Faktoren beeinflußt, d.h. durch die wachsende Präsenz der westdeutschen Ärzteverbände. Dadurch wurden die ostdeutschen Gründungen zunehmend durch die westdeutschen Verbände überlagert (Erdmann 1992a, 1992b). Diese Phase setzte ab 1990 ein. Dabei erscheint Erdmann der Begriff des „Überrollens" jedoch nicht angemessen, da die Ärzte, im Unterschied zu anderen ostdeutschen Bevölkerungsgruppen, die Möglichkeit der Wahl zwischen ost- und westdeutschen Alternativen hatten. Allerdings wählten die Ostdeutschen mehrheitlich westdeutsche Organisationsformen. Dabei mag die größere Professionalität eine entscheidende Rolle gespielt haben. Wer sich für diese Verbände entschied, konnte seinen Aufwand für die verbandliche Vertretung reduzieren. Folglich erwiesen sich die westdeutschen Ärzteverbände seit dem Frühjahr 1990 vielfach als attraktiver als die ostdeutschen Neugründungen. 1993 waren keine ostdeutschen Ärzteverbände mehr bekannt.

Als weiterer wichtiger Akteur im Politikfeld Gesundheit wurden bereits die Krankenkassen erwähnt. Hier ist zwischen den Ortskrankenkassen sowie den Ersatz-, Betriebs- und Innungskrankenkassen zu unterscheiden. Bei den Ortskrankenkassen hat es für die ehemalige DDR einen Versuch gegeben, zunächst eine regionale Einheitsversicherung zu schaffen. Die Überlegung ging dahin, daß Menschen, die erst einmal in einer Regionalkasse versichert wären, ihre späteren Wahlrechte wohl kaum in Anspruch nehmen würden. Die westdeutschen Betriebskrankenkassen erhofften sich durch den Einsatz für die Erhaltung der ostdeutschen Polikliniken einen Vorteil. Der Grundgedanke war, mit der Einheit Betrieb, Betriebspoliklinik und Betriebskrankenkasse sich einen guten Einstand in Ostdeutschland zu sichern. Bald wurde auf der Kassenseite wiederum die fragmentierte Struktur der Verbände sichtbar. Es gelang den Verbänden der Betriebs- und Innungskrankenkassen sogar, in Hinblick auf die Gründungsvoraussetzungen für Krankenkassen für diese Kassenarten in Ostdeutschland übergangsweise „freundlichere" Bedingungen als im westdeutschen Recht vorgesehen durchzusetzen (Robischon u.a. 1994; Manow 1995).

Einflußreich in der Gesundheitspolitik sind auch die Pharmaindustrie sowie der Großhandel und die Apothekerschaft. Durch das Sozialgesetzbuch (SGB) V, § 131 sind die pharmazeutischen Interessenverbände im Arzneimittelsektor funktional aufgewertet worden. Dies könnte dazu führen, daß für sie eine Steuerung attraktiv wird, die zentralisierte verbandliche Regulierungen betont (Döhler/Manow-Borgwardt 1992: 92). Dies gilt auch für die weiteren wichtigen Akteure, nämlich die Vertretungen des Krankenhaussektors. Auch hier kam es durch das SGB zu einer Aufwertung der Trägerverbände und der Landeskrankenhausgesellschaft.

Die schnelle Übertragung des bundesdeutschen Parteiensystems auf die DDR kann nicht darüber hinwegtäuschen, daß die Zielvorstellungen der ostdeutschen Gliederungen im Gesundheitswesen weiterhin wesentlich differierten und tendenziell andere Handlungsoptionen gesehen wurden (Manow 1995: 47ff.). Die umfassende soziale Versorgung hatte in der ehemaligen DDR bei zunehmenden Leistungsdefiziten der Wirtschaft wesentliche legitimatorische Bedeutung gehabt. Da auch in Westdeutschland unter den Parteien kein Konsens über die Leistungsfähigkeit des Gesundheitssystems bestand (die „Strukturreform der gesetzlichen Krankenversicherung" hatte dies wiederum ins öffentliche Bewußtsein gerückt), waren hier auch durchaus andere Handlungsoptionen möglich. So sprachen sich auch 400 Vertreter der CDU der Bundesebene gegen eine modifikationslose Ausdehnung bundesdeutscher Strukturen im Gesundheitswesen aus. Auch sollte die Vereinigung für die SPD mit grundlegenden Modifikationen am bundesdeutschen Kassenwahlrecht und am Gliederungsprinzip der Kassen verbunden sein. Aber im Hinblick auf letzteres gab es innerhalb der SPD keine einheitliche Meinung. Nur im Hinblick auf die DDR wollte die SPD – wegen dem dort bereits gegebenen Einheitsprinzip – verhindern, daß eine Fragmentierung Platz griff. Dadurch wurden aber bei den Verbänden Befürchtungen über eine durch die deutsche Vereinigung präjudizierte gesundheitspolitische Reformrichtung geschürt. Diese werden in den Bearbeitungsprozessen zentraler Probleme deutlich.

4. Problembearbeitung in den einzelnen Politikfeldern

Für beide Bereiche kann zunächst konstatiert werden, daß Programme zur Förderung durch den Bund aufgelegt wurden. Hinzu kamen die der neuen Bundesländer und der Kommunen. Unterschiede ergeben sich insbesondere durch die Nutzung und Implementation dieser Programme. Als unmittelbare Implementationsinstanz muß die örtliche Ebene entsprechend Beachtung finden. Mögliche Gegentendenzen in einzelnen Politikfeldern dürften unterschiedlich sein. In der Gesundheitspolitik stellten sie sich am wenigsten ein.

4.1 Gesundheitspolitik

In der Gesundheitspolitik ging es um die Zukunft von Versorgungs- und Sicherungssystemen. Bei den Versorgungssystemen standen Polikliniken und Ambulatorien zur Diskussion. Der Einigungsvertrag hatte die Möglichkeit eines fünfjährigen Fortbestehens eröffnet. Da die meisten ostdeutschen

Ärzte diese Frist als eine äußerste Grenze interpretierten, begann mit dem Oktober 1990 ihr Drängen in die Niederlassung in eigener Praxis (Wasem 1992: 26). Es zeigte sich also, daß die ostdeutschen Ärzte das Westmodell präferierten. Zahlreiche ostdeutsche Ärzteverbände strebten aber auch zunächst noch eine Reform des ostdeutschen Gesundheitswesens durch eine Verbindung von ost- und westdeutschen Strukturelementen an. Diese konnte sich aber nicht durchsetzen. Vielmehr förderte die Haltung der Ärzte die Angleichung des Ostens an den Westen.

Auch das Kassenarztsystem der alten Bundesrepublik wurde übernommen. Jedoch lief dieser Prozeß wesentlich konfliktreicher ab. Es gab viele westdeutsche Reformer, die im DDR-Gesundheitssystem Vorzüge sahen. Leistungsmängel wurden vor allen Dingen einer Unterfinanzierung zugeschrieben. Auch die aus freien Wahlen hervorgegangene DDR-Regierung setzte sich deutlich für die Erhaltung des DDR-Gesundheitssystems ein. „Demgegenüber setzten sich aber schließlich insbesondere die ärztlichen Interessenverbände Westdeutschlands, deren oberstes Ziel es war, das ambulante Behandlungsmonopol der freiberuflich niedergelassenen Ärzte zu sichern, in harten Auseinandersetzungen auch mit dem Bundesarbeitsministerium durch" (Lehmbruch 1993: 23f.). Die Allgemeinen Ortskrankenkassen hatten zwar zunächst dafür plädiert – so auch die Sprecher der SPD – die öffentlichen Gesundheitseinrichtungen (Polikliniken und Ambulatorien) bei der Sicherstellung der ambulanten ärztlichen Versorgung dem System der Kassenärzte in freier Niederlassung gleichzustellen, traten aber den Rückzug an, „sobald erkennbar wurde, daß ihnen bei ihren Bemühungen um Behauptung und womöglich Ausdehnung ihrer Organisationsdomäne in der Konkurrenz mit anderen Kassenarten ein massiver Konflikt mit den westdeutschen Ärzteverbänden zusätzlich Schwierigkeiten bringen würde" (ebd.: 24).

Bei den Sicherungssystemen ging es darum, ob das gegliederte Kassensystem der gesetzlichen Krankenversicherung der alten Bundesländer auf die ehemalige DDR übertragen werden sollte, oder ob das Einheitssystem der DDR fortentwickelt werden konnte. „Das gegliederte Sozialversicherungssystem ist bekanntlich der entwicklungsgeschichtliche Niederschlag des Sozialprotektionismus, der das bismarckisch-wilhelminische Deutschland auszeichnete und die Aufrechterhaltung der Statusbarrieren zwischen Industriearbeitern und Angestellten zum Ziele hatte" (ebd.: 22). Die DDR-Einheitsversicherung war dagegen keineswegs ein Produkt der „Sozialisierung" der DDR, sondern hat ihren historischen Ursprung in der Intention des alliierten Kontrollrats nach dem Zweiten Weltkrieg, das gegliederte Versicherungssystem nach universalistischen Kriterien zu reformieren (und damit zu modernisieren). Es knüpfte an sozialdemokratische Reformvorstellungen aus der Weimarer Zeit an, geriet aber unter erhebliche Kritik betroffener westdeut-

Interessenvermittlung in der Wohnungs- und Gesundheitspolitik

scher Interessengruppen, so daß es schließlich nur in der sowjetischen Zone in Kraft gesetzt wurde" (ebd.: 22).

Auch in Westdeutschland sollte das gegliederte Krankenversicherungssystem im Zuge der Diskussion über die Kostendämpfung im Gesundheitswesen reformiert werden. Insofern ist es also nicht verwunderlich, daß auf der westlichen Seite sowohl sozialpolitische Sprecher der SPD-Bundestagsfraktion als auch der Bundesvorstand der Ortskrankenkassen früh dafür optierte, im Transformationsprozeß der DDR die tragenden Strukturelemente des dortigen Gesundheitssystems zu bewahren, „weil sie eine wichtige Alternative im Zusammenhang der Strukturreformdiskussion darstellten" (ebd.: 23). Strategisch wichtig war es daher für die Ersatzkassen, frühzeitig in Ostdeutschland Fuß zu fassen. Die Reformbefürworter im Lager der Ortskrankenkassen waren allzu offensichtlich vom Interesse geleitet, die eigene Organisationsdomäne zu Lasten anderer Kassenarten zu erweitern, und in dem dann aufbrechenden Konflikt wichen sie auffallend schnell zurück. Lehmbruch vermutet, daß ihnen die Risiken einer Infragestellung des bestehenden interorganisatorischen Gleichgewichtes dann doch als zu schwer kalkulierbar erschienen (ebd.: 23).

4.2 Wohnungspolitik

Beim Wohnen stand das Problem der Renovierung der Altbausubstanz im Vordergrund.[2] Weiterhin ging es um den Wohnungsneubau, die Privatisierung und schließlich die Mietenpolitik. Die Lösung der Probleme steht in vielfältiger Wechselbeziehung. Die konkreten Landesprogramme sahen zum Teil eine Kombination der verschiedenen Zielvorstellungen vor. Für den Neubau wurde in Sachsen-Anhalt aber mehr als das Doppelte der Mittel bereitgestellt als für die Bestandsförderung. Erst unter der rot-grünen Regierung gibt es eine Verlagerung zugunsten der Bestandspolitik. Zweite Priorität wurde der Mietwohnungsneubau. In Sachsen stand zunächst der Mietwohnungsneubau, dann die Eigenheimförderung und die Modernisierungsförderung im Mittelpunkt. Letztere wurden gleichermaßen gegenüber der Mietwohnungsneubauförderung bevorzugt. Erhebliche Mittel waren auch für die Privatisierungsförderung vorgesehen. In allen Schwerpunkten erwies sich die Bauverwaltung als gravierender Engpaß. Daneben wirkten aber auch politische Zielvorstellungen als erhebliche Restriktion.

Zur Modernisierung und Instandsetzung standen verschiedene Finanzierungsmöglichkeiten bereit. Hier ist vor allen Dingen das Förderprogramm der Kreditanstalt für Wiederaufbau (KfW) zu erwähnen. Daneben gab es In-

---

2 Zu diesem Abschnitt vgl. die umfassende Analyse von Holtmann/Meisel 1995.

vestitionskostenzuschüsse für Instandsetzung und Modernisierung von Bund und Ländern, so in Sachsen und Sachsen-Anhalt seit 1990. Es war abzusehen, daß Eigentümergruppen wichtige Entscheidungsträger in der Modernisierung alter Stadtteile sein würden. Daher versuchte der Senat in Berlin, einen Konsens zwischen Mietern und Eigentümergruppen zu erzielen. Obwohl im Zuge der Implementation der Programme in Sachsen und Sachsen-Anhalt die Fachverbände neben den verschiedenen Wohnungsbauförderstellen und den Regierungspräsidenten in die Beratungen einbezogen wurden, stieß das Programm doch auf Akzeptanzprobleme. Diese wurden auch dadurch nicht ausgeräumt, daß die Verbände auch Repräsentanten der Mitgliedsunternehmen mit an den Runden Tisch brachten. Die Genossenschaften hatten zunächst auf Seiten der Politiker einige Vorbehalte zu überwinden. In Sachsen-Anhalt wurden sie aber doch im Zuge der Programmimplementation miteinbezogen. Dies war in Sachsen nicht der Fall. Aber auch in Sachsen-Anhalt geschah die Einbindung von kommunalen Wohnungsunternehmen und Genossenschaften, die besonders als Adressaten für Modernisierung und Instandhaltung in Frage kamen, zu spät.

Als wichtigstes Investitionshemmnis erwies sich der Grundsatz „Rückgabe vor Entschädigung". Rund 90 Prozent der Sanierungsobjekte sind in Halle mit zum Teil mehrfachen Rückübertragungsansprüchen belegt. „Solange die endgültige Entscheidung über den Kauf des Objektes aussteht, können weder die nötigen grundbuchtechnischen Angelegenheiten geklärt noch konkretere, kostenintensive Planungsunterlagen erstellt werden" (Holtmann/Meisel 1995: 13). Hiervon waren auch die Wohnungsunternehmen betroffen – in geringerem Umfang die Wohnungsgenossenschaften. Nur die Genossenschaften verfügten über einen hohen Anteil an restitutionsfreien Beständen. Dies hatte aber zur Folge, daß sich manche bedenklich verschuldeten, weil sie ja 80 Prozent der Mittel selbst aufbringen mußten. Modernisierungsmaßnahmen wurden vor allen Dingen für den Altneubau der Nachkriegszeit in die Wege geleitet. Auch wirkte sich die zu DDR-Zeiten geübte Praxis der Trennung von Eigentum an Grund und Boden und Gebäuden negativ aus. Zunächst mußte durch Beschluß der Stadtverordnetenversammlung der zu den Wohngebäuden gehörende Grund und Boden auf die Wohnungsunternehmen übertragen werden. Dies stieß auf politische Widerstände in der Stadtverordnetenversammlung und verzögerte sich z.T. sehr, z.B. in Halle. Auch die komplette Neuvermessung war sehr langwierig. Damit war die Beleihbarkeit der Realien nicht gegeben. Übergangsbürgschaften der Berliner Kreditbank stießen aufgrund der dafür zu zahlenden Gebühren auf Ablehnung.

Weiterhin war die Investitionskraft der potentiellen Investoren gering. Dies traf auch für die privaten Eigentümer zu. Die geringe Resonanz führte dazu, daß die Einkommensgrenzen bei Modernisierungsförderung fielen.

Interessenvermittlung in der Wohnungs- und Gesundheitspolitik 415

Vorher hatten auch die Wohnungsunternehmen nur dann Mittel erhalten, wenn die Wohnungen mit Mietern innerhalb bestimmter Einkommensgrenzen belegt waren. Die Mittelströme verlagerten sich somit auf einkommensstärkere Gruppen. Als weitere Hürde wurde das Erfordernis des Komplettleerstandes fallengelassen. Auch ließen sich die Entscheidungsträger zuweilen auf Ausnahmen von den Fördervoraussetzungen ein.

Um die bereitgehaltenen finanziellen Kontingente besser auszuschöpfen, wurden auch aktive Maßnahmen der Implementation betrieben. So richteten die Akteure in Halle zwei Arbeitsgruppen ein, die leerstehende Objekte in ein Leerstandskataster aufnahmen. Darin erfaßte Objekte wurden dann gesichtet und potentiellen Investoren angeboten. Unter den Investorenkonzepten wählte die ämterübergreifende Arbeitsgruppe diejenigen aus, die den Vorstellungen der Stadtentwicklung am ehesten entsprachen. Diese wurden dann in den entsprechenden Gremien (je nach Wert: auch Entscheidungen durch Liegenschaftsausschuß oder Stadtverordnetenversammlung) als Grundlage zur Weiterentscheidung vorgelegt. Die Verpflichtung zur Nutzung eines Modernisierungsprogramms war in Sachsen-Anhalt auch über die Verbandsspitze der Wohnungsunternehmen versucht worden. Die hatte aber die Resonanz bei den Mitgliedsunternehmen überschätzt. Immerhin wurde auf Verbandstagen auch die Option der frei finanzierten Modernisierung diskutiert, was eher eine Demobilisierung zur Folge hatte. In Sachsen wirkte sich positiv für die Akzeptanz aus, daß es auf der kommunalen Ebene zwischen den Geschäftsführern der kommunalen Wohnungsunternehmen und Genossenschaften und den Fraktionen Kontakte gab.

Bei der Privatisierung ging es darum, den Anteil der in öffentlichem Eigentum befindlichen Wohnungen (in Ostdeutschland 58,9 Prozent) in das Eigentum der Nutzer zu überführen. Dazu gab es zwei Strategien: zum einen wurde die Rückgabe an die Alteigentümer vorangetrieben, zum anderen ging es um den Verkauf von Wohnungen an Nutzer und Investoren. Alle Fallstudien verweisen auf ein sehr langsames Voranschreiten (z.B. Gissendanner 1994: 2ff.). 1993 waren erst 32 Prozent der Wohnungen an Alteigentümer zurückgegeben. Dies hatte erhebliche Folgen für die Entwicklung des Wohnungsmarktes und führte zu einer Stagnation. Bei der zweiten Strategie, Vergabe des Wohnraums an Nutzer und Investoren, bestand zwischen den Bonner Regierungsparteien (CDU, CSU und FDP) laut Vereinbarung von 1991 Konsens, daß eine breite Streuung des Wohneigentums und eine Reduzierung kommunaler Bestände angestrebt werden sollte. Dabei geht es der Bundesregierung vor allen Dingen um eine möglichst breite Streuung des Wohnungsbestandes zur Mobilisierung von privaten Investitionen und Entlastung öffentlicher Kassen. Auch der Verkauf kompletter Mietwohnungsbestände an kommerzielle Investoren ist dabei erwünscht. Diese Strategie erweist sich aber als wenig erfolgversprechend: Bauzustand, Altschuldenbelastung und geringe Mieterhöhungsspielräume machen den Wohnungsbestand nicht zu einer rentablen Kapitalanlage für Investoren ohne Eigennutzungsinteressen. Daher wurden zur Förderung der Mieterprivatisierung 1991 verschiedene Bundesprogramme aufgelegt.

Bei der Privatisierung wurden schließlich auch die Genossenschaften als neue Eigentümer in Erwägung gezogen. So wurde sowohl in Sachsen-Anhalt als auch in Sachsen die Neugründung von Genossenschaften aus kommunalen Beständen unterstützt. Aber auch das Ziel, kommunale Wohnungen den Genossenschaften zu übergeben, war zum Teil schwer zu erreichen. Die Genossenschaften konnten oft den Forderungen der Kommunen nicht gerecht werden. Hier erwies sich vor allem als Problem, daß eine frühzeitige Regelung der Altschulden nicht zustandekam. Die Kommunen halten sich im Blick auf ihre Haushaltslage damit zurück, Grundstücke kostenlos oder unter Wert abzugeben. „So forderten sie nicht selten Bodenpreise, die von den Genossenschaften nicht aufzubringen waren, teils boten sie nur Erbbaurechte an" (Holtmann/Meisel 1995: 120), mitunter verweigerten die Stadtparlamente die Eigentumsübertragung prinzipiell. Auch die Sorge, den Zugriff auf die Wohnungen völlig zu verlieren, spielte eine Rolle. Dies bedeutete aber für die Genossenschaften, daß sie Kredite nur mit Hilfe von Bürgschaften der Stadt oder des Landes aufnehmen konnten (Bardelmann/ Steinert 1995: 147f.).

Modernisierung und Privatisierung scheiterten gleichzeitig an der Möglichkeit, Mieten weiter zu erhöhen. Denn noch brisanter als die Privatisierung von Wohnraum waren die Mietpreiserhöhungen. Die erste Mietpreiserhöhung traf noch auf weitgehende Akzeptanz. Allerdings war das Ausmaß doch heftig umstritten. So hatte das Bundesbauministerium, damals mit FDP-Spitze, erheblich andere Vorstellungen als die Länder Berlin und Brandenburg. „Erst nach persönlicher Intervention des Bundeskanzlers einigten sich die Bundesbauministerin und die Bauminister der ostdeutschen Länder im Juni 1992 auf eine Lösung. Diese stieß allerdings bei Mieterverbänden und Wohnungswirtschaft auf scharfe Kritik. In Brandenburg und Sachsen-Anhalt initiierten die Mieterverbände sogar 'Volksinitiativen'" (Wielgohs 1995: 229). Die Altschulden erzwingen ab Mitte 1995 eine weitere Erhöhung der Grundmieten, die nur durch entsprechende Subventionen zu verhindern wäre. „In Dresden schätzt man, daß rund 80 Prozent der Bevölkerung in ihrer derzeitigen finanziellen Situation weitere Mieterhöhungen nicht verkraften können. In Halle bezog bereits jeder vierte Bürger zum Ende des vergangenen Jahres Wohngeldzahlungen und dies trotz der noch bis 1995 in den neuen Bundesländern zusätzlich ausgezahlten Heizkostenpauschale" (Holtmann/Meisel 1994: 8).

Eine flächendeckende Mieterhöhung würde aber auch die Preisverzerrung zwischen Städten und ländlichem Raum und damit die unterschiedli-

Interessenvermittlung in der Wohnungs- und Gesundheitspolitik 417

chen Standortqualitäten weiter erhöhen. Daher ist der Deutsche Mieterbund gegen eine allgemeine Mietpreisbindung (Wielgohs 1995: 231f.). Er setzt sich für eine Freigabe der Neubaumieten und für ein sozial kontrolliertes Vergleichsmietensystem ein. Mieter- und Eigentümerverbände sind sich darüber einig, daß der Übergang ins Vergleichsmietensystem mit einer grundsätzlichen Mietpreisreform verbunden sein sollte.

Der Wohnungsneubau hatte besonders unter der Konkurrenz zur Wirtschaftsförderung zu leiden. Entscheidungen des Amtes für Wirtschaftsförderung in der Standortvergabe oder des Investitionsvorranges fielen gemäß der Eigeninteressen des Amtes in der Regel für Investoren der Wirtschaft und des Gewerbes und gegen den Wohnungsbau aus. Von den Parteien und ihren Fraktionen wird diese Tendenz unterstützt (Gothe u.a. 1996). Beim Mietwohnungsneubau in Dresden präferierten die Entscheidungsträger vor allen Dingen Lückenbebauung. „Der Verkauf städtischer Grundstücke und Immobilien folgte ... dem Postulat des maximalen Gewinns und nicht der Option, durch preisgünstige Bereitstellung der Realien förderungspolitisch flankierend zu wirken" (Holtmann/Meisel 1995: 178). Durch die bevorstehenden Kommunalwahlen veränderte sich die Prioritäteneinschätzung ein wenig: Das Thema Wohnen wurde für Wahlkampfzwecke entdeckt. Danach wurden im Liegenschaftsausschuß nur noch Projekte bejaht, die eine Förderung erhalten. Diese Befunde für Dresden sind in Halle nicht erkennbar, sie waren aber möglicherweise doch von Bedeutung. Schließlich kam ein Mietwohnungsbau in Halle überhaupt nicht zustande.

Beim Wohnungsneubau machte sich die Kapitalknappheit sowohl bei Wohnungsbauunternehmen als auch bei privaten Bauherrn bemerkbar. Bei letzteren bildete dies aber eher eine Anfangshürde. Die ungeklärten Eigentumsverhältnisse waren schon eher das herausragende Problem beim Mietwohnungsneubau. So kann in Erfurt die Wohnungsbaugenossenschaft den akuten Wohnraummangel (10.000 Wohnungssuchende sind registriert) durch Neubau nicht lösen. Die Genossenschaften scheinen vielmehr um ihre Existenz bangen zu müssen. Ursache dafür sind die Vereinbarungen, die im Solidarpakt getroffen wurden. Denn die Schulden, die zu DDR-Zeiten Staatsschulden waren und die durch die Vorgaben der staatlichen Wohnungspolitik und hier insbesondere der Subventionierung der Mieten entstanden, wurden nach der Vereinigung den nun Eigenverantwortlichen, markt- und betriebswirtschaftlichen Regeln unterworfenen Gesellschaften und Genossenschaften als Belastung auferlegt.

Gegenüber diesen Zentralproblemen nahm der Eigenheimbau sowie der Erwerb neugeschaffener selbstgenutzter Eigentumswohnungen nur einen untergeordneten Raum ein. Diese Zielrichtung war ja in Sachsen-Anhalt die bedeutendste. Das Geld floß vor allen Dingen in den selbstgenutzten Eigenheimsektor. Sowohl in Sachsen als auch in Sachsen-Anhalt wurde dessen

Förderung absoluter Schwerpunkt. Dies ist Hinweis darauf, daß sich die Politik den zentralen Problemen – aufgrund der vielfältigen Restriktionen – nicht ausreichend zuwendet.

5. Ergebnis

Im Unterschied zur Gesundheitspolitik, wo das Konzept des Handelns sehr bald bei den westdeutschen Kollektivakteuren lag, war im Politikfeld Wohnen die Verwurzelung der Politik bei den Akteuren der neuen Bundesländer für den Erfolg von besonderer Bedeutung. Ganz entscheidend kam es auf örtlicher und regionaler Ebene darauf an, ob es gelingen würde, in dieser totalen Umbruchsituation eine Vernetzung von Institutionen, Finanzinstrumentarien und Instrumentarien der Steuerung entstehen zu lassen, die dauerhaft in eine produktive Zusammenarbeit zwischen Kommunen, Land, Staat, und sonstigen Akteuren im jeweiligen Politikfeld bzw. politikfeldübergreifend mündet (Eißel 1995: 130). Daß diese Zielvorstellung bestand, aber nur partiell in die Tat umgesetzt werden konnte, zeigen vorliegende Untersuchungsergebnisse. Dies ist aber kein spezifisches Defizit ostdeutscher Politik, sondern das Problem wurde allenfalls noch durch den größeren Streß verstärkt. Im Bereich Wohnen wird deutlicher als in der Gesundheitspolitik, daß die Akteure vor Ort nicht nur für die Implementation überörtlicher Ziele oder Programme von Bedeutung sind. Vielmehr profilieren sie durch ihre Ziele und ihr Handeln im Rahmen ihrer Handlungsoptionen die Programme spezifisch. Dabei schlagen auch in der ersten Phase nach dem Umbruch bereits DDR-spezifische Handlungsmuster durch.

Wielgohs (1995: 195) kommt zu dem Ergebnis, daß in der Wohnungspolitik die ostdeutschen Interessen im Vergleich der unterschiedlichen Politiknetzwerke doch relativ stark sind. Dies erklärt er damit, daß die wohnungswirtschaftlichen Problemlagen in allen neuen Bundesländern ähnlich sind. Dadurch wurden die ostdeutschen Landesregierungen zu einer fachpolitischen Kooperation stimuliert, die auch die Konfliktlinien der Parteien teilweise überwinden und damit auf partielle Unterstützung im Bundesrat rechnen konnte. Die parteipolitische Konstellation zwang die Bonner Koalitionsparteien zur Rücksichtnahme aus wahltaktischen Erwägungen ihrer (zumeist regierenden) ostdeutschen Landesverbände und zu Konzessionen an die sozialdemokratische Mehrheit im Bundesrat.

Konkrete Verbesserungen in der Wohnungsversorgung hätten aber nur durch intensives Engagement örtlicher Akteure erzielt werden können. Die bemühten sich zwar, die Feinsteuerung ständig zu verbessern. Doch dies geschah spät und ohne dabei einen durchschlagenden Erfolg zu erzielen

(Holtmann/Meisel 1995: 201f.). Langwierige politische Zielfindungsprozesse und zumindest heimliche Prioritäten in der Wirtschaftsförderung führten zu einer Zurückhaltung der politischen Akteure in der Wohnungspolitik. Hier wirkten bei den politischen Akteuren Erfahrungen aus der DDR-Vergangenheit nach und bei den Adressaten vielfältige Restriktionen des Übergangs in ein neues Rechtssystem.

Literatur

Bardelmann, J./Steinert, T.: Probleme der ostdeutschen Wohnungswirtschaft: Das Beispiel der Erfurter Wohnungsbaugenossenschaft Zukunft. In: Benzler, S./ Bullmann, U./Eißel, D. (Hrsg.): Deutschland-Ost vor Ort. Opladen: Leske + Budrich, 1995, S. 141-150

Berg, F./Nagelschmidt, M.: Institutionen, Personal und Handlungspotential ostdeutscher Kreise und Kommunen im Transformationsprozeß. Regionale Studie. KSPW-Forschungsbericht (unveröff.) 1995

Döhler, M./Manow-Borgwardt, P.: Korporatisierung als gesundheitspolitische Strategie, In: Staatswissenschaften und Staatspraxis 2. Baden-Baden: Nomos, 1992, S. 64-106

Eißel, D.: Problemfelder und Lösungskapazitäten in den Kommunen Ostdeutschlands, In: Benzler, S./Bullmann, U./Eißel, D. (Hrsg.): Deutschland-Ost vor Ort. Opladen: Leske + Budrich, 1995, S. 123-140

Erdmann, Y.: Aufbau und Entwicklung von Ärzteverbänden in Ostdeutschland. In: Eichener, V. u.a. (Hrsg.): Organisierte Interessen in Ostdeutschland. Marburg: Metropolis, 1992a, S. 319-358

Erdmann, Y.: Entwicklung von Ärzteverbänden in den neuen Bundesländern. In: Max-Planck-Institut für Gesellschaftsforschung, Köln, Tätigkeitsbericht 1991-1992 (unveröff.) 1992b, S. 27

Gissendanner, S.: Transfer und Transformation of Housing Politics in Berlin after German Unification. Arbeitspapiere AG TRAP (unveröff.) 1994

Gothe, H. u.a.: Organisation, Politik und Vernetzung der Parteien auf Kreisebene in den fünf neuen Bundesländern. Berlin: Freie Universität, 1996

Holtmann, E./Meisel, D.: Zwischen Restriktion und Anpassungsflexibilität. Die Kommunale Implementation wohnungspolitischer Förderprogramme 1991 – 1994 in Sachsen-Anhalt und Sachsen im Kontext von Umbruch und Interessenvermittlung. KSPW-Forschungsbericht (unveröff.) 1995

Lehmbruch, G.: Sektorale Variationen in der Transferdynamik der politischen Ökonomie Ostdeutschlands. Universität Konstanz (unveröff.) 1993

Manow, P.: Gesundheitspolitik im Einigungsprozeß. Frankfurt/Main: Campus, 1995

McGovern, K.: Kommunale Umweltpolitik in den neuen Bundesländern: Innovationsbedarf und Umsetzungsprobleme. In: Benzler, S./Bullmann, U./Eißel, D. (Hrsg.): Deutschland-Ost vor Ort. Opladen: Leske + Budrich, 1995, S. 165-189

Möller, B./Reißig, R.: Verbindungen von politischen Interessenvermittlungsstrukturen und Kommunalinstitutionen im Bereich der Wirtschaftsförderung. KSPW-Forschungsbericht (unveröff.) 1995

Naßmacher, H.: Transformationsprozesse aus regionaler und lokaler Perspektive. In: Naßmacher, H./Niedermayer, O./Wollmann, H. (Hrsg.): Politische Strukturen im Umbruch. Berlin: Akademie Verlag, 1994, S. 1-16

Patzelt, W./Algasinger, K.: Strukturen politischer Interessenvermittlung in Sachsen. KSPW-Forschungsbericht (unveröff.) 1995

Robischon, T. u.a.: Die politische Logik der deutschen Vereinigung und der Institutionentransfer: Eine Untersuchung am Beispiel von Gesundheitswesen, Forschungssystem und Telekommunikation. MPIFG Discussion Paper (unveröff.) 1994

Wasem, J.: Transformation der ambulanten ärztlichen Versorgung in den neuen Ländern. Vom staatlichen in das kassenärztliche System. In: Max-Planck-Institut für Gesellschaftsforschung. Köln: Tätigkeitsbericht 1991-1992 (unveröff.) 1992

Wielgohs, J.: Transformationspolitik zwischen Liberalisierungsambitionen und Erfordernissen sozialer Stabilitätssicherung: Die Transformation des ostdeutschen Wohnungswesens. In: Wiesenthal, H. (Hrsg.): Einheit als Interessenpolitik. Frankfurt a.M./New York: Campus, 1995, S. 194-259

Wiesenthal, H. (Hrsg.): Einheit als Interessenpolitik. Frankfurt a.M./New York: Campus, 1995

Wollmann, H./Berg, F.: Die ostdeutschen Kommunen: Organisation, Personal, Orientierungs- und Einstellungsmuster im Wandel. In: Naßmacher, H./Niedermayer, O./ Wollmann, H. (Hrsg.): Politische Strukturen im Umbruch. Berlin: Akademie Verlag, 1994, S. 239-274

Funktionsprobleme des westdeutschen Korporatismus in Ostdeutschland

Josef Schmid/Helmut Voelzkow

1. „Assoziatives Handeln" als unterschätztes Transformationsproblem

Nicht selten wird die Transformationsproblematik in Ostdeutschland wie auch in den anderen Staaten in Ost- und Mitteleuropa reduziert auf die Herstellung und Stabilisierung einer neuen Wirtschaftsordnung („Kapitalismus") einerseits und die Durchsetzung einer Rechts- und Verfassungsordnung („Demokratie") andererseits. Diese Verkürzung entspricht der gängigen Dualität von Markt bzw. unkoordinierter Konkurrenz einerseits und Staat bzw. Hierarchie andererseits. Es ist freilich gute sozialwissenschaftliche Tradition, diese beiden Modelle sozialer Ordnung um die Gemeinschaft, also um Arrangements spontaner Solidarität zu ergänzen. Seit Mitte der 80er Jahre wird diese Triade der sozialwissenschaftlichen Analyse ergänzt durch die These, daß es noch ein viertes Modell sozialer Ordnung gibt, nämlich die Assoziation oder den Verband (Streeck/Schmitter 1985, Wiesenthal 1995).

Das heißt in anderen Worten, daß Verbände als intermediäre Organisationen die Funktion haben, zwischen Markt und Staat bzw. zwischen privater und öffentlicher Sphäre zu vermitteln. Einerseits dienen Verbände zur Artikulation der Interessen ihrer Mitglieder gegenüber dem politisch-administrativen System. Verbände beschränken sich jedoch nicht nur darauf, auf staatliche Entscheidungen durch Druck einzuwirken, sondern sie sind andererseits selbst an der Produktion verbindlicher Entscheidungen beteiligt, oder sie treffen sie sogar „am Staat vorbei" (Ronge 1980). Die Verbände üben dadurch als „private Regierungen" im Rahmen korporatistischer Steuerungssysteme faktisch hoheitsähnliche Funktionen aus (Voelzkow 1995, 1996). Zugleich sind die verschiedenen anderen Formen der Interessendefinition und Interessenvermittlung anzusprechen, die von den Parteien bis hin zu neuen oder alten sozialen Bewegungen reichen, sowie die zwischen diesen und den Verbänden bestehenden interorganisatorischen Vernetzungen, die in ihrer Gesamtkonfiguration die Stabilität und Regierbarkeit politischer Systeme erheblich beeinflussen (Rucht 1993, Schmid 1993).

In einer Analyse von Transformationsprozessen muß daher besonders genau betrachtet werden, welche Konturen die, wie Offe (1994: 19) es formuliert, „assoziativen Klumpenbildungen" annehmen. Damit sind neue Regeln sozialer Integration angesprochen, die sich auf die Bildung und wechselseitige Anerkennung von sozialen Gruppen beziehen, die sodann – vermittelt über ihre Organisationen – in eine wie auch immer geartete Interaktion treten. Wie verlaufen die Bildung und Entwicklung von „Cleavages" und – damit zusammenhängend – von Assoziationen in einer Bevölkerung, die bislang in einer zwangs-homogenisierten Gesellschaft mit allenfalls lizensierten Interessen- und Wertkonflikten lebte? Darüber hinaus stellt sich die Frage, welche „Schnittstellen" zwischen dem politisch-administrativen System und den verschiedenen gesellschaftlichen Organisationen bestehen bzw. welche typischen Muster der institutionalisierten Staat-Verbände-Beziehungen sich herausgebildet haben (Lehmbruch 1996: 118).

In einem Transformationsverständnis, das von einer absichtsvollen Errichtung, Übernahme oder Inkorporation von marktwirtschaftlichen, rechtsstaatlichen und demokratischen Institutionen oder Modellen gesellschaftlicher Ordnung mit ungewissen Folgen ausgeht, drängt sich ferner die Frage auf, ob die Verbände, Parteien und sozialen Bewegungen in Ostdeutschland eben jene komplexen und voraussetzungsvollen Funktionen erfüllen, die ihnen im Hinblick auf die westdeutsche Gesellschaft zugeschrieben werden.

Die Meßlatte ergibt sich damit aus der sozialwissenschaftlichen Analyse der westdeutschen Gesellschaft und ist somit empirischer und nicht normativer Natur. Sie wird im folgenden an die assoziative Infrastruktur in den neuen Bundesländern angelegt, um zu prüfen, ob vergleichbare Ergebnisse oder spezifische Unterschiede festzustellen sind. Dabei wird die These vertreten, daß entgegen dem ersten Augenschein erhebliche Defizite des transferierten Systems der Interessenvermittlung auftreten, die sich vor allem in Hinblick auf die mangelhafte Repräsentation und Integration von Mitgliedern sowie in der defizitären Steuerung der ökonomischen Probleme in Ostdeutschland zeigen.[1]

---

1 Um Mißverständnissen vorzubeugen, sei ausdrücklich betont, daß bestimmte Funktionsdefizite des westdeutschen Systems der Interessenvermittlung (Krise der Volksparteien, Oligarchisierungstendenzen in Parteien und Verbänden, Asymmetrien im Pluralismus, Verletzung rechtsstaatlicher Vorgaben durch bestimmte soziale Bewegungen etc.) keineswegs in Abrede gestellt werden sollen. Die sind hier aber nicht das Problem. Die Fragestellung bezieht sich einzig und allein auf Funktionsdefizite des ostdeutschen Systems der Interessenvermittlung gegenüber der westdeutschen Ausgangslage, ganz gleich, wie defizitär diese im Einzelfall auch beurteilt werden mag.

2. Die Wege zur deutschen Einheit: Integration durch Transfer und Transformation von Organisationsstrukturen

2.1 Entwicklungsetappen des Aufbaus eines neuen Systems der Interessenvermittlung

Assoziative Formen einer „civil society" gab es in der DDR, abgesehen von gewissen Bewegungen am Rande in der protestantischen Kirche, praktisch nicht. Zwar gab es auch zu DDR-Zeiten eine Reihe von Parteien und verbandsförmigen Interessenorganisationen, diese aber waren in ihrer Zahl und Reichweite beschränkt und fungierten eher als verlängerter Arm bzw. „Transmissionsriemen" (Lenin) der Funktionseliten im Sozialismus. Im realexistierenden Sozialismus dominierte die Sozialistische Einheitspartei über die übrigen Parteien, deren Gestaltungsspielraum letztlich auf eine Unterstützungsfunktion bei der Umsetzung der politischen Vorgaben beschränkt blieb. Das Verbändesystem wirkte für ein Industrieland, das die DDR trotz aller Produktivitätsrückstände nun einmal war, eher unterentwickelt. Die gesellschaftlichen Massenorganisationen der DDR (wie beispielsweise der FDGB oder die FDJ) und selbst die kleineren gesellschaftlichen Organisationen übten vorwiegend Kontrollfunktionen aus.

Die in der politischen Theorie seit langem bekannte Dominanz der SED, die in Begriffe wie „Totalitarismus" oder „politische Repression" gefaßt wurde, wird in der jüngeren soziologischen Analyse als „unterbliebene Modernisierung" thematisiert. In der ehemaligen DDR konnten sich unter der allgegenwärtigen Vorherrschaft des Partei- und Staatsapparats keine autonomen funktionellen Subsysteme entfalten, und eben deshalb hatte das Gesellschaftsmodell keine Zukunft (Mayntz 1992: 22f., Joas/Kohli 1993). Der Zusammenbruch war in dieser Perspektive nur eine Frage der Zeit.

In dem seither laufenden Transformationsprozeß müssen einige Entwicklungsetappen unterschieden werden,[2] die für den Aufbau eines Systems der Interessenvermittlung jeweils andere Rahmenbedingungen setzten. Die Struktur des heute vorfindbaren Systems der Interessenvermittlung wird nur nachvollziehbar, wenn die Dynamik des sozialen Umbruchs und des politisch-institutionellen Wandels in Erinnerung gerufen wird.

---

[2] Vgl. dazu allgemein Glaeßner 1991; vgl. speziell im Hinblick auf das System der Interessenvermittlung auch Wiesenthal/Ettl/Biales 1992 und die Beiträge in Eichener u.a. 1992a und Löbler/Schmid/Tiemann 1991.

Mit der Öffnung der Mauer wurde zunächst (1. Phase) ein Prozeß der Selbsttransformation eingeleitet. Die Eigenstaatlichkeit der DDR blieb zunächst erhalten. In dieser Phase hielten sich die westdeutschen Organisationen noch zurück bzw. verstanden sich eher als beratende Kräfte für eine eigenverantwortliche Politik der Selbsttransformation ostdeutscher Kräfte. Ostdeutschland galt faktisch noch als Ausland. In dieser Phase entwickelte sich im Zuge einer stürmischen Gründungswelle ein embryonales nationales System der Interessenvermittlung. Erinnert sei an:

- die Organisationen, die eher den Charakter einer sozialen Bewegung hatten (wie an das Neue Forum, Demokratie Jetzt und Demokratischer Aufbruch);
- die neuen Politischen Parteien (wie die neugegründete Sozialdemokratische Partei oder die DDR-Grünen);
- die zahlreichen lokalen Bürgerinitiativen;
- die ersten überregionalen Verbände (wie den Unabhängigen Frauenverband, die Grüne Liga, den Arbeitslosenverband);
- die neuen Berufsverbände, Unternehmerverbände etc.

Die aus der Gründungsphase hervorgegangenen Organisationen, seien es nun Parteien, Verbände oder soziale Bewegungen, hatten in dieser ersten Phase noch eine Reform der DDR-Gesellschaft im Auge. Auch in der zweiten Phase des „runden Tisches" stand noch eine Reform der DDR im Mittelpunkt (Thaysen 1991). Im Unterschied zur ersten Phase aber zeichnete sich die Phase des „runden Tisches" durch eine Doppelherrschaft aus: Die zunehmend geschwächte SED-Führung unter Modrow sah sich gezwungen, die neuen Parteien, Verbände und Bewegungen einzubeziehen.

Mit der Vorbereitung der Volkskammerwahl, die im März 1990 durchgeführt wurde, änderte sich die Situation. Die Bevölkerung wollte keine Reform der DDR, sondern deren Abwicklung. Diese dritte Phase ist gekennzeichnet durch eine zunehmende Infiltration, d.h. durch ein massives Eindringen westdeutscher Parteien und Verbände. Ihre Mitarbeit an der Abwicklung des DDR-Staates kommt einem eifrigen Graben von Startlöchern für die Zeit nach dem Beitritt gleich. In dieser Phase wurde in vielen Fällen der Zusammenschluß der beiden deutschen Staaten durch die Fusion von Parteien und Verbänden vorweggenommen. In dieser Phase war das System der Interessenvermittlung noch äußerst komplex, gab es in dieser Zeit doch:

- „Altorganisationen", die bereits in der DDR existierten und als „autoritär-korporatistische" Formen der Interessenvermittlung fungierten, aber nach der „Wende" versuchten, als kollektive Akteure durch eine Besetzung neuer Themen und eine radikale Reorganisation ihrer Strukturen ihren Bestand zu wahren;

- Neugründungen, die an die eher informellen Formen kollektiven Handelns in der ehemaligen DDR anknüpften und verschiedene Interessen und Interessengruppen erfaßten, die in der ehemaligen DDR keine Organisationsmöglichkeit erhalten hatten. Gleichzeitig erzeugte der ablaufende Transformationsprozeß neue Interessen und Interessengruppen, die ebenfalls zur Organisationsbildung drängten;
- Zweigniederlassungen und Tochterorganisationen westdeutscher Organisationen, die sich dem Institutionentransfer von West nach Ost verdanken.

Die Ergebnisse der Volkskammerwahl vom 18.03.1990 verstärkten dann die allgemeine Auflösung der DDR. In den anschließenden Monaten wurden die Voraussetzungen für den Beitritt der neuen Bundesländer geschaffen. An die Stelle des Aufbaus eines eigenständigen Verbände- und Parteiensystems trat ein Prozeß der Einpassung vieler DDR-Organisationen in das bundesdeutsche Parteien- und Verbändespektrum. Die einseitige Beitrittserklärung der ehemaligen DDR in den Geltungsbereich des Grundgesetzes vom 3. 10. 1990 kam dann dem endgültigen Abbruch des nationalen Bezugrahmens gleich. Für alle DDR-spezifischen Interessenorganisationen ebenso wie für die in Ostdeutschland im Aufbau befindlichen westdeutschen Tochterorganisationen und Zweigniederlassungen ergab sich spätestens jetzt eine Konkurrenzsituation, auf die die westdeutschen Organisationen teils mit Ignoranz, teils mit aktiven Wettbewerbsstrategien und teils mit Kooperationsangeboten reagierten (Wielgohs/Wiesenthal 1995, Eichener u.a. 1992 a). In dieser Phase verringerte sich die Vielzahl an Organisationen wieder auf ein Maß, das annähernd der westdeutschen Praxis entspricht.

2.2 „Erfolg" des Institutionentransfers: Die Organisationsstrukturen assoziativen Handelns entsprechen dem westdeutschen Modell

Im Rückblick läßt sich heute aufarbeiten, warum die offene Konkurrenz zwischen diesen drei Organisationstypen letztlich zu einer Dominanz jener Formen assoziativen Handelns geführt hat, die als westdeutsche Satelliten oder als „einverleibte" Neugründungen in das westdeutsche System organisierter Interessen integriert werden konnten, während jene alten wie neuen Organisationen, die den Anschluß an das westdeutsche System der Interessenvermittlung aus internen oder externen Widerständen heraus nicht geschafft hatten, über kurz oder lang zur Bedeutungslosigkeit verurteilt waren. Dabei sind vor allem drei Determinanten erkennbar, die den Ausschlag darüber gaben, welcher Organisationstyp sich letztlich durchsetzen konnte

(Eichener u.a. 1992b). Die nach Politikfeldern differenzierte Aufbereitung ergab, daß sich in aller Regel die Ableger westlicher Organisationen durchsetzen konnten, was häufig, wenn auch zu unrecht, als „Kolonisierung"[3] gebrandmarkt wurde.

- Interessenkongruenz: Die Bürger in den neuen Bundesländern schienen nach vorliegenden Befragungsergebnissen spätesten in der dritten Phase Situationsdeutungen und Interessenformationen gebildet zu haben, die sich nicht wesentlich von den Vorbildern der westdeutschen Gruppierungen unterschieden. Hinsichtlich der subjektiven Einstellung zum Verbändesystem schien das Bewußtsein dem gesellschaftlichen Sein diesmal vorauszulaufen, d.h. auch wenn die objektiven Interessenlagen (noch) nicht vergleichbar waren, existierte eine hohe Bereitschaft, sich analog zu den westlichen Strukturen zu organisieren (Weßels 1992, skeptischer Pollack 1992). Allerdings gab es in der Aufbauphase des ostdeutschen Systems der Interessenvermittlung einige wenige Ausnahmen, bei denen sich ostdeutsche Organisationen zumindest einige Zeit gegenüber der westdeutschen Konkurrenz halten konnten, weil sie ein spezifisch ostdeutsches Interesse, das der westdeutschen Verbandsposition widersprach, aufgreifen und zur Organisationsstabilisierung nutzen konnten.[4]
- Ressourcen: Was die Ressourcenausstattung anbelangt, waren die westdeutschen Satelliten bzw. die in das Verbändesystem inkorporierten Ostorganisationen eindeutig im Vorteil. Dies betrifft nicht nur die personelle und materielle Ausstattung, sondern auch die bestehenden Einflußkanäle zu den politisch-administrativen Entscheidungszentren (insbesondere auf der Bundesebene). Sie konnten im Gegensatz zu den ostdeutschen Altorganisationen und losgelösten Neugründungen in Aussicht stellen, auch tatsächlich etwas bewegen zu können.
- Staatseingriffe: Eine Rekonstruktion des Aufbaus von Verbänden in Ostdeutschland ergibt schließlich auch, daß die staatliche Seite über verschiedene Interventionen zur Stabilisierung bestimmter Organisationsangebote für assoziatives Handeln beigetragen hat.[5]

Mit dem „Institutionentransfer" von West nach Ost (Lehmbruch 1993) wurden somit die politisch-institutionellen Rahmenbedingungen dem westlichen Vorbild angeglichen. Die wichtigsten Organisationsformen für assoziatives Handeln wurden ebenfalls auf Ostdeutschland übertragen; diese konnten

---

3 Eine kritische Aufarbeitung der „Kolonisierungsthese" bietet Brie 1994.
4 Beispiel: Kammer der Technik versus Verein Deutscher Ingenieure (Eichener/Voelzkow 1992).
5 Exemplarisch bezüglich der Gründung des Verbandes innovativer Unternehmen Eichener/Schmid 1992.

sich in der Folgezeit zumeist gegen andere Angebote durchsetzen, so daß die Strukturen der Interessenvermittlung, zumindest was ihre organisatorischen Grundlagen betrifft, der westdeutschen „Blaupause" weitgehend entsprechen.

Diese strukturelle Identität mit dem Westmodell schafft zugleich eine hohe Kompatibilität der politisch-administrativen und verbandlichen „Schnittstellen", was die Fortführung bisher etablierter Aushandlungs- und Kooperationsroutinen erleichtert. Hinzu kommt, daß, von einigen Friktionen im Rahmen des Parteienwettbewerbs abgesehen, die Politik der Einheit von einem weitreichenden Konsens der politischen Akteure getragen worden ist. Hervorzuheben ist in diesem Zusammenhang die „Gemeinsame Erklärung von DGB und der Bundesvereinigung deutscher Arbeitgeberverbände zu einer einheitlichen Wirtschafts- und Sozialordnung in beiden deutschen Staaten" (vom 9.3.1990), in denen sich auch die Vorstellungen der Bundesregierung ausgedrückt haben. Einträchtiges Ziel war dabei die weitgehend unveränderte Übertragung des westdeutschen Systems industrieller Beziehungen inklusive der darin verankerten Leitvorstellungen und kooperativen Handlungsrepertoires (Lehmbruch 1996: 128ff).

3. Lücken in der soziokulturellen Integration und Leistungsschwächen der Organisationsstrukturen assoziativen Handelns

3.1 Begrenzte Repräsentations- und Steuerungsfähigkeit des transferierten Systems der Interessenvermittlung insgesamt

Trotz der skizzierten Erfolge beim formalen „Aufbau Ost" der Interessenvermittlung zeigt ein Blick auf die tieferliegenden sozialen, kulturellen und mentalen Grundlagen des assoziativen Handelns, daß im Osten doch alles etwas anders ist. Die abweichenden Kontexte werden dabei zum einen durch den soziokulturellen Eigensinn einer Teilgesellschaft und zum anderen durch die spezifischen Funktionsmechanismen einer regionalen Ökonomie, die sich in einer einschneidenden Krise befindet, gekennzeichnet.[6]

Diese Defizite in der Repräsentations- und Steuerungsfähigkeit sind bei Parteien und sozialen Bewegungen noch deutlicher und früher zu Tage getreten als bei den meisten Verbänden. Es ist unverkennbar, daß die Parteien

---

6 Zur näheren Verortung von Verbänden zwischen soziokulturellem, politisch-administrativem und ökonomischem System vgl. Kleinfeld/Schmid/Zimmer 1996.

gerade in Ostdeutschland tiefgreifende Organisationsprobleme haben und ihre Konsolidierung noch keineswegs abgeschlossen ist. Das zentrale Problem der ostdeutschen Parteigliederungen besteht vor allem darin, daß ihnen die Rekrutierung von Parteimitgliedern und vor allem von ehrenamtlich tätigen Funktionsträgern ausgesprochen schwerfällt.[7]

Schwieriger ist die Beurteilung der Repräsentations- und Steuerungsfunktion der sozialen Bewegungen. Diese haben sicherlich im Vorfeld der Wende und in der konfliktreichen Phase 1989 und 1990 eine wichtige Rolle gespielt (Wielgohs/Schultz 1991, 1992, Haufe/Bruckmeier 1993). Gleichwohl wird die Stellung der sozialen Bewegungen in Ostdeutschland häufig überschätzt, denn die Wende in der DDR war weniger eine „voice-Revolution" als vielmehr eine „exit-Revolution", die sich der überraschenden Realisierbarkeit des Wunsches nach wirtschaftlichem Wohlstand verdankt. Ein Unterschied zwischen der DDR-Gesellschaft und der Bundesrepublik wird darin gesehen werden müssen, daß es in Ostdeutschland den politischen Modernisierungsschub, der den sozialen Bewegungen in Westdeutschland gutgeschrieben wird, nicht in vergleichbarer Form gegeben hat. Zwar haben die in der Wendephase aktiven Bürger- und Demokratiebewegungen in ihrer Programmatik und in ihren Protestformen durchaus an ihre westdeutschen Vorbilder angeknüpft, aber ihre heutige politische Randstellung spricht eher für die These, daß die sozialen Bewegungen „in der DDR-Gesellschaft keineswegs im selben Maße Wurzeln geschlagen (haben), wie es in den 70er und 80er Jahren in der Bundesrepublik der Fall war" (Offe 1994: 52). Als eine Folge davon ergeben sich in Ostdeutschland deutlich schlechtere Allianz- und Rekrutierungspotentiale für entsprechende Verbandsorganisationen wie etwa im Umweltbereich.

Aber auch bei den Verbänden sind erhebliche Funktionsschwächen erkennbar, die im folgenden anhand von zwei Beispielen etwas genauer verdeutlicht werden sollen. Sie beziehen sich jeweils auf unterschiedliche Gründe und Bezüge für ein „Verbandsscheitern" in Ostdeutschland.

3.2 Organisationsprobleme der Wohlfahrtsverbände und die Krise der freien Wohlfahrtspflege

In der westdeutschen Sozialpolitik kommt dem Sektor der frei-gemeinnützigen Wohlfahrtsverbände traditionell ein hoher Stellenwert zu. Die Wohlfahrtsverbände legitimieren ihren Einfluß, der vielfach mit einem Oligopol verglichen wurde, mit ihrer fortlebenden Anbindung an sozial-kulturelle

---

7 Vgl. dazu die Beiträge in diesem Band sowie Gabriel/Niedermayer 1996, Schmid/Löbler/ Tiemann 1994 und Löbler/Schmid/Tiemann 1991.

Milieus. Sie erfreuen sich deshalb auch einer massiven staatlichen Privilegierung.

Der Aufbau von Wohlfahrtsverbänden in Ostdeutschland[8] ist ein Beispiel für eine differenzierte Entwicklung, die aus der Konkurrenzsituation einer Vielzahl ost- und westdeutscher Organisationen resultierte. Einerseits existierten mit der ehemals staatlichen Volkssolidarität, dem Deutschen Roten Kreuz (Ost) und den Organisationen, die den Kirchen (der ehemaligen DDR) nahestanden, ostdeutsche Alt-Organisationen, andererseits drängten westdeutsche Verbände, wie die Arbeiterwohlfahrt, der Deutsche Paritätische Wohlfahrtsverband oder der Arbeitersamariterbund, neu auf den Markt.

Die Volkssolidarität war als staatliche Altorganisation politisch belastet, so daß sie von erheblichen Legitimations- und Ressourcenverlusten (eigene Finanzquellen, staatliche Unterstützung, ehrenamtliches Engagement) betroffen war. Auch das DRK (Ost) wurde als ehemalige staatliche Massenorganisation, die zudem ein starkes organisatorisches Standbein in Form von Betriebsgruppen entwickelt hatte, durch die „Wende" seiner privilegierten Stellung beraubt. Einzig die kirchlichen Verbände (Caritas und Diakonisches Werk) hatten nicht mit politischen Akzeptanzproblemen zu kämpfen.

Die spezifischen Vorbehalte der Bevölkerung gegenüber den politisch oder weltanschaulich orientierten Wohlfahrtsverbänden betrafen aber auch westdeutsche Verbände, die ihre Aktivitäten auf die neuen Bundesländer ausweiten wollten, so etwa die Arbeiterwohlfahrt, deren Konzept des „demokratischen Sozialismus" für die Bürger wenig attraktiv ist. Auch der Deutsche Paritätische Wohlfahrtsverband, der sich als Dachorganisation für kleinere (Selbsthilfe-)Initiativen darstellt, hatte zunächst mit dem Problem einer fehlenden Basis zu kämpfen, während der in Westdeutschland relativ kleine Arbeitersamariterbund mit dem Angebot von modellhaften sozialen Infrastruktureinrichtungen wichtige strategische Erfolge zu erzielen vermochte.

Bei dem Aufbau von Wohlfahrtsverbänden spielte vor allem die staatliche Politik eine zentrale Rolle, ohne jedoch im Hinblick auf die verbandsstrukturelle Entwicklung selektiv zu wirken. Durch die Übertragung des Subsidiaritätsprinzips (im Einigungsvertrag auf Drängen der westlichen Wohlfahrtsverbände in Artikel 32 festgehalten) wurde den Verbänden der freien Wohlfahrtspflege und den Trägern der freien Jugendhilfe eine rechtlich-normative Vorrangstellung eingeräumt; allerdings ohne – verglichen mit der westlichen Praxis – entsprechende Finanzierungsverpflichtungen. Ferner ist ein Programm zur Förderung von Wohlfahrtsverbänden aufgelegt worden, über das in den Jahren 1991 und 1992 rund 50 Mio. DM zur Verfügung gestellt wurden.

---

8   Vgl. dazu den Beitrag von Olk/Pabst in diesem Band sowie Ronge 1992, Schmid 1994 und Wohlfahrt 1992.

Das Politikfeld Wohlfahrtspflege stellt damit ein Beispiel für eine plurale Konkurrenzsituation dar, die zu dem Ergebnis führte, daß sich heute sowohl DDR-Altorganisationen als auch Westverbände den Markt aufteilen. Allerdings wäre es verfehlt, die mittlerweile halbwegs konsolidierten Strukturen der ostdeutschen Wohlfahrtsverbände mit der westdeutschen Ausgangslage gleichzusetzen. In der ehemaligen DDR fehlt nämlich eine ausgeprägte Tradition der Ehrenamtlichkeit und damit ein soziokulturelles Fundament, auf das die Wohlfahrtsverbände aufbauen könnten. Dies gilt insbesondere für die stark weltanschaulich geprägten Wohlfahrtsverbände, also insbesondere jene Organisationen, die den Kirchen oder der Arbeiterbewegung nahestehen. Die Wohlfahrtsverbände verfügen in Ostdeutschland über ein spezifisches Selbstverständnis einer Dienstleistungsorganisation, das eher an einen öffentlichen Versorgungsbetrieb und weniger an die westdeutschen Wohlfahrtsverbände erinnert. Aufgrund des fehlenden gesellschaftlichen Unterbaus zeichnen sich damit deutliche Struktureffekte ab. Die ostdeutschen Wohlfahrtsverbände sind weitaus stärker als ihre westlichen Pendants von staatlichen Finanzmitteln abhängig und professionalisiert. Damit droht ihnen der Verlust der komparativen Vorzüge gegenüber staatlichen Versorgungseinrichtungen (Flexibilität, Unabhängigkeit, kostengünstige Leistungserbringung durch Eigenmittel und ehrenamtliche Arbeit). Wenn Lehmbruch (1994: 375) mit seiner Vermutung richtig liegen sollte, daß es in der „ehemaligen DDR schwer sein (wird), Mitglieder über eine Kultur des freiwilligen Engagements zu rekrutieren, wie sie in Westdeutschland z.B. in der freien Wohlfahrtspflege als residuales Element bürgerschaftlicher Kultur weiterlebt", dann ist zu fragen, ob die Wohlfahrtsverbände damit nicht ihren wichtigsten Vorzug und letztlich auch die Rechtfertigung ihrer Privilegierung in der Konkurrenz zu staatlichen und kommerziellen Angeboten an sozialen Diensten verlieren werden.

3.3 Organisationsprobleme der Gewerkschaften und Arbeitgeberverbände und die Krise des dualen Systems industrieller Beziehungen

Das westdeutsche System industrieller Beziehungen galt (und gilt vielen nach wie vor) als eine tragende, unverzichtbare Säule des vielgerühmten „Modells Deutschland". Das „duale System" hat nach allgemeiner Einschätzung einen stabilen Ausgleich von Arbeitnehmer- und Arbeitgeberinteressen geschaffen, der einerseits den makroökonomischen Rahmenbedingungen entsprach und andererseits gesellschaftliche Integration trotz Strukturwandel sicherstellten konnte. Das regional differenzierte, letztlich aber zentral kontrollierte Instrument des Flächentarifvertrages erlaubte eine produktivitätsorientierte Einkommenspolitik, die ihrerseits selbst zur Produktivitätssteigerung beitrug (Bispinck 1995). Rentable, innovationsfähige Betriebe wurden mit überbetrieblichen Tarifvereinbarungen zu weitergehenden Produkt- und Verfahrensinnovationen angehalten (Tarifvertrag als „Produktivitätspeitsche"), während unrentable, weniger innovationsfähige Betriebe ausscheiden mußten und auch ausscheiden sollten.

Im Unterschied zu anderen Ländern (z.B. USA) zeichnete sich die alte Bundesrepublik Deutschland durch vergleichsweise hohe Löhne mit vergleichsweise niedriger Lohndifferenzierung aus. Das Modell kombinierte letztlich eine High-Tech-Orientierung mit dem Einsatz qualifizierter, hoch bezahlter Arbeitskraft, nahm dafür als Schattenseite des Wohlfahrtsmodells eine gewisse Arbeitslosigkeit bzw. den Verzicht auf „bad jobs" bewußt in Kauf und vertraute auf ein „Positivsummenspiel" des institutionalisierten und für das Wirtschaftswachstum funktionalisierten Klassenkonflikts (Streeck 1995).

Die Vorzüge des westdeutschen Systems industrieller Beziehungen dürften auch für den Konsens ausschlaggebend gewesen sein, der praktisch alle Seiten auf eine Übertragung des Modells in die neuen Bundesländer verpflichtete. Was die rechtlichen Rahmenbedingungen und den Aufbau von Organisationsstrukturen anbelangt, ist der Transfer zunächst auch weitgehend geglückt.[9] Was die Arbeitgeberseite anbelangt, erfolgte der Aufbau eines ostdeutschen Verbändesystems unter deutlicher Federführung der Bundesvereinigung Deutscher Arbeitgeberverbände. Bereits 1990 konnten flächendeckend über hundert fachlich-regionale Arbeitgeberverbände aufgebaut werden, die zum Teil mit westdeutschen Verbänden fusionierten. Mit der Aufnahme in die bestehenden westdeutschen Fachspitzenverbände wurde dieser Aufbauprozeß praktisch vollendet. Die in der Wendezeit gestarteten unabhängigen Verbändegründungen brachen wieder auseinander oder unterlagen in der Konkurrenz mit den westdeutschen Satelliten. Auch den Gewerkschaften ist es bis 1991 gelungen, in Ostdeutschland Strukturen nach westlichem Vorbild zu errichten.

Allerdings konnte das transferierte System industrieller Beziehungen nicht in der erwarteten Weise greifen.[10] Das westdeutsche Wohlfahrtsmodell, das über flächendeckende Tarifverträge eine produktivitätsangepaßte und zugleich produktivitätsfördernde Einkommenspolitik erlaubte, ist höchst voraussetzungsvoll. Es führt zwar zu einer institutionell abgesicherten Gleichheit der Lebens- und Arbeitsverhältnisse, ist aber zugleich auf eine hohe Einheitlichkeit angewiesen. Mit dem Beitritt der neuen Bundesländer

---

9   Vgl. die Beiträge von Fichter/Reister und Henneberger in diesem Band.
10 Vgl. dazu auch Kädtler/Kottwitz 1994 und Schmid/Tiemann 1992. Vgl. auch die verschiedenen Forschungsberichte der KSPW; einen Überblick über die Ergebnisse geben Lohr/Röbenack/Schmidt 1995.

war es damit vorbei. Bislang gibt es bekanntlich einen eigenständigen, konkurrenzfähigen, rentablen, innovationsfähigen Industriesektor in den neuen Bundesländern allenfalls in Ansätzen. Das im Zuge des Institutionentransfers aufgebaute System industrieller Beziehungen hat von daher eigentlich kein Fundament. Die Existenz oder Nichtexistenz von Betrieben ist in der Transformationsphase bislang vornehmlich eine politische, nicht aber eine ökonomische Frage. Nicht umsonst hat im Zuge der deutschen Einheit die Diskussion um eine korporatistisch abgestützte Industriepolitik an Bedeutung gewonnen (Heinze/Schmid 1994).

Gleichwohl setzten Gewerkschaften und Arbeitgeberverbände nach der Vereinigung zunächst auf eine „Durchmarschstrategie". Im Rückblick sind sowohl die Arbeitgeberverbände als auch die Gewerkschaften zwei gängigen Fehleinschätzungen erlegen, die zu einer dritten, nämlich ihrer eigenen, führten (Albach 1993, Seibel 1995). Die erste Fehleinschätzung betraf die Arbeitsproduktivität der ostdeutschen Wirtschaft, die in der Realität noch niedriger lag als selbst von renommierten Wirtschaftsforschungsinstituten (z.B. DIW) vermutet worden war. Die zweite Fehleinschätzung bezog sich auf die wirtschaftliche Dynamik; der erhoffte Investitionsfluß aus Westdeutschland und anderen Ländern fiel weitaus geringer aus als noch 1990 vermutet.

Sowohl die Gewerkschaften als auch die Arbeitgeberverbände wollten trotz dieser Kontextbedingungen die Bildung einer Niedriglohnregion Ost vermeiden und vereinbarten Tarifabschlüsse, die von der Produktivität und Produktivitätsentwicklung völlig entkoppelt waren. Beide Seiten nahmen dabei eine zumindest vorübergehende Erhöhung der Arbeitslosigkeit bewußt in Kauf und wiesen der Bundesanstalt für Arbeit eine „Brückenfunktion" zu. Über arbeitsmarktpolitische Transferzahlungen sollten die freigesetzten Arbeitskräfte „geparkt" oder mit neuen Qualifikationen versehen werden, um dann im Zuge der erwarteten Wachstumsdynamik wieder in das Beschäftigungssystem eingegliedert zu werden. In den Worten von Lehmbruch (1996: 133): „Hier rückte also – nach dem Verfliegen der Marktillusionen des Jahres 1990 – mit der beginnenden Wahrnehmung einer gravierenden Vereinigungskrise in der ersten Jahreshälfte 1991 eine 'makrokorporatistische' arbeitsmarktpolitische Steuerungskoalition aus Staat und Spitzenverbänden in eine für die Transformation der politischen Ökonomie Ostdeutschlands zentrale Position ein. Stufenverträge und Sozialplanvereinbarungen stellen in diesem Zusammenhang aber komplementäre Elemente einer vom Ansatz her kohärenten Strategie dar, die aus dem in Westdeutschland erprobten korporatistischen Steuerungsrepertoire entwickelt wurde."

Diese Rechnung ist letztlich jedoch nicht aufgegangen. Die Lohnkosten sind infolge der Tarifvereinbarungen deutlich stärker gestiegen als die Produktivität, und dies hat die Arbeitslosigkeit drastisch erhöht. Die über Unternehmensansiedlung oder Unternehmensmodernisierung erwarteten neuen Arbeitsplätze sind viel zu spärlich geblieben. Die Bundesanstalt für Arbeit hat ihre „Brückenfunktion" im Hinblick auf die soziale Absicherung von Arbeitslosen zwar weitgehend erfüllt, aber der Brücke fehlt die zweite Säule, also eine neue Nachfrage nach Arbeitskräften. Angesichts der aktuellen Arbeitsmarktlage nimmt es nicht Wunder, daß die Tarifparteien heute für die wirtschaftliche Misere mitverantwortlich gemacht werden, zumal sie nicht Willens und in der Lage waren, im Rahmen eines umfassenden Solidarpakts zusätzliche Ressourcen zu mobilisieren.[11]

Die Fehlentwicklungen beginnen nun auf das duale System der industriellen Beziehungen zurückzuschlagen. Von verschiedenen Seiten werden angesichts der ostdeutschen Arbeitsmarktsituation Deregulierung und Dezentralisierung der Tarifpolitik gefordert. Gleichzeitig verlieren sowohl die Gewerkschaften als auch die Arbeitgeberorganisationen ihre Mitglieder. In jüngerer Zeit haben zumindest die ostdeutschen Arbeitgeberverbände gravierende Mitgliederverluste zu verzeichnen. Nach neueren Daten sind nur noch 36 Prozent aller ostdeutschen Industriebetriebe Mitglied in einem tariffähigen Arbeitgeberverband.[12] Die Gewerkschaften konnten der drastischen Abwanderungsbewegung bislang nur durch eine Schwerpunktverlagerung ihrer Dienstleistungsangebote begegnen.[13] Sie konzentrieren sich in Ostdeutschland faktisch vor allem auf eine notdürftige Abmilderung der Folgen der eingetretenen Deindustrialisierung. Ein tragfähiges Konzept für eine gewerkschaftliche Interessenpolitik im Transformationsprozeß ist trotz umfangreicher Beteuerungen und Veröffentlichungen (statt vieler Nolte u.a 1995) hingegen kaum erkennbar. Diese Funktionsverschiebung, die anstelle der Vertretungskompetenz auf Serviceleistungen wie Beratung, Schulung und Rechtsschutz setzt, kann zwar möglicherweise den Organisationsbestand halbwegs stabilisieren. Sie kann aber nicht verhindern, daß das traditionelle System industrieller Beziehungen seine zentralen Regulierungsfunktionen verliert und zusehends durch betriebssyndikalistische Formationen („Verbetrieblichung") abgelöst wird.

Es wäre sicherlich verfehlt, die Erosion des dualen Systems industrieller Beziehungen im Sinne des traditionellen „Modells Deutschland" allein den Friktionen zuzuschreiben, die im Zuge des Transformationsprozesses in Ostdeutschland auftreten. Das System steht auch aus anderen Gründen, beispielsweise aufgrund der Anpassungszwänge, die sich aus der Realisierung

---

11 Ob dies in der aktuellen Debatte um ein „Bündnis für Arbeit" der Fall sein wird, soll dahin gestellt sein.
12 Vgl. auch die FAZ vom 16.10.1995: „Der Verbändestaat bröckelt".
13 Die Personalausstattung wurde – zum Teil durch ABM-Kräfte – erheblich über dem Westniveau und relativ unabhängig von der Mitgliederentwicklung gestaltet.

des Europäischen Binnenmarktes[14] ergeben, unter Anpassungsdruck. Aber es dürfte unstrittig sein, daß der Strukturkonservatismus, mit dem die Tarifparteien auf die Transformationsproblematik reagiert haben (und möglicherweise reagieren mußten), zur weiteren Erosion des Systems beigetragen hat. Das „Modell Deutschland", also das Wohlfahrtsmodell einer korporatistisch-zentralistischen Einkommenspolitik, steht gegenwärtig zur Disposition, ohne daß ein anderes, für den Wirtschaftsstandort Deutschland geeignetes Modell erkennbar wäre (Streeck 1995).

4. Schlußfolgerungen: Assoziatives Handeln im Organisationstrilemma

Betrachtet man die beiden Beispiele noch einmal im Bezug auf die systemischen Kontextbezüge und Leistungen von Verbänden, so zeigt sich folgendes Bild: Im Fall der ostdeutschen Wohlfahrtsverbände kommt es zu einer soziokulturell verursachten defizitären Sozialintegration und strukturellen Schieflage, weil es den ostdeutschen Organisationen an einer zentralen Ressource, nämlich der des freiwilligen Ehrenamtes, mangelt. Der zweite Fall, der sich auf die verbandlich regulierte Einkommenspolitik bezieht, steht hingegen für ein strukturlogisches Folgeproblem der Übernahme des westdeutschen Regulationsmodells. Der Institutionentransfer greift hier nicht, weil das westdeutsche korporatistische Arrangement für die Lösung der regionalspezifischen ökonomischen Probleme Ostdeutschlands ungeeignet war. In beiden Fällen handelt es sich nicht um strategische Fehlentscheidungen von Organisationen bzw. Akteuren oder, von ganz wenigen Ausnahmen abgesehen, um interessenpolitisch motivierte Friktionen. Im Gegenteil: Gerade weil die Organisationen auch beim Transfer in ihren traditionellen kooperativen Strategien, Organisationsstrukturen und Steuerungssystemen verhaftet geblieben sind, kommt es zu Problemen in bezug auf die Anpassung an die spezifischen soziokulturellen und ökonomischen Bedingungen in den neuen Bundesländern.

Dieser bemerkenswerte Sachverhalt eines Scheiterns, das keiner herbeiführen wollte, läßt sich durch mehrere Faktoren erklären, die sich als Elemente einer umfassenderen Interpretation verstehen lassen. Zum einen kann mit Seibel (1995) argumentiert werden, daß es sich hier um ein „erfolgreiches Scheitern" und um „nicht-intendierte Effekte" einer politischen Steuerung der Ökonomie bzw. um eine Variante der bekannten „Wider-

---

14 Vgl. dazu die entsprechenden Beiträge in Eichener/Voelzkow 1994.

sprüche sozialen Handelns" (Boudon 1979) handelt. So ist z.B. die schnelle Anpassung der Löhne in Ostdeutschland politisch und nicht ökonomisch motiviert, da diese zu einem „Schlüsselfaktor politischer Legitimität" geworden sind. Ferner hat die Währungsunion und die damit verbundene politische Semantik eine folgenschwere kognitive Dissonanz erzeugt: Was im Westen als Zeugnis ordnungspolitischer Korrektheit (i.S. einer schnellen Einführung von Marktwirtschaft) galt, wurde im Osten als Versprechen des baldigen wirtschaftlichen Aufschwungs und sozialer Wohlfahrt interpretiert (bzw. aus systematischen Gründen mißverstanden).

Stabilisiert wird dieser politische „Irrtum" in West und Ost dadurch, daß die Herstellung der deutschen Einheit und die Bewältigung der sozialen und ökonomischen Folgen durch erhebliche Machtasymmetrien geprägt wird. Folgt man älteren steuerungstheoretischen Überlegungen, dann bedeutet Macht, nicht lernen zu müssen (Karl W. Deutsch). Diese Macht ist einerseits mit dem Modus, Einheit qua einseitigem Institutionentransfer (im Sinne der „Kolonisierungsthese") herzustellen, verbunden; andererseits, häufig vernachlässigt, auch die Folge einer strukturellen Minderheitssituation in der sich die ostdeutschen Akteure befinden. Verstärkt wird diese Situation, nicht lernen zu müssen, noch dadurch, daß gerade durch die z.T. gewährten staatlichen Organisationshilfen für die bedrohten Verbandsorganisationen zwar die politische Einflußlogik auch unter schwierigen Bedingungen weiter dominieren kann, andererseits dadurch elementare Rückkoppelungseffekte ausbleiben. Denn wenn (staatliches) Geld ausreichend zur Verfügung steht, lassen sich fehlende Ehrenamtliche und verlorene Mitglieder durchaus durch Professionalisierungsstrategien kompensieren; und wenn genügend Subventionen fließen, läßt sich auch eine international nicht wettbewerbsfähige Dependenz- und Transferökonomie kaschieren. Freilich erfolgt beides in einer für den liberalen Korporatismus höchst eigentümlichen Weise und ist alles andere als eine stabile Lösung der eigentlichen Organisationsprobleme.

Schließlich können diese Überlegungen auch in den besonders von Lehmbruch (1993, 1996) vertretenen politisch-institutionellen Ansatz integriert werden. Er betont, daß es vor allem institutionell verankerte Routinen, Ordnungsmodelle und Interaktionsmuster der staatlichen und verbandlichen Akteure sind, die einerseits ein schnelles Handeln ermöglicht, andererseits aber zu einer massiven Problemvereinfachung („DM-Illusion") geführt haben. Angesichts der sachlichen und politischen Unsicherheiten der deutschen Einheit reduziert der Rückgriff auf bewährte Strategien und Strukturen der Interessenvermittlung die politischen Transaktionskosten erheblich und erleichtert die Bildung bzw. Aufrechterhaltung von breiten Koalitionen. Allerdings geht diese institutionelle Stabilität zu Lasten der Sache bzw. der rationalen Problemlösung selbst.

Zugleich erweist sich die Fähigkeit der Verbände, ihre Mitglieder- und Einflußlogik auszutarieren bzw. gleichzeitig anschlußfähig an das politische, soziokulturelle und ökonomische System zu sein, als die „Archillesferse" des transferierten Korporatismus. Vielfach führt gerade die Dominanz der politischen Einflußlogik bzw. die Übertragung und Fortführung politischer Aushandlungsstrategien und korporatistischer Steuerungssysteme, die unter anderen Bedingungen durchaus erfolgreich waren, zu den skizzierten dysfunktionalen Effekten.[15] Anders formuliert: Es ist gerade nicht der Wechsel von einer kooperativen zu einer konfliktorischen Strategie oder der überbordende Egoismus von Verbänden, sondern es sind vor allem die veränderten Kontext- und Funktionsbedingungen in Ostdeutschland, die Probleme bei der Interessenvermittlung erzeugen.

Diese skeptische Prognose für die Repräsentations- und Steuerungsleistungen des transferierten Verbändesystems ist freilich etwas zu relativieren, da die Verhältnisse je nach Verbändetypus und Politikfeld, das untersucht wird, unterschiedlich ausgeprägt sind. So ist es etwa dem Bauernverband bislang gut gelungen, mit den heterogenen Herausforderungen der Einheit fertig zu werden – wobei gerade dieser Verband in der erfolgreichen Bewältigung von Prozessen des sozioökonomischen Strukturwandels eine lange Tradition hat.[16] Für die meisten Interessenorganisationen bleibt jedoch das Austarieren von widersprüchlichen soziokulturellen, politisch-administrativen und ökonomischen Leistungsanforderungen und Zumutungen ein nachhaltiges Problem, das die Verbandsführungen zu schwierigen Gratwanderungen zwingt.

Literatur

Albach, H.: Zerrissene Netze. Eine Netzwerkanalyse des ostdeutschen Transformationsprozesses. Berlin: edition sigma, 1993

Bispinck, R. (Hrsg.): Tarifpolitik der Zukunft. Was wird aus dem Flächentarifvertrag? Hamburg: VSA, 1995

Boudon, R.: Widersprüche sozialen Handelns. Darmstadt/Neuwied: Luchterhand, 1979

---

15 In die andere Richtung schlägt das Pendel vor allem bei der PDS aus. Dort wird nämlich einer Bevorzugung der ostdeutschen soziokulturellen und ökonomischen Bedingungen bei gleichzeitiger Absage an die Einflüsse aus dem politisch-administrativen System (der nationalen Ebene) sichtbar. Zur weiteren theoretischen Vertiefung dieser Problematik vgl. auch Wiesenthal 1993.

16 Vgl. hierzu den Beitrag von Kretzschmar in diesem Band sowie Voelzkow/Schmid 1994.

Brie, M.: Die Ostdeutschen auf dem Weg vom „armen Bruder" zur organisierten Minderheit? Max-Planck-Gesellschaft, Arbeitspapiere AG TRAP 94/4. (unveröff.) 1994
Eichener, V./Kleinfeld, R./Pollack, D./Schmid, J./Schubert, K./Voelzkow, H. (Hrsg.): Organisierte Interessen in Ostdeutschland. Marburg: Metropolis, 1992a
Eichener, V./Kleinfeld, R./Pollack, D./Schmid, J./Schubert, K./Voelzkow, H.: Determinanten der Formierung organisierter Interessen in den neuen Bundesländern. In: diess. (Hrsg.): Organisierte Interessen in Ostdeutschland. Marburg: Metropolis, 1992b, S. 545-582.
Eichener, V./Voelzkow, H.: Behauptung einer ostdeutschen Altorganisation gegen die Konkurrenz aus dem Westen: Berufsständische Organisationen der Ingenieure. In: Eichener, V./Kleinfeld, R./Pollack, D./Schmid, J./Schubert, K./Voelzkow, H. (Hrsg.): Organisierte Interessen in Ostdeutschland. Marburg: Metropolis, 1992, S. 249-266
Eichener, V./Voelzkow, H. (Hrsg.): Europäische Integration und verbandliche Interessenvermittlung. Marburg: Metropolis, 1994
Eichener, V./Schmid, J.: Die Gründung eines Interessenverbandes als Instrument staatlicher Industriepolitik. In: Eichener, V./Kleinfeld, R./Pollack, D./Schmid, J./Schubert, K./Voelzkow, H. (Hrsg.): Organisierte Interessen in Ostdeutschland. Marburg: Metropolis, 1992, S. 225-248
Gabriel, O. W./Niedermayer, O.: Entwicklung und Sozialstruktur der Parteimitgliedschaften. In: Gabriel, O. W./Niedermayer, O./Stöss, R. (Hrsg.): Parteiendemokratie in Deutschland. Bonn: Bundeszentrale für politische Bildung, 1996 (in Druck)
Glaeßner, G.-J.: Der schwierige Weg zur Demokratie. Vom Ende der DDR zur Deutschen Einheit. Opladen: Westdeutscher Verlag, 1991
Haufe, G./Bruckmeier, K. (Hrsg.): Die Bürgerbewegungen in der DDR und in den ostdeutschen Bundesländern. Opladen: Westdeutscher Verlag, 1993
Heinze, R. G./Schmid, J.: Mesokorporatistische Strategien im Vergleich: Industrieller Strukturwandel und die Kontingenz politischer Steuerung in drei Bundesländern. In: Streeck, W. (Hrsg.): Verbände und Staat. PVS-Sonderheft 25, Opladen: Westdeutscher Verlag, 1994, S. 65-99
Joas, H./Kohli, M. (Hrsg.): Der Zusammenbruch der DDR. Soziologische Analysen. Frankfurt a.M.: Campus, 1993
Kädtler, J./Kottwitz, G.: Industrielle Beziehungen in Ostdeutschland. Durch Kooperation zum Gegensatz von Kapital und Arbeit? In: Industrielle Beziehungen 1(1994)1, S. 13-38.
Kleinfeld, R./Schmid, J./Zimmer, A.: Verbändeforschung in Deutschland. Bestandsaufnahme, Kritik und Ausblick. In: Alemann, U. von/Kleinfeld, R. (Hrsg.): Aus der Werkstatt der Verbändeforschung. Polis-Arbeitspapier Nr. 34 der FernUniversität Hagen (unveröff.) 1996
Lehmbruch, G.: Institutionentransfer. Zur politischen Logik der Verwaltungsintegration in Deutschland. In: Seibel, W./Benz, A./Mäding, H. (Hrsg.): Verwaltungsreform und Verwaltungspolitik im Prozeß der deutschen Einigung. Baden-Baden: Nomos, 1993, S. 41-66.

Lehmbruch, G.: Dilemmata verbandlicher Einflußlogik im Prozeß der deutschen Vereinigung. In: Streeck, W. (Hrsg.): Staat und Verbände. Opladen: Westdeutscher Verlag, 1994, S. 370-392

Lehmbruch, G.: Die Rolle der Spitzenverbände im Transformationsprozeß: Eine neoinstituionalistische Perspektive. In: Kollmorgen, R./Reißig, R./Weiß, J. (Hrsg.): Sozialer Wandel und Akteure in Ostdeutschland. Opladen: Leske + Budrich, 1996, S. 117-147

Löbler, F./Schmid, J./Tiemann, H. (Hrsg.): Wiedervereinigung als Organisationsproblem. Gesamtdeutsche Zusammenschlüsse von Parteien und Verbänden. Bochum: Brockmeyer, 1992

Lohr, K./Röbenack, S./Schmidt, E.: Industrielle Beziehungen im Wandel. In: Schmidt. R./Lutz, B. (Hrsg.): Chancen und Risiken der industriellen Restrukturierung in Ostdeutschland. Berlin: Akademie-Verlag, 1995, S. 183-215

Mayntz, R.: Modernisierung und die Logik von interorganisatorischen Netzwerken. In: Journal für Sozialforschung 32(1992)1, S. 19-32

Niedermayer, O./Stöss, R. (Hrsg.): Parteien und Wähler im Umbruch. Parteiensystem und Wählerverhalten in der ehemaligen DDR und den neuen Bundesländern. Opladen: Westdeutscher Verlag, 1994

Nolte, D./Sitte, R./Wagner, A. (Hrsg.): Wirtschaftliche und soziale Einheit Deutschlands. Köln: Bund-Verlag, 1995

Offe, C.: Der Tunnel am Ende des Lichts. Erkundungen der politischen Transformation im Neuen Osten. Frankfurt a.M.: Campus, 1994

Pollack, D.: Zwischen alten Verhaltensdispositionen und neuen Anforderungsprofilen. Bemerkungen zu den mentalitätsspezifischen Voraussetzungen des Operierens von Interessenverbänden und Organisationen in den neuen Bundesländern. In: Eichener, V./Kleinfeld, R./Pollack, D./Schmid, J./Schubert, K./Voelzkow, H. (Hrsg.): Organisierte Interessen in Ostdeutschland. Marburg: Metropolis, 1992, S. 489-504

Ronge, V. (Hrsg.): Am Staat vorbei: Politik der Selbstregulierung von Kapital und Arbeit. Frankfurt a.M.: Campus, 1980

Ronge, V.: Zur Transformation der DDR – aus der Perspektive des „Dritten Sektors". In: Eichener, V./Kleinfeld, R./Pollack, D./Schmid, J./Schubert, K./Voelzkow, H. (Hrsg.): Organisierte Interessen in Ostdeutschland. Marburg: Metropolis.1992

Rucht, D.: Parteien, Verbände und Bewegungen als Systeme politischer Interessenvermittlung. In: Niedermayer, O./Stöss, R. (Hrsg.): Stand und Perspektiven der Parteienforschung in Deutschland. Opladen: Westdeutscher Verlag, 1993, S. 251-275

Schmid, J.: Parteien und Verbände. Konstitution, Kontingenz und Koevolution im System der Interessenvermittlung. In: Schmidt, M. G./Czada, R. (Hrsg.): Verhandlungsdemokratie, Interessenvermittlung, Regierbarkeit. Opladen: Westdeutscher Verlag, 1993, S. 171-190

Schmid, J.: Der Aufbau von Wohlfahrtsverbänden in den neuen Bundesländern: Gesellschaftliche Selbsthilfebewegunge oder quasistaatliche Veranstaltung? In: Schmid; J./Löbler, F./Tiemann , H. (Hrsg.): Organisationsstrukturen und Probleme von Parteien und Verbänden. Berichte aus den neuen Ländern. Marburg: Metropolis, 1994, S. 181-199

Schmid, J./Löbler, F./Tiemann, H. (Hrsg.): Organisationsstrukturen und Probleme von Parteien und Verbänden. Berichte aus den neuen Ländern. Marburg: Metropolis, 1994

Schmid, J./Tiemann, H.: Gewerkschaften und Tarifverhandlungen in den fünf neuen Bundesländern. In: Eichener, V./Kleinfeld, R./Pollack, D./Schmid, J./Schubert, K./Voelzkow, H. (Hrsg.): Organisierte Interessen in Ostdeutschland. Marburg, 1992, S. 135-158

Seibel, W.: Nicht-intendierte wirtschaftliche Folgen politischen Handeln. Die Transformationspolitik des Bundes in Ostdeutschland seit 1990. In: Seibel, W./Benz, A. (Hrsg.): Regierungssystem und Verwaltungspolitik. Opladen: Westdeutscher Verlag, 1995, S. 214-249

Streeck, W.: German Capitalism: Does it Exist? Can it Survive?. MPIFG Discussion Paper 95/5 (unveröff.) 1995

Streeck, W./Schmitter, P.: Gemeinschaft, Markt und Staat – und die Verbände? Der mögliche Beitrag von Interessenregierungen zur sozialen Ordnung. In: Journal für Sozialforschung 25(1985)2, S. 133-158

Thaysen, U.: Der Runde Tisch oder: Wo blieb das Volk. Opladen: Westdeutscher Verlag, 1991

Voelzkow, H.: Interessengruppen. In: Andersen, U./Woyke, W. (Hrsg): Handwörterbuch des politischen Systems der Bundesrepublik Deutschland. Opladen: Leske + Budrich , 2. Aufl 1995, S. 235-240

Voelzkow, H.: Private Regierungen in der Techniksteuerung. Frankfurt: Campus, 1996

Voelzkow, H./Schmid J.: Der deutsche Bauernverband im Spannungsfeld von Ökonomie und Ökologie. In: Hagedorn, K. u.a. (Hrsg.). Gesellschaftliche Forderungen an die Landwirtschaft. Tagungsband zur 34. Jahrestagung der Gesellschaft für Wirtschafts- und Sozialwissenschaften des Landbaus am 6.-8.10.1993 in Halle. Münster-Hiltrup: Landwirtschaftsverlag, 1994, S. 163-172

Weßels, B.: Bürger und Organisationen in Ost- und Westdeutschland. Vereint und doch verschieden?. In: Eichener, V./Kleinfeld, R./Pollack, D./Schmid, J./Schubert, K./Voelzkow, H. (Hrsg.): Organisierte Interessen in Ostdeutschland. Marburg: Metropolis, 1992, S. 509-543

Wielgohs, J./Schultz, M.: Von der illegalen Opposition in die legale Marginalität. Zur Entwicklung der Binnenstrukturen der ostdeutschen Bürgerbewegung. In: Berliner Journal für Soziologie 5(1991)3, S. 383-392

Wielgohs, J./Schultz, M.: Von der illegalen Opposition in die legale Marginalität. Zur Entwicklung der Binnenstrukturen der ostdeutschen Bürgerbewegung. Fortsetzung. In: Berliner Journal für Soziologie 6(1992)3, S. 119-128.

Wielgohs, J./Wiesenthal, H.: Konkurrenz – Ignoranz – Kooperation: Interaktionsmuster west- und ostdeutscher Akteure beim Aufbau von Interessenverbänden. In: Wiesenthal, H. (Hrsg.): Einheit als Interessenpolitik: Studien zur sektoralen Transformation Ostdeutschlands. Frankfurt a.M.: Campus, 1995, S. 298-333

Wiesenthal, H.: Akteurskompetenz im Organisationsdilemma. In: Berliner Journal für Soziologie 3(1993)1, S. 3-18

Wiesenthal, H. (Hrsg.): Einheit als Interessenpolitik: Studien zur sektoralen Transformation Ostdeutschlands. Frankfurt a.M.: Campus, 1995

Wiesenthal, H./Ettl, W./Biales, C.: Interessenverbände im Transformationsprozeß. Zur Repräsentations- und Steuerungsfähigkeit des Verbändesystems der neuen Bundesländer. Max-Planck-Gesellschaft, Arbeitspapiere AG TRAP 92/3 (unveröff.) 1992

Wohlfahrt, N.: Kommunale Sozialpolitik zwischen Bürokratie, Verbänden und Selbsthilfe. In: Eichener, V./Kleinfeld, R./Pollack, D./Schmid, J./Schubert, K./Voelzkow, H. (Hrsg.): Organisierte Interessen in Ostdeutschland. Marburg: Metropolis, 1992, S. 383-396.

Teil 3:

Medien und Kirchen

Die Medien

Irene Charlotte Streul

1. Journalismus in der DDR

Im Gegensatz zu den westlichen Siegermächten verhinderten die Sowjets in ihrer Besatzungszone die Entstehung eines pluralistischen Mediensystems. Die SED-Machthaber nutzten Presse und Rundfunk als Instrument der politischen Agitation und wiesen ihnen die Aufgabe zu, durch parteiliche Information zur sozialistischen Bewußtseinsbildung der Bevölkerung beizutragen.

Im Jahre 1989 waren in der DDR etwa 8.500 Journalisten tätig (Böckelmann/Mast/Schneider 1994: 41ff.). Nur wer bereit war, sich vorbehaltlos in den Dienst der Herrschenden zu stellen, konnte Journalistik studieren, denn die SED hatte bei der Zulassung zum Studium und der Besetzung sämtlicher Stellen – vom Kommentator der Aktuellen Kamera bis hin zum Redakteur einer Betriebszeitung – das letzte Wort. Auf welcher Ebene der Hierarchie entschieden wurde, hing von der Bedeutung der Position ab. Während die SED-Kreis- bzw. Bezirksleitung für Personalentscheidungen im Bereich der Tageszeitungen zuständig war, behielt es sich das SED-Politbüro vor, Journalisten für die Kommentatorengruppe bei der „Aktuellen Kamera" selber zu berufen.[1]

Der Berufsstand der Journalisten hatte wegen der Propagandafunktion und wegen der Nähe zur Macht ein geringes Sozialprestige. Niemand zweifelte daran, daß sich nur überzeugte Anhänger der herrschenden Ideologie, machtbewußte oder besonders anpassungsfähige Menschen in diesem Beruf halten konnten. Selbst die Journalisten, die sich zur marxistisch-leninistischen Weltanschauung bekannten, mußten sich anpassen, weil sie sich trotz der offenkundigen Widersprüche zwischen Ideal und Wirklichkeit jeglicher Kritik enthalten mußten, wenn sie ihre privilegierte Stellung nicht gefährden wollten. Sie alle haben mitgeholfen, die Probleme zuzudecken, und zwar sogar dann noch, als Zehntausende die DDR über Ungarn bzw. die Tschechoslowakei für immer verließen. So war nur wenige Tage vor dem Zerfall

---

1 Auf diese Rekrutierungspraxis weist Klaus Preisigke, Journalistikdozent in Leipzig bis 1989, hin: „Man ist eine Person außerhalb der persönlichen Entscheidungen, die Politbüromitglieder entscheiden über dich" (zit. n. Schubert 1992: 26).

des SED-Regimes über den FDJ-Fackelzug zum 40. Jahrestag der DDR zu lesen: „An kaum jemandem gingen die Nachrichten der letzten Wochen spurlos vorbei. Wohl auch deshalb zählten die Rufe ... 'DDR – unser Vaterland' zu den meistgebrauchten" (Osang 1989: 7).

Auf die Frage, wie ein solcher Realitätsverlust zu erklären ist, findet sich eine Antwort in Interviews mit ehemaligen DDR-Journalisten, die sich nach der Wende kritisch mit ihrer Vergangenheit auseinandergesetzt haben. Sie nannten als wichtigste Persönlichkeitsmerkmale fehlenden Mut zu einer eigenen Meinung, Hörigkeit gegenüber Autoritäten, Untertanengeist, geringes Selbstbewußtsein und die Fähigkeit und Bereitschaft zur Unterordnung: „Es gab eine stillschweigende Konvention: Man macht das schizophrene Leben mit. ... Alle haben mitgemacht".[2]

Das SED-Regime verlangte zwar der Bevölkerung insgesamt große Anpassungsleistungen ab, aber zwischen Journalisten und anderen Berufen mit Fach- oder Hochschulausbildung einerseits und Arbeitern oder Angestellten andererseits war mehr als nur ein gradueller Unterschied. Während ein Akademiker regelmäßig an ideologischen Schulungen teilnehmen mußte und seine Karriere von der Mitarbeit in der SED und gesellschaftlichen Organisationen abhing, schadete Arbeitern politische Passivität im allgemeinen nicht. Sie hatten nichts zu verlieren, wie die Tatsache beweist, daß unangepaßte Intellektuelle und Künstler zur „Bewährung in die Produktion" geschickt wurden.

Der insbesondere von den Journalisten vollzogene Unterwerfungsakt war besonders folgenschwer, denn sie konnten sich nicht – wie mancher Wissenschaftler – darauf beschränken, im Vorwort einer Publikation ein formales Bekenntnis zur DDR abzulegen. Weil ihre Hauptaufgabe darin bestand, die Politik der SED offensiv zu vertreten, mußten sie sich mit der Rolle als Dienstleistungsinstitution für die Herrschenden identifizieren, um in diesem Beruf arbeiten zu können. Manche Journalisten räumten nach der Wende ein, daß eine Reihe von Privilegien den Beruf attraktiv machten: eine gute Bezahlung, Reisemöglichkeiten und die Aussicht auf eine Zusatzrente. Aber auch das Streben nach Macht und nach Herrschaftswissen wurde als Motiv genannt (Pannen 1992: 41ff., 197ff.). Journalisten, die sich so freimütig äußerten, sind allerdings in der Minderheit. Die meisten sind nicht bereit, sich ihrer Vergangenheit zu stellen. Das ist um so bedenklicher, als ein Großteil von ihnen noch heute in den Medien tätig ist.

---

2 So äußerte sich der Chefredakteur des Neuen Deutschland, Wolfgang Spickermann (zit. n. Schubert 1992: 20).

2. Privatisierung der DDR-Presse

2.1 Entlassung leitender Kader

Die Strukturen der Zeitungslandschaft in der DDR entstanden 1952 nach der Aufteilung des DDR-Territoriums in 15 Bezirke und blieben seitdem beinahe unverändert. Insgesamt erschienen 38 Tageszeitungen. Außer dem von der SED in Millionenauflage herausgegebenen „Neuen Deutschland" gab es überregionale Tageszeitungen der Blockparteien und Massenorganisationen[3] sowie regionale Tageszeitungen in den 15 DDR-Bezirken. Mit Auflagen 1989 zwischen 178.500 und 663.700 Exemplaren waren die SED-Bezirkszeitungen im Bereich der ostdeutschen Tagespresse dominierend. Die vier überregionalen und 14 regionalen Tageszeitungen der Blockparteien zusammen erreichten nur 9 Prozent der Gesamtauflage der Tagespresse und lagen damit unter der Auflagenhöhe der FDJ-Tageszeitung „Junge Welt" mit 1,5 Millionen Exemplaren. Ähnlich hohe Auflagen wie die „Junge Welt" hatten auch die Wochenzeitungen „Wochenpost" (1,2 Millionen), die Illustrierte „Für Dich" (900.000 Expl.) und die Rundfunkzeitung „FF-Dabei" (1,4 Mill.) (Geißler 1993: 23; Zimmermann u. a. 1985: 1.044).

Nach der Absetzung Honeckers und dem Fall der Mauer kam es in allen Redaktionskollegien zu harten Auseinandersetzungen über Schuld und Verantwortung jedes einzelnen. Die Chefredakteure der SED-Zeitungen, die auf dem Höhepunkt der Staatskrise an ihren alten Methoden des Verschweigens der Wahrheit festgehalten und sich für den Fortbestand der SED-Diktatur eingesetzt hatten, verloren binnen kürzester Zeit ihre einflußreichen Positionen. In demokratischen Wahlverfahren wurden sie bis zum 15. Januar 1990 durch weniger belastete Journalisten ersetzt. Die Blockparteien wechselten dagegen bei ihren Regionalzeitungen zunächst nur die Hälfte der 14 Chefredakteure aus (Schneider 1991/92: 25ff.). Die Entlassung der leitenden Kader war der Beginn eines Selbstreinigungsprozesses, in dessen Verlauf manche Chefredaktionen geschlossen zurücktraten. Es kam auch vor, daß einzelne Redakteure, die nach der Wende keine Zukunft mehr für sich sahen, ihren Beruf aus eigenem Antrieb aufgaben. Die meisten Journalisten blieben jedoch auf ihrem Posten und vollzogen in kürzester Zeit eine Kehrtwendung.

Nach dem Wegfall der staatlichen Kontrolle gab es in den Medien ein hohes Maß an Freiheit, das einen grundlegenden Wandel des journalistischen Konzepts zur Folge hatte. Überall herrschte Aufbruchstimmung, die sich nicht zuletzt in der Neugründung von 30 alternativen (Wochen)-Zeitun-

---

3 Neue Zeit (CDU), Der Morgen (LDPD), National Zeitung (NDPD), Bauern-Echo (DBD), Junge Welt (FDJ), Tribüne (FDGB), Deutsches Sportecho (Sportbund).

gen der Bürgerrechtsbewegung niederschlug.[4] Doch die Euphorie war nur von kurzer Dauer. Während die Zeitungsverlage zu SED-Zeiten hohe Subventionen erhalten hatten, ging es nun darum, sich auf dem Medienmarkt gegenüber starken Konkurrenten zu behaupten. Dafür fehlten den Verantwortlichen jedoch alle Voraussetzungen.

2.2 Verdrängungswettbewerb auf dem Pressemarkt Ost

Schon bald nach dem Fall der Mauer versuchten Verlage aus der Bundesrepublik Deutschland, mit unterschiedlichen Strategien auf dem ostdeutschen Zeitungsmarkt Fuß zu fassen. Es begann damit, daß einige überregionale Zeitungsverlage ihre westdeutschen Ausgaben in die DDR lieferten. Damit reagierten sie auf das anfänglich große Interesse an westlichen Presseerzeugnissen und vergrößerten zugleich ihren eigenen Anteil an dem gesamtdeutschen Zeitungsmarkt. Um die neuen Leser auch dann noch an sich zu binden, wenn der Neuigkeitswert dieser Zeitungen verbraucht sein würde, ergänzten grenznahe Verlage dieses Angebot wenig später durch Lokalausgaben. Wesentlich risikoreicher war dagegen die Gründung neuer Zeitungsverlage in der DDR im Jahre 1990. Kleine und mittlere westdeutsche Verlage riefen rund 60 neue Tageszeitungen ins Leben, wobei sie bei 29 als Alleininvestoren und bei den übrigen als Anteilseigner auftraten (Röper 1993: 14).

Eine ganz andere Art des Engagements im Osten zeichnete sich nach der Überführung der hochauflagigen SED-Bezirkszeitungen in Volkseigentum ab. Da die baldige Privatisierung dieser begehrten Zeitungen absehbar war, boten westdeutsche Großverlage nicht nur finanzielle und technische Hilfe an, sondern vermittelten auch das „know how" der Akquisition von Werbeanzeigen und des Zeitungsvertriebs. Durch eine enge Zusammenarbeit hoffte man auf Vorteile bei den späteren Verkaufsverhandlungen. Für drei Verlage ging diese Rechnung schon 1990 auf. Die Treuhandanstalt verkaufte die „Freie Presse" Chemnitz (Auflage: 600.000) an die Medien Union/Rheinpfalz Ludwigshafen und die „Mitteldeutsche Zeitung" Halle (530.000) an den Verlag Du Mont/Schauberg Köln. Die „Berliner Zeitung" (350.000) wurde direkt aus dem PDS-Vermögen an die Zeitungshäuser Gruner+Jahr/ Maxwell veräußert,[5] die mit diesem Geschäftsabschluß eine wichtige Weichenstellung für die Zukunft vornehmen konnten, denn der Berliner Zei-

---

4 Einige der bekanntesten Titel waren „Leipziger Andere Zeitung", „Wir in Leipzig", „Sachsen-Spiegel", „aufbruch 89" Schwerin, „Die Andere" Berlin und „plattFORM" Mecklenburg.
5 Vgl. Media Perspektiven Dokumentation (1992) IV, herausgegeben im Auftrag der Arbeitsgemeinschaften der ARD-Werbegesellschaften, Tabelle S. 246.

tungsmarkt mit einem Einzugsgebiet von rund sechs Millionen Menschen (Berlin und Umland) ist besonders hart umkämpft. Neben Gruner+Jahr/ Maxwell, die nun zwei Berliner Tageszeitungen besitzen, gingen die Verlage Springer/Ullstein mit drei Zeitungen und Holtzbrinck mit einer Zeitung als Sieger aus dem Wettbewerb um die Berliner Leser hervor.

Die beim Verkauf der „Freien Presse" Chemnitz und der „Mitteldeutschen Zeitung" Halle deutlich gewordene Grundsatzentscheidung der Treuhandanstalt, die früheren SED-Bezirkszeitungen nicht in kleinere Einheiten aufzuteilen, sondern in der 1989 vorgefundenen Form zu privatisieren, wirkte sich negativ aus. Weil die zu DDR-Zeiten entstandenen großflächigen Verbreitungsgebiete erhalten blieben, konnte eine Vielfalt lokaler Blätter, deren Wettbewerb untereinander dem Kunden zugutegekommen wäre, nicht entstehen. Die Aushebelung von Marktmechanismen und die Festschreibung der überkommenen Monopolstrukturen setzte sich 1991 fort, als die Treuhandanstalt zehn Bezirkszeitungen mit ihren Druckereien zum Kauf nach dem Prinzip des Höchstgebotes ausschrieb. Da auch hier auf eine vorherige Entflechtung verzichtet worden war, konnten kleinere Verlage nicht zum Zuge kommen. Die Treuhandanstalt legte nach ihrer eigenen Aussage beim Verkauf der Zeitungen dieselben Kriterien wie bei allen Unternehmensverkäufen zugrunde, nämlich Schnelligkeit, hohe Verkaufserlöse, Arbeitsplatzsicherung und Investitionszusagen (Schneider 1992a: 40). Nur finanzkräftige Großunternehmen wie z.B. Springer, Gruner+Jahr, Frankfurter Allgemeine Zeitung, DuMont/Schauberg oder die WAZ-Gruppe konnten diese Anforderungen erfüllen und erhielten den Zuschlag. Daß die Pressegiganten dadurch nicht nur ökonomisch, sondern auch politisch erheblich an Einfluß gewinnen würden, schien bei der Verkaufsentscheidung keine Rolle zu spielen. Mit ihrer die Pressekonzentration fördernden Verkaufspraxis setzte die Treunhand sich zudem über die Auffassung des Bundesverfassungsgerichts hinweg, wonach Kommunikationsfreiheit und Informationsvielfalt mehr gelten als die Gesetze des Marktes.[6] Da man medienpolitischen Sachverstand in dieser Behörde nicht erwarten konnte, wäre es erforderlich gewesen, durch ordnungspolitische Maßnahmen gleiche Wettbewerbschancen herzustellen und so publizistische Vielfalt zu gewährleisten. Die Politiker vertrauten jedoch auf die Marktgesetze und sind deshalb für die Beibehaltung der Monopolstrukturen im Pressewesen der neuen Bundesländer mitverantwortlich.

Auf dem Zeitungsmarkt begann bereits 1990 ein Schrumpfungsprozeß, der 1991/92 wegen der publizistischen Übermacht der früheren SED-Bezirkszeitungen alle Marktsegmente erfaßte. Von den zwischen Herbst 1989

---

6 Beschluß des BVerfG zu einer Verfassungsbeschwerde des SDR und des SWF vom 24. März 1987 (Bausch 1987).

und Frühjahr 1990 entstandenen 30 alternativen Zeitungen existierten im Oktober 1991 nur noch drei. Auch die Hoffnungen der kleinen und mittleren westdeutschen Verlage erfüllten sich nicht. 1993 war bereits die Hälfte der 1990 gegründeten 60 neuen Tageszeitungen wieder vom Markt verschwunden (Röper 1993: 14). Den Zeitungen der ehemaligen Blockparteien, die schon zu DDR-Zeiten eine marginale Rolle gespielt hatten, erging es nicht besser. Ihr Auflagenanteil ging bei der Regionalpresse von 9 Prozent nach der Wende auf 2,8 Prozent im Mai 1992 zurück (Schneider 1992b: 430). Das bedeutete, daß 11 der 14 Zeitungen ihr Erscheinen einstellen mußten. In Berlin wurden fast alle überregionalen Zeitungen der Parteien und Massenorganisationen verdrängt: „National-Zeitung", „Der Morgen", „Deutsches Landblatt" (Nachfolger des „Bauernecho"), „Neue Zeit", „Sportecho" und „Tribüne". Das Neue Deutschland verlor zwischen 1989 und 1994 über 90 Prozent seiner Leser (1,1 Million 1989, 79.600 1994), die „Junge Welt" fiel von 1,5 Millionen auf 33.200 (Presse- u. Informationsamt der Bundesregierung 1995).

Im Bereich der Zeitschriften und Wochenzeitungen hat von den früheren Erfolgstiteln bis heute nur die „Wochenpost" überlebt. Dem Verdrängungswettbewerb fielen auch eine Reihe von Titeln zum Opfer, die zu DDR-Zeiten äußerst populär waren, so die Frauenzeitschrift „Für Dich", die Programmzeitschrift „F.F. dabei", die „Neue Berliner Illustrierte" und die „Freie Welt". Die Kulturzeitung „Sonntag" fusionierte Ende 1990 mit der „Deutschen Volkszeitung", dem ehemaligen Sprachrohr der DKP, und erscheint seitdem unter dem Titel „Freitag". Auch diese Zeitung, die ihre Leser im linken Spektrum zwischen PDS und Bündnis 90/Die Grünen zu gewinnen versucht, kämpft bei einer Auflage von 23.000 (1995) um ihre Weiterexistenz (Frings 1995: 11).

Das Ergebnis der Pressekonzentration, die jetzt im wesentlichen als abgeschlossen gelten kann, ist in der ersten gesamtdeutschen Pressestatistik folgendermaßen bewertet worden: „Im alten Bundesgebiet herrscht eingeschränkte Vielfalt, in den neuen Bundesländern monopolisierte Einfalt" (Möller-Riester 1993: 54).[7]

---

7   Eine kritische Bewertung hat die Pressekonzentration nicht nur in der Fachpresse gefunden, sondern auch in Schneider (1991/92: 145 ff.). Der Forschungsbericht bietet im übrigen einen umfassenden Überblick sowohl über den Strukturwandel im Pressebereich von Oktober 1989 bis Oktober 1991 als auch über die daraus resultierenden medienpolitischen Probleme.

3. Neuordnung der Rundfunklandschaft

3.1 Reformen nach der Wende

Wie ihre Kollegen von der Presse, gaben die Rundfunkjournalisten erst Mitte Oktober 1989, als der Machtverlust Honeckers unmittelbar bevorstand, ihre Loyalität gegenüber dem SED-Regime auf. Viele Journalisten, die sich bis dahin gefügig gezeigt hatten, hörten nicht mehr auf das Kommando der SED, so daß das alte Mediensystem innerhalb kürzester Zeit zum Untergang verurteilt war. Die ausnahmslos von der SED eingesetzten Leitungskader der Sender mußten auf Betreiben der Redaktionsmitglieder ihr Amt zur Verfügung stellen. Während für die meisten der über 40jährigen Journalisten der Zusammenbruch des Staates und der Verlust von Posten und Arbeitsinhalten ein Schock war, nutzten die Jüngeren den Wegfall der staatlichen Kontrolle für eine Programmreform. Dadurch gewannen die ostdeutschen Journalisten schnell an Glaubwürdigkeit. Die früher von den Zuschauern gemiedenen politischen Sendungen erfreuten sich nun eines großen Zuspruchs.[8]

Die neue Regierung unter Ministerpräsident Hans Modrow löste zwar am 21. Dezember 1989 die beiden staatlichen Komitees für Rundfunk und Fernsehen auf, beließ es aber zunächst noch bei der Unterstellung des Rundfunks unter den Ministerrat. Erst mit dem Beschluß der DDR-Volkskammer vom 5. Februar 1990 über die Gewährung der Meinungs-, Informations- und Medienfreiheit wurde der Rundfunk formaljuristisch eine unabhängige Einrichtung.

Im Zuge der Erneuerung und Demokratisierung der Sender erarbeiteten die neuen Intendanten und ihre Teams im Frühjahr 1990 in eigener Regie Statute, die die Struktur und Programmatik der Sender im einzelnen regelten. Ein auf demokratischem Wege berufener Medienkontrollrat, der sich aus Vertretern gesellschaftlich relevanter Gruppen zusammensetzte, überwachte deren Arbeit. Bis zur Wiedervereinigung war dieses Gremium Anwalt der Interessen der DDR-Medien. „Vom Herbst 1989 an war eine paradiesische Zeit für Journalisten. ... Es bestand ein absolut freier Raum, wir waren nur der eigenen Verantwortung und dem eigenen Rechtsempfinden verpflichtet" (R. Ebner, zit. n. Schubert 1992: 85f.), so beschreibt eine der

---

8   Nach Auskunft der Abteilung Zuschauerforschung des Deutschen Fernsehfunks Berlin (Ost) (DFF) konnte im Herbst und Winter 1989 eine Zuschauerbeteiligung von 64 Prozent für die Nachrichtensendung „Aktuelle Kamera" registriert werden, die sich im Laufe des Jahres 1990 bei 25 Prozent einpendelte. (Möller-Riester 1993: 53, Anm. 7).

Beteiligten diese Phase des Aufbruchs, die jedoch nur wenige Monate dauerte (Streul 1993).

3.2 Die Übertragung der Strukturen des westdeutschen Rundfunksystems auf den Osten

Da die Mehrheit der DDR-Bevölkerung einen schnellen Beitritt zur Bundesrepublik wünschte, beschloß die Volkskammer bereits im Sommer 1990, die frühere föderalistische Länderstruktur wiederherzustellen und die ehemaligen DDR-Bezirke durch fünf Länder zu ersetzen. Diese Entscheidung machte die Auflösung des zentralistischen Rundfunksystems und die Übertragung der Rundfunkhoheit auf die Länder erforderlich. Die im März 1990 freigewählte Volkskammer bemühte sich ebenso wie der Medienkontrollrat um einen geordneten Übergang der DDR-Medien in die gesamtdeutsche Medienordnung. Die Ost-CDU, die einen überwältigenden Wahlsieg errungen hatte und den Medienminister stellte, übte dabei von Anfang an beträchtlichen Einfluß aus. Ohne die vom DDR-Parlament eingesetzten Kontroll- und Mitwirkungsgremien zu beteiligen, erarbeitete das Medienministerium gemeinsam mit Experten aus Westdeutschland ein Rundfunküberleitungsgesetz. Dahinter stand die Absicht der regierenden Parteien, die nach der Wende unabhängig gewordenen Sender schnellstmöglich nach westdeutschem Vorbild umzubauen. Die Oppositionsparteien protestierten gegen dieses Vorgehen. Sie warfen dem Wahlsieger Verstöße gegen das Gebot eines staatsfernen Rundfunks vor und verweigerten dem Gesetz ihre Zustimmung, so daß es vollständig überarbeitet werden mußte.

Während die DDR-Medienpolitiker noch nach Kompromissen suchten, erklärte sich der DDR-Verhandlungsführer Günter Krause (CDU) bei den Verhandlungen über den Einigungsvertrag mit dem Vorschlag der westdeutschen Seite einverstanden, im Artikel 36 des Einigungsvertrages festzuschreiben, daß die ehemaligen DDR-Hörfunk- und Fernsehsender als gemeinschaftliche staatsunabhängige, rechtsfähige Einrichtung zunächst weitergeführt werden, jedoch bis zum Ende des Jahres 1991 von einem Rundfunkbeauftragten aufzulösen und in Länderhoheit zu überführen sind. Das Rundfunküberleitungsgesetz, das nach Abschluß der monatelangen Debatten in einer der letzten Sitzungen der DDR-Volkskammer eine Mehrheit fand, war dadurch praktisch schon mit seinem Inkrafttreten am 26. September 1990 hinfällig, weil es mit der Wiedervereinigung wenige Tage später seine Rechtsgrundlage verlor. Die Volkskammerabgeordneten hätten aufgrund dieser Tatsache noch vor dem 3. Oktober 1990 von ihrem Recht Gebrauch machen müssen, den einflußreichen Posten des Rundfunkbeauftragten mit einem Experten ihrer Wahl zu besetzen. Aber auch das geschah nicht, weil die Regierungen in Bonn und Ostberlin daran interessiert waren, nach dem Ende der DDR einen westdeutschen Medienfachmann aus ihrem politischen Umfeld mit der Auflösung des DDR-Rundfunks zu beauftragen.

In einem juristisch fragwürdigen Verfahren (Geißler 1993: 22) wurde im Oktober 1990 der frühere Chefredakteur des Bayerischen Rundfunks, Rudolf Mühlfenzl, zum Rundfunkbeauftragten bestellt und mit der Aufgabe betraut, die Sender der ehemaligen DDR aufzulösen und in Anstalten des öffentlichen Rechts zu überführen. Mühlfenzl, der sich immer für die Interessen der CSU engagiert hatte, nahm nur westdeutsche Medienexperten in seinen Beraterstab auf. Diese Entscheidung stieß um so mehr auf Kritik, als zwei politisch unbelastete ostdeutsche Fachleute (Michael Albrecht für das Fernsehen und Christoph Singelnstein für den Rundfunk) zur Verfügung standen. Beide waren auf Vorschlag der Regierung de Maiziére im Sommer 1990 Intendanten geworden. Der am 15. Oktober 1990 von Vertretern der neuen Länder und Berlins als zweites Organ der Einrichtung gewählte Rundfunkbeirat hätte zwar das Übergewicht der Westdeutschen ausgleichen können, fiel als Kontrollinstanz aber aus, weil seine Mitglieder von den großen Parteien gewählt worden waren und deren Interessen vertraten. Bürgerbewegungen und kleine Parteien waren nicht vertreten. Außerdem fehlte den Beiratsmitgliedern Fachwissen und politische Erfahrung.[9]

Zu den Hauptaufgaben Mühlfenzls gehörte eine Angleichung des Personalbestandes der Rundfunksender an den Weststandard. Zu DDR-Zeiten gab es in Hörfunk und Fernsehen insgesamt 14.000 Beschäftigte, die ab Herbst 1990 in mehreren Schüben entlassen werden mußten. Zuletzt blieben 5.000 Mitarbeiter übrig, die mehrere Rundfunkprogramme und ein Fernsehprogramm produzierten, bis auch sie Ende 1991 ihre Kündigung erhielten (Fromme 1991: 7; Kurtz 1991: 9; Bünger 1991: 19). Im Zuge des Personalabbaus überprüfte eine Kontrollkommission die politische Vergangenheit der Mitarbeiter, wobei jeder einzelne in einem Fragebogen angeben mußte, ob er mit der Staatssicherheit zusammengearbeitet hatte. Gegenseitige Denunziationen von Rundfunkmitarbeitern erschwerten die Arbeit der Kommission erheblich.[10] Die bei den Überprüfungen entdeckten 200 Stasi-Zuträger wurden sofort aus den Redaktionen entfernt.[11] Allen anderen Mitarbeitern war es freigestellt, sich bei den seit 1991 im Aufbau befindlichen

---

9   Vgl. Bericht über Interview mit J. Hildebrandt. In: Neue Zeit 9.1.1991: 15 und Gaus (1991: 3).
10 Über Denunziationen berichtet Alfred Eichhorn, Chefredakteur von Radio Aktuell bis 1991 (Schubert 1992: 88f.).
11 Vgl. Bericht (AP). In: Frankfurter Allgemeine Zeitung 1.8.1991: 4.

neuen Landessendern um eine Anstellung zu bewerben (Hildebrandt 1992: 64ff.).[12]

3.3 Aufbau der föderalen Rundfunkstruktur in den neuen Bundesländern

Nach Artikel 36 des Einigungsvertrages bestand die Möglichkeit, die „Einrichtung" entweder durch einen gemeinsamen Staatsvertrag der neuen Länder aufzulösen oder sie in Anstalten des öffentlichen Rechts einzelner oder mehrerer Länder zu überführen. Da ein gemeinsamer Staatsvertrag nicht zustandekam, mußte in jedem Land gesondert über die künftige Struktur des öffentlich-rechtlichen Rundfunks entschieden werden.

Seit den Landtagswahlen im Herbst 1990 regierten in Sachsen, Sachsen-Anhalt und Thüringen Ministerpräsidenten der CDU. Sie einigten sich Anfang 1991 auf eine Mehrländeranstalt und unterzeichneten am 30. Mai 1991 den Staatsvertrag über den Mitteldeutschen Rundfunk (MDR) mit Sitz in Leipzig. Wie in den Landesrundfunkgesetzen vorgesehen, hätte unmittelbar danach der Rundfunkkontrollrat als demokratische Kontrollinstanz eingerichtet werden müssen. Ihm gehören Vertreter aus Parteien, Kirchen, Gewerkschaften und anderen gesellschaftlich relevanten Gruppen an, deren Aufgabe es ist, den Intendanten zu wählen und die Einhaltung der Programmgrundsätze zu überwachen. In Relation zur Größe des MDR[13] sollten laut Staatsvertrag dem Rundfunkrat vierzig Mitglieder angehören, deren Wahl begreiflicherweise einen längeren Zeitraum in Anspruch nahm. Um trotzdem mit dem Aufbau des Senders beginnen zu können, erlaubte der § 45 des MDR-Staatsvertrages als Übergangslösung die Installierung eines nur neunköpfigen Gründungsbeirates. In der Öffentlichkeit stieß dieses Verfahren auf Kritik, weil es die regierenden Parteien, die aufgrund der politischen Mehrheitsverhältnisse sechs Beiratsmitglieder entsenden durften, eindeutig bevorzugte. Der Medienwissenschaftler Hoffmann-Riem bezeichnete den § 45 deshalb als verfassungswidrig (Hoffmann-Riem 1991: 128ff.). Die von den Parteien benannten Beiratsmitglieder nutzten ihre Stimmenmehrheit, um sämtliche Leitungspositionen des Senders mit Fachleuten aus dem christdemokratischen Lager zu besetzen. Intendant für eine sechsjährige Amtszeit wurde Udo Reiter, ein Rundfunkexperte aus der CSU. Mit Ausnahme der

---

12 Wie einer der Betroffenen, der ehemalige stellv. Intendant des DDR-Rundfunks, Jörg Hildebrandt, den Abbau der ostdeutschen Rundfunkanstalten und inbesondere die Arbeitsweise des Rundfunkbeauftragten erlebte, ist nachzulesen in Hildebrandt 1992.
13 Die Dreiländeranstalt hat ein Einzugsgebiet von rund 10,5 Millionen Einwohnern und beschäftigt 376 festangestellte Journalisten, von denen 233 aus den DDR-Rundfunksendern kommen (Meyn 1993: 20).

Stelle des Technischen Direktors berief er für die acht Direktorenposten Westdeutsche.

Auch wenn die meisten der insgesamt 1.800 festen und freien Mitarbeiter des MDR aus dem Osten kommen, hatten manche von ihnen das Gefühl, okkupiert zu sein. Dieser Eindruck ist offenbar dadurch entstanden, daß die Westdeutschen nicht nur beim organisatorischen Aufbau des MDR das Heft in die Hand nahmen, sondern auch über das Programm bestimmten, obwohl sie aufgrund ihres anderen Lebenshintergrundes nicht in der Lage waren, die speziellen Umstellungsprobleme des ostdeutschen Publikums zu verstehen. Der Intendant und seine Chefredakteure zogen zunächst Unterhaltungssendungen vor, statt den großen Nachholbedarf der Neubürger an Informationen und Hintergrundberichterstattung zu berücksichtigen (Holzer 1993: 29). Betrachtet man das Programmangebot drei Jahre später, so sind diese Kinderkrankheiten offenbar überwunden.

Der ursprüngliche Plan, nach dem Vorbild des MDR in den Bundesländern Brandenburg, Mecklenburg-Vorpommern und Berlin die Dreiländeranstalt Nordostdeutscher Rundfunk zu gründen, ließ sich trotz monatelanger Verhandlungen nicht verwirklichen, weil die Landespolitiker Mecklenburg-Vorpommerns letztendlich ihre Zustimmung verweigerten. Brandenburg entschloß sich deshalb, eine eigene Landesrundfunkanstalt zu errichten und verabschiedete am 6. November 1991 ein Gesetz über den „Rundfunk Brandenburg". Wenig später wurde die Anstalt in „Ostdeutscher Rundfunk Brandenburg" (ORB) umbenannt. Mecklenburg-Vorpommern, das aus finanziellen Gründen keinen eigenen Sender aufbauen wollte, trat mit dem Abschluß des Staatsvertrages über den Norddeutschen Rundfunk (NDR) vom 17./18. November 1991 dem NDR bei und beließ es bei der Einrichtung eines Landesfunkhauses in Schwerin. Ostberlin gehört seit der Wiedervereinigung zum Sendegebiet des Senders Freies Berlin. Die beabsichtige Verschmelzung Berlins und Brandenburgs zu einem Bundesland hat in dem Staatsvertrag über die Zusammenarbeit zwischen Berlin und Brandenburg im Bereich des Rundfunks vom 29. Februar 1992 bereits seinen Niederschlag gefunden. Die vereinbarte Kooperation bezieht sich nicht nur auf die Nutzung der verfügbaren Ressourcen, sondern auch auf gemeinsame Hörfunk- und Fernsehprogramme (Presse- u. Informationsamt der Bundesregierung 1994: 148f.).

Wie die CDU die Besetzung der Leitungspositionen beim MDR beeinflußt hatte, versuchten auch die in Brandenburg regierenden Sozialdemokraten bei der Wahl des ORB-Intendanten ihren Wunschkandidaten durchzusetzen. Der auf regulärem Wege berufene Rundfunkrat verhinderte dies jedoch. Statt einen der von den SPD-Spitzenpolitikern favorisierten Kandidaten wählten die 25 Rundfunkräte den WDR-Journalisten Jürgen Rosenbauer zum Intendanten, der zwar keiner Partei angehört, sich selbst aber als „Sozialliberaler mit grünen Einsprengseln" (Butzek 1991: 13) charakterisiert. Ein ostdeutscher Kandidat kam auch hier nicht in Frage, weil die Rundfunkräte ebenso wie der MDR-Intendant davon ausgingen, daß Ostdeutsche wegen ihrer fehlenden Erfahrung mit dem öffentlich-rechtlichen Rundfunksystem für eine solche Führungsposition vorerst ungeeignet seien. Drei der sechs Direktorenposten wurden im ORB aber immerhin mit Ostdeutschen besetzt. Beim Landesfunkhaus Schwerin ist dagegen auf der Leitungsebene – ähnlich wie beim MDR – auf ein paritätisches Verhältnis zwischen Ost- und Westdeutschen verzichtet worden. Der Leiter des Funkhauses und der Fernsehchef kommen vom Norddeutschen Rundfunk, der Hörfunk-Verantwortliche vom Bayerischen Rundfunk. Allerdings sind rund zwei Drittel der festangestellten Mitarbeiter Ostdeutsche. Ähnliche Tendenzen wie bei den öffentlich-rechtlichen Sendern lassen sich bei den Privatsendern beobachten, die sich auf dem ostdeutschen Medienmarkt etabliert haben. Auch hier sind Westdeutsche dominierend.

Die Art und Weise der Neugründung von Landessendern ist wegen des Regierungs- und Parteieneinflusses in der Öffentlichkeit scharf kritisiert worden. Der vom Bundesverfassungsgericht wiederholt erhobenen Forderung, den Rundfunk binnenpluralistisch einzurichten, um eine einseitige Einflußnahme zu verhindern, ist nicht Rechnung getragen worden, so daß sich der damalige Bundespräsident Richard von Weizsäcker nach dem Abschluß der Umstrukturierung veranlaßt sah, den Zugriff der Parteien auf die Sender öffentlich zu rügen.[14]

3.4 Neuordnung des nationalen Hörfunks[15]

Bereits 1990 fiel die politische Grundsatzentscheidung, die Bundesrundfunkanstalten Deutschlandfunk Köln (DLF) und RIAS Berlin nicht aufzulösen, obwohl beide durch die Wiedervereinigung ihren ursprünglichen Programmauftrag verloren hatten. Die Anstrengungen der Politiker, eine neue Daseinsberechtigung für diese Sender zu finden, stieß überwiegend auf Unverständnis. Manche Kritiker meinten, alle Beteiligten im Westen hätten mit dem Votum für den nationalen Hörfunk ihre parteipolitischen Interessen und ihre Besitzstände verteidigt. Nur bei der Neuordnung der ostdeutschen Rundfunklandschaft hätte man ohne langes Zögern Tabula rasa gemacht (Hauch-Fleck 1992).

Da laut Grundgesetz die Länder für den Rundfunk zuständig sind, hätten die Sender möglichst schnell von Bundesrecht in Landesrecht überführt werden müssen. Interessengegensätze zwischen Bund und Ländern einer-

---

14 Vgl. Von Weizsäckers Rat an die Medien. In: Die Welt 15.1.1992: 20.
15 Vgl. hierzu ausführlich Streul 1994.

seits und zwischen den zehn SPD- und den sechs Unions-regierten Ländern andererseits hatten aber mehr als zwei Jahre dauernde zähe Verhandlungen zur Folge. Im Gegensatz zum Bund, der für die Gründung eines selbständigen Senders neben ARD und ZDF eintrat, favorisierten die Länder die Errichtung einer rechtsfähigen Körperschaft des öffentlichen Rechts unter der Trägerschaft von ARD und ZDF. Die Suche nach einer neuen Organisationsform für DLF und RIAS war zusätzlich erschwert, weil es der erklärte Wille der politisch Verantwortlichen war, den ehemaligen DDR-Sender DS Kultur in den nationalen Hörfunk einzubeziehen. Statt DS Kultur wie andere DDR-Sender zum 31. Dezember 1991 abzuwickeln, wurde die Anstalt bis zur Gründung des nationalen Hörfunks dem ZDF unterstellt. Die ursprüngliche Absicht, die drei Sender bis Ende 1992 zusammzuführen und ab Januar 1993 in Köln und Berlin je ein Vollprogramm zu produzieren, konnte nicht verwirklicht werden. Der Bund akzeptierte zwar das von den Ministerpräsidenten im März 1992 beschlossene Körperschaftsmodell, fühlte sich aber bei der vorgesehenen Zusammensetzung des Hörfunkrates und des Verwaltungsrates nicht ausreichend vertreten. Erst als die Beteiligten im Juni 1992 auch in dieser Frage einen Kompromiß gefunden hatten, war der Weg zur Gründung des nationalen Hörfunks frei. Ende 1992 konstituierte sich der 17köpfige Gründungsausschuß[16], dessen Aufgabe es war, den Sendebeginn nunmehr zum 1. Januar 1994 sicherzustellen.

In der Phase der Überleitung der Sender in Länderkompetenz kam es erneut zu einem monatelangen Streit zwischen Bund und Ländern. Dieses Mal ging es um die finanziellen Altlasten in Höhe von 800 Millionen Mark. Die Länder lehnten das Ansinnen des Bundes ab, die Anstalten mit allen Rechten und Pflichten zu übernehmen und die Kosten für den notwendigen Personalabbau (Vorruhestandsregelung), für die Altersversorgung der DLF-Mitarbeiter und für die Funkhäuser in Köln und Berlin zu übernehmen. Nach einem Interessenausgleich unterzeichneten der Bundesinnenminister und die sechzehn Ministerpräsidenten am 17. Juni 1993 den „Überleitungsstaatsvertrag" und den „Errichtungsstaatsvertrag" für die Körperschaft mit dem Namen „DeutschlandRadio". Damit war der juristische Rahmen für den nationalen Hörfunk geschaffen.

Die praktische Umsetzung der Vorgaben erwies sich jedoch als sehr schwierig, weil alle betroffenen Sender trotz der vereinbarten Zusammenlegung von drei Sendern zu einem und von drei Programmen auf zwei um ihre Besitzstände und um den Erhalt ihrer programmlichen Identität kämpften.

---

16 Dem Ausschuß gehörten 6 Vertreter der Länder, vier des Bundes, je zwei von ARD und ZDF sowie je einer von DLF, RIAS und DS Kultur an.

Neben einer gerechten Frequenzverteilung[17] ging es hauptsächlich um Personalfragen und die Programmstruktur des Berliner Programms. Während der DLF, der sich schon immer als nationaler Hörfunk verstand, seine Arbeit ohne größere Einschnitte fortsetzen konnte, sorgte die Auflage, den Personalbestand des DeutschlandRadios von 950 bis Ende 1996 auf 710 Beschäftigte zu reduzieren, besonders bei Mitarbeitern des RIAS (362) und DS Kultur (186) für Unruhe, weil es dort einen Personalüberhang gab. Das Arbeitsklima war in Berlin auch deshalb vergiftet, weil ein Teil der RIAS-Mitarbeiter die DDR aus politischen Gründen lange vor dem Fall der Mauer verlassen hatte und es als Zumutung empfand, nun mit DDR-Journalisten wie der DS Kultur-Chefredakteurin Monika Künzel zusammenarbeiten zu müssen, die in der DDR neben ihrer journalistischen Tätigkeit die Funktion eines SED-Parteigruppenorganisators ausgeübt hatte. Bis zu einem Drittel der RIAS-Mitarbeiter teilten nach Schätzung des RIAS-Kulturchefs Manfred Rexin die Meinung, die DDR-Kollegen seien aufgrund der autoritären Erziehung demokratieunwillig und -unfähig (Soldat 1993: 26). Alle, die sich angesichts solcher Animositäten auf einen konfliktreichen Neuanfang im DeutschlandRadio Berlin eingestellt hatten, nahmen mit Erstaunen zur Kenntnis, daß Rexin wenige Wochen nach dem Sendestart erklärte: „Die politischen Abstände sind mittlerweile weniger bedeutsam als das Ringen um Geld, Sendezeiten und Personal, und da verlaufen die Fronten nicht nach dem Ost-West-Muster" (zit. n. Nawrocki 1994).

Die Gründung des DeutschlandRadios ist in der Öffentlichkeit überwiegend ablehnend bewertet worden. Das zeigen Formulierungen wie „Fehlkonstruktion", „Zwitter am Gängelband von ARD und ZDF" oder „Zwangsehe zu dritt". Ob es dem im März 1994 gewählten Intendanten Ernst Elitz gelingen wird, die drei Sender zu integrieren und ob die Mitarbeiter den vom Gesetzgeber formulierten Auftrag erfüllen werden, „die Zusammengehörigkeit in vereinten Deutschland zu fördern", bleibt abzuwarten.

4. Journalismus in den neuen Bundesländern

4.1 Personelle Kontinuität

Die Mehrheit der heute bei ehemaligen SED-Tageszeitungen beschäftigten Journalisten übte diesen Beruf bereits zu DDR-Zeiten aus. Ende 1992 waren

---

17 Aus technischen Gründen standen zunächst nicht genügend Frequenzketten zur flächendeckenden Ausstrahlung der Programme aus Köln und Berlin zur Verfügung, wobei die Berliner besonders benachteiligt waren.

Die Medien 457

in den Redaktionen 90% Ostdeutsche und 10% Westdeutsche tätig.[18] Die westdeutschen Käufer der SED-Zeitungen verzichteten aus zwei Gründen auf einen Personalaustausch: Zum einen hatte ihnen die Treuhandanstalt für die ersten Jahre Beschäftigungsgarantien abverlangt (Treuhandanstalt 1991: 1ff., 445), zum anderen legten sie Wert darauf, daß es trotz Umstellung und Neubeginn zu keinen personellen Engpässen kam, damit die Blätter ohne Unterbrechung erscheinen konnten. In den Landesrundfunkanstalten lag das Verhältnis zwischen ost- und westdeutschen Journalisten – ebenfalls auf Ende 1992 bezogen – bei 80 : 20. Die recht ähnlichen Zahlen für Presse und Rundfunk verbergen einen wesentlichen Unterschied: Durch die Abwicklung der DDR-Rundfunksender hatten bis Ende 1991 alle Mitarbeiter die Kündigung erhalten und mußten sich bei den neuen Sendern einem Bewerbungsverfahren unterziehen. Auf diese Weise konnte der frühere Personalbestand um etwa die Hälfte reduziert werden. Bei den Zeitungen schieden dagegen Journalisten nur aus Altersgründen (Vorruhestandsregelung ab dem 55. Lebensjahr) oder vereinzelt aus individuellen Gründen aus.

Westdeutsche Branchenvertreter kritisierten diese auf Kontinuität ausgerichtete Personalpolitik und sprachen mit Blick auf die Tatsache, daß die DDR-Journalisten bis zuletzt zu den wichtigsten Stützen des SED-Regimes gehört hatten, den ostdeutschen Kollegen die Fähigkeit zu einem investigativen, kritischen Journalismus ab (Journalist-Forum 1990: 24ff.). Betrachtet man handwerkliches Können und Persönlichkeitsprofil der übernommenen DDR-Journalisten, so gibt es in der Tat Defizite, deren negative Auswirkungen nicht zu unterschätzen sind. Dabei scheint die von den neuen Verlagsleitern und Chefredakteuren oft vermißte professionelle Arbeitsweise die geringste Schwierigkeit zu sein. Das Kernproblem war und ist die mentale Verfassung ehemaliger DDR-Journalisten. „Das psychologische Handicap", so der Herausgeber einer großen Tageszeitung in Mecklenburg-Vorpommern, „ist sicherlich, daß sie mit dem, was sie 10, 15, 20, 30 Jahre gemacht haben, innerlich fertigwerden müssen. ... Sie wissen schon, daß sie mißbraucht worden sind, und sie wissen schon, was sie den Lesern angetan haben. Darunter leiden sie" (zit. n. Böckelmann u.a. 1994: 287). Anders als im Westen, wo die Kontrolle als sogenannte vierte Gewalt zu den Aufgaben des Journalismus gehört, müssen sich die früheren ostdeutschen Verlautbarungsjournalisten mit Identitätsproblemen und der eigenen schuldhaften Verstrickung in das SED-Regime auseinandersetzen. Das daraus resultierende geringe Selbstwertgefühl verleitet sie zu defensivem Verhalten und erneuter Anpassung. Klaus Preisigke, bis 1989 Dozent an der Sektion Journalistik der Universität Leipzig, meldete deshalb Zweifel an der Eignung der

---

18 Diese Zahlen schließen Ostdeutsche ein, die nach der Wende als Seiteneinsteiger zum Journalismus kamen (Böckelmann u.a. 1994: 417).

„gewendeten" Journalisten an: „Ich sehe mit Sorge, daß ein Großteil der Journalisten nicht in der Lage sein wird, ihre Rolle als wirklich unabhängiger, nur dem eigenen Gewissen verpflichteter Journalist wirklich wahrzunehmen. Wir haben den Opportunismus gelernt, das können wir am besten. Jetzt funktionieren die neuen Anpassungsmechanismen. Ein neuer Protokolljournalismus ist da, eine neue Form von Mikrofonhalter für die Oberen. Das Selbstbewußtsein fehlt, ein eigenes Profil. ... Journalisten haben als Berufsstand keine spezifischen Widerstandskräfte entwickelt, moralisch nicht, ökonomisch nicht. Sie kämpfen ums Überleben, für sich und ihre Familien, und erfüllen ihre Rolle in der Gesellschaft nicht" (zit. n. Schubert 1992: 118).

Die von Preisigke beschriebenen Persönlichkeitsprobleme spiegeln sich in einigen typischen Verhaltensweisen wider, wie eine Umfrage bei Medienunternehmern, Verbänden und Redakteuren in den neuen Bundesländern ergeben hat. Statt die neuen Freiräume zu nutzen, brisante Themen aufzugreifen und Informationen zu beschaffen, bleiben ostdeutsche Journalisten häufig passiv und warten, daß Informationen von selber kommen. Sie bevorzugen es, zu reagieren und nicht zu agieren. In Pressekonferenzen sind sie oft unsicher und verzichten auf kritisches Nachfragen, weil sie eine „bestimmte Hörigkeit gegenüber Instanzen und Behörden" noch immer nicht überwunden haben. Schwierigkeiten bereitet den meisten auch der „Kommentar als journalistische Darstellungsform", da früher Parteilichkeit gefordert war und die von der SED vorgegebene Argumentationslinie beim Kommentieren eingehalten werden mußte. Hinzu kommt, daß nach der Wende oftmals auch das notwendige Fachwissen fehlte, um eine eigene Meinung vertreten zu können (Böckelmann u.a. 1994: 253ff.). Welche Folgen das alles für die Qualität des Journalismus hat, beschreibt der Schriftsteller Rolf Schneider aus Ost-Berlin so: „Der Stil ist vorwiegend kleinbürgerlich, behäbig, ein wenig ängstlich und ziemlich obrigkeitsfromm. Investigatives bleibt rar und beschränkt auf lokales Geschehen. Große Politik wird nur dosiert zur Kenntnis genommen und reicht über die beiden ersten Seiten des Blattes selten hinaus. Das Feuilleton ist zumeist zufällig und mager. Bis in den Sport hinein triumphiert die Provinz, der im Zweifelsfall auch der Aufmacher gewidmet wird: Zu Lasten des Weltweiten" (Schneider 1994: 40).

Die Entlassung leitender Zeitungsredakteure nach der Wende und interne Diskussionen über die individuellen Verhaltensstrategien der Journalisten im SED-Staat markieren den Beginn und zugleich das Ende einer von den Betroffenen selbst initiierten offenen Auseinandersetzung mit der Vergangenheit. Es gab nur wenige, die ihrer sozialistischen Ideologie treublieben und die Redaktionen freiwillig verließen. Die meisten gingen pragmatisch mit den veränderten Verhältnissen um und wechselten ohne erkennbare Schwierigkeiten vom früheren Arbeitgeber SED zum Privateigentümer. Um

Die Medien

sich dennoch ein positives Selbstbild zu bewahren, setzte sehr bald eine Verdrängung der Vergangenheit ein. Alle richteten ihren Blick nach vorn und stellten sich auf die neuen Anforderungen ein. Die früher für das Fortkommen so wertvolle „richtige Gesinnung" kam den meisten schnell abhanden. „Als berufsbedingte Wendehälse sitzen sie heute am Computer-Terminal und äußern das, wovon sie meinen, daß es dem Verleger gefällt", stellte Rolf Schneider fest (Schneider 1994: 40).

Auch „alte Kader" faßten schnell wieder Fuß. Als Beispiel sei ein SED-Journalist von der „Berliner Zeitung" genannt, der sich im Juni 1989 mit folgendem Kommentar zur Niederschlagung des chinesischen Studentenprotestes exponiert hatte: „Das also war die 'Bewegung für Demokratie?' ... Das war sie nicht! Dies war eine extremistische Minderheit, die entmenscht mordete und Feuer legte. Nicht eine Minderheit von Erneuerern des Sozialismus, sondern von Leuten, die dessen Totengräber sein wollten" (zit. n. Berg 1994: 2). Diese Gesinnung hat den Schreiber weder davon abgehalten, nach der Wende bei der „Berliner Zeitung" zu bleiben und in die Dienste des einstigen „Klassenfeindes" zu treten, noch hat es den neuen Eigentümer daran gehindert, den linientreuen Journalisten zu übernehmen. Daß dies keine Ausnahme war, zeigen auch andere Karriereverläufe. So war der jetzige Chefredakteur der „Berliner Zeitung" früher dort schon als stellv. Chefredakteur tätig und machte sich außerdem als Persönlicher Referent bzw. als Redenschreiber des FDJ-Vorsitzenden Egon Krenz nützlich. Der ehemalige Referent bei Krenz-Nachfolger Eberhard Aurich wurde Chefredakteur der „Magdeburger Volksstimme" (ebd.: 2), und ein Kommentator, der am 13. August 1962 in der SED-Bezirkszeitung „Freie Presse" Karl-Marx-Stadt (Chemnitz) an den ersten Jahrestag des Mauerbaus unter der Überschrift erinnert hatte „Gut, daß es dich gibt", tauchte nach dem Verkauf der Zeitung an den Verlag Rheinpfalz Ludwigshafen im Impressum dieser Zeitung als Chefredakteur auf (Böckelmann u.a. 1994: 289f.). Die Feststellung des Personalreferenten einer großen sächsischen Tageszeitung, ihm sei „nichts bekannt, daß ein Redakteur, der in der Partei aktiv war, deswegen Nachteile gehabt hätte" (zit. n. Böckelmann u.a. 1994: 284), ist daher durchaus verallgemeinerbar.

Selbst ehemaligen Inoffiziellen Mitarbeitern des MfS boten sich Arbeitsmöglichkeiten, weil die Verleger auf eine Regelanfrage bei der Gauck-Behörde verzichteten. Wer nicht durch Akteneinsicht der Opfer oder durch Zufall enttarnt wird, bleibt unbehelligt. Welche untergeordnete Rolle eine Stasi-Mitarbeit bisweilen sogar bei der Besetzung von Spitzenpositionen spielte, zeigt der Aufstieg Peter Mugays. Als Mitglied der freigewählten Volkskammer mußte er sich einer Stasi-Überprüfung unterziehen und wurde wegen verschiedener Verdachtsmomente aufgefordert, sein Mandat niederzulegen. Er bestritt aber eine Verbindung zum Staatssicherheitsdienst und blieb in der Volkskammer. Die Anschuldigungen hielten das Verlagshaus FAZ nicht davon ab, Mugay als Chefredakteur der „Märkischen Allgemeinen" einzustellen. Erst als im Januar 1995 in der Gauck-Behörde Unterlagen aufgefunden wurden, die keinen Zweifel an Mugays Stasi-Tätigkeit ließen, trennte sich die „Märkische Allgemeine" von ihrem Chefredakteur.[19] Inzwischen räumt der Herausgeber dieser Zeitung, Alexander Gauland, ein, daß die Glaubwürdigkeit der Branche durch die Beschäftigung früherer Stasi-Spitzel Schaden genommen habe (Robers 1995: 152). Die neuen Verlagsleiter haben das Verdrängen der unbewältigten Probleme wesentlich erleichtert, da sie sowohl auf eine generelle Debatte über die Vergangenheit als auch auf die Befragung der einzelnen Mitarbeiter über Tätigkeiten oder Mitgliedschaften in Organisationen verzichteten. Das sei nun auch nicht mehr durchsetzbar, stellte einer der Verantwortlichen schon 1992 fest: „Offiziell ist eigentlich die Vergangenheit bewältigt. Da sind bestimmt eine ganze Reihe von dunklen Stellen, wo wir nicht mehr bohren können" (zit. n. Böckelmann u.a. 1994: 287).

Die Tendenz, aktive Vergangenheitsbewältigung durch Anpassung zu ersetzen, ist auch bei Rundfunkjournalisten zu beobachten, die schon in der DDR aktiv waren, wenngleich sich die Situation hier etwas anders darstellt als bei den Printmedien. Durch das Procedere der Neueinstellung hatten besonders Belastete in aller Regel keine Möglichkeit, in diesem Beruf weiterzuarbeiten, es sei denn, Stasi-Zuträger verschwiegen oder leugneten ihre Verpflichtungserklärung in der Hoffnung, nicht enttarnt zu werden. Beim ORB, der bis Januar 1995 knapp die Hälfte seiner Mitarbeiter auf Stasi-Kontakte überprüfen ließ, haben sich bisher sieben als stasibelastet herausgestellt (Marenbach 1995: 37). In einigen Fällen sind Journalisten mit Positionen beim DDR-Fernsehen (unterhalb der Leitungsebene) in die neuen Hörfunk- und Fernsehredaktionen integriert worden, aber solchen ehemaligen „Bannerträgern des Sozialismus" wie man sie in Chefredaktionen der Zeitungen antreffen kann, ist ein erneuter Aufstieg verwehrt worden. Diese notwendige Relativierung ändert nichts an der Tatsache, daß im Interesse der eigenen Glaubwürdigkeit die Journalisten in den Landesrundfunkanstalten ihre frühere staatstragende Funktion hätten thematisieren müssen, aber das geschah ebensowenig wie bei der Presse. Im täglichen Programm spiegelt sich die Vergangenheit deshalb höchstens als 'Befindlichkeit' wider, als Reminiszenz, so ein Hörfunkverantwortlicher (Böckelmann u.a. 1994: 350).

Die weit verbreitete Ansicht, jeder müsse mit seiner Vergangenheit und seinen persönlichen Irrtümern selber fertig werden, findet nur dort ihre Grenze, wo die Stasi-Mitarbeit aufgedeckt wird, wie im Falle von Jürgen

---

19 Vgl. Bericht: Märkische Allgemeine trennt sich von Chefredakteur Peter Mugay. In: Frankfurter Allgemeine Zeitung 26.1.1995: 2.

Kuttner und Lutz Bertram vom ORB oder Eckhard Bahr vom MDR. Von der Fachpresse über die elektronischen Medien bis zu Tages- und Wochenzeitungen beschäftigte sich die Öffentlichkeit ausführlich mit dem Thema und verknüpfte damit die Frage, ob die derzeitige Schlußstrich-Debatte angesichts immer neuer Enthüllungen angebracht sei. Ungeachtet der Tatsache, daß sich der MDR zunächst dafür entschieden hat, nur festangestellte Mitarbeiter der oberen Gehaltsklasse einzubeziehen, scheint nach den Erfahrungen der letzten Jahre eine Fortführung der Überprüfungspraxis im Interesse der Glaubwürdigkeit der ostdeutschen Medien unverzichtbar.

Im Westen waren immer wieder auch Stimmen zu hören, die eine Vergangenheitsbewältigung innerhalb dieser Berufsgruppe grundsätzlich ausschließen: „Scheinheiligkeit, Opportunismus und geistige Korruption" sowie der Verlust der moralischen Integrität lauteten einige der Vorwürfe (Journalist-Forum 1990, Pannen 1992: 178ff.). Weil Journalisten im SED-Staat wichtige Funktionsträger waren, hätten sie die Konsequenzen ziehen und sich letzten Endes von diesem Beruf verabschieden müssen, gab ein leitender ARD-Mitarbeiter zu Protokoll (Böckelmann u.a. 1994: 353).

4.2 Ausblick

Trotz der berechtigten Einwände gegen die bisherige Rekrutierungspraxis im Osten, die einem insgesamt diskreditierten Berufsstand einen Neuanfang ermöglichte, gibt es gute Gründe für eine Weiterbeschäftigung von DDR-Journalisten. Vergegenwärtigt man sich, wie schwierig für die ostdeutsche Bevölkerung die Neuorientierung in einer von Grund auf gewandelten Gesellschaft ist, dann fällt den Journalisten eine wichtige moderierende Funktion zu. Als Betroffene haben sie ihren Kollegen aus dem Westen voraus, die Umstellungsschwierigkeiten verstehen und authentisch darstellen zu können. Sie wählen oft die richtigen Themen und drücken sich in einer den Ostdeutschen verständlichen Sprache aus. Neben der Identifikation mit der Region und den Menschen gelten Improvisationstalent und hohe Einsatzbereitschaft als weitere Stärken. Die große Akzeptanz, die die aus den SED-Bezirkszeitungen hervorgegangenen Blätter bei den ostdeutschen Lesern finden, spricht ebenfalls für Journalisten mit DDR-Herkunft, und zwar um so mehr, als sich bislang Zeitungen und Zeitschriften aus dem Westen – von der FAZ und der Süddeutschen Zeitung bis zum SPIEGEL – nicht etablieren konnten.

Was sich für die ersten Jahre nach der Wiedervereinigung bewährt hat, wird auf Dauer aber so nicht bleiben. Nach dem Auslaufen der Beschäftigungsgarantien, so meinen Branchenvertreter, werden „alle alten Ostverlage erheblich Personal abbauen", und auch im Bereich von Rundfunk, Film und audiovisuellen Medien wird es zu Arbeitsplatzverlusten kommen (Böckelmann u.a. 1994: 249).

Um die auf auf beiden Seiten vorhandenen Defizite auszugleichen, schlagen ostdeutsche Chefredakteure vor, die Redaktionen weiter zu verjüngen und – nach dem Vorbild der im Osten neugegründeten Zeitungen – zu einer Vermischung mit Mitarbeitern zu kommen, die in westlichen Redaktionen Erfahrungen gesammelt haben. Die verstärkte Zusammenarbeit von Ost- und West-Journalisten scheint in der Tat der einzig gangbare Weg zu sein, um dem Journalismus im Bundesgebiet Ost neue Impulse zu geben und die unterschiedlichen Berufs- und Lebenserfahrungen für den Integrationsprozeß zu nutzen.

Literatur

Bausch, H.: Zur Entwicklung des Rundfunks seit 1945. In: Glotz, P./Kopp, R. (Hrsg.): Das Ringen um den Medienstaatsvertrag der Länder. Berlin: Wissenschaftsverlag Volker Spiess, 1987, S. 32-51

Berg, S.: Das organisierte Vergessen. In: Deutsches Allgemeines Sonntagsblatt, 4.2.1994, S. 2

Böckelmann, F./Mast, C./Schneider, B. (Hrsg.): Journalismus in den neuen Ländern. Ein Berufsstand zwischen Aufbruch und Abwicklung. Konstanz: Universitätsverlag, 1994

Bünger, R.: Leiser, immer leiser ... Entlassungen im Funkhaus Berlin. In: Tagesspiegel 22.6.1991, S. 19

Butzek, E.: Der „Feingeist" machte am Ende das Rennen. In: Frankfurter Rundschau 11.11.1991, S. 13

Frings, U.: Ost-West-Zeitung jongliert am Abgrund. In: Frankfurter Rundschau 2.3.1995, S. 11

Fromme, F. K.: Ein schwieriger Übergang bei den Medien in Ostdeutschland. In: Frankfurter Allgemeine Zeitung 7.5.1991, S. 7

Gaus, G.: Mühlfenzl und andere. In: Freitag 21.6.1991, S. 3

Geißler, R.: Fortschreibung bestehender Strukturen. In: Medium 23(1993)1, S. 21-26

Hauch-Fleck, M.-L.: Ritt auf der falschen Welle. In: Die Zeit 20.3.1992

Hildebrandt, J.: Eine Lektion in Demokratie. In: Arnold, H.L./Meyer-Gosau, F. (Hrsg.): Die Abwicklung der DDR. Göttingen: Wallstein, 1992, S. 64-70

Hoffmann-Riem, W.: Rundfunkneuordnung in Ostdeutschland. Hamburg: Hans-Bredow-Institut, 1991

Holzer, H.: Zur Blitz-Kolonisierung einer Medienlandschaft. In: Medium 23(1993)1, S. 27-30

Journalist-Forum: Perspektiven der Einheit. In: Journalist 40(1990)10, S. 24-29

Kurtz, A.: Interview mit Rudolf Mühlfenzl. In: Junge Welt 6./7.4.1991, S. 9

Marenbach, I.: Stasi und kein Ende. In: Journalist 45(1995)2, S. 37

Meyn, H.: Gemeinsame Wellen. In: Journalist 43(1993)4, S. 18-20
Möller-Riester, M.: Tageszeitungen in den neuen Bundesländern und Berlin. In: Medium 23(1993)1, S. 53-58
Nawrocki, J.: Gelingt die Einheit im Äther? In: Die Zeit 11.3.1994
Osang, A.: Unter den Linden loderten Tausende Fackeln im Wind. In einem Lichtermeer bekannten über 100.000 FDJler Farbe zur DDR. In: Berliner Zeitung 9.10.1989, S. 7
Pannen, S.: Die Weiterleiter. Funktion und Selbstverständnis ostdeutscher Journalisten. Köln: Edition Deutschland Archiv, 1992
Presse- und Informationsamt der Bundesregierung (Hrsg.): Bericht der Bundesregierung über die Lage der Medien in der Bundesrepublik Deutschland. Bonn, 1994
Presse- und Informationsamt der Bundesregierung (Hrsg.): Zeitungen in Berlin (O), Brandenburg, Mecklenburg-Vorpommern, Sachsen, Sachsen-Anhalt, Thüringen (Stand 1. Januar 1995). Bonn, 1995
Robers, N.: Die schärfsten Kritiker der Elche. In: Focus (1995)3, S. 152
Röper, H.: Sieg der Platzhirsche. In: Journalist 43(1993)4, S. 13-16
Schneider, B.: Strukturen, Anpassungsprobleme, Entwicklungschancen der Presse auf dem Gebiet der neuen Bundesländer. Forschungsbericht für den Bundesminister des Innern, 2 Bände und Anlagenband (unveröff.) 1991/92
Schneider, B.: Pressemarkt Ost II. Nur die Konzentration macht Fortschritte. Schriftenreihe der Arbeitsgruppe Kommunikationsforschung (AKM), Bd. 38. München: Ölschläger, 1992a
Schneider, B.: Die ostdeutsche Tagespresse – eine (traurige) Bilanz. In: Media Perspektiven (1992b)7, S. 428-441
Schneider, R.: Triumph der Provinz. In: Die Woche 1.9.1994, S. 40
Schubert, R.: Ohne größeren Schaden? Gespräche mit Journalistinnen und Journalisten der DDR. München: Ölschläger, 1992
Soldat, H. G.: Rotes Kloster mit trojanischen Eseln. In: Wochenpost 18.11.1993, S. 25
Streul, I. Ch.: Neuordnung des nationalen Hörfunks. In: Deutschland Archiv 27(1994)6, S. 627-632
Streul, I. Ch.: Die Umgestaltung des Mediensystems in Ostdeutschland. In: Aus Politik und Zeitgeschichte B40(1993), S. 36-46
Treuhandanstalt: Privatisierung der Regionalzeitungen (unveröff.) 1991
Zimmermann, H. u.a.: DDR-Handbuch. Köln: Verlag Wissenschaft und Politik, 1985

Die Kirchen

Horst Dähn

1. Die Kirchen in der DDR vor der Wende im Herbst 1989

1.1 Zur Lage der Kirchen im DDR-Sozialismus

In den nachfolgenden Überlegungen soll der Frage nachgegangen werden, wie die beiden christlichen Kirchen – vor allem die evangelische Mehrheitskirche – und ihre Gemeindeglieder den politischen Systembruch im Herbst 1989 und die nachfolgende gesamtgesellschaftliche Transformationsphase bis in die Gegenwart „verarbeitet" haben. Die katholische Kirche – in Ostdeutschland Diasporakirche – wird insoweit in die Darstellung einbezogen, als die zur Verfügung stehenden Materialien qualifizierte Aussagen ermöglichen.

Die schwierige Situation beider Kirchen in der DDR resultierte aus folgender Tatsache: Unter den Bedingungen einer Gesellschaft, in der die politische Machtelite mittels eines ausdifferenzierten Instrumentariums alle wesentlichen Bereiche des öffentlichen Lebens zu beeinflussen und zu kontrollieren versuchte, um auf diese Weise ihr Herrschaftsmonopol zu sichern, nahmen die Kirchen eine Sonderstellung ein. In der „durchherrschten" Gesellschaft (Kocka 1994: 547) der DDR waren sie die einzigen Großorganisationen, deren innere Autonomie in Fragen der Organisationsstruktur, der Ämterbesetzung, der Verteilung der finanziellen Mittel etc. von seiten des Staates nicht angetastet wurde.

Untrennbar verbunden mit dem Charakter der Kirchen als autonomen Institutionen ist ihre Legitimationsbasis. Da die beiden christlichen Großkirchen, die evangelische Mehrheits- und die katholische Minderheitskirche, ihr öffentliches Reden, ihre Zustimmung zur Politik wie auch ihre Kritik an Defiziten in der Gesellschaft nicht mit entsprechenden Aussagen des „herrschenden" Marxismus-Leninismus begründen mußten, sondern autonom, das heißt konkret biblisch-theologisch ableiteten, kam ihnen in der DDR-Gesellschaft eine Position zu, die nicht folgenlos blieb. Wurden die beiden Kirchen, genauer ihre leitenden Amtsträger und Mitarbeiter, von der politischen Machtelite wegen ihrer „progressiven" Haltung zur DDR umworben oder aber auch wegen ihrer distanzierten, womöglich „feindlichen" Grundeinstellung kritisiert und zu isolieren versucht, so wurden sie von den Gemeindegliedern vor allem seit den achtziger Jahren in anderer Weise auch unterschiedlich beurteilt: Waren sie für die einen, nämlich die „treuen" Gemeindeglieder, die Gemeinschaft der Gläubigen, die durch eine entsprechende religiöse Praxis (Hören der Predigt des Evangeliums, Gebete und Empfang der Sakramente) ihren christlichen Glauben bekundet, so waren sie für andere die Institution, deren Mitarbeiter in der Gesellschaft wichtige soziale Dienste leisteten (Diakonie, Caritas) und nach außen durch ihre Leitungsgremien soziale Verantwortung (in immaterieller und materieller Hinsicht) für die armen und benachteiligten sowie ausgebeuteten Menschen in der Dritten Welt übernahmen. Für wiederum andere war Kirche, vor allem die evangelische Kirche, der Ort, an dem junge Christen und Nichtchristen in locker strukturierten Friedens-, Umwelt-, Dritte-Welt-Gruppen etc. angstfrei und sachlich kontrovers in Staat und Gesellschaft tabuisierte Themen (gesellschaftliche Militarisierungstendenzen, Erziehung zum Haß, Umweltzerstörung, erhebliche politische Demokratiedefizite etc.) diskutieren und nach Lösungsansätzen fragen konnten. Daß dabei der Kirche auch neue Impulse für deren Engagement in den Menschheitsthemen Frieden, soziale Gerechtigkeit und Bewahrung der Schöpfung vermittelt wurden, ist z.B. im Blick auf den „konziliaren Prozeß" seit der zweiten Hälfte der achtziger Jahre ebenso unbestritten wie der (hier nicht näher zu untersuchende) unterschiedlich intensive Einsatz der beiden Kirchen für gesicherte Existenzmöglichkeiten der Christen in der DDR, für militärische und politische Entspannung in Deutschland und Europa etc.

1.2 Die evangelische Kirche im letzten Jahrzehnt des DDR-Staates

Die evangelische Kirche in der DDR wurde seit dem Ausgang der siebziger Jahre und vor allem seit den achtziger Jahren für viele in der Kirche und am Rande der Kirche zu einer Instanz, die nicht nur glaubhaft Werte und Normen vermittelte, sondern sich auch für die Umsetzung freiheitlicher Prinzipien einsetzte und sich für diejenigen engagierte, die um ihrer Überzeugungen und „illegaler" Aktionen willen kriminalisiert wurden. Angesprochen sind Bürgerrechtler, die ihr nach der Wende – zu Unrecht, wie ich meine – eine zu große Staatsnähe, ja Kungelei mit den Herrschenden, vorwarfen. Der Kirche wurde von vielen vor der „politischen Wende" eine hohe Akzeptanz und Glaubwürdigkeit in bezug auf ihr gesellschaftliches Handeln zuerkannt – und dies trotz seit den fünfziger Jahren zurückgehenden Mitgliederzahlen und Werten, die Kirchlichkeit anzeigen (sonntäglicher Gottesdienstbesuch,

Taufen, Konfirmationen etc). Dazu nur wenige ausgewählte Daten zu den Bereichen „Taufen" und „Konfirmationen"[1]: Betrug die evangelische Taufrate, d.h. der Anteil der Getauften an der Gesamtzahl der Geburten, 1950 noch 76,9 Prozent, so ging sie 1960 bereits auf 36,0 Prozent, 1970 auf 23,4 Prozent zurück und lag 1989 bei 17,4 Prozent. Auch die Konfirmationsziffer ging von 80,9 Prozent 1950 auf 34,6 Prozent im Jahr 1960 und auf 25,5 Prozent 1970 zurück. In den achtziger Jahren schwankte sie zwischen 14,1 (1980), 13,5 (1985) und 14,7 Prozent (1989). Diese Werte müssen gewürdigt werden vor dem Hintergrund eines für den Zeitraum von 1950 bis 1989 zurückgehenden Anteils der evangelischen Gemeindeglieder an der Gesamtbevölkerung der DDR: 1950 betrug dieser Anteil noch 80,5 , 1964 nur noch 59,4 und 1989 etwa 25 Prozent.[2] Auch die katholische Kirche in der DDR mußte einen Rückgang ihres Mitgliederbestandes von 11 Prozent Anteil an der Gesamtbevölkerung 1950 auf ca. 4-5 Prozent im Jahr 1989 hinnehmen.

2. Die Rolle der Kirchen in der pluralistischen Gesellschaft der Bundesrepublik

2.1 Die Wiederherstellung der Einheit des Protestantismus

Die herausragende Stellung der seit 1969 im „Bund der Evangelischen Kirchen in der DDR" (BEK) zusammengefaßten acht evangelischen Landeskirchen, resultierend aus ihrer Rolle als moralische Instanz und in den ausgehenden achtziger Jahren in zunehmendem Maße auch als politische Instanz (Wahrnehmung der Funktion einer fehlenden legalen Opposition), fand notwendigerweise ihr Ende, als nach der politischen Wende im Herbst 1989 ein echter politischer und gesellschaftlicher Pluralismus sich entwickelte sowie demokratische politische Strukturen errichtet wurden. Die evangelische Kirche und die im Verhältnis zu ihr bis zur „friedlichen Revolution" insgesamt weniger in aktuelle politische und gesellschaftliche Fragen involvierte katholische Kirche in Ostdeutschland sind seit 1990 zwar nach wie vor wichtige, aber nicht mehr die einzigen gesellschaftlichen Institutionen, die

---

1   Zu den folgenden Angaben vgl. Pollack (1994: 373ff.), der ausführliche und zuverlässige Informationen zu den Aspekten „Kirchlichkeit" und „Religiosität" auf dem Feld des DDR-Protestantismus liefert.
2   Nach einer neuen statistischen Erhebung wird für das Stichdatum 31.12.1993 ein evangelischer Bevölkerungsanteil für Ostdeutschland einschließlich Berlin von 27 Prozent angegeben. – EKD-Statistik:"Kirchenzugehörigkeit in Deutschland – Was hat sich verändert?" Evangelische und katholische Kirche im Vergleich. In: epd-Dokumentation Nr. 1a (1995: 2).

über ihren christlich-religiösen Auftrag („missionarische Funktion") hinaus als allgemeine sittliche Werte und Normen vermittelnde Institutionen in Erscheinung treten; diese Funktion nehmen andere Institutionen mehr oder weniger auch wahr wie z.b. den Parteien nahestehende Bildungseinrichtungen neben den staatlichen Bildungsinstitutionen wie Schulen und Hochschulen. Für die Kirchen stellte sich daher die Frage, auf welchen Feldern und in welchem Maße sie sich auf die neuen politischen und gesellschaftlichen Verhältnisse nicht nur einstellen, sondern sich ihnen auch anpassen sollten.

Unter institutionellem wie rechtlichem Aspekt hatte die evangelische Kirche in Ostdeutschland keine großen Schwierigkeiten, sich auf die neuen Verhältnisse nicht nur einzustellen, sondern sie auch zu akzeptieren.[3] Bei einer Zusammenkunft vom 15.-17. Januar 1990 in der Evangelischen Akademie Loccum (bei Hannover) verabschiedeten Bischöfe und Beauftragte der EKD sowie des BEK die „Loccumer Erklärung". In ihr heißt es u.a.: „Wie sich auch die politische Entwicklung künftig gestalten mag, wir wollen der besonderen Gemeinschaft der ganzen evangelischen Christenheit in Deutschland auch organisatorisch angemessene Gestalt in einer Kirche geben." (epd-Dokumentation 1990: 1).[4] Auf dieser Tagung wurde eine „Gemeinsame Kommission" gebildet, die die Aufgabe hatte, weitere Schritte der Zusammenführung zu beraten und dazu Vorschläge zu machen. Darüber hinaus erörterte diese Kommission noch weitere Themen wie die Frage der staatlichen Anerkennung der Bildungs- und Berufsabschlüsse von kirchlichen Mitarbeitern und der Schaffung einer Außenstelle des Kirchenamtes der EKD in Berlin.

Die Wiederherstellung der organisatorisch-rechtlichen Einheit der beiden Kirchenbünde erfolgte auf der Grundlage der von der Gemeinsamen Kommission erarbeiteten gesetzlichen Regelungen, genauer durch „zwei ineinander verschränkte, aufeinander bezugnehmende Kirchengesetze" (Heidingsfeld 1991: 15). Die beiden Gesetze wurden im Februar 1991 in Berlin-Spandau von den Synoden der EKD und des BEK in getrennter Abstim-

---

3 Zu den rechtlichen Aspekten des kirchlichen Wiedervereinigungsprozesses des ost- und des westdeutschen Protestantismus siehe die ausführliche Darstellung von Kremser 1993.
4 Die „Loccumer Erklärung" hat bei engagierten Christen aus Ost und West Kritik gefunden, die ihren Niederschlag in der „Berliner Erklärung von Christen aus beiden deutschen Staaten" vom 9. Februar 1990 fand. In ihr heißt es: „Die Loccumer Erklärung erregt aber in Ton und Inhalt wie in der Art der Publizierung den Eindruck einer weittragenden programmatischen Vorentscheidung mit beabsichtigter politischer Wirkung. Dies hat bei kirchlichen Mitarbeitern und Gemeinden und bei den im konziliaren Prozeß engagierten Gruppen Befremden, Irritation und Protest ausgelöst. Es hat vor dieser Erklärung keinerlei Meinungsbildung in Gemeinden, Mitarbeiterkonventen und den für die Entscheidung dieser Frage allein kompetenten Synoden gegeben" (epd-Dokumentation Nr. 9, 1991: 56).

Die Kirchen

mung verabschiedet. Ende Juni 1991 konstituierte sich dann in Coburg die Synode der gesamtdeutschen EKD.

Im kirchlichen Einigungsprozeß ging es aber nicht nur um die Zusammenführung der getrennten Kirchenbünde und der unter ihrem Dach angesiedelten Landeskirchen, sondern auch um die „Wiedervereinigung" zweier infolge der Grenzschließung am 13. August 1961 und des nachfolgenden Mauerbaus getrennter Teile einer Landeskirche, nämlich der Evangelischen Kirche in Berlin-Brandenburg. Nach dem Bau der Mauer war sie gezwungen, eine West- und eine Ostregion zu bilden und doppelte Leitungs- und Verwaltungsstrukturen zu schaffen, da eine gemeinsame Leitung praktisch nicht mehr möglich war. Dem damaligen Bischof der Berlin-brandenburgischen Kirche Kurt Scharf, er war zugleich Ratsvorsitzender der EKD, verwehrten die DDR-Behörden den Zutritt nach Ost-Berlin. Von nun an nahm ein „Bischofsverweser" die seelsorgerlichen Aufgaben in der Ostregion wahr. Zwar wurde die formale Einheit der Landeskirche nie aufgegeben, doch wurde 1972 in der Ost-Region ein zweites Bischofsamt geschaffen, das Albrecht Schönherr ausübte.[5] Am 16. und 17. März 1990 traten die beiden regionalen Synoden (Region West und Ost) zu einer gemeinsamen Tagung zusammen und konstituierten sich zur „Gemeinsamen Synode der Evangelischen Kirche in Berlin-Brandenburg". Auf der Synode wurde zum Ausdruck gebracht, daß das Wiederzusammenwachsen beider Regionen aufgrund der unterschiedlichen Erfahrungen etwa in den Bereichen Christenlehre/Religionsunterricht und Finanzen Zeit brauche; dennoch vollzog sich, rückwirkend betrachtet, dieser Prozeß des Zusammenwachsens dann doch schneller als erwartet. Seit Beginn des Jahres 1991 besteht wieder eine Synode und eine Kirchenleitung für die vereinten Regionen, allerdings hatte die Landeskirche bis zum Eintritt von Bischof Gottfried Forck (Ost) in den Ruhestand zum 1. Oktober 1991 noch einen zweiten Bischof, nämlich Martin Kruse (West), zugleich Vorsitzender des Rates der EKD. Kruse war nunmehr Bischof der wiedervereinten Landeskirche.

2.2 Die Jurisdiktionsverhältnisse im Bereich der katholischen Kirche vor und nach 1989

Anders als im Protestantismus erfuhr die katholische Kirche im politisch geteilten Deutschland keine kirchenrechtliche Trennung. Diözesangrenzen

---

5   Zur rechtlichen Lage der Evangelischen Kirche in Berlin-Brandenburg vor und nach dem Mauerbau 1961 vgl. Henkys 1990.

wurden nicht verändert.⁶ Die Teile der Bistümer, die nach 1949 auf DDR-Gebiet lagen, gehörten kirchenrechtlich weiterhin zu den westdeutschen Jurisdiktionsbezirken: Das war zum einen der Ostteil des Erzbistums Paderborn, nämlich das Erzbischöfliche Kommissariat Magdeburg, sodann der Ostteil des Bistums Osnabrück (Bischöfliches Kommissariat Schwerin), das zum Bistum Fulda gehörende Generalvikariat Erfurt sowie der Ostteil des Bistums Würzburg, nämlich das Bischöfliche Kommissariat Meiningen. An dieser kirchenrechtlichen Konstruktion änderte sich auch nichts, als im Anschluß an den Grundlagenvertrag zwischen der DDR und der Bundesrepublik vom 21.12.1972 die Bischöflichen Kommissare von seiten der Römischen Kurie die volle Jurisdiktionsgewalt erhielten. Drei der vier Kommissare, nämlich die von Erfurt, Magdeburg und Schwerin wurden am 23. Juli 1973 zu Apostolischen Administratoren ernannt und in ihrer Tätigkeit direkt dem Papst unterstellt. Die Jurisdiktion des Erfurter Apostolischen Administrators wurde auf das Meininger Territorium ausgeweitet (nunmehrige Bezeichnung Bischöfliches Amt Erfurt-Meiningen). Ein Jahr zuvor wurde das Erzbischöfliche Amt Görlitz, deutscher Restteil des Erzbistums Breslau, von diesem abgetrennt und als Apostolische Administratur errichtet.⁷

Auch die kirchenrechtliche Einheit des Bistums Berlin, zu dem Gebiete in der DDR sowie beide Teile Berlins gehören, wurde nicht aufgegeben – selbst dann nicht, als 1976 die bisherige Berliner Ordinarienkonferenz, die den Rang einer regionalen Bischofskonferenz im Verband der Deutschen Bischofskonferenz besaß, den Status einer eigenständigen, territorialen Bischofskonferenz und die Bezeichnung Berliner Bischofskonferenz (BBK) erhielt. Zwar galten die Beschlüsse der BBK nicht für den Westteil der Stadt, aber die kirchenrechtliche Einheit des Bistums Berlin wurde durch die Person des in Ost-Berlin residierenden Bischofs repräsentiert. Kraft seiner Jurisdiktionsgewalt für den Westteil der Stadt gehörte er der Deutschen Bischofskonferenz an, in der er durch einen ständigen Vertreter aus West-Berlin vertreten war.⁸

Wenige Wochen nach der Herstellung der staatlichen Einheit Deutschlands, und zwar am 24. November 1990, erfolgte die „Vereinigung" der beiden deutschen Bischofskonferenzen. Am 3. Dezember konstituierte sich innerhalb der Deutschen Bischofskonferenz die „Arbeitsgemeinschaft der Bischöfe – Region Ost". In ihr arbeiten die Bischöfe der früheren BBK zu-

---

6   Zur Geschichte der Jurisdiktionsverhältnisse der katholischen Kirche in der DDR vgl. Hartelt 1992 und Pilvousek 1993.
7   Zur organisationsrechtlichen Struktur der katholischen Kirche in der DDR nach dem Grundlagenvertrag zwischen der DDR und der Bundesrepublik von 1972 vgl. Hollerbach 1989.
8   Eine sehr ausführliche Darstellung zur kirchenrechtlichen Entwicklung und kirchenpolitischen Lage des Bistums Berlin vor der Wende 1989 liefert Höllen 1989.

sammen und widmen sich den pastoralen Aufgaben, die aufgrund der besonderen Situation der fünf neuen Bundesländer zu lösen sind. Mit der Einheit Deutschlands war auch der Weg frei für eine Neuordnung der Bistümer. Die von Apostolischen Administratoren geleiteten Jurisdiktionsbezirke – Bischöfliche Ämter Magdeburg und Erfurt-Meiningen und die Apostolische Administratur Görlitz – wurden Anfang Juli 1994 in den Rang selbständiger Diözesen erhoben; zugleich wurde Berlin Erzbistum und Sitz des Metropoliten der neugebildeten Kirchenprovinz Berlin (Erzbistum Berlin, Bistum Görlitz, Bistum Dresden-Meißen). Und schließlich kam es im Norden Deutschlands zu einer bistumsrechtlichen Neuordnung, von dem die in der DDR gelegene Administratur Schwerin betroffen war: Anfang November 1994 wurde das Erzbistum Hamburg errichtet, bestehend aus mehr als der Hälfte des Territoriums des Bistums Osnabrück, zu dem auch die Apostolische Administratur Schwerin gehörte, sowie einem kleinen Teil des Bistums Hildesheim.

2.3 Die neuen Erfahrungen der Kirchen: Religionsunterricht und Militärseelsorge

Die Wiederherstellung der deutschen Einheit brachte für die ostdeutschen Kirchen unmittelbar Rechte und Pflichten (resultierend aus dem Status als Körperschaften des öffentlichen Rechts), die von ihnen mehrheitlich begrüßt wurden.

Mit dem Beitritt der DDR zur Bundesrepublik nach Art. 23 GG galt die Verfassung nunmehr auch im östlichen Teil Deutschlands. Das bedeutete die verfassungsrechtlich abgesicherte (und durch Urteile des Bundesverfassungsgerichts bestätigte) Anerkennung der Glaubens-, Gewissens- und Religionsfreiheit; dies hatte ferner die Übernahme und Verankerung der staatskirchenrechtlichen Artikel 136-139 und 141 der Verfassung des Deutschen Reiches vom 11.08.1919 in die Verfassungen von vier neuen Bundesländern zur Folge; lediglich im Abschnitt „Kirchen und Religionsgemeinschaften" der brandenburgischen Landesverfassung fehlt der Bezug auf Weimar. So haben die Kirchen als Körperschaften des öffentlichen Rechts u.a. das Recht, „aufgrund der bürgerlichen Steuerlisten nach Maßgabe der landesrechtlichen Bestimmungen Steuern zu erheben" (Art. 138 Weimarer Reichsverfassung, Anhang zu Art. 32 Abs. 5 Verfassung des Landes Sachsen-Anhalt).[9] Die

---

9 Artikel 32 Abs. 5 der Verfassung von Sachsen-Anhalt lautet: „Das Verhältnis des Staates zu den Kirchen, Religions- und Weltanschauungsgemeinschaften wird im übrigen durch die Artikel 136, 137, 138, 139 und 141 der Verfassung des Deutschen Reiches vom 11. August 1919 geregelt."(Verfassungen der deutschen Bundesländer. München, 5. Aufl. 1995: 654).

herausragende Stellung der Kirchen und Religionsgemeinschaften im öffentlichen Leben wird nicht nur durch die entsprechenden Artikel im Grundgesetz und durch die Landesverfassungen abgesichert, sondern darüber hinaus auch noch durch Staatsverträge der neuen Bundesländer mit den betroffenen evangelischen Landeskirchen sowie den neu errichteten Bistümern.

Aber der Beitritt der DDR zur Bundesrepublik konfrontierte die ostdeutschen Kirchen auch mit zwei Aufgaben, an deren Umsetzung sie entscheidend beteiligt werden sollten – Aufgaben, die nicht im katholischen, wohl aber im evangelischen „Lager" Bedenken, ja Ablehnung hervorriefen. Gemeint ist zunächst das Thema „Religionsunterricht". Der Artikel 7 Absatz 3 des Grundgesetzes lautet: „Der Religionsunterricht ist in den öffentlichen Schulen mit Ausnahme der bekenntnisfreien Schulen ordentliches Lehrfach. Unbeschadet des staatlichen Aufsichtsrechtes wird der Religionsunterricht in Übereinstimmung mit den Grundsätzen der Religionsgemeinschaften erteilt. Kein Lehrer darf gegen seinen Willen verpflichtet werden, Religionsunterricht zu erteilen." Die Bedenken in der evangelischen Kirche resultierten aus den anderen historischen Erfahrungen in der DDR. Schule und Kirche waren strikt getrennt. Religionsunterricht war von Beginn an kein ordentliches Unterrichtsfach, auch wenn es noch bis in die fünfziger Jahre hinein von Beauftragten der Kirchen in Schulräumen erteilt werden durfte. Als Alternative wurde „Christenlehre" in kircheneigenen Räumen angeboten, mit der, so die Mitteilungen aus den Landeskirchen, gute Erfahrungen gemacht wurden.

Die gesetzliche Umsetzung der verfassungsrechtlichen Verpflichtung für die neuen Bundesländer, Religionsunterricht als ordentliches Unterrichtsfach in den Fächerkanon aufzunehmen, verbunden mit dem Recht der Eltern, über die Teilnahme des Kindes am Religionsunterricht zu bestimmen, vollzog sich in den ostdeutschen Bundesländern – bis auf Brandenburg – relativ problemlos, zumal neben dem Religionsunterricht gleichberechtigt Ethikunterricht angeboten wird. Für bis heute (Stand: Ende März 1996) andauernde Kontroversen zwischen den beiden Kirchen und der staatlichen Seite sorgt die von der Mehrheit des brandenburgischen Landtags am 28. März 1996 im neuen Schulgesetz getroffene Entscheidung, für die Jahrgangsstufen 5 bis 10 das im Modellversuch erprobte, wertorientierte, aber bekenntnisfreie Fach „Lebensgestaltung – Ethik – Religionskunde" (LER) als Pflichtfach in den staatlichen Schulen erteilen zu lassen. Schüler und Schülerinnen bis zum 14. Lebensjahr können sich auf Antrag der Eltern bzw. ab Vollendung dieses Lebensjahres auf eigenen Antrag von dem Unterricht in diesem Fach befreien lassen, „wenn ein wichtiger Grund dies rechtfertigt". Konfessioneller Religionsunterricht wird weiterhin als fakultativer Unterricht in kirchlicher Verantwortung in den Räumen der Schule erteilt. Damit aber erhält das Fach LER in Brandenburg einen Vorrang vor dem Religionsunter-

Die Kirchen

richt. Mit dieser Regelung können sich die beiden christlichen Großkirchen nicht einverstanden erklären, bedeutet sie doch eine rechtlich wie bildungspolitisch unzulässige Reduzierung des Bildungsauftrages der Kirchen. Vergeblich haben die verantwortlichen Vertreter der Evangelischen Kirche in Berlin-Brandenburg und des Erzbistums Berlin versucht, mit der staatlichen Seite über ein Alternativmodell zu verhandeln. Dieses Alternativkonzept ist, wie der Tübinger Religionspädagoge Karl Ernst Nipke feststellt, auch „auf Reform ausgerichtet und nicht mit der bisher in Westdeutschland üblichen Praxis identisch: Ethikunterricht und Religionsunterricht als Wahlpflichtfächer innerhalb eines 'Lernbereichs' mit verbindlicher Kooperation" (zit. n. FAZ 24.2.1996: 33). In Übereinstimmung mit diesem kirchlichen Konzept forderte auch die CDU in Brandenburg die Einrichtung eines Wahlpflichtbereiches mit zwei gleichberechtigten Unterrichtsfächern „Religion" und „Ethik".

Mit der Entscheidung des brandenburgischen Landtags über die Einführung des Pflichtfaches LER kündigte die CDU-Landtagsfraktion an, die CDU-Bundestagsfraktion werde das Bundesverfassungsgericht anrufen, um „in einem Normenkontrollverfahren die Verfassungsmäßigkeit der brandenburgischen Regelung überprüfen zu lassen" (FAZ 29.3.1996: 4). Auch die beiden Kirchen haben bereits öffentlich bekundet, eine Normenkontrollklage einzureichen. Die Verfassungsklagen werden sich auf den – schon erwähnten – Artikel 7 Absatz 3 Satz 1 GG beziehen, der Religionsunterricht als „ordentliches Lehrfach" fordert. Die Landesregierung in Potsdam beruft sich dagegen auf Artikel 141 GG („Bremer Klausel"), wonach diese Bestimmung des Artikels 7 keine Anwendung findet „in einem Land, in dem am 1. Januar 1949 eine andere landesrechtliche Regelung bestand." Darauf könne sich Brandenburg mit dem gleichen Recht berufen wie Bremen und Berlin.

In der Praxis können die Kirchen die „Nachfrage" nach konfessionellem Religionsunterricht in der Schule in den ostdeutschen Ländern noch nicht befriedigen. So besuchen gegenwärtig beispielsweise in Mecklenburg-Vorpommern knapp neun Prozent aller Schüler den Religionsunterricht. Dafür gibt es nach Auskunft eines Mitglieds der Kirchenleitung der Evangelisch-Lutherischen Landeskirche Mecklenburgs mehrere Gründe: Zum einen fehlt es an Lehrern, zum anderen gibt es viele Schulräte und Schulleiter, die „eine ideologisch geprägte Verhinderungstaktik verfolgen" (zit. n. Mikuteit 1996: 51).

Der zweite Komplex, der im Kirchenbund und in den Landeskirchen nicht nur Bedenken sondern Ablehnung gefunden hat, betrifft den Militärseelsorgevertrag, in der Form wie er am 22.02.1957 von Bischof Otto Dibelius, dem Vorsitzenden des Rats der EKD, Bundeskanzler Konrad Adenauer und Bundesverteidigungsminister Franz Josef Strauß für die Bundesregierung abgeschlossen worden ist.[10] Da, wie die Kirchenkonferenz der EKD im April 1958 erklärte und die EKD-Synode im Februar 1960 feststellte, dieser Vertrag keine Rechtsverbindlichkeit für die evangelischen Kirchen in der DDR erlangte (obwohl am Zustandekommen dieses Vertrages Synodale aus der DDR beteiligt waren), mußte seit 1990 über Änderungen an diesem Gesetz diskutiert werden; die östlichen Landeskirchen nämlich plädierten aus verschiedenen Gründen (Vorbehalte gegenüber einer zu großen Staatsnähe, erhebliche Positionsunterschiede in friedensethischen Fragen etc.) für eine Konstruktion der Seelsorge an Soldaten in eigener Verantwortung. Dieser innerkirchliche Diskussionsprozeß hat mit der Kompromißentscheidung der EKD-Synode auf ihrer Tagung im November 1994 in Halle eine Regelung gefunden. Nach dem einstimmigen Beschluß der Synode soll für alle 24 Landeskirchen künftig Wahlfreiheit zwischen zwei Varianten bestehen. So kann es parallel zu Militärpfarrern, die in den westlichen Landeskirchen Staatsbeamte auf Zeit sind, auch Pfarrer in der Soldatenbetreuung geben, die in umittelbarem kirchlichen Dienst stehen. Diese Kompromißformel kam den ostdeutschen Landeskirchen entgegen, die bisher schon Gemeindepfarrer mit der Seelsorge beauftragt hatten. Ferner sollen alle Militärpfarrer, ob Staatsbeamte oder in kirchlichem Dienst, einheitliche Arbeitsbedingungen erhalten. Aufgrund einer bisherigen Sonderregelung besaßen die ostdeutschen Seelsorger in den Kasernen nur einen Gaststatus. Gleichzeitig wurde der Rat der EKD beauftragt, mit der Bundesregierung Gespräche über Modifikationen am Militärseelsorgevertrag (unterschiedlicher Status der Militärgeistlichen; Übertragung von Zuständigkeiten des dem Verteidigungsministerium nachgeordneten Kirchenamtes für die Bundeswehr auf das EKD-Kirchenamt) im Sinne einer stärkeren strukturellen und organisatorischen Bindung der Militärseelsorge an die Kirche aufzunehmen.

Zwei Gespräche mit der Bundesregierung fanden im Juni und im August 1995 statt, führten aber zu keinem Ergebnis. Die Regierung erklärte sich nicht bereit, so der EKD-Ratsvorsitzende, Landesbischof Klaus Engelhardt, in seinem Bericht an die Synode der EKD am 5.11.1995 in Friedrichshafen, „in förmliche Verhandlungen über Veränderungen des Militärseelsorgevertrages einzutreten. Aus ihrer Sicht hat sich der Vertrag bewährt. Die Regierung will auf die Gleichbehandlung der beiden großen Konfessionen achten. Diese sei mit dem gegenwärtigen Vertrag gewährleistet." (Engelhardt 1995: 14). Die Bundesregierung bot der EKD Verhandlungen über Regelungen an, „die es erlauben, daß die östlichen Gliedkirchen der EKD den kirchlichen Status für die von ihnen entsandten Seelsorger an Soldaten wählen können" (ebd.). Dieses Gesprächsangebot nahm der Rat der EKD an. Das Verhand-

---

10   Zur Vorgeschichte des Militärseelsorgevertrages, der Struktur und einer kritischen Würdigung der evangelischen Militärseelsorge vgl. Huber (1973: 247ff.).

Die Kirchen

lungsergebnis ist eine Anfang März 1996 zwischen dem Bundesverteidigungsministerium und dem Rat der EKD abgeschlossene Sondervereinbarung zum Militärseelsorgevertrag – der nicht geändert wird – mit einer Gültigkeitsdauer bis zum Jahre 2003. Sie sucht dem Verlangen der ostdeutschen Landeskirchen nach einer stärkeren kirchlichen Anbindung der Militärseelsorge zu entsprechen. Zwar soll es in den neuen Bundesländern nunmehr auch evangelische Militärpfarrer geben und nicht mehr Gemeindepfarrer, die bislang, von wenigen Ausnahmen abgesehen, in nebenamtlicher Funktion Seelsorge an den Soldaten betreiben; aber diese Militärpfarrer sind, anders als in den alten Bundesländern, keine Bundesbeamten, sondern hauptamtliche Kirchenbeamte der EKD. Ansonsten gelten auch für die ostdeutschen Militärgeistlichen alle Bestimmungen des Militärseelsorgevertrages. Der Rat der EKD hat nunmehr die ostdeutschen Gliedkirchen um Zustimmung zu dieser Sonderveinbarung gebeten.

3. Die ostdeutschen Kirchen in der Wahrnehmung ihrer Gemeindeglieder

3.1 Aspekte von Kirchlichkeit in der Evangelisch-Lutherischen Landeskirche Sachsens

Mit dem Abschluß des Einigungsprozesses im deutschen Protestantismus und der kirchenrechtlichen Neuordnung im Bereich der katholischen Kirche („Vereinigung" der beiden Bischofskonferenzen, neue Bistümer) nehmen die beiden christlichen Großkirchen in Ostdeutschland den Rang ein, den ihre westdeutschen Schwesterkirchen schon immer innehatten, nämlich als unmittelbar in Staat und Gesellschaft verankerte Mitwirkungsinstanzen zu wirken. Zudem erfüllen sie weiterhin die Funktion, die sie auch schon zu DDR-Zeiten beanspruchten und praktizierten, nämlich eine Wertevermittlungsinstanz und eine Institution zu sein, die gesellschaftspolitische Mitverantwortung nach innen und außen tragen will (hier sei verwiesen auf ihre klaren, eindeutigen Stellungnahmen in Fragen der Ethik wie Schwangerschaftsabbruch, der Ausländerpolitik wie Asylrecht, in wirtschafts- und sozialpolitischen Fragen wie Arbeitslosigkeit etc.).

Die zentrale Frage lautet nun: Können die Kirchen (und hier beziehe ich mich auf die zahlenmäßig größere der beiden christlichen Kirchen, nämlich die evangelische) die ihnen durch Verfassung und Gesetz eingeräumte, im Verhältnis zu anderen gesellschaftlichen Großorganisationen, wie etwa den Gewerkschaften, privilegierte Position auch legitimatorisch abstützen? Oder anders gefragt: Wie stark, wie intensiv war und ist die Identifikation der Gemeindeglieder mit ihren Kirchen und deren Zielen und Interessen? Dabei sei nicht bestritten, daß Kirchen im Sinne der politikwissenschaftlichen pressure-group-Forschung keine „Interessengruppe" im vollen Sinne darstellen, da ihre spezifische Legitimation nicht in der Durchsetzung – biblisch-theologisch gesprochen – „weltlicher" Interessen, sondern in der Vermittlung einer die reale Welt transzendierenden religiösen Heilsbotschaft zu sehen ist. Die Kirchen lassen aber auch Aspekte erkennen, die sie als Interessengruppen ausweisen, so, wenn sie für ihre Mitglieder bestimmte Ziele zu verwirklichen versuchen, etwa die Einwerbung finanzieller Mittel für die Errichtung von konfessionellen Kindergärten, Krankenhäusern und Altersheimen.[11]

Vor dem Hintergrund neu gewonnener Freiheit und Handlungsmöglichkeiten nach dem Ende des DDR-Sozialismus und des mit ihm untrennbar verbundenen ideologischen Deutungsmusters des Marxismus-Leninismus hatten manche kirchlichen Funktionsträger in der evangelischen Kirche die – sich im nachhinein als überzogen herausstellende – Erwartung, die Kirche würde nicht nur qualitativ weiterhin eine wichtige Rolle spielen, sondern vor allem auch unter quantitativen Aspekten wieder mehr „gefragt" sein (ablesbar am Kirchenbesuch, an Taufen, Christenlehre bzw. Religionsunterricht, Konfirmationen etc.).

Am Beispiel der Evangelisch-Lutherischen Landeskirche Sachsens, die als repräsentativ für die ostdeutschen Kirchen angesehen werden kann, soll dem nachgegangen werden. An dem Charakter der evangelischen Kirche als Minderheitskirche hat sich durch die Vereinigung nichts geändert.[12] Ende 1989, wenige Wochen nach der politischen „Wende", lag der Anteil der Evangelischen an der Wohnbevölkerung im Gebiet der sächsischen Landeskirche bei 34,1, Ende 1993 bei 27,7 Prozent. Dabei ist allerdings auch zu berücksichtigen, daß in diesen Jahren die Zahl der Bevölkerung in Sachsen insgesamt abnahm; auch die 1993 immer noch hohen Austrittszahlen blieben nicht ohne Auswirkung auf die Verringerung der Kirchengemeindemitgliederzahl. Einen insgesamt erfreulichen Verlauf nahm die Entwicklung der Taufen nach der politischen Wende: Betrug die Taufziffer Ende 1989 noch 23,2 und 1990 29,8 Prozent, so ging sie 1991 auf 45,6 und 1992 sogar auf 47,3 Prozent hoch, um dann 1993 leicht auf 41,9 Prozent abzunehmen. Im Blick auf die Entwicklung der Anzahl der Konfirmationen werden im Statistischen Bericht des Dresdener Landeskirchenamtes nur absolute Zahlen

---

11 Zur Frage nach der Charakterisierung der Kirchen als Interessengruppen vgl. Abromeit 1989.
12 Zu den folgenden Daten vgl. den Statistischen Bericht über die Verhältnisse in der Evangelisch-Lutherischen Landeskirche Sachsens im Jahre 1993, freundlicherweise zur Verfügung gestellt von Prof. W. Ratzmann (Leipzig).

Die Kirchen

genannt: 1993 betrug die Anzahl der Konfirmationen 10.251 (ohne die 522 Erwachsenenkonfirmationen), Ende 1989 noch 7.505 (ohne die 1.252 Erwachsenenkonfirmationen).

3.2 Einstellungen und Teilnahmeverhalten ostdeutscher Kirchenmitglieder insgesamt

Aber diese Daten sagen wenig aus über die Einstellungen der Kirchenmitglieder zu ihrer Kirche, zumal wenn wir noch die Kategorie Alter als differenzierende Größe in die Betrachtung miteinbeziehen. Welchen möglicherweise nachwirkenden Einfluß hat die ganz andere Situation der Kirche und Christen in der DDR auf die Motivationsbildung der ostdeutschen Christen im staatlich geeinten Deutschland? Welche Rolle spielen tradierte Konventionen, Riten, Verhaltensmuster im Blick auf Einstellungsverhalten von Gemeindemitgliedern zur Kirche? Antworten auf diese Fragen mögen Hinweise geben über die Stabilität von Einstellungen und Verhaltensweisen von Kirchenmitgliedern in Ostdeutschland und vorsichtige Prognosen darüber erlauben, wie stabil der Weg des ostdeutschen Protestantismus zukünftig sein wird. Denn eines scheint sicher: Die Kirche lebt – bei einigermaßen gesicherten materiellen Voraussetzungen – entscheidend vom aktiven Engagement ihrer Mitglieder.

In der im Herbst 1993 vorgelegten – inzwischen dritten – EKD-Umfrage unter Kirchenmitgliedern wird bemerkenswerterweise von ähnlichen Einstellungen zur Kirche, die unterschiedliche Schwerpunktsetzungen einschließen, in West- und Ostdeutschland berichtet. Dafür einige Beispiele, die sich alle auf das Jahr 1992 beziehen:[13] Die Frage nach dem Verbundenheitsgefühl wurde wie folgt beantwortet: 46 Prozent der Ostdeutschen und 39 Prozent der Westdeutschen fühlten sich mit der Kirche „sehr" oder „ziemlich" verbunden. Nach den Gründen für ihre Zugehörigkeit befragt, fanden bei den Kirchenmitgliedern aus Ost und West die Aussagen die höchste Zustimmung, die einen „christlich-religiösen Grundkonsens" anzeigen: „Ich bin in der Kirche, weil ich Christ bin", „weil ich der christlichen Lehre zustimme", „weil ich religiös bin". Andere wichtige Gründe für Kirchenmitgliedschaft in Ost und West haben ihren Fixpunkt in einem „biographisch-familiären Hintergrund": „Ich bin in der Kirche, weil meine Eltern auch in der Kirche sind bzw. waren" (im Osten 47, im Westen 51 Prozent), „weil ich auf kirchliche Trauung oder Beerdigung nicht verzichten möchte" (im Osten 43, im Westen 49 Prozent). Allerdings erfahren diese beiden Antworten, wie

---

13 Zu den folgenden Daten und Zitaten vgl. Studien- und Planungsgruppe der EKD (1993: 24ff.).

auch andere, die auf eine an volkskirchlichen Traditionen festgemachte, „eher traditionell selbstverständliche Kirchenbeziehung" hindeuten, bei den ostdeutschen evangelischen Christen eine geringere Zustimmung als bei den Christen im Westen Deutschlands, so, wenn es da heißt: „Ich bin in der Kirche, weil sich das so gehört" (im Osten 25, im Westen, 28 Prozent) oder weil „ich an meine Kinder denke" (im Osten 23, im Westen 24 Prozent). Die Abweichungen in den Antworten verweisen auf den unterschiedlichen Lebenshorizont der Christen in der DDR und in der Bundesrepublik. Die EKD-Interpreten stellen fest: „Auch wenn Eltern gemäß volkskirchlicher, familiärer Tradition ihre Kinder taufen ließen und christlich erzogen, mußten die Kinder nicht nur zur Konfirmation ein Bekenntnis ablegen. Sondern sie wurden im Laufe der Schulzeit, während der Lehre oder im Studium, gegebenenfalls auch bei der Arbeitsstelle mit der Frage konfrontiert, wie sie zur Kirche stehen. Demzufolge war die eigene Auseinandersetzung damit vorprogrammiert und spielt(e) im eigenen Bewußtsein auch eine größere Rolle." Abweichungen für Begründungen von Kirchenzugehörigkeit gibt es auch bei Antworten, die einen „existentiell-religiösen oder karitativen Erfahrungshintergrund" ansprechen. Im Osten Deutschlands finden die zu dieser Antwortgruppe zählenden Auffassungen höhere Werte als im Westen Deutschlands: „Ich bin in der Kirche, weil sie viel Gutes tut (im Osten 32, im Westen 25 Prozent); sie etwas für Arme, Alte und Kranke tut (im Osten 36, im Westen 30 Prozent); sie mir Trost und Hilfe in schweren Stunden gibt (im Osten 37, im Westen 29 Prozent); sie mir einen inneren Halt gibt (im Osten 38, im Westen 30 Prozent); sie mir Antwort auf die Frage nach dem Sinn des Lebens gibt (im Osten 33, im Westen 28 Prozent)".

Was die Erwartungen der Kirchenmitglieder an die Kirche anbetrifft, so sind sie ähnlich hoch. Sie richten sich vor allem auf die spezifischen Aufgabenbereiche wie Verkündigung, Seelsorge und Diakonie. Allerdings zeigen sich auch hier Differenzen, insofern die in Ostdeutschland Befragten mehr als die westdeutschen Mitglieder von der Kirche erwarten, sie solle sich zu „aktuellen politischen Fragen" äußern (im Osten 53, im Westen 45 Prozent), sowie „bei der Bewältigung der Schwierigkeiten in Ostdeutschland helfen" (im Osten 70, im Westen 61 Prozent). Die westdeutschen Protestanten erwarten sich demgegenüber ein stärkeres Engagement der Kirche in Fragen der Ehe- und Familienberatung. Die unterschiedlichen Prioritäten in den Aussagen resultieren auch wieder aus den unterschiedlichen Erfahrungen der Christen mit Kirche in den beiden deutschen Staaten: In der DDR mischte sich die Kirche stark in die aktuelle Politik ein. Und wie die Kirche Mitverantwortung auch innerhalb der DDR-Gesellschaft zu übernehmen versuchte, so erwarten viele ostdeutsche Christen, daß sie sich auch gegenwärtig der drängenden sozialen Probleme wie Arbeitslosigkeit, sozialer Abstieg u.a. annimmt.

Übereinstimmung in den Einschätzungen aber auch partielle Abweichungen bei ost- und westdeutschen Protestanten zeigen sich auch noch in anderen Antworten und Einstellungen. Eine hohe Übereinstimmung (nämlich über drei Viertel der Befragten) gibt es in der Beurteilung der Frage, was „unbedingt zum Evangelisch-Sein" gehört, nämlich, daß „man getauft, konfirmiert und Kirchenmitglied ist". Gleichwohl gibt es auch Abweichungen: Diese drei Kriterien für Evangelisch-Sein erhalten im Osten mit bis zu acht Prozentpunkten weniger Zustimmung als im Westen. Im Osten ist die Taufbereitschaft um fünf Prozent geringer als im Westen, aber in der Einschätzung der Bedeutung etwa der Kindertaufe erhalten folgende Aussagen im Osten wie im Westen die höchsten Zustimmungswerte von den neun Antwortvorgaben, wobei anzumerken ist, daß im Osten die Werte etwas geringer liegen als im Westen: „Das Kind wird in die Gemeinschaft der Gläubigen aufgenommen; ein Kind wird getauft, weil es christlich erzogen werden soll und damit es zur Kirche gehört." Nicht verwunderlich ist, daß der volkskirchlich geprägten Auffassung: „Ein Kind wird getauft, damit ihm für die Zukunft nichts verbaut wird", im Osten nur 31, im Westen immerhin 50 Prozent der Befragten zustimmen können, denn in der DDR hatte die Entscheidung zur Kindtaufe zumeist eine „existentiell-religiöse" Grundlage, und war in einzelnen Phasen der DDR-Geschichte (etwa in den fünfziger und sechziger Jahren) zumindest nicht karrierefördernd. Dies galt auch für die Konfirmation. Die Umfrageergebnisse zeigen übrigens, daß der Konfirmation in Ostdeutschland eine höhere Bedeutung zugemessen wird als in Westdeutschland, gleichwohl wird denjenigen Antwortvorgaben auch von den ostdeutschen Protestanten am stärksten zugestimmt, die die Konfirmation in Biographie, Familie und Tradition verankert sehen. Dies erscheint überraschend, denn „die Minderheitssituation, in der die Konfirmation gerade nicht selbstverständlich war, hätte eigentlich zu einer stärkeren Betonung des Entscheidungscharakters führen können. Es ist denkbar, daß hier die Konkurrenzstellung der Konfirmation gegenüber der Jugendweihe eine gewisse Rückwirkung hatte. Die hohe Wertigkeit, die der Jugendweihe gerade auch als Familienfest zukam, könnte dazu geführt haben, nun bei der Konfirmation ebenfalls den familiär-traditionalen Charakter zu betonen." Übrigens, die Jugendweihe ohne das in der DDR vorgeschriebene sozialistische Gelöbnis erfreut sich in den neuen Bundesländern immer noch einer großen Beliebtheit: 1995 nahm jeder zweite Vierzehnjährige an der Jugendweihe teil (Lunz 1995: 3).

Überraschend ist schließlich auch der Befund weitgehender Übereinstimmung zwischen ost- und westdeutschen Protestanten im Blick auf die Beteiligung der Gemeindeglieder am kirchlichen Leben: Gering ist in beiden Regionen der Gottesdienstbesuch; die höchste Zustimmung erhalten hüben wie drüben die „eher volkskirchlich geprägten und keine hohe Verbindlichkeit voraussetzenden Beteiligungsformen wie Vorträge, Konzerte und Gemeindefeste". Äußerst gering sind hier wie dort die Nennungen, die sich auf eine aktive Mitarbeit in Gemeindegruppen und -diensten (Besuchsdienst, Altenbetreuung, Lektor, Kirchengemeinderat etc.) beziehen.

3.3 Einstellungen und Verhaltensweisen junger evangelischer Christen in Ostdeutschland

Traten bei der Gesamtbetrachtung schon in einigen Fällen unterschiedliche Schwerpunktsetzungen zwischen Ost und West zutage, so verstärken sich diese Einstellungsdifferenzen noch bei den jüngeren Evangelischen (18-29jährige) in Ost und West.[14] Durch die Minderheitssituation bedingtes, bewußtes Entscheiden für Kirche in der DDR ist sicherlich ein wichtiger Grund dafür, daß die jungen Ostprotestanten stärker als die Westprotestanten auf „individuelle religiöse Erfahrung", die „Möglichkeit zu sinnvoller Mitarbeit und das Bedürfnis nach Gemeinschaft" setzen, wie sie auch mehr in bezug auf das religiöse wie gesellschaftspolitische Engagement von der Kirche erwarten. Und diese unterschiedliche Grundhaltung spiegelt sich auch wieder im Verständnis von dem, was es heißt, evangelisch zu sein. Taufe und Konfirmation werden zwar im Osten – wenn auch weniger als im Westen – für das Evangelisch-Sein als wichtig angesehen, aber die Bereitschaft zum eigenen Handeln gehört nach dem Verständnis des Ostdeutschen mehr zum Evangelisch-Sein als nach dem des Westdeutschen. Dies zeigen Aussagen wie etwa, daß man „zur Kirche geht" (im Osten 38, im Westen 17 Prozent), „die Bibel liest" (im Osten 33, im Westen 9 Prozent), „mitbekommt, was in Kirche und Kirchengemeinde passiert" (im Osten 36, im Westen 24 Prozent), aber auch „bewußt als Christ lebt" (im Osten 51, im Westen 40 Prozent).

Unter diesen Umständen ist es auch nicht verwunderlich, daß die jungen Ostdeutschen mehr als ihre westdeutschen Altersgenossen den Gottesdienst besuchen. Auf die Frage nach der Häufigkeit des Gottesdienstbesuchs erklären die ostdeutschen Christen, „ein paarmal im Jahr, auch an normalen Sonntagen" (25 Prozent, westdeutsche Christen 12 Prozent), „ein- bis zweimal im Monat" (5 bzw. 4 Prozent), „jeden oder fast jeden Sonntag" (9 bzw. 6 Prozent) zur Kirche zu gehen. Insgesamt nehmen ca. die Hälfte aller Christen zwischen 18 und 29 Jahren in Ostdeutschland, in Westdeutschland nicht einmal 20 Prozent am kirchlichen Leben in Form verschiedener Veranstaltungen teil.

---

14 Zu den folgenden Daten und Zitaten vgl. Studien- und Planungsgruppe der EKD (1993: 33ff.).

Wandel in den religiösen Orientierungen, Wandel in den Einstellungen zur Kirche und daraus abgeleitet ein verändertes Teilnahmeverhalten bei nicht wenigen jungen ostdeutschen Christen sind Zeichen der Hoffnung, daß die vielfältigen Angebote von Kirche zumindest mittelfristig wieder mehr „gefragt" werden und damit auch das Handeln ihrer Leitungen und Funktionseliten einen zusätzlichen Legitimationsschub erhält. Auf jeden Fall hat die öffentliche Debatte nach 1989 um Verstrickungen kirchlicher Amtsträger in Aktivitäten für das MfS die Glaubwürdigkeit von Kirche bei den ostdeutschen Christen nicht nachhaltig gestört.

4. Zukunft für die ostdeutschen Landeskirchen? – Chancen und Herausforderungen

Auf die Christen in Deutschland und zumal im östlichen Teil warten eine Fülle interessanter und wichtiger Aufgaben in der Kirche: Dienst an der Jugend (Junge Gemeinde, SchülerInnenarbeit, sozialdiakonisch-offene Jugendarbeit), an Erwachsenen (z.B. Familien-, Ehepaar- und Single-Rüstzeiten), kirchliche Frauen- und Männerarbeit, kirchliche Presse- und Öffentlichkeitsarbeit, Bildungs- und Erwachsenenarbeit (Akademien, Arbeitskreise für Erwachsenenbildung), Ausländerarbeit etc..

Daß bei vielen in der Kirche die Bereitschaft und das Engagement für die kirchlichen Gemeindeglieder und darüber hinaus für nichtkirchlich gebundene Menschen in Ostdeutschland da ist, ist unstritten. Ebenso unstrittig ist allerdings auch, daß die Bewältigung dieser Aufgaben die finanziellen Möglichkeiten der Gemeinden und einzelnen Landeskirchen überfordert. Hilfe von den westdeutschen Mitgliedskirchen der EKD wird – wie schon zu DDR-Zeiten – auch weiterhin notwendig sein. So wird in dem Bericht des Haushaltsausschusses zum EKD-Etat 1996 darauf verwiesen, daß „im Bereich der östlichen Gliedkirchen in den Jahren 1993 und 1994 einem Nettokirchensteueraufkommen von 434 bzw. 518 Mio. DM jeweils Hilfsplanleistungen von 560 Mio. DM (in 1994 allerdings 60 Mio. DM davon für die Versorgungsvorsorge) gegenüberstanden, die dringend zusätzlich zu den übrigen Einnahmen für die Erfüllung des kirchlichen Auftrags benötigt worden sind" (Beck 1995: 45).

In diesem Kontext wird schon seit vielen Jahren und auch jetzt noch in den Landeskirchen die Frage diskutiert, ob angesichts des Minorisierungsprozesses eine flächendeckende Struktur kirchlicher Arbeit aufrechterhalten werden kann. Dabei wird kirchlicherseits betont, daß bei allen Reformüberlegungen das finanzielle Knappheitsargument nicht dazu führen darf, daß die

Kirche nicht mehr in ausreichendem Maße ihren Dienst an den ihren Heimatgemeinden verbundenen Menschen (Seelsorge, Diakonie etc.) leisten kann: „Bei allen strukturellen Überlegungen", so heißt es im Tätigkeitsbericht der Kirchenleitung vor der Herbsttagung der 23. Evangelisch-Lutherischen Landessynode Sachsens (1994: 5f.), „muß uns die Frage der Vielfalt der Dienste in unserer Kirche ein zu bewahrendes Anliegen sein. Eine reine Pfarrerkirche entspricht nicht der Tradition unserer Kirche. Zum Gemeindeaufbau gehören unbedingt Gemeindepädagogen und Kirchenmusiker, Verwaltungskräfte und zunehmend unbedingt auch Sozialarbeiter dazu. Gegenwärtige Stellenplanüberlegungen dürfen sich nicht allein auf Pfarrstellen konzentrieren." Diese Position der sächsischen Kirche wird tendenziell auch Gültigkeit für den Diskussionsstand um Reformen über Gemeindestrukturen in den anderen ostdeutschen Landeskirchen beanspruchen können.

Wie für die sächsische Landeskirche, so wird auch für die übrigen ostdeutschen Landeskirchen – und wohl auch für die katholische Kirche in den neuen Bundesländern – jetzt und in den nächsten Jahren der folgende Satz aus dem Dresdener Statistischen Bericht (1993: 21, vgl. Anm. 12) seine Gültigkeit nicht verlieren: „Das Ziel muß bleiben, die stets neuen Herausforderungen zu bewältigen und den Auftrag der Kirche in einer weithin säkularisierten Umwelt mit Zuversicht zu verwirklichen".

Literatur

Abromeit, A.: Sind die Kirchen Interessenverbände? In: Abromeit, H./Wewer, G. (Hrsg.): Die Kirchen und die Politik. Beiträge zu einem ungeklärten Verhältnis. Opladen: Westdeutscher Verlag, 1989, S. 244-260

Beck, H.: Bericht des Haushaltsausschusses zum EKD-Etat 1996, abgegeben auf der EKD-Synode in Friedrichshafen, 05.-10.11.1995. In: epd-Dokumentation 50(1995), S. 41-55

Engelhardt, K.: Der Bericht des Rates an die Synode der Evangelischen Kirche in Deutschland, abgegeben auf der EKD-Synode in Friedrichshafen am 5. November 1995. In: epd-Dokumentation 48(1995), S. 1-22

Hartelt, K.: Die Entwicklung der Jurisdiktionsverhältnisse der katholischen Kirche in der DDR von 1945 bis zur Gegenwart. In: Erfurter Theologische Studien 63(1992), S. 415-440

Heidingsfeld, U.-P.: Anmerkungen zu dem Vereinigungsprozeß von EKD und Kirchenbund. In: epd-Dokumentation 18a (1991), S. 1-25

Henkys, R.: Weg zu einem neuen Miteinander. Probleme der angestrebten Kircheneinheit. In: epd-Dokumentation 12(1990), S. 75-78

Die Kirchen

Höllen, M.: Kirchenpolitische Probleme der Einheit des Bistums Berlin. In: Die Rechtsstellung der Kirchen im geteilten Deutschland. Symposium 1.-3. Oktober 1987. Köln: Carl Heymanns, 1989, S. 147-192

Hollerbach, A.: Rechtsprobleme der Katholischen Kirche im geteilten Deutschland. In: Die Rechtsstellung der Kirchen im geteilten Deutschland. Symposium 1.-3. Oktober 1987. Köln: Carl Heymanns, 1989, S. 127-143

Huber, Wolfgang: Kirche und Öffentlichkeit. Stuttgart: Ernst Klett, 1973

Kocka, J.: Eine durchherrschte Gesellschaft. In: Kaelble,H./Kocka, J./Zwahr, H. (Hrsg.): Sozialgeschichte der DDR. Stuttgart: Klett-Cotta, 1994, S. 547-553

Kremser, Holger: Der Rechtsstatus der evangelischen Kirchen in der DDR und die neue Einheit der EKD. Tübingen: J.C.B. Mohr (Paul Siebeck), 1993

Lunz, J.: Die Weihe hat ihren festen Platz. In: Sonntag aktuell 23.04.1995, S. 3

Mikuteit, H.-L.: Blockade in den Köpfen. Religionsunterricht ist in Ostdeutschland die Ausnahme. In: Stuttgarter Zeitung 10.02.1996, S. 51

Pilvousek, J.: Die katholische Kirche in der DDR. In: Dähn, H. (Hrsg.): Die Rolle der Kirchen in der DDR. Eine erste Bilanz. München: Günter Olzog, 1993, S. 56-72

Pollack, D.: Kirche in der Organisationsgesellschaft. Zum Wandel der gesellschaftlichen Lage der evangelischen Kirchen in der DDR. Stuttgart/ Berlin/Köln: Kohlhammer, 1994

Studien- und Planungsgruppe der EKD: Fremde Heimat Kirche. Ansichten ihrer Mitglieder. Dritte EKD-Umfrage über Kirchenmitgliedschaft. Hannover, 1993

Winters, P. J.: LER ist Pflichtfach in Brandenburg. In: Frankfurter Allgemeine Zeitung 29.3.1996, S. 4

Die Autoren des Bandes

Karin Algasinger, geb. 1964, M.A., Wiss. Mitarbeiterin am Lehrstuhl für Politische Systeme und Systemvergleich der Technischen Universität Dresden. Forschungsschwerpunkte: Parteienforschung, Repräsentationsforschung, Frauen und Politik. Neuere Veröffentlichungen: Ostdeutsche Parteien im Transformationsprozeß. Empirische Studien zur Parteiensoziologie Sachsens (Opladen 1996, in Druck).

Bernhard Boll, geb. 1962, M.A., Wiss. Mitarbeiter am Institut für Politikwissenschaft der Martin-Luther-Universität Halle-Wittenberg. Forschungsschwerpunkte: Parteien, intermediäre Organisationen, Parlamentarismusforschung. Neuere Veröffentlichungen: Germany. In: Katz, R./Mair, P. (Hrsg.): Party Organizations. A Data Handbook (zus. mit T. Poguntke, London 1992), The Victorious Incumbent – A Threat to Democracy? (Hrsg. u. Verf., zus. mit R. Wildenmann, A. Römmele und A. Somit, Dartmouth 1994), Media Communication and Personality Marketing: The 1994 German National Election Campaign. In: Roberts, G. (Hrsg.), Superwahljahr. The German Elections in 1994 (London 1996).

Horst Dähn, geb. 1941, Dr. phil., Prof. für Politische Wissenschaft, Wiss. Mitarbeiter am MZES, Arbeitsbereich DDR-Geschichte und Osteuropa der Universität Mannheim. Forschungsschwerpunkte: Geschichte der DDR, Kirchen und Kirchenpolitik in der SBZ/DDR, vergleichende Staat-Kirche-Forschung. Neuere Veröffentlichungen: Liberal-Demokratische Partei und Kirchen und Religionsgemeinschaften. In: Broszat, M./Weber, H. (Hrsg.): SBZ-Handbuch (München 1990), Die Rolle der Evangelischen Kirche in der DDR (Hrsg. u. Verf., München 1993), Säkularisierungsprozesse in Ost und West. In: Institut für vergleichende Staat-Kirche-Forschung (Hrsg.): Säkularisierung in Ost und West (Berlin 1995).

Michael Fichter, geb. 1946, Dr. rer. pol., Wiss. Mitarbeiter am Zentralinstitut für sozialwissenschaftliche Forschung der Freien Universität Berlin. Forschungsschwerpunkte: Gewerkschaften, Industrielle Beziehungen, Transformationsprozesse in Mittel- und Osteuropa. Neuere Veröffentlichungen: Einheit und Organisation (Köln 1991), Spurensicherung. Der DGB und seine Gewerkschaften in den neuen Bundesländern, 1989-91 (zus. mit M. Kurbjuhn, Berlin 1993), Unions in the New Länder: The Urgency of Reform. In: Turner, L. (Hrsg.): The Political Economy of the New Germany (Ithaca 1996).

Anne Hampele, geb. 1961, Dr. phil., Gastforscherin am Zentralinstitut für sozialwissenschaftliche Forschung der Freien Universität Berlin. Forschungsschwerpunkte: Frauen in der DDR resp. Ostdeutschland, Frauenorganisationen, Bürgerinnenbewegung. Neuere Veröffentlichungen: „Arbeite mit, plane mit, regiere mit" – Zur politischen Partizipation von Frauen in der DDR. In: Helwig, G./Nickel, H.M. (Hrsg.): Frauen in Deutschland 1945-1992 (Berlin/Bonn 1993); Erwerbstätigkeit von Frauen in den neuen Bundesländern – Lebensmuster unter Druck. In: Glaeßner, G.J. (Hrsg.): Der lange Weg zur Einheit (zus. mit S. Naevecke, Berlin 1993); Organisationslaufbahn eines frauenpolitischen Experiments: Überlegungen zum Unabhängigen Frauenverband. In: Berliner Debatte INITIAL, Themenheft Frauenforschung Ost (4/1994).

Fred Henneberger, geb. 1961, Dr. des., Dipl.-Volkswirt, Dipl.-Verwaltungswissenschaftler, Forschungsassistent am Forschungsinstitut für Arbeit und Arbeitsrecht an der Universität St. Gallen. Forschungsschwerpunkte: Arbeitsmarktforschung, Geldtheorie, Produktionsverlagerungen, Industrial and Labor Relations-Forschung. Neuere Veröffentlichungen: Transferstart: Organisationsdynamik und Strukturkonservatismus westdeutscher Unternehmerverbände – Aktuelle Entwicklungen unter besonderer Berücksichtigung des Aufbauprozesses in Sachsen und Thüringen. In: Politische Vierteljahresschrift (34/1993), Zur Rolle der Tarifpolitik in den neuen Bundesländern. In: Wirtschaftspolitische Blätter (42/1995), Europäische Arbeitsbeziehungen im öffentlichen Dienst. Verbandliche Organisationen und Vermittlung von Interessen. In: Industrielle Beziehungen, S. 128-155 (zus. mit B. Keller, 2/1995).

Hasko Hüning, geb. 1943, Dipl.-Pol., Wiss. Mitarbeiter am Zentralinstitut für sozialwissenschaftliche Forschung der Freien Universität Berlin. Forschungsschwerpunkte: DDR-Forschung, ökonomische und sozialkulturelle Transformationsprozesse, Parteien. Neuere Veröffentlichungen: Brandenburg: Beschäftigungs- und Modernisierungsprojekt. Weichenstellungen für eine Zukunftsregion (zus. mit Au/Kadler/Krüger, Hamburg 1994), Gestaltungschancen und Handlungsgrenzen. Zur Transformation des Finanzdienstleistungssektors in Ostdeutschland (zus. mit H.M. Nickel u.a., Berlin 1995), „Fremde in einem feindlichen System". Bewältigt die PDS die Erosion der Ausgrenzung? In: Sozialismus (23/1996).

Gotthard Kretzschmar, geb. 1935, Dr. agr. habil., Arbeitsgruppenleiter im Albrecht-Daniel-Thaer-Institut für Nutztierwissenschaften Leipzig. Forschungsschwerpunkte: Soziale Situation in ländlichen Räumen, Orientierungen und Verhaltensweisen der Landbevölkerung, Interessenorganisationen in ländlichen Räumen. Neuere Veröffentlichungen: Aktuelle Situation des Arbeitsplatzangebotes und Möglichkeiten zur Verbesserung in kleineren Landgemeinden Sachsens (SFZ Berlin-Brandenurg, Tagungsband 1994), Transformation der berufsständischen Interessenorganisationen der Bauern. In: Naßmacher, H./Niedermayer, O./Wollmann, H. (Hrsg.): Politische Strukturen im Umbruch (zus. mit W. Mörbe, Berlin 1994), Spezifische Bedingungen der regionalen Wirtschaftsförderung im ländlichen Raum (Veröffentlichungen der Leipziger Ökonomischen Societät; Heft 5, 1996).

Hiltrud Naßmacher, geb. 1942, Dr. rer. pol., apl. Prof. für Politikwissenschaft an der Universität Oldenburg, seit 1994 Vertretung einer Professur an der Universität/GHS Siegen. Forschungsschwerpunkt: Vergleich politischer Systeme. Neuere Veröffentlichungen: Wirtschaftspolitik „von unten" (Basel 1987), Vergleichende Politikforschung (Opladen 1991), Politikwissenschaft (2. Aufl., München 1995).

Gero Neugebauer, geb. 1941, Dr. rer. pol., Wiss. Angestellter am Zentralinstitut für sozialwissenschaftliche Forschung der Freien Universität Berlin. Forschungsschwerpunkte: Parteien in den ostdeutschen Ländern, insbesondere SPD und PDS, historische DDR-Forschung. Neuere Veröffentlichungen: SED und Blockparteien als Gegenstand und Problem der empirischen Parteienforschung in der DDR-Forschung. In: Timmermann, H. (Hrsg.): DDR-Forschung, Bilanz und Perspektiven (Berlin 1995), SED, DDR und MfS – was waren das noch mal? (Bonn 1995), Die PDS (zus. mit R. Stöss, Opladen 1996).

Oskar Niedermayer, geb. 1952, Dr. rer. pol., Professor für Politische Wissenschaft an der Freien Universität Berlin. Forschungsschwerpunkte: Parteien, Wahlen, politische Orientierungen und Verhaltensweisen. Neuere Veröffentlichungen: Innerparteiliche Partizipation (Opladen 1989), Stand und Perspektiven der Parteienforschung in Deutschland (Hrsg. u. Verf., zus. mit R. Stöss, Opladen 1993), Public Opinion and Internationalized Governance (Hrsg. u. Verf., zus. mit R. Sinnott, Oxford 1995).

Thomas Olk, geb. 1951, Dr. phil. habil., Professor für Sozialpädagogik an der Universität Halle-Wittenberg. Forschungsschwerpunkte: Theorie und Empirie des intermediären Sektors, soziale Dienste, kommunale Sozialpolitik. Neuere Veröffentlichungen: Der neue Sozialstaat (zus. mit R. Heinze und J. Hilbert, Freiburg 1988), Grenzen des Sozialversicherungsstaates (zus. mit B. Riedmüller, Opladen 1995), Wohlfahrtspluralismus (zus. mit A. Evers, Opladen 1996).

Stefan Pabst, geb. 1966, Dipl.-Pol., Wiss. Mitarbeiter an der Universität Bremen. Forschungsschwerpunkte: Theorie des Wohlfahrtsstaates, intermediäre Organisationen, Pflegeversicherung. Neuere Veröffentlichungen: Sozialanwälte. Wohlfahrtsverbände zwischen Interessen und Ideen (Augsburg 1996).

Werner J. Patzelt, geb. 1953, Dr. phil. habil., Professor für Politische Systeme und Systemvergleich an der Technischen Universität Dresden. Forschungsschwerpunkte: Parlamentarismus, Systemvergleich, Politische Bildung. Neuere Veröffentlichungen: Aufgaben politischer Bildung in den neuen Bundesländern (Dresden 1994), Abgeordnete und ihr Beruf. Interviews, Umfragen, Analysen. Mit einem Vorwort von Rita Süssmuth (Berlin 1995), Repräsentanten und Repräsentation in den neuen Bundesländern (zus. mit R. Schirmer, Dresden 1996).

Thomas Poguntke, geb. 1959, Dr. phil., Wiss. Assistent an der Fakultät für Sozialwissenschaften der Universität Mannheim. Forschungsschwerpunkte: grün-alternative Parteien, international vergleichende Parteienforschung. Neuere Veröffentlichungen: Alternative Politics: The German Green Party (Edinburgh 1993), Parties in a Legalistic Culture: the Case of Germany. In: Katz, R./Mair, P. (Hrsg.): How Parties Organize (London 1994), The Politics of Anti-Party Sentiment. Special Issue of the European Journal of Political Research (Hrsg. u. Verf., zus. mit S. Scarrow, 1996).

Hugo Reister, geb. 1946, Dipl.-Pol., Wiss. Mitarbeiter am Zentralinstitut für sozialwissenschaftliche Forschung der Freien Universität Berlin. Forschungsschwerpunkte: Gewerkschaften, Industrielle Beziehungen, Forschungs- und Technologiepolitik. Neuere Veröffentlichungen: PDS und Gewerkschaften (zus. mit G. Neugebauer, Bonn 1996), Gewerkschaften und Biotechnologie. Wirkungen der Enquete-Kommission „Gentechnologie" auf die Politikfähigkeit des Deutschen Gewerkschaftsbundes. In: Martinsen, R. (Hrsg.): Politik und Biotechnologie (Pfaffenweiler 1996), Entwicklungen und Kontroversen zur deutschen Technologiepolitik in den 90er Jahren. In:

Martinsen, R./Simonis, G. (Hrsg.): Paradigmenwechsel in der Technologiepolitik? (Opladen 1995)

Theo Schiller, geb. 1942, Dr. phil., Professor für Politikwissenschaft an der Philipps-Universität Marburg. Forschungsschwerpunkte: Politische Soziologie, Demokratie, Vergleichende Politikforschung. Neuere Veröffentlichungen: Stand, Defizite und Perspektiven der FDP-Forschung. In: Niedermayer, O./Stöss, R. (Hrsg.): Stand und Perspektiven der Parteienforschung in Deutschland (Opladen 1993), Sozialpolitik in Kanada in den 80er Jahren (Baden-Baden 1994), Politische Soziologie. In: Mohr, A. (Hrsg.): Grundzüge der Politikwissenschaft (München 1995).

Josef Schmid, geb. 1956, Priv.-Doz. Dr., Lehrstuhlvertreter für Materielle Staatstheorie an der Universität Konstanz. Forschungsschwerpunkte: Parteien, Verbände, internationaler Vergleich. Neuere Veröffentlichungen: Die CDU, Organisationsstrukturen, Politiken und Funktionsweisen einer Partei im Föderalismus (Opladen 1990), Organisationsstrukturen und Probleme von Parteien und Verbänden, Berichte aus den neuen Ländern. Probleme der Einheit, Bd. 14 (Hrsg., Marburg 1994), Wohlfahrtsverbände in modernen Wohlfahrtsstaaten. Soziale Dienste in historisch-vergleichender Perspektive (Opladen 1996).

Ute Schmidt, geb. 1943, Dr. phil., Berlin. Forschungsschwerpunkte: Parteien und soziale Bewegungen, Zeitgeschichte, Migration. Neuere Veröffentlichungen: Zentrum oder CDU. Politischer Katholizismus zwischen Tradition und Anpassung (Opladen 1987), Transformation einer Volkspartei – Die CDU im Prozeß der deutschen Vereinigung. In: Niedermayer, O./Stöss, R.: Parteien und Wähler im Umbruch. Parteiensystem und Wählerverhalten in der ehemaligen DDR und den neuen Bundesländern (Opladen 1994), Von der Blockpartei zur Volkspartei. Die Ost-CDU im Umbruch 1989-1994 (unveröff. Habilitationsschrift 1996).

Dieter Segert, geb. 1952, Dr. phil., Professor für den Vergleich politischer Systeme (Schwerpunkt Osteuropa) an der Humboldt-Universität Berlin. Forschungsschwerpunkte: Parteien in Osteuropa, Demokratietheorien. Neuere Veröffentlichungen: Parteien in Osteuropa – Kontext und Akteure (zus. mit C. Machos, Opladen und Wiesbaden 1995), The East German CDU: A Historical or a Postcommunist Party? In: Party Politics(1/1995), Systemwechsel 2. Die Institutionalisierung der Demokratie (Hrsg. u. Verf. zus. mit W. Merkel u. E. Sandschneider, Opladen 1996).

Richard Stöss, geb. 1944, Dr. phil., Wiss. Angestellter am Zentralinstitut für sozialwissenschaftliche Forschung und Privatdozent am FB Politische Wissenschaft der Freien Universität Berlin. Forschungsschwerpunkte: Politische Parteien, Wahlen und Rechtsextremismus. Neuere Veröffentlichungen: Die Parteien der Bundesrepublik Deutschland 1945-1980, 2 Bde. (Hrsg. u. Verf., Opladen 1983/84, 1986), Stand und Perspektiven der Parteienforschung in Deutschland (Hrsg. u. Verf., zus. mit O. Niedermayer, Opladen 1993), Die PDS (zus. mit G. Neugebauer, Opladen 1996).

Irene Charlotte Streul, geb. 1944, Dr. phil., bis 1991 Wiss. Mitarbeiterin des Gesamtdeutschen Instituts Bonn, jetzt Bundesarchiv Koblenz. Neuere Veröffentlichungen: Westdeutsche Literatur in der DDR. Böll, Grass, Walser und andere in der offiziellen Rezeption 1949-1985 (Stuttgart 1988), The Transformation of Broadcasting and the Press in East Germany: Conditions for Creating Democratic Legitimacy in the Mass Media. In: Bozóki, A. (Hrsg.): Democratic Legitimacy in Post-Communist Societies (Budapest 1994), Die Umgestaltung des Mediensystems in Ostdeutschland. In: Aus Politik und Zeitgeschichte (B40/1993).

Helmut Voelzkow, geb. 1957, Dr. phil., Privatdozent für Soziologie an der Fakultät für Sozialwissenschaft der Ruhr-Universität Bochum, Wiss. Mitarbeiter des Max-Planck-Instituts für Gesellschaftsforschung in Köln. Forschungsschwerpunkte: Verbändesoziologie, regionale Politik, politische Techniksteuerung. Neuere Veröffentlichungen: Private Regierungen in der Techniksteuerung (Frankfurt/Main, New York 1996), Europäische Integration und verbandliche Interessenvermittlung (Hrsg. und Verf., zus. mit V. Eichener, Marburg 1994), Organisierte Interessen in Ostdeutschland (Hrsg. und Verf., zus. mit V. Eichener u.a., Marburg 1992).

Andrea Volkens, geb. 1956, Dr. phil., Wiss. Mitarbeiterin am Wissenschaftszentrum Berlin für Sozialforschung. Forschungsschwerpunkte: Wahl- und Parteienforschung. Neuere Veröffentlichungen: Parteiprogrammatik und Einstellungen politischer Eliten. In: Herzog, D./Weßels, B. (Hrsg.): Konfliktpotentiale und Konsensstrategien (Opladen 1989), Coalition Government in the Federal Republic of Germany. In: Laver, M./Budge, I. (Hrsg.): Party Policy and Coalition Government (zus. mit H.-D. Klingemann, 1992), Die Entwicklung der deutschen Parteien im Prozeß der Vereinigung. In: Jesse, E./Mitter, A. (Hrsg.): Die Gestaltung der deutschen Einheit (zus. mit H.-D. Klingemann, Bonn 1992).

Hans Vorländer, geb. 1954, Dr. phil., Professor für Politische Wissenschaft an der Technischen Universität Dresden. Forschungsschwerpunkte: Politische Theorie und Ideengeschichte des Liberalismus, Verfassungstheorie und Verfassungspolitik, Politisches System und Politische Kultur der USA, Parteien. Neuere Veröffentlichungen: Verfall oder Renaissance des Liberalismus (Hrsg. u. Verf., München 1987), Liberale Demokratie in Europa und den USA (Hrsg. u. Verf., zus. mit F. Gress, Frankfurt a. M./New York 1990), Hegemonialer Liberalismus. Politisches Denken und Politische Kultur in den USA 1776-1920 (Frankfurt a. M./New York 1996).

Kerstin Weinbach, geb. 1967, Diplom-Politologin, Doktorandin am Institut für Politikwissenschaft der Philipps-Universität Marburg. Forschungsschwerpunkte: Interessenorganisierung, Parteien und Verbände. Neure Veröffentlichungen: Umweltpolitisches Engagement in den neuen Bundesländern. Bedingungen seiner Entstehung und organisatorischen Entwicklung am Beispiel Thüringen. (Diss.)